Artificial Intelligence and Legal Analytics

법을 분석하는 인공지능

Kevin D. Ashley 저 | 오태원·정영수·조동관 역

박영사

저자 서문

법을 분석하는 인공지능(인공지능과 법적 분석)

디지털세대에 법률 실무를 위한 새로운 도구들

인공지능과 법률 분야는 IBM의 Watson과 Debator와 같은 텍스트 분석 프로그램과 그 프로그램이 기반을 둔 오픈-소스 정보관리체계(open-source information management architectures)로 시작된 혁명의 지점에 서있다. 오늘날 새로운 법률 어플리케이션들이 나타나기 시작하고 있다. 이 책은 프로그래머가 아닌 분들에게 전산상의 처리를 설명하려고 디자인되었다. 이 책은 법률 텍스트와 법적 추론의 전산모델들을 직접 연결하고, 특정 결과에 찬성 또는 반대하는 주장을 생성하며, 결과를 예측하고, 법률전문가들이 스스로 평가하는 것이 가능한 이유들로 그러한 예측을 설명함으로써, 어떻게 그 프로그램들이 법률 실무를 변화시킬지에 대하여 서술하였다. 이러한 법률 어플리케이션들은 사람과 컴퓨터가 각각 최선의 지적 활동 같은 종류로 그들 사이에 협업을 가능하게 함으로써 개념적 법률정보검색(conceptual legal information retrieval)을 지원하고 인지컴퓨팅(cognitive computing)을 가능하게 할 것이다. 어떻게 인공지능이 법률 실무를 변화시킬지에 관심 있는 분이라면 이 책을 읽어보아야 할 것이다.

Kevin D. Ashley 박사는 Pittsburgh 대학의 법률과 지능시스템 교수, 선임 과학자, 학습 연구와 개발 센터, 컴퓨터과학 겸임 교수이다. 그는 Princeton 대학에서 학사학위, Harvard 로스쿨에서 JD, Massachusetts 대학에서 컴퓨터과학 박사를 받았다. 그는 IBM Thomas J. Watson 연구센터 방문과학자, NSF 대통령 청년 연구자, 미국 인공지능협회 회원, 「인공지능과 법률(Artificial Intelligence and Law)」의 공동편집장이며, Bologna Erasmus Mundus 대학에서 법률·과학·기술에 관한 박사과정을 지도하고 있다.

역자 서문

    날이 좋아서 사람이 좋아서 시작했다. 우리는 전공분야는 다르지만 이 어려운 책을 번역하다보니, 인공지능의 중요성과 벗의 소중함을 깨닫게 되었다. 법을 전공한 자들이 진짜 인공지능 공학을 만난 탓인가? 솔직히 이해가 부족하다. 앞으로 법과 인공지능 분야 연구에 관심이 커지는 계기가 되기를 희망한다.

2020년 봄,
오태원 · 정영수 · 조동관

차례

PART I
컴퓨터를 활용한 법적 추론 모델들

PART Ⅱ
법률 텍스트 분석

PART Ⅳ
부록

PART

∨

Ⅰ

컴퓨터를 활용한
법적 추론 모델들

01

∨

미래의 법률 실무에서 인공지능과 법 그리고 인공지능의 역할에 관한 서론

1.1. 서론

1980년대 이후부터 진행된 인공지능과 법에 관한 연구는 이제 큰 변혁을 맞이하고 있다. 질의응답(QA), 정보추출(IE) 그리고 텍스트 논증을 연구하는 사람들은 IBM의 Watson 또는 Debater와 같은 프로그램과 이러한 프로그램에 기초가 된 개방형 정보관리 아키텍처를 가지고 이러한 혁명을 이끌어내고 있으며, 법률 영역에 있어서 새로운 응용프로그램의 발전 가능성을 확실히 보여주고 있다.

Watson 또는 Debater와 같은 프로그램들은 법적 추론을 수행하지 않는다. 법적 질문에 대해 피상적인 답변을 할 수 있을 뿐 자신의 답변을 설명하거나 법적 논증을 할 수 있는 것은 아니다. 그러나 그 프로그램의 기반을 이루는 개방형 텍스트 분석 도구들은 법률 영역의 새로운 응용프로그램의 발전에 크게 기여할 것이다. 그리고 법률 텍스트에서 주장 관련 정보를 찾아서 기존의 법률 정보 검색을 새로운 유형의 개념적 정보 검색, 즉 논증 검색(argument retrieval, AR)으로 변환할 수 있다.

인공지능과 법을 연구하는 사람들에 의해 개발된 컴퓨터 활용 모델들은 법적 추론이 가능하다. 새로 추출된 논증 관련 정보는 '컴퓨터를 활용한 법적 추론 모델'(The Computational Models of Legal Reasoning, 이하 "CMLR") 및 논증을 법률 텍스트에 직접 연결시킬 수 있다. 이 모델들은 텍스트로 입력된 어떤 문제에서 일정한 결론에 대한 찬반 논거를 생산하고 문제의 결론을 예상할 수 있다. 그리고 법률 전문가들이 인정할 정도의 논거로 자신의 예상을 설명하고 스스로 평가할 수도 있다. 그 결과는 인간과 컴퓨터가 각자 가능한 최대의 지적 활동을 수행하는 일종의 협업 활동인 인지 컴퓨팅(cognitive computing)이 가능하게 하는 새로운 유형의 법률 응용프로그램이 될 것이다.

Chapter 1은 인공지능과 법을 소개하고 법률 텍스트 분석을 위한 새로운 기술이라는 관점에서 그 역할을 설명한다. 그리고 이러한 기술들이 법률 실무에서 인공지능과 법 연구자들에 의해 개발된 컴퓨터 활용 법적 추론 및 논증 모델을 어떻게 이용할 수 있는지 설명한다.

이 Chapter에서는 몇 가지 질문을 하고자 한다. 인공지능과 법률의 관계는 무엇인가? CMLR은 무엇인가? QA, IE 또는 텍스트에서 논거 탐색을 위한 신종 기술은 무엇인가? 이러한 신종 기술들이 인공지능과 법 CMLR 및 논증에 어떤 역할을 할 것인가? 개념적 정보 검색과 인지 컴퓨팅은 무엇이며 어떤 프로그램이 이를 뒷받침할 것인가?

1.2. 인공지능과 법, 그리고 텍스트 분석의 가능성

인공지능과 법 연구의 목표는 법적 주장의 근거를 만들고 이러한 논거들을 활용해서 법적 분쟁의 결과를 예상할 수 있는 CMLR들을 개발하는데 있다. CMLR은 인간의 법적 추론의 속성을 증명하기 위한 프로세스를 실행하는 컴퓨터 프로그램이다. 이 프로세스에는 상황 분석, 법적 질문에 대한 응답, 결과 예측, 법적 논증이 포함된다. CMLR의 서브세트는 자신의 추론의 일부로서 법적 논증의 프로세스를 실행한다. 이것들은 '컴퓨터를 활용한 법적 논증 모델'(Computational Models of Legal Argument, 이하 "CMLA")이라고 일컬어진다.

CMLR과 CMLA는 예를 들면 제조물책임소송의 분쟁해결가치를 평가하거나 로스쿨 1학년 계약법 과목에서 청약과 승낙의 문제를 분석하는 것과 같은 인간의 복잡한 지적 작업을 일련의 계산단계 또는 알고리즘(algorithm)으로 분해한다. 이러한 모델들은 문제를 어떻게 입력하고 법적 결론을 어떻게 도출할지를 정한다. 모델을 디자인하는 사람들은 단계별 실행과 입출력 변환에 도메인 지식을 적용하도록 컴퓨터 메커니즘을 만들어왔다.

연구자들은 이러한 모델들을 개발할 때 다음과 같은 의문들을 던진다. 컴퓨터 프로그램이 어떤 상황에 적용할지 판단할 수 있도록 하기 위해서는 법규의 의미를 어떻게 표현해야 하는가? "쉬운" 법적 쟁점과 "어려운" 법적 쟁점을 어떻게 구별하는가? 법규 해석에 있어서 선례와 가치의 역할은 무엇인가? 이러한 질문들에 대한 대답은 철학적인 것이 아니라 과학적인 것이다. 그들의 컴퓨터 프로그램들은 법적 추론 작업의 모델을 만드는 것이 아니라 실제로 추론을 실행하는 것이다. 연구자들은 프로그램의 작업 수행 정도를 평가하기 위해 실험을 실시한다.

인공지능과 법 연구자들은 보폭을 넓혀왔지만 좁고 번잡한 지식표현은 법률 실무로 나아가는데 장애물이 되고 있다. 지금까지 컴퓨터 활용 모델들에 의해 채택된 실질적인 법률 지식은 판례, 법령, 규칙, 계약서 기타 법률가들이 실제로 사용한 텍스트 등의 법률 자료에서 그대로 추출되어야 하는 것이었다. 즉 인간인 전문가들이 법률 텍스트를 읽고 그 내용 중 관련 부분을 컴퓨터 활용 모델이 이용할 수 있는 형태로 나타내야 했다. 연구자들은 CMLR들을 법률 텍스트에 직접 자동적으로 연결할 수 없었기 때문에 자신들의 프로그램을 현실 세계의 법률 정보 검색, 예측 및 판단에 적용할 수 없었다.

텍스트로부터 전산화된 QA, IE와 논거탐색에서의 최근 발전은 변화의 가능성을 보여준다. "QA시스템은 방대한 양의 텍스트 집합을 검색하고 사용자의 질문에 대해 정확히 답변하는 간단한 문구 또는 문장을 발견한다"(Prager et al., 2000). "정보추출(IE)은 핵심 세부내용들을 주어진 하나의 문서에 요약하는 문제이다"(Freitag, 2000). 논거탐색은 문서 텍스트 안에 있는 논증 구조, 예를 들면, 전제와 결론, 주장들 사이의 관련성 등을 자동적으로 인식하는 것이다(ACL-AMW, 2016). 이 세 가지 기술들은 텍스트 안에 있는 시맨틱 정보(semantic information)를 처리하는 프로그램을 지원하기 위해 머신 러닝(machine learning, ML)을 적용한다.

위와 같은 기술들을 일컫는 보다 일반적인 용어는 텍스트 분석(text analytics) 또는 텍스트 마이닝(text mining)이다. "이것은 텍스트 기록물에서 발견될 수 있는 지식의 탐색을 말한다. … 이것은 비즈니스 인텔리전스(business intelligence), 탐구적 데이터 분석(exploratory data analysis, EDA), 연구 또는 조사를 위한 문헌의 정보 내용을 구조화하는 일련의 언어적 기술, 통계적 기술 및 머신 러닝 기술들을 말한다"(Hu and Liu, 2012, pp. 387-8). 분석 대상 텍스트가 법률 문헌인 경우에는 법적 텍스트 정보를 비롯한 "법적 데이터로부터 실질적으로 의미있는 통찰을 얻는 것", "법적 텍스트 분석" 또는 더 간단히 "법적 분석"이라고 말할 수 있다(Katz and Bommarito, 2014, p.3).

텍스트 분석 기술들은 지능적인 법적용의 발전에 장애물이 되었던 지식 획득 병목 현상을 해소할 수 있다. 연구자들은 법률 텍스트의 의미를 프로그램이 이용할 수 있는 방식으로 표현하기 위해 수동 기술에 의존하던 데에서 벗어나서 지식표현 프로세스를 자동화할 수 있다.

머지않아 몇몇 CMLR과 CMLA는 혁신적인 법률 실무 도구 및 법적용의 새로운 세대의 구축을 가능하게 하는 텍스트 분석 도구와 연결될 수 있을 것이다. 구체적으로 인공지능과 법 분야에서 개발된 CMLR과 CMLA는 인간이 법적 질문에 답변하고, 사건의 결과를 예측하고, 설명하고, 법적 결론에 대한 찬반주장을 하는 것을 현재의 기술들이 할 수 있는 것보다 더 효과적으로 지원하기 위해 판례, 법령 등 법률 텍스트로부터 자동적으로 추출된 정보를 채택할 것이다.

인공지능과 법 프로그램은 스타트업(start-up)이나 상업적인 실험실의 기술자들이 만족할 만한 질의응답을 제공할 수 있다. 이제 우리가 법률 텍스트에서 자동적으로 시맨틱 정보를 추출할 수 있다면 컴퓨터 프로그램은 이것을 어떻게 처리할 것인가? 그리고 정확히 어떤 정보가 법령, 규정, 판례에서 추출되어야 하는가? CMLR은 새로운 텍스트 처리 도구들이 법률 지식 체계를 수용, 조정 및 활용하여 인간이 법률사무를 수행하는데 도움을 줄 수 있음을 보여준다.

몇몇 CMLR과 CMLA는 향상된 인공지능프로그램이 법률 문헌을 지능적으로 활용할 수 있도록 도울 수 있었다. 한편, 추출된 정보는 법률전문가로 하여금 관련 정보를 보다 신속하게 파악할 수 있도록 하는 법률 정보 검색을 확실히 향상시킬 수는 있지만, 그 이상 무엇을 할 수 있는가? 컴퓨터는 텍스트에서 추출된 법률 정보를 가지고 추론을 할 수 있는가? 컴퓨터는 인간이 법적 가설을 주장하고 논증하며 법률 분쟁의 결과를 예측할 수 있도록 도울 수 있는가?

위의 질문에 대한 대답은 "그렇다!"라고 할 수 있다. 다만, 새로운 법률 응용프로그램들이 그 완전한 역량을 증명하기 위해서는 상당한 연구가 선행되어야 한다. 실제로 이 책은 그 연구의 일환이며 많은 실무가들과 이 연구에 기여하는 그 밖의 사람들을 지원하기 위한 것이다. 이 책에서 언급한 모델에 기반을 둔 새로운 상품 및 서비스를 개발하는데 관심이 있는 회사나 작업 흐름을 현대화하길 원하는 공공기관들이 그 대상이다.

1.3. 법률 실무에서 인텔리전트 테크놀로지(Intelligent technology)의 새로운 패러다임

법률 실무에서의 테크놀로지는 급속하게 변화하고 있다. 예측 코딩(predictive coding)은 소송에서의 증거개시(discovery)를 변모시키고 있다. Ravel(Ravel Law, 2015a), Lex Machina(Surdeanu et al., 2011), Watson-based Ross(Ross Intelligence, 2015) 등의 창업기업들이 주목을 받으면서 로펌을 가입자로 끌어들이고 있다. 텍스트 분석에서 테크놀로지의 개발은 법률 서비스의 전달, 효율성 및 접근성의 향상을 위한 새로운 프로세스 모델과 툴의 등장을 가져올 것이다.

이러한 변화는 젊은 변호사들과 컴퓨터 과학자들에게 다양한 도전과 기회를 제공한다. 다만, 법률 실무의 미래를 예측하는 것은 쉽지 않다. 로펌의 채용 감소는 로스쿨 지원자 수의 감소를 초래했다. 지원희망자들은 돈벌이가 되는 일자리 기회를 학자금 대출의 크기 등에 비추어 저울질해 본다. 테크놀로지가 법률 관련 직무를 수행해낼 수 있는지는 불명확하다. Remus와 Levy는 "조만간 컴퓨터가 광범위하게 변호사를 대체할 것"이라는 언론, 학계와 경제 예측을 인용한 후, 그러한 예측들은 "컴퓨터가 변호사의 업무를 수행할 수 있는지를 이해하는데 중요한 기술들을 감안하지 못한 것 … 예를 들면, 증거개시절차에서의 서류 검토가 회사 내에서의 면밀한 검토 작업보다 더 자동화될 수 있는 이유는 무엇인가? 스포츠 스토리의 자동화는 변론준비서면 작성의 자동화로 연계되지 않는 이유는 무엇인가?"라는 설득력 있는 주장을 내놓았다(Remus and Levy, 2015, p.2).

그리고 로스쿨 학생들이 테크놀로지를 배워야 하는지도 불확실하다. 로펌들은 로스쿨에 "실무 준비가 된" 학생들을 요구해왔지만, 그런 로펌들도 어떤 테크놀로지가 어떻게 필요할 것인지를 잘 모른다. 구체적으로 회사 내에서 테크놀로지를 개발해야 하는지 아니면 외부로부터의 테크놀로지 제공에 의존해야 하는지, 신기술을 이용하고 평가하기 위해 로스쿨 학생들이 준비해야 할 지식은 무엇인지 등에 대해 혼란스러워 한다.

인디애나 대학 로스쿨 교수인 William Henderson은 법률 영역에서의 프로세싱 엔지니어링은 법률 실무를 변화시켰고 앞으로도 계속될 것이라고 주장하면서 로스쿨은 학생들에게 프로세스 엔지니어링 기술을 가르쳐야 한다고 주장하였다.

> 법률 산업에서 프로세스와 테크놀로지가 차지하는 비중이 워낙 크기 때문에 현재 실현가능한 과학 기술들과 도메인 지식은 2015년에 졸업하는 대부분의 로스쿨 학생들에게는 충분하지 않을 수 있다 … 학생들은 … 법률이 배심재판 또는 법정 변론에 관한 것이 되기보다는 프로세스 엔지니어링, 예측 코딩 또는 그러한 프로세스에 수반된 전문적 기술에 관한 것이 되고 있다는 점을 배울 준비가 덜 되었다(Henderson, 2013, pp.505f).

프로세스 엔지니어링(또는 리엔지니어링)은 경영 및 정보 처리에 있어서 "절차의 개선"을 의미하는 것이었다.

> 그 목표는 핵심적인 사업과정을 재설계함으로써 업무진행 속도의 향상, 필요 자원의 축소, 생산성과 효율성 향상, 경쟁력 개선을 신속하고 실질적으로 추구하는 것이다(Attaran, 2004, p.585).

IT는 BPR(business process reengineering)의 실현, 의사소통의 간이화 및 업무처리의 개선, 리엔지니어링 결과의 활용 및 평가를 통한 리엔지니어링 시도에 "가장 효과적인 기술"로 알려져 있다(Attaran, 2004, p.595).

Henderson 교수는 프로세스 리엔지니어링이 법률 사무의 발전에서 차지하는 역할을 강조하면서 Richard Susskind의 저서 『변호사의 종말?(The End of Lawyers?)』에서 하나의 개념을 이끌어냈다. 그에 따르면 법률 사무는 맞춤형(또는 주문형)으로부터 표준형, 시스템형 또는 패키지형으로 진화하다가 최종적으로는 상품화된 형태로 발전될 것이라고 한다.

> 수많은 법적 수요에 대한 값싸고 품질 좋은 솔루션을 정형화하는 프로세스와 테크놀로지의 활용이 가능하도록 만드는 반복적인 패턴을 법률 서식과 법적 판단 속에서 찾으면 이러한 변화는 가능해진다. 종래 미국 로스쿨을 갓 졸업한 변호사들이 전통적으로 해오던 노동 집약적인 작업은 현재 인도 출신의 법학전공자들이 하고 있다. 이들은 Legal Process Outsourcer(LPO)에서 일하면서 방대한 양의 디지털 텍스트로부터 유용한 정보를 추출하는 프로세스의 디자인 및 운영 방법을 배우고 있다. 인도 출신의 법학전공자들은 취직이 될 뿐만 아니라 미국의 로스쿨에서 전혀 배울 수 없는 소중한 기술을 배우고 있다(Henderson, 2013, pp. 479, 487).

Henderson 교수는 리걸 솔루션을 제시하는 비용 효율적 방법을 디자인하기 위한 프로세스와 테크놀로지의 활용을 강조하면서 상품화가 법률 사무의 진화에서 최고봉이라는 Susskind 교수의 주장에 동의한다.

> 법률 상품은 ⋯ DIY(do−it−yourself)를 토대로 하는 경우가 많으며 최종 사용자가 직접 이용할 수 있도록 제공되거나 전자적 또는 온라인상의 법무 패키지를 말한다. IT 기반 시스템 및 서비스로서 법무와 연계된 "상품"이라는 용어는 ⋯ 일반적인 시장에서와 다르지 않다(서비스의 제공자가 아니라 수령자의 관점에서 다르지 않다는 의미이다). 어떠한 상품도 그와 유사한 경쟁 제품이 존재할 수 있다(Susskind, 2010, p.31ff).

다시 말해서 법률 상품화는 누구든지 법률문제의 해결을 위해 변호사를 고용하지 않고서도 구입, 다운로드 및 이용할 수 있는 소프트웨어 서비스 혹은 제품으로 귀결된다. 요즘 말로 하면 법률 관련 컴퓨터 응용프로그램, "리걸 앱(legal app)"이라고 할 수 있다.

1.3.1. 종래의 패러다임: 법률 전문가 시스템

프로세스 엔지니어링과 상품화라는 두 개념은 흥미로운 의문을 품게 한다. 만약 법률 서비스의 프로세스 엔지니어링이 "매우 저렴하고 품질이 좋은" 솔루션을 제공하는 방법을 재고하는 것이라면, 그러한 솔루션을 의뢰인의 구체적인 문제에 맞춰 적용하는 것은 누가 혹은 무엇이 담당하는 것인가? Susskind의 말처럼 만약 상품화가 "DIY(do-it-yourself)"를 의미하는 것이라면, 의뢰인이 직접 스스로 해야 한다는 뜻인가? 다시 말해서 어떤 종류의 지원이 리걸 앱에 필요한가? 특히 리걸 앱은 사용자 정의가 가능한 것인가?

얼마 전까지만 해도 리걸 앱의 디자인을 위한 컴퓨터 모델은 리걸 엑스퍼트 시스템(legal expert system)이었다. 선도적인 리걸 엑스퍼트 시스템을 개발한 Susskind는 다음과 같이 정의하고 있다.

> "엑스퍼트 시스템(expert system)"이란 지식과 전문적 기술이 내장된 컴퓨터 응용프로그램을 말한다. … 그것은 (인간이 할 수 있는 일이지만) 문제를 해결하고 상담을 제공하며 그 밖에 다양한 업무를 수행하는데 적용될 수 있다. 법률 분야에서 이 개념은 컴퓨터 기술을 활용해서 지식과 전문적 기술을 더 광범위하게 이용하고 쉽게 접근할 수 있도록 하려는 것이다(Susskind, 2010, p.120f).

일반적으로 리걸 엑스퍼트 시스템은 법의 일부 영역을 다루지만 해당 영역에 관한 충분한 "지식과 전문적 기술"을 가지고 있기 때문에 사용자의 관련 질문에 대답하고 사용자 정의에 따른 답변을 제공하며 그 근거를 설명할 수 있다. "전문적 기술"은 법률 전문가가 구체적 사실에 법규를 적용하는데 사용하는 휴리스틱(heuristic)으로 구성되어 있다. 이러한 휴리스틱은 대체적으로 유용하지만 반드시 옳은 결론에 이르는 것을 보장하지는 않는 "경험 규칙"이다(Waterman and Peterson, 1981).

휴리스틱 규칙은 그 법칙의 조건과 결론을 구체적으로 명시하는 선언형 언어(declarative language)로 표현된다. 휴리스틱 규칙은 매뉴얼에 따른 지식습득과정(knowledge acquisition process), 즉 매뉴얼에 따라 인간인 전문가에게 질문하고, 문제 시나리오를 제공하고, 문제 해결을 요청하고, 문제를 분석하고 솔루션을 만들어 내는데 어떠한 규칙을 적용했는지를 요구하는 과정을 거쳐서 추출된다(Waterman and Peterson, 1981).

Waterman의 Product Liability Expert System

Don Waterman의 리걸 엑스퍼트 시스템(이하 "W-LES"라 한다)은 1980년대부터 CMLR의 고전적인 사례로 알려져 있으며, 실제 문제에 관하여 제한적이지만 자동화된 법적 추론을 실행하였다. 이 시스템은 제조물책임분쟁의 화해 종결에 도움을 주었다(Waterman and Peterson, 1981). W-LES에 입력되는 것은 제조물책임에 관한 분쟁의 서술이었다. W-LES는 그 결과물로써 화해의 이익을 권고하였고 그에 관한 분석을 제시하였다.

법적 분쟁을 화해로 해결할 것인지와 화해금은 얼마로 할 것인지에 관한 W-LES의 권고는 휴리스틱 규칙에 기초한 것이었다. 여기에는 법령, 판례 및 규약에 명시된 제조물책임에 관한 캘리포니아주의 법리를 간명하게 서술한 것과 손해액 계산을 위한 손해사정의 규칙이 포함되어 있다(Waterman and Peterson, 1981, p.15). 도표 1.1은 프로그램의

▌도표 1.1. ▌ 휴리스틱 규칙-손해 및 무과실책임 정의(Waterman and Peterson, 1981)

[규칙 3.1: 손해의 정의]

IF 원고의 손해가 "신체침해(injury)"인 경우

THEN 원고가 제조물로 인해 신체침해를 당했음을 주장

[규칙 3.2: 손해의 정의]

IF 원고의 손해가 "생명침해(decedent)"인 경우

THEN 원고가 피상속인을 대신해서 피상속인이 제조물로 인해 사망했음을 주장

[규칙 3.3: 손해의 정의]

IF 원고의 손해가 "재산적 손해(property-damage)"인 경우

THEN 원고의 재산이 제조물로 인해 피해를 입었음을 주장

[규칙 4: 무과실책임의 정의]

IF (원고가 제조물로 인해 신체침해를 당한 경우

　　또는 (원고가 제조물로 인해 사망한 피상속인을 대신하는 경우)

　　　　　　또는 원고의 재산이 제조물로 인해 피해를 입은 경우)

　　　　　　그리고 incidental-sale 항변이 적용될 수 없는 경우

　　　　　　그리고 (제조물이 피고에 의해 제조된 경우

　　　　　　또는 제조물이 피고에 의해 판매된 경우

　　　　　　또는 제조물이 피고에 의해 대여된 경우)

　　　　　　그리고 피고가 제조물의 이용에 책임이 있는 경우

　　　　　　그리고 (캘리포니아주의 관할에 속하는 사건의 경우

　　　　　　또는 제조물의 이용자가 피해자인 경우

　　　　　　또는 제조물의 구매자가 피해자인 경우)

　　그리고 제조물 판매 시 결함이 있는 경우

　　그리고 (제조물이 그 제조부터 판매까지 변경되지 않은 경우

　　또는 (피고가 "제조물은 그 제조부터 판매까지 변경되지 않을 것"이라고 예상하고

　　　　그리고 피고의 예상이 합리적이고 적절한 경우))

THEN 원고의 손해에 무과실책임이론이 적용됨을 주장

휴리스틱 규칙이 3개의 손해 유형과 무과실책임을 정의한 모습을 나타내는 것이다.

W−LES는 전향 추론(forward chaining) 방식으로 휴리스틱 규칙을 적용하여 사실 관계를 처리한다. 추론 엔진(inference engine)은 "점화(fire)" 여부를 테스트하면서 규칙을 차례로 거친다. 다시 말해서 해당 문제를 표현한 데이터베이스의 사실관계가 어느 규칙의 조건을 충족하는지 여부를 테스트한다. 그 후 적용할 수 있는 규칙이 점화되고 추론된 결과가 데이터베이스에 추가된다. 추론 엔진은 적용할 규칙이 없을 때까지 반복적으로 실행된다.

문제에 대한 솔루션을 표현한 결론을 가진 규칙이 프로세스의 마지막까지 예측과 평가(혹은 다른 리걸 엑스퍼트 시스템에서는 관련 법적 형태의 선택 및 완료)를 산출하면서 성공적으로 "점화"하는 것이 이상적이다. 결과물에 대한 설명은 "감사 추적(audit trail)" 또는 점화된 규칙과 점화에 이르게 한 충족 조건의 역추적으로 구성된다(Waterman and Peterson, 1981).

다른 엑스퍼트 시스템들은 후향 추론(backward chaining) 방식으로 휴리스틱 규칙을 적용하였다. 추론 엔진은 원하는 여러 목표들에서 출발해서 하나의 목표를 고르고 희망 목표인 결론을 가진 하나의 규칙을 찾기 위해서 규칙(과 사실) 데이터베이스를 거친다. 그리고 규칙의 조건들을 원하는 목표에 추가하고 모든 목표가 충족되거나 남은 목표를 충족시킬 규칙(또는 사실)이 존재하지 않을 때까지 순환을 반복한다(Sowizral and Kipps, 1985, p.3).

Waterman은 리걸 엑스퍼트 시스템을 개발하면서 세 가지 디자인 한계에 직면했: 법적 규칙이 관할에 따라 다르다는 점; 법적 규칙이 잘못 정의된 법적 개념을 채택한다는 점; 그리고 증명된 추론이 불확실하다는 점.

첫째, 제조물책임에 관한 법적 규율은 미국의 주마다 다양하다. 예를 들어, 기여과실(contributory negligence)이 적용되는 주에서는 원고의 과실은 제조자의 책임을 배제시킨다. 만약 과실상계(comparative negligence)가 인정되는 주라면 원고의 과실은 손해배상을 비율적으로 감소시킨다. Waterman은 여러 주의 법규를 제시하고 결과에 있어서 차이를 보여주기 위해서 이용자가 적용 법규를 특정할 수 있도록 함으로써 이 문제를 언급하였다.

둘째, 법적 규칙에는 "합리적이고 적절한" 또는 "예견 가능한"과 같이 정의되지 않는 법적 개념(Waterman은 이것을 "애매한 용어"라고 한다)들이 존재한다(Waterman and Peterson, 1981, p.18). Waterman은 이 문제를 해결하기 위한 여러 방안을 고려하였다. 여기에는 "애매한 용어가 구체적인 맥락에서 과거에는 어떻게 사용되었는지를 서술한 규칙"을 제공하는 방안, "애매한 용어의 용례를 요약 기술하는" 방안, 그리고 이용자가 판단하도록 "해당 용어가 적용된 이전 사례들을 비교하고, 규칙 적용의 명확성을 나타내는 수치를 등급화하여 … 결국에는 시스템이 이용자에게 용어의 적용을 묻는" 방안들이 포함되었다(Waterman and Peterson, 1981, p.26).

셋째, 소송당사자들은 사실문제의 증명과 법리의 적용에 대해 확신하지 못한다. Waterman은 이에 대해 각 규칙 내에 추가적인 요건으로서 불확실성을 흡수시키는 방안 또는 그러한 불확실성을 별개의 규칙으로 취급하되 다른 규칙들을 먼저 적용한 이후에 적용하는 방안을 제안하였다. 이렇게 하면 이용자들은 "불확실성에서 벗어나서 사건을 고려하고, 잠정적인 결론에 도달하고, 그리하여 그 결론을 사건에 대한 전체적인 불확실성을 표현하는 확률 인자에 따라 조정하게 될 것이다"(Waterman and Peterson, 1981, p.26).

현대적인 리걸 엑스퍼트 시스템

리걸 엑스퍼트 시스템은 다양한 상황에서 여전히 광범위하게 사용되고 있다.

Neota Logic은 로펌, 법과대학, 로스쿨 학생들에게 엑스퍼트 시스템을 구축하기 위한 툴을 제공하고 있다. Neota Logic 웹사이트는 해외부패방지법(FCPA), 국제거래에서 파산의 위험성, 가족의료휴가법(FMLA) 등에 관련한 법적 질문에 대해 전문가 자문을 제공한다(Neota Logic, 2016)(Section 2.5.1 참고).

CALI(the Center for Computer−Assisted Legal Instruction), IIT Chicago−Kent College of Law의 Center for Access to Justice & Technology에서는 엑스퍼트 시스템을 제작하기 위한 웹 기반 툴을 제공한다. 법률 지식을 가진 비프로그래머(non−programmer)는 이 툴을 이용해서 A2J Guided Interview®라는 엑스퍼트 시스템을 만들 수 있다. 이 프로그램은 소송당사자가 법원에 제출할 문서를 스스로 작성할 수 있게 해준다(A2J, 2012).

Section 2.5에서 보는 바와 같이 회사들은 엑스퍼트 시스템 스타일의 비즈니스 규칙을 가진 매니지먼트 시스템을 채택해서 그 프로세스가 관련 규정과 일치하는지를 모니터하고 있다.

리걸 엑스퍼트 시스템은 여전히 널리 이용되고 있지만 법률 분야의 "킬러 앱(killer app)"이 되지는 못하고 있다. 그 이유로는 세 가지 정도를 들 수 있다. 첫째, 엑스퍼트 시스템이 불확실하고 불완전한 정보를 처리할 수 있도록 개발된 기술들이 임시방편에 지나지 않고 신뢰할 수 없는 측면이 있다. 둘째, 규칙을 획득하는 과정이 복잡하고 느리며 시간 소모가 크고 비용이 많이 들어간다. 또한 좁고 번잡한 지식습득과정은 법률 분야뿐만 아니라 다른 분야에서도 엑스퍼트 시스템의 활용도를 떨어뜨린다(Hoekstra, 2010). 셋째, 텍스트 분석은 지식습득과정의 문제점을 해결해주지 못한다. 새로운 유형의 텍스트 분석은 텍스트로부터 시맨틱 법률 정보를 추출할 수 있지만, 아직까지 엑스퍼트 시스템 규칙을 추출하지는 못한다.

이 책에서는 엑스퍼트 시스템의 전망과 한계를 종종 다룰 것이다. 여기에서는 리걸 앱이 사용자의 문제의 특수성에 솔루션을 맞출 수 있다면 다른 패러다임을 찾을 필요가 있다는 정도로 언급하고자 한다.

1.3.2. 대체적 패러다임: 주장 검색(argument retrieval; AR)과 인지 컴퓨팅(cognitive computing)

엑스퍼트 시스템과 다른 대안으로서 두 개의 패러다임, 즉 AR과 인지 컴퓨팅은 사용자로 하여금 법률문제를 직접 해결하도록 하는 것이 아니다. 그 대신 컴퓨터 프로그램이 법률 텍스트에서 시맨틱 정보를 추출하고 이 정보를 이용해서 인간이 자신의 법률문제를 해결하는데 도움을 제공하는 것이다.

개념적 정보 검색(conceptual information retrieval)은 새로운 것이 아니다. 인공지능은 개념 및 개념 관계와 같은 시맨틱 요소를 텍스트로부터 추출하고 확인하려는 시도를 예전부터 해왔다. Sowa에 의하면 "개념은 언어로 표현할 수 있는 엔티티(entity), 행동(action) 또는 상태(state)를 말하며 개념 관계는 각 엔티티가 하는 역할을 나타내는 것이다"(Sowa, 1984, p.8). 이와 마찬가지로 검색된 텍스트에 대한 추론을 끌어내기 위해서 추출된 시맨틱 정보를 이용하여 정보검색을 보다 스마트하게 하는 것은 인공지능의 오랜 목표였다. Roger Schank는 1981년에 "개념 정보 검색"이라는 용어를 사용하면서 다음과 같이 정의내렸다:

> 개념적 정보 검색은 비교적 비제약적인 영역에서 팩트들의 검색과 구조를 처리하는 시스템을 말한다. 첫째, 이러한 시스템은 데이터베이스 입력어 및 시스템 질의어와 같은 자연어 텍스트를 … 하나의 아이템의 개념 콘텐츠 또는 의미가 단순한 키워드 방식이 아니라 검색을 위해 이용될 수 있는 방식으로 … 자동적으로 이해할 수 있어야 한다. 만약 개념에 의해 카테고리가 구체화되고 자연어 분석 프로그램이 텍스트를 개념 표현으로 분석하면, 새로운 아이템들의 개념 표현(또는 의미)으로부터 어느 카테고리에 속하는지를 판단하는 추론이 가능해진다(Schank et al., 1981, pp. 98, 102).

개념적 법률정보 검색(conceptual legal information retrieval)도 새로운 것은 아니다. 법률 영역에서 개념 검색을 가능하게 하기 위한 Hafner(1978)와 Bing(1987)의 시도는 선구적이었다. Section 7.7 및 11.2에서 보는 바와 같이 현대적인 법률정보 검색 서비스는 사용자가 타깃으로 삼은 관심 주제 및 실질적인 법률 개념을 계산에 넣는다. 최근에는 개념 정보 검색 시스템을 확장하는데 초점을 맞추면서, 단순히 쿼리(query)에 관한 것이 아니라 사용자가 타깃이 된 정보를 적용하려는 문제에 관한 법률 정보를 개념적으로 리턴한다(Winkels er al., 2000 참조).

오늘날의 개념적 법률정보 검색은 사용자의 법률문제를 해결하는데 필요한 개념 및 역할과 문서에 있는 개념 및 역할의 매칭에 기반해서 해당 텍스트의 법률정보를 자동적으로 검색하는 것이라고 할 수 있다. 개념적 법률정보 검색은 일반적인 법률정보 검색과는 분명히 다르다. 이것은 예를 들어 법적 주장을 구축하는 것과 같이 문제를 해결하기 위해 필요한 정보에 대한 사용자의 요구를 모델링하는데 중점을 두고 있을 뿐만 아니라 문제해결 프로세스에서 개념 및 역할에 초점을 맞추고 있다.

사용자가 자신의 소송상 청구를 뒷받침하는 주장을 구축하거나 또는 상대방의 유효 적절한 주장에 대한 방어방법을 구축하는데 개념적 법률정보 검색이 도움을 줄 수 있다고 해서 이것이 새로운 것은 아니다. Dick과 Hirst는 1991년에 이미 사례연구를 통해서 주장 설계 구조가 "당면한 문제의 해결을 위한 주장을 구축하기 위해 정보를 찾는" 변호사를 지원할 수 있음을 발견하였다. 그러나 당시에는 "기계에 의한 언어 분석 및 언어 생성이 언젠가 가능할 것"이라는 짐작만 할 수 있었다.

Dick과 Hirst의 추측은 결국 현실이 되었다. 지난 수년 동안은 개념적 법률정보 분석을 목적으로 자연어 텍스트로부터 개념적, 주장 관련 정보를 추출하는 강력한 수단들은 이용되지 못했다. 그러나 지금은 사건 텍스트에 있는 주장 관련 정보를 자동으로 확인할 수 있는 언어 분석 툴을 이용할 수 있다. 그 결과 새로운 패러다임이 형성되었다. 그것이 바로 주장 관련 정보에 기반한 강력한 개념적 법률정보 검색 혹은 AR(Section 10.5에서 언급하는)이다.

시스템 개발을 위한 두 번째 새로운 패러다임은 인지 컴퓨팅(cognitive computing)이다. 인지 컴퓨팅은 그 명칭에도 불구하고 인간이 하는 방식으로 인지적 업무를 수행하거나 "생각하는" 인공지능 시스템의 개발이 아니다. 인지 컴퓨팅의 작동 유닛은 컴퓨터나 인간이 아니라 컴퓨터와 문제 해결자로서의 인간이 협업하는 하나의 팀이다.

> 인지 시스템의 시대에 인간과 기계는 각자 자신의 뛰어난 능력을 가지고 동반자 관계를 구축하여 협업을 통해 더 나은 결과물을 생산해낼 것이다. 기계는 여전히 백과사전적인 메모리와 엄청난 계산능력을 보유한 채 더 합리적이고 분석적으로 될 것이다. 인간은 전문성, 판단력, 직관력, 공감능력, 윤리 기준 및 창의성을 제공할 것이다(Kelly and Hamm, 2013).

인지 컴퓨팅 패러다임에서 인간은 리걸 앱을 이용한 맞춤화된 솔루션에 대해 최종적인 책임을 지게 되지만, 상품화된 리걸 서비스 테크놀로지는 인간에게 사용자 정의의 필요성을 알려야 할 뿐만 아니라 솔루션을 만드는데 도움이 되는 관련 법률 정보에 대한 사용자 정의 액세스를 지원해야 한다. 다시 말해서, 리걸 앱은 인간의 구체적인 문제에 맞추는 방식으로 정보를 선택, 명령, 강조 및 요약할 뿐만 아니라 정보를 탐색하고 이전에는 불가능했던 새로운 방식으로 데이터와 상호작용을 할 것이다.

이러한 접근 방법이 성공을 거두기 위해서 테크놀로지가 사용자의 문제를 해결할 필요는 없다. 그것이 리걸 엑스퍼트 시스템은 아니겠지만, 인간의 문제 해결 프로세스에서 처리되거나 관련된 정보를 "이해"할 수는 있어야 하며 그 정보를 적절한 시기와 맥락에 맞춰 이용할 수 있어야 한다. 이 점에 있어서 AR은 인지 컴퓨팅과 일치한다. 인지 컴퓨팅에서는 사용자의 문제를 해결할 리소스를 찾고 적용할 책임이 컴퓨터가 가장 잘 수행할 수 있는 지적인 작업과 인간의 전문 지식에 의존하는 지적인 작업에 분리되어 있다.

엑스퍼트 시스템과 인지 컴퓨팅 패러다임은 각각의 "지식"의 소스(source)에서 차이가 난다. 전자의 경우, 전문 지식은 전문가가 문제의 해결에 적용할 규칙, 지식습득과정에서 엔지니어가 수동으로 구축한 규칙에 들어 있다.

이와 반대로 후자의 경우, 지식은 텍스트의 코퍼스(corpus)[1]에 들어 있는데, 프로그램은 그 텍스트로부터 여러 개의 후보 솔루션 혹은 솔루션 요소들을 추출하고 해당 문제와의 관련성을 기준으로 등급화한다. 물론 이것은 텍스트의 이용 가능한 언어 자료가 문제 유형에 관련한 정보를 포함하고 있다고 가정한 것이다. 예를 들면, 만약 법적 권리에 관한 사실관계의 주장이 문제인 경우, 그 권리의 유형에 관한 법적 사례들의 언어 자료가 필요할 것이다.

테크놀로지가 인간의 방식으로 텍스트를 읽을 수는 없다. 그러나 지능적으로 텍스트를 처리하고, 문제와 관련한 요소들을 확인해서 그 요소들을 적절한 방식으로 사용자에게 보내는 테크닉은 가질 수 있다. 프로그램이 관련성을 평가하고, 후보 솔루션 혹은 요소들을 확인하고 등급화하고 제안하기 위한 지식은 ML을 이용한 도메인 고유의 데이터로부터 패턴을 추출함으로써 자동적으로 습득된다.

---

1) 역자 주) 말뭉치, 즉 언어 연구를 위해 텍스트를 컴퓨터가 읽을 수 있는 형태로 모아 놓은 언어 자료. 언어 현실을 총체적으로 드러내 보여줄 수 있는 자료의 집합체로 매체, 시간, 공간, 주석 단계 등의 기준에 따라 다양한 종류가 있으며, 한 덩어리로 볼 수 있는 말의 뭉치라는 뜻이다.

1.3.3. 새로운 리걸 앱(Legal App)을 향하여

적어도 목표는 새로운 리걸 앱으로 나아가는 것이다. 대학이나 기업의 연구자들은 리걸 앱의 특별한 잠재력을 알고 있지만 법률 영역에서 인지 컴퓨팅이 어떻게 도입될지는 아무도 정확히 알지 못하고 있다. 분명한 것은, 쉽지는 않겠지만 실현가능한 것으로 본다는 점이다.

인공지능과 법 연구자들과 과학자들은 새로운 QA, IE 및 주장 검색 기술들을 법률 영역에서의 문제 해결 프로세스에 적용하기 위해 상당한 노력을 기울이고 있다. 그들은 법령 및 판례를 표현하기 위해 수년에 걸쳐 개발된 통합 컴퓨터 기술이 법적 추론, 논증 및 예측을 할 수 있다고 본다. 인공지능과 법 툴은 새로운 텍스트 프로세싱 기술이 타깃으로 삼아야 하는 법적 텍스트의 요소들과 완수될 수 있는 법적 업무를 보여준다.

그리고 그들은 인공지능과 법 연구에 디자인 제약이 있음을 알고 있다. 이것은 CMLR이 완수할 수 있는 것을 제한하거나 엄격하게 가이드하는 것이다. 그러한 제약은 종종 교묘하게 처리되거나 무시될 수 있지만 미리 그것에 대해 알고 있는 것이 바람직하다. 디자인 제약은 과학자들이 시간을 낭비하지 않도록 혹은 막다른 골목까지 달려가지 않도록 도울 것이다.

앞으로 몇 년은 법률 실무의 발달과 인공지능과 법의 역사에서 흥미진진한 시간이 될 것이다. 이 책의 목적은 이용 가능한 툴을 제시하고 그것들이 새로운 텍스트 프로세싱 툴과 어떻게 통합될 수 있는지를 탐구하며 독자들에게 이러한 기술 혁명에 대비하도록 하는데 있다.

1.4. Watson이 할 수 있는 일과 할 수 없는 일

여기서 잠깐! 혁명은 이미 끝난 것이 아닌가? IBM의 Watson은 텍스트의 IE에 기반한 QA에서 뛰어난 성과를 달성하고 있다. Watson의 사촌격인 Debater 프로그램은 텍스트에서 주장을 검색한다. 그렇다면 누군가는 Watson과 Debater를 리걸 텍스트에 풀어놓고 법적 추론을 수행하는 것을 볼 수도 있는 것이 아닌가?

그렇지는 않다. 앞에서 언급한대로 Watson과 Debater는 법적 추론을 수행하지 못한다. 이 섹션에서는 그 이유를 설명한다. Watson은 개념 구조 툴 및 텍스트 분석 툴을 제공하는데 이것은 텍스트에서 법적 추론을 수행할 수 있는 프로그램 구축의 문제를 해결하는데 중요하다.

여기에서 Watson과 Debater를 강조하는 것은 디지털 시대에 지능 툴의 개발이 IBM의 특허 기술에 의존해야 한다는 의미가 아니다. 실제로 Watson은 오픈 소스 텍스트 프로세싱(open-source text processing)과 IE 툴, 비정형 정보관리 아키텍처(UIMA, Unstructured Information Management Architecture)에 기반한 것이다. Debater 연구와 관련해서는 UIMA의 대안으로 open-source GATE annotation environment가 토픽 라벨링(topic labeling)에 사용되었다.

그러나 Watson 테크놀로지를 디자인하는데 있어서 IBM의 연구자들은 텍스트 분석의 구성 작업들을 구조화하였다. 그러한 구조는 법률 영역에서 작업의 응용 가능성에 도움이 된다.

1.4.1. IBM의 Watson

"제퍼디!(Jeopardy!)"는 은퇴한 노인들과 어린 청소년들에게 인기 있는 TV 게임쇼인데, 2011년 2월에 미국 대중들의 상상력을 사로잡았다. 게임의 구성과 규칙은 간단하다: 사회자 Alex Trebek은 3명의 참가자와 함께 6개의 카테고리로 구성된 1개의 게임 보드를 본다. 각 카테고리에는 금액이 올라가는 5개의 아이템이 있다. 각 아이템은 작은 창문으로 구성되는데 창문이 열릴 때 답이 나타난다. 참가자들은 먼저 버저를 눌러야 기회를 갖게 되는데 답과 어울리는 질문을 말하면 해당 아이템의 금액을 획득하고 다음 카테고리와 아이템을 선택할 수 있다. 가장 중요한 규칙은 참가자의 "정답"이 질문의 형식이어야 한다는 것이다.

제퍼디는 1984년부터 저녁 시간대 인기 있는 TV 프로그램이었는데 이 날은 달랐다. 3명의 경쟁자 중 하나는 인간이 아니었다. IBM 연구소의 David Ferrucci가 이끄는 한 팀은 "Watson"이라고 부르는 컴퓨터 시스템을 고안했는데, 이 Watson이 프라임 시간대 TV 프로그램인 "제퍼디!" 게임에 참가해서 2명의 역대 최고 우승자들과 대결했던 것이다. Brad Rutter는 "제퍼디!"의 금액 기준 사상 325만 달러의 최대 상금 우승자였고, Ken Jennings는 74번 연속 우승 기록 보유자였다.

2011년 2월 14일부터 16일까지 연속으로 방송된 세 번의 게임에서 Watson은 인간 우승자들을 상대로 압도적인 승리를 거두었다. Watson은 1997년 체스 세계챔피언 Garry Kasparov를 이겼던 체스 플레잉 프로그램 Deep Blue를 개발한 IBM 연구소의 또 하나의 역작이었다.

물론 Watson은 틀리기도 했다. Watson의 실수는 최종 라운드인 "파이널 제퍼디!(Final Jeopardy!)"에서 사회자가 카테고리를 말하고 방송이 광고로 넘어갈 때 발생했다. 그 사이에 참가자는 현재 획득한 총 금액을 건다. 사회자가 "파이널 제퍼디!" 답이라는 점을 최종적으로 밝히면 참가자들은 30초 동안 자신의 답을 디스플레이에 적어야 한다. 이 순간 시간의 압박을 받으며 생각하는 긴장감을 전형적으로 보여 주는 지금도 익숙한 Merv Griffin의 "Think!"가 울린다.

이 날 저녁에 방송된 "파이널 제퍼디!"의 카테고리는 "400불, 미국 도시들(U.S. Cities)"이었다. 답은 "이 도시의 가장 큰 공항은 제2차 세계대전의 영웅의 이름을 딴 것이다. 이 도시의 두 번째로 큰 공항은 제2차 세계대전의 전장이었다." 종소리가 끝나면 사회자는 각 참가자에게 질문을 보여주라고 한다.

"토론토(Toronto)는 어떤 도시인가????"라는 Watson의 답을 본 방청객들은 낮게 탄성을 질렀다. 아마도 방청객들이 놀란 이유는 Watson이 틀렸기 때문은 아니었을 것이다. 정답은 "시카고(Chicago)는 어떤 도시인가?"이었다. 누가 보더라도 그 질문은 교묘했다. 시카고에서 두 번째로 큰 공항은 미드웨이 공항(Midway Airport)으로 제2차 세계대전에서 유명한 전투 중 하나였던 태평양 해전에서 그 이름을 따온 것이라는 사실은 이미 알려져 있었다. 그러나 최고의 조종사였던 에드워드 헨리 오헤어(Edward Henry "Butch" O'Hare) 해군 소령이 제2차 세계대전의 영웅이라는 사실은 많이 알려져 있지 않았다. 이 영웅을 기념하기 위해 이름 붙인 공항이 시카고 오헤어 국제공항(Chicago O'Hare International Airport)이다.

방청객들이 놀란 이유는 Watson이 상식적인 지식을 몰랐기 때문이었을 것이다. 누구나 알고 있듯이 토론토는 미국의 도시가 아니지 않은가!

Watson은 겨우 947 달러를 걸었기 때문에 그의 실수가 비싼 값을 치른 것은 아니지만, 엑스퍼트 규칙과 같은 방식에서는 Watson이 "고착된" 정보나 사실에 관한 지식을 갖고 있지 않다는 점이 드러났다. Watson은 질의응답(Q/A)의 유형에 따라 질문에 대한 응답 후보들(혹은 "제퍼디!" 방식에서는 응답에 대한 질문)을 자기의 데이터베이스 안에 있는 수백만 개의 텍스트로부터 추출하는 방법을 학습한다. 그리고 Q/A의 유형에 따라 질문의 유형에 대한 응답을 인정할 수 있는 증거들을 학습한다. 그러한 증거는 텍스트 안에 구문(構文)적 특징(syntactic feature)과 의미론적 단서(semantic clue)의 형태로 존재하는데 의미 단서는 개념 및 관계의 참조를 포함하고 있다. Watson은 텍스트에 연결된 다양한 유형의 증거를 얼마만큼 확신할 수 있는지도 학습한다. 앞에서 Watson이 반복적인 표시한 물음표는 자기의 응답에 대한 확증을 갖지 못했음을 보여주는 것이다(Ferrucci et al., 2010).

Watson은 인간이 많은 질의응답 사례들을 마크업(mark-up)[2] 또는 "주석을 붙인(annotate)" 훈련용 문서를 통해 학습한다. 이러한 훈련용 텍스트는 질의응답의 각 유형에 대한 정보 추출 방법의 사례를 제공한다. Watson은 정보 추출 방법을 훈련용 사례에서 학습한 후 마크업되지 않은 다른 텍스트에서 정보를 추출하는데 적용해본다. 이렇게 함으로써 프로세스에서 정보를 일반화하는 방법을 학습한다(Ferrucci et al., 2010).

IBM Watson 프로젝트의 연구원들이 앞에서 본 Watson의 응답을 설명하면서 지적했던 것은, 시카고가 Watson의 응답 후보 목록에서 2순위였지만 Watson은 시카고의 공항을 제2차 세계대전에 연결시킬 정도의 많은 증거를 찾지 못했다는 점이다. 그리고 Watson이 학습한 바에 따르면 "미국 도시들(U.S. Cities)"이라는 카테고리 문구는 매우 방향성이 없다는 점이다. 만약 전광판에 "미국의 이 도시의…(This U.S. city's…)"라고 표시했더라면, Watson은 미국 내의 도시들에 더 중점을 두었을 것이다. 다시 말해서, 토론토라는 이름을 가진 도시는 미국 내에 여러 곳이 있다. 예를 들면, 일리노이주 토론토, 인디애나주 토론토, 아이오와주 토론토, 미시건주 토론토, 오하이오주 토론토, 캔자스주 토론토, 사우스 다코타주 토론토가 있다. 캐나다에 있는 토론토는 미국 메이저리그 야구팀을 보유하고 있다(Schwartz, 2011).

법률 영역에서 Watson의 적용

IBM은 Deep QA로도 알려진 Watson 테크놀로지를 법률 영역에 적용하려고 한다(Beck, 2014 참조). IBM의 Robert C. Weber 법률고문은 다음과 같이 말했다.

> 질문을 제기하면 Deep QA는 밀리세컨즈(milliseconds)[3] 이내에 수백만 페이지를 분석하고 사실 및 결론을 발굴할 수 있다 … Deep QA는 변호사를 대체하지는 않을 것이다; 결국 훌륭한 변호의 핵심은 성숙하고 합리적인 추론에 있다 … 그러나 테크놀로지가 인간의 역량을 높이고 업무 수행을 향상시키는데 도움이 될 것이라는 점은 의심할 나위가 없다 … IBM에서 우리는 변호사가 Deep QA를 어떻게 활용할 수 있을지를 연구하기 시작했다. (우리는 Deep QA가 미국 변호사시험을 잘 볼 것이라고 매우 확신하고 있다!) 그러나 이미 이러한 테크놀로지가 법적 주장을 구축하는데 있어서 사실을 모으고 아이디어를 확인하는 두 가지 방식으로 이용될 것이라는 점은 분명해지고 있다. 이러한 테크놀로지는 조만간 법정에서 도움을 줄지도 모른다. 만약 증인이 신뢰할 수 없는 증언을 한다면, 당신은 법정에서 그 정확성을 조회해 볼 수 있을 것이다(Weber, 2011).

그럼에도 불구하고 Watson의 실수로 인해 Watson 테크놀로지를 법률 영역에 적용하는 것은 시험대에 오를 수밖에 없다. "리걸 제퍼디!(LEGAL Jeopardy!)"라는 게임을 상

---

2) 역자주) 텍스트 안의 특정 부분에 그 속성을 나타내는 표지를 부가하기, 또는 그 표지.

3) 역자 주) 1 millisecond = 1000분의 1초

상해보자. 사회자 알렉스가 "카테고리: 스포츠 법"이라고 말한다. Ken Jennings는 "스포츠 법, 120만 달러"라고 적힌 아이템을 선택한다. 아이템 창이 열리고 답은 "경제 파업 동안 대체 근로자를 법적으로 고용할 수 없는 미국 메이저리그 팀"이다.

> 버저가 울리자 사회자는 "Watson?"을 부른다.
> Watson은 "토론토 블루제이스(Toronto Blue Jays)는 어떤 팀인가?"라고 답한다.
> 사회자는 웃으며 "정답! 토론토 블루제이스는 경제 파업 동안 대체 근로자를 고용할 수 없습니다."라고 말한다.

이번 경우에 토론토가 미국의 도시가 아니라는 사실을 알고 있다는 점은 법적인 논점을 분석할 때 관할 관련성을 확실히 고려한 것이다. 미국의 다른 메이저리그 팀과 달리 토론토 블루제이스는 미국 노동법의 적용을 받지 않고 캐나다 온타리오(Ontario) 주 노동법의 적용을 받는다. Lippner가 쓴 1995년 미국 메이저리그 파업에 관한 논문에 따르면 온타리오 주 노동법은 대체 근로자의 고용에 관한 규정이 다르다고 한다.

Watson이 질문에 정확하게 응답하기 위해 토론토의 위치나 어느 국가에 속하는지를 반드시 알아야 할 필요는 없었을 것이다. Watson은 토론토가 위치한 국가 혹은 적용 법률을 특정하는 규칙을 가지고 있지 않다. 또한 캐나다 연방 혹은 온타리오 주의 법률이 이러한 노동법 쟁점을 규율하는지에 대한 추론 규칙도 가지고 있지 않다. 하지만 그렇다고 Watson이 그런 질문들에 답변하는 것은 아니다.

Watson의 언어 자료에 위의 법학 논문이 포함되어 있는 한, 적절히 훈련된 Watson은 이러한 유형의 질문에 관련된 것을 확인하는 학습이 가능했을 것이고 예상되는 답변을 추출하는 것도 가능했을 것이며 그 답변의 반응에 대한 신뢰도를 평가하는 것도 가능했을 것이다.

그러나 이것은 법적 질문이다. 법적 질문을 처리하는데 있어서는 단순한 답변 그 이상을 기대하게 된다. 그 답변이 왜 근거가 충분한 답변인지에 대한 설명을 기대하기도 한다. 아마도 Watson은 그 답변을 어떻게 추출했는지에 대해 설명할 수 없었을 것이다. 그 답변을 설명하기 위해서는 법률 및 법적 논점의 선택에 관련된 규칙 및 개념, Watson이 가지고 있지 못한 그리고 사용할 수도 없었을 지식이 동반된 추론이 필요하다.

적절히 훈련된 Watson이었다면 해당 질문과 답변을 인식하기 위한 증거들을 학습할 수 있었을 것이다. 그러한 증거에는 의미론적 단서, 예를 들면 "법적인 고용", "대체 근로자", "경제 파업"과 같은 개념 및 관계가 있다. 그리고 질문과 답변에 관련된 신뢰도를 평가할 때 이러한 증거에 따라 어느 정도의 비중을 두어야 하는지를 학습할 수 있었을 것이다.

이러한 증거가 Watson이 법적 관점에서 받아들일 수 있는 정도로 답변을 설명하기 위해 충분한 것인지 여부는 별개의 문제이다. Watson이 지식을 추출하는 방법은 아직까지 그 정도로 확대되지 못한 것으로 보인다(다만, Section 1.4.3에서 IBM의 Debater 프로그램에 관한 논의는 참고할 만하다).

다른 한편으로, 위의 법학 논문의 저자는 자신이 가진 관련 법적 지식(예를 들면, 관할에 관한 판례 및 규칙, 법적 쟁점, 법의 선택)을 적용해서 자신의 결론이 타당하다는 점을 해당 논문에 요약하고 있다. 만약 Watson이 법적 결론을 설명하는 주장을 이해하고 추출하도록 훈련될 수 있다면, 비록 Watson이 스스로 설명을 만들 수는 없겠지만, 사용자에게 저자의 설명을 시사할 수는 있을 것이다. 그렇다 하더라도 해당 논문과 그의 설명이 여전히 통용될 수 있는지에 대한 쟁점은 남아 있다.

1.4.2. 질의응답과 추론의 대결

이제 질문을 던져 본다. Watson 테크놀로지에 기반한 프로그램은 추론을 할 수 있는가? 가령 로스쿨 1학년 계약법 문제를 분석할 수 있는가? 앞에서 인용한 글에서 로버트 웨버는 "합리적인 추론"을 강조하면서 "우리는 Watson이 미국 변호사시험을 잘 볼 것이라고 매우 확신한다!"는 첨언을 하였다(Weber, 2011).

그러나 Watson 테크놀로지가 주 변호사시험의 논술 시험을 볼 수 있겠는가? 누군가 (구글?) 기출문제 답안책자의 내용을 저장해준다면 가능하겠는가(만약 컴퓨터 분석이 학생의 필적을 읽을 수 있다고 가정하면)? 이것은 유사한 질문들에 대한 과거의 답변을 검색하고 그 답변을 확증하는 증거(개념 및 관계에 관한 텍스트 안에서 구문적 특징과 의미론적 단서)를 강조하기 위한 매우 정교한 기술이 될 것인가? 이것은 새로운 문제에 과거의 주장을 적용할 수 있을 것인가? 이것은 기본 원칙들에 의해 새로운 문제를 해결하고 그 추론을 설명할 수 있겠는가?

변호사시험 논술 문제를 다루는 것에 관한 법적 추론에 약간의 통찰력을 가져다 주기 위해서 Ann Gardner의 고전적인 CMLR(그녀의 프로그램에 이름은 없지만 이하에서는 'AGP'라고 한다)을 간략히 검토해보자. AGP는 1980년대에 이미 전형적인 로스쿨 1학년 계약법 기말시험 문제에서 법적 논점을 분석한 바 있다(Gardner, 1987).

이 글에서 AGP는 계약법 관련 시험 문제에 대해 법적 추론을 컴퓨터로 모델링하는 구조적 접근 방식의 샘플로 보여주는 것이다. Watson의 접근 방식과는 대조적이다.

Gardner의 계약법 문제 분석

로스쿨을 다녀본 사람이라면 누구나 AGP가 처리한 문제 유형을 (아마도 진저리를 칠 정도로) 알 것이다. 판매자와 구매자라고 추정되는 사람들이 소금 한 차량의 구입에 관하여 연대순으로 2주치를 교환하고 경우에 따라 불일치하는 전보와 구입 주문서를 주고받는다. 매수인이 명시적인 청약에 대해 명시적인 승낙을 받았는데 더 저렴한 물건을 발견하고 거절하겠다는 전보를 보낸다. 질문은 "계약이 체결되었는가?"이다.

AGP에 입력되는 것은 인간(Gardner)이 논리 언어로 표현한 이러한 유형의 청약과 승낙의 문제를 기술한 것이다. AGP는 확장된 전이 네트워크(ATN, augmented transition network)를 사용해서 문제를 분석하고 계약법적 쟁점 분석을 결과로 내놓는다.

ATN은 일련의 상태로서 그리고 하나의 상태로부터 다음 상태로 가능한 전이로서 이벤트의 시퀀스에 관한 문제를 분석하는 그래프 구조이다. 이것은 그렇게 가능한 상태 전이를 정의하는 규칙으로 "확장"된다.

▎**도표 1.2.** ▎ 청약과 승낙의 문제들을 4개의 상태로 나타낸 ATN: (0) 법률관계와 무관; (1) 청약이 계속 중; (2) 계약의 존재; (12) 계약이 존재하고 수정 제안이 계속 중 (Gardner, 1987, p.124)

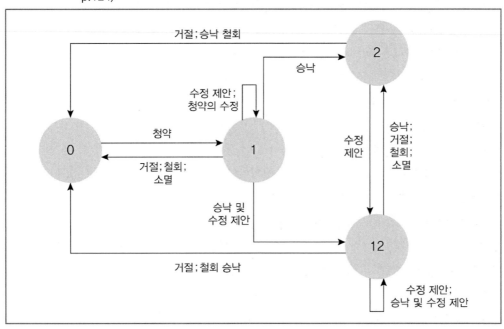

도표 1.2와 같이 AGP의 ATN은 계약법상 청약과 승낙의 문제를 분석하는데 있어서 법적 상태를 나타냈다(법률관계와 무관하면 (0), 청약이 계속 중이면 (1), 계약이 존재하면 (2), 계약이 존재하고 수정 제안이 계속 중이면 (12)). 위의 그림에서 화살표는 이벤트 혹

은 하나의 법적 상태로부터 다른 상태로의 전이를 나타냈다. 즉, 법률관계와 무관한 (0)으로부터 청약을 거쳐 청약이 계속 중인 상태 (1)로, 청약이 계속 중인 (1)로부터 승낙을 거쳐 계약이 존재하는 상태 (2)로, 등을 나타냈다.

위의 그림에서 각 화살표는 청약과 승낙을 다루는 계약법의 규칙들과 관계가 있다. 이 규칙들은 하나의 상태로부터 다른 상태로 이동하기 위한 법률요건을 설정하고 있다. 예를 들어, (0)에서 (1)의 청약 화살표는 1개의 관련 규칙을 가지는데, "청약"의 정의는 계약에 관한 리스테이트먼트 제2부 섹션 24(Restatement of Contract, Second, section 24)에 따른다. "청약은 계약을 체결하려는 의사의 표시를 말하며 이것은 그가 계약의 유인에 동의하고 계약을 체결하는데 동의한다는 사실을 다른 사람이 정당하게 이해하도록 만든다"(Gardner, 1987, p.142).

AGP는 해당 문제 안에 있는 이벤트를 상세 분석 트리에 그 분석을 저장하면서 또한 출력 요약 트리에 요약하면서 시간순으로 처리했다. 프로그램은 해당 문제 안에 있는 모든 이벤트를 처리할 때까지 다음의 단계를 반복한다.

1. 문제 안에 있는 다음 이벤트를 진행한다.
2. 상세 분석 트리에서 현재 상태를 확인한다. 그 상태에서 가능한 화살표를 ATN으로부터 결정한다.
3. 각각의 가능한 화살표에 대해, 그 이벤트가 테스트 결과로 상세 분석 트리를 업데이트하는지 또한 화살표와 관련된 규칙을 충족하는지 테스트한다.
4. 만약 테스트가 "어려운" 법적 질문을 포함한다면, 그 이벤트를 평가하는 법적으로 방어할 수 있는 2개의 방법을 제기하고 각 해석의 지선(branch)을 상세 분석 트리에 삽입한다.
5. 상세 분석 트리를 편집하여 이벤트의 서로 다른 "해석"을 나타내는 네트워크 상태의 출력 요약 트리를 업데이트한다.

예를 들어, AGP는 다음과 같은 첫 이벤트로 시작한다.

7월 1일에 구매자는 판매자에게 전보를 보냈다. "고객에게 소금이 필요하고 즉시 화차가 필요합니다. 100파운드당 2.40 달러에 공급할 수 있겠습니까?" 판매자는 전보를 당일 수령했다.

이러한 이벤트는 영어 텍스트로 입력되지 않고 논리 기반 표현 언어(logic-based representation language)로 입력된다. AGP는 텍스트를 읽지 못하기 때문에 인간이 해당 정보를 로직 표현(즉, 술어적 로직)으로 직접 표현해야 한다. 예를 들어 그 표현을 발췌하면 다음과 같다.

(send Send₁) (agent Send₁ Buyer) (ben Send₁ Seller) (obj Send₁ Telegram₁)
(telegram Telegram₁) (sentence S₁₃) (text S₁₃ "Will you supply carload at
$2.40 per cwt?")
(prop−content S₁₃ Prop₁₃) (literal−force S₁₃ Q₁₃)(yes−no−question Q₁₃)
(effective−force S₁₃ R₁₃) (request R₁₃).
(Gardner, 1987, pp. 89, 105, 111)

위의 표현에서 Send₁은 Agent로서 Buyer, Beneficiary로서 Seller, 전송의 목적물로서의 Telegram이 있는 Send의 일례이다. S₁₃은 텍스트에서 인용된 문장, 그 명제적 내용이 Prop₁₃에 표현된 문장, 발화행위(speech act)로서의 리터럴(literal force)을 가진 문장에 의하여 질문을 제기하게 되지만 효과적으로 요청을 제출하는 문장이다(Gardner, 1987, pp.89, 105, 111).

스텝 (3)에서 해당 이벤트가 해당 화살표를 충족하는지를 테스트하면서 프로그램은 그 화살표에 관계된 규칙들을 수집한다. 이벤트와 마찬가지로 모든 계약 규칙들은 로직 언어로 변환되었다. 예를 들어 (0)에서 (1)까지의 화살표에 관한 규칙은 "청약"에 대해 정의한 리스테이트먼트 제2부 제24조(Restatement of Contract, Second, section 24)이며, 여기에는 다음과 같은 선례 및 판례 규칙도 포함된다.

1. 장래의 청약자인 대리인에 의한 거래에 대해 상징적인 내용을 가진 의사표시가 있다.
2. 거래라는 용어는 합리적인 확신으로 특정된다.
3. 의사표시의 내용에 의하여, 장래의 청약자는 거래를 제안한 장래의 피청약자의 승낙을 유인하는 발화행위를 하였다.
4. 피청약자는 거래를 고려하도록 유인되었고 장래의 청약자는 더 이상의 행위 없이 거래를 위한 계약에 구속될 준비가 명백히 되어 있다(Gardner, 1987, p.142).

그 프로그램은 새로운 이벤트가 추가될 때까지 진행된 모든 이벤트의 주어진 사실들이 선행 규칙에 충족되는지 체크한다. 기본적으로 AGP는 문제의 가상실제를 사실과 선행 규칙의 의미에 대한 매우 제한된 정보에 의해 가이드된 규칙의 변수에 결부시키려는 것이다.

어느 단계에서든 사실과 선행 규칙을 결부시키는 여러 가능한 방법이 존재한다. 그 프로그램은 복수의 지선을 가진 상세 분석 트리로 유도하면서 모든 가능한 결부를 거쳐서 검색해야 한다. 앞서 언급한대로 "어려운" 질문도 대체 타당한 해석을 나타내는 지선으로 유도한다. 대체 경로들의 "기하급수적인 폭발"을 방지하기 위해서 편집 기능을 사용하면 가장 유력한 지선에 초점을 맞추기 위해 휴리스틱을 사용하는 지선 분석을 간결하게 할 수 있다.

그런데 최근의 이른바 "스마트" 계약에 관한 작업에서 Gardner의 CMLR에서 ATN에 관련된 유한상태(有限狀態) 오토머턴들(finite state automata)을 채택하고 있다(Flood and Goodenough, 2015, p.42). 그리고 연구자들은 국제물품매매계약에 관한 국제연합협약(United Nations Convention on Contracts for the International Sale of Goods)을 모델로 만들고 또한 이벤트가 계약의 유효기간에 발생할 경우에 사건의 당시 법적 상태를 추론하기 위해서 휴리스틱 규칙을 적용한 바 있다(Yoshino, 1995, 1998 참조).

Gardner의 휴리스틱 규칙은 컴퓨터 프로그램이 인간에게 세금을 부과하는 일을 처리할 수 있도록 하는 방식의 전형적인 인공지능의 샘플이다. 로스쿨 학생들은 다수의 교차 의사소통 및 그 콘텐츠 중에서 하나를 결정해야 계약의 존재 여부를 분석할 때 어느 관점에 초점을 맞추게 된다.

법률문제의 난이도를 구별하는 Gardner의 알고리즘

로스쿨 학생, 변호사 및 판사는 모두 법률문제의 난이도를 구별하는 방법을 배워야 한다. 그리고 누가 문제제기의 책임을 부담하는지에 관한 절차적 쟁점과 사실 및 실질적인 법적 쟁점에 대한 평가를 고려해서 판단해야 한다.

이것은 법철학에 깊은 뿌리를 둔 문제이다(예를 들어 법개념은 핵심적이고 반음영적 의미를 가진다는 Hart의 주장에 대한 Fuller의 비판(Hart, 1958; Fuller, 1958)을 참조). 그리고 이것은 매우 현실적인 파급력을 가진다. 예를 들어, 리걸클리닉의 사건접수담당자는 의뢰인을 적절히 안내하기 위해서 의뢰인의 법률문제의 난이도를 구별하는 방법이 있어야 한다.

그러나 컴퓨터 활용 모델의 관점에서 보면, 법률문제의 난이도를 구별하는 것은 난제에 직면한 것이다. 가드너가 언급한대로, 컴퓨터 프로그램이 문제의 난이도를 구별하는데 어떠한 방법을 적용하기 위해서는 그 방법 자체가 "쉬워야"만 한다.

AGP는 법률문제의 난이도를 구별하기 위해서 휴리스틱 방법을 채택했다(Gardner, 1987, pp.160-1). 도표 1.3은 법률문제의 난이도를 구별하기 위한 AGP의 방법에 관하여 Edwina Rissland의 알고리즘의 개요를 보여준다.

하나의 규칙에 있는 모든 술어에 적용되는 방법은 상식적 지식(common sense knowledge, CSK) 규칙이 답변을 제공하는지 여부, 또는 해당 문제가 술어의 긍정 예제, 부정 예제 혹은 두 가지 모두에 맞는지 여부를 심사하는 것이다. 예를 들어, 답변을 제공할 상식적 지식 규칙은 없지만 긍정 예제에 맞는 매치가 존재하면 질문은 쉬운 것이다. 그러나 부정 예제에도 맞는 매치가 존재하면 질문은 어려운 것이다.

┃도표 1.3.┃ 법률문제의 난이도를 구별하기 위한 가드너의 휴리스틱 방법(Gardner, 1987; Rissland, 1990)

A. 규칙의 모든 프레디킷(predicate)에 3개의 기준이 적용된다:
  1. 상식적 지식 답변: 상식적 지식 규칙이 답변을 제공하는가?
  2. 긍정 예제: 문제는 프레디킷의 긍정 예제와 맞는가?
  3. 부정 예제: 문제는 프레디킷의 부정 예제와 맞는가?

B.
만약 상식적 지식 답변이 없는 경우
  만약 (긍정 예제 또는 부정 예제) 없으면 → 문제 어려움
  만약 (오직 1개의 긍정 예제/부정 예제) 있으면 → 문제 쉬움
  만약 (긍정 예제와 부정 예제) 있으면 → 문제 어려움
만약 상식적 지식 답변이 있는 경우
  만약 (긍정 예제 또는 부정 예제) 없으면 → 문제 쉬움
  만약 (오직 1개의 긍정 예제/부정 예제) 있으면 → 문제 쉬움
  만약 (오직 1개의 예제가 상식적 지식 답변과 일치하면) → 문제 쉬움
      그렇지 않으면 문제 어려움
  만약 (긍정 예제와 부정 예제) 있으면 → 문제 어려움

계약을 체결하려는 잠재적 청약자에 의한 의사표시가 존재해야 한다는 요건을 생각해보자. AGP를 가동하면, 청약자는 거래의 잠재적 승낙자인 상대방의 승낙을 유인한다는 의사를 말로써 표시해야 한다. 그러한 의사표시가 없다면 아마도 어려운 법률문제에 직면하게 되는데, 종종 소송절차로 이행된다. 원칙적으로 AGP는 구체적인 사건에서 어려운 문제가 제기되면 판단하는 방식을 가지고 있다. 만약 의사표시(혹은 적절한 구술행위)의 개념과 같이 상식 규칙이 존재하고 의사표시에 관한 긍정 혹은 부정 예제가 존재하면, AGP는 그것들을 해당 문제의 사실관계에 적용시킬 수 있고, 도표 1.3.의 휴리스틱 규칙에 따르게 된다.

AGP는 청약과 승낙의 문제에 있어서 모든 이벤트를 완전히 분석할 때까지 상세 분석 트리, 추론의 흔적을 효과적으로 제공하는 트래버설(traversal) 그리고 답변의 설명을 준비한다. 예를 들어, 앞의 이벤트 1에 대한 AGP의 분석에서 결론 내려지는 것은 청약이 계속 중이고 구매자/청약자의 전보에서 거래의 효력에 관한 명백하고 합리적으로 특정된 준비의 의사표시가 인정된다는 점이다(Gardner, 1987, Fig. 7.1, p.165 참조).

...

AGP는 Watson과 같은 프로그램이 변호사시험 논술 문제에 대처하기 위해 적용될 수 있는지 검토할 필요가 있을 것이라는 논점을 보여준다. 계약 문제에 관하여 컴퓨터 모델을 활용한 법적 추론을 하기 위해서는 법적 규칙 및 개념을 가지고 추론하는 모델이 필요하다. 이것은 법률문제의 난이도 구별을 필요로 한다. 그리고 추론을 설명할 수 있어야 하고 변호사를 비롯한 법률 실무가들이 그 추론을 이해할 수 있어야 한다.

제퍼디! 게임에서 승리한 Watson 프로그램은 자신의 답변을 설명하지 못했다. 만약 그 답변을 설명했다면, 아마도 그것은 답변에 대한 확신을 정당화하는 개념 및 관계에 관한 텍스트 내의 구문적 특징과 의미론적 단서의 측면에서 그렇게 했을 것이다(Ferrucci et al., 2010, p.73). 그러나 그러한 종류의 설명은 법률 실무가들이 기대했던 것과는 일치하지 않는다.

Watson은 비록 AGP 모델이 하는 유형의 추론을 수행할 수 없지만, 가령 기출문제집에 있는 과거 로스쿨 또는 변호사시험의 논술 문제로부터 기존의 법적 설명 및 주장의 특질을 인식하고 새로운 문제에 적용할 수는 있을까? 이러한 주장들이 사용자 질문에 관련될 때 이를 인식할 수 있을까? 기존의 설명 및 주장에서 디테일의 레벨을 인식할 수 있을까? 법적 규칙을 인식하고 문제의 사실관계에 해당 법률 규칙을 적용할 수 있을까? 특정 선행 규칙이 충족되는지 아닌지의 주장을 인식할 수 있을까?

보다 자세한 것은 Part Ⅲ에서 다루기로 하고 여기에서는 검토의 시작에 그치기로 한다.

1.4.3. IBM의 Debater 프로그램

Watson은 텍스트에서 주장을 추출하고 인식하도록 훈련될 수 있는가? 이 질문에 대한 답은 "그렇다"일 것이다. 2014년 봄에 IBM은 "Debater"로 명명된 새로운 프로그램을 선보였는데 이것은 주장 검색을 수행하기 위해 Watson 프로그램의 텍스트 프로세싱 테크놀로지의 일부를 채택한 Watson의 후손이다(Newman, 2014; Dvorsky, 2014 참조).

Debater의 임무는 어느 주제에 대해 "관련 주장을 알아내는 것"과 "찬반 주장을 위한 1위 예측(top prediction)"을 리턴하는 것이다. 예를 들어, "미성년자에게 폭력적인 비디오 게임을 판매하는 것을 금지해야 한다"는 주제를 입력했을 때, Debater의 출력을 보면:

1. 위키피디아 기사 4백 만 개를 스캔,
2. 가장 관련성 있는 10개의 기사를 리턴,
3. 10개의 해당 기사에서 3천 개의 문장을 스캔,
4. "후보 주장"이 포함된 문장을 스캔,

5. "후보 주장의 경계를 확인",

6. "후보 주장의 찬반 양극성을 평가"

7. "1순위 주장 예측을 가지고 모의 발언을 구축"

8. 위와 같이 하면 "주장 진술이 준비"(Dvorsky, 2014)

Debater의 출력이 비디오로 들릴 수 있도록 하면, 누군가는 그 출력을 눈으로 볼 수 있도록 텍스트로 제공할 수 있다. 도표 1.4는 위에서 예로 든 주제에 대한 Debater의 청각적 출력을 비디오로 기록한 것을 주장 다이어그램(argument diagram)으로 나타낸 것이다(Dvorsky, 2014). 제일 위에 있는 박스(즉, "루트 노드(root node)")는 주제를 담고 있다. 여기에 실선으로(즉, "화살표") 연결된 노드들은 그 주제를 떠받치고 있고, 점선 화살표는 그것을 향하고 있다. 주제를 입력하고 주장이 출력되는데 소요되는 시간은 3분 내지 5분이다. 아래에서는 다른 다양한 주제들에 관한 Debater의 출력을 보여주고 있다.

▌**도표 1.4.** ▌ 폭력적인 비디오 게임 주제에 대해 IBM 디베이터의 아웃풋의 주장 다이어그램(Dvorsky, 2014 참조)

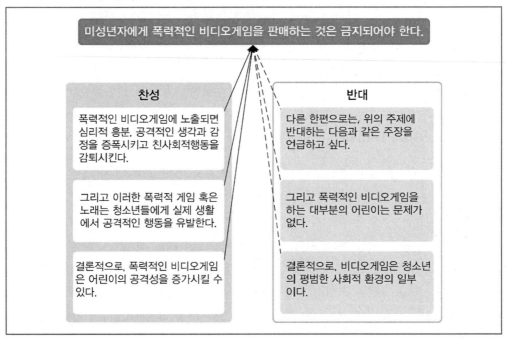

도표 1.4에서 폭력적인 비디오게임 금지에 관한 Debater의 주장은 도표 1.5에서 유사한 주제에 관한 법적 주장과 비교하게 된다. 이것은 미성년자에게 "폭력적인 비디오게임"의 판매 또는 대여를 제한하는 캘리포니아주 민법 제1746조 내지 제1746.5조(이하 "캘리포니아주 민법"이라 한다)의 위헌성에 관한 것이다. Video Software Dealers Assoc.

v. Schwarzenegger, 556 F. 3d 950 (9th Cir. 2009) 판결에서 법원은 캘리포니아주 민법이 미국연방수정헌법 제1조 및 제14조에 위반하는지에 대해 언급하였다. 표현의 자유에 대한 제한이 무효로 추정되는 내용에 근거를 둔 것이기 때문에 법원은 해당 법률에 엄격심사기준을 적용하였다.

┃도표 1.5.┃ 폭력적인 비디오게임 주제에 관한 실제적인 법적 주장을 나타내는 다이어그램

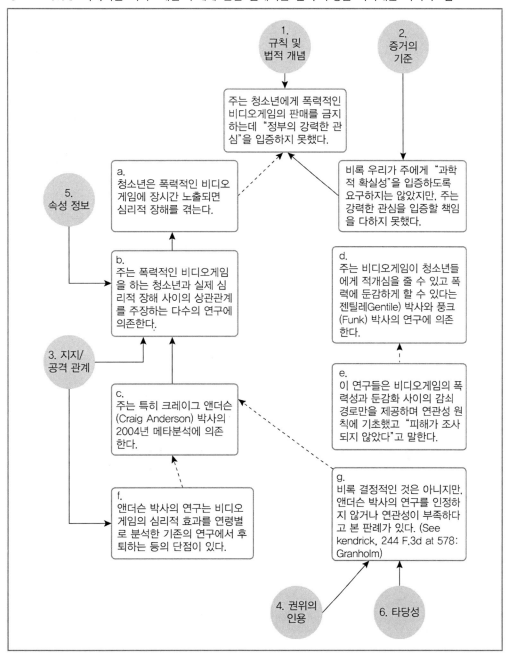

법원은 해당 법률을 위헌이라고 판결하였다. 그 이유는 캘리포니아주가 "청소년에게 폭력적인 비디오게임이 판매되는 것을 금지해야 한다"는 강력한 관심을 입증하지 못했기 때문이다. 도표 1.5는 법원의 결론을 정당화하는 판결문의 일부에서 발췌한 것이다. 각 노드들은 일부의 명제를 담고 있고 각 화살표들은 텍스트의 공정한 독해에 기초한 명제들 간의 명시적 혹은 묵시적 관계를 반영하고 있다. 실선 화살표는 화살표의 출발점에 있는 노드의 명제가 그 화살표가 향한 노드의 명제를 지지한다는 것을 나타낸다. 점선 화살표는 공격 관계를 나타낸다. 노드 a, b, c와 d는 캘리포니아주가 정부의 강력한 관심을 지지하기 위해 의존하는 명제를 담고 있다. 노드 e, f와 g는 법원이 주의 명제를 공격하기 위해 채택한 명제를 담고 있다.

도표 1.4와 도표 1.5의 주장 다이어그램은 거의 동일한 주제를 다루고 있고 유사한 명제를 공유하고 있다. 그것은 법원의 주장이 Debater의 주장과 매우 동일한 이유 및 증거를 언급하고 있다는 사실을 보여준다. 그러나 도표 1.5의 단면 박스는 법적 주장의 핵심 특징이 법원의 주장에 입각하고 있다는 점을 나타낸다. 구체적으로 (1) 법적 규칙 및 개념은 법원의 쟁점 판단을 구속한다. (2) 증명 기준은 증거의 가치평가를 규율한다. (3) 주장은 내부 구조를 가지며 그것은 지지하거나 공격하는 관계가 다양한 주장들에 연결되는 구조이다. (4) 법원은 판례, 법령 등 권위를 명시적으로 인용하다. (5) 속성 정보는 어느 주장의 신뢰에 대해 법원의 판결에 신호를 보내거나 영향을 준다(예를 들어, "그 주(State)는 의존한다"). (6) 법적 문서에서 후보 주장들은 서로 다른 수준의 타당성을 가진다.

이것은 Debater의 주장이 법적 주장은 아니라거나 법적 주장이라고 볼 수 없다고 비판하려는 것은 아니다.

다른 한편으로, 아마도 Watson과 Debater를 리걸 앱과 논증에 적용할 때 드러났듯이, Debater가 법적 영역에 적용될 때 법적 주장의 이러한 특징들을 언급할 중요성이 커진다. Debater는 그 시스템이 법적 주장을 인식하고 해석할 수 있도록 하기 위해서 개념, 관계 및 위에서 열거하고 도표 1.5에 묘사한 주장 관련 정보들의 유형을 확인할 것이다. 그렇게 주어진 프로그램은 법적 정보 검색을 향상시킬 수 있으며 사용자가 개념, 개념관계 및 사용자가 구축하고자 하는 주장에 근접한 주장들에 관련된 사건에 초점을 맞추게 할 수 있다. 이것은 사용자의 이익을 위해 관련 주장을 강조 및 요약할 수 있다 (Section 11.3 참조).

결론적으로, 만약 그러한 시스템이 주장 비교, 결과 예측 혹은 반대 주장의 제안 등의 방법으로 사용자의 문제 해결을 돕기 위해 텍스트 검색에 기반한 자동화된 추론을 수행하려면, 텍스트에 있는 개념, 개념 관계 및 주장을 확인할 수 있는 능력이 필요하게 될 것이다. 이것은 Part Ⅰ에서 기술한 법적 추론 논증 모델 및 주장 구조와 유사할 수 있다. 이 점은 Section 12.3에서 중점적으로 다룬다.

1.4.4. 법적 질의응답을 위한 텍스트 분석 툴

Watson의 기본적인 작업은 질문에 응답하는 것이었다. "제퍼디!" 게임에 있어서는 인간 챔피언들을 충분히 이길 수 있었다.

법률 QA는 법률적 지식의 이용가능성을 높이는데 매우 요긴한 것이 될 수 있다. 대도시 지역의 임대차 법률에 관한 질문에 응답하는 서비스 유틸리티를 상상해보자. 물론, 변호사들은 법률 QA가 매우 복잡할 것임을 알고 있다. 응답은 질문자의 환경에 맞추어져야 한다. 예를 들어, 아파트 건물이 캐나다 토론토에 있는지 아니면 캔자스 토론토에 있는지가 중요하다. 설명 및 주장은 증명되어야 한다. 응답의 기초가 되면서도 그 적용을 제한하기도 하는 전제조건은 명확해야 한다.

그렇지만 실무상 많은 법적 질문들은 설명과 주장이 요구되지 않는다. 2014년 11월 IBM 시카고 사무소에서 열린 워크숍에서, Legal OnRamp(LOR)의 Paul Lippe는 계속적이고 반복적인 방대한 양의 거래를 하는 2개의 기업에 관한 계약서 전집에 적용하는 앱을 선보였다(Legal OnRamp, 2015). 계약을 유지하고 모니터하는데 관련된 기업 법무 담당자는 다음의 질문들에 쉽게 응답하고 싶어 할 것이다: 어떤 계약들이 일정한 기간들 혹은 간접손해에 대한 면책과 같은 특정 기간을 포함하는가? 계약서 부록과 대조적으로 계약서 본문에 내재된 특별한 유형의 기간은 어느 계약을 위한 것인가? 그와 같은 질문들은 매우 유용할 것이다. 예를 들어, 일정한 기간들은 자주 업데이트되어야 할 필요가 있으며 만약 그 기간들이 계약서의 부록에 기재되어 있다면 더 쉽고 더 저렴한 비용으로 그렇게 할 수 있을 것이다. 계약서 전집 속에서 그러한 계약서 본문의 기간을 찾는 것은 법무 담당자가 재조정해야 하는 계약을 타깃으로 삼는데 도움을 줄 수 있다.

그러한 질문들은 일반적인 정보 검색 도구들을 가지고는 쉽고 확실하게 답변될 수 없다. Boolean 검색 및 키워드를 사용하면, 계약 구조 안에서 위치를 쉽게 특정할 수 없고 일정한 유형의 기간들이 표현될 수 있는 광범위한 언어를 처리할 수 없다. 예를 들어, 간접손해에 대한 면책이 표현될 수 있는 다양한 방식을 고려해보라.

질의 응답에 있어서, Watson은 질문을 분석하고, 텍스트 자료에서 후보 답변을 검색하고, 각 후보 답변이 질문과 일치하는 신뢰도에 따라 순위를 매긴다.

질문 분석은 "그 질문이 무엇에 대해 묻는 것이며 무엇을 찾고 있는지를 판단하기 위한" 단서를 찾기 위해 질문 텍스트를 분석하는 것을 말한다. 이것은 질문 텍스트에 대한 문장 분석(parsing)을 포함하며 "한 문장의 문법적 구문 분석을 하고, 주어, 술어 및 목적어와 같은 구문 역할과 구술 부분을 확인하고, 일부 문장 부분이 다른 문장 부분과 어떻게 연관되어 있는지를 파악하는" 것이다. 그리고 이것은 적절한 질문들을 "쓸모있고 관련된 하위 부분들"로 분해하는 것을 포함한다. 질문 분석 프로세스는 해당 질의가 무엇을 의미하는지에 관한 하나의 일정한 해석으로 이어지지는 않는다. "문장 분석과 질문 분석은 그 질문에 관한 복합적인 분석과 … 다종다양한 질의들을 야기한다"(Ferrucci, 2012, pp. 6, 9).

검색과 순위화는 각 질문의 해석을 위한 후보 답변들을 찾는 것과 관련된다. "이 질문들은 일련의 광범위한 후보 답변들을 최초로 생성한 다른 소스들과 충돌한다." 이것은 질문의 의미와 답변 방법에 대한 복합적인 가설을 생성시키게 만든다. "질문과 결합된 각 후보 답변은 하나의 독립적인 가설을 대표한다." "각 가설은 그 후보 답변에서 지지 증거를 찾고 평가하려고 시도하는 독립적인 프로세스의 루트가 된다"(Ferrucci, 2012, p.6).

시스템은 일련의 증거 채점 프로그램을 사용해서 답변이 질문에 적합할 가능성을 기준으로 후보 답변들의 순위를 매기고, 답변의 정확성에 대한 신뢰도 수준을 평가한다. "각 증거-답변의 조합은 100개의 독립적인 채점자에 의해 점수가 매겨진다. 각 채점 알고리즘은 신뢰성을 창출한다. 어느 하나의 후보 답변에 대해서는 그 순위대로 10,000개의 신뢰도 점수가 있게 되며, 한 개의 질문에 대해서는 총 1,000,000개가 있게 된다"(Ferrucci, 2012, p.9).

각 후보 답변의 정답 가능성을 판단하는 것은 상이한 증거 점수와 연계된 중요도의 문제이다. Watson은 "통계적 머신 러닝 구조"를 이용하여 증거 점수와 연계된 중요도를 학습한다(Ferrucci, 2012, p.9).

계약 QA 시설을 구축하는데 있어서, LOR 팀은 다양한 계약 용어 혹은 규정들을 구별하기 위해서 그리고 계약의 구조적 특징들을 확인하기 위해서 일련의 개념과 관계들을 개발했던 것으로 보인다. 그 개념들에는 InContractBody, InAppendix, LiabilityDisclaimer, ConsequentialDamages 등이 포함될 수 있을 것이다. 아마도 LOR 팀은 이러한 특징들을 위해 계약의 하위집합에 주석을 붙였을 수 있다. Watson 시스템은 다양한 구문적 정보와 의미론적 정보를 이러한 특징들과 연결시키기 위해 통계적 학습을 하였으며, 남는 계약 텍스트를 주석하기 위해 그 정보들을 적용하였다.

도표 1.6은 계약서를 비롯한 법률문서의 분석에 있어서 높은 단계의 아키텍처를 보여준다. 질의가 있으면 프로그램은 그 질문을 분석하고, 필요한 답변의 유형에 한정된 일련의 구조적·개념적 특징으로 번역하고, 그 질문에 대응하는 후보 문서들을 확인한 후 순위를 매긴다. 계약 어플리케이션의 경우 소수의 증거 채점자들만이 존재할 수 있는데, 어떤 것은 구조 유형 질문들에 더 유용하고, 다른 것들은 규정 유형에 관한 질문들에 답하는데 더 유용할 수 있다. 질문이 유형과 증거 채점자들 사이에 유용성의 편중은 하드웨어에 내장되어 있는 것이 아니라 질의/응답의 긍정 및 부정의 양극으로부터 학습되는 것이다.

의미론적 텍스트 분석과 개념적 정보 검색을 위해 2개의 추가적인 툴이 도표 1.6에 제시되어 있다. 관계 추출과 개념 확장은 질문을 분석하고 후보 응답을 검색하는데 도움을 준다.

▌**도표 1.6.** ▌ 계약서 등 법률문서 텍스트 분석의 아키텍처. 점선 상자는 의미론적 분석과 개념적 정보 검색을 위한 요소를 보여준다.

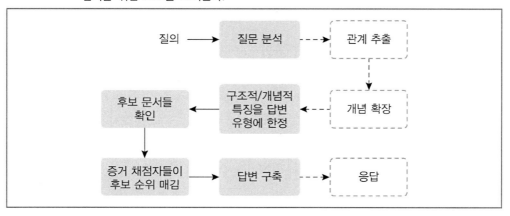

관계 추출은 "비록 상이한 언어나 문법적 구조로 표현되기는 하겠지만 개념들 사이의 시맨틱 관계를 발견하려고 시도하는" 것이다(Ferrucci, 2012, p.7).

특정 유형의 계약에 서명한 특정 유형의 당사자와 같이 개념적 관계를 식별하는 시스템의 능력은 개념적 정보 검색과 예측을 목적으로 그 제한을 지정하는데 필수적이다 (Section 4.5.2 참조). 앞에서 언급한 계약 사례에서 LiabilityDisclaimer의 개념은 예를 들어, "부수적 혹은 결과적 손해에 대한 책임을 부인", "어떠한 손해에 대한 책임도 없음" 또는 "제품의 오용의 결과로서 발생한 어떠한 손해에도 책임을 부담하지 않음" 등의 다양한 방식으로 표현될 수 있을 것이며, 프로그램이 학습해야 하는 것은 모두 LiabilityDisclaimer 의 조건들이다.

다른 사례는 백신으로 인한 신체손상에 관하여 연방법에 따라 주장하는 경우를 들수 있다(Section 10.5 참조). 이 경우 다음의 주장과 관련된 모든 사건을 검색하게 될 것이다.
  <특정 백신은> <생물학적 신체손상을> <야기할 수 있다>

법원이 "DPT 백신은 급성 뇌증과 사망을 유발할 수 있다"는 판결을 내리면 유사한 상황을 겪은 사망자의 소송대리인에게는 좋은 참고가 될 수 있다. 특정 백신과 신체손상 유형과의 인과관계를 식별하는 시스템의 능력은 만약 해당 시스템이 그러한 사건을 우선 순위에 두고 사용자의 이익을 위한 사실관계를 강조하는 것이라면 반드시 필요할 것이다.

한편, 다음과 같은 사안에서 모든 영업비밀 부당이용 사건을 검색하려는 경우를 들 수도 있다.

　　＜피고가＞ ＜비공개 약정에＞ ＜서명한＞

영업비밀에 관한 실제 사건들로부터 다음과 같은 것을 추출할 수 있다.

1. Newlin과 Vafa는 ICM을 그만두면 ICM 소프트웨어 및 툴의 사용을 금지하는 비공개 약정서에 서명하였다.
2. Ungar는 비공개 약정서에 서명하였다.
3. 원고는 피고 Hirsch를 고용하였고 그는 비공개 약정을 이행하였다(Ashley and Brüninghaus, 2009, p.141).

개념 확장은 "숨은 연관성과 내재된 관계성을 식별하는데" 열쇠가 될 수 있는 "질문 사항에 가장 밀접하게 관련된 개념들"을 식별한다(Chu−Carroll et al., 2012, p.1).

개념적 법률 정보 검색에 관한 앞의 사례의 경우, 여러 개념들이 확장되어야 할 것이다:

〈비공개 약정〉: '비공개 합의', '공개하지 않도록 하는 약정', '비공개 조항이 있는 고용 계약' 포함.

〈경업금지 약정〉: '경업금지 합의', '경업을 금지하는 약정', '경업하지 않기로 하는 계약' 포함.

〈수두(varicella) 백신〉: '수두 백신', '수두(Chicken pox) 백신', 'VARYVAX[4]'

관계 확장에 관한 앞의 사례를 통해 분명히 알 수 있는 것은 "백신", "서명", 또는 "비공개 약정"과 같은 관계 개념들은 여러 방식으로 표현될 수 있다는 점이다. 개념 확장은 그 자체로 시작하기보다 사전이나 시소러스(thesaurus)에서 파생되어 의미적으로 관계된 개념들을 식별한다.

1.4.5. 텍스트 분석 툴의 소스들

Watson이 가진 것과 같은 툴은 웹 기반 서비스로서 상업적으로 이용될 수 있었다. 이미 알려진 바와 같이 IBM은 상업적으로 편리한 방식으로 개발자들이 이용할 수 있는 Watson의 기능들을 선별함으로써 Watson 시스템에 대한 투자의 기회로 활용하려는 중이다. IBM은 인지 앱(cognitive app) 개발을 위해 IBM Watson 개발자 클라우드(IBM Watson Developer Cloud)와　Watson 서비스와 블루믹스(Watson Services and BlueMix)를

---

4) 역자 주) 수두 감염 예방 접종에 쓰이는 의약품 명칭이다.

통해서 다양한 서비스를 제공한다(IBM Watson Developer Cloud Watson Services, 2015). 이 것은 라이센스에 따라 그 비용을 지불해야 하는 상업적 서비스이다. 그리고 AlchemyLanguage와 같은 텍스트 분석 및 자연어 프로세싱(NLP) 툴이 연구 목적으로 이용되고 있다(IBM Watson Developer Cloud Watson Services, 2016).

IBM의 전매특허 툴을 이용하든 이용하지 않든 간에, Watson 서비스는 미래의 법률 실무에 관심이 있는 사람이라면 누구에게나 유익한 사례이다. 비록 그 서비스를 직접 이용할 능력이 없는 사람이라고 하더라도, 웹 사이트에 올라 있는 툴의 구조는 그에게 도움이 될 수 있다. IBM의 이 창의적 노력은 새로운 텍스트 분석 테크놀로지들이 어떻게 이용 가능한 형태로 상품화될 수 있는지를 보여준다. IBM의 노력은 IE 서비스 유형 중 그것들을 어떻게 그룹화 할 것인지 또한 컴퓨터 프로그래머가 아닌 사람들에게 어떻게 제공할 것인지에 필요한 적어도 하나의 사례를 보여주는 것이다(IBM Watson Developer Cloud Watson Services, 2015).

짐작컨대, 미래에 IBM은 그러한 툴의 유일한 소스는 아닐 것이다. 오늘날에도 개발자들은 오픈 소스 대체품들을 이용할 수 있다. 주지하는 바와 같이, IBM Watson은 UIMA 플랫폼, 즉 대규모의 정부 후원 및 상업적 텍스트 프로세싱 어플리케이션으로 구현되어 온 오픈 소스 아파치(Apache) 프레임에 구축되어 있다(Epstein et al., 2012). UIMA 커뮤니티의 학술 연구자들은 앞에서 언급한 것과 같은 오픈 소스 대체품 버전의 툴을 개발하는 중이다. 그 예들은 Grabmair et al. (2015), Section 6.8, 10.5, 11.3, 및 11.4에서 볼 수 있는데, 법률 텍스트에서 주장 관련 정보를 추출하는 오픈 소스 툴의 유용성과 이러한 툴을 사용해서 검색된 문서에 대해 전체 텍스트 법률 정보 시스템의 순위화를 향상시키는 경우를 볼 수 있다.

Watson 개발자 클라우드 서비스 또는 UIMA 툴에 기반한 리걸 앱을 만들려는 사람이라면 몇 가지 해결해야 할 문제에 직면할 수밖에 없다. 우리는 이 문제들 중 일부를 법적 문제 해결의 요청에 관한 Watson과 Debater의 결과물을 비교하면서 앞에서 언급했다. 이 책의 목적은 이러한 문제들을 구조화해서 학생들과 개발자들이 인공지능과 법 영역이 제공하는 기술 및 툴을 가지고 그 문제들에 맞설 수 있도록 하는데 있다.

1.5. 이 책의 안내

QA 텍스트 분석 프로그램이 법률 실무가들이 신뢰할 수 있는 주장과 설명을 제공하고 법률 질문에 응답하는 모습을 상상하는 것은 아주 흥미로운 일이다. 과연 다음과 같은 소프트웨어 서비스가 있을까?

법적 주장과 설명의 생성: 응답과 법적 근거가 되는 주장의 설명을 구조화하는 것을 지원

그러나 아직까지 그런 일은 일어나지 않았다. 연구자들은 2개의 질문에 대한 답을 찾을 필요가 있을 것이다. 그것은 텍스트 분석 도구와 기술이 AR에 필요한 시맨틱 정보를 추출할 수 있는지, 그리고 그 정보가 인지 컴퓨팅을 수행하는데 적용될 수 있는지 여부이다.

독자들은 이 책의 세 부분에서 그 질문들에 대한 답을 찾을 수 있을 것이다.

Part Ⅰ은 인공지능과 법 영역에서 보다 발달된 CMLR들을 소개하고 있다. 여기에서는 법률 규정과 법률 사건으로 추론하고, 법적 분쟁의 결과를 예측하고, 법적 규칙 및 판례에 의한 추론을 통합하고, 가치를 평가하여 법적 주장을 정립하는 등의 다양한 법적 프로세스를 표준화하는 연구 프로그램을 보여준다. 이러한 CMLR은 법률 텍스트를 직접 처리하는 것은 아니지만, 가까운 미래에 텍스트 분석이 그것을 변화시킬 수 있다.

Part Ⅱ는 법률 텍스트에서 자동으로 개념적 정보를 추출하는 최근에 개발된 기술들을 보여준다. 여기에서는 법률 텍스트의 시맨틱 혹은 의미를 프로세싱하고, 법적 개념을 존재와 유형 시스템으로 나타내고, 법률 정보 검색 시스템이 의미를 참작하도록 돕고, ML에 법률 텍스트를 적용하고, 법령 및 판례로부터 시맨틱 정보를 자동으로 추출하는 등의 툴을 설명한다.

Part Ⅲ는 새로운 텍스트 프로세싱 툴이 어떻게 CMLR들과 연결될 수 있는지 또한 법적 지식을 나타내는 기술들과 연결될 수 있는지, 법률 텍스트에 직접 연결될 수 있는지, 리걸 앱의 새로운 세대를 열 수 있는지 등을 탐구한다. 이것은 법률 텍스트에서 추출된 주장 관련 정보를 고려하는 보다 강력한 개념적 법률 정보 검색의 수행을 위한 수단을 제공한다. 이러한 기술들은 Part Ⅰ에서 언급한 CMLR들이 법률 디지털 문서 테크놀로지를 직접 처리할 수 있도록 하고 또한 법적 결과물을 예측하고 정당화하는데 있어서 인간을 돕기 위해 법률 텍스트에서 직접 추론이 가능하게 할 것이다.

이 책의 Part Ⅰ~Part Ⅲ를 종합하면 인공지능과 법 영역에서 하향식으로 시맨틱 법률 지식을 나타내고 이용하는데 초점을 맞추는 것과 상향식으로 데이터 기반의 컴퓨터 기술 및 IT의 진화를 통합하는 과학에 관한 핸드북으로서 효과적이다.

최근의 리걸 테크 유행은 인공지능과 법 연구자들이 그동안 법적 추론을 표준화하는데 심혈을 기울여왔다는 사실을 간과하고 있다. 이 책은 그와 같은 연구의 역사를 완벽하게 보여주려는 것은 아니다. 그 대신에 CMLR과 CMLA의 발전에서 알려지지 않은 경향에 주목하고 텍스트 분석을 통합할 기회가 마련될 미래를 위해 그 의의를 설명하려는 것이다.

그리고 이 책은 리걸 테크 스타트업들이 법적 결과물들을 예측하기 위해 데이터를 활용하는 모든 방식을 다루려는 것이 아니다. 그 대신에 시맨틱 법률 지식을 결과물의 예측과 그 예측의 설명에 어떻게 채택하고 통합시키는지에 초점을 둔다. 수년에 걸쳐 경험적 및 과학적 방법론을 추구하면서, 인공지능과 법 연구자들은 법적 추론을 컴퓨터 표준화하는데 있어서 무엇이 필요하고 무엇이 필요하지 않은지를 발견하고 있다. 지금의 리걸 테크의 유행 속에서 시맨틱 법률 지식를 통합하는데 관심이 있는 개발자들은 AR을 성공시킬 수 있고, 새로운 종류의 소프트웨어 서비스, 인지 컴퓨팅 리걸 앱(CCLA)을 고안할 수 있을 것이다.

이하에서는 전체적인 서술을 보다 자세히 요약하고 하나의 Chapter로 개관한다.

1.5.1. Part Ⅰ: 법적 추론의 컴퓨터 모델

Part Ⅰ은 법적 추론규칙 및 설명, 주장, 예측 등의 지능적 작업을 수행할 수 있는 규칙 기반 프로그램과 판례 기반 프로그램의 예를 보여주는데 이들은 모두 추론을 제공한다는 공통점을 가진다.

추론은 "사고력의 이용을 통한 유추나 결론의 도출"을 의미한다. 설명은 "설명의 행위나 프로세스"이며 "사고의 근거나 원인"을 제시하거나 "논리적 전개나 관계"를 증명하는 것이다. 주장은 "증거나 반박에 입각한 근거"나 "설득을 의도한 담론"에 관한 것이다. 예측은 "예견하는 행위"를 의미하며, 예견한다는 것은 "미리 분명히 말하거나 시사하는 것", "특히, 관찰, 경험 혹은 과학적 근거에 입각해서 예언하는 것"을 말한다 (Merriam-Webster's Collegiate Dictionary, 2015). 법률에서 추론이나 결론을 뒷받침하는 근거는 대개의 경우 법적 규칙이 그 결론을 보증하는 주장, 그 규칙에 관하여 권위있는 근거의 인용(예를 들면, 법령이나 판례), 그리고 그러한 규칙이 적용에 관한 설명이나 주장을 포함한다.

모델들은 법령이나 법원이 제정한 원칙 또는 추론 과정과 주장의 사실관계에서 정보를 나타내는 지식 구조를 채택한다. 지금까지, 지식 표현 구조는 앞서 언급했던 좁은 지식습득의 소스들이 수동으로 채워져야 했다.

Chapter 2에서 언급했던 많은 것들은 법령 추론의 논리 모델을 만드는 것이었으며, 그것은 아마도 법률 텍스트에 직접 자동으로 연결되는 것은 아직 대비하지 못한 모델의 한 종류였다. Chapter 2는 법령 규칙에 의한 추론 논리 모델과 실제 법령 해석을 비교한다. 이것은 논리 모델의 대안이면서 법률 텍스트와 연결될 수 있는 인간이 법령 규칙을 이해하고 해석하는 것을 지원하는 컴퓨터에 입각한 접근을 고려한 것이다.

Chapter 3에서 논의되는 사례 기반 법적 추론 모델들은, 판례나 선례를 통해서 유추적 추론을 하는 것을 다루는데, 이것은 보통법 국가에서 텍스트 분석의 앱을 성공시킬 수 있는 중요한 현상이다. Chapter 3은 사건 기반 모델들을 다음과 같은 점에 대해 비교한다. 즉 사례들에서 CMLR이 어떻게 법률 정보를 나타내는지, CMLR이 파악하거나 간과한 판례와 선례에 의한 법적 추론의 측면, CMLR이 규칙, 판례 및 가치를 통합하는 범위, 그리고 텍스트에서 정보를 추출하기 위한 새로운 기술과 CMLR의 기술의 호환성 등이 그것이다.

Chapter 4에서 서술한 법적 결과물을 예측하는 컴퓨터 모델들은 텍스트 분석에 적용하기에 충분하다. Chapter 4는 법적 사건의 결과물을 예측하기 위한 사례 기반 및 ML 기술을 조사하고 텍스트 분석의 호환성을 평가한다.

Chapter 5는 Part Ⅰ을 마무리하면서 인공지능과 법 영역에서 가장 중요한 것은 법적 주장 및 법적 주장 구조의 컴퓨터 모델이 발전해왔다는 점을 서술한다. Chapter 5는 법률 규칙에 의한 논리적 추론과 법적 선례에 의한 유추적 추론을 통합하는 CMLA에 중점을 둔다. 이 모델들은 법적 쟁점에 관한 서면 주장, 제시 혹은 공개 토론을 계획하기 위해 법적 주장을 생성하고 때때로 도표로 나타낸다. 이 모델들의 일부는 이미 텍스트 분석에 적용되고 있다.

1.5.2. Part Ⅱ: 법률 텍스트 분석

한편, 정보 검색, QA, IE, 그리고 주장 발굴 등의 다른 연구 및 개발 분야들은 법적 개념 및 관계를 나타내는 기술을 완벽하게 해왔다. 그 프로그램들은 개념과 관계를 의미론적으로 처리할 수 있으며 법적 추론 컴퓨터 모델들은 그것들을 지능적으로 사용할 수 있다. Chapter 6에서 설명한 바와 같이, 이것은 법적 존재론과 최근에 Watson과 Debater에 채택된 UIMA 타입 시스템과 법률 영역을 위해 확장된 타입 시스템인 LUIMA에서의 발전을 포함한다. Chapter 6은 텍스트 분석 툴이 개념적 법률 정보 검색을 실행하는데 어떻게 적용되는지를 다룬다.

새로운 텍스트 분석 기술 중 일부는 상업적 법률 정보 검색(CLIR) 툴로 이미 통합되고 있다. Chapter 7은 법률 정보 검색을 위한 테크놀로지를 소개하고, 초기의 어플리케이션들을 설명하며, 새로운 것들을 제공한다. Chapter 8은 전자증거개시(e-discovery; 텍스트를 포함한 전자적 정보로부터 소송에 관련된 증거를 수집하는 것)와 법률 정보 검색에 있어서 ML을 텍스트 데이터에 어떻게 적용하는지를 다룬다.

텍스트 분석 기술은 법령과 규정에서 기능적 정보를 추출하고 법률 사례에서 주장 관련 정보를 추출하는 것이다. Chapter 9과 Chapter 10에서 언급한 바와 같이, 그 기술은 판례집에 적용된 LUIMA 타입과 ML에 따르는 규칙 기반 추출을 포함한다.

법령의 개념적 정보는 법령의 주제와 형식뿐만 아니라 하나의 법령을 소관하는 기관과 그 법령의 관계와 같은 기능적 정보도 포함한다. 사례의 개념적 정보는 하나의 문장이 쟁점의 판단을 위한 법적 원칙을 주장하는지 여부, 해당 사건에 대해 증거에 입각한 사실 주장인지 여부, 또는 규칙 혹은 규칙의 요소를 사건의 사실관계에 적용하는지 여부 등과 같은 주장 관련 정보를 포함한다.

1.5.3. Part Ⅲ: 컴퓨터 추론 모델과 법률 텍스트의 연결

Part Ⅰ 및 Part Ⅱ에서 언급된 모델들과 툴들의 통합에 의해, 프로그램들은 법적 추론, 설명, 주장 및 예측을 수행하기 위해 법률 텍스트에서 직접 추출된 개념적 정보를 사용할 수 있게 된다. 기본적으로 텍스트 분석은 컴퓨터 모델 지식 표현 구조를 자동적으로 채우는 것이 목적이다. Watson 서비스와 UIMA 툴은 이 방식으로 지식 습득 병목현상을 감소시킬 수 있고, 개념적 법률 정보 검색을 완수할 수 있으며, 앞서 언급한 바와 같이 응답 설명의 필요성을 포함한 리걸 QA의 문제점을 해결할 수 있다. Part Ⅲ에서는 이러한 연결을 어떻게 하고 CCLA를 완수할 수 있는지에 대해 설명한다.

Chapter 11에서는 AR을 비롯한 개념적 법률 정보 검색의 새로운 툴을 만들어내기 위해 QA, IE, 그리고 주장 발굴 기술이 CMLR과 어떻게 통합되는지를 다룬다. 다행스럽게도, 이러한 툴은 문서 저장소 전체를 프로세싱해야 하는 것은 아니다. 리걸 앱을 디자인하는데 있어서, 텍스트 프로세싱이 개념, 개념 역할 및 관계, 그리고 그 밖의 주장관련 정보를 식별하는데 문서 전체가 이용될 필요는 없다. 그 대신에, 새로운 텍스트 프로세싱 기술은 전체 텍스트 검색 시스템과 인간 사용자 사이에 일종의 필터로서 적용될 수 있다. 그 필터는 전통적인 전체 텍스트 검색을 거쳐서 관련 검색된 문서들에 적용되는데, 그러한 검색은 개념, 개념 관계 그리고 그 밖의 주장 관련 정보가 사용자의 수요와 일치하는 범위 내에서 보다 상위에 위치되어야 하는 문서들을 제시한다. Chapter 11에서는 법률 텍스트에서 추출된 주장 관련 정보가 전체 텍스트 법률 정보 시스템의 문서 검색 순위화를 향상시킨다는 필터링 접근을 보여준다.

Chapter 12에서 설명하는 바와 같이, 이러한 툴은 컴퓨터와 인간 사용자가 협력하고, 각각의 지능적 작업이 최선으로 수행되는 경우에 신생 리걸 앱을 탄생시키기 위해 Part Ⅰ의 법적 추론 및 주장의 컴퓨터 모델과 더 완전하게 통합될 수 있다. 상품화된 리걸 서비스를 맞춤화하는데 있어서 추론, 설명, 논증 및 예측의 컴퓨터 모델들은 상호 보완적인 방법으로 중요한 역할을 수행할 것이다. 그것들은 새로운 앱에 적용되는 프로세스와 테스크, 그리고 실행되어야 하는 개념, 역할 및 관계의 예를 보여준다. UIMA 또는 다른 텍스트 분석 기술로 추출된 정보에 기반한 새로운 법률 실무 툴은 법률 텍스트를 가지고 추론할 수 있으며, 그 시스템의 결과물을 인간 사용자의 특정 문제에 맞추도록 할 수 있다. 사실상 그것들은 상업화된 법률 서비스가 맞춤화될 수 있도록 하는 수단이다.

Chapter 12에서는 법률 정보 쿼리와 QA가 법률과 그 적용에 대한 가설을 검증하는 수단으로 간주되어야 한다는 아이디어를 제시한다. Chapter 12은 하나의 쟁점이 어떻게 판단되어야 하는지에 대해 사용자가 가설을 세우고 검증하고 수정하도록 하는 리걸 앱의 가능성을 소개한다. Section 12.7에서는 실제 이용 사례와 다양한 종류의 법적 가설들을 보여준다. 리걸 앱이 이러한 이용 사례를 얼마나 가지고 있는지에 대해 많은 관심을 가지고 있는 독자라면 마지막 장과 함께 한 후 이 책의 시작 부분으로 돌아가도 좋을 것이다.

새로운 앱은 일정한 한계에 직면하게 될 것이다. 지금의 텍스트 분석 기술이 많은 개념적 정보를 추출할 수는 있겠지만, 전부를 추출할 수는 없을 것이다. 많은 개념적 추론은 지나치게 간접적이고 너무 많은 백그라운드 CSK를 필요로 하므로 식별하지 못할 수도 있다. 결국 지금의 텍스트 분석 기술로 얼마나 많은 것을 성취할 수 있을 것인지에 대한 경험적 의문이 남는다. 결론에 앞서, Chapter 12에서는 이러한 남겨진 의문을 탐구한다.

1.6. 텍스트 분석이 학생들에게 미치는 시사점

법학 교수, 강사, 로스쿨은 법률 실무에서 테크놀로지를 개발하는데 더 많은 관심을 두어야 한다고 주장하고 있다. 예를 들면,

- Granat and Lauritsen (2014)에 의하면, 10개의 로스쿨 프로그램이 법률 실무 테크놀로지에 학생들의 관심을 유도하고 있다. 이 프로그램들은 데이터 수집, 의사 결정, 그리고 문서 기안의 자동화, 공익 법률 서비스와 리걸 클리닉을 위한 리걸 엑스퍼트 시스템의 개발, 리걸 프로세스의 재설계, ML을 리걸 데이터와 법률 정보학에 적용시키는 등의 주제를 포함한다.
- 조지타운 대학 법률 센터는 Iron Tech Lawyer Competition을 후원하고 있다. 학생들은 리걸 엑스퍼트 시스템을 구축하고 있고 그것들을 경연에 참가시키고 있다 (Iron Tch Lawyer, 2015). 이들의 활동에 대한 추가적인 정보는 Staudt and

Lauritsen (2013)에서 찾을 수 있다.

- Lippe and Katz (2014)에 의하면, 법률 실무의 미래에 법률 영역은 특히 Watson 테크놀로지의 영향을 무시할 수 없을 것이라고 한다.

이 책은 로스쿨 학생들, 컴퓨터 공학 학생들, 법률 실무가들 그리고 과학기술자들이 지금까지는 기술적으로 불가능했던 리걸 앱의 도전에 응해서 그것을 디자인하고 실행하도록 돕기 위한 것이다. 법적 추론의 컴퓨터 모델과 새로운 텍스트 분석 툴의 결합은 법률 실무의 프로세스를 컴퓨터에 기반해서 실행하는 가능성을 본 사람들에게 기회를 제공한다.

로스쿨 학생들과 법률 실무가들은 컴퓨터 프로그래밍 전문지식을 가지고 있지는 않지만 그들에게 그러한 지식이 반드시 필요한 것은 아니다. 그들에게 필요한 것은 인지 컴퓨팅 프로세스를 설계하는 관점에서 법률 실무에 대해 생각할 수 있는 능력이다.

이 책은 독자들이 컴퓨터 프로그래밍에 친숙하지 않을 것으로 가정하고 있다. 중요한 것은 컴퓨터 코드에 있는 것이 아니라 리걸 프로세스 및 컴퓨터 프로세스의 체계적 설명에 있다. 예를 들어, Part Ⅰ의 CMLR 사례들에서, 우리는 리걸 프로세스, 프로그램 모델, 그리고 추정, 프로그램의 입력과 출력, 그리고 그것들이 어떻게 표현되는지, 프로그램이 컴퓨터 프로세스를 통해 입력에서 출력으로의 변환, 특정 입력에서 특정 출력으로 변환되는 알고리즘 단계에 관한 상세한 예시들, 연구자들이 프로그램을 어떻게 발전시켰는지, 접근 방식의 장단점, 그리고 법률 텍스트 프로세싱에서 이룩한 최근의 발전과의 관련성 등을 검토한다.

실제로 컴퓨터 코드를 작성하는 것은 성공적인 컴퓨터 앱을 디자인하는데 있어서 마지막 단계이다. 중요한 단계들은 반드시 코딩을 수반한다. 그것에는 최종 프로그램을 위한 조건을 구체화하고 그 실현을 위해 하이 레벨 소프트웨어 아키텍처를 디자인하는 것이 포함된다. 오직 그 후에만 프로그래머들은 소프트웨어의 실행을 시도한다. 최근의 소프트웨어 개발 모델들은 모듈화된 프로세스에 중점을 두는데, 그것은 이러한 단계들이 복합적이고 중첩적인 경우에 관련되어 있으나, 구체화된 조건들과 모듈의 하이 레벨 디자인은 그 실행을 위해 항상 코딩을 수반한다(Gordon, 2014).

그러므로 교육학적인 목표는 독자들에게 컴퓨터 프로그래밍을 가르치려는 것이 아니라 리걸 프로세스를 수행하는데 있어서 사용자를 지원하는 앱을 제안하고 디자인하는 방법을 가르치려는 것이다. 만약 하이 레벨 디자인이 적절하다면, 그것을 실행하기 위해서는 항상 컴퓨터 프로그래머가 있어야 될 것이다.

로스쿨 학생들은 리걸 프로세스를 표준화하기 위해 식별하는 일, 조건을 구체화하는 일, 그리고 하이 레벨 아키텍처를 디자인하는 일에 관여하는데 최적이다. 로스쿨 학생들은 그들에게 새로운 리걸 프로세스를 지속적으로 접하게 되며 그 프로세스들을 단계적으로 실행하는 방법도 만나게 된다. 이것은 로스쿨 1학년 때에, 모의법정 경연대회에서, 리걸 클리닉에서, 리걸 실무수습에서, 로펌의 시간제 근무에서, 기업 법무팀에서, 대학교 기술이전 부서에서, 프로 보노(pro bono) 활동에서 반복적으로 일어난다. 그리고 오늘날의 로스쿨 학생들은 어려서부터 컴퓨터 앱의 사용에 익숙하다. 그들은 새로운 커뮤니케이션 방식, 현재의 인터페이스 규칙들, 그리고 웹 기반 리소스 접근에 매우 친숙하다.

컴퓨터 모델의 서술의 중간에, 다양한 가정들과 인간의 법적 추론에 영향을 주는 법적 추론에 내재한 불확실성을 독자들에게 보여주게 된다. 실제로, 로스쿨 학생들은 로스쿨 커리큘럼을 통해서 이러한 불확실성의 원천을 공부한다. 이러한 가정들과 불확실성은 과거에 인공지능과 법 연구자들이 자신들의 CMLR에서 회피, 수행, 적응을 학습하도록 했던 또한 앞으로 Watson과 Debater에서와 같은 텍스트 프로세싱 툴을 적용하기 위한 노력에 반드시 영향을 끼칠 일종의 디자인 제약을 부과한다. 그리고 학생들은 이러한 테크놀로지의 실행이 실험적으로 어느 정도 측정될 수 있는지 그리고 그 수치가 어떤 의미를 가지는지에 대해 학습하게 될 것이다.

법률 실무를 위한 인지 컴퓨팅 툴의 개발과 관련해서, 지금은 IBM에게 조차 탐험의 시대이다. Watson Developer Cloud는 컴퓨터 프로그래밍 전문지식이 없어도 편리하게 사용할 수 있는 텍스트 분석 툴을 만드는 경향을 시사한다. 로스쿨 학생, 법학 연구자, 또는 실무 변호사가 작성한 제안서는 IBM의 관심을 끌기에 충분하다. 이것은 보이는 만큼 멀리 떨어져 있지 않다. 실제로 이것은 이미 일어나고 있는 일이다. 토론토 대학 로스쿨 학생들은 이미 Watson services를 이용해서 IBM과 협업하면서 리걸 앱을 만들고 있다(Gray, 2014). 그들은 Chapter 12에서 언급하는 Ross라는 실리콘 밸리 회사를 창업하였다. IBM은 추가 인센티브로 "경연대회 우승자에게 5백만 달러"를 제시하였다. 그 대회는 세계의 거대한 도전에 맞서기 위해 인간이 강력한 인지 테크놀로지와 어떻게 협력하고 발전할 수 있는지를 경연하는 것이다(Desatnik, 2016).

국경을 넘나드는 사이버범죄와 보안의 문제에 관하여 CCLA를 사용한 로스쿨 학생이 왜 우승하지 못했는가? 무엇이 가능한지에 대해 학생들의 상상력을 지도하는 것은 그들로 하여금 그러한 앱을 디자인하고 제안하도록 하는데 필요한 전부일 것이다. 이 책의 목적이 바로 그것이다.

인지 컴퓨팅은 법률 영역에서도 곧 등장할 것이다!

Chapter

02

∨

법령상 추론의 표준화

2.1. 서론

법률은 규칙의 영역이며 많은 법적 규칙들은 성문법과 규정으로 명시되어 있다. 규칙들은 논리적으로 표현될 수 있고 컴퓨터는 연역적으로 추론할 수 있기 때문에, 법령상 추론을 전산으로 표준화하는 것은 쉬워야 할 것이다. 컴퓨터 프로그램에 하나의 사실 관계를 입력하면 프로그램은 관련 규칙을 확인하고 그 규칙의 조건들을 충족하는지 여부를 판정한 후 규칙의 적용 여부의 관점에서 응답을 설명한다.

그러나 법령상 추론의 컴퓨터 모델을 구축하는 것이 쉽지는 않다. 아래에서 설명하는 바와 같이, 법령은 일반적으로 모호하고, 의미론적으로나 구문론적으로 애매하며 구조적으로도 불확정성을 띤다. 만약 컴퓨터 프로그램이 하나의 법규를 적용하려면, 적용될 논리적 해석은 무엇인가, 법규 용어의 모호성과 열린 구조는 어떻게 취급될 수 있는가, 또는 예외가 있다면 그것을 허용할 수 있는가?

Chapter 2는 법령의 연역적 적용과 종종 합리적 주장의 충돌이 일어나는 법령 해석의 복잡한 프로세스 사이를 비교 대조한다. 고전적인 논리 모델들은 법적 불확정성과 법적 추론의 보통의 특징을 다루는데 실패할지 모른다. 왜냐하면 변호사들이 쟁점 사실과 사안의 판단에 필요한 규칙에 동의할 경우에도 그들은 여전히 법적으로 합리적인 찬반 주장을 할 수 있기 때문이다.

그러나 법규 추론은 무시하기 힘든 필요성을 가진다. Chapter 2에서는 법령의 복합적인 논리 버전들을 체계적으로 정교하게 하는 표준화 프로세스, 법령의 연역적 적용을 위한 논리 실행, 그리고 인지 컴퓨팅에 모두 유용한 최근의 비즈니스 프로세스 준수 모델과 네트워크 기반 법규 모델 등과 같은 이슈를 다루거나 잘 처리하는 다양한 인공지능과 법 접근을 검토한다.

Chapter 2에서는 다음과 같은 질문을 던진다. 법령상 규칙들은 의미론적으로나 구문론적으로 모호할 수 있는가? 변호사들은 이 모호성을 어떻게 다룰 수 있는가? 그리고 컴퓨터 프로그램들은 어떻게 대응할 수 있는가? 표준화된 법적 기초, 프롤로그(Prolog), 그리고 프롤로그 프로그램이란 무엇인가? DFS(depth first search)는 무엇이며 BFS(breadth first search)와 어떻게 다른가? 법적 불확정성은 무엇이며 법적 추론의 논리 모델에서 왜 문제가 되는가? 로직(logic) 프로그램들은 규칙 준수 비즈니스 프로세스를 어떻게 평가하는가? 법규의 등정형(等晶形) 지식 표현은 어떤 문제가 제기될 수 있는가? 인용 네트워크와 법령 네트워크 다이어그램은 무엇이며 그것들은 인지 컴퓨팅을 어떻게 지원할 수 있는가?

2.2. 법령상 추론 표준화의 복잡성

법령들은 복잡한 법률 텍스트다. 법적 기술 용어로 쓰여진 규정의 미로 같은 복잡성은 종종 무엇이 법적인지 아닌지를 정의한다. 상호 참조와 예외의 연결망 때문에, 법규들은 종종 너무 복잡해서 일반 시민들이 이해할 수 없게 만든다. 법률 전문가들조차도 주어진 질문, 문제 혹은 토픽을 분석하는데 관련된 규정들을 전부 혹은 유일한 무언가를 식별하는데 어려움을 겪을 수 있다.

인공지능과 법 분야는 법적 규칙을 가지고 법령이나 규정들에서 논리적으로 추론할 수 있는 컴퓨터 프로그램들을 어떻게 디자인할 것인지를 오랜 기간에 걸쳐 연구해왔다. 그것은 진보해왔고 몇몇의 성공을 거두었지만, 발전할수록 그 문제가 얼마나 어려운지 알게 되었다. 그 과정에서 인공지능과 법 분야는 법규에 적용할 수 있는 컴퓨터 프로그램을 디자인하려고 하는 경우에 처리하고 극복해야 하는 수많은 제약을 확인하게 되었다. 이러한 제약들은 법규의 모호성과 두 종류의 불명확성, 법령 해석의 복잡성, 법적 규칙이 무엇을 의미하는지에 대해 합리적이지만 상충하는 주장을 지지할 필요성, 그리고 텍스트 형식과 함께 법령의 논리적 표현을 유지시킬 때 발생하는 실제적인 문제들을 포함한다.

법령상 추론을 컴퓨터로 표준화하는 것을 복잡하게 만드는 두 종류의 모호성 중 의미론적 모호성과 그 사촌격인 불명확성은 닮았다. 입법부가 채택한 법규상의 개념과 용어는 그것을 적용할 수 있는지 혹은 어떻게 적용할지를 결정할 수 있을 정도로는 충분히 정의되지 못했다. 두 번째 종류인 구문론적 모호성은 덜 닮았다. 입법부가 사용하는 "만약(if)", "그리고(and)", "또는(or)", "다만(unless)"와 같은 논리적 용어들은 간단한 법령조차 복잡한 해석을 낳기 때문이다.

2.2.1. 의미론적 모호성과 불명확성

의미론적 모호성은 용어의 의미에 관하여 "상대적으로 적게 … 분명한 대체물들 사이의 불확실성"이다(Allen and Engholm, 1978, p.383). "불명확성은 용어와 관련되어 있는지 여부에 관한 경계가 정확하게 무엇인지에 대한 의미론적 불확실성이다"(Allen and Engholm, 1978, p.382).

모호성과 불명확성은 모두 입법부가 모호하거나 잘 정의되지 않은 용어를 채택했다는 사실에 기인한다. Waterman은 리걸 엑스퍼트 시스템 규칙을 세우기 위해서 부적절한 법률 용어를 제공하는 문제에 직면했고(Section 1.3.1), Gardner는 그녀의 알고리즘을 가지고 어려운 법적 문제와 쉬운 법적 문제를 구별하기 위한 시도를 했다(Section 1.4.2).

의미론적 모호성과 불명확성은 인간, 사회 그리고 정치 현실에서 허용되는 것들이다. 입법부는 규율하고 싶어 하는 모든 상황들을 예상할 정도로 상세한 용어를 만들어내지 못한다. 그 대신 법규에 일반적인 용어를 채택하여, 새로운 사실 상황이 발생했을 때 법원이 추상적인 용어와 개념을 해석하고 적용하는데 따른다. 그리고 핵심 규정들을 의미론적으로 모호하게 의도적으로 만드는 것은 정치적 타협의 산물일 수 있다. 만약 의회가 구체적이고 상세한 용어를 사용하려고 하는 경우, 정치적 합의에 이르지 못하는 상황을 더욱 악화시킬 수도 있다(Allen and Engholm, 1978, p.384).

그리고 의미론적 모호성과 불명확성은 법적 불확정성의 근원이기도 하다. 왜냐하면 상대방은 어떤 법적 규칙이 적용되고 사실관계가 무엇인지에 대해 동의하더라도, 여전히 상반되는 결과에 관한 합리적인 법적 주장을 여전히 제기할 수 있기 때문이다(Berman and Hafner, 1988).

입법자의 의도가 명확하고 법령상 용어가 쉽고 간단한 경우에도, 소송당사자들은 규칙의 용어들이 무엇을 의미하는지에 대해 합리적이지만 상충되는 주장을 하게 된다. 예를 들면, Johnson v. Southern Pacific Co.,117 Fed. 462 (8th Cir. 1902) rev'd 196 U.S. 1 (1904) 사건에서 문제가 된 연방법은 "주와 주 사이의 교통에서 충격 시 자동으로 연결되는 연결장치가 없는 차량을 철도에 이용하는 것은 위법"이라고 규정하였다. 해당 법률의 서문에 따르면, 법의 목적은 "운송회사로 하여금 차량에 자동연결장치를 갖추도록 강제하고 기관차에 드라이브 휠 제동장치를 갖추도록 함으로써 … 근로자의 안전을 증진하기 위함"에 있다(Berman and Hafner, 1988, p.196).

위 사건에서 누구도 사실관계에 대해서는 이의를 제기하지 않았다. "원고, 열차의 제동수(보조 차장)는 식당칸을 철로 밖으로 이동시키기 위해 기관차를 연결하려고 시도하다가 부상을 당했다." 사고 원인은 쟁점이 아니었다. 왜냐하면 원고의 피해는 비록 기관차가 연결장치를 갖추었더라도 이 식당칸을 자동으로 연결할 수 있는 것은 아니었다는 사실에 기인했기 때문이었다.

그럼에도 불구하고, 법원은 법령상 요건을 구비하였는지에 대해 이를 인정하지 않았다. 특히 해당 규정의 요건으로 기술된 3가지, 즉 '차량'의 의미, '주와 주 사이의 통상에서 이용'의 의미, 그리고 '설치'의 의미에 대해 다르게 판단하였다(Berman and Hafner, 1988, p.198).

자동연결장치 구비 여부의 요건인 "차량"에 기관차가 포함되는가? 차량이 인접 화물을 대기하고 있는 상황이 "주간 통상"에 해당하는가? 식당칸과 기관차는 자동연결장치가 "설치"되어야 하는 것인가? 사실심과 상소심 법원은 이러한 질문들의 답에 대해 부정적인 의견을 표명하였고, 법원은 그러한 답들을 용어의 문리적 해석에 따라 판단된 것으로 취급하지 않았다.

2.2.2. 구문론적 모호성

이와 다른 유형의 모호성인 구문론적 모호성은 상이한 현실에서 나온다. 즉, 법규 용어가 언제나 단순하고 논리 정연한 구조를 따르는 것은 아니다. 이것은 자연어 텍스트의 속성에서 나온 것이다. 수학적·논리적 형식주의나 컴퓨터 코드와 다르게, 텍스트는 "만약", "또는", 그리고 "다만"과 같은 논리 접속사들의 범위를 분명하게 지정하지 않는다. 법령의 구문론 혹은 문법은 상호참조와 예외를 둘 때 사용되는 언어 때문에 불분명할 수 있다. 규정의 예외는 분명하지만 함축적으로 표현되어야 하며, 규정 내에서 뿐만 아니라 다른 규정들 혹은 다른 법령들에서도 등장해야 한다(Allen and Engholm, 1978).

Layman Allen은 문법적 모호성 때문에 비교적 단순한 법규들조차도 그 규정들에 대한 잠재적인 중요성으로 인해 복합적인 논리적 해석이 가능함을 보여준다. 그는 범죄를 정의한 루이지애나의 한 법령으로부터 하나의 예를 들고 있다:

> 누구도 익명으로 된 지역 전화통화, 대화 혹은 회의를 하면서 외설, 음란, 모독, 음탕, 선정적 또는 불온한 언어, 성적 제안 또는 회유 그 밖에 일체의 협박을 해서는 안된다(Allen and Engholm, 1978).

짐작건대 입법자는 법령이 열린 구조임을 충분히 알면서 "외설"과 "음란"과 같은 모호한 용어를 의도적으로 선택했을 것이다.

문법적으로 모호하게 범죄의 기준을 의도적으로 공포할 가능성은 적다. 법규 위반이 되기 위해서는, 음란한 언어 또는(or) 협박 전화로 요건이 충족되거나, State v. Hill, 245 La 119 (1963) 사건에서 피고가 지방법원에서 주장한 것처럼, 음란한 언어 및(and) 협박이 있어야 하는 것인가? 루이지애나 대법원은 범죄에 관한 규정은 엄격하게 해석되어야만 한다는 보통법원칙을 외견상 위반하면서 "and"를 "or"의 의미로 해석한 것이라는 이유로 기각하였다. 문법적으로 모호한 기준을 제시하는 입법적 정책이 더 나았을 것이다(Allen and Engholm, 1978).

Allen은 그 모호성을 식별하기 위한 구조적 표준화 프로세스를 서술하였다. 예를 들어 어떤 법규의 경우,

1. 법규의 단위 실질 명제들을 식별하고 그것에 명칭(S_1, S_2, …)을 붙여서 대체한다.
2. 법규의 문법을 명확히 하기 위해 명제 논리를 사용한다.
3. 실질적 명제들의 텍스트를 복원한다.

명제 논리에서 기호는 전체 명제들을 나타낸다. 논리 연산자와 연결자를 사용하면, 명제들은 그 구성 명제들이 참인지 거짓인지에 전적으로 의존하는 진실 값을 가진 복합

▌**도표 2.1.** ▌ 루이지애나 주 법령에 대한 2개의 다른 해석의 표준화된 버전들과 프롤로그 규칙들(도표 하단) (Allen and Engholm, 1978)

If S1. 익명 상태의 지역 전화통화, 대화 혹은 회의를 한 사람 and S2. 외설, 음란, 모독, 음탕, 선정적 또는 불온한 언어, 성적 제안 또는 회유를 한 사람 or S3. 일체의 협박을 한 사람 then S4. 불법행위를 한 사람 ——————— S4 : − S1, S2. S4 : − S1, S3.	If S1. 익명 상태의 지역 전화통화, 대화 혹은 회의를 한 사람 and S2. 외설, 음란, 모독, 음탕, 선정적 또는 불온한 언어, 성적 제안 또는 회유를 한 사람 and S3. 일체의 협박을 한 사람 then S4. 불법행위를 한 사람 ——————— S4 : − S1, S2, S3.

적인 주장들에 조합될 수 있다. 술어 논리는 이와 다르다. 그 정의는 아래에서 한다. 명제 논리는 개별 명제들의 구조나 구성요소들은 고려하지 않는다(Clement, 2016 참조).

　　표준화 프로세스를 루이지애나 법령에 적용하면 도표 2.1의 2개를 포함한 많은 버전들이 나온다. 각 버전은 명제 논리에서 하나의 표현이며, 그 논리 구조를 보다 명확하게 만든다.

2.3. 법령상 법적 규칙의 연역적 적용

　　명제 논리 형식으로 표준화된 법령은 몇 가지 장점을 제공한다.

　　첫째, 법령의 문법을 명확히 하기 위해 명제 논리를 사용하면 복잡한 법령을 더 쉽게 이해할 수 있다. Allen은 내국세법(Internal Revenue Code)에서 기업회생의 경우 증권거래세의 취급을 다루는 복잡한 규정(IRC 제354조)을 도표 2.2의 표준화된 버전과 비교 대조하고 있다. 표준화된 버전은 단위 실질 명제들을 구분하고 단순화된 논리 구조를 옮기기 위해 들여쓰기를 사용한다.

　　또한 Allen은 그래프의 각 노드(node)가 법령의 요건 중 하나인 경우 법령의 명제화된 버전의 로직을 통하는 순서도를 제시하고 있다. 명명된 노드들은 도표 2.2의 표준화된 버전에서 S_1에서 S_9까지 명명된 명제들로 간주된다.

　　이 순서도는 법령의 원문 텍스트나 표준화된 버전들보다 더 쉽게 이해할 수 있다. 이것은 기업회생의 경우(S_2) 증권거래의 시작점에서부터 "손익 없음"의 인식(S_1)이라는 원하는 결론까지 법령을 통과하는 3개의 대체 경로를 보여준다. 이러한 경로들은 원문과 표준화된 버전들에 다소 함축적으로 남아 있다.

　　기업 컴플라이언스(corporate compliance)의 경우, 그러한 순서도는 다양한 기업 구성원들의 의무를 명확히 하는데 도움을 줄 수 있다. 기업 컴플라이언스는 회사, 기업 그밖의 영업체의 근로자, 대리인, 임원과 이사들의 위법행위를 감시 및 방지하는 것을 포함한다. 순서도에서 근로자의 규정상 의무들을 보면 근로자들이 무엇이 적법하고 무엇이 위법인지를 이해하는데 도움이 될 수 있다.

(a) 원칙 (1) 일반. 손익 없음은 회생절차가 진행 중인 회사가 회생계획에 따라 주식교환을 하는 경우에 인정될 수 있다. (2) 제한. 제(1)문은 다음의 경우에 적용되지 아니한다. 　(A) 주식의 원금을 받은 경우..., 또는 　(B) 주식을 취득한 후 포기하지 않은 경우. (3) 상호 참조. 이 조에 따라 취득이 허용되지 않는 재산을 취득한 경우에 그 거래의 취급에 대해서는 제356조 참조. (b) 예외. (1) 일반. 제(a)항은 제368조 (a)(1)(D)에 규정되어 있는 회생계획에 따른 거래에는 적용되지 아니한다. 다만, 다음의 경우에는 적용된다. 　(A) 자산을 양수한 기업이 실질적으로 양도인의 일체의 자산을 취득한 경우...; 그리고, 　(B) 양도인이 이전한 주식을 회생계획에 따라 분배한 경우. (2) 상호 참조. 제368조 (a)(1)(D)에 규정되어 있는 회생계획에 따른 일정한 거래에 관한 특별 규칙에 대해서는 제355조 참조. (c) 이 절의 다른 규정들에 불구하고, 본 조의 (a)(1)(그리고 이 조에 관계된 제356조의 대부분)는 파산법 제77조 또는 주간통상법 제20b조에 따라 공익에 부합하는 것으로 승인된 철도회사의 회생계획에 관하여 적용된다.	If [S2] 1. 회생절차가 진행 중인 회사의 주식 또는 증권이 회생계획에 따라 그 회사 또는 회생 중인 다른 회사의 주식 또는 증권과 교환되는 경우, and [S3] 2. (a) 1. 취득한 주식의 원금이 양도된 주식의 원금을 초과하지 않는 경우, and [S4] 2. (a) 2. (a) 주식을 취득한 경우 및 (b) 주식을 양도한 경우는 그렇지 않다, and [S5] 2. (a) 3. (a) 회생계획이 제368조 (a)(1)(D)에 규정되어 있지 않다, or [S6] 2. (a) 3. (b) 1. 자산을 양수한 기업이 실질적으로 양도인의 일체의 자산을 취득한 경우, and [S7] 2. (a) 3. (b) 2. 양도인으로부터 취득한 주식, 증권 및 그 밖의 재산, 그리고 양도인의 다른 재산은 회생계획에 따라 분배된다, or [S8] 2. (b) 1. 회생계획이 제368조 (a)에 규정된 것인지 여부, and [S9] 2. (b) 2. 회생계획이 철도회사를 위한 것이고 파산법 제77조 또는 주간통상법 제20b조에 따라 공익에 부합하는 것으로서 주간통상위원회의 승인을 받은 경우. then [S1] 3. 손익 없음이 인정될 수 있다.

2.3.1. 컴퓨터에서 표준화된 버전을 구동하기

┃ **도표 2.3.** ┃ IRC 제354조의 명제 순서도 (Allen and Engholm, 1978 참조)

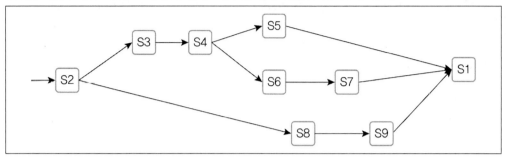

둘째, 명제 논리에서의 법규는 컴퓨터에서 구동될 수 있다! 도표 2.1의 맨 하단에는 인공지능과 컴퓨터 언어가 결합된 이른바 "혼 문절 로직(Horn clause logic)"으로 불리는 프로그래밍 언어인 프롤로그로 표현된 루이지애나 법의 표준화된 2개의 버전이 있다.

이 법의 표준화된 버전들은 간단한 명제 로직의 예시들이다. 오른 쪽에 있는 버전인 $S_4 :- S_1, S_2, S_3$ 은 "만약 $S_1 \wedge S_2 \wedge S_3 \Rightarrow S_4$"를 의미하며 여기에서 $\wedge$는 "그리고"를 의미한다. 왼쪽에 있는 버전은, 그 버전에서 분리를 실행하기 위해서 $S_4 :- S_1, S_2$와 $S_4 :- S_1, S_3$라는 2개의 공식을 사용한다.

프롤로그는 하나의 프로그램으로 여겨지는 혼 문절(Horn clauses)을 해석한다. 예를 들면, 이것은 우측에 있는 혼 문절을 "S_4를 증명하기 위해, S_1을 증명하기 위해, S_2를 증명하기 위해 그리고 S_3를 증명하기 위해"라고 말한 것으로 처리한다.

각 실질 명제 S_1, S_2와 S_3가 참 혹은 거짓인지를 사용자가 질문함으로써, 컴퓨터는 S_4의 참 혹은 거짓을 증명할 수 있다. 이러한 방식으로 법령의 로직은 자동화된다. 법령의 표준화된 버전의 로직은 진리표(truth table)를 수동으로 처리할 수 있을 만큼 간단하다. 그럼에도 불구하고, 컴퓨터는 도표 2.2에서 본 것과 같은 더 복잡한 법령의 명제 논리를 프로세스할 수 있다.

2.3.2. 술어 논리

누군가는 전체적인 논리 문법이 아니라 법규의 실질적 명제들의 내용을 표현하고 싶어 할 수 있다. 이것은 고전 논리(classical logic, 고전 논리는 술어 논리나 1차 논리(first order logic)라고도 함)로 해결될 수 있다.

> 고전 논리는 논리학에 입문하는 학생들에게 "술어 논리"로 알려진 형식 논리이
> 다. 술어 논리는, (ⅰ) 모든 형식적 언어의 문장들이 2개의 가능한 진리값(참,

거짓) 중 정확히 1개를 가지며, (ⅱ) 추론 규칙에 의해 서로 다른 가정들에서 어떤 문장을 추론할 수 있으며, (ⅲ) 모든 술부는 변수의 범위에 완전히 한정되며, (ⅳ) 형식 의미론은 Tarski에 의해 창안된 것으로, 진리에 대한 최초의 정확한 정의를 위해 메타 언어로 형식 언어를 제공한다(Dowden, 2016).

고전 논리는 술어, 주어 그리고 대명사를 사용한다. 명제 논리에서 '모든 사람은 죽는다'는 명제는 오직 1개의 기호로 표현되며 내부 구조를 가지고 있지 않다. 이와 대조적으로, 고전 논리에서는, x는 죽는다고 표현하거나 혹은 보편적인 대명사("누군가", 모든 x)를 사용해서 술어 M(x)로 정의할 수 있다. M(x)는 모든 x는 죽는다는 표현이다.

프롤로그의 기초인 혼 문절 로직은 술어 논리의 전부는 아니지만 대부분을 실행하며, 법규의 논리적 문법뿐만 아니라 법규의 표준화된 버전의 실질적 명제들의 내용도 표현할 수 있게 만든다. 예를 들어, 법규에 관한 H.L.A. Hart의 유명한 사례인 "공원 안에는 차량이 허용되지 않는다"[1]는 다음과 같은 프롤로그(즉, 혼 문절 술어 논리)로 표현될 수 있겠다:

위반(X, S) : ─ 차량(X), 공원(S), 안에(X, S)

다시 말해서, "만약 X가 차량이고 ∧S가 공원이고 ∧X가 S안에 있다면 ⇒ S안에 있는 X는 위반한 것이다." 프롤로그에서 술어들 사이에 있는 콤마는 "그리고"를 나타내며, 암시된 범용 정량자(universal quantifier)이다.

만약 프롤로그 프로그램에 다음과 같은 정보를 입력하면:

차량 (X) : ─ 오토바이 (X)
차량 (X) : ─ 자동차 (X)

그 프로그램은 하나의 규칙의 결론을 다른 규칙의 전제로 연결시킴으로써 공원에 오토바이, 자동차 혹은 실제로 차량으로 간주되는 어떤 것도 들어갈 수 없다는 것을 증명할 수 있다.

2.3.3. 디자인 제약으로서의 문법적 모호성

대규모 법적 논리 프로그램의 사례로 들어가기 전에, 문법적 모호성의 영향을 정리해본다.

---

1) Hart의 사례는 "공원에 차량이 들어가는 것을 금지하는 법적 규칙"에 관한 것이었다(Hart, 1958, p.607).

문법적 모호성은 법령 텍스트들을 컴퓨터로 형식화된 논리 규칙 문제틀로 번역하는 작업을 수행하게 만든다(Allen and Saxon, 1987). 컴퓨터로 표현된 규칙들에서, 문법적 모호성은 제거될 수 있다. 문제는, 프롤로그와 같은 논리 프로그래밍 언어로 형식화되기 위해 선택된 법령 규칙 버전이 입법자가 반드시 의도한 것은 아니라는 점이다.

문법적 모호성으로 인하여 지식 엔지니어는 입법자의 의도를 확신할 수 없다. 표준화 프로세스를 매우 간단한 법규에 적용함으로써 문법적으로 가능한 해석들의 수는 당황스러울 정도로 많을 수 있다. 수정 헌법 제4조를 제한하는 배제 규칙, 제3505조는 다음과 같다:

> 법령에 구체적으로 규정된 경우를 제외하고, 압수 또는 수색으로 수집한 증거 그 밖에 허용될 수 있는 증거는, 만약 그 압수 또는 수색이 합리적으로 실행되었고 미국연방수정헌법 제4조에 부합한다는 성실한 신뢰가 있은 경우에, 미합중국 법원의 절차에서 배제되어서는 안 된다. 증거가 영장의 범위 내에서 수집된 증거라는 입증은, 그 영장이 고의적으로 중대한 부실기재로 획득된 것이 아닌 한, 합리적인 성실한 신뢰를 가진 일응의 증거로 된다.

2개의 문장이 길지만, 표준화되면서, 제3505조는 48개의 해석을 낳았는데, 그 해석들은 규정의 문법적 모호성에만 근거해서 측정된 한정성 혹은 포괄성의 강도가 달랐다(Allen and Saxon, 1987).

현실적으로는, 오직 몇 개의 버전만이 합리적으로 보이고 다른 버전들은 비합리적으로 보일 수 있다. 문제는 누가 선택하는가이다. 만약 지식 엔지니어가 어떤 표준화된 버전을 실행할지 결정한다면, 그것은 권위 있는 선택이 아니다. 법학자나 그 밖의 전문가들은 입법자가 의도했거나 의도했었을 것 같은 버전에 대해 의견을 표명할 수는 있다. 그러나 권위 있는 선택을 할 수 있는 유일한 존재는 입법자이다.

불행히도 국회의원들은 모호성에 대해 잘 몰랐을 것이다(Allen and Saxon, 1987). 의미론적 모호성은 보통 의도된 채로 입법적 타협을 이룰 수 있도록 하는 반면에, 구문론적 모호성은 정치적 프로세스에서 어떤 타당한 역할도 수행하지 않고 정치적 타협을 이루어 내지도 않는다. 실제로, 법규의 표준화된 버전들을 만들기 위한 구조적 과정을 펼쳤을 때, Layman Allen의 목표 중 하나는 국회의원들과 로스쿨 학생들을 그 현상에 예민하게 만드는 것이었다(Allen and Engholm, 1978; Allen and Saxon, 1987).

테네시 주의 Grayfred Gray 법학 교수는 정신병환자들의 입원과 퇴원에 관한 주 정신건강법 규정들의 의도되지 않은 문법적 모호성을 제거하는 도구로서 표준화를 채택하기 위해 주 의회 법안기초위원회를 설득하는데 일부 성공을 이루었다. 그 위원회는 "법률은 해당 분야의 종사자들에게 명확해야 하는데 그들은 대부분 법률가가 아니라는 점"

을 우려하였다(Gray, 1985, pp. 479-80). 의회는 표준화에 문제가 있는 것 같지는 않았다. 그런데, 주 법령의 발행인은 법령들의 단순화된 논리 구조를 전달하기 위해 표준화에서 들여쓰기를 자유롭게 이용하는 것이 너무 많은 공간을 차지해서 인쇄비용을 증가시킬 것이라고 걱정하였다. 결국, 소수의 법령들만이 표준화된 형식으로 발간되었다.

오늘날, World Wide Web에서 공간은 이슈가 아니다. 법령의 표준화된 버전들과 순서도들은 웹 상에서 저렴하게 발행될 수 있으며, 비법률가들이 법률 요건들을 훨씬 더 쉽게 읽고 이해할 수 있게 되었다. 웹 기반 발행에서 도움 링크와 드롭다운 메뉴는 특별한 지식이 없는 사람들이 표준화된 버전들을 이용하고 해석하는데 도움을 줄 수 있었다.

물론 그 동안에 법령 논리 해석의 다양성으로 인하여 법조의 기능이 마비되지는 않았다. 오히려 고용을 창출하고 있다. 납세자들이나 보험회사들을 대리하는 변호사들과 법률 전문가들은 복잡한 규정들에 대한 대체적인 문법적 해석들을 여전히 만들어내고 이용하고 있다. 어떤 법령 혹은 복잡한 보험 정책 규정의 대체적 논리 해석을 식별할 때, 당사자의 관점에서 보면, 의뢰인에게 유리한 해석의 주장 기회가 열린다. 이것은 앞의 State v. Hill 사건의 형사재판에서와 마찬가지이다.

기업 컴플라이언스처럼, 다른 맥락에서 보면, 위험 회피 변호사들은 비즈니스 규칙 시스템에서의 형식화에 법령의 포괄적인 논리 해석을 적용할 것을 추천할 수도 있다. 안전하게 확장된 해석을 선택하면 법적 규칙의 위반을 감소시키는데 도움이 될 수 있다.

인지 컴퓨팅의 관점에서 보면, 잠재하는 문법적 모호성을 검사할 수 있는 시스템이라면 입법 기초자들에게 훌륭한 도구가 될 수 있다. 법령의 규정을 자연어로 입력하면, 시스템이 표준화된 버전의 종합적인 목록을 자동으로 생산하거나 그 영향력 측면에서 부분적으로 명령을 내릴 수 있겠는가? 다시 말해서, (Allen and Engholm, 1978)의 표준화 프로세스는 자동화될 수 있는가? 나는 그렇게 시도한 연구를 알지는 못하지만 탐구할 만한 가치는 있는 것 같다.

2.3.4. BNA 프로그램

Marek Sergot와 그의 동료들은 프롤로그로 쓰여진 논리 프로그램으로 영국국적법 (British Nationality Act, BNA)의 대부분을 성공적으로 시행했다(Sergot et al., 1986). 그 시스템은 영국 시민권 획득을 다루는 대략 150여개의 규칙들을 구동시켰다. 그 규칙들은 프롤로그의 혼 문절로 시행되었다. 도표 2.4는 3개의 규칙이 영어 단어를 사용한 구조화된 인공 언어(pseudo English)로 번역되는 것을 보여준다.

1－(1) 영국에서 출생한 사람은 만약 출생 당시 그의 부 또는 모가 다음 중 어느 하나에
해당하면 영국 시민이 될 수 있다:
(a) 영국 시민인 경우, or
(b) 영국에 정착한 경우

이것은 컴퓨터에서 다음과 같이 표현된다:
Rule1: X는 Y일에 영국 시민권을 취득한다
제1.1조의 적용
IF   X는 영국에서 출생했다.
AND   X는 Y일에 출생했다.
AND   Y는 법률의 효력이 발생한 시점 또는 그 후이다.
AND   X는 제1.1조의 자격을 갖춘 부모를 가지고 있다.

Rule2: X는 Y일에 제1.1조의 자격을 갖춘 부모를 가지고 있다
IF   X는 부모 Z를 가지고 있다
AND   Z는 Y일에 영국 시민이었다

Rule3: X는 Y일에 제1.1조의 자격을 갖춘 부모를 가지고 있다
IF   X는 부모 Z를 가지고 있다
AND   Z는 Y일에 영국에 정착했다.

BNA 프로그램에 입력한 것들은 시민권 질문에 관한 문제를 서술한 것들이다. 그 프로그램은 응답 및 설명을 출력한다. 질문을 제기하는 것은 명제를 시작하는 것과 프롤로그에 그 증명을 요청하는 것에 상응한다. 예를 들면, 명제는 다음과 같다:

A: 피터는 제z조에 의해 1984년 1월 16일자로 영국 시민이다.

여기서, z는 결론을 정당화할 변수로서 법령의 조문 번호를 나타낸다.

프롤로그는 프로그래밍 언어이면서 정리 증명기(theorem prover)이다. A가 주어지면, 프롤로그는 결론 A로부터 후방향 추론에 의해 필요충분조건들을 식별하기 위한 증명을 시도한다. 프로세스가 진행되면서, A 형식의 명제로 마무리되는 모든 규칙들을 발견한다. 그 경우 결론 A의 근거가 되는 수많은 다른 규칙들이 존재할 수 있다. 프롤로그는 쓰여진 규칙들을 모두 순서대로 시도해 볼 것이다.

그 결론이 A인 규칙들의 목록 n이 있다. 만약 프롤로그가 그 목록에서 규칙 r_i를 고려하고 있다면, 다음 규칙을 r_{i+1}로 하기로 한다. 마지막으로, 프롤로그가 규칙 r_j를 고

려하고 있을 때, 규칙 r_j의 선조(antecedent)라는 결론을 가진 새로운 규칙을 발견하면, 새로 발견된 규칙을 r_{j_1}로 하고, 그리고 이것을 A를 증명하는 경로에 위치한 규칙 r_j의 "후손(descendant)"이라고 한다.

프롤로그는 목록에 있는 n 규칙들을 깊이 우선 탐색(DFS) 순서대로 시도해 볼 것이다. 깊이 우선 탐색 중에, 프로그램은 목록에 있는 r_i 중 하나에서 그 마지막, 성공 혹은 실패, 까지의 경로를 따라가고 그 후에 r_{i+1}에서부터 새로운 경로를 시작한다. 다시 말해서, 만약 프롤로그가 규칙 r_i를 고려하고 있으면, 그 프로그램은 항상 규칙 r_i의 후손 r_{i_1}을 찾으려고 시도하고, 그 후에 목록에 있는 다음 규칙 r_{i+1}로 이동한다. 만약 r_i부터의 경로가 A를 증명하지 못한 채 만료되면 r_{i+1}로 이동할 것이다.

이와 대조적으로, 넓이 우선 탐색(BFS)의 경우, 프로그램은 각각의 n 규칙들의 경로를 오픈하려고 시도한 후에 후손의 후손들을 검색한다. 즉, 탐색 기반 프로그램은 비록 규칙 r_i의 후손을 찾았더라도 목록에 있는 다음 규칙들 r_{i+1}, r_{i+2}, $\cdots$ r_n의 후손을 찾으려고 시도할 것이고, 그 후에는 r_{i_1}의 후손을 찾으려 시도할 것이다.

각 규칙은 결론 C를 충족시키는데 필요한 조건 B_1 $\cdots$ B_n을 가질 것이다. 프롤로그는 C를 증명하기 위해서, B_1을 증명하기 위해서, B_2를 증명하기 위해서, $\cdots$, 그리고 B_n을 증명하기 위해서 그러한 규칙을 프로그램으로 취급한다는 점을 기억하라. 프롤로그는 이러한 B_n 하위문제들의 경우 4개의 방법 중 하나의 방법으로 해결한다:

1. B_n 형식의 결론을 가진 다른 규칙이 존재할 수 있다.
2. B_n을 충족시키는 사실이 존재할 수 있다.
3. 시스템은 사용자에게 B_n이 참인지를 질문할 수 있다.
4. 시스템은 전문가에게 B_n이 참인지를 질문할 수 있다.

도표 2.5는 명제 A를 고려한 질문에 대해 BNA 프로그램 출력의 발췌를 보여준다. 굵은 글씨체 글씨는 사용자로부터의 입력을 나타낸다. 프로그램은 "왜"와 "어떻게"라는 질문들에 답할 수 있고 그 답을 설명할 수 있음에 주목하라. 기본적으로, A 혹은 중간 결론의 증명을 하게 되면, 그 증명 과정에서 추론 단계들을 반복함으로써 설명을 만들어 낼 수 있다.

2.3.5. 법령을 프로그램으로 번역하는 약간의 문제들

BNA의 컴퓨터 모델을 디자인하고 실행할 때, 설계자들은 4개의 문제 혹은 제약에 직면했다. 과거에 공식화된 규칙 혹은 술어는 종종 재공식화될 필요가 있기 때문이다. 그리고 법령에서 부정(negation), 당연 추리(default reasoning), 반사실적 조건(counterfactual conditions), 오픈 텍스처드 용어(open-textured terms) 등의 사용이 검토되어야 한다.

Peter는 제Z조에 의해 (1984년 1월 16일)에 영국 시민인가?

Which X: Peter는 X 날짜에 출생했는가? (1983년 5월 3일)

...

Peter가 영국에서 출생한 것은 사실인가? yes

Which X: X는 Peter의 아버지인가? why

만약 X가 Peter의 아버지라면 X는 Peter의 부모이다

만약 X가 Peter의 부모이고 X가 (1983년 5월 3일)에 영국 시민이라면

그렇다면 Peter는 (1983년 5월 3일)에 제1.1조에 규정된 자격을 갖춘 부모를 가진다

Peter는 영국에서 출생했다

Peter는 (1983년 5월 3일)에 출생했다

(1983년 5월 3일)은 법률의 효력이 발생한 시점 또는 그 후이다, 그 결과

만약 Peter가 (1983년 5월 3일)에 제1.1조에 규정된 자격을 갖춘 부모를 가진다면

그렇다면 Peter는 제1.1조에 의해 (1983년 5월 3일)에 영국 시민권을 취득한다

Peter는 (1984년 1월 16일)에 생존하고 있다, 그 결과

만약 Peter가 제1.1조에 의해 (1983년 5월 3일)에 영국 시민권을 취득하면

그리고 (1984년 1월 16일)은 (1983년 5월 3일) 이후이면

그리고 [Peter가 Y 날짜에 영국 시민권을 포기하지 않고 그리고 Y가 (1983년 5월 3일)과 (1984년 1월 16일) 사이에 있지 않으면]

그렇다면 Peter는 제1.1조에 의해 (1984년 1월 16일)에 영국 시민이다

Which X: X는 Peter의 아버지인가? William

Which X: William은 X날짜에 출생했는가? (1952년 3월 1일)

...

William이 영국에서 출생한 것은 사실인가? yes

...

William이 (1982년 12월 31일)에 영국 및 그 속국의 시민이었던 것은 사실인가? yes

William이 (1982년 12월 31일)에 1971년 이민법에 의해 영국 영주권을 가진 것은 사실인가? yes

...

예, 나는 다음과 같이 확인할 수 있습니다

Peter는 제1.1조에 의해 (1984년 1월 16일)에 영국 시민이다 how

나는 규칙에 근거해서 Peter가 제1.1조에 의해 (1984년 1월 16일)에 영국 시민임을 추론하였습니다

재공식화

광범위한 법령을 공식화하는 것은 시행착오의 과정이다. 누군가는 규칙 개념에 대한 이전의 공식화가 부적절해서 법률의 하위 규칙에 의해 부과된 추가적인 제약에 맞도록 재공식화해야 하는 새로운 상황에 직면하게 된다. 예를 들면, 연구자들은 "개인이 영국 시민인 경우에만 판단을 내리는 것은 충분하지 않으며, 시민권이 획득되었다는 조건 아래에서 그 조항을 판단할 필요가 있음"을 발견했다. 그리고 새롭게 만난 조항은 누군가가 시민은 아니지만 일정한 조건 아래에서 나중에 시민으로 등록될 수 있다는 제약들을 계산하는데 "더 분명한 시간 취급"의 필요성을 증명했다(Sergot et al., 1986, p.374). 연구자들은 새로운 제약들을 검토하기 위해서는 현행 규칙들, 조건들, 또는 매개변수들을 변경하거나 새롭게 추가해야 했다.

부정

BNA와 그 밖의 법령들에서 일부 규칙들을 실행하기 위해서는, "x는 y의 출생 당시에 영국 시민이 아니었다" 혹은 "x는 y의 출생 당시에 영국에 정착하지 않았었다"와 같은 부정적인 결론(예, A가 아님)을 말하는 규칙들을 채택하는 것이 바람직할 것이다.

그러한 부정적인 결론들은 프롤로그가 지원하지 않는 보통의 혹은 고전적인 부정을 처리할 능력을 필요로 한다. 프롤로그는 "실패에 의한 부정"만 채택할 수 있다. 정리 증명기는 "P를 증명하지 못하면 P가 아니라고 추론하는" 하나의 규칙을 사용한다. 다시 말해서, 만약 A를 증명하기 위한 방법들의 한정된 목록이 있다면, 정리 증명기는 그것들을 모두 검사할 것이다. 만약 전부 실패하면, A가 아니라는 결론을 내리게 된다. 실패에 의한 부정은 "폐쇄 세계 가정(closed world assumption)"을 할 수 있는 경우에 타당하다(즉, 알려지지 않은 것은 거짓으로 가정된다).

그렇지만, 폐쇄 세계 가정은 종종 타당하지 않다. "구체적인 사건을 판단하는 것과 관련되어 있을 모든 법 규정들을 밝혀내는 것은 법 영역에서는 대단히 어렵다"(Sergot et al., 1986, p.379). 연구자들은 실패에 의한 부정을 사용하면 엄청나게 복잡해지거나 그 프로그램을 입법자가 의도한 것과는 정반대의 결론으로 이끌 수 있는 BNA에서 몇 개의 공식들을 실증하였다. 예를 들면, x는 y의 출생 당시에 영국 시민이라는 것을 증명할 수 있는 모든 방법들을 목록화하는 어려움을 고려해보자.

고전적인 부정을 처리할 수 있는 정리 증명기는 이 문제를 자동으로 처리할 수 있겠지만, 프롤로그의 정리 증명기는 다른 어려움들을 접하게 하는 확장된 논리를 필요로 할 것이다. 결과적으로, 연구자들은 BNA 프로그램이 사용자에게 "x는 y의 출생 당시에 영국 시민이 아니었다"와 같이 확실한 부정적 정보를 확인할 것을 요구하도록 하는데 의존할 수밖에 없었다(Sergot et al., 1986, p.381).

당연 추리

BNA가 당연 추리를 채택한 것을 지적하는 사람들이 있다. "반박할 정보가 없는 상태에서 기본적으로 내려진 결론들은 만약 새로운 정보가 나중에 사용될 수 있게 해두면 취소되어야 할 것이다"(Sergot et al., 1986, p.381).

하나의 예로 들 수 있는 것은 BNA 제1조 (2)이다. 이 규정은 버려진 아이들을 다룬다. 버려진 아이들에게 기본적으로 시민권이 부여됐었는데 만약 그 아이들의 부모가 갑자기 나타났지만 영국 시민들은 아니었던 경우에는 어떻게 할 것인가?(sergot et al., 1986, p.381). BNA는 그 예측불허의 상황에 대비한 규정을 두지는 않은 것 같다. 그러나 만약 그와 같은 일이 발생한다면 문제가 될 수 있다.

당연 추리는 비단조(non-monotonic)이며, 일단 증명된 명제들은 새로운 사실들이 반영되면 취소되어야 한다. 술어 논리는 단조(monotonic)이며, 이미 증명된 명제들을 취소하는 것을 허용하지 않는다.

아래에서 논의하는 바와 같이 더 보여주는 로직이 필요하다.

반사실적 조건문

법령들은 보통 반사실적 조건문들을 사용한다. 가령, "그는 영국 시민이 되었을 것이다. 그러나 그가 죽었거나 시민이 되는 것을 포기함으로써 중단했으면 그렇지 않을 것이다"와 같이 표현한 경우이다. 입법자는 바로가기 참조 수단으로서 공식화를 채택할 수 있다. 법 제정자들은 추론될 수 있는 조건들로부터 다른 입법을 참조할 때 복잡한 조건들을 분명하게 목록화하는 것을 꺼린다(Sergot et al., 1986, p.382).

연구자들은 그러한 반사실적 조건문들을 처리하는 특별한 규칙들을 만들어냈다. 그들은 "부가적인 대체적 규칙들, 예를 들면, 그 당일에 생존했던 개인들의 첫 시민권 획득을 위한 일련의 조건들, 그리고 사망 전에는 다른 모든 필요조건들을 충족하지는 못했겠지만 그 날 이전에 사망했던 개인들의 시민권 획득을 위한 그 밖의 규정들"을 작성했다(Sergot et al., 1986, p.382).

연구자들은 어떠한 요건들이 반사실적 조건에 합리적으로 적용될지에 관한 가설을 세우기 위해 그 법령을 주의 깊게 분석했다. 이것은 공식화될 필요가 있는 규칙들의 수를 증가시켰다. 아마도, 법률을 제정하는 사람들은 이러한 조건들을 자세히 기술하는 지루한 작업을 피하기 위해서 반사실적 조건을 채택했을 것이다. 다른 한편으로, 그러한 쟁점을 조정이 가능한 상태로 두는 것은 언제든지 가능하다.

아무튼, 지식 공학자들이 입법적 권위를 가지지 않고 해석상의 판단들을 어렵게 만들라는 요구를 받는 다른 경우도 있다.

열린 구조의 용어들

마지막으로, 입법자는 그 법령에서 분명히 정의하지 않은 열린 구조의 술어를 채택했다. 그 법률은 "성품이 좋은", "타당한 사유를 가진", 그리고 "영어에 대한 충분한 지식을 가진"과 같은 애매한 구절을 담고 있다(Sergot et al., 1986, p.371).

연구자들은 애매한 용어들을 취급하는데 복잡하지 않은 접근방법을 채택했다. 시스템은 단순하게 현재의 조사에서 그 용어가 참인지 거짓인지 여부를 사용자에게 묻는다. 그 대신에, 그들은 애매한 특정 개념이 항상 적용되는지 아니면 적용되지 않는지를 가정하도록, 그리고 이러한 가정에 기초한 답의 자격을 부여하는 프로그램을 설정해야 했다. 예를 들면, "만약 피터가 좋은 성품을 가지고 있다면, 그는 시민이다"(Sergot et al., 1986, p.371). 연구자들은 그 용어들의 모호성을 줄이기 위해서, 법원이 그 용어를 적용했던 과거 사례의 분석으로부터 나온 경험 법칙들도 적용할 것인지에 주목한다. 그러나 그러한 휴리스틱 규칙들은 모든 사례들을 포섭하거나 그러한 규칙들이 권위를 가지는데 확실한 보장을 해주지는 못할 것이다.

문법적 모호성, 재공식화, 부정, 반사실적 조건문, 그리고 의미론적 불명확성을 해결하는 문제들은 자연어 텍스트를 해석하는 문제들이다. 어쩌면, BNA 프로그램 연구에서와 같이 인간이 그러한 번역을 수동으로 수행하고 있든 아니면 Chapter 9에서 논의한 바와 같이 프로그램이 법령 텍스트에서 자동으로 그 규칙들을 추출하고 있든 간에, 그러한 문제들은 입법을 실행 가능한 컴퓨터 코드로 번역하려는 시도들에 영향을 줄 수 있다.

2.4. 법령 해석의 복잡성 그리고 주장의 필요

BNA 프로젝트는 "규칙 및 규정들을 개별 사례에 기계적으로 적용하는 것을 목적으로 하여 그 규칙 및 규정들의 실행이라는 제한된 대상"에 중점을 두었다(Sergot et al., 1986, p.372). BNA 프로그램은 법령에 대한 법원의 추론의 결과물을 시뮬레이션하려고 의도된 것이 전혀 아니었다. 그렇지만, 법원이 하는 일과 도표 2.5에서와 같이 논리 추론을 통해서 답을 생산해내는 방식을 비교하는 것은 흥미롭다.

법철학자 Lon Fuller는 법적 규칙들을 적용하기 위한 기계적 접근방식의 한계를 획기적인 방법으로 실증했다. "제2차 세계대전에서 사용된 트럭"이 "공원의 받침대 위에 세워지면" 공원에 차량 금지 규정에 "완벽하게" 저촉되는가?(Fuller, 1958, p.663). 또는 지방자치단체의 규정에 "기차역에서 잠을 자는 것은 5달러의 벌금에 처해지는 경범죄이다"라는 조항이 있다고 가정한다. 경찰은 기차역에서 두 사람을 만난다.

첫 번째 사람은 오전 3시에 지연된 기차를 기다리고 있는 승객이다. 그가 체포되었을 당시에 그는 똑바로 앉아 있었지만 그를 체포한 경찰은 약하게 코고는 소리를 들었다. 두 번째 사람은 담요와 베개를 가지고 기차역에 와서 잠자리를 마련한 것은 명백했다. 그러나 그는 잠에 들기 전에 체포되었다.(Fuller, 1958, p.664)

해당 규칙의 기계적 적용에 따르면, 첫 번째 사람은 규칙을 위반한 것이지만 두 번째 사람은 그렇지 않다. 전자는 기차역에서 잠을 잤지만 후자는 그렇지 않았다. 그러나 해당 규정의 주요 취지를 감안하면, 이 결과는 정확히 틀린 것이 된다. Fuller는 "해당 법규의 목적을 알지 못한 채 그 법령상 용어를 실제로 해석할 수 있겠는가?"라고 의문을 제기한다(Fuller, 1958, p.664).

법령 조항의 의미를 규명하고 구체적 사실관계에 적용하는 프로세스는 일반적으로 법규 해석이라고 한다. 법원은 구체적 사건에 법령을 적용할 때 분쟁 사안에 대한 판결에 권위와 구속력을 부여할 목적으로 법령 해석에 관여한다. 그리고 사건에 적용될 수 있는 법령의 적절한 의미에 관한 견해를 심리를 거쳐서 형성하며 그 법령이 이해되어야 하는 방법에 관하여 견해를 분명히 밝힌다(MacCormick and Summers, 1991, p.11f).

법령 해석의 프로세스는 논리적 추론을 포함하지만 훨씬 더 복잡하다. MacCormick과 Summers는 법령 해석적 주장 유형들의 체계를 다음과 같이 파악하고 있다.

- 언어적 주장들: 법규의 일반적 의미 혹은 기술적 의미 주장
- 시스템적 주장들: 상황적 조화의 주장, 선례 주장, 유추 주장, 논리 개념적 주장, 그리고 법의 일반 원칙 및 연혁적 주장
- 목적론적/평가적 주장들: 목적 주장과 실질적 이유 주장
- 범주를 넘나드는(transcategorical) 주장들: 의도 주장(MacCormick and Summers, 1991, pp. 512-15).

기차역에서 잠을 자는 행위를 금지하는 지방자치단체의 규정의 취지를 주장하는 것은 목적론적/평가적 주장의 일례이다. 용인될 수 있는 기술들과 그 명칭들의 목록은 법적 체계 혹은 전통과 관련되어 있으며 논의의 대상이 될 수 있다.

2.4.1. 법령 해석의 단계적 프로세스

MacCormick과 Summers는 이러한 주장 유형들을 단순화시켜서 법령 해석의 알고리즘적 모델에 가깝게 정리하고 있다(MacCormick and Summers, 1991, p.531). 그 프로세스에 따르면, 법규 해석에 있어서 다음과 같은 순서대로 3단계 주장이 고려된다. (1) 언어적 주장, (2) 시스템적 주장, (3) 목적론적-평가적 주장.

더 구체적으로, 프로그램은 주장에 기반한 결정의 단계들을 명시한다.

- 1단계: 2단계로 진행될 이유가 없다면, 1단계에서 명확한 해석이 일응 정당화된다고 인정
- 2단계: 충분한 이유가 있어서 2단계가 작동된 경우, 3단계로 넘어갈 이유가 없다면, 2단계에서 명확한 해석이 일응 정당화된다고 인정
- 3단계: 만약 3단계라면, 모든 적용가능한 주장에 의해 가장 적절하게 뒷받침되는 해석만이 정당화되는 것으로 인정(MacCormick and Summers, 1991, p.531).

위의 일련의 단계들에서, MacCormick과 Summers는 일반적으로 의도 주장과 범주를 넘나드는 주장이 위의 '일응의' 정리에서 벗어나는 것과 연계되어 있는 근거로서 받아들여지길 추천하고 있다.

법령 해석에 관한 이와 같은 복잡한 서술은, 법이 "행위를 통제하는 규칙이 아니라 행위를 유도하는 규칙"이라고 보는 Ann Gardner의 견해에 대해 감사하게 만들 수 있다. "전문가들은 규칙을 정확히 따르기 보다는 규칙을 처리할 수 있고, … 스스로 규칙들에 대해 논쟁할 수 있다"(Berman and Hafner, 1988, p.208에서 인용된 Gardner, 1985).

MacCormick과 Summers에 의한 법령 해석의 법리적 모델을 구체적인 시나리오에 적용하기 위해서는, 규칙들, 판례들, 근원적인 사회적 가치 및 입법 취지들과 추론을 통합해야 할 것이다. 결정적으로, 추론자(reasoner)는 해석에 관한 찬반 주장을 하거나 고려해야 할 것이다. 해석적 프로세스의 모든 단계는 다양한 유형의 주장들을 제기하고 평가하는 것을 포함한다. 추론자는 법원이 법적 규칙이나 법령을 적용할 때 현재의 사건과 과거의 사례들 사이의 유사성을 밝혀내야 하며, 법령과 선례에 연결된 법적 규칙의 바탕에 있는 가치 및 목적을 추론해야 한다. 누군가 법령의 규칙을 연역적으로 적용하더라도, 그/그녀는 제시된 결과가 법령의 바탕에 있는 목적과 정책에 부합하는지를 고려해야 한다.

BNA 프로그램과 그밖에 Part Ⅰ에서 언급된 여러 프로그램들이 컴퓨터에 의한 법적 추론 모델을 실행하더라도, 어느 것도 MacCormick and Summers(1991)에서 서술된 것만큼 종합적으로 법령 해석의 프로세스를 실행하지는 못한다.

그 대신에, 인공지능과 법 영역은 그 프로세스의 일부를 실행할 수 있는 구성요소들을 고안해내었다. 예를 들면, BNA 프로그램은 프롤로그 규칙에 의해 보여진 것처럼 법령의 평범한 의미로부터 입증을 했다. Chapter 3는 사례 기반 법적 추론의 컴퓨터 모델을 서술하고 근원적인 정책과 가치를 어떻게 고려하는지를 검토한다. Chapter 5는 MacCormick/Summers 모델을 사용해서 컴퓨터에 의한 법령 해석 프로세스를 실행하는

것을 상상할 수 있도록 체계를 제공하는 법적 주장의 컴퓨터 모델을 서술한다. 예를 들면, 그러한 해석적 주장을 다루는 예비적 형식 체계에 대해서는 Sartor et al. (2014)를 참고한다.

2.4.2. 법적 불확정성의 다른 원인들

그러나 그 목표가 법령 해석을 위해서 주장들을 표준화하는 것이면, BNA 프로그램에서와 같은 고전적인 논리 추론 방법들이 충분하지 않은 이론적인 근거는 있다. 법적 당사자들은 서로 다른 전제에서 종종 출발한다. 그들은 가까이에 존재하는 사건의 사실관계 혹은 적용할 법률 규칙에 관해서 동의하지 않는다. 그러나 당사자들이 사실관계 및 적용법규에 대해 동의하는 모습을 보이는 경우에도 일치하지 않는 결과를 향해 합리적인 주장을 펼치는 것이 보통이다. 앞서 언급한대로, 이것은 "법적 불확정성"의 현상이다 (Berman and Hafner, 1988).

법적 불확정성의 원인 중 하나에 대해서는 이미 Section 2.2.1의 Johnson 사례에서 다루었다. 법적 규칙은 모순되지만 합리적인 주장들을 제기하게 만드는 열린 구조의 법적 개념을 채택한다.

다른 원인은 규칙 적용에 있어서 그 결과가 대항력 있는 원칙들과 모순되지 않는 묵시적 조건들에 관련되어 있다.

이것은 Riggs v. Palmer, 115 N.Y. 506 (1889) 판례에서 볼 수 있다. 이 사안은 조부의 유언장에 따라 상속인이 될 자가 그의 조부를 살해한 사건이다. 법원은 "유언장의 작성, 입증 및 효력, 재산의 이전을 규율하는 법을 문언적으로 해석하면 그 재산을 살인자에게 주어야 한다는 것은 명백한 사실이다"라고 판시하였다(Berman and Hafner, 1988).

그러나 법원은 "누구도 자신의 기망에 의해 이익을 얻거나, 자신의 잘못으로 인해 이익을 취하거나, 자신의 부당함을 토대로 주장을 세우거나, 자신의 범죄로 인해 재산을 획득하는 것은 허용되지 않는다는 공공 정책에 따른 보통법의 본질적인 격언"과 충돌될 경우에는 해당 법을 시행하지 않는다고 판단하였다(Berman and Hafner, 1988).

법적 규칙은 다른 묵시적 조건들을 가질 수 있다. 예를 들어, 규칙이 법의 선택 요건을 충족하는가? 규칙이 헌법에 부합하는가? 등이 그러하다. 생각건대, 이러한 조건들은 법적 규칙의 부가적 조건들로 나타낼 수 있을 것이다. 그러나 Berman과 Hafner는 위의 "본질적 격언"의 위반과 같은 추상적 조건들이 공식화되기는 매우 어렵다는 점을 지적한다(Berman and Hafner, 1988).

법적 불확정성의 실제에 관하여, Berman과 Hafner는 고전적 논리 모델이 변호사들의 추론 방법을 모델화하기에는 부적절하다고 주장한다.

법적 불확정성은 변호사는 상반된 두 개의 결론을 주장할 수 있어야만 한다는 사실로써 논리적 타당성 개념에 대한 직접적인 도전을 제공한다.

> 결론 C를 가진 이론 T가 있다고 가정해보자. 그렇다면 우리는 T의 모든 모델에서 C가 참이라는 사실을 안다. 즉, C는 T의 공리가 모두 참인 세계에서 참이 된다. 또한 우리는 법의 충돌로 인해 만약 C가 참이면 NOT C는 거짓이어야 한다는 사실도 안다. 그래서 NOT C는 T의 모든 모델에서 거짓이고 … 우리는 또한 T의 공리로 시작된 어떠한 타당한 주장도 NOT C로 결론 내려질 수는 없다는 점을 증명할 수 있다.
>
> 일련의 가정들에서 출발해서 상반된 두 개의 결론을 타당하게 주장하는 것은 불가능하다. 이러한 한계는 이해가 되지만 법에서 그러한 "논리적 불가능"은 정확히 무엇을 야기하는 것 같다(Berman and Hafner, 1988, p.191).

모순 명제들은 만약 두 명제들이 모두 참이라면 어느 하나는 다른 것을 증명할 수 있기 때문에 고전적 논리 모델에 문제가 있다(Carnielli and Marcos, 2001 참조). 고전적 추론의 이 "폭발적인" 특징에 관한 유익한 사례는, 철학의 역사에서 끌어낼 수 있으며, Ashworth et al. (1968, p.184)에서 논의된다. 16세기에 한 이탈리아인은 '소크라테스는 존재하면서도 소크라테스는 존재하지 않는다'는 명제는 '인간은 말(horse)이다'라는 명제를 수반한다는 점을 증명함으로써 "불가능한 명제로부터 무언가 생긴다는 사실"을 실증했다:

1. "소크라테스는 존재하면서도 소크라테스는 존재하지 않는다는 소크라테스가 존재하지 않는다는 것을 암시한다."
2. "소크라테스는 존재하면서도 소크라테스는 존재하지 않는다는 소크라테스가 존재한다는 것을 암시한다."
3. "소크라테스가 존재한다는 것은 소크라테스가 존재하거나 인간은 말(horse)이라는 것을 암시한다."
4. "(소크라테스는 존재하거나 인간은 말이다)와 소크라테스는 존재하지 않는다는 것은 인간이 말(horse)이라는 것을 암시하지 않는다."

이런 이유로

5. "소크라테스는 존재하면서도 소크라테스는 존재하지 않는다는 것은 인간이 말(horse)이라는 것을 암시한다."

만약 누군가 컴퓨터가 법원이 하는 것처럼 찬반 주장을 고려하고 더 강력한 주장을 선택함으로서 법령을 해석해주기를 원한다면, 평범한 고전 논리 추론은 문제가 있다. 무언가 다른 것이 이용될 필요가 있다. 논리학자들은 다양한 제약에 따른 모순을 처리할 수 있는 대체적인 논리학을 개발시켰다. 그러나 인공지능과 법의 영역에서 "다른 무엇이 있을까?"에 대한 지금의 답변은 Chapter 5에서 설명한 대로 적절한 주장 계획을 가진 컴퓨터에 의한 주장 모델이다.

2.5. 비즈니스 규칙 및 프로세스를 위한 매니지먼트 시스템

실제로, 대부분의 법령 모델화 프로그램들은 소송을 피하기 위해 기관 컴플라이언스 관리를 지원하기 위해 디자인되었을 것이다. 예를 들면, BNA 프로그램은 분쟁이 된 용어의 의미에 대해 판사에게 확신을 심어주기 위해 애쓰는 당사자들 사이의 소송을 처리하기 위해 디자인되지는 않았을 것이다. 그 대신에, 시민권 문제들에 관한 평범한 시나리오를 다루기 위한 관리 지원 수단으로서 더 이용될 수 있을 것이다. 복잡한 BNA의 관리를 책임지는 기관은 공무원들을 어리둥절하게 만들 정도로 복잡한, 그러나 보통은 법령이나 규정의 의미에 대한 법적 분쟁을 야기하지는 않는 대부분의 사건들을 처리하기 위해 그 툴을 사용할 수 있다.

BNA와 같은 법령 논리 모델과 Section 1.3.1에서 Watson과 같은 리걸 엑스퍼트 시스템의 후손들은 기관들로 하여금 관련 규정들을 준수하도록 돕는데 여전히 역할을 담당하고 있다.

2.5.1. 비즈니스 프로세스 엑스퍼트 시스템

회사들은 복잡한 법적 조건들과 규정들을 확실히 준수해야 할 의무가 있다. 현재의 비즈니스 프로세스는 법규 요건을 위반하거나 제안된 수정은 어떤 점에서 위반에 마주칠 위험이 항상 존재한다. 그리고 기업들은 감사에 대한 서류 준수를 할 필요가 있다 (Scheer et al., 2006, p.143). 회사들은 적용 가능한 법적 규칙들과 규정들을 확인하고, "이러한 법률 조건들을 개인 회사를 위해 정의하고, 그 프로세스 안의 조건들로부터 나올 구체적인 위험과 영향받은 특정 비즈니스 프로세스를 확인하고, 그 위험을 최소화하기 위한 방안과 제어 장치를 정의하고, 그리고 그것들이 적용될 수 있는지 여부를 테스트할" 필요가 있다(Scheer et al., 2006, p.146).

법적 리스크를 감소시키는 방안과 제어 장치를 실행하기 위한 하나의 방법은 법적 조건 및 규정들을 비즈니스 규칙으로 번역하는 것이며, 그렇게 되면 영향받은 비즈니스 프로세스에서 위험이 감소될 것이다. "일반적으로 비즈니스 규칙은 기업의 행동을 디자인하거나 유도하는 가이드라인 혹은 비즈니스 관행이다."(Wagner and Klueckmann, 2006, p.126). 하나의 비즈니스 규칙이 공식화되면, 인간 매니저는 그 규칙들을 회사의 평범한 관리 체계를 통해서 정책으로 집행할 수 있다.

또한 비즈니스 프로세스 규칙은 인간 매니저를 도와 컴플라이언스를 보장해주는 소프트웨어 시스템에서 실행될 수도 있다(Scheer et al., 2006, p.v 참조). 예를 들면, 엑스퍼트 시스템은 회사 정책이 일반 규정상의 요건에 부합할 필요가 있다는 점에 대해 매니저에게 경고를 하거나, 정책 위반 행동에 해당하는 특정 상황에 대해 경고할 수 있다. 그 규칙은 BNA 접근 방식에서처럼 논리적 공식주의로 나타내질 수 있고, 또는 Section 1.3.1 Waterman 프로그램에서와 같은 휴리스틱 규칙으로 나타내질 수 있다. 그리고 그 규칙은 비즈니스 프로세스가 정책에 부합하는지를 테스트하기 위해 디자인된 엑스퍼트 시스템에 통합될 수도 있다.

그와 같은 비즈니스 컴플라이언스 엑스퍼트 시스템은 상업 부문에서 적용되고 있다. 오늘날, Neota Logic과 같은 회사들은 로펌 회사들이 쉽게 자신들의 엑스퍼트 시스템을 기업 컴플라이언스를 위해 제작할 수 있는 테크놀로지를 제공하고 있다. 예를 들면, Neota 웹 사이트의 리포트에 의하면, Foley & Lardner LLP 로펌은 의뢰인들이 스스로 해외부패방지법(Foreign Corrupt Practices Act, 이하 "FCPA")의 준수를 확실하게 할 수 있도록 유도하기 위해서, Global Risk Solutions 라는 이름으로 수많은 웹 기반 엑스퍼트 시스템 모듈을 제작했다고 한다(Neota Logic, 2016, Case Studies).

그 모듈은 의뢰인으로부터 마케팅 기법, 비즈니스 규모, 그리고 소비자들, FCPA에 따른 의뢰인 비즈니스 위험을 시각적 양적 평가에 관한 정보를 수집한다.

다른 모듈은 자동화된 정보 수집에 기반해서 더 구체적인 자문을 제공한다. "예를 들면, GRS 사용자는 음식과 접대에 관한 다양한 질문들을 클릭하다 보면, 외국인 관료를 접대할 예정인지와 같은 질문을 받게 된다." 답변에 따라, Foley 변호사는 구체적인 자문을 덧붙일 수 있다.

비즈니스 규칙이 명제 형식으로 공식화될 경우, 그것은 회사 직원이 이해할 수 있는 방식으로 그래프로 정리될 수 있다. 예를 들면, 명제화된 비즈니스 규칙은 도표 2.3에서 보여준 것과 다르지 않은 작업 흐름도로 정리될 수 있다. 인간들은 손쉽게 흐름도를 이해할 수 있기 때문에, 법적 요건들과 근로자들을 연결시키고 또한 감사를 위한 효과적인 방법이 된다. 표준 그래프는 "법적 표준들의 추상적인 모델"을 구현한다(Dietrich et al.,

2007, p.187). 그래프는 "누군가가 의도된 법적 결과에 도달했는지 여부를 판단할 수 있도록 하는 이해관계의 각 리걸 컴플라이언스 결과를 위해 작성된다. … 그것은 (노드로 나타내는) 법적 개념들로 이루어지며 (화살표로 나타내는) 그것들 사이를 연결한다"(Oberle et al., 2012, p.281). "표준들은 1개 혹은 그 이상의 사실 진술(SF)이 주어지면, 법적 결과(LC)를 결정한다"(Dietrich et al., 2007, p.187).

표준 그래프는 개념적으로 정리되어 소전제의 프로세스, 존재론을 이용한 분류학적 추론, 위계적으로 조직된 개념 어휘를 뒷받침한다(Oberle et al., 2012).

> 실정법에서 표준들은 단수의 사건들을 다루지 않고 오히려 현실 세계 상황들의 일반적 집합을 다룬다. 의사결정자는 현실세계의 특정 상황에 직면하고 … 그리고 그 상황을 포섭하는 일반 도메인을 가진 표준을 발견하려고 시도해야 한다. … 소전제를 기계화하기 위해서는 … 사전을 넘어서 … 시맨틱이 고려되어야 한다. 존재론은 … 용어들 사이의 의미론적 관계를 반영하고, 그리고 이러한 관계들은 소전제 프로세스를 직접 뒷받침하기 위해서 특별히 정의될 수 있다 (Dietrich et al., 2007, p.188).

도표 2.6의 표준 그래프는 법적 표준들을 이용한 소전제를 보여준다. 표는 정보보호 규정, 여기에서는 데이터 수집의 적법성 및 유효한 동의에 관한 독일연방데이터보호법 (German Federal Data Protection Act, 이하 "FDPA")의 준수에 관한 2개의 법적 결론들을 위한 표준 그래프를 나타낸다.

FDPA 제4조 (1) 데이터 수집, 처리 및 이용의 적법성: 개인정보의 수집, 처리 및 이용은 이 법 혹은 다른 법률에 의해 허용되거나 지시된 경우 또는 정보의 주체가 동의한 경우에만 적법하다(Oberle et al., 2012, p.285).

FDPA 제4a조 (1) 유효한 동의: 동의는 서면으로 하여야 한다. 다만, 특별한 사정이 있는 경우에는 다른 방식으로 할 수 있다 … 동의는 정보 주체의 자유로운 결정에 기초한 경우에만 유효하다. 정보의 주체는 수집, 처리 또는 이용을 목적으로 함을 알아야 하고, 또한 개별적인 사건에서 필요한 경우 혹은 요청이 있으면 동의를 보류한 결과를 알아야 한다 (Oberle et al., 2012, p.287).

표준 그래프는 규칙들이나 술어 논리에서 나타난 테스트들을 연관시키며, 법적 결론이 적용될지 밝혀낸다. 예를 들면, 다음의 공식은 FDPA 제4a조 (1) 유효한 동의의 표준을 도표 2.6과 연계시켜 개관한다(Oberle et al., 2012, p.293 참조).

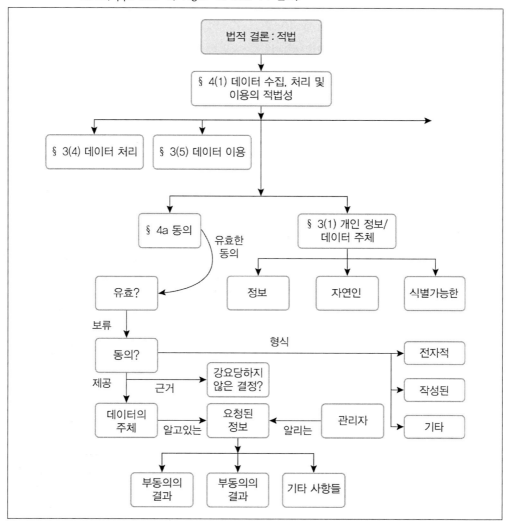

유효성(E) 그리고 목적(E,C) ← (동의(C) 그리고 방식(C,F) 그리고 서면형식 (F)) 또는 예외(F) 그리고 …

이 공식은, 만약 동의 C에 배정된 결과 F가 서면형식이고 다른 조건들이 없다면 동의 C에 배정된 유효성이라는 결과 E는 충족된다는 것을 의미한다. 다른 공식은 결과 예외가 F에 배정된 경우를 구체화한다.

이와 같은 규칙을 이용하면, 엑스퍼트 시스템은 매니저에게 충족되어야 하는 요건들을 경고할 수 있을 것이며 그 결과 비즈니스 프로세스는 규칙을 준수한다는 결론을 내리게 될 것이다. 그 프로그램은 테스트들이 최상위 개념이 사실 서술을 포괄하는지의 이해관계에 관한 법적 결론을 나타내는 최상위 표준 집단들의 경우에 해당하는지를 밝혀내기 위해 그 테스트들을 현실 세계 상황들의 서술에 적용할 수 있을 것이다. 그러나 소전제가 작동하기 위해서는 사실관계 시나리오가 규정의 주제와 연관된 개념 분류에 의해 제공된 특별한 용어로 나타내져야 한다. 다시 말해서 Section 6.5에서 논의되는 대로, 주제 온톨로지는 구축되어야 한다.

2.5.2. 비즈니스 프로세스 컴플라이언스의 자동화

어떤 연구의 목표는 엑스퍼트 시스템이 직접 비즈니스 프로세스 모델을 분석할 수 있게 함으로써 컴플라이언스 프로세스를 합리화하는 것에 있다. 그러한 엑스퍼트 시스템에 입력되는 것은 비즈니스 프로세스 모델들, 제안되었거나 작동하는 비즈니스 프로세스들의 공식적인 서술들이다. 이러한 프로세스들은 비즈니스 프로세스 모델 기법(BPMN)을 사용하는 도식적 서술의 측면에서 그래프로 나타낼 수 있으며, 그 목적을 위해 표준화, 모듈화된 시각적 도해이다. 그리고 그 모델들은 공식적인 규칙 모델화 언어로 표현되어 엑스퍼트 시스템이 그 모델을 가지고 추론할 수 있게 한다.

만약 비즈니스 규칙을 공식화하기 위한 적절한 언어가 가능하다면 그리고 그것이 비즈니스 프로세스의 서술을 공식화하기 위한 언어와 호환될 수 있다면, 비즈니스 규칙은 그 프로세스 모델 서술에 직접 적용될 수 있다. 실제로, 비즈니스 규칙은 컴플라이언스를 평가하기 위해 그 프로세스 모델(그리고 그것들의 그래프 표현들)에 "주석"을 붙이는 데 이용된다.

┃**도표 2.7.** ┃ 비즈니스 규칙 주석을 이용하여 단순화한 보험금 청구 프로세스의 BPMN 다이어그램 예시 (표 2.1 참조) (Koetter et al., 2014, Fig. 2, p. 220)

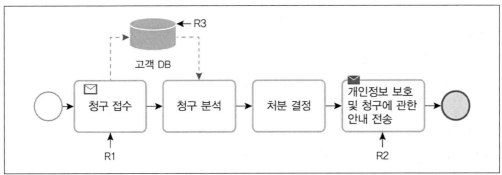

예를 들면, 도표 2.7은 단순화된 보험금 청구 관리 프로세스의 BPMN 도표를 보여준다. 이 보험회사는 독일보험협회(German Insurance Association, GDV)의 여러 요건에 대상이 되면서 독일연방데이터보호법(FDPA)의 데이터보호규정의 지배를 받게 된다. 인간 전문가는 그 요건들을 수동으로 3개의 비즈니스 규칙들로 번역했는데, 표 2.1의 R1~R3 가 그것이다. 이 표는 각 규칙이 모델화된 프로세스에 적용되는 경우를 보여준다.

먼저, 이 3개의 비즈니스 규칙들이 무엇이며 어디에서 나온 것인지 더 자세하게 검토해보자. 비즈니스 프로세스에 대해 잘 알고 있는 인간 전문가들은 관련된 관할권 내에서 어떤 규정들이 그러한 보험금 청구 프로세스에 적용되는지 알 필요가 있는데, 여기에서는 독일 내에서 운영되는 보험회사인 경우이다. 예를 들면, Koetter et al. (2014)에 의하면, 적어도 2개의 법령 규정들이 도표 2.7의 청구 프로세스에 적용된다. 그것들은 표 2.1에 첫 번째 열에서 볼 수 있다.

‖ 표 2.1. ‖ 규제 텍스트, 비즈니스 프로세스의 주석, 비즈니스 규칙(도표 2.7 참조), 술어 논리형식
(Koetter et al., 2014, p. 220)

주해로 표현된 규제	비즈니스 규칙	비즈니스 프로세스에 적용	술어 논리 형식
GDV 행동 강령 §§5–8: 개인정보를 제공한 고객은 만약 이 정보가 마케팅 목적으로 이용되고자 한다면 동의를 요구받아야 한다. 이 동의는 단기간 내에 요청되어야 한다.	R1: 청구서 접수 이후에 청구권자에게 동의를 요구하는 행동은 준수되어야 한다. R2: 동의를 요구하는 행동은 청구서 접수 후 최소한 14일 이내에 수행되어야 한다.	R1: 개인정보보호 안내를 전송하여 준수 R2: 청구서 접수 후 최소한 14일 이내에 전송	followedBy("Receive claim," "Send claim and data privacy notification") AND unknown followedBy("Receive claim," "Send claim and data privacy notification") AND maxTime BetweenActivities ("Receive claim," "Send claim and data privacy notification," "14days")
고객 정보의 처리를 외부에 위탁한 독일 회사는 서비스 제공자가 개인 정보의 처리, 저장 및 공개에 관하여 독일 FDPA §4b Ⅱ 1문 BDSG을 준수하도록 보장해야 한다.	R3: 고객 DB는 독일 이외의 지역에서 관리되지 않아야 한다.	R3: 독일 이외의 지역에서 저장 금지	hostingRegion ("CustomerDB," "Germany")

인간 전문가는 실제의 규정을 읽고 그것을 표 2.1의 두 번째 열에 있는 3개의 비즈니스 규칙과 같은 요건들을 요약한 주해 및 명제들로 손수 번역해야 한다(Koetter et al., 2014).

비즈니스 규칙들은 그것들이 문제가 되는 특정 비즈니스 프로세스 모델에 적용될 수 있도록 운용될 수 있게 되어야 한다. 세 번째 열은 도표 2.7.의 비즈니스 프로세스에 적용되는 단순화된 버전을 나타낸다(Koetter et al., 2014).

마지막 단계는, 운용될 수 있게 된 규칙들을, 아마도 지식 표현 전문가들의 도움을 받아서, 4열에 있는 술어 논리 형식으로 번역하는 것이다. 그 결과 엑스퍼트 시스템에 의해 적용될 수 있게 된다.

법적 조건과 규정들을 비즈니스 규칙으로 번역하는 것은 복잡한 해석 작업이며, 그 작업은 텍스트 이해, 상식 추론, 그리고 비즈니스 경험을 포함한다. 예를 들면, FDPA 제 4b조 Ⅱ 1문 BDSG는 다음과 같다:

1. 개인정보를 단체에 이전하는 것은
    1. 다른 EU 회원국 내에서, …
        이전은 EC의 법률의 범위 내에 부분적으로 혹은 전부 포함되는 활동과 연계되어 효력을 가지는 한 그러한 이전에 적용되는 법률 및 계약에 따라 제 15조 (1), 제16조 (1) 및 제28조 30a에 구속되어야 한다.

    2. 제1항은 필요한 부분만(mutatis mutandis) 수정하여 다른 외국의, 초국가적인 혹은 국제적인 단체들에 대해, 개인정보의 이전에 적용해야 한다. 이전은 특히 이 항 제1문의 단체에서 정보 보호의 적정 수준이 보장되지 않는 경우에 그 정보 주체가 이전의 배제에 적법한 이해관계를 가지는 한 효력이 발생하지 않는다.

    3. 제공된 보호 수준의 적정성은 모든 상황을 고려하여 평가되어야 한다.

    4. 정보의 이전 허용에 대한 책임은 그 정보를 이전한 단체에게 있어야 한다.

이 규정을 전부 공식화하는 것은 매우 어려울 것이며, 인간 전문가는 이것이 아마도 불필요하다는 사실을 알고 있을 것이다. 그 전문가는 그 법률의 개인정보보호에 관한 조건을 교묘하게 처리하는 가장 쉬운 방법이 독일 밖에서의 개인정보이전을 방지하는 것임을 경험으로부터 알고 있을 것이다. 이렇게 해서, 그 전문가는 그 정보가 독일 내에서만 처리되도록 보장하기 위해서 비즈니스 규칙(vy 2.1.의 R3)을 경험에 기초한 일종의 휴리스틱 경험 규칙으로 준비할 수 있다(Koetter et al., 2014).

2.5.3. 프로세스 컴플라이언스 언어의 조건들

법령 규칙을 비즈니스 프로세스 모델에 적용하는 것을 표준화하는 작업을 위해서는 술어 논리만으로는 적절하지 않다. 적합한 언어는 다음과 같은 것들이 뒷받침되어야 한다:

1. 무효로 할 수 있는 법적 규칙을 이용한 추론.
2. 논리 규칙으로부터 법령상 소스들로 등정형의 접속.
3. 법령과 규정이 채택한 의무의 종류에 대한 명시.
4. 시간 추론 (Gordon et al., 2009).

이러한 조건들은 아래에서 간략히 서술한다.

무효로 할 수 있는 법적 규칙

먼저, 그 언어는 무효로 할 수 있는 법적 규칙을 지원해야 한다. 무효로 할 수 있는 규칙은 다음과 같은 속성을 가진다:

> 사건의 사실관계가 규칙의 선행조건을 충족한 경우, 그 규칙의 결론이 내려지겠지만, 그 결론은 반드시 참은 아니다(Gordon et al., 2009).

무효로 할 수 있는 규칙이 필요한 것은 "법적 규칙들이 상충될 수 있어서 양립할 수 없는 결과들을 야기하기 때문이다"(Gordon et al., 2009). 하나의 법적 규칙은 다른 규칙의 예외가 될 수 있고, 또는 적용불가능한 것으로 배제시키거나 약화시킬 수 있다. 우리는 앞에서 이것을 살펴보았다. Berman과 Hafner의 견해에 따르면, "논리 기반 형식주의는 상충하는 규칙들과 선례들의 존재와 관련된 사건에 적용될 때 실패한다"(Berman and Hafner, 1988, p.1). 그리고, 앞에서 언급한 바와 같이, 법적 규칙을 이용한 추론은 종종 자동 추론을 포함하며, 그러한 추론은 비단조적이다. 증명된 명제는 취소될 수 있어야 하며, 다시 말해서 법적 규칙을 이용한 추론은 무효가 될 수 있다.

법적 규정의 준수를 확실하게 하기 위한 비즈니스 프로세스를 디자인할 때, 우리는 상충하는 규정들에 대한 소송 스타일 주장들을 표준화하는 것은 방지될 수 있다고 가정했다. 그럼에도 불구하고, 비즈니스 프로세스 컴플라이언스 모델 제작자인 Guido Governatori에 따르면, "규범적 추론에서 일반적인 특징인 예외들에 대한 효율적이고 자연적인 처리"를 위해서는 여전히 언어가 필요하다(Governatori and Shek, 2012).

예를 들면, 도표 2.2에서, IRC 규정(IRC 제354조)의 복잡한 텍스트 버전과 단순화된 논리 구조를 이용한 명제 형식을 비교해보라.

설명과 유지를 위해 법령상 소스들로의 접속

비즈니스 매니지먼트 시스템은 컴플라이언스를 감시하기 때문에, 그 시스템의 규칙은 반드시 업데이트, 유지, 및 인증되어야 하며, 그 결과는 법령 텍스트를 참고하여 반드시 설명될 수 있어야 한다. 이러한 기능들은 규칙의 논리 버전과 법령 텍스트에 있는 소스들 사이에 링크가 복잡하지 않은 범위 내에서 단순화된다. 더 구체적으로, 법적 규칙을 모델링한 언어는 동형(isomorphism)을 위해서 필요하다:

> 공식 모델에서의 규칙과 그 규칙을 본래의 리걸 소스로 표현한, 예를 들어 법률 조문들과 같은, 자연어 텍스트의 유닛 사이에 일대일 대응이 있어야 한다 (Gordon et al., 2009).

이상적으로, 그 언어는 공식 모델에서의 규칙과 법령 텍스트의 조문 사이에 일대일 대응을 유지시킨다. "예를 들면, 이것은, 법령의 다른 조문들에, 원칙 및 그것과 분리되어 서술된 예외들은, 공식 모델에서는 1개의 규칙으로 수렴되어서는 안된다는 점을 수반한다"(Gordon et al., 2009).

동형을 유지하면 더 효과적인 설명이 가능해진다. 비즈니스 규칙 시스템은, 앞의 BNA 시스템의 아웃풋에서 보여준 것처럼, "점화된" 규칙을 요약함으로써 자신의 분석을 설명할 수 있다. 그러나, 회계감사의 맥락에서는, 비즈니스 규칙의 측면에서 컴플라이언스 분석을 설명하는 것은 충분하지 못하다. 설명은 단순히 인간 전문가가 그 규정들을 해석하고 운용하기 위해 구축했던 비즈니스 규칙의 측면이 아니라 텍스트적인 법령 규정의 측면에서 그것을 정당화해야 한다. 법령 텍스트를 인용하는 것과 텍스트 발췌를 뒤얽는 것을 목적으로 하는 동형 매핑(isomorphic mapping)은 필수적이다.

그러나, 법령 텍스트와 규칙 실행 사이의 동형 매핑은 유지하기 어렵다. 종종, 그 매핑은 특히 복수의 상호 참조된 규정들이 관련된 경우에는 복잡하다. 컴퓨터가 논리적으로 그것을 가지고 추론할 수 있는 법령과 규정의 버전들은 권위있는 텍스트 버전과 다르다. 법령은 매우 난해해질 수 있어서 "충실한 재현"은 도움이 되지 않는다. Layman Allen이 지적한 바와 같이, 법령은 복잡하고 때때로 묵시적인 예외와 규정들 내의 상호 참조 및 규정들을 넘나드는 상호참조를 포함할 수 있다.

법령과 규정들이 역동적이라는 사실은 그 대응을 유지하는 것을 복잡하게 만든다. 입법자는 법령을 제·개정할 수 있고, 정부기관은 규정을 수정 및 업데이트 할 수 있고, 법원의 판결은 규정의 요건에 대한 새로운 해석을 공표한다. 비록 시행된 일련의 법령 규정들이 고정적으로 여겨지는 경우에도, Section 2.3.4에서 논의한 바와 같이, BNA 프로그램의 개발은 새로운 규칙들에 대응하기 위해 빈번한 수정이 필요한 시행착오의 과정이었다.

법령 텍스트가 개정되면, 텍스트와 그에 대응하는 논리 버전은 업데이트 되어야 한다. 법령을 요약하기 위해 휴리스틱 규칙을 이용한 규칙 기반 리걸 엑스퍼트 시스템은 유지 측면의 문제를 방지한다. 그러나 법령과 규정이 바뀌면 업데이트될 필요는 여전히 있다. 업데이트로 인해 규칙 세트에 대한 수정과 추가가 이루어지기 때문에, 그러한 수정이 있을 때마다 그 소스와 비교하면서 비즈니스 규칙을 재확인하는 것도 중요하다.

몇몇 자동화된 기술들은 규정의 표현을 같은 구조로 유지하도록 개발되었다. 예를 들면, Bench-Capon(1991)의 개발 환경은, 법령의 텍스트적, 논리적, 중간적 표현들 사이의 복잡한 링크 시스템을 유지하였다. 그러한 환경에서, 규칙의 변화는 국한된 방식으로 이루어질 수 있다. 텍스트적 규칙과 논리적 규칙들 사이의 링크는 확인을 도울 수 있다. 그리고, 법령 규칙으로부터의 텍스트적 발췌와 주석의 링크와 같은 판결 도우미와 사건들은 결론에 대한 프로그램의 논리적 설명에 링크될 수 있다. 그러나, 이러한 충실한 재현을 유지하기 위한 기술들은 복수의 표현들을 유지할 것을 요구하고, 그 전부를 추적하는 복잡한 소프트웨어를 요구한다.

다른 유형의 의무들을 표현하고 일시적으로 추론하는 능력

비즈니스 프로세스 컴플라이언스 모델링을 위한 언어는 법령과 규정이 채택하고 의무가 부과된 규범적인 개념을 표현하는데 올바른 시맨틱을 가질 필요가 있다. 의무는 다음과 같은 측면에서 다양하다:

- 시행되고 있는 중간에 어떤 경우에도 복종되어야 할 필요가 있는지,
- 최소한 한 번 시행되는 동안 해내기만 하면 되는지,
- 그 의무가 실제로 시행되기 전에 이행될 수 있는지,
- 즉시 해낼 필요가 있는지 혹은 다른 위반이 있어야 하는지,
- 결과적으로 위반에 대해 보상할 수 있는지,
- 위반된 이후에 계속되는지 (Hashmi et al., 2014).

이러한 상이한 의무 유형들을 표현하는데 뒷받침되는 언어는 일시적으로는 추론할 수 있어야 한다. 얼마나 오래 의무를 보유하는지와 함께, 법적 규칙은 "규범이 시행되고 있는 시기 그리고/또는 제정되었던 시기"와 "규범이 법적 효력을 발생시킬 수 있는 시기"를 포함한 그 밖의 한시적인 속성들을 가진다. 복수의 법령 규정 버전을 이용해서 한시적으로 추론하고 유지하기 위한 기술을 논의한다(Palmirani, 2011 참조).

2.5.4. 법적 규칙과 비즈니스 프로세스의 연결

프로세스 컴플라이언스 언어(PCL)은 앞의 모든 조건들을 충족시키기 위해 디자인되었다(Hashmi et al., 2014). 이것은 법적 규칙을 무효로 할 수 있는 것을 나타낼 수 있으며 모순 규칙을 이용한 추론의 문제를 방지한다. 또한 앞의 시맨틱을 가지고 의무를 정의할 수 있으며 일시적으로 추론할 수 있다.

그러나, 복잡한 비즈니스 프로세스는 많은 구동 부분을 가질 수 있으며, 컴플라이언스는 그 프로세스가 가동 중일 때 평가될 필요가 있다. 그 모델은, 비즈니스 규칙이 현실적으로 적용될 수 있기 위해서, 프로세스를 지나치게 단순화하지 않고 어떻게 나타내는가?

이를 위해, 그 모델은 비즈니스 프로세스가 생산한 결과물과 그 환경에서 만든 변형물을 처리해야 한다(Hashmi et al., 2014). 비즈니스 프로세스를 워크플로우 네트, Petri net로 모델화하는 경우가 있다. Petri net(1962년에 독일 수학자이자 컴퓨터 공학자인 C.A. Petri가 소개)는 프로세스를 추상적으로 나타내기 위해 사용되었다. Petri net는 Section 1.4.2에서 언급한 ATN과 다르다. 거기에서 언급한 것은 프로세스 표현의 다른 유형이며, 모델화된 프로세스는 계약법에서 청약과 승인 프로세스였다. Gardner의 ATN에서 노드는 법적 분석에서 상태를 나타냈고, 화살표는 하나의 상태에서 각 화살표와 연결된 법적 규칙에 의해 통제되는 다른 상태로 이동이 가능함을 나타냈다.

그러나, Petri net는 하나의 노드 타입과 다른 것을 연결하는 화살표들을 가지고 두 가지 타입의 노드, 위치 및 이행(移行)을 사용한다는 점에서 ATN과 다르다. 그리고 "토큰(token)"의 생산과 소비는 프로세스에서 발생하는 이벤트들과 어느 이벤트가 야기하는 시스템 상태의 변화를 나타내기 위해 사용된다. Petri net에서 각 이벤트는 토큰을 소비하고 생산하는 이동으로 모델화되며, "시스템의 상태는 네트의 장소들에서 토큰의 분배에 의해 어느 때나 모델화된다"(Palanque and Bastide, 1995, p.388).

> 장소와 이동은 각 이동이 발생될 수 있는 때와 그 발생의 결과가 무엇일지를 정의내리는 유도된 화살표들에 의해 연결된다. 이동은 각 인풋 장소가 최소한 1개의 토큰을 보유할 때 발생하게 된다. 이동의 발생은 각 인풋 위치에서 1개의 토큰을 소비하고, 각 아웃풋 위치에 1개의 토큰을 놓아둔다(Palanque and Bastide, 1995, p.388).

도표 2.8의 Petri net는 자원 할당 동기화에 관한 간단한 생산자－소비자 시나리오를 나타낸다. 직사각형 노드는 이동을 나타내고, 원형 노드는 장소를 나타낸다. 이 사례에서, 자원은 생산되고 소비되는 "아이템"이다. 아이템은 위젯일 수 있지만, 그것은 정보를 위태롭게 하기도 한다. 생산자는 새로운 아이템을 만들지만 이용가능한 아이템의 수

┃ 도표 2.8. ┃ 생산자–소비자 자원 할당 문제를 간단하게 나타낸 Petri net (Kafura, 2011, p. 8 참조)

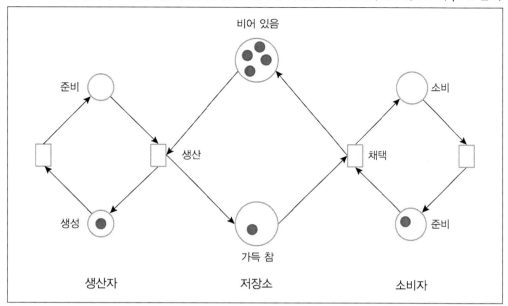

가 최고 수치 이하가 아니면 새로운 아이템을 생산하지 못한다. 소비자는 한 번에 생산된 아이템 1개를 받을 수 있지만, 최소한 1개가 이용할 수 없는 것이면 아이템을 받을 수 없다.

도표의 중간에 있는 창고의 용량은 이용 가능한 아이템의 최대 수치를 제약한다. 이 사례에서, 최대 수치는 5이며, 가득한 장소 및 빈 장소에서 총 토큰의 수로 표시되는데, 빈 장소에서 4는 가득한 장소에서 1을 더한다. 이렇게 해서, 도표는 생산자가 가득한 장소에서 토큰으로 나타나는 대로 받는 소비자를 위해 아이템 1개를 생산했던 초기 상태 이후의 상황을 나타낸다. 그러면 생산자는 생성 장소에서 새로운 아이템을 생산하고, 그 아이템이 준비 장소로 이동하면 그것을 창고로 배송할 준비를 한다. 그러나, 생산 이동은 빈 장소에서 토큰 1개가 존재할 경우에만 일어난다. 이와 유사하게, 이동이 허용되는 것은 소비자가 준비된 경우, 즉 소비자의 준비 장소에서 토큰이 존재하고 가득한 장소에 최소 1개의 토큰이 있는 경우에만 일어난다. 일단 아이템을 받으면 소비될 수 있다.

Petri net의 프로세스 모델은 이동을 위한 조건을 정의한 규칙을 가진 소프트웨어에서 실행될 수 있다. 이동 규칙에 따르면, 이동은 "이동의 인풋 장소에 최소 1개의 토큰이 있는 경우, 그리고 이동이 1개의 토큰을 인풋 장소에서 삭제하고 아웃풋 장소에 1개의 토큰을 생산하는 것을 발생시키는 경우"에 가능해진다(Kafura, 2011, p. 2). 누군가는 이용 가능한 아이템의 최대 가능 수치를 바꾸거나 혹은 한 번에 생산되고 소비될 수 있는 아이템의 수 또는 생산율 및 소비율을 구체화하는 이동 규칙의 변종을 상상할 수 있을 것이다.

인정하건대 매우 단순하지만, 도표 2.8의 Petri net는 복잡한 비즈니스 프로세스가 어떻게 소프트웨어에서 모델화될 수 있는지에 대한 직관을 전달한다. Petri net는 불확정적 시스템 행동을 모델화할 수 있다. "만약 가능한 이동이 1개 이상 있다면, 그 이동은 발생하는 다음 1개가 될 것이다"(Kafura, 2011, p.2). 워크플로우 네트로 라벨이 붙은 Petri net 익스텐션은 프로세스의 가능한 실행 시퀀스를 추적한다. 이것은 프로세스 모델의 노드가 1개의 소스와 엔드 장소들 사이의 직접 경로에 위치할 것을 필요로 하며, 몇몇 이동을 "비저블(visible)"로 라벨을 붙인다(Hashmi et al., 2014, pp. 104, 111).

워크플로우 네트로 라벨이 붙은 비즈니스 프로세스 운용의 기록은 인간 전문가 혹은 공식화된 비즈니스 규칙을 가진 엑스퍼트 시스템이 컴플라이언스를 분석하기 위한 인풋이 될 수 있다. 비즈니스 규칙 의무는 "작업과 트레이스의 조합을 위해 시행 중인 의무를 나타내는 … 트레이스(trace)에서의 각 작업과 연결되어 있다. 이것들은 프로세스가 제공된 규범적 구조에 따르도록 이행해야 하는 의무들 중에 존재한다"(Hashmi et al., 2014, p.108).

프로그램은, 비즈니스 규칙에 따라 참이 되어야 하는 사실들, 즉 작업과 연결되고 트레이스에 기록된, 그 사실들이 실제로 참인지 여부를 평가한다.

컴플라이언스 분석은 비즈니스 프로세스의 생애주기 내에 여러 포인트에서 수행될 수 있다:

- 디자인 타임: 선험적인 규정의 제약을 가지고 컴플라이언스를 시행하는 컴퓨터화된 디자인 환경 내에서 개발되고 있는 프로세스 모델을 분석하는 시기, 그 프로세스가 디자인되고 있는 시기.
- 런 타임: 확실한 실행을 위해 펼쳐진 프로세스가 어떻게 준수되는지를 통제하는 시기, 그 프로세스가 구동되는 기간.
- 실행 이후: 준수하지 못한 경우를 확인하기 위해 프로세스의 운용 기록이나 연혁을 분석하는 시기, 실행 이후.

디자인 타임, 구동 타임 또는 실행 이후에 결정을 내리기 위해서는, 그 포인트에서 비즈니스 프로세스를 나타내는 워크플로우 네트가 구축될 필요가 있고, 그 운용 기록이 분석을 위해 생성될 필요가 있다(Hashmi et al., 2014, p.112).

2.5.5. 비즈니스 프로세스 컴플라이언스 모델링의 사례

Hashmi et al. (2014)는 PCL을 호주 통신 소비자 보호법(Austrailian Telecommunication Consumers Protection Code, 이하 "TCPC")에 의거해서 고충 처리를 위한 비즈니스 프로세

스의 규정을 모델화하는데 적용한다. 그 법은 통신 부분에서 운용되는 모든 호주 단체는 그날그날의 운용이 법을 준수하고 있다는 것을 증명해야 한다고 특별히 명령하고 있다.

그들은 특히 TCPC 제8조를 모델로 했는데, 동 규정은 소비자 불만의 관리 및 처리를 규율한다(Hashmi et al., 2014, p.113f). TCPC 제8조는, 앞에서 목록화된 모든 의무 유형을 이용하는 "PCL 명제 223개를 포함한 PCL 규칙 176개"로 보여진다. 그 저자들은 집행을 목적으로 하는 비즈니스 규칙에 대해 규제 기관의 비공식적 승인을 확보하였다.

기업측의 도메인 전문가들의 도움으로, 그들은 TCPC 제8조에 따라 고충 및 관련 사안을 처리하기 위한 현행 회사의 절차를 차지하기 위해서 프로세스 모델을 만들어내었다. 이 프로세스는 관련 비즈니스 규칙의 측면에서 주석을 붙인 6개의 비즈니스 프로세스 모델을 낳았고, 그 가운데 5개는 "몇 초 만에 컴플라이언스가 체크되기에" 충분할 만큼 작았다. 41개의 태스크와 12개의 결정 포인트를 가지고 가장 큰 비즈니스 프로세스에서 컴플라이언스를 평가하는 것은 약 40초의 계산 시간이 걸렸다(Hashmi et al., 2014, p.114).

▌**도표 2.9.**▌ 불이행의 원인이 되는 추적 정보, 규칙 및 태스크들에 관한 컴플라이언스 시스템 보고서 (발췌) (Governatori and Shek, 2012 참조)

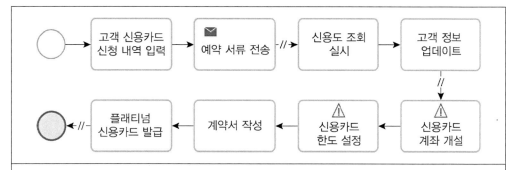

그 시스템은 도표 2.9와 같이 논컴플라이언스(noncompliance)에 대해 책임을 지는 기록, 규칙 및 태스크를 보고하는 결과를 낸다. 그 도표는 신용카드계좌를 열기 위한 다른 비즈니스 프로세스를 다루고 있지만, 그 시스템이 생산할 수 있는 정보의 유형을 비즈니스 프로세스의 컴플라이언스를 분석하는데 기반해서 묘사하고 있다. 그것은 불응 집행 경로를 식별하고 논컴플라이언스 이슈의 원천인 법령 규칙을 인용한다.

고충 처리 프로세스의 컴플라이언스 평가에서, 그 팀은 비즈니스 프로세스가 TCPC 제8조를 준수하지 못한 여러 포인트를 확인하였다. "툴에 의해 밝혀진 컴플라이언스 이슈의 일부는 비즈니스 애널리스트들에게 신선한 것이었고, 해결될 필요가 있는 진정한 논컴플라이언스 이슈로 확인되었다"(Governatori and Shek, 2012). 논컴플라이언스 이슈는 "일정 유형의 정보는 그 프로세스와 연결된 데이터베이스에 기록되고", 소비자들은 "에스컬레이션 절차를 열거하는 문서를 인식하게 되었고", 또한 "특별한 활동은 그 프로세스의 부분에서는 일어나지 않는다"는 점을 확인하는 것을 포함했다. 그 가운데 2개는 "해당 법령의 2012년 버전에 있는 신규 조건들"로부터 나온 것이었다(Hashmi et al., 2014, p.114).

그 팀은 컴플라이언스 소프트웨어 환경을 채택하여 논컴플라이언스 이슈들 중 일부를 바로잡았다. 그 바로잡는 것에는 해당 법령을 준수하는 현행 프로세스들을 수정하는 것 또는 직접 혹은 전화로 제기한 불만을 처리하기 위한 참신한 방법과 같은 새로운 비즈니스 프로세스 모델을 디자인하고 추가하는 것이 포함되었다(Governatori and Shek, 2012; Hashmi et al., 2014, p.114).

Governatori의 시스템은 현실적인 환경에서 실제 법적 작업을 수행했다. 그러나, 비즈니스 규칙을 발전시키고 그 비즈니스 규칙을 가지고 분석하기 위한 비즈니스 프로세스를 나타내는데 있어서 손수 직접해야 하는 노력이 광범위하게 요구되었다. 법령 소스로부터 비즈니스 규칙을 공식화하는 것은 전적으로 손으로 해야 하는 노력이었다. 주석을 붙이기 위해서 비즈니스 규칙의 인풋으로 비즈니스 프로세스의 모델을 구축하는 것은 마찬가지로 복잡한 수작업의 결과였던 것으로 나타난다.

정부기관들은 규정을 준수하는 자동화된 행정 절차로부터 혜택을 볼 수 있다. van der Pol (2011)은 네덜란드 이민국(Dutch Immigration and Naturalization Service, 이하 "IND")에 의해 처리될 비즈니스 프로세스 컴플라이언스 모델을 작성했다. INDiGO로 불리는 안내 시스템은 IND 클라이언트들의 신청을 처리하는 것을 규율하는 관련 법률, 규정, 및 정책에 기초한 엑스퍼트 시스템을 포함한 것이었다. 규칙 엔진은 비즈니스 서비스가 집행되어야 하는 순서를 포함하는 프로세스 워크플로우 모델을 담고 있었을 것이며, 클라이언트의 특정 사건과 상황에 관련된 서비스를 제공하도록 조언할 수 있었을 것이다. 그 시스템은 논컴플라이언스, 불만족스러운 결과 혹은 비효율적인 경우를 식별하기 위해 비즈니스 프로세스 운영 히스토리 기록을 분석했다. 또한 관련 법령 및 규정을 수정할 때 규제 기관에게 피드백을 제공했다. 목표는 법, 규제 혹은 절차의 변화가 규칙 엔진에서 관련 비즈니스 규칙의 수정을 통해 시스템 안에서 신속하게 시행될 수 있는 유연한 시스템을 만드는 것이다(van der Pol, 2011). 그러나 운 좋은 시작에도 불구하고 그 이후에, INDiGO 프로젝트가 발행된 정보의 부족 때문에 성공할 수 있을지는 불분명하다.

2.6. 법령 네트워크 나타내기

엑스퍼트 시스템과 로직 프로그래밍은 법령과 규제를 가지고 컴퓨터 추론을 지원할 수 있는 유일한 패러다임은 아니다. 법령에 포함된 규제 시스템은 대상들 사이의 관계 네트워크 혹은 그래프로 나타낼 수 있다. 연결된 대상들은 다른 법령과 규정이 될 수 있으며, 인용 네트워크, 또는 복수의 법령에 걸친 규제에서 언급되는 일련의 참조 개념, 법령 네트워크 다이어그램이 될 수 있다.

예를 들면, 최근의 프로젝트에서, 공중보건 비상사태를 다루기 위한 미국 주의 규제 시스템을 노드의 네트워크로 나타내었다. 노드는 하나의 법령이 구체적인 조건 하에서 다른 기관과 소통하도록 지시하는 기관을 나타낸다(Sweeney et al., 2014). 전문가가 직접 만든 질문들을 이용해서, 연구팀은 공중보건 비상사태 대비에 관한 후보 법령을 11개 주를 대상으로 LexisNexis 리걸 데이터베이스에서 검색했다. 각 규정은 표준화된 코드 북에 따라 그 규정이 관련되어 있는지와 그렇다면 규정의 인용, 그 규정의 대상이 되는 공중 보건 기관, 규정이 지시한 조치와 그러한 조치가 허용되는지 혹은 의무적인지, 그 조치의 목표 혹은 결과, 그 법령의 취지, 지시가 적용되는 비상사태의 유형, 그리고 어떤 시간 구조와 조건 아래에서인지를 확인하기 위해 수작업으로 코드로 만들어졌다 (Sweeney et al., 2014).

다른 주들의 규제시스템이 네트워크에 표시되면, 네트워크는 네트워크 분석 도구를 사용해서 시각적으로 또한 수량적으로 비교될 수 있고, 다른 주의 규제 구조와 비교함으로써 어느 주의 규제 구조에 대한 잠정적인 추론이 이루어질 수 있다. 예를 들면, 도표 2.10은 플로리다 주와 펜실베니아 주 사이의 비상사태 감시와 관련해서 법령상 지시된 기관의 상호작용들을 비교하고 있다.

비교 다이어그램은 공중보건 시스템 분석가들에게 주간 차이점에 대한 가설을 제시할 수 있으며, 그러한 가설은 입법에 관한 텍스트에서 검토될 수 있다. 예를 들면, 도표 2.10에서 흰색 연결선에 기초하면, 지역보건소(Community Health Centers)와 가정건강관리기관(Home Health Agencies)는 왜 플로리다 주에 있는 기관이 아니라 펜실베니아 주에 있는 다른 공공보건기관으로 연결되는지 의문을 가질 수 있다. 가능한 답변을 조사하려면 펜실베니아 주와 플로리다 주의 입법에 관한 텍스트를 연구하는 것도 포함될 것이다.

┃ 도표 2.10. ┃ 공중보건 비상사태 감시에 관하여 펜실베이니아 주(PA)와 플로리다 주(FL) 법령 체계를 비교한 법령 네트워크 다이어그램: 둥근 원들은 플로리다 주와 펜실베이니아 주의 공중 보건 시스템 기관들을 나타냄. 회색 선들은 플로리다 주와 펜실베이니아 주에 존재하는 관계를 나타내며; 흰색 선들은 펜실베이니아 주에는 존재하지만 플로리다 주에는 없는 법적 관계를 나타냄 (Sweeney et al., 2014)

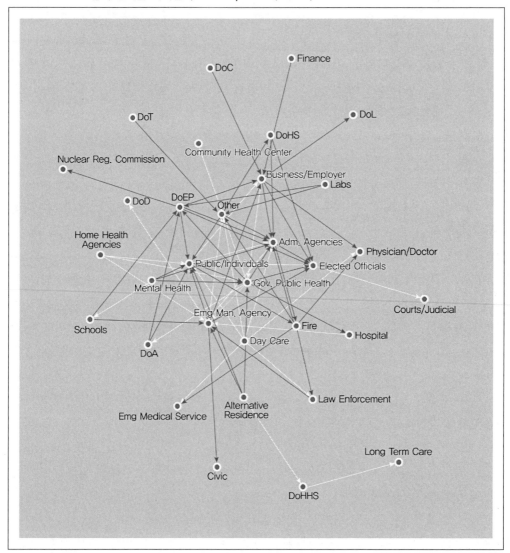

　　법령 네트워크 다이어그램은 도움이 될 수 있다. 그것들은 어느 주의 법령으로 이어 지는 시각적 인터페이스의 일종이다. 그것들은 연구자들이나 직원들로 하여금 상호작용 을 나타내는 네트워크 접속을 클릭함으로써 기관들의 상호작용을 지시하는 규정을 검색 할 수 있도록 할 것이다(Sweeney et al., 2014). 이렇게 하면, 연구자는 최소한, 펜실베니아 주에 있는 지역보건소와 가정건강관리기관에 접속을 지시하는 관련 법령들을 검색할 수 있게 될 것이다. 그 텍스트에 기초하면, 전통적인 법률 정보 검색 툴을 사용해서 플로리다 주의 유사한 법령들에 대한 질문들을 만들 수 있다. 그 질문들은 플로리다 주 법이 법령 네트워크를 구축할 때 누락했던 유사한 명령을 포함한다는 사실과 그리고 정책입안자들이 결정했을 플로리다 주 법에 메워져야 하는 간극이 있다는 사실을 밝혀낼 것이다.

법령 네트워크 다이어그램과 인용 네트워크 다이어그램과 같은 툴은 인간이 법령 추론에 관한 문제들을 해결하는데 도움을 줄 수 있다. 그 경우에 컴퓨터와 인간은 각자의 최대 능력을 가지고 작업을 수행하는데 대한 책임을 함께 나눈다. 개념적 법률 정보 검색에 관한 Chapter 11은 인지 컴퓨팅에서 인용 네트워크 및 법령 네트워크 다이어그램의 이용을 더 상세하게 검토한다. 인용정보는 법령 텍스트에서 자동으로 추출되거나 혹은 법령의 저장소에서 검색될 수 있고 또한 인용 네트워크를 만드는데 이용될 수도 있다. 법령 네트워크 다이어그램을 만드는 것은 법령을 수작업으로 광범위하게 인코딩할 것을 요구하기 때문에 더 복잡하다. 법령에서 정보의 추출에 관한 Chapter 9는 법령 네트워크 다이어그램을 구축하기 위한 인코딩 작업을 자동화 혹은 반자동화하는데 ML(Machine Learning)을 적용하는 기술을 다룬다.

이 책의 나머지 부분에서, 우리는 비즈니스 규칙, 법령 그리고 규제의 표현이라는 주제에 대해 다시 논의한다. Section 6.5는 법규 및 규제의 온톨로지 구축을 다룬다. 표준화된 제도는 관련 규정을 검색하는데 이용될 수 있는 실체적 절차적 시맨틱 정보를 가지고 법령과 규제에 주석이나 태그를 붙이기 위해 개발되어 왔다. Chapter 9는 법령과 규제 텍스트에서 정보를 추출하기 위해 자동화된 접근방법은 어떻게 개념적 정보 검색을 뒷받침할 수 있는지 설명한다. Section 9.5에서 논의된 그 밖의 주제들은, 반복적이고 전형적인 형식의 작은 규제들에 초점을 맞춰서, 논리 규칙과 제약을 규제 텍스트에서 자동으로 추출하는 작업에 대해 다룬다.

Chapter

03

∨

사건 기반 법적 추론 모델링

3.1. 서론

법적 규칙은 모호하고 열린 구조의 용어와 개념을 채택하기 때문에, 사건을 가지고 컴퓨터에 의한 추론을 하는 모델은 도움이 될 것이다. 법원은 종종 법률 용어와 개념의 의미에 대해 어떤 용어나 개념이 과거에 어떻게 적용되었었는지를 설명하면서 사례들 사이의 유사성을 끌어다가 해석한다.

이 Chapter는 법적 사례들을 가지고 하는 유추적 추론의 컴퓨터 모델을 제시한다. 그 모델은 3개의 기본적인 접근 방식에 기초한다. 첫째, 원형과 변형은, 과거 사례에 기초한 이론을 구축해서 어떻게 사건에 대한 판단을 하는지에 중점을 둔다. 둘째, 규모와 법적 요인은, 법적 청구나 개념에 관한 일방의 주장을 강화 혹은 약화시키는 사실의 전형적인 패턴을 채택한다. 셋째, 실례 기반 설명(EBE)은, 왜 개념이 적용되었는지 혹은 적용되지 않았는지에 대한 법원의 설명 측면에서 법적 개념을 나타낸다.

컴퓨터 프로그램이 앞으로 판단되어야 할 사건에 유사한지에 대한 추론을 할 수 있기 위해서 그 모델들은 법적 사건들을 어떻게 재현하는지 보여준다. 특히, 프로그램이 문제와 사례들을 비교할 수 있는 방법, 가장 관련된 사건들을 선택할 수 있는 방법, 그리고 새로운 사건의 찬반 결론을 유추하여 법적 주장을 생성할 수 있는 방법을 보여준다.

법적 규칙과 개념은 규범적 목적을 위해서 공포된다. 기술적 주장은 법적 유추를 하는데 있어서 중요한 역할을 한다. 법적 규칙, 그 규칙에서 나오는 중간의 법적 개념(ILC), 그리고 그 규칙을 적용하는 사건을 통합하는 컴퓨터 모델은 내재한 가치를 고려할 필요가 있다. 이 Chapter는 가치들을 사건 관련성의 정도와 법적 유사성의 모델들로 통합해서 목적론적 추론을 컴퓨터로 모델링하기 위한 기술을 소개한다.

이 시스템들 중 어느 것도 리걸 텍스트를 직접 처리하지는 않는다. 그 대신에, 사건의 사실관계와 수작업으로 구축되었던 법적 개념에 대한 공식적 표현에 기초해서 작동한다. 그러나 언젠가는 이러한 사건들에 관한 표현이 사실관계 요약이나 견해가 담긴 자연어 텍스트로부터 자동으로 추출될 수 있을 것이라는 추측이 있었다. 텍스트 분석에 의하면 그런 날은 빠르게 다가오고 있다. 그 장은 인지 컴퓨팅을 위해 상이한 사건 표현이 텍스트 분석 접근과 그 영향을 어떻게 처리할 수 있는지를 대조한다.

이 Chapter는 다음의 질문에 대한 답을 제공한다: 법적 개념은 사건과의 변증법적 관계를 반영하는 방법으로 어떻게 컴퓨터로 표현될 수 있는가? 사건의 사실관계와 법원의 추론은 어떻게 컴퓨터로 표현될 수 있는가? 원형과 변형, 규모 혹은 요인, 그리고 EBE란 무엇인가? 그들은 법원 재판의 어느 측면을 차지하는 것이며, 또한 그들이 놓친 측면은 무엇인가? 우월적인 반증은 무엇인가? 시맨틱 네트워크와 "표준" 사실은 무엇인가? 프로그램은 어떻게 관련 사건을 선택할 수 있는가, 유사성 측면에서 어떻게 비교할 수 있는가, 또한 사실 관계와 그 밖의 사례들과 어떻게 구별할 수 있는가? 그러한 프로그램은 경험적으로 어떻게 평가될 수 있는가? 목적론적 추론이란 무엇인가? 법적 사례들 사이에 유사성을 끌어낼 때 목적론적 추론은 어떤 역할을 하는가? 목적론적 추론에서 가설은 어떤 역할을 하는가? 법적 규칙에 내재하는 가치는 컴퓨터로 어떻게 표현될 수 있는가, 또한 컴퓨터 프로그램은 관련 사건을 선택하고, 유추하고, 또한 사건을 구별하는 방법에 가치를 통합시킬 수 있는가?

3.2. 법적 개념과 사건의 관계

사건 기반 컴퓨터 추론 모델은 법적 개념과 사건 사이의 상호작용을 표준화한다. 법적 개념은 헌법, 법령, 혹은 판례법에서 열린 구조의 용어에 부합한다. 보통법 체계 그리고 일정한 대륙법 체계에서도, 사례는 열린 구조의 법적 개념의 의미를 해명하는 역할을 하고, 그러한 체계의 규칙과 의미를 수정하는 방식을 조정하는 역할을 한다.

3.2.1. 리걸 프로세스

Edward Levi는 "판사에 의해 적용되는 알려진 규칙 시스템이라는" 법을 가장해서 사례를 통해 법적 추론의 프로세스를 대조한 것으로 유명하다(Levi, 2013, p.1). Levi에게 법은 법적 개념이 그 분류자인 "움직이는 분류 제도"에 관한 것이다. "리걸 프로세스에 관련한 추론의 유형은 분류가 만들어진 것처럼 그 분류가 바뀌는 것이다. 규칙은 그 규칙이 적용되는 것처럼 변한다"(Levi, 2013, pp. 3-4).

이 프로세스에서, 법원은 새로운 사건의 사실관계와 선례의 사실관계를 비교함으로써 선례의 규칙이 새로운 사건에 적용되어야 하는지를 판단한다. 새로운 사건이 선례와 유사한지 아니면 다른지를 판단하는데 있어서, 법원은 규칙의 법적 개념의 의미를 해명할 수 있지만 종종 그것을 흐리게 만든다. 어떤 개념의 의미가 너무 일관성이 없으면, 법원은 새로운 법적 개념을 도입함으로써 그 규칙에 예외를 도입할 수 있으며, 그 규칙은 수정되고 프로세스는 진행된다. 결국, 예외를 가진 규칙은 일관성이 없게 되고, 법원은 새로운 규칙을 위해 그것을 폐기한다(Levi, 2013).

3.2.2. 리걸 프로세스의 실증

Levi는 현대의 제조물책임법의 발전을 말하면서 리걸 프로세스를 실증하였다. 엄격한 제조물책임법은, Waterman의 리걸 엑스퍼트 시스템(Section 1.3.1)에서 표준화된 대로, 사건 기반 추론의 프로세스에서 유래한다. 예외는 Thomas v. Winchester, 6 N.Y. 397 (1852) 판례를 비롯한 일련의 사건들에서 제조자의 책임을 제한하는 "직접적 계약 관계" 요건을 약화시켰다. 그 규칙은 Macpherson v. Buick, 217 N.Y. 382, 111 N.E. 1050 (1016), 그리고 현대의 엄격한 제조물책임법에 관한 사후적 공식화, 예를 들면, 불법행위법의 제2차 리스테이트먼트로 대체되었다.

대부분의 미국 로스쿨 학생들이 배운 대로, "제조자 혹은 공급자는 원격지 구매자에 대해 결코 과실에 의한 책임을 지지 않는다"는 보통법 원칙은 오랜 기간 동안 유지되어 왔다(Levi, 2013, p.25). 즉, "직접적 계약 관계가 없으면, 책임도 없다." 다만, 그러한 규칙에도 불구하고 제조자가 제3자에 대해 책임을 부담하는 몇 가지 예외적인 사실 상황은 존재한다. Thomas v. Winchester 사건에서, 법원은 그 예외로 일컬을 수 있는 개념을 발표하였다: 만약 물품이 긴박한 위험성을 지닌 경우에는, 직접적인 계약 관계가 없더라도 책임이 인정될 수 있다. 그 다음의 판결들에서, 법원은 여러 제품들을 긴박한 위험성이 있는 것으로 분류하였고, 그 개념에도 몇 가지 변화를 가져왔다. 예를 들면, "본질적으로 위험한 것" 혹은 "대단히 위험한 것" 등이 그것이다. 결국, "하나의 개념은 다른 개념처럼 들리고, 두 번째로 도약한다"(Levi, 2013, p.8).

분류화 프로세스는 법원에 의해 계속되었다. 법원은 본질적으로 위험한 물품들의 분류를 외견상으로는 확대하면서도 결함이 있는 경우 단순히 위험한 물품들에 대한 보상은 허용하지 않았다:

> 본질적으로 위험한 물품, 예를 들어, 독약, 다이너마이트, 화약, 어뢰, 탄산수가 든 압축 병 등을 제조하는 사람은 제3자에 대한 불법행위책임을 부담한다. … 다른 한편으로, 결함이 있는 경우에만 위험한 물품, 예를 들어, 테이블, 의자, 벽에 거는 그림이나 거울, 마차, 자동차 등을 제조하는 사람은 그 물품으로부터 야기된 신체피해에 대해 제3자에게 책임을 부담하지 않는다. 다만, 고의적인 침해 또는 사기의 경우에는 그러하지 아니하다. Cadillac v. Johnson, 221 Fed. 801, 803. (Levi, 2013, pp. 19-20).

결국, 이러한 예시에 기반한 분류화는 어리석고 비이성적으로 보일 수 있다. 그리고 법원은 그 규칙을 모두 던져버릴 것이다. Macpherson v. Buick 사건에서, 뉴욕주 항소법원은 원고 Macpherson과 제3자는 뷰익의 제품－그 직전년도에 법원이 결함있는 경우에만 위험하다고 분류했던 유형의 물품－에 의해 야기된 신체침해에 대한 보상을 인정받았다. 그런데 캐딜락 사례에서는 그 책임이 인정되지 않았다. 대법관 Cardozo의 역사적인 의견에 다음과 같은 규칙이 나타나 있다.

> 사물의 본성이 만약 부주의하게 만들면, 사람의 목숨과 신체를 위험하게 하는 것이 상당히 확실한 경우, 위험한 물건이 된다. … 만약 그 위험 요소에 사물이 구매자 이외의 사람에 의해 사용될 것이고, 또한 새로운 검사 없이 사용될 것이라는 인식이 추가되면, 계약에 불구하고, 이 위험한 물품을 제조한 사람은 주의를 기울여서 만들어야 할 의무를 부담한다. 217 N.Y. 389.

1964년에, 결함있는 제품에 의해 야기된 제3자 사용자 혹은 소비자의 신체적 손상에 대한 판매자의 책임에 관한 규칙은 Waterman이 표준화한 현대적인 제조물책임법으로 변환되었다. 제2차 불법행위법 리스테이트먼트 제402A조, 사용자 또는 소비자에게 신체적 손상을 입한 제품 판매자의 특별 책임(Special Liability of Seller of Products of Physical Harm to User or Consumer)을 참조하라.

3.2.3. 법적 개념의 역할

Levi에 따라 요약하면, 법적 개념은 수많은 역할을 한다. 그것은 법률의 구성 요소이다. 그것은 의미를 가지고 있고, 최소한 어느 정도는, 그 개념이 새로운 사건에 적용되는지에 대한 연역적 추론을 지원한다. 리걸 프로세스는 일정한 범위 안에서는 규칙에 의해 유도된다. 그러나 규칙을 새로운 상황에 연역적으로 적용하는 것과는 확실히 거리가 있다(Levi, 2013).

개념의 주요 역할은, 사회가 정의를 결정하는데 있어서 중요하게 여긴다는 특정한 유사성에 초점을 맞추는 것이다. 이렇게 해서 법적 개념은 여러 사건들에 걸친 유사성을 구체화하는 "명칭(label)"이다. 법원은 새로운 사건을 판결할 때 이 유사성을 가지고 추론한다. Levi는 다음과 같이 언급한다.

법의 문제는, 동일하지만 다른 사건들을 꼭 처리해야 하는 것은 언제인가? 리걸 시스템이 작동되면, 기꺼이 핵심적인 유사성을 알아낼 것이고, 그것으로부터 공통의 분류화에 적용할 정의를 추론할 것이다.(Levi, 2013, p.3)

일정한 사건들이 유사하다거나 다르다고 판단하는 절차에서, 법적 규칙과 그 개념은 변화한다. 법원이 새로운 사건에 적용할지 여부를 판단할 때 개념은 확장되거나 축소된다. 그리고, 관련성 여부와 같이 특정한 유사성에 대한 평가는 사회적 환경과 가치가 변화함에 따라 바뀔 수 있다. 이렇게 해서, 과거의 유사성에 의문이 제기되고 현재에는 부당하다고 생각하는 판단에 이르게 된다. 사건의 사실관계가 개념의 의미를 믿을 수 없을 정도로 늘리면, 법원은 재공식화된 규칙의 새로운 개념으로 대체할 수 있다. 현행 법적 규칙과 과거 사례에서의 주장은 변화된 사실적 상태와 사회적 가치를 다루기 위해서 현행 규칙을 축소, 확장 혹은 대체하는 새로운 개념을 제시한다(Levi, 2013)(Ashley and Rissland, 2003 참조).

Levi의 설명에서, 제조물책임법의 역사에 대한 더 자세한 검토에 의하면, 법원이 추론과 주장에 기반한 사례에서 적용한 몇 가지 특징이나 요인을 확인할 수 있다. 법원은 다음의 측면에서 사건을 비교하였다:

- 제조자는 숨겨진 결함에 대해 알고 있었는지.
- 그 결함을 발견하는 것이 어려웠는지.
- 제조자는 부정하게 그 결함을 숨겼는지.
- 그 물품이 피해자와 같은 누군가에 의해 사용될 가능성.
- 그 물품을 누가 통제하는지.
- 그 물품은 얼마나 위험한지.
- 그 위험은 추가적인 행위 때문이었는지.
- 신체손상의 결과가 그 결함에 의한 것인지.
- 제조자(예를 들어, 약사, 자동차 제조자 등)에 대한 의존에 관한 사회적 기대.

제조물 책임의 맥락에서 보면, 이것들은 사건들을 어떻게 비교하고 그리고 규칙에 기초해서 제안된 결과의 타당성 혹은 법적 개념의 타당성을 어떻게 평가하는지에 관하여 합리적인 기준이다(Ashley and Rissland, 2003). 사회가 원하는 것과 기술이 제공하는 것의 변화는 어떤 기준이 중요하게 여겨질지에 영향을 미친다. 중요하게 여겨지는 다른 기준들에 초점을 맞추게 되면 사건들의 다른 정리에 이르게 된다. 법적 추론 프로세스는 규칙, 개념 그리고 사례를 사용해서 이러한 활력을 지지한다(Levi, 2013).

3.3. 법적 개념과 사례의 컴퓨터 모델 3개

사건 기반 법적 추론을 모델화하는 것은 사건의 사실에 대한 지식을 표현하고 관련된 유사성을 법적으로 평가하는 기술을 요구한다. 그 모델은 법적 관점에서 같은 방법으로 사건들을 처리할 지를 판단해야 하기 때문에, 유사성과 차이점은 프로그램이 프로세스하고, 분석하고, 또한 조종하는 형식으로 나타나야 한다.

사건의 사실을 나타내기 위해, 관련한 유사성과 차이점을 정의내리기 위해, 그리고 그것들을 법적 개념에 관련시키고 사건을 비교하기 위해, 3가지 유형의 컴퓨터 모델, 즉 원형과 변형, 규모와 법적 요인, EBE가 개발되었다. 3개의 모델들은 그것들이 법적 개념을 나타내기 위해 채택한 내재적인 요소들과 외연의 요소들의 혼합에 변화를 준다. 내재적 정의는 개념의 사례가 되기 위한 필요충분조건을 명시한다. 예를 들면, "탈 것"은 교통의 수단으로 이용되거나 이용될 수 있는 운송 장치이다. 외연적 정의는 단순히 개념의 사례인지 아닌지에 관한 예를 제공한다. 예를 들면, 자동차, 자전거, 그리고 배기량 103.1cc 할리데이비슨 로우라이더 모터사이클은 "탈 것"의 예에 해당하지만, 제2차 세계대전 셔먼 탱크는 그렇지 않다. Chapter 5에서 설명한 바와 같이, 법적 주장의 컴퓨터 모델들은 지금, 유추적 논증을 위한 그들의 스키마에 사건 기반 모델들의 양상을 포함하고 있다.

법적 추론의 컴퓨터 모델은 사건과 개념을 가지고 법적 추론을 하는 프로세스와 가깝다. Levi의 사례들에서 실증된, 개념과 사건들의 복잡한 상호작용의 경우, 인공지능과 법 연구자들은 반드시 그 프로세스를 단순화시켜야 한다. 특히, 그 모델들은 비교적 적은 수의 사건들에 초점을 두는데, 예를 들면, 영업비밀법(trade secret law)에 관한 200개의 사건들보다 적은 근로자의 보상에 관한 40개의 사건들과 가설들 또는 사냥감에 대한 사냥꾼의 권리에 관한 재산법 사건 6개 등이 그것이다. 그리고 그 모델들은 모두 관련 개념들이 다소 고정되어 있고 샘플에 의한 추론이 물품들을 개념에 넣거나 빼면서 분류하기 위해 사용되는 덜 역동적인 시기에 법의 영역에 초점을 둔다(Levi, 2013, p.9). 이것은 개념이 실패하기 이전이거나 사건의 재분류화를 방해하기 때문에 거부되기 이전이다. 예를 들면, 영업비밀과 근로자의 보상 사건들은 상당히 고정된 법적 개념을 포함한다.

개발자들은, 제약과 단순화에도 불구하고, 결과 모델들이 유용한 작업을 수행하기에 충분할 만큼 복잡하다는 점을 확실하게 하려고 시도한다. 그 초점은 개념 사례로서 사건의 역할 모델링에 있고, 또한 그 결정에 유사성과 차이점을 알리는 경우에 규범적 가치에도 있다.

3.3.1. 원형과 변형

Thorne McCarty의 Taxman Ⅱ 프로그램은 과거 사건들의 유추에 의해 주장을 모델화했다. Taxman Ⅱ에서 법적 개념은 내재적으로 표현되며, "원형과 변형"이라는 기술을 사용해서 외연적으로 보충된다.

McCarty는 법적 개념은 3개의 요소, "(1) 필요조건을 제공하는 불변요소, (2) 충분조건을 제공하는 모범, (3) 그 모범들 사이의 다양한 관계를 표현하는 변환"으로 구성된다고 말한다. 그는 그 모범들을 원형이라고 부른다. 여기에서 원형은 그 의미에 대해 주장되고 있는 법적 개념의 긍정적이고 부정적인 예시들인 선례와 가설들을 말한다. 변환은 변형이며, 그것은 원형에게 그 구성 개념의 측면에서 비교되는 것을 허용하는 매핑(mapping)이다(McCarty, 1995, p.277, McCarty and Sridharan, 1981). 예를 들면, Levi와 관련해서 보면, "급박한 위험"은 원형 개념으로 간주될 수 있다. 사건 그룹들은 이것을 "본질적인" 혹은 "대단한" 위험으로 변형시키고, 그렇게 함으로써 위험의 특징을 보존하나, 특정 사건의 주어진 상황에서는 그것을 부분적으로 변화시킨다.

Eisner v. Macomber 사례

그 프로그램은 미국 연방대법원의 핵심적인 판례인 Eisner v. Macomber, 252 U.S. 189 (1920)에 초점을 맞추었다. 이 판례의 쟁점은 미국 연방 헌법 수정 제16조에 관한 것으로, 주식분할과 관련된 주식배당이 그에 비례해서 주주들의 과세소득인지 여부에 관한 것이다. 만약 과세소득이 아니라면, 그것은 소득세를 부과하는 의회 권한의 범위 밖에 있는 것이다(McCarty, 1995). Eisner 시나리오에서, Mrs. Macomber는 스탠다드 오일 2,200주를 소유했다. 스탠다드 오일은 50% 주식분할을 선언했고, 그녀는 회사의 이익잉여금을 대신해서 1,100주를 추가로 배당받았다.

이 사건 및 관련 사건들은 부수적인 개념과 관련되어 있다. 예를 들면, "배당", "주식", "채권", "보통주", "우선주" 등이 그러하다. 이러한 규칙같은 견본들은 개념과 관련된 권리의무를 나타낸다. 예를 들면, 기업이윤소유자의 권리는 채권소지인이 일정한 금액을 받는 것을 들 수 있다. 우선주 주주는 채권소지인 다음으로 주당 일정한 금액을 받는다. 보통주 주주는 채권소지인과 우선주 주주가 받고 남은 것으로만 자기 몫을 받는다.

입력에 있어서, Taxman Ⅱ는 사실 상태에 관한 서술을 받고, 자연어 텍스트로 표현하는 것이 아니라 부수적 개념을 채택하는 논리 명제의 측면에서 표현한다. 그 프로그램은 2개의 선례와 가정적 예시에 대한 유사성에 기초해서 주식분할이 소득인지 아닌지의 "주장"을 (명제 형식으로) 출력한다.

Macomber 판결이 내려질 때, 이 실제적이고 가정적인 사건들은 3개의 가능한 프로토타입, 과세소득에 관한 긍정적이고 부정적인 모범이었고, 의미를 가진 주요 법적 개념은 분쟁의 대상이 되었다:

1. Lynch 사건: 기업의 현금을 배당받는 것은 주주의 과세소득에 해당된다.
2. Peabody 사건: 어떤 기업이 주주들에게 다른 기업의 주식을 배당한 것은 과세소득에 해당된다.
3. 가치상승 가설: 기업의 주식 가치의 상승은, 주주가 보유하게 되며, 주식의 양도가 없으면, 보편적으로 과세소득에 해당되지 않는다.

이 변화들은 배당 전후에 주주소유권 비율을 비교한 ConstantStockRatio처럼 이미 구성된 매핑에 포섭된다.

이론 구축으로서의 주장

McCarty는 이론 구축의 일종으로서 법적 개념의 의미에 대한 법적 논증을 특징지었다. 그는 다음과 같이 정당화를 시도한다. 논쟁자는 현재의 사실을 원형적인 모범에 맞춰 조정하는 것에 기초해서 쟁점을 어떻게 판단할 것인지에 관한 이론을 구축한다. McCarty는, Macomber 판결에서 다수의견과 반대의견에 반영된 것처럼, 납세자와 미국 국세청의 주장에 중점을 두었다. 그리고 템플릿 혹은 스키마에 따른 주장을 재구축하기 위해 프로그램을 디자인했다. 주장 템플릿에 따르면 다음과 같다:

• 납세자: 과세소득은 Eisner 사건에서와 마찬가지로 정의하고, 과세소득에 관한 어떤 부정적인 프로토타입(가치상승 가설)도 배제되지만 긍정적인 프로토타입(Lynch와 Peabody)은 모두 포함된다.
• 미국 국세청: 과세소득은 Eisner 사건에서와 마찬가지로 정의하고, 어떤 긍정적인 프로토타입(Lynch와 Peabody)도 포함되지만 과세소득에 관한 모든 부정적인 프로토타입(가치상승 가설)은 배제된다.

그 경우 프로그램은 결국 현재의 사건과 일방 당사자에게 유리한 프로토타입을 연결하고 불리한 프로토타입을 배제하는 이론을 검색했다. 사건들 사이에 변형이나 매핑은 이러한 링크에 근본 자료를 제공하였다. 만약 매핑이 긍정적인 사례들과 현재의 사건 사이에서 구성 개념을 보존한다면, 불변적 속성은 비슷하게 판단해야 한다는 이론의 기초가 된다.

프로그램은 하나의 문제와 유리한 프로토타입 사건을 넘어 불변적 속성으로서의 역할을 하는 연속체를 찾는 것과 같은 주장 전략을 채택했다. Eisner 사실들에 접속할 때 그리고 과세할 수 없는 가치상승 가설에서, 프로그램은 이미 장착된 ConstantStockRatio 매핑을 거쳐서 그와 같은 불변성, 가령, 납세자는 배당 전후에 동일한 비율로 기업의 주주권을 보유하였다는 점을 발견했다. 주식분할 후에, Macomber는 기업의 3,300/750,000을 소유했고, 이것은 이전(2,200/500,000)과 동일한 비율이었다. 이것은 마치 주식양도가 없는 것과 같다.

만약 그 프로그램이 불변적 속성을 발견하지 못했다면, 이론을 구축하려는 시도를 하면서, 가령 기본적인 매핑을 선택하고 더 복잡한 매핑을 만드는데 적용할 때, 선택의 여지를 찾았을 것이다. 프로토타입들 사이의 개념적 링크를 발견하려고 시도할 때, 프로그램은 그 구성 요소들의 의미에 대한 추론을 한다.

이것은 인간의 논쟁적인 추론과 비슷해 보인다. Brandeis 대법관은 반대 의견에서 배당금은 과세소득이라는 자신의 주장의 근거로 자기자본, 채무, 그리고 현금의 배당에 연결된 연속체를 제안했다. 현금, 채권, 우선주와 보통주의 배당은 모두 그 수령인에게 기업 수입의 기대 수익에 관한 혜택이다. 그것들은 수익이 얼마이고 위험이 무엇인지에 있어서만 차이가 있다. 만약 그 어떤 배당이 과세소득을 낳는 것이면, 모두 마찬가지이어야 한다.

프로그램은 프로토타입의 구성 개념을 검사하였고, 분명히, Lynch 프로토타입의 과세할 수 있는 기업 현금 배당으로부터 채권 배당, 우선주 배당 그리고 보통주 배당까지 동일한 연속체를 발견하였거나 구축하였다. 모든 배당금은 수령자에게 기업 수입의 기대 수익와 위험 사이의 균형을 유지한다.

인지 컴퓨팅을 위한 원형과 변형의 유용성

법적 관점에서 보면, 개념과 사건을 가지고 주장하는 Taxman II의 모델은 세련되고 현실적이다. 그 모델은 선택된 사건들을 개념의 측면에서 정렬함으로써 이론을 구축하면서 법적 논증에 초점을 맞추었다. 많은 변호사들, 판사들 그리고 로클럭들은 법적 정보 검색 시스템을 이용해서 주장을 구축한다. 인지 컴퓨팅을 위한 도전은, 사용자가 이론을 공식화하고, 그 이론을 유추가 허용되는 사례에 링크하고 또한 부정적인 사례와 구별함으로써 그러한 주장을 구축하는데 도움을 줄 수 있는 컴퓨터 프로그램을 어떻게 디자인할 것인가에 관한 것이다.

다른 한편으로, 이 목표를 달성하기 위한 컴퓨터 툴의 소스로서, Taxman Ⅱ에서 McCarty의 접근 방법은 너무 복잡해서 도움이 되지 못할 수도 있다. 불변성을 발견하기 위해서 내재적으로 정의된 부수적 개념들과 매핑들을 거치는 검색은 복잡한 일이다. 그 복잡함의 강도는 "과세소득"의 의미와 다른 쟁점을 포함하는 도메인에서 여전히 증명될 필요가 있다. 실제로, 그 모델은 법적 개념과 4개의 사건들에 대한 주장을 포함하는 미국 연방대법원의 주장만을 위해 실행되었다.

3.3.2. 디멘션(Dimension)과 리걸 팩터

디멘션과 리걸 팩터는 사건들의 유사성을 비교하고, 긍정적인 사례에 유추하고, 부정적인 사례를 구별해내기 위해 디자인된 지식 표현 기술이다. 그것은 인지 컴퓨팅을 목적으로 사건 텍스트에 보다 쉽게 연결할 수 있는 Taxman Ⅱ보다 법적 개념과 사건을 표현하기 위한 더 단순하고, 더 외연적인 스키마를 제공한다.

Hypo의 디멘션

Hypo 프로그램에서 소개한 바와 같이, 리걸 "팩터는 원고의 법적 청구에 근거가 되는 주장을 강화시키거나 약화시키는 것으로 보통 관찰된 사실의 수집에 관한 전문가 지식의 일종이다"(Ashley, 1990, p.27). "Hypo에서, 리걸 팩터는 디멘션으로 표현된다. 디멘션은 프로그램이 처리하는 정보를 기록하기 위한 일반적인 체계이다"(Ashley, 1990, p.28, Ashley, 1991 참조).

전문용어로 설명하면, "팩터(factor)"는 2개의 의미를 가지고 있다: (1) "팩터"라는 용어는 리걸 팩터를 의미하는데, 리걸 팩터는, 디멘션이 나타내는 현상, 즉 원고의 법적 청구의 근거가 되는 주장을 강화시키거나 약화시키는 사실의 전형적인 패턴을 의미한다. (2) 앞으로 보는 바와 같이, CATO 프로그램은 Factor를 도입했다. 그것은 디멘션을 단순화시킨 지식표현기술이다. 디멘션과 마찬가지로, Factor는 리걸 팩터를 나타낸다.

Hypo는 영업비밀의 남용에 관한 주장을 다루었다. 즉, 원고는 피고가 원고의 제품 비밀정보를 사용해서 부정경쟁 이익을 얻었다고 주장한다. 이것은 사실관계가 영업비밀의 남용 사례이었는지의 한 가지 법적 개념을 다루었다. 이 개념을 모델링하기 위해, 디멘션 13개에 의해 표현된 리걸 팩터 13개가 채택되었고, 그것들을 이용해서 30개의 영업비밀 사례 색인을 만들었다.

13개의 디멘션에 포함되어 있는 리걸 팩터는, 영업비밀법에 관한 권위있는 해석으로 많은 주들이 채택한 영업비밀의 공개·이용 책임(Liability for Disclosure or Use of Another's Trade Secret)에 관한 불법행위법 리스테이트먼트(제1차) 제757조를 비롯해서, 여러 소스에서 확인되었다. 코멘트 (b)는, 정보가 영업비밀인지를 판단할 때 법원이 고려해야 하는 6개의 팩터를 확인하고 있다. 다른 리걸 팩터는, 법원이 특정 사실관계의 장단점을 확인한 영업비밀 사례의 의견들에서 나오기도 했고, 조약과 Law Review 논문에서 나오기도 했다. 이러한 2차 소스들은 사건을 특정 사실의 장단점의 결과에 미치는 효과를 표현하는 각주에 그룹지어 나타낸다. 그것들은 또한 법원이 특정 장단점에 불구하고 결론에 이른 경우의 반증을 목록으로 만든다.

┃ **도표 3.1.** ┃ 비밀-공개-외부인(Secrets-Disclosed-Outsiders) 디멘션 (Ashley, 1990)

주장: 영업비밀 남용
전제조건:
　원고는 기업이다
　피고는 기업이다
　원고는 상품을 만든다
　원고와 피고는 경쟁관계이다
　원고는 상품 정보를 가지고 있다
　원고는 외부인들에게 몇 가지 사실을 공개했다
중심 슬롯 조건: 원고는 외부인들에게 몇 가지 사실을 공개했다
중심 슬롯: 원고의 상품 지식: 숫자 표시
범위: 0~10,000,000
비교 유형: ~보다 크다 vs ~보다 적다
원고 친화적 방향: ~보다 적다

도표 3.1에 보는 바와 같이, 각 디멘션은 표현된 리걸 팩터의 사실 시나리오 적용의 전제조건을 정의내린 정보의 구조화된 템플릿을 예시한다. 하나의 사건은 리걸 팩터의 다소 극단적인 예시가 될 수 있기 때문에, 각 디멘션은 원고를 위한 더 강하거나 약한 중요도(magnitude)를 나타내는 범위에 따라 변할 수 있는 사건에서 값을 가지는 중심의 슬롯을 명시한다. 예를 들면, Secrets-Disclosed-Outsiders 디멘션의 중심 슬롯 값은 사건에서 외부인에게 공개된 수를 나타낸다. Competitive-Advantage에 관한 중심 슬롯

값은 원고의 정보에 접근함으로써 저장된 개발 시간 및 비용의 양을 차지한다. 사건들은 디멘션에 따른 중요도의 관점에서, 즉 중심 슬롯 값의 측면에서 비교될 수 있다. 그 도표에서, Data—General 사건은 외부인 6,000명에게 공개된 것에 주목할 만하다.

리걸 팩터의 중요도는, 디멘션의 중심 슬롯 값에 의해 보여지는 것처럼, 그 가중치(weight)와는 구별되어야 한다. "리걸 팩터의 가중치는 원고가 승소하기 위한 결론에 적합한 것을 지지하는 정도의 일종이다." Hypo는 리걸 팩터의 가중치를 양적으로 나타내지 않는다. 그 대신에, 구체적인 시나리오에 대한 주장을 통해서 리걸 팩터의 가중치를 표현하려고 한다.

리걸 팩터의 가중치를 수치로 표현하지 않는 이유는 그러한 가중치가 상황에 민감하기 때문이다. 도표 3에서 Secrets—Disclosed—Outsiders 디멘션에 따라 색인된 3개의 사건들은 이것을 보여준다. 모두 피고가 승소한 Crown 사건 및 Midland—Ross 사건은 디멘션의 왼쪽 끝에 위치하는데, 외부인에게 약간 공개되었음에도 원고의 주장을 약화시킬 수 있다. 다른 한편으로, Data—General 사건에서는 수천 건의 공개가 있었음에도 불구하고 원고가 승소하였다. 분명히, 그 사건은 디멘션의 취지와 일치하지 않는다. 디멘션은 원고 친화적 사건이 예외이거나 아니면 피고 친화적 범위의 극단으로 너무 멀리 자리하고 있다는 반증이라는 점을 보여준다. 다른 리걸 팩터들은 공개의 영향을 상쇄시키거나 "더 중요하게" 만들 수 있다. Data—General에서 공개는 Outsider—Disclosures—Restricted 디멘션에서는 비밀 제한의 대상이 된다.

리걸 팩터의 가중치가 특정 상황에 민감하다는 사실에 비해, Hypo는 두 가지 이유 때문에 가중치를 표현하지 않는다. 첫째, 판사와 변호사는 리걸 팩터의 가중치에 대해 수량적인 용어로 주장하지 않는다. 둘째, 리걸 도메인 엑스퍼트는 가중치가 무엇인지에 대해 동의하지 않는다. 그리고 긍정적인 가중치와 부정적인 가중치를 숫자로 표시하여 결합하는 것은 경쟁하는 리걸 팩터들의 해결에 관한 주장의 필요성을 모호하게 한다. Chapter 4는 예측을 목적으로 리걸 팩터 가중치를 처리하는 방법을 제시한다.

Hypo의 삼중(3-Ply) 주장에서 사건을 유추하는 것과 구별하는 것

Hypo에 입력되는 것은 영업비밀 사건의 사실을 나타내가 위한 예시된 프레임의 측면에서 입력된 문제 시나리오로 구성된다. 입력의 문제는 현재의 사실 상태로 언급된다 (cfs). Hypo의 결과물은 '원고의 영업비밀 부당이용 주장이 성공하지 (못한다)'는 영어로 된 삼중 주장이다. 삼중 주장은 다음으로 구성된다:

1. 원고 친화적 사건에 cfs를 유추하는 주장.
2. 인용된 사건을 피고를 대신한 cfs와 구별하고 피고 친화적 반증을 인용하는 주장.

3. 반증 사례와 cfs를 구별하는 원고의 반박, 그리고 가능한 경우, cfs에서 원고의 주장을 강화하는 사실에 관한 가정적 주장.

Hypo는 또한 피고를 대신해서 비슷한 삼중 주장을 제기하였다.

cfs와 인용된 사례를 유추하는 것은 동일한 방법으로 판단되어야 하는 이유를 발생시키는 관련된 유사성을 법적으로 언급하는 것을 의미한다. Hypo에서, 그 유사성은 공유된 디멘션으로 표현된다. 이 디멘션은 cfs와 인용된 사례에 공통된 리걸 팩터를 나타낸다. 만약 이 공유된 디멘션들 중 적어도 하나가 주장하는 측에 유리하면, Hypo는 그 인용된 사례가 그 당사자측을 위해 동일한 결과를 cfs에 부여하기 위해 주장의 가능한 근거로서 판단하였다는 사실을 고려한다.

인용된 사례를 구별하는 것은 cfs와 인용된 사건 사이에 관련된 차이점, 즉, 다르게 판단되어야 하는 이유를 법적으로 언급하는 것이다. Hypo에서, 그 차이점은 확실한 비공유 디멘션으로 표현된다: 원고를 위한 주장에서, 원고에게 유리한, 인용된 사례에서가 아니라, cfs에서 디멘션들과 그리고 피고에게 유리한, cfs에서가 아니라, 인용된 사례에서의 디멘션들이 그것이다. 이러한 특정한 비공유 디멘션들은 그 사건들을 다르게 판단할 이유를 생기게 한다.

반증은 주장하는 측에게 유리한, 그러나 상반된 결과에 이르렀던 경우에, 판단을 위해 동일하거나 유사한 이유를 증거로 하는 사례들이다. 반증은 상대방이 답변에서 인용하기 좋은 사례가 된다.

Hypo의 주장을 Mason v. Jack Daniels Distillery, 518 So. 2d 130 (Ala. Civ. App. 1987) 사건의 사실관계를 가지고 묘사해보자. 1980년에, 레스토랑을 소유한 Tony Mason은 목 아픈 것을 가라앉히는 레시피를 개발했다: 그것은 잭 다니엘스 위스키, 트리플 섹, 스위트 앤 사우어 믹스, 그리고 세븐업을 섞는 것이었다. 그는 그 음료를 홍보하면서, "Lynchburg Lemonade"라는 별명을 붙였고, 자신의 레스토랑 "Tony Mason's Huntsville"에서 병에 담아 제공하였다. 또한 티셔츠도 판매하였다. 메이슨은 그 레시피를 자신의 레스토랑에서 일하는 바텐더들에게만 알려주면서, 다른 사람들에게 그 레시피를 공개하지 말라고 지시하였다. 그 음료는 손님들의 입장에서 혼합된 것이었다. 그 음료는 알콜 음료 판매의 약 1/3을 차지했다. 엄청난 인기에도 불구하고, 다른 어떤 기관에서도 그 음료를 복제하지 못했지만, 전문가들은 쉽게 복제될 수 있는 것이라고 주장했다. 1982년에, 잭 다니엘스 양조장 영업 담당자 Randle은 Mason의 레스토랑을 방문해서 Lynchburg Lemonade를 마셔보았다. Mason은 Randle에게 레시피의 일부를 공개하면서 그 대신, Mason과 그의 직원들이 판촉에 이용되게 해 줄 것을 요구하였다. Randle은 Mason의 레시피가 "비밀 제조법"이라고 믿고 있었다. Randle은 그의 상관들에게 레시피와 음료의 인기를 보고하였다. 1년 후, 양조장은 그 레시피를 이용해서 전국적인 판매 홍보를 개시하였다. Mason은 그 판촉에 초대받지 못했을 뿐만 아니라 아무런 보상도 받지 못했다. 결국 그는 자신의 비밀 레시피를 남용한 양조장을 상대로 소를 제기하였다.

영업비밀법에 대해 알고 있는 변호사라면 Mason 사건에서 원고에게 유리한 리걸 팩터와 피고에게 유리한 리걸 팩터를 식별할 수 있었을 것이다. 원고 Mason은 보안 조치, F6 Security−Measures (P)를 채택했다. Mason은 Lynchburg Lemonade 음료, F15 Unique− Product (P)를 제조한 유일한 레스토랑이었다. 피고 양조장의 영업 담당자는 Mason이 제공한 정보가 비밀, F21 Knew−Info−Confidential (P)임을 알고 있었다. 다른 한편으로, Mason은 Lynchburg Lemonade 혼합에 대한 정보를 양조장의 대리인과 협상 중에 공개하였다, F1 Disclosure−in−Negotiations (D). 그리고 그 레시피는 음료를 분해하여 모방함으로써 학습되었다, F16 Info−Reverse−Engineerable (D) (도표 3.3 참조).

도표 3.2는 Mason 사례에서 Hypo가 원고를 위해 생성한 삼중 주장의 예를 보여준다. Hypo는 Mason을 피고 친화적인 Yokana 사례에 유추하면, 원고를 위해 Yokana를 구별하고 원고 친화적 반증인 American Precision 사례를 인용함으로써 응답한다. 그리고 최종적으로, 피고를 대신해서 반증을 구별함으로써 반박한다. Hypo의 주장모델을 보면, 그 주장이 어떻게 생성될 것인지를 설명해 줄 것이다.

▌도표 3.2.▐ Mason 사례에서 Hypo 유형의 3중 주장 (Ashley, 1990 참조)

→ **피고를 위한 주장 Side-1: (유사 사례)**

사안: 원고의 제품 정보는 역공학(reverse−engineering)에 의해 알 수 있었다.

피고는 영업비밀 남용에서 승소해야 한다.

인용: Midland−Ross Corp. v. Yokana 293 F.2d 411 (3d Cir. 1961)

← **원고를 위한 답변 Side-2: (사례 구별; 반증 사례 인용)**

Yokana 사례는 구별될 수 있다. 근거: Yokana 사건에서 원고는 외부인들에게 제품 정보를 공개했다. Mason 사건에서는 그렇지 않다. Mason 사건에서 원고는 보안 조치를 채택했다. Yokana 사건에서는 그렇지 않았다. Mason 사건에서 원고는 해당 제품을 만드는 유일한 제조자였다. Yokana 사건에서는 그렇지 않았다. Mason 사건에서 피고는 원고의 정보가 비밀이었다는 사실을 알고 있었다. Yokana 사건에서는 그렇지 않았다.

반증 사례: American Precision Vibrator Company, Jim Guy, and Shirley Breitenstein v. National Air Vibrator Company 764 S.W.2d 274 (Tex.App.−Houston [1st Dist.] 1988) 사례가 좀 더 적절하며, 피고가 원고의 정보가 비밀이라는 사실을 알고 있었던 이 사건에서도 원고 승소의 판결이 내려졌다.

→ 피고를 위한 반박 Side-1: (반증 사례 구별 / 주장을 강화 또는 약화시키기 위해 가설 세우기)
American Precision 사례는 구별될 수 있다. 근거: American Precision 사건에서 원고의 전 직원은 제품 개발 정보를 피고에게 제출했다. Mason 사건에서는 그렇지 않았다. Mason 사건에서 원고는 피고와의 협상 과정에서 제품 정보를 공개했다. American Precision 사건에서는 그렇지 않았다.

Hypo의 주장 모델

도표 3.3은 cfs(예, Mason 사례), 피고에게 유리하게 판결이 내려진 Yokana 사례 (D), 원고가 승소한 American Precision 사례 (P), 각 사건에 적용한 리걸 팩터들, 그리고 그 사건들 사이에 리걸 팩터들의 오버랩을 보여준다. Hypo 주장 모델의 바탕에 있는 직관은 벤 다이어그램으로 전해진다.

도표 3.3에 묘사된 대로, cfs는 피고 친화적 F16을 피고 친화적 Yokana 사례와 공유한다. Hypo 모델에서, 이것은 cfs가 Yokana와 유사한 관계에 있고 또한 피고에게 동일한 판단이 내려져야 한다는 주장을 유도한다.

그러나 원고 Tony Mason은 다수의 방법으로 응답할 수 있다.

첫째, 그는 Yokana 사례를 구별할 수 있다. 이것은 cfs에서 공유되지 않는 피고 친화적 리걸 팩터, F10을 가진다. 다시 말해서, cfs에 적용하지 않는 Yokana를 피고를 위해 결정하는 이유가 존재한다. 이와 비슷하게, cfs는 Yokana 사례에 없는 원고 친화적 리걸 팩터, F6, F15, F21을 가진다. 그것들은 인용된 사례에 적용되지 않는 cfs를 원고를 위해 결정하는 이유이다.

둘째, Tony Mason은 유리한 선례를 인용할 수 있다. American Precision 사례에서, 원고는 cfs에서와 똑같이 원고 친화적 F21이 적용되어 승소하였다.

셋째, Tony Mason은 Yokana 사례에 근거한 피고의 주장을 이기기 위해 American Precision 사례를 이용할 수 있다. American Precision 사례에서, 원고는 피고 친화적 F16의 적용에도 불구하고 승소하였다. 그것들은 일련의 팩터들, F16과 F21을 공유하기 때문에 cfs는 American Precision 사례와 더 비슷하다. Yokana와 cfs는 그 집합의 부분 집합, 즉 F16만을 공유한다. 다시 말해서, American Precision 사례는 Yokana 사례를 능가하는 반증이다.

더 분명한 것은, 반증은 그 결과가 인용된 사례에 상반되는 하나의 사례이고, 다음과 같은 부가적인 제한조건을 충족하는 하나의 사례이다. 만약 인용된 사례가 cfs와 공유하는 리걸 팩터 집합이, 반증이 cfs와 공유하는 집합의 부분 집합이라면, 반증은 인용된 사례보다 더 중요하게 되고, 우월적인 반증이라고 부르게 된다. 만약 그 반증이 인용

❚ 도표 3.3. ❚ 벤 다이어그램으로 나타낸 Hypo 주장 모델 (Ashley, 1990)

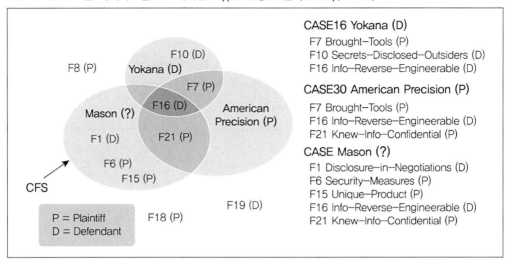

된 사례와 마찬가지로 cfs와 리걸 팩터의 동일한 집합을 공유한다면, 이것은 정확한 반증이다. 만약 반증이 인용된 사례 및 cfs와 1개의 리걸 팩터를 공유하면, 그러나 리걸 팩터의 중요도는 인용된 사례에서 유리한 측에게 더 강한 경우, 이것은 경계선에 있는 반증이다. 그것은 그 디멘션이 그 당사자를 지지한다는 결론을 악화시키는 경향이 있다.

Hypo는 이러한 주장들을 모두 할 수 있다. 이 예는 경계선에 있는 반증을 보여주지 않는다. 그러나 만약 Mason 사례가 외부인에의 공개에 관련되었고, 피고가 Secrets−Disclosed−Outsiders에 의존했다면, 원고는 경계선에 있는 반증으로서 6,000개의 공개를 가진 원고 친화적인 Data−General 사례를 인용했을 것이다.

Hypo에서 사례 검색 및 정렬

사실 상태가 입력되면, Hypo는 데이터베이스에서 cfs와 디멘션을 공유하는 모든 사건을 검색한다. 그 다음으로 cfs와 공유된 사건들을 디멘션에 의해 나타내면서 리걸 팩터의 집합의 겹치는 면에서 사건들을 정렬한다. Hypo는 그것들이 문제로 공유된 디멘션 집합의 포괄성에 의해 주장 격자(claim lattice)로 불리는 그래프 구조로 사건들을 조직한다. 도표 3.4는 주장 격자 Hypo가 Mason cfs를 위해 구축될 수 있음을 보여준다. cfs는 루트에 있다. cfs에 가장 가까운 후손은 적용할 수 있는 디멘션의 부분집합을 공유한다. 그 후손들은 cfs 등과 공유된 디멘션 집합의 부분집합을 공유한다. 주장 격자에서 주목할 것은, American Precision이 도표 3.2 및 3.3에 묘사된 우월한 반증 관계를 반영하는 Yokana 보다 더 cfs에 가깝게 있다는 것이다.

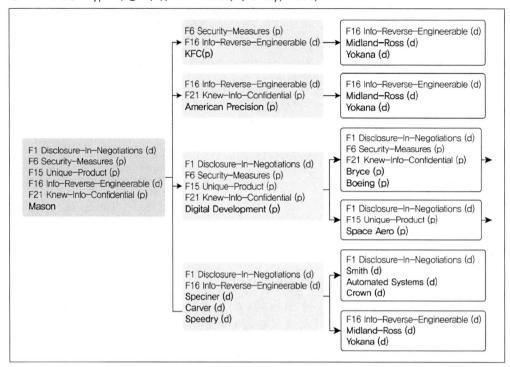

Hypo 모델은 사건들의 유사성과 관련성을 컴퓨터로 비교하는 하나의 방법을 보여준다. Hypo는 cfs와 공유된 디멘션의 수의 측면에서 비교하지 않는다. 오히려, 각 사건이 cfs와 공유하는 디멘션 집합의 포괄성 측면에서 비교한다. 다시 말해서, Hypo는 rkr 사건이 cfs와 공유하는 리걸 팩터의 집합을 비교하고, 하나의 사건의 집합이 다른 사건의 집합의 부분집합인지를 결정한다. 만약 그것이 부분집합이라면, 전자의 사건은 후자의 사건에 비해 덜 중요하다. 예를 들면, 도표 3.4에서, Digital Development 사건은 4개의 디멘션을 American Precision의 2개와 비교된 cfs와 공유하지만, 더 중요한 것으로 만들지는 않는다. 그리고, cfs와 공유된 American Precision의 디멘션 집합은 Digital Development의 디멘션의 부분집합이 아니기 때문에, 두 사건은 Hypo 모델에 따라 비교할 수 없다.

디멘션의 집합들을 비교하는 것은 법적 의의를 가진다. 이것은 하나의 사건이 cfs에서 법적 장단점을 얼마나 잘 다루는지를 비교하는데 가깝게 한다. 공유된 디멘션의 수의 측면에서 사건들을 비교하는 것은 리걸 팩터들 사이의 시맨틱 차이를 무시한다.

2개의 프로그램이 Hypo 모델을 확장시켰다. CABARET는 디멘션을 법규를 가지고 하는 추론에 적용했고, CATO는 차이점을 경시하거나 강조하는 새로운 주장 템플릿을 실행했다.

CABARET에서 법적 규칙 술어의 디멘션

Hypo의 첫 번째 계승자인 CABARET는 법규 영역, 특히 홈 오피스 소득세 공제를 다루는 미국 연방 IRC의 규정을 다루었다(Rissland and Skalak, 1991). 그것은 법적 규칙의 술어(예, 세법 규정에 있는 "주된 사무소 소재지")가 충족된 주장을 강화시키거나 약화시키는 전형적인 사실 패턴을 나타내기 위해 디멘션을 채택했다.

CABARET는 규칙 기반 모델과 다른 사건 기반 모델을 통합했다. 규칙 기반 모델은 IRS 관련 규정과 그 ILC로부터 법적 규칙을 나타낸다. 하나의 문제 시나리오가 주어지면, 규칙 기반 모델은 팩트로부터 목표를 향한 전향 체인이며 희망 목표로부터 팩트를 향한 후향 체인이다.

그 규칙은 Waterman 프로그램(Section 1.3.1)의 규칙과 유사하다. 그러나 중요한 차이점을 가진다. 그 규칙은 "소진되면"(예, 더 이상 법령 용어를 정의내리는 규칙이 없는 경우), 그 프로그램은 Hypo 스타일 사건 기반 추론에 기댈 수 있다. CABARET에서 디멘션은 법규 용어로 충족된 주장을 강화시키거나 약화시키는 리걸 팩터와 관련되어 있다. 이 디멘션은 법원이 그 법규 용어가 충족되었는지 여부를 판단한 사례를 색인으로 만든다.

하나의 문제 시나리오와 법규 용어가 주어지면, 주장에 속하는 법규 용어에 대해서 도표 3.4에 묘사된 것처럼, 사건 기반 추론 모델은 어떤 디멘션이 적용되는지 판단하고, 그 디멘션에 의해 색인된 사례를 검색하며 주장 격자를 생성한다. 주장 격자는 Hypo 모델에서 측정된 관련성에 따라 그 법규 용어에 관련된 과거 사례를 조직한다.

CABARET는 아젠다 메카니즘을 거친 컴퓨터 모델들을 통합한다: 그것은 현재의 분석 상태에 대해 추론할 수 있고 규칙 기반 추론(RBR) 모델과 사건 기반 추론(CBR) 모델을 적절히 부를 수 있는 알고리즘이다. 아젠다 메카니즘은 현재의 분석 상태에 대한 추론을 위해 휴리스틱 규칙을 채택했다. 통제 휴리스틱의 예들은 다음과 같은 것들이다:

- 다른 것을 시도하라: 만약 CBR이 실패하면, RBR로 전환하라(역도 또한 같음).
- 정확성 검사: CBR로 RBR의 결론을 테스트하라(역도 또한 같음).
- RBR 위기 일발: 만약 규칙의 모든 선조들이 1개만 제외하고 확립된 경우, 그 누락된 선조에 관해서 그 규칙의 적용을 확대하기 위해 CBR을 이용하라. 예를 들면, 그 결론은 참이지만 그 누락된 선조 때문에 규칙이 작동되지 못하는 사례의 존재를 증명하기 위해서 CBR을 이용하라.
- 법규 개념을 연결시켜라: 동일한 법규 개념에 대해 실패했거나 성공했던 사례를 찾아라.

1. 납세자는 홈 오피스가 주된 사무소(p-p-b)임을 증명해야 한다:

p−p−b 개념에 따라 색인된 사례들에 대해 HYPO−스타일 디멘션 분석을 실행. 충족
한다고 결론 내림.

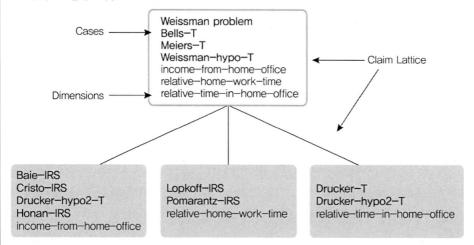

2. 휴리스틱 통제 규칙 적용: RBR에 의한 CBR 온전성 검사

p−p−b 규칙에 대한 역방향 추론: 납세자가 홈 오피스에서 주요한 책임을 이행하고
있고, 홈 오피스에서 수입을 얻었으며, 납세자가 홈 오피스에서 소비한 상대적 시간에
관한 증거가 있다면, 홈 오피스는 납세자의 주된 사무소다.

3. p-p-b 규칙은 목표에 가까운 성과임:

1개만 제외하고 모든 선례들 충족: 그가 홈 오피스에서 주요한 책임을 이행하고 있는지
여부.

4. 휴리스틱 통제 규칙 연결:

만약 RBR이 거의 성공하면 제외된 선례가 참인 유사 사례들을 찾아냄으로써 규칙을 확
대하기 위해 CBR을 이용.

5. 납세자에 친화적인 유사 사례들을 검색:

홈 오피스에서 주요한 책임을 이행한 사례 충족: Drucker 사건.

6. Weissman 문제에 Drucker 사건을 유추하여 주장 생성:

Drucker 사건과 Weissman 사건을 비교하면, 공통적으로 다음과 같은 팩터들을 고려하
게 된다: 납세자가 홈 오피스를 이용한 빈도에 관한 증거가 존재하며, 홈 오피스는 납
세자의 의무를 이행하는데 필요했다.

도표 3.5는 CCNY 철학 교수의 방 10개짜리 아파트에 있는 홈 오피스(방 두 개와 욕실)가 IRC 제280A조에 따라 홈 오피스 세금 공제에 해당하는지에 관한 Weissman v. Irs 사례, 즉 실제 사건에 관한 CABARET의 분석의 발췌를 나타낸다. Weissman 교수는 CCNY 오피스에서 그의 시간 중 20%만 보냈다. 그곳은 장비와 자료를 안전하게 두기 위한 공간이 아니었다. IRS는 그의 홈 오피스가 "주된 사무소 소재지"(p−p−b)가 아니라는 점을 이유로, 임대료와 경비로 공제된 세액 1,540달러에 대해 이의를 제기했다.

통제 휴리스틱에 따르면, CABARET의 분석은 납세자에게 인용할 수 있는 가장 적합한 사건들의 수를 찾는 사건 기반 디멘션 분석으로 시작한다. 그 다음, 통제 휴리스틱은 규칙 기반 분석을 가지고 "정확성 검사"로 이어진다. 그 분석에서 프로그램은 해당 규칙이 그의 홈 오피스가 그의 "주된 사무소 소재지"(p−p−b)라는 결론에 거의 적용된다는 점을 확인한다. 여기에서 '거의'는 선례들 중 1개를 제외하고 납세자는 "홈 오피스에서 주요한 책임"을 이행하고 있는지를 모두 충족한다는 것이다. 다시, 통제 규칙은 누락된 선례가 충족된 경우의 사건, Drucker 사례를 찾으면서 cfs에 유추하는 CBR로 전환한다.

CABARET는 리걸 팩터를 나타내는 디멘션이 영업비밀법 옆의 도메인 모델링을 위한 유용한 기술이라는 점을 증명했고, 법령 도메인에서 리걸 팩터를 나타내는 디멘션의 사용 방법을 증명했으며, 그 디멘션과 리걸 팩터 기반 접근방법을 법적 규칙에서의 개념에 대해 추론하는 것에 적용하였다.

CATO의 Factor들

HYPO의 두 번째 계승자 CATO는 Factor를 가지고 디멘션 표현을 단순화시켰다 (Aleven, 2003). CATO는, HYPO처럼, 리걸 팩터의 측면에서 영업비밀 남용을 다루었다. 그러나 그것을 표현하기 위해 디멘션을 이용하지는 않았다.

그 대신에, 각 디멘션을 상응하는 2진법 Factor로 대체하였다. Factor는 시나리오에 적용하기도 적용하지 않기도 한다. 이것은 크기나 범위를 이용하지 않고, Factor가 적용하는지를 테스트하기 위한 전제조건을 연계하지도 않았다. CATO는, 표 3.1에서 보듯이, 더 완전한 Factor 리스트를 채택하였고, 구별되는 Factor를 강조하거나 경시하는 방법을 표준화하였다(Aleven, 1997). CATO는 컴퓨터화된 구조적 환경에서 학생들이 특색있는 사례 기반 주장의 기술을 학습하는데 도움을 주기 위해서 그 강화된 Factor를 채택하였다. Chapter 4에서 설명한 바와 같이, 그것은 또한 사례 결과를 예측하기 위해 Factor를 사용하였다(Aleven, 2003).

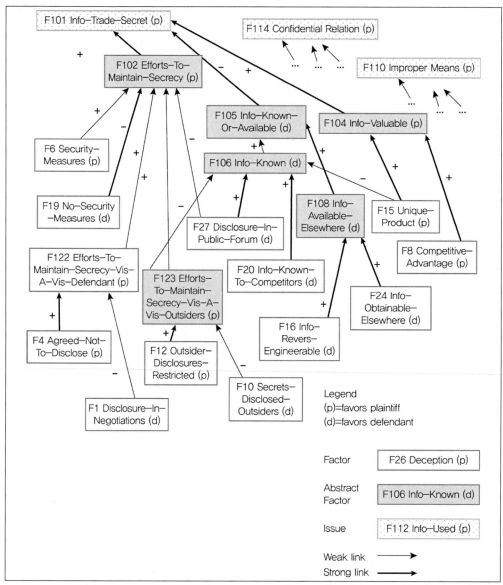

CATO는 팩터 계층, 도표 3.6에서 표시된 발췌들, Factor의 존재가 법적 관점에서
나오는 이유를 나타내기 위한 지식 체계를 추가하였다(Aleven, 2003, Fig.3, p.192). 그 팩
터 계층의 이유는 Factor가 왜 영업비밀 주장을 강화하거나 약화시키는지를 설명한다.

　　이러한 이유를 이용하면, CATO는 차이를 강조하거나 경시하는 새로운 종류의 법적
주장, HYPO가 할 수 없었던 주장을 할 수 있다. 비록 동일한 Factor를 공유하지는 않았
지만 공통의 쟁점을 cfs와 공유한 사례들을 모두 그룹화해서, 쟁점에 따라 복수의 사례
를 인용한 주장을 조직할 수 있다. 이러한 방법으로 CATO는 더 높은 수준의 추상적 개

념에서 유추해낼 수 있었다.

| 도표 3.7. | 차이점 경시 또는 강조하는 CATO 주장

차이점 F16의 중요도에 대한 주장들

⇒ Mason 사례에서 차이점 F16을 경시하는 원고의 주장.

Mason 사건에서 원고의 제품 정보는 역공학에 의해 알 수 있었다[F16]. Bryce 사건에서는 그렇지 않았다. 그러나, 이것은 중요한 차이는 아니다. Bryce 사건에서 원고는 제품 정보를 피고와의 협상 과정에서 공개했지만[F1], 원고는 승소했다. 두 사례에서, 피고는 정당한 방법으로 제품 정보를 얻었거나 얻을 수 있었다[F120]. 그러나 원고는 여전히 승소할 것이다.

⇐ Mason 사례에서 차이점 F16을 강조하는 피고의 주장.

Mason 사건에서 원고의 제품 정보는 역공학에 의해 알 수 있었다[F16]. Bryce 사건에서는 그렇지 않았다. 이 차이는 매우 중요하다. 이것은 Mason 사건에서 원고의 제품 정보가 원고의 영업 이외의 정보원으로부터 입수될 수 있었음을 보여준다[F108]. Bryce 사건에서는 그렇지 않았다.

그리고 CATO는 차이점을 강조하거나 경시할 수 있다. 도표 3.7에서 묘사한대로, 만약 일방의 주장이 cfa에서 특별히 구별되는 Factor를 인용하면, 그 프로그램은 동일한 이유 때문에 문제된 인용 사례에서의 다른 Factor를 가리키면서 그것을 경시할 수 있다. 그 대신에, 프로그램은 다른 Factor에 추상적으로 기초한 사례들 사이의 차이점을 팩터 계층에서의 공통 루트를 가지고 강조할 수 있다.

강조하고 경시하는 Aleven의 알고리즘은 팩터 계층에 나타나는 Factor에 대한 정보와 상호작용을 한다. cfs와 인용된 사건 사이에 Factor 기반 차이가 있으면, 사례들을 넘어서 추상적 평행을 이끌어낼 수 있고, 차이의 중요성을 약화시키는 다른 사건에서의 Factor를 식별하도록 할 수 있는 중심의 관념을 확인하기 위해서 구별되는 Factor에서 위쪽으로 팩터 계층의 노드들을 가로지른다. 다른 알고리즘은 2개의 사건을 추상적으로 대조하는 동안 팩터 계층에서 중심의 관념을 발견함으로써 차이를 강조할 수 있다. 그것은 차이의 중요성을 뒷받침하면서 하나의 사건에서 더 확증적인 Factor를 식별하고, 다른 사건에서는 Factor를 대조할 수 있게 만들 수 있다(Aleven, 2003, pp. 202-8).

Aleven은 두 가지 방법으로 CATO를 평가하였다. 첫째, 그는 학생들에게 사례 기반 법적 주장의 기본적인 스킬을 가르칠 때, 경험있는 인간 강사에 의해 동일한 스킬을 배우는 것과 비교함으로써, 그 효능을 평가하였다. 둘째, Chapter 4에서 논의한 바와 같이, 그는 사건의 결과를 얼마나 성공적으로 예측할지의 측면에서 주장 모델을 평가하였다.

표 3.1. 영업비밀 팩터들 (Aleven, 1997)

팩터	의미	근거
F1 Disclosure–in–negotiations (D)	P는 제품 정보를 D와의 협상과정에서 공개했다.	P는 재산을 양도했다.
F2 Bribe–employee (P)	D는 P의 전 직원에게 돈을 주고 직장을 옮길 것을 제안했는데, 그것은 명백히 P의 정보를 가져오도록 유도하는 것이었다.	D는 부적절한 방법으로 P의 재산을 획득했다.
F3 Employee–sole–developer (D)	직원 D는 P의 제품의 유일한 개발자였다.	D는 자신의 개발에 관한 재산권을 가져야 한다.
F4 Agreed–not–to–disclose (P)	D는 P와 비공개 약정을 체결하였다.	P는 자신의 재산을 보호하기 위한 합리적인 조치를 취했다.
F5 Agreement–not–specific (D)	비공개 약정은 어떤 정보를 비밀로 취급할 것인지 특정하지 않았다.	P는 그가 어떠한 재산을 주장하는지 특정하지 않았다.
F6 Security–measures (P)	P는 보안 조치를 제대했다.	P는 자신의 재산을 보호하기 위한 합리적인 조치를 취했다.
F7 Brought–tools (P)	P의 전 직원은 D에게 제품 개발 정보를 주었다.	D는 P의 재산을 훔친다.
F8 Competitive–advantage (P)	D가 P의 제품 정보를 이용하는 것은 모든 시간 비용을 절약했다.	P의 영업비밀은 재산적 가치가 있다.
F10 Secrets–disclosed–outsiders (D)	P는 제품 정보를 외부인들에게 공개했다.	P는 재산을 양도했다.
F11 Vertical–knowledge (D)	P의 정보는 고객들 및 공급자들에 관한 것이다(다시 말해서 그것은 고객으로부터 독립적으로 또는 심지어 디벨로퍼에서가 이용될 수 있다).	P는 고객의 거래 재산상 이해관계를 가질 수 없다.
F12 Outsider–disclosures–restricted (P)	P가 외부인들에게 공개한 것은 비밀 제한에 속했다.	P는 자신의 재산을 보호한다.
F13 Noncompetition–agreement (P)	P와 D는 경업금지약정을 체결했다.	P는 전 직원의 비밀 정보 이용으로부터 보호됐다.
F14 Restricted–materials–used (P)	D는 비밀 제한에 속한 재료를 사용했다.	D는 P의 보호에도 불구하고 P의 재산을 이용했다.
F15 Unique–product (P)	P는 제품을 만드는 유일한 제조자였다.	P의 영업비밀은 재산적 가치가 있다.
F16 Info–reverse–engineerable (D)	P의 제품 정보는 역공학에 의해 알 수 있었다.	P의 재산상 이익은 기간에 한정되어 있다.
F17 Info–independently–generated (D)	D는 독자적인 연구를 통해 제품을 개발했다.	P는 D가 독자적으로 생성한 정보에 재산상 이익을 가지지 않는다.
F18 Identical–products (P)	D의 제품은 P의 제품과 동일했다.	D는 P의 영업비밀 재산을 모방했다.
F19 No–security–measures (D)	P는 보안 조치를 제대하지 않았다.	P는 자신의 재산을 보호하지 않았다.
F20 Info–known–to–competitors (D)	P의 정보는 경쟁자들에게 알려졌다.	P는 공개된 것에 대한 재산상 이익을 가질 수 없다.
F21 Knew–info–confidential (P)	D는 P의 정보가 비밀임을 알고 있었다.	D는 P가 재산상 이익을 주장한다는 사실을 알고 사용했다.
F22 Invasive–techniques (P)	D는 P의 정보에 접근하기 위해 침략적 기술을 이용했다.	D는 P의 재산을 훔치기 위해 침략적 기술을 사용했다.
F23 Waiver–of–confidentiality (D)	P는 비밀 포기 약정을 체결했다.	P는 영업비밀에 재산상 이익이 없다고 주장했다.
F24 Info–obtainable–elsewhere (D)	그 정보는 공개적으로 이용 가능한 자료에서 얻을 수 있는 것이었다.	P는 공개된 자료로부터 이용될 수 있는 것에 대한 재산상 이익을 가질 수 없다.
F25 Info–reverse–engineered (D)	D는 역공학에 의해 P의 정보를 얻어냈다.	P의 재산상 이익은 시간에 의해 제한된다.
F26 Deception (P)	D는 기만에 의해 P의 정보를 획득했다.	D는 자신의 재산을 사기당했다.
F27 Disclosure–in–public–forum (D)	P는 정보를 공공의 장에서 공개했다.	P는 영업비밀에 관한 재산상 이익을 양도했다.

3.3.3. 전형 기반 설명

┃ 도표 3.8. ┃ Vaughn 사례에 관한 GREBE의 시맨틱 네트 표현 (Branting, 1991, 1999)

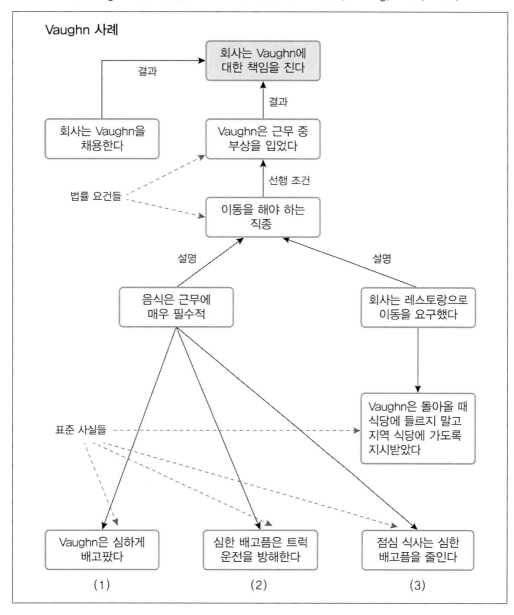

Karl Branting은 세 번째 기본적 지식 표현 기술, 사례들의 유사성을 비교하고, 긍정적인 사례에서 유추하며 부정적인 사례들을 구별해내는 EBE를 개발하였다. 그의 Generator of EBE(GREBE) 프로그램은 다른 종류의 외연적 표현 스키마, 즉 시맨틱 네트를 이용해서 과거 사례에서 유추하여 주장을 표준화하였다(Branting, 1991, 1999).

시맨틱 네트는 법적 개념과 사실을 포함한 개념을 나타내는 노드와 개념들 사이의 관계를 나타내는 화살표로 구성된 그래프이다. Branting은 시맨틱 네트를 이용해서 법령에서 나온 특정한 ILC가 충족되는지 여부에 관한 결론의 근거로 판사가 중요하다고 여긴 사실인 표준 사실 측면에서의 법원의 판결 설명을 나타냈다. Branting은 이 시맨틱 네트 표현을 EBE라고 불렀다.

도표 3.8은 EBE 샘플로 GREBE의 데이터베이스에 있는 사건 중 하나인 Vaughn 사례의 시맨틱 네트 표현을 보여준다. Vaughn 사례에서는, 어느 트럭 운전사가 다음 운행 전에 식사를 하러 레스토랑에 가기 위해 그의 모터사이클을 운전하다가 사고로 다친 사건이다. 그의 상관은 그에게 트럭에 짐을 싣는게 늦어진다는 이유로 먹을 것 좀 찾아보라고 지시했었다. 쟁점은, Vaughn이 근무 중에 다쳐서 그의 고용주가 책임을 져야 하는지 여부이다(Branting, 1991, p.810).

GREBE의 지식 소스는 법령, 보통법, 조리, 16개의 선례, 4개의 패러다임 사례, 그리고 EBE로 표현된 21개의 가정적 테스트 사례들이었다. 각 사건의 EBE는 판사의 설명마다 열린 구조의 법령상 법적 개념의 긍정적이거나 부정적인 샘플로 색인이 만들어졌다.

GREBE에 입력되는 것은 근로자의 보상 시나리오의 사실을 표현하는 시맨틱 네트이다. GREBE가 출력하는 것은, 사고와 관련된 개인이 보상을 받을 자격 여부의 결론을 정당화하기 위해, 텍사스의 근로자보상법령에 따른 법적 규칙을 인용해서 그리고 선례에서 유사성을 끌어내어 텍스트 주장을 상세히 하는 것이다.

GREBE의 사건 기반 법적 추론 프로세스를 설명하기 위해서, 시맨틱 네트로 Jarek 문제 입력을 어떻게 처리하는지를 보여준다. 한 철도회사는 Jarek을 포터로 고용했고, 어느 날 그에게 늦게까지 일을 하라고 지시했다. Jarek은 부인에게 늦게까지 일할 것이라는 사실을 알릴 필요가 있었기 때문에(휴대 전화가 없던 당시에), 철도회사는 Jarek에게 집에 가서 부인에게 말할 수 있도록 특별 이동을 허용하였다. 그런데, 그가 집으로 걸어가던 중 미끄러져서 다쳤다. 이 문제는 사실관계의 시맨틱 네트워크로 표현되었고, 대부분의 사실이 도표 3.9에 목록으로 만들어져 있다.

일단 입력이 되면, GREBE는 Jarek이 근로자 보상을 받을 자격이 있음을 증명하려고 시도한다. 그것은 후향 추론을 이용해서 근로자의 보상 주장을 성공시키는 조건을 제시하면서 법령 규칙에 기반한 증거를 구축하려고 시도한다. 그러나, 그 규칙은 그 증거를 완전하게 하기 위한 모든 법령 조건을 충분히 자세하게 정의내리지 못한다. 특히, 요건들 중 하나는 근로자의 이동이 근무의 연장이어야 한다고 규정하고 있지만, 그 법적 개념을 더 정의한 규칙은 없다.

Vaughn 사례와 연관된 표준 사실들:

Vaughn－employment	Jarek－employment
traveling－from－factory－to－restaurant2	Jarek－special－travel－home
Vaughn	Jarek
APF－Co	Railroad
Vaughn－sulfur－conveyance－activity	customary－portering－activity
APF－Co－direction1	Railroad－direction
APF－Co－direction2	Railroad－giving－permission
APF－Co－scheduling－goals	Railroad－scheduling－goals
Vaughn－modified－conveyance－back	overtime－portering－activity
Vaughn－eating－lunch	Jarek－informing－his－wife
Vaughn－food－need	Jarek－family－need
Vaughn－having－food	Jarek－being－at－home

Vaughn 사례와 무관한 표준 사실들:

(reasonably－essential－for Vaughn－having－food Vaughn－sulfur－conveyance－activity)

(impedes (intensity Vaughn－food－need high) (Vaughn－sulfur－conveyance－activity))

(necessitation traveling－from－factory－to－restaurant2 APF－Co－direction1 Vaughn－having－food)

(directed－activity APF－Co.－direction1 Vaughn－having－food)

그러나, 잘못 정의된 법규 개념이라고 하더라도 긍정적이거나 부정적인 샘플들로서 복수의 선례들을 색인으로 만들 수 있다. GREBE는 색인된 선례의 EBE의 구조에 문제의 사실관계를 표현하는 시맨틱 네트의 구조를 보여주려고 시도한다. 예를 들면, in－furtherance－of－employment는 20개의 선례로 색인된다. GREBE는 어느 선례가 주어진 cfs에 가장 관련된 것인지 미리 알지 못한다. 결국, GREBE는 각각의 것을 검색하고 Jarek 사건의 사실을 그 이동이 근무의 연장인지 여부를 판단한 각 사례의 표준 사실에 대응시키려고 한다.

예를 들면, in－furtherance－of－employment로 색인된 다른 사건들 가운데, GREBE는 도표 3.8에서 보여진 EBE를 가진 Vaughn 사례를 검색한다. 그것은 Jarek의 특별한 집으로의 이동은 그의 근무의 연장이있다는 점을 Vaughn 사례의 유사한 결론에서 유추함으로써 정당화시키려고 시도한다. 다시 말해서, GREBE는 (in－furtherance－of Vaughn－traveling－to－restaurant Vaughn－employment)에서 유추함으로써 (in－furtherance－of Jarek－special－travel－home Jack－employment)를 증명하려고 시도한다. 그 와중에, GREBE는 Vaughn EBE(도표 3.8)에서의 설명구조를 Jarek 시맨틱 네트의 사실로 이어지는 그림으로 보여주려고 한다. GREBE가 Jarek 사실에 Vaughn 사례를 매핑한 결과는 도표 3.9에서 볼 수 있다. Jarek 사실에 성공적으로 맞추어진 Vaughn 사례로부터의 표준적 사실은 도표 3.9의 맨 상단에서 볼 수 있다. 일치하지 않는 사실은 맨 하단에 있다.

정합성의 정도를 평가하기 위해서, GREBE는 두 사건의 유사성에 대해 컴퓨터로 측정하는 방식을 채택했다. Branting은 일치된 표준적 사실로 관련 유사성을 정의하고, 일치되지 않은 표준적 사실로 관련 차이점을 정의하였다. GREBE는 그 타깃 사례에서의 표준적 사실의 전체 수마다 두 사건에 걸쳐 일치하는 표준적 사실의 비율로서 소스 사례와 타깃 사례 사이의 유사성을 계산하였다. 만약 그 비율이 임계값을 초과하면, 그 사건들은 밀접하게 유사하다고 여겨진다.

그런데, 컴퓨터의 관점에서 보면, 시맨틱 네트 구조를 매핑하는 것은 복잡하다. 보이지 않는 정교한 Tinker Toy 구조를 연결시키려는 시도를 생각해보라. 어떤 이는 그 구조를 볼 수 없기 때문에, 그는 어떤 구조의 각 노드를 다른 노드에 연결하려고 시도해야 한다. 그리고 각 후손이 연결되는지를 "느껴야" 한다. 그 태스크는 이 시맨틱 네트에서의 링크가 명칭이 붙은 형태로 컴퓨터에 의해 단순화된다. Tinker Toy 구조와 여러 가지 색깔이 막대들을 연결하는 것을 생각해보라. 그 경우에 적어도 그 막대기들이 무슨 색깔인지는 볼 수 있고, 그래서 유사한 색깔의 막대기를 포함한 구조의 부분만 연결하는데 초점을 둔다. 프로그램은, 명칭이 붙은 링크를 가지고, 링크 명칭이 일치하는 경우에만 진행되겠지만, 그 작업은 여전히 컴퓨터에게는 복잡하다.

Branting은 대단히 까다롭고 효과적인 방법으로 사례 설명 구조의 연결을 추적한 A* Best First Search(BFS) 알고리즘의 변형을 디자인했다. 후보 매핑들은 그들이 최적 연결로 이어지는 경우에만 추적된다.

A* 서치 알고리즘은 2개의 매개변수를 채택했다: f(n)은 현재의 노드 N에서부터 목표에 이르는 비용을 추산한다. 그리고 g(n)은 최초의 상태에서부터 현재의 노드 N에 이르는 실제 비용을 나타낸다. 그 과정에서, f(N)은 N에서 가장 완성된 매핑으로 일치하지 않은 표준적 사실의 추정 수치이다. g(N)은 노드 N까지의 매핑에서 일치하지 않은 타깃 사례에서 표준적 사실의 비율 측면에서 정의된다. 이러한 비용은 GREBE의 BFS 알고리즘으로 유도된 가장 유사한 사례를 구조적으로 매핑하는 목표에 이르는 가능한 경로의 추정치이다. 그 검색을 통해 노드 N에 도착하면, N을 통해서 최초의 노드로부터 목표 노드로 가는 가장 저렴한 경로를 추정한다(Branting, 1991, p.817).

┃ 도표 3.10. ┃ Jarek 문제를 위해 GREBE가 검색한 근무의 연장에 관한 사건들 (Branting, 1991, 1999)

결과: 근무의 연장에 관한 판례 3개:

- Coleman 판례와 매우 강한 유사성. 소극: 근무의 연장에 해당하지 않는 활동: 일상적인 집으로 통근의 일부
- Vaughn 판례와 강한 유사성. 적극: 근무의 연장에 해당하는 활동: Vaughn을 고용한 APF가 지시한 활동.
- Janak 판례와 약한 유사성. 적극: 근무의 연장에 해당하는 활동: 동료에게 냉수를 가져다 주기 위해 이동; 그들의 석유 굴착 작업에 매우 필수적인 활동.

근무의 연장이라는 법적 개념에 의해 색인된 사례들을 연결한 결과, 도표 3.10에서 GREBE는 3개의 사례를 검색한다. 그리고 그것들을 이용해서 도표 3.11에서 발췌된 유추에 의해 주장을 구축한다. 그 주장을 정독함으로써, GREBE는 인간이 생산할 수 있는 것과 견줄 수 있는 자연어 텍스트로 정교한 법적 주장을 생산하였다.

GREBE 평가

Branting은 자신의 CMLR의 완성도를 입증하기 위해서 도표 3.11에서의 그것과 유사한 GREBE 주장의 품질을 경험적으로 평가하는 기술을 개발했다.

Branting은 많은 근로자들의 보상 문제에 관한 GREBE의 분석과 5명의 법학전공 학생들이 준비한 것과 비교했다. 학생들은 피해자의 보상권에 대한 찬반의 가장 강력한 주장을 구축하기 위한 질문을 받았다. 학생들은 문제를 연구하고 분석을 집필하는데 평균 2.77 시간을 보냈다.

텍사스 근로자보상법령에 관한 한 전문가는 그 학생들과 GREBE의 답변에 대해 블라인드 테스트로 심사하였다. GREBE의 답변은 표면적으로는 학생이 준비한 것처럼 보이게 만들어졌다. 그 전문가는 모든 분석들이 법학전공 학생들에 의해 준비된 것이라고 들었다.

그 전문가는 주장의 설득력, 타당성, 법규과 선례의 인용, 쟁점의 확인을 위한 답변들에 대해 심사하였다. 그는 다음과 같은 등급을 매겼다.

- GREBE: C 9개, B 4개, F 4개 평균 2.0
- 학생들: C 12개, B 1개, F 5개 평균 1.78

그 전문가에 의하면 학생들은 잘 하지는 못했고, GREBE 주장은 더 좋았다!

더 강력한 주장은 다음과 같다:

특별 귀가는 Jarek의 근무의 연장 활동이 아니었다.

[보통의 출퇴근에 관한 Coleman 판례에 유추]

그러나, 더 약한 주장은 다음과 같이 제기될 수 있다:

그 특별 귀가는 Jarek의 근무의 연장 활동이었다. 이러한 결론은 해당 사건과 공장에서 식당으로의 이동이 Vaughn의 근무의 연장 활동이었다는 결론에 관련한 Vaughn 판례의 사실관계 사이의 강한 유추에 따른 것이다. 이 유추는 다음의 추론에 의해 지지된다:

A. Denver and Rio Grande 철도 회사가 특별 귀가를 허용한 것은 … APF Co.가 공장에서 식당으로의 이동을 지시한 사실관계와 유사하다.

B. Jarek이 집에 머무른 것은 근무 의무에 관하여 상당히 본질적인 것이었다. 이 결론은 해당 사건과 작업 현장에서의 냉수가 Janak의 동료들의 석유 굴착 작업에서 상당히 본질적인 것이었던 사실관계 사이의 약한 유추에 따른 것이다. Jarek이 부인에게 알려야 했던 점은 … Janak의 동료들이 시원하게 있어야 했다는 사실관계와 유사하다. 해당 사건과 Janak 판례 사이의 관련 차이점들은 … Jarek의 근무 의무는 그의 부인에게 알려야 할 필요성이 강한 정도였다는 사실에 의해 방해되지 않는다는 것이다. 반면에 Janak 판례에서는 이와 다르다: Janak의 동료들의 석유 굴착 작업은 시원함의 필요성이 강한 정도였다는 사실에 의해 방해되었다.

C. 특별 귀가는 Denver and Rio Grande에서 늦은 출근에 의해 필요했다.

[Vaughn 판례에 유추]

3.4. 사례 기반 법적 추론의 목적론적 모델

Hypo, CATO, CABARET, GREBE와 같은 프로그램들은 법적 규칙에 깔려있는 목적 및 가치를 고려하지 않는다. Don Berman과 Carole Hafner가 지적한 바와 같이, 이들 초창기 CBR 모델들은 목적론적으로 추론할 수 없는 것들이다.

Berman and Hafner (1993)는 야생 사냥감에 대한 사냥꾼의 재산권에 관하여 미국 로스쿨 1학년 재산법 과목에 나오는 일련의 사례들을 가지고 하는 목적론적 추론을 보여준다. Pierson v. Post, 3 Caines R. (N.Y. 1805), Keeble v. Hickeringill, 103 ER 1127 (1707), Young v. Hitchens, 115 ER 228 (1844) 들은 인공지능과 법 분야에서 대표적인 사례들이다(Section 5.5.2와 6.6).

야생동물 사례에서 재산상 이해관계

Pierson 사건에서 원고 Post는 개방된 지역에서 여우를 사냥 중이었다. 원고는 사냥개를 데리고 말을 타면서 여우를 좇는 동안, 피고는 "Post의 시야에 있었던 그 여우는 사냥될 것을 알았고, 그가 잡는 것을 막기 위해서 그 여우를 죽였다." 법원은 피고의 손을 들어 주었다. 법원은 원고는 여우를 잡거나 죽임으로써 비로소 여우에 대한 권리를 얻게 된다고 판시하였다. 다수 의견은 불만을 품은 사냥꾼들이 제기하는 남소를 억제하기 위해서 확실하고 명백한 가이드라인이 필요하다는 의견을 내었다. 반대의견은 원고의 손을 들어 주었다. 원고의 추적은 여우에 대한 재산상 이익을 부여하기에 충분하다고 판시하면서, 입법을 통해 유해 동물인 여우를 제거한 사냥꾼들에게 보상해야 한다는 의견을 내었다.

Keeble 사건에서 원고는 자신의 연못에 인공 오리 미끼를 두었다. 피고는, 원고의 생계수단을 망가뜨리려는 의도를 가지고, 총을 쏴서 진짜 오리들을 쫓아버렸다. 법원은 비록 원고가 오리를 포획하거나 상처를 입히지는 못했지만 원고의 손을 들어주었다. 법원은 사람의 생활은 고의적인 방해로부터 보호되어야 한다는 점을 근거로 들었다. 다만, 그 방해가 경쟁자의 공정한 활동에 기인한 경우에는 그렇지 않다고 판시하였다.

Young 사건에서, 원고는, 상업적 어부였는데, 그는 길이가 140 패덤(fathom) 깊이의 그물을 외해 부분에 펼쳐놓았다. 원고가 몇 패덤의 공간을 두고 그물을 닫은 후에, 피고는 그 외해를 지나서 피고의 그물을 펼쳐서 물고기를 잡았다. 법원은 원고의 그물이 손상된 것에 대한 보상을 인정하면서도 물고기 손실은 인정하지 않았다. 법원은 원고가 그 물고기를 소유하지 않았던 점은 매우 분명하다고 판시하였다.

근본적인 가치를 가지고 추론하는 모델의 필요성

Berman과 Hafner는, 컴퓨터 모델이 놓친 근본적인 가치를 가지고 추론하는 경우를 설명하기 위해서, 일련의 가설을 채택했다:

1. 사냥감은 메추라기였다고 가정하자. Pierson 사건에서 반대의견의 판사는 어떤 판결을 내릴 것인가?
2. 스포츠맨들 사이의 폭력이 발생했다고 가정하자. Pierson 사건에서 다수의견의 판사는 어떤 판결을 내릴 것인가?
3. Keeble 사건에 "한 교사가 아주 오래된 학교에 피해를 입히고 새로운 학교를 세우고, 그렇게 함으로써 구학교의 교사들이 신학교로 이동하려는 유혹에 빠진 경우"의 사건과 같은 상황이 있는가? 혹은 "Hickeringill은 총을 들고 방해하고, 소년들이 학교에 가지 못하게 겁을 주었다. … 교사는 조치를 취할 것이라고 확신한다"고 가정해보자(Berman and Hafner, 1993).

법적 판단자들은 그 근본적 가치 및 목적이라는 관점에서 법적 규칙의 의미를 탐색하기 위해서 이와 같이 사실관계의 가정적 변화를 제기한다. 예를 들면, 미국 연방대법원의 대법관들은 종종 구술로 가정적 주장을 제기한다. (1)에서의 가정은 토지에서 유해동물을 제거하는 목적을 적용할 수 없게 만든다. (2)에서의 가정은 명백하고 확실한 가이드라인을 제공하는 목적에 영향을 미친다.

(3)에서의 가정을 제기한 Keebl 사건의 판사는 아마도 개인의 생활은 의도적인 방해로부터 보호되어야 하며, 다만 그 방해가 경쟁자의 정당한 행위에 기인한 경우를 제외한다는 법원 원칙의 목적을 강조하기 위함이었을 것이다.

Berman과 Hafner가 언급한대로 "규칙의 목적이 이해되면, 교사의 권리를 주장한 유사 사례들은 여유를 다룬 사례들보다 더 관련성을 가진다." 다시 말해서, Pierson 사례에서 법원이 요구했던 것과 같이, 규칙의 목적은 Keeble 사례에서, 원고가 오리를 포획하지도 다치게 하지도 않았음에도 불구하고 법원이 왜 원고에게 유리한 판결을 하였는지를 설명해준다.

┃도표 3.12.┃ 어느 주장이 목적론적 관심사를 더 잘 설명하는가? (Berman and Hafner, 1993)

주장 I	주장 II
→ 피고를 위한 주장: 원고는 아직 물고기를 잡거나 치명상을 입히지 않았기 때문에 피고는 Pierson 사례에서처럼 승소해야 한다. 그물은 닫혀있지 않았다. ← 원고를 위한 답변: 그러나 Pierson 사례와 달리, Young 사례에서 원고는 그의 생계를 추구하고 있다. 반증 사례: Keeble 사례에서, 원고는 비록 그가 오리를 잡거나 치명상을 입히지 않았음에도 불구하고 승소했다. → 피고를 위한 반박: Keeble 사례는 구별될 수 있다. 원고는 자기 땅에서 사업을 하고 있었다. 피고는 악의적으로 행동했	→ 피고를 위한 주장: 공해상에서 헤엄치는 물고기에 대한 재산권의 구성에 관한 불확실성은 끝없는 논쟁을 야기할 것이기 때문에, 당신은 Pierson 사례에서의 규칙을 적용해야 한다. ← 원고를 위한 답변: 사람이 생계를 꾸리는 것은 중요한데 피고는 원고의 생존권을 침해했기 때문에, 당신은 Keeble 사례에서의 규칙을 적용해야 한다. → 피고를 위한 반박: Keeble 사례의 피고와 달리 이 사건 피고는 악의적으로 행동하지 않았으며 단지 경쟁하는 학교를 세우는 교장이나 유인용 새를 설치한 인접 토지의 소유주처럼 활발한 경쟁을 벌였을 뿐이다. 그러한 경쟁은 사회에 도움이 된다. ← 원고를 위한 재반박: 사회는 부당한 경쟁이 아닌 활발한 경쟁을 용인한다. 피고의 행동은 피고가 소비자들이 이용할 수 있는 물고기의 양을 증가시킬 수 있는 다른 물고기를 쫓고 있을 때 그들의 포획물을 보호하기 위해 원고가 낭비적인 행동을 하도록 강요할 것이다.

다. Young 사례에서 피고는 경업 관계에 있다.	→ 피고를 위한 재반박: 어부들 간의 경쟁이 공정한 지 부당한지 여부를 판단하는 지침은 입법부에 맡겨야 한다; 그렇지 않으면 어부들이 할 수 있는 것과 하지 않아야 할 것을 정하려는 소송이 끝없이 있을 수 있다.

Berman과 Hafner는, 초창기 사건 기반 추론에 대한 자신들의 비판을 실증하기 위해서, 도표 3.12에서 보는 바와 같이, Ⅰ과 Ⅱ, 2개의 주장을 대조하였다. 그들은 주장 Ⅰ처럼, 지적인 펜싱 시합의 일종으로서, 사실적 차이에 기반한 주장을 특징지었다. 그러나, 그들은, 법적 주장을 연구할 때, 판사들은 시합의 심판으로서 행동하지 않는다는 점을 경고한다. "판사들은 인간의 삶에 중요한 영향을 미치는 규칙을 만든다. 그리고 그들의 판결은 어떤 규칙이 사회에서 삶의 질을 향상시키는지에 관한 자신의 의견(혹은 편견)을 구현한 것이다." 그리고 변호사들은, "사실적 차이에 기반한 주장에 덧붙여, 판결에 영향을 미치도록 하는 다양한 '정치적' 주장들을 판사에게 제기한다"(Berman and Hafner, 1993).

결과적으로, Berman과 Hafner는, 주장 Ⅱ에 예시된 바와 같이, 사건 기반 법적 추론의 컴퓨터 모델들은 "어떤 사건이 지배하고 왜 그런가?"의 질문에 응답할 필요가 있다고 주장하였다. 그 주장자들은 규칙과 그 규칙의 근원적인 목적을 인용한다.

제1세대 CBR 시스템은 규칙의 근원적인 목적에 대한 주장을 표현하기 위해 풍부한 단어를 제공하지 않는다. 목적론적 추론을 모델링하는 것은 법적 규칙의 근원적인 가치와 목적을 나타내기 위한 방법 그리고 그것들을 사실관계에 연결짓기 위한 방법을 필요로 한다. 또한 구체적인 사실 상황에서 근원적인 가치와 규칙에 대한 판결의 영향을 나타내기 위한 방법도 필요로 한다.

3.5. 목적론적 추론을 모델링하는 접근 방법

Bench−Capon and Sartor (2003)에서의 가치 기반 이론 구축 접근방법은 법적 규칙의 바탕에 있는 근본적인 가치를 고려하기 위한 하나의 방법을 보여주는 것이다.

그 연구는 Prakken and Sartor (1998)에서 선례를 가지고 하는 법적 추론의 공식 모델에 기초한다. 더 앞선 접근 방법에 따르면, 각 선례는 2개의 상충하는 규칙으로 표현된다:

1. 원고 – 친화적 Factor ⇒ p
2. 피고 – 친화적 Factor ⇒ (p)가 아니다

여기에서 p는 원고 승소 판결을 표현한다. 제1규칙은 원고에게 유리한 모든 사건 Factor가 존재하는 경우에 원고는 승소한다고 언급한다. 제2규칙은 피고에게 유리한 모든 사건 Factor가 적용되는 경우에 원고는 패소한다고 언급한다.

그리고 선례는 2개의 규칙 사이에 우선 관계 혹은 선호 관계를 형성한다. 만약 원고가 실제로 승소한 경우에는 제1규칙이 제2규칙보다 우선하고, 만약 피고가 승소한 경우에는 제2규칙이 제1규칙보다 우선한다. 이러한 접근 방법은 사건 기반 법적 주장의 논리 모델에서의 많은 후속 성장의 구성 요소가 되었다.

특히, Bench – Capon and Sartor (2003)는 가치 기반 이론 구축의 모델을 위해 그것을 개선하고 채택했다. 그들은, CATO에서 처럼, 사건을 일련의 Factor로 표현했다. 그러나 그 Factor들은, "만약 그 Factor가 적용되면, 그 Factor에 의해 유리한 측을 위해 판결된다", 공식의 규칙으로 해석된다. 이 규칙은 폐기될 수 있다: "우리가 그것들을 적용할 때를 생각해보면, 우리는 판결을 다르게 만드는 상충하는 규칙들을 전형적으로 발견하게 될 것이다. 그래서 우리는 그러한 충돌을 해결할 수단이 필요하다."(Bench – Capon and Sartor, 2003).

규칙 충돌은 Factor 관련 규칙에 더 비중을 둠으로써 해결된다. 각 Factor는 근본적인 가치와 관련된다. 사건들이 판단될 때, 그 결과물은 Factor의 집합과 가치의 집합에 대한 선호를 부여하고, 장래의 충돌을 해결하는 선호를 부여하는 더 많은 규칙을 생성한다.

도표 3.13.은 야생 동물 사례의 재산권의 맥락에서 실증하는 예를 보여준다. 도표의 맨 위에는 3개의 값, Less Litigation (Llit), More productivity (Mprod), Enjoyment of property rights (Prop), 그리고 4개의 Factor들이 있다. 각 Factor는 도표에 있는 3개의 규칙을 포함하는 폐기될 수 있는 규칙을 생성하면서 원고(P) 또는 피고(D) 중 한 쪽을 지지한다. 그리고, 각 Factor는 근원적인 가치들 중 하나를 제공한다. 결국 Keeble 사건의 결과물은 도표에서 보여준 규칙 선호를 발생시킨다: "if pLiv then P > if pNposs then D"는 전자가 후자보다 선호된다는 것을 의미한다.

3.5.1. 이론 구축에서의 목적론

도표에서 보여준 2개의 사례, Pierson과 Keeble에 기반한 cfs로서 Young 사건에서 피고를 대신하여 주장을 펼치는 것이 목표라고 가정해보자.

Bench—Capon and Sartor (2003)에서, 사례를 가지고 주장을 펼치는 것은 "하나의 이론을 구축하고 이용하는 프로세스로서" 표준화된다. 이러한 측면에서, 그 연구는 Section 3.3.1의 Thorne McCarty의 접근 방법과 일치한다. Bench—Capon and Sartor 접근 방법에서 그 이론들은 선례들로부터 구축된다. 그 경우에 사례들은 관련된 가치를 가진 Factor들의 집합과 선례로서 그것들을 운용할 수 있는 추론규칙으로 표현된다.

Bench—Capon and Sartor 모델에서, 사건들을 넘나드는 불변 매핑으로 구성되는 것이 아니라, 경쟁하는 Factor들 사이의 선호와 경쟁적인 관련 가치 사이의 선호를 정의한 규칙으로 구성되는 것이다. 도표 3.13에 묘사된 대로, 주장을 구축하는 것은 규칙을 추가함으로써 경쟁하는 이론에 개입한다(도표에서 "ADD"로 표시). 예를 들면, 주장자는 1개의 규칙을 추가한다, "if pNposs, dLiv then D"은, 추가된 규칙 선호를 가지고 새로운 규칙을 정당화한다: "ADD: if pNposs, dLiv then D > if pLiv then P", 그리고 가치 선호를 추가함으로써 그것을 정당화한다, "ADD: Mprod, Llit > Mprod." 이 마지막 새 규칙은 더 많은 생산성과 더 적은 소송의 가치 중에서 더 많은 생산성의 가치에 비중을 둔다는 것을 의미한다.

그들은 다양한 이론 컨스트럭터들을 정의내리고 있는데, 그 컨스트럭터의 기능은 현재의 혹은 의도된 사건 결과물의 설명을 구축하기 위한 것이다. 이론 컨스트럭터들은 도표 3.13에서 묘사된 것들을 추가한다. 컨스트럭터들은, Include—case from the case base, Include—factor, Merge—factors, Rule—broadening, Preferences—from—case, Rule—preference—from—value—preference, Arbitrary—rule—preference, 그리고 Arbitrary—value—preference 등을 포함한다.

그들은 도표 3.13에서 이론의 완성 버전을 다음과 같은 방식으로 요약하고 있다. "지금, 원시적인 규칙들을 pNposs와 dLiv를 위해 융합하고, 가치 선호 [Mprod,Llit > Mprod]를 도입하고, 이것을 사용해서 규칙 선호를 이끌어냄으로써 [if pNposs,dLiv then D > if pLiv then P], Young 사건의 설명이 될 수 있다. … [그 이론]에 따르면, Young 사례는 D에게 유리하게 판결되어야 한다. 왜냐하면 Young 사례에서, 규칙은 [if pNposs,dLiv then D] 폐기되지 않기 때문이다. 이것은, Berman and Hafner, 1993에 따르면, Young 사례에서 판사들이 사용한 이론으로 보인다"(Bench—Capon and Sartor, 2003).

Values: Lit (Less Litigation)

           Mprod (More productivity)

           Prop (Enjoyment of property rights)

Factors:

      pNposs, D, Llit(p was not in possession of the animal, favors D b/c Llit)

      pLiv, P, Mprod(p was pursuing his livelihood, favors P b/c Mprod)

      pLand, P, Prop(p was on his land, favoring P b/c Prop)

      dLiv, D, Mprod(d was pursuing his livelihood, favoring D)

CFS: Young: pLiv, pNposs, dLiv; GOAL=D

Cases: Pierson: pLiv; D

           Keeble: pLiv, pNposs, pLand; P

Rules: if pNposs then D

           if pLiv then P

           if dLiv then D

           ADD; if pNposs, dLiv then D

Rule preferences; if pLiv then P > if pNposs then D

           ADD: if pNposs, dLiv then D > if pLiv then P

Value preference: Mprod > Llit

           ADD: Mprod, Llit > Mprod

이 법적 이론과 주장 근거의 이상한 모습은 미루어두고, 도표 3.13의 예시와 그 요약은 이러한 가치 기반 이론 구축이 어떤 효과가 있는지에 대한 직관을 나타낸다. 그 모델은 하나의 이론을 구축하는데 가치를 고려하고 그 이론을 법적 주장과 새로운 사건의 결과를 예측하는데 적용한다. 도표 3.14에서 제시된 바와 같이, 과거 사례의 결과는 그 사건들에 나타난 Factor들의 집합들 사이에서 선호를 보여준다. Factor들의 집합 사이의 선호는, 그 Factor들과 관련된 가치들의 집합 사이의 선호를 보여준다. 관련된 선호 규칙은 과거 사례에서 결정된 하나의 추상적인 명령으로 그 가치들을 구성하는 일정한 가치 집합을 상승시키거나 강등시킨다. 새로운 사건에 대해 판결이 있으려면, Factor들이 주어져야 하고, 이론 컨스트럭터는, 그것이 완성되었을 때 만나게 될 사건과 일치하는 방식으로 사건의 결과를 예측하고 설명할 수 있는 해설을 모은다.

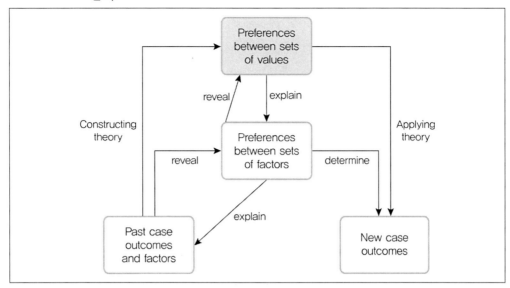

법률 실무가들은 어떻게 가치 추론을 하는가?

이러한 장점들에도 불구하고, 많은 이유 때문에, Bench-Capon and Sartor (2003) 에서, 가치를 가지고 하는 법적 추론 모델은 Berman and Hafner가 제기한 문제들을 해결하지 못한다.

첫째, 그것은 불완전하다. 거기에는 채워져야 할 빈 곳이 몇 개 있다. 도표 3.13의 예시와 위의 요약에 관하여, 그 저자들은, "이 설명은 선례들에 의해 뒷받침되지 않는다는 의미에서, 임의적인 선호의 도입에 의존하고 있다."라고 언급한다. 그 저자들은 "스스로 적절한 부분집합보다 가치있는 집합에 대한 선호를 도입하도록 하는", 그러나 더 나은 개선이 필요하도록 할 수 있는, 이론 컨스트럭터를 추가하는 것을" 고려한다.

둘째, Bench-Capon and Sartor (2003)에서의 모델은 복잡한 대체 이론들을 생산한다. 도표 3.13에서 보여준 샘플 이론은 이론 컨스트럭터가 주어진 인풋을 발생시킬 수 있는 겨우 하나의 버전이다. 이것은 경쟁적인 대체 이론들이 평가되어야 한다는 것을 의미한다.

이론들은 일관성, 설명 능력, 정합성 그리고 단순성의 측면에서 비교될 수 있다. 일관성과 설명능력은, 예를 들면, 이론이 설명하는 사건들의 수의 측면에서 측정될 수 있다. 그러나, 컴퓨터에 의한 실행이라는 측면에서, 정합성과 단순성은 아주 잘 이해되지는 않고, 그것들을 어떻게 운용할 것인지에 대한 쟁점을 발생시킨다.

셋째, 도표 3.13에 묘사된 것처럼 Bench-Capon and Sartor (2003)에서의 모델에 의해 생성된 이론의 종류가 판사들에게 의미가 통하는지 혹은 판사들이 그 이론을 적용해서 판결을 하는지 불분명하다. 가치의 관점에서 어떤 문제에 대해 제안된 결과를 평가하는 것은 그 자체의 윤리적인 판단이다. 판사는 그 가치가 문제의 특정한 사실에 어떻게 적용되는지를 고려할 필요가 있다. 판사는 과거의 사례에 있는 경쟁하는 가치들 가운데 선호를 결정하고 새로운 사건들에 그것을 적용한다고 주장하는 것은 이상해보일 수 있다. 판사는 그 가치들이 문제의 특정 상황에 어떻게 적용되고 그에 따라 충돌을 어떻게 해결하는지를 고려할 가능성이 더 높다.

Bench-Capon and Sartor (2003)에서, 경쟁하는 Factor들과 가치들에 대한 선례 기반 선호 규칙들을 이용하는 모델의 경우, 그 모델은 그러한 선호에 대한 맥락 효과 (contextual effects)를 다루는 것처럼 보이지는 않는다. 한 판사가 과거 사건에서 하나의 가이드로서 가치 선호를 채택했더라도, 그/그녀는 여전히 문제와 사건을 자세하게 비교할 필요가 있을 것이다. 판사는 가치 선호의 적용이 새로운 사실 상황에 적절하다는 점을 확실하게 할 것을 원할 것이다.

그리고 McCarty의 접근방법은 판사들이 개념의 적용에 대한 법적 추론에서 가치들을 어떻게 이용하는지 또는 그 가치들이 사례의 이론에 어떻게 연결하는지를 설명하지 않았다. 비록 문제가 사례를 이론에 연결시킨 불변요소를 찾거나, 발견하거나 이용할 수 있더라도, 그 프로그램은, 법적 관점에서, 주식배당이 과세소득인지에 관한 질문에 대해, 불변요소가 왜 중요한지를 알고 있는 것처럼 보이지 않는다. Macomber의 주식 비율은 변하지 않지만, 그 프로그램은 그 문제가 왜 법적으로 중요한지를 설명할 수 있는가? 또는 모두 리스크와 수익 사이의 일종의 교환인 기업 배당의 다양한 유형들 사이의 유사성이, 왜 그것들을 모두 과세소득으로 처리하기 위한 법적 추론을 일으키는지, 그 프로그램은 알고 있는가? Taxman Ⅱ는 그러한 이유를 알거나 처리할 수 있는 것 같지 않다.

현실적으로 말해서, 목적론적 사고들을 하나의 법적 추론 모델로 통합하는 것은, 모든 CBR 모델들의 도전이다. 다만, 누군가 적절히 도전하기 전에, 법률 실무가들이 문제를 어떻게 판단할 것인지에 대한 추론을 할 때 가치와 원칙들을 어떻게 고려하는지에 대해 더 많은 이해가 필요하다. 비록 변호사가 말하는 사례의 이론을 듣는다 하더라도, 그 이론이 무엇과 유사한 것인지 그리고 컴퓨터 데이터 구조에 의해 어떻게 잘 표현될지는 분명하지 않다.

우리는 Chapter 5에서 법적 주장의 모델링에 관한 생각을 다룬다.

3.6. 법적 추론의 사건 기반 모델의 인지 컴퓨팅에 대한 디자인 제약

위의 예들은 인지 컴퓨팅에 관련된 디자인 제약을 보여준다.

첫째, 법적 규칙 및 개념을 가지고 하는 추론의 모델링은 사실 상태에 규칙을 적용하는 것에 대한 찬반 주장의 모델링을 요구한다.

둘째, 법적 규칙의 개념이 사실들의 집합에서 적용되는지에 대한 주장을 모델링할 때, 사례들은 중요한 역할을 한다. 주장들은 사례들 및 사실 상태 사이의 관련 유사성과 차이점에 초점을 둔다.

셋째, 규칙에 내재하는 목적 및 가치를 포함하는 목적론적 고려사항들은, 사례들 사이의 관련 유사성과 차이점을 법적으로 정의하는 역할을 한다.

넷째, 유용한 툴이 되기 위해서, 사례 유사성을 컴퓨터로 평가하는 것은, 프로그램들이 실제로 계산할 수 있는 법적 유사성에 관한 기준이 정해질 것을 요구한다. 여기에서 제시된, 법적 개념에 대한 사건 기반 법적 추론의 컴퓨터 모델은, 사건 유사성과 주장의 패턴들, 즉, 인간의 문제 해결을 돕기 위한 사례들을 검색하는데 또한 그 사례들이 과거에 어떻게 이용되었는지를 강조하는데 유용할 만한 패턴들을 측정하기 위한 기준을 정의한다. 여전히 제한적이기는 하지만 어느 정도, 이 기준들은 유사성을 평가하는데 있어서 근본적인 목적과 가치를 고려한다.

다섯째, 인지 컴퓨팅을 위한 사례 기반 모델의 유용성은, 그 지식 표현 기술이, Part Ⅱ에서, 기술을 사용하는 사례 텍스트와 직접적으로 연결될 수 있는 정도에 크게 의존한다. 이 점에서 그 모델들은 다르다.

개념이 무슨 의미인지에 대한 이론을 입증하기 위해, 개념의 긍정적인 경우와 부정적인 경우를 정렬하는 중요성 외에, 프로토타입과 변형 모델은 사례를 표현하거나 더 넓은 법적 도메인 및 사례 영역의 유사성을 계산하기 위한 툴을 만들지 않았다. Taxman Ⅱ에 표현된 대로, 사례 기반 주장은 개념적으로 대단히 복잡할 수 있으나, 오직 간접적으로 참조되거나 그 텍스트에서 암시된 사례에서 특성을 자동적으로 식별하는 것은 현재 불가능하다.

Hypo, CATO, 그리고 CABARET의 기술들은 인지 컴퓨팅을 위해 이용될 수 있다. 이 기술들은 디멘션과 팩터들, Hypo의 기술과 CATO의 기술들을 포함한다. 이 기술들은 문제와 공유된 법적 팩터들의 집합이라는 측면에서 사건 유사성을 비교하고, 이 유사성 평가에 기초한 주장을 생성하기 위한 것이다. 그리고 그것들은 법적 규칙 개념에 대해 추론을 위한 CABARET의 기술들과 사건 결과를 예측하기 위한 CATO의 기술들을 포함한다(그리고 IBP의 기술들, Chapter 4 참조).

CATO의 것과 같은 Factor들은 어느 정도 성공적으로 텍스트에서 자동적으로 식별될 수 있다. Chapter 10에서 논의된 IBP + SMILE 프로그램을 참고하라. Chapter 9에서 논의된 바와 같이, 디멘션들의 전제조건들을 자동적으로 식별하는데 도움이 될 수 있는 법적 규칙과 관련된 기능적 정보를 추출하는 것은 진보되고 있다. 그러나, 중심 슬롯 가치 혹은 사건의 규모와 같은 리걸 팩터의 디멘션 표현과 연관된 디테일한 기능적 정보를 추출할 수 있는지는, 여전히 미결 문제이다.

GREBE의 EBE는 GREBE의 사건 색인에서 법적 규칙 개념의 긍정적/부정적 예시들이 유용한 것처럼 인지 컴퓨팅에서 문제-해결 인간을 돕는데 매우 유용할 것이다. 그러나, 인지 컴퓨팅에 유용하기 위해서는, 설명들과 표준적 사실을 비롯한 사실들이 텍스트로부터 직접 추출될 필요가 있다.

GREBE의 구조-매핑 기술과 컴퓨터에 의한 관련성 측정은 한계가 있다: 그것들은 사실이 여러 사건에 걸쳐서 유사하게 묘사된다고 가정한다. 예를 들면, 부인에게 메시지를 전하러 집으로 가는 것, 동료를 위해 얼음물을 사는 것, 또는 음식을 먹으려고 식당에 가는 것은, 모두 만약 그렇게 하지 않으면 누군가의 근로에 부정적인 영향을 미칠 것이라는 필요성을 언급한 것일 수 있다. 그러나, 만약 GREBE가 여러 사건에 걸쳐 사실 및 관계를 성공적으로 매핑하게 된다면, 그것들은 모두 구조적으로나 의미론적으로 양립될 수 있는 방법으로, 프로그램의 (텍스트가 아닌) 사건 표현 언어로 표현되어야 한다. 만약 그렇지 않으면, 하나의 사건으로부터 다른 사건으로의 구조-매핑은 작동하지 않을 것이다.

이 제약에 예민한 사람, 예를 들어 Branting이, 1개의 법적 도메인 내에서 비교적 적은 수의 사례들을 표현하는 경우에 이것은 문제가 되지 않을 수 있다. 그러나, 많은 사례들이 입력되어 많은 법적 도메인에 걸쳐 많은 사례들을 표현하고 있는 경우에, 표현의 일관성을 보장하는 것은 중요한 문제가 될 수 있다.

Branting 사건 표현의 일관성의 필요성을 처리하기 위한 몇 가지 기술들을 채택했다. GREBE는, 동일하지는 않지만 의미론적으로 유사한 표준적 사실들이 연결될 수 있도록, 구조 매핑 제약을 완화시키는 부분적 연결 향상 전략을 이용했다(Branting, 1991, p.818).

SIROCCO라고 불리는 그 다음의 프로그램은, 전문적인 엔지니어링 윤리 영역에서, 추상적 규범 원칙과 사실 및 사건의 내러티브 사이의 관련성을 이끌어낸 엑스퍼트를 기록하고 재사용한다. 그 디자이너, Bruce McLaren은, 부정확한 연결 알고리즘, 사례를 표현하는 통제된 언어, 예시를 가지고 하는 웹 기반 사례 입력 툴, 사례 표현의 일관성을 이루는데 도움을 주는 사용자 가이드를 도입하였다. 그 결과, SIROCCO는 상당히 넓은 범위의 엔지니어링 윤리 사례들에 걸쳐 구조-매핑을 뒷받침했다(McLaren, 2003).

그러나 이것은 IE를 위한 새로운 툴이 텍스트로부터 EBE를 추출할 수 있는지에 관한 경험적 문제이다. 아마도, 서로 다른 사례들의 EBE의 설명에 걸쳐 구조-매핑이 필요한 것, 그리고 여러 사례에 걸친 표현의 일관성에 더 비중을 두는 것은, 법적 사건 텍스트로부터 자세하고 복잡한 설명을 추출하는 어려움을 악화시킬 것이다. Chapter 10에서 논의한 대로, 여러 법령 요건에 대한 판사의 논쟁에서 문장으로서 그 역할을 하는, 사건 텍스트로부터 주장-관련 정보를 추출하는 것은 취소될 수도 있다. 그 정보는, 어떤 사실이 각 법령 요건의 기준인지에 관한 판사의 자세한 설명보다 훨씬 더 조잡하다. 우리는 이 문제를 Chapter 12에서 다룬다.

그리고 규칙에 내재하는 목적과 가치에 대한 판사들의 논쟁 정보를 추출하는 것은 도전을 낳는다. 가치들이 Factor 및 법적 규칙들과 우선적으로 관련된 범위 내에서, 추출된 Factor 및 규칙들은 그 가치가 적용된 결론을 보증할 것이다. 판사들이 규칙에 내재하는 가치에 대해 가설을 세움으로써 추론하는 한도 내에서, 그것들도 역시 추출될 수 있을 것이다. 그러나 판사들이 아주 명확하게 설명하지 않으면, 판사들이 근원적인 가치를 고려할 경우에, 프로그램은 그들이 말한 것의 다른 측면을 추출하고 이해하는 것이 대단히 어려울 수 있다.

Chapter

04

$\vee$

법적 결과 예측 모델

4.1. 서론

컴퓨터 프로그램은 속성(feature)과 결과(outcome)의 집합으로 표현된 사례들의 데이터베이스를 이용해서 새로운 문제에 대한 결과를 예측할 수 있다. 프로그램은 사례 기반 추론(CBR) 모델이나 ML 알고리즘에 의해, 또는 그 둘을 결합해서 예측한다. 이 Chapter는 그 두 가지에 대해 설명할 것이다.

예측 기술은 선행 사건에서 표현된, 판결을 내린 판사의 이름 그리고 다른 유형의 사건의 소송을 수행하는 로펌의 명칭에서부터 판사에 대한 태도 정보, 판결의 역사적인 흐름, 주장 혹은 방어를 강화시키는 정형화된 사실 패턴(다시 말해 리걸 팩터)까지 다양한 유형의 속성을 활용한다. 그러한 속성들은 사건의 실체에 대한 정보를 포착하는 범위에서 다양하다. 판사의 이름, 로펌의 명칭, 사건의 유형(특허소송 혹은 제조물책임) 등은 구체적인 법적 분쟁의 실체에 대한 어떤 정보도 포착하지 않는다. 이와 반대로, Chapter 3에서 이미 살펴본 바와 같이, 리걸 팩터들은 그 실체에 대한 대단히 많은 정보를 포착한다. 또한 그러한 속성들은 사건 텍스트에서부터 자동적으로 쉽게 추출될 수 있다는 측면에서도 다양하다. 판사와 로펌의 이름은 추출하기 쉽다. 리걸 팩터들은 추출될 수는 있지만 그렇게 하기가 매우 어렵다.

이 책은 사건의 실체에 대한 일정한 정보를 포착하는 경향이 있고 또한 사건 텍스트로부터 자동적으로 추출될 수 있는 속성들에 중점을 두고 있다. 이 Chapter에서는 사건 결과를 예측하기 위해 그러한 속성들을 이용하는 다양한 방법을 탐구한다.

머신 러닝 기술은 사건 속성(case feature)과 목표 결과(target outcome) 사이의 유사성을 "학습"하기 위해 통계적으로 속성 빈도 정보(feature frequency information)를 이용한다. 사건 기반 기술은 사례 비교와 예측 설명에 더 초점이 맞추어져 있다. 그 기술들은 경쟁하는 법적 주장의 강화에 기반한 예측을 한다. 그 기술들은 예측을 설명하는 방식에 있어서 그리고 그 특징 표현을 인지 컴퓨팅과 호환할 수 있는 정도에 있어서 각기 다르다.

이 Chapter에서 제기하는 질문은 다음과 같은 것들이다. 컴퓨터 프로그램은 사건 결과의 예측을 위해 어떻게 학습할 수 있는가? ML이란 무엇인가? ML과 의사결정 트리(decision tree)가 감독하는 것은 무엇인가? CBR 예측 접근방식은 ML과 어떻게 다른가? 법률 실무가들은 아무런 설명이 없는 법적 예측을 받아들일 것인가? 프로그램은 어떻게 예측 가설을 제기하고 테스트할 수 있는가? 그러한 예측 프로그램들은 어떻게 실증적으로 평가될 수 있는가?

4.2. 자동화된 법적 예측에 관한 최단 이웃 접근방법

법원의 판결을 예측하는 것은 인공지능과 법 연구의 오랜 목표였다.

일찍이 1974년에, 한 컴퓨터 프로그램은 양도소득세가 구체적 쟁점이었던 세금 사건의 결과를 예측하였다(Mackaay and Robillard, 1974, p.302). 그 당시에 이미 법적 예측에 관한 상당한 문헌이 있었다. 그 세금관련 문제는, 어떤 소득이 캐나다 세법상 양도소득인지 경상소득인지, 다시 말해서, 그 소득이 "주식의 실현에 의한 단순한 가치의 상승인지 혹은 … 수익 구조의 실현으로 영업상 발생한 것인지"에 관한 것이었다.

그 예측은 46개의 2진법 속성(예, 참 또는 거짓)으로 표현된 캐나다 양도소득세 사례 64개에 기초해서 이루어졌다. 각 속성은 선행 연구들에서 코멘트한 사람들이 그 문제에 관한 판결들과 관련이 있는 것으로 확인했던 사실을 포함하였다(Mackaay and Robillard, 1974). 예를 들면, 이 속성들은 "사적 당사자는 회사이다", "그 사적 당사자는 부동산계약을 체결하지 않았다", "매입 당시에, 그 사적 당사자는 이익을 남기고 전매하려는 것보다 다른 의도를 가지고 있었다", "현재의 계약은 분리된 계약이다" 등을 포함하였다 (Mackaay and Robillard, 1974, p.327f).

프로그램에 입력된 것은 새로운 사건에 수동으로 부여된 속성 값의 리스트였다. 프로그램은 기존 사례에 관하여 새로운 사건의 2차원 표현으로 "가장 가까운" 기존의 사례들에 기초한 예측을 출력하였다(도표 4.1 참조).

Mackaay 프로그램을 위해서, 그 저자들은 최단 이웃(nearest-neighbor) k 또는 k-NN 알고리즘을 채택하였다. 그것은 가장 유사한 것들에 기초한 예측을 위해서 하나의 문제를 사례들과 비교한다. 기본적으로, 그 사례들의 사실들 사이의 유사성 또는 차이점은 계량적으로 측정된다. 그러면 새로운 사건은 가장 가까운 이웃들과 동일한 결과를 가질 것이라고 예측된다. 계량, 해밍 거리(Hamming distance)는, 2개의 사례가 서로 다른 값을 가지는 변수들을 합한다(Mackaay and Robillard, 1974, p.307). 도표 4.1에서 보는 바와 같이, 저자들은 60개의 사례를 2차원으로 투영하기 위해서 다차원 스케일링을 이용하였다. 도표에서는, 점의 상대 위치에 초점을 두고 있다. 어느 두 점들 사이의 물리적 거리는 해당하는 사례들 사이의 유사성을 나타낸다.

▎**도표 4.1.** ▎양도소득세 사례들을 2차원에 투영 (Mackaay and Robillard, 1974 참조)

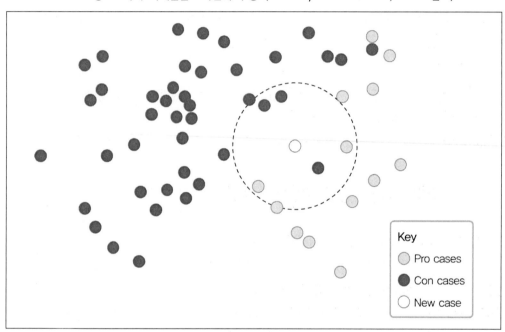

결과를 모르는 "새로운" 사건(흰색 원)은 최단 이웃들 k=5 (선으로 그려진 원)에 둘러싸인 가운데에 위치한다. 최단 이웃 알고리즘은 최단 이웃 5개 중 3개와 동일한 결과의 "반대로" 예측한다. 법적 예측을 목적으로 그러한 추정을 이용하는 것은 더 모호하다. 예를 들면, 새로운 사건은 반대의 사례와 아주 가깝지만, 찬성의 사례들 영역의 끝에 자리한다. 가까운 곳의 반대 사례는 예외 혹은 실수이며 새로운 사건의 결과는 "찬성"이어야 한다는 반론은 쉽게 상상할 수 있다.

4.3. 감독 머신 러닝에 대한 소개

예측에 관한 또 다른 인공지능과 법 접근 방법인 ML은 데이터로부터 학습하고 그들이 학습한 것을 이용해서 예측을 실시하는 알고리즘을 채택하였다(Kohavi and Provost, 1998; Bishop, 2006). 그들은 새로운 사건의 결과를 예측하는데 이용될 수 있는 데이터 세트로부터 예측 모델(혹은 기능)을 유도하기 위해 통계적 방법을 채택한다.

법적 결과를 예측하는데 적용되었던 ML의 일종이 감독 ML이다. 라벨이 붙은 트레이닝 데이터로부터 분류 모델(혹은 기능)을 추론하는 것을 포함하기 때문에, 그 ML을 감독받는다고 언급한다(Mohri et al., 2012 참조).

트레이닝 데이터는 결과를 배정받은 일련의 샘플들로 구성된다. 각 샘플은 한 쌍의 입력 대상 (종종 속성 값의 벡터)과 희망하는 결과 값으로 이루어진다. 러닝 알고리즘은 트레이닝 데이터로부터 처음 보는 상황으로 보편화할 필요가 있다.

감독 러닝 알고리즘은 트레이닝 데이터를 분석하고, 새롭고 처음 보는 경우를 분류하는데 이상적으로 이용될 수 있는 기능 혹은 모델을 추론한다. 예를 들면, 그 모델은 통계적으로 계산된 속성 무게 또는 트레이닝 데이터로부터 기계적으로 유도된 일련의 규칙들로 구현된다. 새로운 상황이 주어지면, 그 모델은 결과의 예측에 적용된다.

4.3.1. 머신 러닝 알고리즘: 의사결정 트리

분류 트리로 알려진 의사결정 트리를 포함하여, 감독 러닝을 위해 여러 가지의 알고리즘이 개발되었다(Quinlan, 1986 참조). 주어진 분류자와 트레이닝 데이터의 집합을 위해, 의사결정 트리는 새로운 상황이 분류자의 긍정적인 경우인지를 판단하기 위한 일련의 질문들을 학습한다. 각 질문은 테스트이다: 만약 구체적인 속성의 무게가 임계값보다 작으면, 한 방향으로 갈라지고, 그렇지 않으면 다른 방향으로 갈라진다.

도표 4.2의 예시는 과거 보석 결정 사례들의 작은 집합으로부터 피고인을 보석으로 석방할 것인지 여부를 결정하기 위하여 트리를 유도하는 방법을 묘사한다. 이 단순한 예시에서 질문은 yes−or−no로 대답된다; 어떤 한계점도 채택되지 않는다. 규칙은 의사결정 트리를 만드는 C4.5 알고리즘을 이용해서 구성된다(Quinlan, 2004). 그 알고리즘은 1개의 속성을 선택해서 관련 질문, 가령 "마약 관련?"의 결과에 따른 경우들을 나눈다. C0에서, 알고리즘은 약물=yes를 선택해서 그 경우들을 C1에서 {2/n, 4/n, 5/n, 6/n}와 C2에서 {1/y, 3/y, 7/n}으로 나뉜다. C2는 혼합된 결과의 경우들을 가지기 때문에, 다음으로 나뉜다; 무기=no를 선택하면, C3에서 {1/y}와 C4에서 {3/y, 7/n}를 산출한다. 전

과 기록＝no를 선택하면 C4는 차례대로 나뉘어져서 {3/y}를 가진 C5와 {7/n}를 가진 C6로 나뉜다.

｜도표 4.2.｜ 보석 결정 데이터 (a)로부터 구성되는 결정 트리 (b)

(a)

Case	Injury	Drugs	Weapon	Prior-record	Result
1	none	no	no	yes	yes
2	bad	yes	yes	serious	no
3	none	no	yes	no	yes
4	bad	yes	no	yes	no
5	slight	yes	yes	yes	no
6	none	yes	yes	serious	no
7	none	no	yes	yes	no

(b)

$CO=\{1/y,2/n,3/y,4/n,5/n,6/n,7/n\}$
drugs=yes
drugs=no
$C1=\{2/n,4/n,5/n,6/n\}$
$C2=\{1/y,3/y,7/n\}$
weapon=no
weapon=yes
$C3=\{1/y\}$
$C4=\{3/y,7/n\}$
prior-rec=no
prior-rec=yes
$C5=\{3/y\}$
$C6=\{7/n\}$

그 알고리즘은 Ci가 모두 동일한 결과를 가질 때 또는 깊이 제한과 같은 다른 종료 기준이 충족될 때 멈춘다.

의사결정 트리는 인간이 C4.5 알고리즘이 학습한 것을 해석하는데 비교적 쉽게 만들어 준다. 의사결정 트리의 루트를 따라 각 리프 노드로 가면, 석방 결정을 예측하기 위한 일련의 규칙들이 만들어질 수 있다:

IF 마약＝yes THEN 보석＝no

IF 마약＝no AND 무기＝no, THEN 보석＝yes

IF 마약＝no AND 무기＝yes AND 전과 기록＝no THEN 보석＝yes

IF 마약＝no AND 무기＝yes AND 전과 기록＝yes THEN 보석＝no

그 밖의 ML 모델들은 인간이 검사하고 이해할 수 있는 규칙을 직접 유도한다.

다른 한편으로, ML 알고리즘은 인간을 놀라게 할 통계적 규칙성에 기반한 규칙들을 학습하기 때문에, 그 규칙들은 인간에게 꼭 합리적으로만 보이지는 않을 수 있다. ML 예측은 데이터에 기반한 것이다. 때때로 그 데이터는 우연의 일치 혹은 편향된 선택과 같은 비논리적인 이유들로 인해 특정한 컬렉션에서 사건의 결과와 연관되게 되는 속성들을 포함한다. 머신에 의해 유도된 규칙들이 정확한 예측을 낳을 수 있다고 하더라도, 그것들은 인간의 전문지식을 언급하지 못하고, 전문가가 손으로 만든 규칙만큼 인간에게 쉽게 이해되지 않는다. ML 알고리즘이 추론한 규칙들은 반드시 명쾌한 법적 지식 혹은 전문지식을 반영하지는 것은 아니기 때문에, 그것들은 인간 전문가의 합리성의 기준을 따르지 못할 수도 있다.

한 가지 목표는 의사결정 트리 알고리즘이 트레이닝 경우들을 일련의 긍정적인 경우와 부정적인 경우로 구분하기 위한 가장 효과적인 질문의 순서를 판단하는 것이다. 정보이론표준(Information Theoretic Criterion)은 알고리즘이 경우를 구분하는 속성들을 가장 효과적으로 선택할 수 있게 한다. C4.5는 질문들을 정렬함으로써 그리고 그 질문들의 수량이 많은 경우, 그리고 그 질문들의 수량이 많은 경우, 가장 특이한 한계점을 선택함으로써 "yes"의 경우와 "no"의 경우를 나누는 가장 특이한 한계점을 선택함으로써, 제기되는 예상 질문의 수를 최소화하는 표준을 이용한다.

4.4. 연방대법원 결과 예측

미국 연방대법원의 행동을 예측하는 것은 인공지능과 법 분야에서뿐만 아니라 정치학 연구에서도 특히 소중하다.

Katz et al. (2014)에서, 목표는 미래의 사건을 평가하고 또한 하급심 판결을 지지하거나 반대하는 결과를 예측하는 예측 기능을 학습하고 구축하는 것이다. 그 시스템은 개별 법관들이 법원의 전반적인 판결을 예측하기 위해 선거 예측을 이용한다.

시스템에 입력되는 것은 속성 값 목록으로 표현된 연방대법원 사건들이다. 그 시스템은 2진법 분류를 출력한다: 대법관/대법원은 하급심 법원의 판결을 지지하거나 반대할 것인가?

이러한 접근 방법은 연방대법원의 전문가가 어떻게 그/그녀 자신의 예측 혹은 전망을 할 수 있는지를 흉내내기 위한 것이다. 그 시스템의 예측들은 "The Supreme Court Database"(Spaeth et al., 2013)의 식별할 수 있는 기존 데이터의 매트릭스와 관련자료에 기반한다. 각 예측은 판사, 법원 그리고 기존의 모든 사건들의 모든 판례들에 기반한다.

┃ 도표 4.3. ┃ 연방대법원 데이터베이스, Segal-Cover Scores과 피처 엔지니어링의 예제 (Katz et al., 2014)

Case Information	Justice and Court Background Information
Admin Action [S]	Justice [S]
Case Origin [S]	Justice Gender [FE]
Case Origin Circuit [S]	Is Chief [FE]
Case Source [S]	Party President [FE]
Case Source Circuit [S]	Natural Court [S]
Law Type [S]	Segal Cover Score [SC]
Lower Court Disposition Direction [S]	Year of Birth [FE]
Lower Court Disposition [S]	
Lower Court Disagreement [S]	**Trends**
Issue [S]	Overall Historic Supreme Court [FE]
Issue Area [S]	Lower Court Trends [FE]
Jurisdiction Manner [S]	Current Supreme Court Trends [FE]
Month Decision [FE]	Individual Supreme Court Justice [FE]
Petitioner [S]	Differences in Trends [FE]
Petitioner Binned [FE]	
Respondent [S]	
Respondent Binned [FE]	
Cert Reason [S]	

4.4.1. 연방대법원 결과 예측의 특징

The Supreme Court Database는 사건의 특징들, 판사들 그리고, 도표 4.3에 요약된 것처럼, 예측의 기초가 되는 경향들을 기록한다(Spaeth et al., 2013). 사건 정보에는 원심 사건, 법률 유형, 하급심 반대의견, 쟁점 영역 그리고 관할 요소 등이 포함된다. 판사 및 법원 배경 정보는 판사, 판사의 성별, 대법관의 경우 그를 지명한 대통령의 소속 정당으로 구성된다. 경향은 연방대법원의 현재를 비롯한 전반적인 역사적 경향, 하급심 법원의 경향, 연방대법원의 각 대법관의 경향, 그리고 경향의 차이들로 구성된다. Katz et al. (2014)에서 저자들은 다른 정보로부터 일정한 특징들을 만들었다.

4.4.2. 감독 머신 러닝을 SCOTUS 데이터에 적용

연구자들은 감독 ML 방식을 이 속성 데이터에 적용하였고, 그리고, 특히, 도표 4.2 에 묘사된, 단일한 의사결정 트리 접근 방법의 더 정교해진 버전인, Random Forests of Decision Trees (이하 "RFDT")에 적용하였다(Katz et al, 2014, pp. 3-4).

RFDT는, 예측 소스들의 더 큰 다양성을 이루기 위해서, 1개의 의사결정 트리로 의사결정 트리들의 앙상블(ensemble) 혹은 랜덤 포레스트(random forest)를 대신한다. "앙상블" 방식은 다수의 다양한 트리들을 만들어내고 전체 포레스트(forest)의 평균치를 낸다. 랜덤 포레스트는 더 작은 트리들을 키우고 그 모델의 데이터 오버피팅(overfitting)을 방지하는데 도움을 준다.

오버피팅은 ML 모델이 많은 여분의 용어들을 가진 결과 실제 패턴이 아닌 데이터에서의 무작위 변형에 적합해질 때 발생한다(NIST/SEMATECH, 2016 참조). 사실상, 그 모델은 특정 트레이닝 데이터로부터 일반화를 "학습하는" 것이 아니라 그 특정 트레이닝 데이터를 "기억한다". 그러한 모델은 새로운 데이터에 대한 예측을 할 때에 실패할 수 있다; 그것은 새로운 데이터에 적용할 수 있는 트레이닝 데이터로부터 일반화된 분류자를 학습하지는 않았다.

일부 ML 모델들은, 거의 언제나 데이터를 오버핏하는 의사결정 트리들을 포함해서, 오버피팅하는 경향이 특히 있다. 의사결정 트리들의 무작위적 포레스트의 더 작은 트리들을 결합하면 오버피팅으로부터 1개의 복잡한 트리보다 더 잘 지키게 된다.

다른 기술들은 예측적 평가들의 변동량을 줄이는데 적용된다. 그 변동량은 그 예측들이 평균으로부터 어떻게 퍼져 있는지의 정도이다. 예를 들면, 극단적으로 무작위적인 트리들(이하 "ERT")의 노드에서, 긍정적이고 부정적인 경우들은 후보 속성들의 랜덤 부분 집합을 사용해서 나뉜다. 가장 특이한 한계점을 선택하는 대신에, 임계점은 각 후보 속성을 위해 무작위로 뽑힌다. 최적의 임계점은 분열 규칙(splitting rule)으로 선택된다(Katz et al., 2014, p.5).

Katz et al. (2014)에서 예측 방식은 다음과 같이 작동한다: 목표 사건(n-1st 사건) 이전에 판결이 내려진 최후의 사건까지 데이터가 주어지면, 예측 방식은 ERT 앙상블의 가장 최근의 예시화를 적용한다. 즉, 각 판사들은, 판사, 사건 그리고 현재 사건의 전반적인 법원 단계 특징을 거쳐서 가장 최근의 ERT 집합의 테스트 집합으로 나간다. 그리고 각 판사의 예측을 출력한다. 그러면 알고리즘은 다수결 원칙을 사용해서 판사 단계의 예측 집합을 사건 단계 예측에 결합시킨다.

4.4.3. 머신 러닝 방식에 대한 평가

머신 러닝 프로그램들은 새로운 경우의 결과를 얼마나 잘 예측할 수 있는지 가늠하기 위해 실증적으로 평가된다. ML 프로그램을 평가하는 표준적인 절차는 k-fold cross validation이다(Kohavi, 1995). 데이터는 k 부분집합 혹은 "폴드(fold)"로 나뉘어진다. 각 k 라운드에서, k 부분집합 중 다른 하나는 테스트 집합으로 따로 남겨진다. ML 모델은 트레이닝 집합으로 k-1 부분집합을 이용해서 훈련된다. 그 결과는 예측의 정확도를 산출한 k 라운드의 평균이다. (Katz et al., 2014)는 10-fold cross validation을 채택했다.

k-fold cross validation에서, 트레이닝 및 테스트 집합들은 해체된다. 그리고 데이터 집합의 각 요소는 테스트 경우로 정확하게 한 번 이용된다. 그 구조는 한 요소가 테스트 경우로 사용될 때, 분류자는 배제되었던 요소에서 나온 트레이닝 집합으로 재훈련되었다는 점을 보장한다.

4.4.4. 머신 러닝 평가 조치와 결과

ML 알고리즘의 예측 수행은 종종 정확성, 기억능력, F1-score, 그리고 정밀도의 면에서 측정된다. 이러한 측정들은 참 또는 거짓 개념의 부정적 경우와 긍정적 경우들의 측면에서 정의될 수 있다:

- 참 부정 (TN): 부정적으로 예측된 부정적 사건들의 총수
- 참 긍정 (TP): 긍정적으로 예측된 긍정적 사건들의 총수
- 거짓 부정 (FN): 부정적으로 예측된 긍정적 사건들의 총수
- 거짓 긍정 (FP): 긍정적으로 예측된 부정적 사건들의 총수

만약 참 또는 거짓의 부정 및 긍정 개념이 주어지면, 최초의 ML 평가 측정은 다음과 같이 정의된다:

- 정확성 (A): 모든 사건 예측들 대비 정정한 사건 예측들의 비율. (TN+TP)/(TN+TP+FN+FP)
- 정밀성 (P): 긍정적인 사건 예측들의 총수 대비 정정한 긍정적 사건 예측들의 수의 비율. (TP)/(TP+FP)
- 기억능력 (R): 긍정적이었던 사건 수 대비 정정한 긍정적 사건 예측들의 비율.
- F1-score 또는 F1-measure: 두 기준이 똑같이 중요하게 취급될 경우에 정밀성과 기억능력의 조화평균. 2*(P*R)/(P+R)

그 평가에서, Katz et al. (2014, p.10)의 ML 모델들은 사건 결과의 69.7%와 약 60년간의 개별적인 대법관 결과의 70.9%를 정확하게 예측했다. 그에 비해, 경연대회에서, 법률 전문가들은 사건 결과의 59%와 대법관들의 표결의 67.9%를 정확히 예측했다(Katz et al. 2014, p.4). 그 모델의 수행 단계가 다른 ML 모델들에 의한 선행 연구에서 성취한 것보다 극적으로 더 향상되지는 않았지만, Katz-Bommarito 모델은 데이터 오버피팅을 방지하고 어느 시기라도 9명의 대법관 모두에게 정확한 예측을 한다. 흥미롭게도, 가장 예측적인 속성들(예측적 능력의 72%)은 각양각색의 대법관들의 표결 행동을 포함하는, 행동에 관한 경향들과 이러한 행동 경향들의 차이점, 특히, 개별적 판사들 사이의 일반적이고 이슈 특정적 차이점 또한 연방대법원과 하급심 법원들 간의 이념적 차이점으로 구성된다. 영향력이 덜한 예측적 속성들은 개개의 사건 속성들(예측적 능력의 23%)과 판사 및 법원 레벨 배경 정보(4.4%)를 포함한다(Katz et al. 2014, p.4).

4.5. 사건 기반 주장을 가지고 하는 결과 예측

양도소득세 예측에서 적용된 최단 이웃 접근 방법은 일종의 CBR이다; 이것은 거리 측정의 면에서 사건들을 비교하나, 설명을 만들어 내거나 도메인 주장을 고려하지는 않는다. 법적 사건의 결과 예측에 대한 CBR 접근 방법에서, 현재의 사건과 과거의 사건들을 비교하는 것은 가장 유사한 사건들의 결과와 동일한 결과를 예측하는 가설을 제시한다. 그 경우, 예측은 도메인 주장을 가지고 설명되고 정당화될 수 있으며, 그 설명을 고려하여 테스트될 수도 있다.

4.5.1. CATO를 이용한 예측

Vincent Aleven은 자신의 CATO 프로그램(Section 3.3.2)을 평가하는 한 방법으로 주장 기반 예측을 도입했다. "프로그램이 사건들의 결과를 어떻게 잘 예측하는지, 그 주장 또는 사건 관련성의 판단에 기반해서 … 프로그램에 의해 형성된 주장들이 법적 추론의 현실에 일정한 관련을 가지는 바람직한 주장들이라는 확신을 심어 줄 수 있을 것이다"(Aleven, 2003, p.212).

그 프로그램은 결과의 예측에 단순한 알고리즘을 적용했다:

1. 문제가 주어지면, 주어진 관련성 기준에 따라 사건들을 검색한다.
2. 만약 관련 사건들이 존재하면, 그리고 전부 동일한 결과를 가지고 있다면, 그 당사자가 이길 것이라고 예측한다; 그렇지 않으면 예측하지 않는다.

CATO는 여러 다양한 유형의 관련성 기준을 적용하였다. 차이점을 경시하거나 강조하는 그것의 팩터 계층 및 주장은 예측의 기반이 되는 최적의 사례를 선택하는데 새로운 기준을 제공하였다(Aleven, 2003, pp. 201, 203, 208). Aleven은 가장 우월적이지 않은 사례들에 기초한 예측을 하는 Hypo-type baseline(BUC)을 비롯한 7개의 표준을 비교하였다. 이것들은 우월적인 반증이 없이도 가장 적절하게 인용할 수 있는 사례들이다. 3개의 표준은 확실히 인용할 수 있는 혹은 가장 우월적이지 않은, 현재의 사건과의 차이점이 없는 사례들에 기반해서 예측을 하였다. 나머지 3개의 표준은 현재의 사건과 뚜렷한 차이점이 없는 사례들에 기반해서 예측을 하였다.

다시 말해서, 이러한 예측적 표준들은 모두 사건 기반 주장의 Hypo/CATO 모델들의 다양한 변형을 포함하고 있다. 뒤의 3개 표준은, 그것들이 차이점이 중요한지, 즉, 경시되지 않는지를 판단하는 CATO 팩터 계층에 표현된 지식을 채택했다는 점에서, 앞의 그것과 구별된다.

184개의 영업비밀 사례 데이터베이스를 가지고 평가할 때, 최적으로 수행된 예측 방식은 NoSignDist/BUC로 불리는 것이었다: 이것은 인용할 수 있는, 중요한 차이점 없이도 가장 적절하고 인용할 수 있는 사례에 의해 우월적이지 않은 사례들에 기초한 예측을, 그 중요한 차이점 없이, 실시하였다(Aleven, 2003, p.214). 그것은 사건들 중 11%에 대해 거부하였고, 나머지의 경우에는, 그 예측은 88% 정확했다. 중요한 차이점을 확인하기 위해 팩터 계층에 표현된 지식을 이용함으로써 통계적으로 중요했던 Hypo-type BUC baseline의 향상을 이루었다(Aleven, 2003, p.150). 이하에서 두 가지 예측 방식들의 평가에 대해 간단히 살펴본다.

4.5.2. 쟁점 기반 예측

쟁점 기반 예측(Issue-based Prediction, 이하 "IBP") 프로그램은 영업비밀법의 팩터 표현을 이용할 때, CATO의 예측 결과를 향상하기 위해 가설 검증(hypothesis testing) 알고리즘을 적용하였다(Ashley and Brüninghaus, 2006) CATO의 팩터 계층을 대신해서, IBP는 리걸 팩터가 중요한 이유를 가진 다른 도메인 모델을 채택하였다. 영업비밀법 그래프는 의미론적으로 상호 연관된 팩터들을 보여준다.

도표 4.4에서 보는 바와 같이, IBP의 도메인 모델은, 상위 레벨 쟁점 2개(Info-Trade-Secret과 Info-Misappropriated)를 결합하여 영업비밀 남용(Trade-Secret-Misappropriation) 주장의 논리적 조건들을 확인한다. 이것들은 각각 순서대로 리프 노드들, Info-Trade-Secret의 2개(Information-Valuable과 Maintain-Secrecy)와 Info-Misappropriated의 3개(Info-Used, Confidential-Relationship 또는 Improper-Means) 에서 하위 쟁점들을 포함한다.

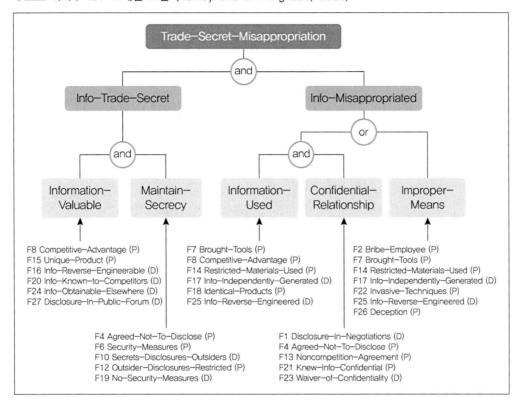

IBP 모델은 불법행위법 리스테이트먼트(제1차) 제757조 및 통일영업비밀법(Uniform Trade Secrets Act)에 설계된 규칙에 기반한 것이며 또한 그 규칙의 해석이다. 해당 법령의 부분은 다음과 같다:

"영업비밀"이란 다음의 정보를 말한다 …:
(i) 일반에 공개되어서는 안 되며 또한 미리 적절한 방법으로 확인할 수도 없는 것에서부터 … 독립적인 경제적 가치를 얻는 …
(ii) 그리고, 비밀 유지를 위한 상황에 상당한 노력을 기울여야 하는 대상.

타인의 영업비밀을 공개하고 이용하는 자는, 면책특권이 없는 한, 다음의 경우에, 그 타인에 대해 책임을 진다.

(a) 부적절한 방법으로 그 비밀을 공개한 경우,
(b) 또는, 그 공개나 이용이 기밀 누설에 해당하는 경우.

각 리프 노드의 하위 쟁점은 중간 단계의 법적 개념, 개방 구조의 법적 용어이다. IBP 모델에서, 각 하위 쟁점들은 의론적으로 그 쟁점에 관련되어 있으면서 또한 영업비밀 주장자인 원고(P) 혹은 피고(D)에게 유리할 수 있는 일련의 리걸 팩터들과 관련되어 있다. CATO(그리고 Hypo)에서처럼, 이러한 팩터들은 그 팩터들의 적용 예시들인 사건들을 데이터베이스에 색인한다.

▌도표 4.5.▐ IBP 알고리즘 (Ashley and Brüninghaus, 2009)

Input: Current fact situation (cfs)

A. cfs 팩터들에 의해 제기된 쟁점을 확인
B. 제기된 각 쟁점에 대해, 그 쟁점에 대해 선호하는 측을 결정:
 1. 만약 모든 쟁점 관련 팩터들이 동일한 당사자에게 유리하면, 그 당사자로 복귀,
 2. 그렇지 않으면 모든 쟁점 관련 팩터들이 적용되는 쟁점 관련 사례들을 검색
  a. 만약 쟁점 관련 사례들이 존재하면, 이론 검증을 실시: 사례들 중 승소했던 다수의 사례들과 동일한 당사자 s는 승소할 것이라는 가설을 만듦
   ⅰ. 만약 모든 쟁점 관련 사례들이 당사자 s에 유리하다면, 당사자 s에게 복귀,
   ⅱ. 그렇지 않으면, 가설에 반대되는 결과를 가지고 예외들을 설명하려고 시도
    (a) 만약 모든 예외들이 설명될 수 있으면, 가설에 의해 선호된 당사자 s로 복귀
    (b) 그렇지 않으면, "기권"으로 복귀
  b. 만약 쟁점 관련 사례들이 발견되지 않으면, 질의를 확대
   ⅰ. 만약 질의가 확대될 수 있으면, 검색된 사례들에 대한 이론 검증을 실시
   ⅱ. 그렇지 않으면 "기권"으로 복귀
C. 각 쟁점에 대한 예측을 종합

Output: cfs에 대한 예측 결과 및 설명

4.5.3. IBP의 예측 알고리즘

IBP에 입력되는 것은 cfs 사실들에 적용되는 일련의 CATO Factor들로 표현된 cfs이다. IBP 알고리즘은 도표 4.5에서 보는 바와 같이 진행된다. IBP는 그 도메인 모델에 관련된 쟁점들과 입력 Factor들에 기반한 cfs에 적용되는 쟁점들을 확인한다. 적용될 수 있는 각 쟁점에 대해, 유리한 당사자를 판단한다(원고 영업비밀 주장자 혹은 피고). 만약 쟁점 관련 Factor들이 전부 동일한 당사자에게 유리하다면, 그 쟁점에 대한 예측으로서 해당 당사자에게 돌아온다. 만약 그렇지 않다면, 그 쟁점에 관련된 모든 Factor들에 의해 색인

된 데이터베이스에서 사례들을 검색한다. 만약 그러한 사례들을 찾으면, 어느 당사자에게 다수의 사례들이 유리한지를 판단하고, 그 다수의 사례들에서 당사자가 이겼던 가설을 세우고, 그리고 어떤 반증에 대해 잘 해명하려고 시도한다. 만약 반증에 대한 해명에 성공하면, 다수의 당사자가 그 쟁점에 대해 이길 것이라고 예측한다. 그렇지 않다면, 거부한다. 만약 모든 cfs 쟁점 관련 Factor들에 의해 색인된 사례들을 찾을 수 없다면, 조건에서 Factor들을 삭제함으로써 점진적으로 그 의문을 약화시킨다. 그리고 이렇게 해서 보다 일반적인 가설을 테스트하려고 시도한다.

반증에 대한 "해명"을 할 때, IBP는 반증과 cfs를 구별하려고 하며 또한 반증의 결과에 대해 대체 가능한 Factor 기반 설명을 찾으려 한다. 반증에 대한 IBP의 해명 노력은, 만약 그 반증과 cfs가, 반증에서의 결과를 유리하게 하는 "KO-Factor(knockout Factor)들"을 공유한다면, 실패로 돌아갈 것이다.

KO-Factor의 정의는 시맨틱 요소와 통계적 가중치를 포함한다. 하나의 KO-Factor는 영업비밀법 하에서 전형적으로 금지되거나 혹은 권장되는 행위를 나타내는 Factor로 정의된다. 그리고 그 Factor가 적용될 경우 일방 당사자가 이길 가능성은 그 당사자의 승소 가능성 기준치보다 최소 80% 이상이다. 그 가능성은, 그 Factor가 적용되고 그 당사자가 승소한 경우의 집합에서 사건수를 그 Factor가 적용된 집합의 사건수로 나눈 비율로 계산된다. 그 기준선은, 그 당사자가 승소한 사건의 수를 집합의 사건 수로 나누어 계산된다. IBP의 KO-Factor들 리스트는 다음을 포함한다: F8 Competitive-Advantage (P) (피고는 원고의 정보를 이용함으로써 개발 시간과 비용을 절약했다), F17 Info-Independently-Generated (D), F19 No-Security-Measures (D), F20 Info-Known-to-Competitors (D), F26 Deception (P), F27 Disclosure-In-Public-Forum (D) (Ashley and Brüninghaus, 2009).

도표 4.6은 실제 사건인, MBL (USA) Corp. v. Diekman, 112 Ill.APP.3d 229, 445 N.E.2d 418 (1983)에 관한, IBP의 분석, 예측, 그리고 설명을 보여준다. 이 사건은 IBP에 Factor들의 리스트로 입력된다. IBP는 사건을 (여기서는 3개의) 쟁점들로 나눈다. 그 쟁점들은 도메인 모델에서 Factor들과 쟁점들의 조합에 기초한다. 그리고 IBP는 예측 가설을 제기하고, 그 쟁점을 처리하는 데이터베이스 내의 사건들에 대해 테스트한다. 여기에서, 보안 조치 쟁점의 쟁점 관련 Factor들을 모두 가지고 한 사건 검색을 위한 첫 시도는 실패하였고, 그래서 그 프로그램은 다른 사건들로 돌아갈 때까지 일부 Factor들을 포기하면서 질문을 확장하였다. 이러한 기초 위에 4개의 사건 중 3개의 사건에서 원고는 승소했어야 한다는 가설이 세워졌다. 그 가설을 테스트할 때, 피고에게 유리한 반증(CMI 사건)을 해명하려고 시도하였으나 실패했고 그 쟁점을 거부하여야만 했다. 그렇지만 그 도메인 모델에

기초하면, Info – Valuable과 영업비밀의 존재(Info – Trade – Secret)에 관한 피고에게 유리한 예측은, 피고가 대체로 승소할 것이며 그것이 옳았다는 예측으로 유도된다.

┃도표 4.6.┃ MBL 사건에 대한 IBP의 예측

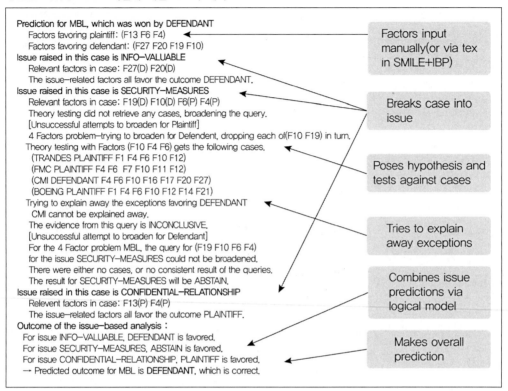

4.5.4. IBP 예측들에 대한 평가

IBP는 영업비밀 판결 186개(CATO 데이터베이스로부터 148개 사건을 포함해서)의 데이터베이스를 가지고 단일 관측치 제거(Leave – One – Out, LOO) 교차검증(Cross – Validation) 실험으로 평가되었다. 연구자들은 IBP의 예측과 여러 다른 알고리즘, 즉, CATO에 기반한 2개, 최단 이웃 접근 2개, 일반 목적 ML 모델/알고리즘 3개, IBP 버전 2개, 그리고 기준치 등을 비교하였다.

2개의 CATO 예측 방법은, CATO 평가(Section 4.5.1), 즉 NoSignDist/BUC와 BUC baseline에서와 동일한 것이었다. 이 두 개의 예측 방식은 사건 기반 주장 관련 정보, 리걸 팩터들, 그리고 팩터 계층에 기반한 차이점의 중요성을 채택한다.

2개의 최단 이웃 접근방법은, Nearest Neighbor과 KNN+Noise이며, 사건 기반 주장 관련 정보를 채택하지 않는 대체적 사건 기반 알고리즘들이다(Section 4.2 참조).

3개의 일반 목적 ML 모델/알고리즘은 Decision Tree(Section 4.3.1 참조), Naïve Bays(Section 10.3.3에서 설명), 그리고 사건의 트레이닝 집합으로부터 규칙을 유도한 2개의 감독 ML 프로그램(Tree→Rules와 Rule Learner)을 포함한다(Section 4.3 참조).

IBP의 2개의 버전들은 IBP 모델의 서로 다른 2개의 지식 소스들을 "차단(turning off)" 혹은 제거한 효과를 판단할 목적으로 포함되었다: IBP−No−Issues는 그 예측을 오직 관련 사건들에 기초해서만 하였고 법적 쟁점들은 무시했다. IBP−Model은 그 예측을 오직 관련 법적 쟁점에 기초해서만 하였고 그 사건들은 무시했다.

마지막으로, majority−class baseline 은 새로운 문제의 사실들이 무엇이든 간에 다수 집단을 예측한다. CATO 데이터 세트에서는, 사건들의 다수가 원고에게 유리하였다.

▌ **도표 4.7.** ▌ IBP와 다른 예측 방식들의 비교 결과 (Ashley and Brüninghaus, 2009)

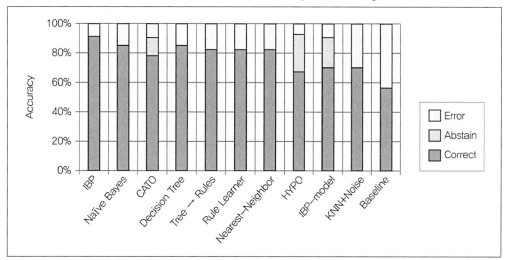

도표 4.7은 그 결과들을 보여준다. IBP는 91.8%의 정확도를 가진 최선이었다. IBP의 예측에 대한 가설 검증 접근방법은 사건 기반 주장의 접근방법 및 최단 이웃 접근방법을 능가했다. 그리고 일반 목적 ML 모델/알고리즘 및 그 baseline 보다도 더 나은 결과를 내었다.

제기(ablation) 연구들에 관하여, 선례들을 가지고 하는 가설 검증을 주장 관련 대립들에 초점을 두는 쟁점들에 대한 지식을 활용하면 더 나은 예측이 가능해진다(IBP vs. IBP−No−Issues). 그러나 쟁점에 대한 지식은, 그 자체로 강한 예측 모델로 유도되지는 않는다; 선례들을 가지고 하는 가설 검증에서 그 역할은 중요하다(IBP vs. IBP−Model). CATO 팩터 계측에서 리걸 팩터가 중요한 이유들이 암시하는 바와 같이, 쟁점에 대한 지식을 활용하여 사례들을 비교하면, 더 나은 예측이 가능해진다(CATO vs. HYPO). 결국, 사례 비교의 향상을 위한 쟁점들에 대한 지식이 아니라 선례들을 가지고 하는 가설 검증을 주장 관련 대립들에 초점을 두는 쟁점들에 대한 지식을 활용하면, 더 나은 예측이 가능해진다(IBP vs. CATO).

정확한 예측을 달성하는 것 외에, 법률 영역에서 예측의 또 다른 중요한 측면은, 그 예측에 의미있는 설명을 제공하는 능력이다.

> 변호사들이 자기의 의뢰인들에게 자기가 왜 소송절차를 제안하고 있는지에 대해 설명을 제공하는 것은 매우 의미는 것이다. 그것은 판사들이 자기가 도달한 결론을 설명하는 경우와 마찬가지이다 … 만약 제공되는 설명들이 전부 컴퓨터에 의한 예측이라면, [의뢰인과 변호사]들은 기회를 잃을 수도 있다(Remus and Levy, 2015, p.64).

대부분의 ML 접근방법 및 최단이웃 알고리즘과 달리, IBP는 그 예측에 관한 설명을 생성하여 법률 전문가들이 이해할 수 있도록 한다(도표 4.6 참조). 가설 검증의 측면에서, 예측을 설명하는 것은 변호사가 직관적으로 이해할 수 있다. 이와 반대로, 전문가의 법적 지식을 고려하지 않은 기계 산출 규칙의 측면에서 혹은 통계적으로 산출된 특징 계수의 측면에서 예측을 설명하면, 아마도 법률 전문가들이 이해하는데 매우 어려울 것이다. "일반적으로 빅 데이터 어플리케이션과 같이, 대부분의 예측 프로그램들은, 결과를 만든 팩터들의 정확한 결합을 보여주지 못한 채, 사용자에게 그 결과를 제공한다"(Remus and Levy, 2015, p.62).

4.6. 근본적인 가치를 가지고 하는 예측

Bench-Capon과 그의 학생들은, 전문가에 의해 제공된 근본적인 가치들과 연계된 리걸 팩터들에 의해 표현된 사실들이 담긴 과거의 사건들을 가지고 구축된 이론들에 기초해서 예측을 실행하였다.

AGATHA 프로그램은, Bench-Capon and Sartor (2003)에 서술된 바와 같이, 사례들에서 이론들을 구축하는 프로세스를 자동화한다. Section 3.5.1에서 논의한 바와 같이, 이러한 이론들은 선례들에서 나오며 대립 가치들 가운데에서 또한 충돌하는 팩터들 가운데에서 선호 규칙을 반영한다. 이론 구축에 적용되는 검색 알고리즘은 이론을 나타낸 트리를 개방하는 브랜치로 이동한다. 그 흐름은 정반대의 사건을 가지고 반박하고, 구별하고, 그리고 분석하는 것을 포함한다.

Values:

CA: explicit confidentiality agreements should be made and enforced

RE: a person with a secret should take reasonable efforts to protect it

LM: a person should be allowed to develop a product using legitimate means

QM: a person should not use morally (or legally) dubious means to obtain a secret

MW: litigation should only take place if the secret was of some material worth

Theory Value Preferences:

value_prefer({CA, MW}, {LM, RE})

value_prefer({CA, QM, RE}, {LM})

value_prefer({LM}, {RE})

...

Theory Rule Preferences:

prefer(

    <{F4 *Agreed−Not−To−Disclose* (P), F18, F21 *Knew−info−confidential* (P)}, P>,

    <{F1, F16 *Info−reverse−engineerable* (D)}, D>)

    from MineralDepositsTwo

Prefer(

    <{F16 *Info−reverse−engineerable* (D)}, D>,

    <{F6 *Security−measures* (P)}, P>)

    from CMI

...

Prefer(

    <{F6 *Security−measures* (P), F12, F14 *Restricted−materials−used* (P), F21 *Knew−info−confidential* (P)}, P>,

<F16 *Info−reverse−engineerable* (D), D>)

from Technicon

...

도표 4.8은, AGATHA가 Mason 사건(Section 3.3.2 참조)을 분석하면서 구축했던 이론의 발췌를 보여준다. 맨 위에는 영업비밀 규율의 도메인에 근간을 이루는 가치들이 있다. 이러한 가치들에는, 명백한 비밀 약정들이 체결 및 실시되어야 한다는 것(CA), 그리

고 누구나 합법적인 수단을 이용해서 제품을 개발해야 한다는 것(LM)이 포함되어 있다. 도표 중간에 보이는 것처럼, AGATHA는 그 가치 선호를 학습한다. 첫 번째 가치 선호 두 가지에 따르면, CA는 LM보다 선호된다; 세 번째 가치 선호는 LM이 RE, 즉, 비밀을 가진 사람은 그것을 보호하려고 상당한 노력을 기울여야 한다는 가치에 비해 선호된다는 점을 나타낸다. 다시 말해서, "비밀 제한은 원고에게, 특히 다른 팩들에 의해 지지될 경우에는, 강점이다." 그리고, 합법적인 수단을 통한 개발은, 특히 원고측에 존재하는 부주의와 연결된 경우에는, 피고에게 유리하다(Chorley and Bench—Capon, 2005a, p.53).

도표 3.14에 제시된 바와 같이, 이러한 가치 선호는 AGATHA가 사례들에서 유도하는 다양한 규칙 선호에 의해 드러난다. 그 규칙 선호들 중 세 가지가 도표의 맨 아래에 있다. 각 규칙 선호는 일방 당사자를 위해 상대방 당사자와 그 규칙 선호의 기초가 된 선례를 위한 팩터 집합에 비해 선호된 리걸 팩터의 집합을 보여준다. Mineral Deposits Two and Technicon 사례들에 기초한 그 규칙 선호들은 LM에 비해 CA가 선호됨을 뒷받침한다. Factor들, F4 Agreed—Not—To—Disclose (P), F21 Knew—info—confidential (P), 그리고 F14 Restricted—materials—used (P)는 가치 CA와 연결되어 있고, Factor F16 Info—reverse—engineerable (D)은 LM을 뒷받침하며, Factor F6 Security—measures (P)는 RE를 뒷받침한다.

Section 3.5.1에서, Bench—Capon—Sartor 접근방법은 다수의 이론들을 만든다는 점을 이해했다. AGATHA는 독창적인 방법으로 실질적인 범위에서 그 문제를 다룬다. 이것은 최적의 이론들을 구축하기 위해 휴리스틱 검색 알고리즘을 사용한다. 그 알고리즘은 이론 구축 움직임들을 그 이론들을 표현하는 브랜치를 연 트리들에 적용한다. 그것은 단순성, 설명 능력, 이론을 표현하는 트리의 깊이, 그리고 완성도의 측면에서 이론들을 평가한다. 그러면 이러한 평가에 따라 최적의 트리들을 선택할 수 있다.

Chorley and Bench—Capon (2005a)는 양적인 측면에서 이러한 이론 평가 기준을 운용할 수 있게 하였다. 단순성은 이론에서 선호 규칙들의 수 측면에서 측정된다. 설명 능력은 이론을 사건들에 적용해서 그 수행에 맞게, 틀리게, 혹은 기권하는 예측을 한 사건들의 수 측면에서 점수를 매김으로써 평가된다. 설명능력은 두 번 평가되는데, 한 번은 이론의 팩터들만 이용해서 하고, 모든 팩터들을 가지고 다시 한 번 평가된다. 트리의 깊이는 이론을 표현한 트리에서 단계들의 수이다. 마지막으로, 완성도는 수행될 수 있는 추가적인 이론 구축 움직임들이 있는지의 측면에서 평가된다.

각 이론을 위해, 이러한 방법들은 평가 수에 결합되는데, 그것은 "얼마나 그 배경을 잘 설명할 것인지에 기초해서 이론들을 비교할 때 이용되는 가치를" 부여한다. 그리고 "그 구조 … 그것들은 휴리스틱 검색을 가이드하기 위해 사용될 수 있다"(Chorley and

Bench—Capon, 2005a, p.48).

AGATHA는 최적의 이론을 구축하기 위해 A* 휴리스틱 검색 알고리즘을 이용한다. 가장 유사한 사례들에 매핑을 구축하기 위해 GREBE도 A* 검색을 채택하였다는 점을 기억하라(섹션 3.3.3). 각 이론을 위한 현재의 노드 값에서부터 목표에 이르기 위한 비용의 추정치 f(n)를 위해, AGATHA는 이론의 평가 수치에 기초해서 계산을 한다. 최초의 상태에서부터 현재의 노드에 이르는 실제 비용 g(n)을 위해서는, 다음 이동을 하는 비용을 채택하였다. 이러한 계산을 하기 위해서는, 각 이론 구축 움직임들은 타당성을 반영한 관련 비용을 가진다. 저자들은 그 움직임들에 대해 저비용에서부터 고비용까지 다음과 같은 순위를 매겼다: 사건으로 대응, 사건으로 구별, 구별한 문제, 중립적 선호로 구별, 유추한 사건(Chorley and Bench—Capon, 2005a, p.48).

이론을 이용해서, AGATHA는 CATO case base의 하위집합에 대해 IBP의 것에 정확하게 비교될 수 있는 예측들을 생성하였다(Chorley and Bench—Capon, 2005a,b,c). 더 나아가, 그것은 가치 선호를 고려한 선례들로부터 유도된 최적의 이론을 참작하여 예측을 설명할 수 있다.

다른 한편으로, 비록 AGATHA가 가치 선호를 이용하더라도, 그것이 유도된 규칙들을 가지고 생성한 설명들이 변호사들에게 이해될 수 있는지는 분명하지 않다. 그 프로그램은 선호 규칙에 관한 선례들을 인용하지만, 사실을 유추하는 주장들의 측면과 cfs의 상황에 대한 선례에 포함된 상충되는 요소들의 측면에서 그 예측을 설명하는지는 분명하지 않다. 그리고 그 프로그램은 법적 규칙에서 법률 실무와 일치하는 방식으로 ILC를 이용하지도 않았다. 구축된 이론들은 관련 법령 텍스트 혹은 법적 규칙, 가령 통일영업비밀법 또는 불법행위법 리스테이트먼트(제1차) 제757조, IBP의 도메인 모델이 해석한 규정들에서 나온 쟁점을 언급하지 않는다.

결국, AGATHA가 변호사들이 하는 것과 동일한 방식으로 가치들을 이용하는지는 불분명하다. 결과를 예측하는데 있어서 주장과 가치의 통합에 관한 Section 3.5.1에서의 검토와 Section 5.7에서의 대안적 접근을 참조하라.

4.7. 소송참여자들 및 행위에 기반한 예측

IBP와 AGATHA의 접근방법은 사건의 실체에 직접적으로 연결된 특징에 중점을 둔다: 그 특징은 사건의 결과를 판단하는데 있어서 가장 영향력이 있는 리걸 팩터들이다. 이와 반대로, 앞에서 서술한, SCOTUS 예측 작업은 청구의 실체, 쟁점 영역, 판사의 신원, 그리고 역사적 경향과 간접적으로 연결된 특징에 중점을 둔다.

Lex Machina and Stanford University에서 연구자들은 후자의 접근방식을 채택하고 확장했다(Surdeanu et al., 2011). 그들은 8년 동안의 지적재산권(IP) 소송에 기반한 특허권 주장의 결과를 예측하는 기술을 개발했다. 2명의 IP 전문가는 그 사건들의 결과에 관해서 주석을 붙였고, 1명의 IP 변호사는 그 결과를 검토하고 최종 주석을 결정하였다. 그들은 합의로 해결되지 않은, 즉 법원이 특허권자 혹은 그 상대방에게 유리한 판결이 내려진 특허권침해사건들에 초점을 맞추었다.

SCOTUS 프로젝트처럼, 연구자들은 통계적 학습 모델을 위해 2개로 갈라지는 분류화 작업으로 예측을 다루었다. 과거 사례들은 "하나의 사건에 관련된 모든 소송 엔티티(entity)들의 과거 행위"의 측면에서 표현되었다. 소송 엔티티에는 소송당사자, 소송당사자의 변호사 및 로펌, 사건을 맡은 판사들, 그리고 소장이 접수된 지방법원 등이 포함된다. 이러한 참여자들의 행동은 4가지 특징 유형으로 표준화되었다:

- 유일한 식별자,
- (비법조 또는 비법원) 참여자의 과거 승소율,
- 판사와 지방법원의 성향,
- 그리고, 과거 사건에 어떤 역할로 참여한 횟수.

로펌의 명칭이 다른 것처럼 어떤 당사자가 과거의 사건에서 식별되는 방법은 다양할 수 있기 때문에, 연구자들은 엔티티 분해 요소를 개발하였다. 이것은 여러 사례 텍스트에서 참여자들의 이름의 언급 혹은 다른 표현들을 무리지어서, 각 무리를 유일한 식별자로 분해한다. 승소율은 같은 참여자 측에 의해 승소된 과거 사건의 비율이다. 성향은 판사 혹은 지방법원에 배당된 원고가 승소했던 사건의 비율로서 계산된다. 관여 법원들은 그 엔티티가 참여자였던 사건들의 수이다.

이러한 특징들에 기초한 예측을 생성하기 위해, 연구자들은 통계적 관계 학습 모델을 채택하였다. 가장 뛰어난 모델은 사건의 64%의 결과를 정확하게 예측하였고, majority−class baseline보다 실질적으로 잘 수행하였다(Surdeanu et al., 2011).

흥미롭게도, 그 모델은 비록 사건의 법적 실체에 관한 특징들은 간접적으로 고려했지만, 특허권침해사건들의 결과를 예측하는데 있어서 이 수준의 정확도를 이루어냈다. 예를 들면, 어떤 특징도 "주장된 특허의 강점"이나 "그 특허 기술과 피고의 제조 기술의 유사성"을 표현하지 못한다(Surdeanu et al., 2011).

먼저 있었던 제거 실험에서, 연구자들은 판사의 인적 사항과 원고 로펌의 정체가 예측적 정확성에 가장 중요하게 기여하는지를 판단하였다. 그 다음으로 중요한 기여를 하는 것은 피고의 인적 사항, 지역, 피고의 로펌, 그리고 피고의 변호사 등이다.

달리 말해서, 소송 참여자와 행동 특징들은 사건의 실체의 몇 가지 측면을 간접적으로 포착하는 것으로 나타난다. 이것은 특히 이러한 특징들이 사건들로부터 매우 쉽게 자동적으로 추출될 수 있다는 점에서 중요하다.

그럼에도 불구하고, 텍스트 분석은 사건의 실체의 측면을 포착하는 특징을 추출하고 채택하는 것을 실현가능하게 만들고 있다. 리걸 팩터와 같은 특징을 채택하면 예측적 퍼포먼스를 향상시킬 수 있고 어떤 프로그램이 그 예측을 법률 전문가가 이해할 수 있는 방식으로 설명할 수 있도록 한다. 더 나아가, 실체 기반 속성을 채택하면, 행동의 특징에 기초한 예측에 대해 정밀 검사로서의 역할을 할 수 있고, 그 반대도 가능하다; 한 가지 유형의 특징들의 측면에서 강하지만 다른 측면에서는 약한 예측은 인간의 조사를 필요로 하는 인지 컴퓨팅의 좋은 예를 제안하고 있다.

4.8. 인지 컴퓨팅에서의 예측

법적 분야에서 예측은 중요한 작업이고 CCLA 개발의 중심이 될 가능성이 있다.

앞의 예에서 본 바와 같이, 예측적 알고리즘은 속성들에 의존하고, 그 속성들의 유형은 예측 접근방법들에 따라 매우 다양하다.

ML과 사건 기반 주장이 법적 예측의 작업에 적용된 범위 내에서, 이러한 컴퓨터 방식들은 결과에 영향을 주는 속성을 발견하지 않았고, 그렇지만 그 대신에 그 속성들의 가중치를 학습했다는 점에 주목할 필요가 있다. 이것은 Katz et al. (2014), CATP, IBP와 AGATHA 프로그램에서의 연방대법원 예측, 그리고 Surdeanu et al. (2011)의 소송참여자 및 행동 접근에 있어서는 사실이다.

대부분의 예측 프로그램들의 경우에, 인간 법적 전문가들은 예측에 영향을 줄 가능성 있는 속성들을 구체화하였다. 세금 쟁점의 실질에 관련된 양도소득세 프로그램에서 리걸 엑스퍼트 코멘테이터(legal expert commentator)들은 다양한 속성들을 식별하였다. 이와 유사하게, 아는 것이 많은 변호사는 CATO, IBP, 그리고 AGATHA에서 채택된 리걸 팩터를 결정하였다. 그렇게 법적으로 중요한 속성들을 발견하는 작업은 성공적으로 자동화되지 않았다. 적어도 보고되거나 출간되지 않았다.

그럼에도 불구하고, 사전에 발견된 속성들의 경우를 사건 텍스트에 프로그램들이 자동적으로 주석을 붙이는 것은 여전히 가능하다. 실제로, 이것은 인지 컴퓨팅에서 법적 예측의 역할에 대한 핵심적인 질문이다: 예측적 모델들이 채택하는 속성들은 어느 정도까지 사건 텍스트에서 자동적으로 식별될 수 있는가?

일부 예측 프로그램들에게는, 어떤 속성들이 존재하는지 판단하는 것은 그 사건의 의견서에 보고된 텍스트 주장들로부터 상당히 직접적인 추론이다. 이것은 연방대법원의 예측 작업에 채택된 대부분의 속성들에게는 사실이 아니다. Katz et al. (2014)는 사건의 유형, 법원의 태도, 그리고 사건의 역사적 경향에 대한 지식 엔지니어 정보에 관련한 속성들을 채택한다. 이러한 속성들은 사건의 사실에 대한 세밀한 정보를 표현하지도 않고 판결 텍스트로부터 직접 추출되지도 않는다.

그러나 다른 예측 방식들에게는, 알려진 속성들이 사건 텍스트에서 탐지될 수 있다. 예를 들면, 도표 4.6에서 리걸 팩터들의 입력 리스트는 실제로 MBL 사례의 사실들을 요약 텍스트 표현에 관한 자동화된 분석에 기초하였다. SMILE로 불리는 프로그램은 텍스트에서 자동으로 팩터들을 식별하고, 그것들을 IBP로 넘어가게 한다. SMILE은 그러한 사실 요약 텍스트에서 팩터들을 확인하는 것을 학습한다. SMILE + IBP 중 SMILE 부분의 작업은 Section 10.4.에서 설명한다. Lex Machina의 소송 참여자 및 행동 접근방법은 사건 텍스트에서부터 추출될 수 있는 속성들을 채택한다. 그 특징들은 판사, 당사자, 그리고 변호사의 참여 빈도와 승소율 등이지만, 그러한 속성들은 법적 주장의 실체를 직접 다루지는 않는다(Surdeanu et al., 2011).

사건의 법적 실체를 반영하는 속성을 가지고 사건 텍스트를 주석하는 것은, 다른 주장 관련 정보와 마찬가지로, 컴퓨터 예측 및 주장 모델이 법적 텍스트에 직접 적용될 수 있게 만든다. 누군가는 법적 정보 검색 시스템으로부터 사건 판결을 검색할 수 있고, 주장 관련 속성들과 참여자 행동 속성들을 식별하기 위해 자동적으로 그 텍스트를 처리할 수 있으며, 또한 보다 효과적으로 사건을 순위화하고, 보다 정확한 예측을 하고, 컴퓨터 프로그램이 법적 문제 해결에서 인간을 도울 수 있도록 하는 정보를 이용할 수 있다. 이러한 내용은 이 책의 Part Ⅱ 및 Ⅲ에서 상세히 전개될 것이다. 그러나 우리가 먼저 검토할 것은 새로운 방식으로 예측과 주장을 결합하고, 그리고 제안된 판결의 가치에 대한 효과를 고려하는, 컴퓨터에 의한 법적 주장 모델의 최종 단계이다.

Chapter

05

$\vee$

법적 논증의 전산 모델

5.1. 서론

지난 수십 년 동안, 인공지능 및 법률 연구 커뮤니티의 상당수는 법적 논증(legal argumentation)의 포괄적인 전산(computation) 모델(이하 "CMLA")의 개발에 주력해 왔다. 연구자들은 앞 Chapter에서 제시된 많은 법적 논증의 계산 모델들을 CMLA에 통합하였다.

논증 모델은 논증 요소의 표현과 그 의미의 구체화로 구성된다. 논증 요소는 논증 그 자체와, 가능한 경우, 그 논증 안의 서술이나 명제와, 예를 들면 논증 구성요소의 그래프와 같이 그 것들의 상호관계를 포함한다. 논증의 의미들은 잘 정의된 프로세스를 통해서 구체화된다. 논증 요소의 상태는, 예를 들면 그래프의 검사와 같은 프로세스에 의하여 결정될 수 있다.

인공지능에서 연구자들은 그들이 표현하는 논증의 관점에서, 그리고 논증의 상황을 구체화하는 방법에서 폭넓게 다른 다양한 논증 모델을 생산해왔다.

예를 들어, 초기의 던전 모델을 포함하여 추상적 논증 시스템은 논증 구조, 단순히 표현하는 논증, 그리고 그들 사이의 공략관계의 상당부분을 발췌한다(Dung, 1995). 그들은 논증의 상황을 결정하기 위하여 표준을 구체화한다. 그것은, 논증이 수용할만한지의 여부에 관계없이, 스스로 공격받지 않을만한 공격적 논증의 부재에 의한 것이다. 혹자는 던전 모델을 더 복잡한 논증 현상에 대한 설명으로 확장한다. 예를 들어, 널리 이용되는 논증의 계산 모델인 ASPIC+는 전제들과 결론들을 표현하고, 보완적 관계뿐만 아니라 공격적 관계를 고려한다(Modgil and Prakken, 2014). 가치 기반 논증 구조 (VAF) (Section 5.4) 역시 내포된 가치를 주장하고 던전 모델을 확장하며, 보다 복잡한 논증 현상을 표현한다.

다른 논증 모델들은 (개업)변호사에게 보다 직관적으로 접근가능하게 만들어주는 논증의 구조적 면을 보존하기 위하여 설계되었다. 예를 들어, Verheij(2009)는 배서와 보증을 통한 증거와 주장과 관련된, 익숙한 Toulmin 논증 구조를 적용한 법적 논증의 모델을 발전시켰다. Carneades 모델(Section 5.2에서 논의된)도 역시 직관적 접근 구조를 유지한다. 직관적 접근구조는 그것을 공격하는 것들로부터 결론을 뒷받침하는 명제와 논증을 명확하게 구분한다.

이 Chapter는 표현성과 계산의 효율성과 같은 고려의 측면에서 각각의 장단점을 분석하고, 대안적 논증 모델에 대한 포괄적인 설명을 제공하고자 하는 것이 아니다. 읽을 수 있는 개관을 위하여 Rahwan et al 참조하기 바란다.

대신, 이 Chapter는 법적 논증에 적용된 적이 있고, 직관적으로 접근 가능한 확장 사례와 함께 설명되었던 논증 모델의 선정에 초점을 맞추고 있다. 이미 언급한 바와 같이, Section 5.2에서 소개되었던 Carneades 모델과 Section 5.3에서 소개되었던 실행중인 Carneades의 확장된 사례는 어떻게 논증의 전산 모델이 과거의 케이스에 대한 분석에 따른 주장과 법규에 의한 주장을 어떻게 통합하는지를 포함하여 하나의 명제와 그에 대한 반대 명제의 주장을 뒷받침할 수 있는지를 설명한다. Section 5.4에서의 가치 기반 논증 구조 (VAF)는 내포된 가치를 논증모델에 어떻게 적용하는지 보여준다. 마지막으로 Section 5.8의 기본 논리 구조 (DLF)는 법적 증거를 모델링한다. 이에 따라 이 Chapter에서는 논증 모델이 승자와 패자를 계산하는 방법, 특정 모델에서 증명 표준의 역할, 확률적 추론 통합 가능성과 같은 문제를 다룬다.

이 Chapter는 또한 다음 질문에 대한 대답이다. 법적 논증의 여지는 무엇이며 프로그램은 이를 어떻게 검색하는가? 법적인 논증에 대한 컴퓨팅 모델이나 구조는 법적 논증 계획을 어떻게 사용하는가? 프로그램이 논증의 수용 가능성을 결정하거나 논증의 강점을 평가하는 방법은 무엇인가? 법적 규칙과 사실에서 논리적 추론이 하는 역할은 무엇이며, 무엇이 패배의 논리인가? 법적 증거 표준의 전산 모델이 현실적인가?

5.1.1. CMLA의 장점들

Chapter 2에서 본 바 같이, 법적 추론은 명제에 대한 또는 그 반대 명제에 대한 주장을, 심지어 양측이 동일한 법적 규칙과 사실을 주장하는 경우에도, 뒷받침한다. 컴퓨터 프로그램은 법의 규칙을 연역적으로 추론할 수 있다. 전통적인 연역적 논리를 적용하며, modus ponens(긍정식)와 같은 추론 규칙을 적용하여 결론을 도출 할 수 있다. 그러나 전통적인 연역적 논리는 명제와 그 반대 명제를 동시에 뒷받침하지 않는다. 이것이 전통적인 연역적 논리가 법적인 논증을 모델링하는 데에 부적절한 도구가 되는 이유이다.

또한 법적 추론을 모델링하려는 시도는 Chapter 2에서 식별된 두 가지 주요 설계 제약 사항을 다루어야 한다:

1. 법적 추론은 단순하지 않다. 추론은 일단 정보가 추가되거나 무효가 되면 변경된다. 새로운 증거나 권위 있는 자료가 추가되면 이전의 합리적 추론은 포기되어야 한다.

2. 또한 법적 추론은 폐기할 수 있다. 법적 주장이 "사실"일 필요는 없다.: 그 주장들은 단지 주어진 증명 표준을 만족시킬 필요가 있을 뿐이다. 폐기할 수 있는 규칙의 결론은 규칙의 조건이 충족되는 경우에 단지 가정적으로 사실이다. 결론을 지지하고 공격하는 논쟁들은 서로 모순되고 패배시킬 수 있다.

법적 논증에 대한 전산 모델은 이러한 설계 제약을 다룬다. 일부 CMLA는 양측이 동일한 법적 규칙과 사실을 바탕으로 주장될 경우도 명제와 그 반대 명제에 대한 주장을 뒷받침할 수 있다. 전통적 논리와 달리, CMLA는 엄격한 추론을 사용하지 않고 오히려 지원 또는 공격 논증을 사용한다. 수용 기준, 증명 표준 및 논증 계획을 포함할 수 있는 CMLA의 논증 의미론은 상충되는 주장을 해결하고 추론을 뒷받침할 수 있다. 통틀어, 이것들은 논증의 "시맨틱"을 제공한다.

5.2. CARNEADES 논증 모델

앞서 언급한 바와 같이, Carneades는 ASPIC+ (Modgil and Prakken, 2014), Dungean 모델을 확장하는 다른 모델 또는 추상 변증법 프레임 워크(Brewka and Gordon, 2010)와 같은 법적 논증에 적합한 여러 모델 중 하나일 뿐이다. 게다가 Carneades와 이 모델들은 다른 표현과 개념을 사용하지만 기능적으로 동일 구조이다. 그럼에도 불구하고 Carneades는 법적으로 직관적인 용어로 설명될 수 있으며, 먼저 소개할 가치가 있는 법적 논증(증명 표준과 주장 계획과 같은)을 모델링하는 데에 유용한 발군의 개념들을 지원한다.

Carneades는 명제의 수용 가능성에 대한 네 번째 논증을 제시하는 과정을 계산적으로 모델링한다. 그 단계까지의 논의와 일련의 가정을 감안할 때 그 가정은 아마도 진실인 것으로 받아들여질 수 있다(Gordon and Walton, 2009 참조).

　　Carneades 모형은 논증 프레임워크, 논증의 수용 가능성에 대한 기준, 증명 기준, 논증 계획으로 구성된다(Prakken, 1995; Gordon and Walton, 2006).

　　논증 프레임워크는 논증의 개념을 전제, 결론 및 예외로 구성된 구조로 정의한다. 논증 프레임워크는 또한 표현되는 논증의 측면과 모델의 목적을 위한 논쟁이 충돌하는 지점을 구체화한다.

　　논증 과정의 각 단계에 대해, 논증 프레임워크는 문제가 되는 가정이나 논증이 수용 기준에 부합 하는지를 시험하기 위한 결정 절차를 정의한다. 이 기준은 중요도에 따라 주장을 순서화하기 위한 우선순위와 같이 갈등을 해소하기 위한 기초를 제공한다. 이 절차는 논증의 "승리", "패배" 또는 분쟁의 미결정과 같은 논증의 상태를 결정할 수 있게 한다(Prakken, 1995). 이 결정은 그 문제에 적용 가능한 증명 표준에 따라 달라질 수 있다. 증명 기준은 논증의 목적을 위해 명제를 수립하는데 필요한 확실성의 수준이다 (Weiss, 2003 참조).

　　논증 과정의 각 단계에서, 논쟁자(자동 또는 인간)는 수용 가능한 진술을 수용할 수 없게 하거나, 수용할 수 없는 진술을 수용할 수 있게 하는 추가 주장을 찾거나 구성해야 한다. 논증구조는 추가적인 주장과 반대 주장을 찾는데 도움이 된다. 논증구조는 법적 논증의 전형적인 패턴을 보여준다. 구조는 그 전제가 가정된 사실 또는 다른 논증 구조의 결론에 기초하여 확립될 수 있는 전형적인 법적 논증의 템플릿 또는 "청사진"이다. 법적 논증의 어떤 공통적인 구조나 패턴은 법적 규칙이나 과거 사례의 유추, 또는 근원적 가치에 따른 주장을 포함한다. 선례를 구별하거나 성공적인 반례를 인용하는 것과 같이, 주장에 대응하기 위한 논증 구조도 있다.

　　템플릿으로서, 논증구조는 전산 모델에서 유용한 기능을 제공한다. 논증구조의 "구성 요소는 미리 정의되어 있으며 이용 가능한 지식으로부터 유추된 정보로 채워질 수 있다"(Gordon and Walton, 2009, pp. 2, 8). 사실상, 이 템플릿들은 논증을 만들거나 그에 대응할 수 있는 가능한 대안 공간을 제시한다. "발견적 방법을 사용하면 [컴퓨터 프로그램은] 이 공간에서 어떤 목표 문장이나 주장이 받아들이거나 받아들일 수 없는 것으로 여겨지는 일련의 주장을 찾을 수 있다"(Gordon and Walton, 2009, pp. 2. 8).

　　논증구조는 특정한 사례에 논증구조가 적용되는지, 그리고 어떻게 적용되는지 평가하는 데에 도움이 되는 비판적 질문을 포함할 수 있다. 각 유형의 논증구조는 그 자체의 비판적 질문을 가지고 있다(Walton and Gordon, 2005). 어떤 비판적 질문은 구조의 전제의 수용 가능성과 관련이 있다. 다른 질문은 구조가 적용되지 않을 수 있는 예외적인 상황을 지적한다. 비판적인 질문에 대한 대답이 실패한 가정이나 예외를 드러낸다면, 그것은 반론을 제기할 수 있다(Prakken, 1995; Gordon and Walton, 2006, Grabmair and Ashley, 2010, 2011 참조). 게다가, 논증구조는 동일하거나 다른 구조의 상충되는 적용에 의해 모순될 수 있다(Prakken, 2005).

Carneades는 전제 조건을 설정함으로써 점진적으로 법적 주장을 구성한다. 어떤 주어진 단계에서, 모델은 논증에서 다른 명제와 일련의 가정을 고려하여 명제가 수용 가능한지 평가한다. 논증의 상태를 결정할 때, 모델은 증거의 우세와 같은 법적 증명 기준의 계산적 근사치를 적용할 수 있다. 각 단계에서 모델은 수용할 수 없는 진술을 수용할 수 있게 하거나 수용할 수 있는 진술을 수용할 수 없게 만드는 새로운 주장을 찾는다. 후자는 반론이다. 법적 논증구조는 이러한 검색을 안내한다.

5.3. 작동하는 CMLA의 확장된 예

누군가는 Carneades 논증 모델을 사용한 확장된 예에서 법적 논증의 전산 모델이 명제와 그 반대를 논하는 것을 어떻게 지원할 수 있는지 설명할 수 있을 것이다(Gordon et al., 2007).

Carneades는 법적 논증 구조를 직관적으로 표현하는 논증 다이어그램(논증 구조도라고도 함)을 구성한다. 다이어그램은 가정과 가정을 지지하는 주장과 가정을 공격하는 주장을 구별한다. 이런 이유로 Carneades의 논증 프레임워크는 이중구조(bypartite)라고 불린다. 덧붙여서, 명제 p와 p의 부정에 대한 논증이 이루어질 수 있다.

예를 들어 독일 가족법과 관련하여 어떤 문제가 있다고 하자. 도표 5.1에 있는 Carneades 다이어그램에서, 가정을 나타내는 진술 노드는 상자이고, 주장 노드는 원("+"는 지원을 나타내며, 충돌 선은 주장의 적용 가능성에 대한 반대를 나타냄)이다. Carneades 다이어그램의 진술 노드에는 "명시된", "의문의 여지가 있는", "수락된" 또는 "거부된" 상태가 표시된다. 이 모델은 주장 노드의 적용 가능성과 진술 노드의 수용 가능성을 유추한다. (도표에 표시된 주장의 내용은 아래에서 설명한다.)

Carneades 프레임 워크에서 논증은 반박, 훼손 및 과소평가로 서로를 공격 할 수 있다. 반박은 가부결정의 주장이다. … 반론 간의 갈등은 주장을 계량화하고 증명 기준을 적용함으로써 해결된다(Gordon, 2015a, p.34). 하나의 주장이 다른 주장의 전제와 모순되면(즉, 훼손), 전자는 훼손된 주장이라 불린다(Gordon, 2015a, p. 44). 주장을 과소평가(undercut)하는 것은 다른 주장의 적용가능성을 공격하는 주장이다. 논증 다이어그램에서 과소평가는 진술 노드 대신 결론이 다른 주장 노드로 표시된다(Gordon, 2015a, p. 21).

5.3.1. Carneades와 가족법 사례

Tom Gordon과 Doug Walton은 독일의 가족법 법령에서 대략적으로 파생된 일련의 규칙과 관련된 구조화된 법적 논증을 보여주는 전형적인 예를 제공했다(Gordon, 2008b,c; Gordon and Walton, 2009, Walton and Gordon, 2009).

▎**도표 5.1.** ▎ Carneades 논증 다이어그램 (Gordon, 2008b,c; Gordon and Walton, 2009; Walton and Gordon, 2009; Ashley, 2012 참조)

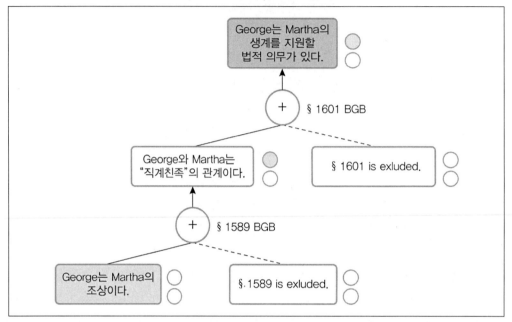

- Rule §1601−BGB: x가 y와 직계일 경우 x는 y를 지원해야 한다.
- Rule §1589−BGB: x가 y의 조상이라면 x는 y와 직계이다.
- Rule §91−BSHG: §1601−BGB는 "x가 y를 지원할 의무가 x에게 과도한 어려움을 야기할 경우""x는 y를 지원할 의무가 있음"을 배제한다.
- Rule §1602−BGB: x가 가난한 경우가 아니면 x는 §1601−BGB에 따라 y를 지원할 의무가 없다.

George가 Martha의 조상(부모 또는 조부모)이라는 것이 우리에게 주어진 사실로 가정하고, George가 Martha를 지원할 의무가 있는지 위의 일련의 법적 규칙을 고려하여 알아보자.

Carneades 시스템이 어떻게 진행되는지 살펴보기 전에, Chapter 2의 BNA 프로그램과 같이 고전적 논리 추론 프로그램이 George가 Martha에게 지원을 제공할 의무가 있는지 결정하기 위하여 어떻게 법적 규칙들을 적용하는지 생각해 보자.

역방향 연결의 적용과 modus ponens(긍정 논법)에 의한 연역적 추론의 두 가지 적용을 통해, BNA 프로그램은 George가 Martha에게 직계의 관계에 있으며, 제1601조의 규정에 따라 그녀를 지원할 의무가 있다고 결론을 내릴 것이다. 그러나 제1601조의 규정은 단지 "직계"만을 말하고 있기 때문에, 시스템은 직접적으로 이 결론을 도출할 수 없다. 여기에서 역방향 연결이 들어온다(Section 1.3.1 참조). 도표 5.2에서 보인 바와 같이, 역방향 연결을 적용하면, 시스템은 George가 Martha에게 직계 관계에 있다고 결론지을 수 있는 제1589조의 규정을 발견할 수 있다. 거기에서 Carneades는 George가 Martha의 조상이라는 사실에 근거하여 제1589조 규정의 선행 조건이 충족되었다고 결정한다.

Martha를 지원할 의무가 있다는 것이 George에게 과도한 어려움을 초래할 것임을 알게 되었다고 가정하자. 도표 5.3에서 볼 수 있듯이, 규칙에 대한 연역적 추론의 문제로서, 제91조의 규정이 적용될 것이며, George의 Martha를 지원해야 할 의무가 배제될 것이다. 그러나 BNA 유형의 시스템은 George가 Martha를 지원할 의무가 있음을 이미 입증했다. 즉, 여기에서 두 가지 일관되지 않은 결과가 입증된 것이다: George는 Martha를 지원할 의무가 있기도 하고 없기도 하다.

이러한 현상은 법적 추론에서 자주 발생하지만, Chapter 2에서 설명했듯이, 고전적인 논리 추론의 문제이다. 고전적인 논리는 단조롭다; 무엇이 한번 증명되면, 새로운 정보에 의하여 "증명되지 않은" 것이 될 수 없다. 더욱이 논리적 추론의 고전적 모델에서 어떤 가정과 그 반대를 증명하는 능력은 그 시스템이 일관성이 없고 어떤 것도 증명할 수 없다는 것을 의미한다(고전 논리의 이 "폭발적인" 특징에 대하여 Section 2.4.2의 짧은 증명 참조). 즉, 만약 컴퓨터가 법규에 따라 찬반 논증하기를 원한다면, 고전적 논리추론으로는 실패할 것이다.

Carneades와 같은 논증의 전산 모델은 단조롭지 않은 추론(이른바 해제할 수 있는 (defeasible) 추론)과 적절한 논증 구조를 사용함으로써 이 문제를 피한다.

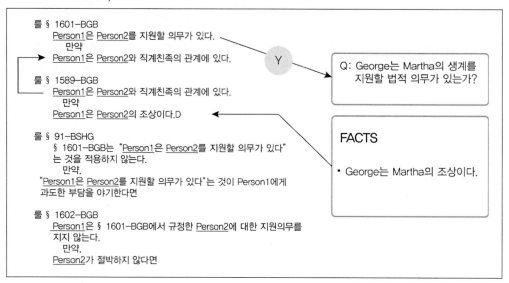

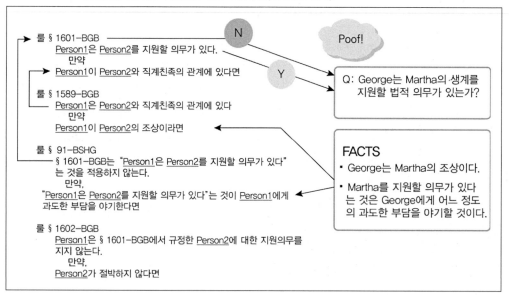

해제할 수 있는 추론 규칙을 통한 논증 체계 (Gordon, 2008b,c; Gordon and Walton, 2009; Walton and Gordon, 2009 참조)

• Premises – R은 A1부터 An까지의 선례가 있는 법적 규칙이며 결론은 C이다. – 만약 A1부터 An의 선례에서 Ai가 추측상 사실이라면, • Conclusion – 그렇다면 결론 C는 추측상 사실이다. • Assumptions and exceptions – R에 대한 어떤 예외가 적용되는가? – R의 어떤 가정이 충족되지 않는가? – R은 정당한 법적 규칙인가? – 이 사례에서 R을 배제하는 어떤 규칙이 적용되는가? – 이 사례에서 R보다 우월한 우선권을 갖는 상충되는 규칙이 적용되는가?	• Premises – § 1601－BGB는 선례를 가지고 있는 법적 규칙이다.: 만약 직계친족(Person1, Person2)이라면 • Conclusion – 그렇다면 생계지원의 의무(Person1, Person2)는 추측상 사실이다. • Assumptions and exceptions – 제1601조에 대한 예외(§1602－BGB)가 적용되지 않는다면 – 제1601조의 가정이 충족된다고 생각하면 – 제1601조가 정당한 법적 규칙이라고 생각하면 – 제1601조를 배제하는 어떤 규칙(§91－BSHG)이 적용되지 않는 한 – 제1601조 보다 우월한 우선권을 갖는 상충되는 규칙이 적용되지 않는 한

5.3.2. 해제할 수 있는(defeasible) 법적 규칙으로 논증하기

논증의 전산 모델에서, 법적 규칙들은 해제할 수 있는 추론 규칙들로 모델링되며, 규칙으로부터 법적 추론을 그려내기 위한 논증구조들 또한 무효로 할 수 있다.

도표 5.4의 왼쪽에서 제시된 것처럼, 해제 가능한 추론 규칙의 결론은 단지 가정적으로 참일 뿐이다. 그것은, 만약 성립한다면 규칙의 결론을 무효화할 수 있는, 규칙의 적용에 대한 일련의 예외와 가정(때로는 비판적 질문들이라고 표현된다. Section 5.2 참조)에 달려 있다.

예를 들어 BGB 제1601조의 규정은 도표 5.4의 오른쪽에 제시된 바와 같이 해제할 수 있는 추론 규칙으로 표현된다. 그것의 결론인 지원의무(x,y)는 단지 그 전제인 직계관계(x,y)가 만족될 때, 가정적으로 참일 뿐이다. 그 결론은 다양한 가정과 예외에 종속되어 있다.

특히 BGB 제1601조의 규정의 가정과 예외는 BGB 제1602조의 규정에 따른 예외와 BSHG 제91조에 따른 배제규정, 그리고 더욱 일반적인 가정, 즉 규칙이 정당하며 상위 법규에 저촉되지 않는다는 가정을 포함하고 있다.

Carneades는 그러한 해제할 수 있는 추론 규칙과 그 논증이 만드는 도식을 가지고 논증을 추론하고 구성할 수 있다. 만약 George가 Martha를 지원할 법적 의무가 있음을 보여주고자 한다면 (도표 5.1의 루트 노드에서 해시된 원으로 표시된), Carneades 규칙 엔진은 그 목표로부터 출발하여 그 목표를 뒷받침하는 해제 가능한 추론 규칙을 찾는 데에까지 역방향 추론한다(제1601조와 제1589조). 논증이 구성되고 편집되면 도표와 같이 논증 다이어그램에 시각화된다. 부수적으로, Carneades의 법적 추론은 포섭의 한 예이지만 (Section 2.5.1 참조), 법적 개념이 사실 관계를 포섭하고 있는지 여부를 결정할 때, 그것은 단지 연역적 추론만이 아니라 해제 가능한 규칙과 다양한 논증 구조를 사용한다.

물론, 지금까지는 BNA 프로그램이 법규 규칙을 기반으로 결론을 추론하는 것(앞의 서술 참조)과 거의 같은 방식이다. 그러나 여기서 약간의 차이가 있다. Carneades는 논증 구조, 즉 공제에 의한 논증 (argument−by−deduction)을 적용하여 George가 Martha를 지원할 의무가 있다는 주장을 구성했다. 앞으로 보게 되겠지만, 이것은 Carneades가 적용할 수 있는 논증 방식 중 하나일 뿐이다.

┃**도표 5.5.**┃ 해제할 수 있는 추론 규칙과 주장들 (Gordon, 2008b,c; Gordon and Walton, 2009; Walton and Gordon, 2009; Ashley, 2012 참조)

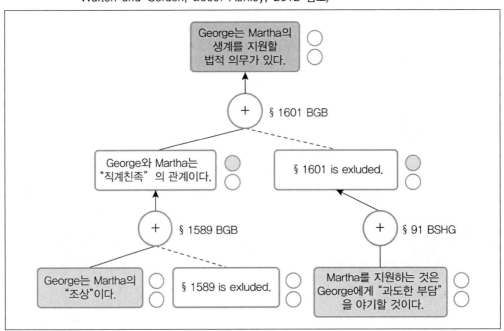

만약 누군가 그 논증을 무효화하는 목표를 지정하면, Carneades는 논증의 가정된 결론을 방지할 수 있는 가정의 실패나 예외 또는 배제에 대한 해제할 수 있는 규칙의 표현을 검색한다.

Martha를 지원할 의무가 George에게 과도한 어려움을 야기한다는 사실이 주어진다면, Carneades는 제1601조를 배제하는 규정(이른바 제91조)을 찾으며, 다이어그램을 수정한다(도표 5.5).

즉, 법적 규칙을 해제 가능한 것으로 표현함으로써, 프로그램은 실패한 가정이나 예외 또는 이전 논증의 추정된 결론을 탄핵하는 논거를 찾을 수 있다. 또한 고전적 논리 공제와 달리, Carneades는, 해제 가능한 법적 규칙과 논증을 통해, 찬반양론의 논증을 뒷받침할 수 있다(도표 5.3과 5.5 비교).

5.3.3. 판례와 법규의 통합 논증

전산 논증 모델의 두 번째 주요 목적은 Chapter 2에서 Chapter 4를 걸쳐서 다루는 모델을 포함하여 법률 실무자가 적용하는 다양한 유형의 논증을 하나의 틀에 통합하는 것이다. 해제 가능한 규칙으로부터 도출한 공제 논증과 더불어, 과거 사례나 법적 규칙의 근원이 되는 가치와 목적들로부터 분석한 논증은 모두 논증구조에 형식화될 수 있고, 비판적 질문과 함께 논증 모델에 통합될 수 있다.

예를 들어, 다음의 예에서 우리는 도표 5.6에서 보는 바와 같이 규칙이 "실행되지 않는" 상황을 만났다고 가정해 보자. 우리에게 Martha를 지원할 의무가 George에게 과도한 어려움을 야기한다는 사실이 주어지지 않았다. 게다가 우리는 "과도한 부담"이 법적 규정에 의하여 더 이상 정의되지 않는다는 것을 알 수 있다. 반면에 새로운 사실은 George와 Martha가 부모-자식 관계를 갖지 못했다는 것이다.

George가 Martha를 지원할 의무가 없다는 것을 보여주는 것이 목표라고 가정할 때, Carneades는 다른 논증을 만들어낼 수 있을까?

미국과 같은 영미법계에서, 변호사는 법원이 "과도한 부담"의 문제를 결정했는지, 그리고 어떻게 결정했는지를 알아보기 위하여 선례를 찾아볼 것이다. 그런 판례를 발견했다면, 변호사는 현재의 사례가 선례와 같은 방식으로 결정되어야 하는지 또는 같은 방식으로 결정되면 안 되는지 분석하여 논증을 만들어낼 것이다.

물론, 이러한 논증은 더 많은 논증을 이끌어낼 것이다. 어떤 유사한 사례는 과도한 부담이 존재한다는 결론을 뒷받침할 수 있고, 다른 사례는 그 반대의 결론을 뒷받침할 수 있다; 어떤 사례들은 다른 사례들보다 유사할 것이고, 이는 논쟁자가 그 사례들을 구별하거나 반대 사례를 인용하도록 유도할 수 있다.

┃ 도표 5.6. ┃ 규칙이 모두 적용된 경우 (Gordon, 2008b, c; Gordon and Walton, 2009; Walton and Cardon, 2009 참조)

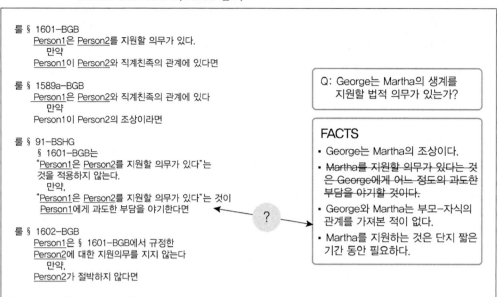

Chapter 3에서 이런 방식으로 논증을 만들 수 있는 사례 기반 추론 모델을 설명하였다. 이러한 모델들은 논증 구조로 구현될 수 있고, Carneades와 같은 논증의 전체적인 계산 모델에 통합될 수 있다.

우리가 CATO 스타일의 사례 기반 논증 구조를 갖춘 어느 버전의 Carneades를 사용하고 있다고 가정해 보자. 그리고 과도한 부담의 문제와 관련된 선례와 법적 요소(법적 결론을 보강하거나 탄핵하는 사실의 정형화된 양식)를 가지고 있다고 가정해 보자. 특히, 표 5.1의 법적 요소와 사례가 모두 과도한 부담의 개념을 다룬다고 가정해 보자.

Carneades가 George가 Martha를 지원할 의무가 있다는 명제에 대해 반대하도록 지시받으면 이 프로그램은 다음을 수행할 것이다.

1. 제1601조에 대한 비판적 질문들을 검색한다.
2. "제1601조를 배제하는 어떤 규정이 적용되지 않는 한"이라는 항목은 프로그램이 제1601조를 배제하는 결론의 규칙을 검색하도록 유도한다.
3. 제91조를 찾아내면, 프로그램은 "과도한 부담"이 포함된 규칙을 찾는다.
4. Miller 판례(P가 {PF2}일 경우 과도한 부담이 인정된다)의 규칙을 찾아내면, 사례 기반의 논증 구조에 따라 제1601조를 배제하는 논증을 구성한다. 이 논증을 도표 5.7에 표현하였다.

▋표 5.1.▋ 부당한 어려움에 관한 법적 요소와 선례 (Gordon, 2008b, c; Gordon and Walton, 2009; Walton and Gordon, 2009 참조)

Plaintiff(P) Legal Factors (pro finding of undue hardship)	
PF_1	Has−already−provided−much−support
PF_2	Never−had−parent−child−relationship
PF_3	Would−cause−irreparable−harm−to−family
Defendant(D) Factors (con finding of undue hardship)	
DF_1	Expected−duration−of−support−is−short
DF_2	Has−not−provided−care
Casebase, cb_1	
Miller	P wins undue hardship issue where $\{PF_2\}$
Smith	D wins undue hardship issue where $\{PF_2, DF_1\}$
Farmer	P wins undue hardship issue where $\{PF_2, DF_1, PE_3\}$

▋도표 5.7.▋ Carneades 사례−기반 논증 (반대론) (Gordon, 2008b,c; Gordon and Walton, 2009; Walton and Gordon, 2009; Ashley, 2012 참조)

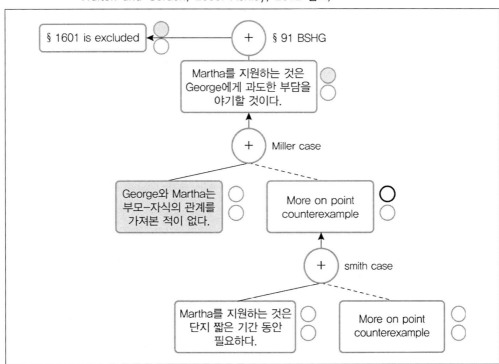

Martha에 대한 지원이 단지 짧은 기간 동안 필요하다는 것이 드러났다면, 팩터 DF1이 적용된다. Carneades가 George가 Martha를 지원할 의무가 있다는 명제를 지지하도록 지시 받았다면, 사례 기반 논증 구조와 관련된 비판적인 질문은, "결정적 반례가 아니라면" Carneades가 과도한 부담을 인정하지 않은 {PF2, DF1} Smith 사건을 더 중점적으로 인용하도록 이끌 것이다(도표 5.8의 논증 참조).

┃ 도표 5.8. ┃ Carneades 사례-기반 논증 (찬성론) (Gordon, 2008b,c; Gordon and Walton, 2009; Walton and Gordon, 2009; Ashley, 2012 참조)

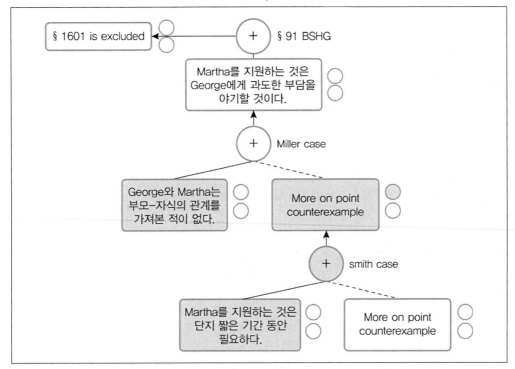

Carneades는 이러한 모든 논증을 구성할 수 있다. 그것은 논증의 전산 모델이 이전 Chapter에서 본 규칙 기반 법 추론과 사례 기반 법 추론 모델을 통합 할 수 있도록 인공지능과 법이 어떻게 작동하는지 보여준다.

위의 예에서, 사례 기반 법적 추론의 CATO 모델은 논증 구조로써 Carneades 논증모델에 연결된다. 앞서 언급한 바와 같이, 논증 구조는 법률(및 다른) 분야 논증의 전형적인 방식을 모델링한다. 이것은 "공유된 법적 요인들로부터의 논증"이라고 할 수 있다: 만약 선례가 현재 사건과 법적 요소를 공유한다면, 현재 사건은 선례와 같은 방식으로 결정되어야 한다는 논증이다.

논증 모델은 사례들을 구별하고, 구별을 강조하거나 경시하며, 반례를 인용하는 구별된 법적 요인들로부터의 주장에 응답하기 위한 논증구조를 갖추게 된다(Aleven, 2003). Hypo(Ashley, 1990) 또는 CABARET(Rissland and Skalak, 1991)을 기초로 한 특성들과 논증들을 선택하는 변형을 구현할 수도 있다.

게다가, 이전 Chapter의 전산 모델의 대부분은 논증 구조로 다시 특징지어질 수 있고, Carneades와 같은 논증 모델에 통합될 수 있다. 예를 들어, 혹자는 이론 구성으로부터 논증 구조를 구현할 수 있다(McCarty and Sridharan, 1981; cf. Bench-Capon and Sartor, 2003). 만약 이론이 현재의 사례와 같이 동일한 문제에 관한 일련의 선례와 가설을 설명하도록 구성될 수 있다면, 현재의 사례에 이론을 적용하도록 논증된다. 혹자는 또한 표준의 사실들로부터 논증을 구성할 수 있다(GREBE, (Branting, 1991); cf. SIROCCO, (McLaren, 2003)). 법규의 개방형 규정이 선례의 기준 사실에 의해 만족되었다고 결정되고, 이 기준 사실이 현재 사례의 사실과 유사하다면, 개방형 규정이 이 경우에도 만족된다고 논증된다.

5.4. 추상적 논증의 전산 모델

가족법의 사례 논증에서 볼 수 있듯이 Carneades는 명제를 지지하는 주장과 그것을 공격하는 주장이라는 쌍방향 논증구조를 가진 법적 논증 구조를 나타낸다.

대조적으로, 추상적인 논증 구조와 같이 다른 종류의 논증구조는 서로 공격하는 주장만 포함하는 논증 그래프를 사용한다. 이는 보강 주장과 탄핵 주장을 포함하는 내부 논증 구조가 추상화되어 있음을 의미한다(일부 구조는 아래 표시된 대로 재구성 될 수 있지만). Phan Minh Dung이 발명한 추상적 논증 구조는 이론적으로나 계산 효율성 측면에서 확실한 이점을 제공한다(Dung, 1995).

추상적 논증구조는 주장들의 조합 사이에서 주장 A와 공격 관계 R의 집합으로 정의된다. 이것은 방향 그래프, 즉 가장자리가 사실상 화살표인 그래프로 모델링된다. 노드는 논증을 나타내고 화살표는 주장이 공격하는 논증을 나타낸다. 그것의 수용성을 포함하는 추상적 논증 구조에서 논증의 상태를 평가하기 위해, 논증 A의 부분 집합이거나 동일한 집합인 논증 S에서, 주장이 다른 주장으로부터의 공격을 방어할 수 있는지를 고려한다(Dung, 1995; Atkinson and Bench-Capon, 2007).

Section 3.4와 Section 3.5.1의 야생 동물에 대한 재산권 문제 중 하나에 근거한 논증은 특별한 종류의 추상적 논증 구조, 즉 VAF로서 도표 5.9에 제시되었다. VAF는 주장이 유형별로 분류될 수 있도록 추상적 논증 구조를 확장한다. 어떠한 주장들은 사실에 관한 분쟁에 관련되며 사실적 주장과 관련된 것으로 표시된다. 다른 것들은 법의 근본적인 가치나 목적에 관한 분쟁과 관련되며, 주장이 받아들여진다면 주장에 의해 진흥될 가치로 표시된다(Bench-Capon, 2003; Atkinson and Bench-Capon, 2007).

예를 들어, 도표 5.9는 Young v. Hitchens 판례의 논증을 보여주는데, 직업 어부인 원고 Young과 원고의 그물을 통과하여 들어가 이미 부분적으로 가두어져 있는 물고기를 잡은 피고 Hitchens 사이의 분쟁이다.

┃도표 5.9. ┃ VAF에 따른 공격 주장들 (Atkinson and Bench-Capon, 2007, P.113 참조)

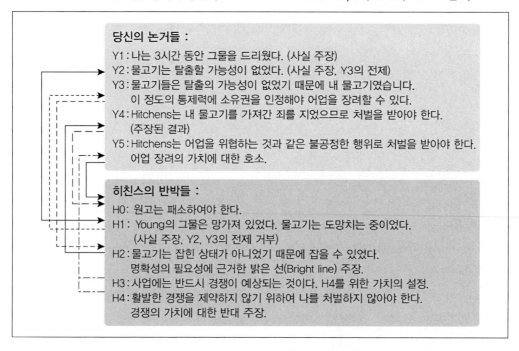

일련의 논증 A가 오른쪽에 나와 있다. 원고 Young의 주장은 Y#으로 표시되어 있고, 피고 Hitchens의 주장은 H#으로 표시되어 있다. 주장 중 일부는 사실 주장을 포함하는 것으로 표시된다. (모든 주장이 결정문의 형식으로 나타나지 않기 때문에, 저자는 그것을 모델화하는 방법을 설명하기 위해 사실적 논증을 제시했다.) 다른 논증들은 그들이 진흥시키는 가치들로 표시된다. 저자는 도표 3.13에서 설명한 것과 유사하게, 야생 동물 관련 재산권 영역에서 적용 가능한 법적 규정의 기본 가치 목록을 채택한다. 도표 5.9의 왼쪽에 있는 화살표는 주장 사이의 공격 관계를 나타낸다.

추상적 논증 구조는 한 가지 중요한 한계가 있다.: 공격 관계만으로 법적 논증을 표현하는 것은 어색하다는 것이다. VAF에서 이를 처리하는 한 가지 방법은 "지원되는 주장에 대한 공격자의 공격자"를 표시하는 것이다. 예를 들어, 원고 Young은 그의 주장을 지지하기 위하여 두 가지 주장, 즉 Y4와 Y5를 주장한다. 그것들은 다이어그램에서 P의 부정을 공격하는 것으로 표시되며, P는 원고가 이겨야 한다는 주장이다.

논증에 대한 VAF 표현에서 구조의 부재는 또 다른 단점이다. 도표 5.9가 표현을 보다 편리하게 읽을 수 있게 하려는 나의 시도이지만, Carneades 다이어그램만큼 해석하기 쉽지 않다. ASPIC＋와 같은 대안적 논증구조는 추상적 논증구조의 이론적, 효율적 편익과 구조화된 논증 표현의 편의성을 결합한다(Modgil and Prakken, 2014).

5.5. 어떻게 CML는 승자와 패자를 계산하는가?

위에 제시된 법적 논증의 전산 모델의 목표는 사례의 사실, 관련법 및 기본 가치에 대한 주장을 하나의 모델에 결합하고, 가능한 한 논증의 승패를 결정하는 것이다. 아래에서 볼 수 있듯이, 일부 다른 전산 모델의 초점은 보다 구체적이다. 판사가 내린 결정과 (그 견해에서 제시한 바와 같이) 판사가 제시한 정당화를 구체적으로 설명하거나 모델링하는 것에 초점을 맞추고 있다.

실무적인 측면에서, 사례 사실, 적용 가능한 법규, 기본 가치 및 절차적 문제에 대한 논쟁에는 논증 구조의 계층이 필요하다. 각 수준의 논증은 그 자체의 다양한 논증 구조, 논증의 수용 가능성을 결정하기 위한 절차, 증명의 표준, 그리고 "주장 사이의 선호(주장에 대한 메타 수준에서 정당화되는 선호)에 기초한 논증의 수용 가능성에 대한 개념의 차이"로 구성된다.

사실, 규칙 및 가치에 관한 명제는 모두, 도표 5.9의 Young 사례 논증에서 설명된 바와 같이, 가치 기반 논증 다이어그램에 나타날 수 있다. 이 기본 수준에서, 주장들은 사실과 가치에 관한 것이다. 그러나 사실이나 가치에 관한 논증을 해결하기 위해 프로그램은 "메타"가 되어야 한다. 즉, 사실적 분쟁 해결 수준까지 올라가며, 증거 증언에 대한 비판적인 질문을 하는 등 사실적 분쟁을 해결하기 위한 논증 구조를 불러온다. 또한 가치 충돌 해결 수준까지 올라가며, Bench－Capon/Sartor 모델(Section 3.5.1)과 같은 가치 논증 구조의 예와 같이 가치에 관한 분쟁을 해결하기 위한 논증구조를 호출한다 (Atkinson and Bench－Capon, 2007). 이러한 갈등 해결 단계들을 보여주는 사례가 다음에 제시된다.

5.5.1. 사실에 관한 주장 충돌의 해결

예를 들어, 도표 5.9, H1에 나타난 것처럼, 하나의 사실적인 주장("Young의 그물은 망가져 있었다. 물고기들은 거의 빠져나가는 중이었다.")이 공격하고, 또 다른 사실적 주장인

Y2("물고기의 탈출 가능성은 없었다.")에 의해 공격받았다. 이러한 갈등은 VAF에서 어떻게 해결될 것인가?

> 사실에 대한 갈등은 메타 수준의 논증을 통해 개별적으로 해결되어야 하며, 메타 수준의 결과는 각 논증을 정당화됨, 논쟁의 여지가 있음, 또는 보강되지 않음의 상태로 배정한다(Atkinson과 Bench-Capon, 2007).

논증 프레임워크 계층 구조의 갈등 해소 수준에는 사실적 주장에 대한 법적 평가에 중점을 둔 비판적 질문을 포함한, 사실에 대한 추론을 위한 논증 체계가 갖추어질 것이다. 이것들은 경쟁하는 사실적 주장에 우선순위를 매기는 기초를 제공한다. 예를 들어, 사실적 주장에 대한 비판적 질문은 다음과 같이 증언이 그 주장을 뒷받침하는 증인의 신빙성을 조사한다.: 목격자가 편견을 가지고 있는가? 목격자가 알 수 있는 위치에 있었는가? 현대의 소송 상황에서, 전문가 증인의 증언도 다음과 같은 비판적 질문을 받게 된다.: 증인은 관련 영역의 전문가인가? 증인의 주장이 다른 전문가들의 주장과 일치하는가? 전문가 증인의 주장은 증거에 기반하고 있는가? (Walton and Gordon, 2005 참조)

만약 그것들이 그러한 비판적 질문에 대한 답변을 얻을 수 있다면, (피고는 편견을 가진 목격자이므로) 도표 5.9의 H1과 Y2 사이의 사실적 갈등 해결을 위한 근거를 원고 Young에게 유리하게 제공한다. 그리고 그러한 선호를 적용한 결과는 관련 증명 표준과 비교된다. (증명 표준의 Carneades 정의에 대해서는 표 5.2의 오른쪽 참조) 생존하지 못하는 것들은 제외될 것이다.:

> [어떤 주장이 불충분한 보강을 받았다]는 것은 그 맥락에서 적용할 수 있는 증명 표준에 의존한다.: 합리적인 의심을 넘어서 정당화된 주장은 유지될 것이지만, 증거의 매우 적은 양을 위하여, 주장은 유지될 수도 있다(Atkinson and Bench-Capon, 2007).

이 과정의 결과로, "가장 약한 대상으로 표현되는 수준까지 정당화될 수 있는 한 세트의 주장들이 남게 된다." (Atkinson and Bench-Capon, 2007)

5.5.2. 가치에 관한 주장 충돌의 해결

또한 도표 5.9에서 볼 수 있듯이, Young 주장은 근본적인 가치에 상반되는 주장을 포함한다. 예를 들어,

- Y3 ("그들은 탈출할 가능성이 없기 때문에 내 물고기였다. 이 정도의 통제력에 소유권을 부여하는 것은 어업을 진흥한다.")

    공격함 (→)

- H2 ("그 물고기는 잡혀있지 않았기 때문에 잡을 수 있었다. 명확한 수요에 입각한 분명한 주장.")

- H3 ("사업에서 경쟁은 필수적인 것이다. H4의 가치 창출") 및 H4 ("나는 지나친 경쟁을 방지하였으므로 처벌되어서는 안 된다. 경쟁 가치에 대한 반대 주장")

    공격함 (→)

- Y5 ("Hitchens는 어업에 위협이 되는 불공정 행위에 대하여 처벌받아야 한다. 어업을 장려하는 가치에 대한 호소")

VAF는 "Y3 대 H2"와 같은 가치에 대한 논증을 어떻게 지지/해결하는가? Atkinson 과 Bench-Capon (2007)에 따르면, "우리는 가치 비교를 해야 한다: 어업을 장려하는 것과 명확성 … 우리는 어떤 것을 선호해야 하는가?"

이러한 종류의 비교를 위해 학자들은 경쟁하는 가치의 순서를 만들 필요가 있다. 학 자들은 Atkinson and Bench-Capon (2007)에 다음과 같이 적었다.

> [우리는] 경쟁하는 가치의 올바른 순서가 무엇인지에 대한 몇 가지 기준이 필요 할 것이며, 여기에서 선례가 연관된다. … 과거에는, 특정한 순서나 특정한 순 서를 적용하는 것에 무게를 두기 위한 또는 그 순서를 정당화하는 목적론적 주 장에 호소하는 권위가 사용되었음을 보여주는 선례를 인용하는 것이 가능하다. … Hitchens는 Pierson 판례 자체를 인용 할 수 있으며, 반면에 Young은 Keeble 판례를 반대 사례로 제시할 수 있다. Hitchens는 Keeble이 그 자신의 땅에 있었으며, 그로 인하여 그에게 오리의 소유권이 인정되었다는 것을 근거로 Keeble 판례를 배척할 수 있다.

이것은 위의 Carneades 예제에서 보았던 사례 기반 논증과 비슷하다. 그러나 VAF에 서는, 가치의 충돌을 해결하기 위해 논증 프레임 워크 계층 구조의 메타 수준에서 논증이 만들어진다. (재차 관련된 표준 증명을 적용하는). 가치 선호는 사례들이 가치들 사이에서 선 호의 이론을 유도한다는 Bench-Capon/Sartor의 견해에 기초한다. 즉, 순서는 Section 3.5.1에서 논의된 Bench-Capon and Sartor (2003)의 요인 및 가치 선호도에 의한 이론 구성 모델에 따라 일부 값이 다른 것보다 선호된다는 선례 결과로부터 추론된다.

5.5.3. 법적 규칙에 관한 주장 충돌의 해결

Young 사례에서 VAF는 법적 규칙에 대해 상반되는 논증을 해결하는 사례가 포함되어 있지 않지만, 위의 Carneades 사례는 다음과 같은 아이디어를 전달한다. VAF에서, 규칙에 대한 상반되는 논증은 위에 예시된 것과 같이 해제할 수 있는 법적 규칙을 가진 추론을 위한 동일한 종류의 논증구조로 메타 수준에서 해결될 것이다.

또한, Carneades와 같은 일부 CMLR은 소위 말하는 '해석의 정석(Canons of Construction)'[1] 또는 '해석의 격언(Maxims of Interpretation)'을 사용하여 다음과 같은 법적 규칙에 대해 상반되는 논쟁을 해결하기 위한 일반적인 해석 원칙을 보완한다.

- Lex Specialis : 더 구체적인 규칙이 일반적인 규칙보다 우선한다.
- Lex Superior : 높은 권한으로 지원되는 규칙은 낮은 권한으로 지원되는 규칙보다 우선한다 (예 : 연방법은 주법보다 우선함).
- Lex Posterior : 신법은 구법보다 우선한다.

Gordon and Walton (2006)에서 Cameades 프로그램은 Lex Specialis를 적용하여 "심각한 신체적 상해"의 의미와 관련된 선례에서 파생된 두 가지 규칙 간의 충돌을 해결했다. 하나의 규칙은 "몇몇 갈라진 갈비뼈는 심각한 신체적 상해에 해당하지 않는다."이고, 다른 규칙은 "합병증이 있는 몇몇 갈라진 갈비뼈는 심각한 신체적 상해에 해당한다."는 것이다. Lex Specialis를 적용하면, 합병증이 있는 몇몇 갈라진 갈비뼈와 관련된 문제에서, 프로그램은 두 번째의 보다 구체적인 규칙에 따라 두 가지 규칙에 기초하여 상반되는 논쟁을 해결했다.

해석의 정석(Canon of Construction)을 적용하면, 이 간단한 예제에서 규칙의 충돌을 편리하게 해결하지만, 이러한 접근은 뒤에 논의할 몇 가지 문제를 제기한다.

5.6. 법적 논증의 계산 모델은 얼마나 실무에 활용될 수 있는가?

법적 논증의 전산 모델에 대한 중요한 공헌에도 불구하고, CMLA가 법조 실무에 실질적 기여를 할 수 있는지, 언제 할 수 있는지, 어떻게 할 수 있는지에 대하여 합리적 질문을 할 수 있다.

---

1) 역자주) 법령이나 계약서와 같은 법적 서면의 해석을 돕기 위해, 법원에서 적용하는 기본 규칙과 격언 체계.

첫째, 위의 법적 논증의 예는 결국 단순화한 예이다. 사실 관계는 적고 간단하며, 논쟁을 불러일으킬 만한 법적 근원은 많아야 6개 정도의 법규나 판례를 포함한다. 지금까지 설명된 프로그램은 아직 수백 건의 사례와 특히 텍스트 형식이 아닌 사례에 적용되지 않았다. 모든 법적 근원이 수동으로 입력되고 표시되었다.

논증 구조는 그것이 작동하는 한 법적으로 현실적이지만, 그 적용은 다소 즉흥적으로 보일 수 있다. 예를 들어, Lex Specialis를 생각해보자. 위의 예에서, 이것은 선례에서 파생된 두 규범 간의 충돌을 해결하기 위해 간편하게 적용된다. 그러나 다른 사례에서 법원에서 정돈된 두 규칙 사이의 갈등을 해결하기 위해 법규나 조약 해석 원칙을 적용하는 것에 반대하는 주장을 상상할 수 있다. 해석의 정석(Canons of Construction)의 유용성에 대한 신뢰는 대륙법계와 영미법계에서 다를 수 있다. 1949년 고전적 논문에서, Karl Llewellyn은 해석의 정석(Canons of Construction)은 단순한 보충제라고 주장했다. 특히, 모든 정석은 그 법규에 대한 반대 해석을 이끌어내는 반대 정석(counter-canon)을 가지고 있다고 하였다(Llewellyn, 1949). 따라서 Lex Specialis가 적용될 수 있지만, 그것의 적용은 타당한 구조가 제공되지 않았다는 논쟁의 대상이 될 수 있다.

둘째, CMLA는 보통 경험적으로 평가되지 않았다. 물론, 논증의 전산 모델을 평가하는 것은 간단한 문제가 아니다. 그러나 우리는 법적 논증을 처리하는 프로그램을 평가하는 적어도 두 가지 접근법을 보았다. Branting이 GREBE에서 했던 것처럼, 동일한 사실 관계에 대하여 인간과 프로그램에게 논증을 처리하도록 요청하고, 전문가를 초청하여 블라인드 테스트(blind test)로 등급을 매길 수 있다(Section 3.3.3 참조). 논증 모델을 평가하는 다른 방법은 다른 접근법과 비교하여 사례의 결과를 얼마나 잘 예측하는지 평가하는 것이다. 예를 들어 Chapter 4에서 설명한 바와 같이, 사례 기반의 법적 논쟁에 대한 CATO 모델의 버전은 그 결과 예측과 논점 기반 예측과 같은 다른 모델의 결과 예측을 비교하여 평가되었다. 새로운 CMLA, VJAP 모델의 평가는 다음에 설명한다.

셋째, 대부분의 증명 표준은 익숙한 법적 이름이지만, CMLA에서 그 표준의 운영은 해당 표준의 법적 버전과 밀접하게 일치하지 않는 것으로 나타난다. 다음에 설명하는 것처럼 "증거의 우세"와 같은 증거의 법적 표준은 전산적으로 모델링하기 어려운 개념이다.

5.6.1. CMLA에서 증명 표준의 역할

증명 표준은 법적 논증에서 익숙한 것이다. 예를 들어 형사절차에서 증명 표준인 "합리적인 의심을 넘어서서"라는 표준은 "합리적인 사람이 유죄로 판단하는 데에 주저하지 않는 정도의 증거와, 그가 무죄라는 실제적 가능성이 없다고 당신을 확실하게 확신시키는" 증명을 필요로 한다(Weiss, 2003).

언급한 바와 같이, 증명 표준은 또한 논증의 컴퓨팅 모델에서 중요한 역할을 한다. "진술의 수용 가능성은 그 증명 표준에 달려 있다." 진술의 증거 표준이 만족되는지 여부는 진술이 입증 가능한지와 진술이 방어 가능한지 여부에 달려 있다. 주장이 방어 가능한지 여부는 전제가 유지되는지 여부에 달려 있다. 전제의 진술이 수용 가능한지 등등의 여부에 달려 있다(Gordon et al., 2007, P.884).

Carneades는 표 5.2에 나와 있는 여러 가지 증명 표준을 구현한다(Gordon and Walton, 2006). 보는 바와 같이, 일부는 익숙한 법적 표준에 해당한다.

┃ 표 5.2. ┃ Carneades의 일부 증거 표준(Gordon and Walton, 2006)과 법적 대응(Weiss, 2003; Feller, 2015)

Proof Standard	Legal Formulation	Camesdes Version
Scintilla of evidence	단순한 'scintilla of evidence'만으로는 법적 권리와 의무가 근거한 사실판단을 뒷받침하기에 충분하지 않다. "합리적인 사고로 결론을 뒷받침하기에 충분히 수용할 수 있는 관련 증거"를 필요로 한다.	만약 어떤 주장이 적어도 하나의 방어할 수 있는 보강 논증에 의하여 뒷받침된다면, 그 주장은 이러한 기준을 충족한다.
Preponderance of the evidence(Civil Law)	이 기준은 논쟁의 여지가 있는 사실의 존재가 아닌 것보다 더 많은 가능성을 갖는 것을 요구한다.	만약 어떤 주장이 적어도 하나의 방어할 수 있는 보강 논증에 의하여 뒷받침되고, 그것의 가장 강력한 방어할 수 있는 보강 논증이 가장 강력한 탄핵 논증보다 힘이 실릴 경우, 그 주장은 이 기준을 충족한다. 이 표준은 추정 가중치를 사용하여 논증의 균형을 맞춘다.
Dialectical validity.	적용 안 됨.	만약 어떤 주장이 적어도 하나의 방어할 수 있는 보강 논증에 의하여 뒷받침되고, 어떤 탄핵 논증도 성공적이지 않은 경우, 그 주장은 이 기준을 충족한다.
Beyond a reasonables doubt(Criminal Law)	이 기준은 합리적인 사람이 주저하지 않고 행동할 정도의 설득력 있는 증거; 즉 그가 유죄가 아니라는 가능성을 확실하게 확신시켜주는 증거를 요구한다.	만약 어떤 주장이 적어도 하나의 방어할 수 있는 보강 논증에 의하여 뒷받침되고, 모든 보강 주장이 방어할 수 있으며, 어떤 탄핵 논증도 성공적이지 않은 경우, 그 주장은 이 기준을 충족한다.

법적 증명 표준과 Carneades 증명 표준에 대한 설명을 비교하면 적어도 일부의 법적 표준과 밀접하게 일치하는 컴퓨팅 형태를 개발하는 것이 어렵다는 것을 알 수 있다. 합리적인 의심을 넘어서서라는 표준은 "합리적인 사람이 유죄로 판단하는 데에 주저하지 않는 정도의 증거와, 그가 무죄라는 실제적 가능성이 없다고 당신을 확실하게 확신시키는" 증명을 필요로 한다.

인간의 믿음이나 신념의 합리성에 대한 개념을 전산으로 구현하는 것은 쉽지 않다. 게다가, 학자들은 "위의 표준에 대한 정의가 법적 의미를 완전히 포섭한다고 주장하지도 않는다."

그러나 Carneades 버전은 법적 표준의 엄격성의 상대적인 정도를 유지한다. (즉, 합리적인 의심을 넘어서> 변증법적 타당성 > 증거의 우위> 소량의 증거(Scintilla of Evidence)[2][3]). "어떤 서술이 하나의 증명 표준을 충족한다면 그것은 또한 모든 하위의 증명 표준을 충족시킬 것이다."(Gordon and Walton, 2006).

5.6.2. CMLA에 확률적 추론의 통합

CMLA에 대한 마지막 비판은 논증 모델이 절차적 단계에서 법원의 계층 구조 또는 법정 진행의 여러 단계에서 서로 다른 수준으로 결정된 사실, 법 그리고 근본 가치에 관한 문제를 함께 뒤섞어 쓰는 경향이 있다는 것이다. 예를 들어, 도표 5.9의 Young 사례의 VAF에서 사실에 근거한 논증과 가치에 근거한 논증의 혼합을 보라. CMLA는 또한 법률 실무의 현실을 지나치게 단순화하는 경향이 있다. 사실적 주장에 대한 비판적 질문의 정확한 답을 얻는 것은 쉽지 않다. 증인의 신빙성을 평가하는 것은 인간인 배심원이나 판사의 일이다. 주어진 맥락에서 어떤 중요한 질문을 해야 할지를 아는 것은 영민한 변호사의 일이다. 이것은 아마도 CMLA의 능력을 넘어서는 것이다.

그러나 이러한 비판은 법적인 논증의 컴퓨팅 모델의 요점을 놓칠 수도 있다. 이러한 논증 구조와 사전에 저장된 일반 비판적 질문을 가진 이 모델은 변호사가 증인의 신빙성이나 다른 증언과의 일관성에 대한 다양한 가정을 기반으로 일어날 수 있는 일을 모델링할 수 있는 도구로 가장 적합 할 수 있다.

---

2) 법적 표준으로서 "소량의 증거(scintilla of evidence)"는 낡은 것이다. 사실, "소량의 증거(shintilla of evidence)" 이상이 필요하다. 예를 들어, 행정법에서 "실질적 증거" 테스트는 "합리적인 마음이 결론을 뒷받침하기에 적절하다고 받아들일 수 있는 관련 증거"를 요구한다(Feller, 2015).

3) 역자주) 소량의 증거(scintilla of evidence)는 최소한의 관련 증거가 존재할 경우 summary judgment나 directed verdict의 신청을 할 수 없고 배심원에 의한 재판이 이루어져야 한다는 원칙이다.

따라서 CMLA는 법적 논증을 계획하는 도구로 간주될 수 있다. 소송 당사자는 가능한 논증 결과를 탐색하는 데에 이 도구를 사용할 수 있다. 소송 당사자는 예상할 수 있는 모든 사실적, 법적, 규범적 및 절차적 주장을 추가하고 모델이 예측한 결과를 관찰하며, 입력 주장 및 가정에 대한 다양한 변화에 대한 예측의 민감도를 테스트할 수 있다. 적어도 법적 논증 모델 작성자의 목표는 실용적인 논증 구조 도구를 만드는 것이다.

소송의 불확실성을 감안할 때, 소송 당사자가 특정 주장의 성공 가능성에 대한 최선의 평가를 입력할 수 있다면 이 목표가 더 실현 가능할 수 있다. 가장 실무적인 맥락에서 법적 논증의 가정은 불확실하다. 예를 들어, 사실이 진실인지, 아니면 더 적절한 예로, 증거가 받아들여지고 사실 판단자(trier of fact)[4]로부터 인정될 것인지 여부에는 불확실성이 있다. 마찬가지로, 적용할 법적 규칙, 법적 규칙의 의미를 해석하는 방법 및 사례의 사실에 적용하는 방법에 대한 변호인의 주장이 받아들여질 지에 대한 불확실성이 있다.

법적 논증을 계획할 때, 이러한 불확실성에 대한 추론을 컴퓨팅 논증 모델에 통합하는 것이 유용할 것이다. 우선, 증명의 표준은 확률의 문제이다. 표 5.2에서 볼 수 있듯이 가운데 열에 표시된 증거의 증명 표준의 우위는 확률로 표현된다.: 다투어진 사실의 존재 가능성이 그렇지 않은 것보다 더 높다.

Atkinson and Bench-Capon (2007) 판례에서 다음과 같이 설명된다.:

> [추상적인 논증 구조]에서 …, 정보가 불완전한 경우, 우리는 사실이 진실인지 아닌지에 지식이 부족할 수 있다. 우리는 '합리적 의심을 넘어서서'와 '소량의 증거' 사이에 중간 표준을 만들 필요가 있다. 정보를 사용할 수 있는 경우 이를 다루는 한 가지 방법은 논증을 확률과 연결하는 것이다.

경쟁하는 주장은 각각의 성공 확률로 비교할 수 있다.

> 우리가 선택을 해야만 할 때, 우리는 [옵션의 존재] 올바른 선택의 가능성을 계산할 수 있다. 각 주장에 대한 확률에 근거한 이런 종류의 접근은 "확률 균형"이라는 개념에 확실히 내용을 제공할 수 있다. … 그러나 우리는 그러한 정보가 일반적으로 이용가능할 거라고 믿지 않는다(Atkinson and Bench-Capon, 2007).

CMLA에 확률을 통합하면 적어도 두 가지 문제가 제기된다.

한 가지 문제는 통합을 가장 효과적으로 구성하는 방법이다. 사실적 주장의 불확실성을 감안할 때, 논증에서 그 상태는 대체적 상태에 대한 확률로 표현 될 수 있다. 만약

---

4) 역자주) 법적 절차에서 제시된 증거로 사건의 사실을 결정할 책임이 있는 사람. 판사 또는 배심원.

논증 형식주의가 추론된 것들의 상태에 대한 확률을 계산할 수 있다면, 비사실적 주장들은, 효과적인 통합이 될 수 있는, 논증 형식주의에 따라 여전히 주장을 전파한다. 따라서 논증의 질적 모델은 불확실성에 대한 추론을 위한 정량적 방법을 지원하도록 확장될 수 있다.

Bayesian Networks(이하 "BNs")는 불확실성에 대한 추론을 위한 정량적 방법 중 하나이다. 그들은 일반적으로 임의 변수 집합 사이의 조건부 종속성을 모델링하는 데에 사용된다. 예를 들어, 질병과 같이 추론된 상태의 확률은 관찰된 사실이나 증상을 고려하여 계산할 수 있다. Section 7.5.3에서 설명했듯이 BNs는 계산상의 복잡성을 줄이고 ML 방법과 잘 통합된다. Carneades 논증 그래프를 BNs로 줄이는 체계적인 방법은 마찬가지로 그러한 통합에 대해 다른 접근법을 조사한 Grabmair et al.(2010)에 잘 서술되어 있다.

두 번째 문제는 "확률은 어디에서 도출되는가?"이다. 소송당사자들은 그들의 주장의 다양한 요소와 관련된 불확실성에 대한 직관을 가지고 있다. 여기에는 주어진 사실적 추론을 믿거나 또는 제안된 결정의 결과에 대해 특정 가치를 부여하는 사실 판단자를 얻을 가능성 등이 포함된다. 그들은 이러한 불확실성을 추정하고, 사실적 주장과 논증 다이어그램에 나타난 주장에 대한 가중치로 지정할 수 있다. 직관에 의한 무게 설정의 주관성은 민감성 검사의 가능성에 의해 다소 완화되는데, 이 민감성 검사는 가정된 가중치의 변화가 예측과 논증에 어떻게 영향을 미치는지 사용자가 평가할 수 있게 해주는 것이다.

확률의 또 다른 원천은 코퍼스(corpus)와 데이터베이스에 있는 외부 데이터로부터 찾을 수 있다. Chapter 4에서, 우리는 판례, 법원, 판사와 그의 배경, 사법 동향에 관한 정보를 요약한 기능에서 파생된 확률을 보았다(도표 4.3 참조). 다음에서 우리는 이전의 의사 결정에서 상충되는 가치의 해결책으로 도출된 확률을 논의해 본다. (Section 3.5.1의 Bench–Capon and Sartor(2003)의 접근 방식보다 더 상황에 민감한 방식으로 수행되며, 더 많은 일련의 사례들에서 수행되지만).

반면에, CMLA에 대한 확률을 제공하기 위해 외부 데이터를 사용하는 이러한 두 가지 접근 방법이 법적 텍스트에서 직접 그 확률을 도출할 수 있는지 여부는 별도의 문제이다. Katz et al.(2014)의 예측연구에서의 대법원의 접근법은 아마도 코퍼스(corpus) 또는 데이터베이스에 있는 사례의 텍스트로 직접 작동할 수 없다. 그것은 사법적 태도 또는 추세와 같은 특성의 설정에 달려 있다.: 이것들은 아마도 사례 텍스트에서 자동으로 추출될 수 없을 것이다.

이런 점에서 법적 논증에 관한 남은 두개의 계산 모델이 더 나을지도 모른다. 다음에 논의되는 (Bench–Capon and Sartor (2003)의 접근법과 유사한) VJAP 모델은 수동으로 할당된 법적 요인에 의존한다. 증거 자료를 모델링하는 (Section 5.8에서 정의된) DLF는 다른 것들 중에서, 수동으로 할당된 증거 요소에 의존한다. Part II 및 Part III에서 설명한 텍스트 분석 기술을 사용함으로써, 두 가지 유형의 요소가 사례 텍스트에서 자동으로 추출되고 결과 예측에 도움이 될 수 있다.

5.7. 가치 판단에 기초한 논증적 예측 모델

Grabmair는 법규의 기본 가치를 고려한 논증 및 예측을 생성하는 모델인 VJAP 모델을 구현했다. 그는 결과 논증을 기초로 사례의 결과를 예측하는 컴퓨터 프로그램에서 논증 구조를 구현하였고, 그 프로그램을 Hypo, CATO 및 IBP 프로그램과 같은 영역인 영업비밀법의 영역에서 테스트했다(Grabmair and Ashley, 2010, 2011 참조; Grabmair, 2016 참조).

그의 접근법은 법적 추론에 대한 직관적으로 그럴듯한 가정에 근거한다. 법적 결정을 내릴 때, 판사는 적용 가능한 가치에 대한 결정의 파급효과를 고려하고, 대안적 결정의 효과가 더 적합한지 여부를 평가한다. 판사는 가치 판단, 즉 특정 사실 관계에서 결정의 긍정적 효과가 부정적 효과를 능가하는 결정을 내려야 한다.

이러한 가치 판단은 상황에 따라 크게 좌우된다.: 어떤 가치의 추상적 계층도 특정한 사례에서 가치 판단을 결정하지 못한다. 대신, 법적 추론은 하나의 사실적 맥락에서 다른 것까지의 가치 판단을 매핑하고 적용하는 것에 관련된다. 이것은 대상 사례의 사실 집합과 원본 사례의 사실 관계 모두가, 적용 가능한 가치에 대한 영향을 고려할 때, 둘 다 특정한 결과를 얻어야 한다는 것을 정당화하는 법규의 추상적 개념의 사례라고 주장하는 논증을 통해 달성된다.

이러한 주장을 뒷받침하기 위해, Grabmair는 추상적 개념의 도메인 모델을 준비했다. 주장을 판단하기 위한 규칙, 일련의 가치와 영업비밀 규제에 기초가 되는 가치 효과, 그리고 영업비밀 부당이용을 지지하는 것과 그 반대로 경쟁하는 논증구조 속에 ILC들은 그 추상적 개념들을 포섭한다.

ILC들은 맥락에 열려있는 법률 용어로서 그 의미가 자주 모호하거나 공허하고 (Section 2.2.1 참조), 따라서 논쟁의 여지가 있다. "소유권, 시민권, 후견인, 신탁관리권, 점유권 등" 중간 법적 개념은 "그 요건과 결과 사이에서 매개 링크 역할을 한다." 그것은 규칙 사슬의 시작 부분에 있는 규칙이 선례의 법적 용어가 적용되기 위한 사실적 요건을 구체화한다는 점에서 "중간"이며, 이러한 법적 용어는 궁극적으로 법적 또는 규범적 결과를 의미하는 다른 규칙에서는 요건이라는 점에서 "중간"이다(Lindahl, 2004; Wyner, 2008).

5.7.1. VJAP 도메인 모델

VJAP 도메인 모델을 구성할 때, Grabmair는 IBP 프로그램(도표 4.4)의 도메인 모델을 채택했다. 도표 5.10에서 볼 수 있듯이, 그는 정보 오류 문제의 논리를 수정하고, 새로운 하위 논점인 *Wrongdoing*을 도입했으며, 원래 모델이 생략한 몇 가지 법적 요소를 재구성하거나 추가했다.

| 도표 5.10. | VJAP 영역 모델 (Grabmair, 2016)

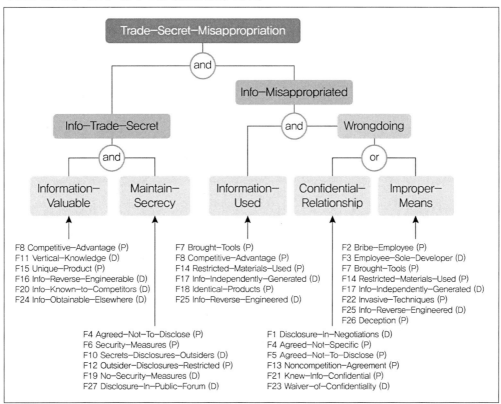

VJAP 도메인 모델에서 논점 및 하위 논점의 논리적 연결은 영업비밀 부당이용에 대한 주장을 정의하기 위한 ILCs와 법적 규칙을 구성한다.

- rtsm: $trade-secret-misappropriation-claim \Leftarrow info-trade-secret \land info-misappropriated$
- rits: $info-trade-secret \Leftarrow info-valuable \land maintain-secrecy$
- rwd: $wrongdoing \Leftarrow breach-of\ confidentiality \lor improper-means$
- rim: $info-misappropriated \Leftarrow info-used \land wrongdoing$

leaf 노드와 관련된 법적 요소는 논점들/ILC에 관한 측면의 주장을 강화하거나 약화시키는 진부한 사실 패턴을 나타낸다. 영업비밀법 요소의 전체 목록은 표 3.1을 참조하라.

5.7.2. 영업비밀 보호 법제를 뒷받침하는 VJAP 가치들

Grabmair는 영업비밀법에 의해 보호되는 새로운 가치 또는 "이익"과 CATO 및 IBP의 요인−기반 사례 분석에 가치를 연결하는 새로운 방법을 개발했다(Grabmair, 2016). 이러한 가치에는 재산과 기밀성에 대한 원고의 이익(도표 5.11) 및 일반 대중이 이용할 수 있는 정보의 유용성 및 공정한 경쟁이라는 대중의 이익(도표 5.12)이 포함된다.

Grabmair는 법적 요인이 보호받는 가치 또는 이익에 영향을 미치는 다양한 방법을 보다 자세하게 표현했다. 예를 들어, 특정 요소는 보호받는 이익을 다소 합법적으로 만들 수 있다. 다른 요소들은 보호받는 이익을 포기 또는 방해하거나 방해하지 않을 수 있다. 보호받는 가치나 이익 각각에 대해 도표 5.11과 도표 5.12는 영업비밀 규제의 근원이 되는 가치에 대해 특정 요인이 끼치는 영향을 나타낸다. 가치와 법적 요인 사이의 관계를 나타내는 이러한 방식은 Bench−Capon and Sartor (2003) 또는 Chorley and Bench−Capon (2005a)에서 접근하는 것보다 적용할 프로그램에 대한 더 많은 의미론적 정보를 제공한다.

예를 들어, 다이나믹스(Dynamics) 사례[5]를 생각해보자. 원고는 제품 정보를 개발하고 그 정보를 기반으로 제품을 마케팅하고 있었다. 원고의 정보는 원고가 제품을 생산하는 유일한 제조사라는 점(F15 Unique−Product (P))에서 독특했다. 원고는 정보에 대한 접근 및 배포를 제한하기 위한 적극적인 조치를 취했다(F6 Security−Measures (P)). 원고는 공개 포럼에 정보를 공개(F27 Disclosure−In−Public−Forum (D))했다. 어느 시점에서 피고는 제품 정보를 입수했다. 피고는 원고와 비공개 계약을 체결했다(F4 Agreed−Not−To−Disclose (P)). 비공개 계약은 어떤 정보가 신중하게 취급되어야 하는지를 명시하지 않았다(F5 Agreement−Not−Specific (D)). 결국 피고는 경쟁 제품을 개발하여 판매하기 시작했다. 그 후에 원고는 영업비밀 침해에 대하여 피고에게 소송을 제기했다.

누군가는 Dynamics 사례의 요인에 따라, 그리고 도표 5.10의 VJAP 도메인 모델을 기반으로, 영업비밀 침해에 대한 원고 측 주장의 강점과 약점을 요약할 수 있을 것이다. 혹자는 비밀 유지와 신뢰 위반(신뢰 관계라고도 함)이라는 규칙에 따른 두 가지 논점과 관련하여 상충되는 요소가 있다고 판단할 수 있지만, 가치 있는 정보라는 세 번째 논점

---

5) *Dynamics Research Corp. v. Analytic Sciences Corp.*, 9 Mass. App. 254,400 N.E.2d 1274,209 U.S.P.Q. 321 (1980).

(Grabmair, 2016, p.31)에 대한 충돌은 없다. 그것은 IBP가 예상할 목적으로 사례에 대해 보유하는 만큼의 정보이다. AGATHA는 요인 사이의 또는 가치 사이의 갈등을 해소하기 위해 요인들과 특정 우선순위 규칙과 관련된 특정 가치에 대한 정보도 가지고 있다.

┃ **도표 5.11.** ┃ 영업비밀법에 의해 보호되는 가치: 재산 및 기밀 유지에 대한 원고의 이익 (Grabmair, 2016)

Plaintiff's property interest in competitively valuable information

Interference [F21 F18 F22 F26 F7 F14 F2]
　원고의 재산권은 정보의 기밀성, 동일 제품, 침해 기술, 속임수의 사용, 정보를 유출한 전직 직원, 제한된 재료의 사용, 그리고 고용 전환에 대한 지불로 인해 침해되었다.

Waiver [F23 F19 F27 F1 F10]
　원고는 기밀성의 포기, 보안 조치의 부재, 일반 공개, 협상 중 공개, 그리고 외부인에 대한 공개로 인하여 자신의 재산권을 포기한 것이다.

More—legitimate [F15 F8]
　원고의 재산권은 제품의 독창성과 경쟁의 이익으로 인해 정당하다.

Less—legitimate [F24 F16 F17 F11 F20]
　원고의 재산권은 정보의 대중적 사용가능성으로 인한 역설계 가능성, 독립적 발명, 고객 및 공급 업체에 관한 정보, 그리고 경쟁 업체에 알려진 정보로 인해 정당하지 않다.

Protection [F12 F6 F13 F4]
　원고는 외부 공개에서의 기밀, 보안 조치, 경업금지 계약, 그리고 비공개 계약을 통해 자신의 재산권을 보호했다.

Non—interference [F25]
　원고의 재산권은 정보에 대한 역설계를 통해 침해되지 않았다.

Plaintiff's interest in confidentiality

Less—legitimate [F24 F5 F20]
　기밀성에 대한 원고의 이익은 정보의 일반 사용가능성, 구체화되지 않은 비공개 계약, 그리고 경쟁사에 이미 알려진 정보로 인하여 정당하지 않다.

Waiver [F23 F19 F27 F1 F10]
　원고는 기밀성의 포기, 보안 조치의 부재, 일반 공개, 협상 중 공개, 그리고 외부인에 대한 공개를 통하여 기밀 유지를 통한 이익을 포기했다.

Protection [F12 F21 F6 F13 F4]

원고는 외부 공개의 기밀성, 정보의 알려진 기밀성, 보안 조치, 비경쟁 계약 및 비공개 합의를 통하여 기밀 유지 이익을 보호했다.

Interference [F14 F2]
　제한된 재료의 사용과 고용 전환에 대한 지불로 인해 원고의 기밀 유지 이익이 침해당했다.

┃ **도표 5.12.** ┃ 영업비밀법에 의해 보호되는 가치: 공개적으로 이용 가능한 정보의 유용성 및 공정 경쟁에서 일반 대중의 이익 (Grabmair, 2016)

General public's interest in the usability of publicly available information
More-legitimate [F24 F16 F25 F17 F11 F20]
　정보의 일반적 이용가능성, 역설계 가능성, 정보의 역설계, 독립적인 발명, 고객 및 공급자에 관한 정보, 그리고 경쟁자에게 알려져 있는 정보라는 측면에서, 일반적으로 사용가능한 정보의 유용성에 대한 일반 공중의 이익이 이 사례에 적용된다.
Less-legitimate [F21 F15 F14]
　정보의 기밀성, 제품의 고유성, 그리고 제한된 재료의 사용이라는 측면에서, 일반적으로 사용가능한 정보의 유용성에 대한 일반 공중의 이익이 이 사례에 적용되지 않는다.

General public's interest in fair competition
Interference-by-d [F21 F18 F26 F7 F14 F2]
　정보의 기밀성, 동일한 제품, 속임수의 사용, 정보를 유출한 전직 직원, 제한된 재료의 사용, 그리고 고용 전환에 대한 지불로 인해, 공정 경쟁의 원칙은 피고에 의해 위반되었다.

　　그러나 VJAP는 도표 5.11 및 도표 5.12에 나와 있는 영업비밀 규제에 따라 보호되는 가치에 대한 요소들에 대한 추가 정보를 가지고 있다(Grabmair, 2016, pp. 44-7). 예를 들어, Dynamics의 경우, 틀림없이:

- 원고가 제품을 생산하는 유일한 제조업체라는 점에서 원고의 정보가 고유했기 때문에(F15) 원고의 재산권은 정당하다.
- 원고는 정보에 대한 접근과 배포를 제한하는 적극적인 조치를 취했고(F6), 피고는 원고와 비공개 계약을 체결했다는 점(F4)에서 원고는 그의 재산권을 보호했다.
- 원고는 정보에 대한 접근과 배포를 제한하는 적극적인 조치를 취했고(F6), 피고는 원고와 비공개 계약을 체결했다는 점(F4)에서 원고는 기밀 유지를 통한 이익을 보호했다.
- 일반적으로 사용가능한 정보의 유용성에 대한 일반 공중의 이익은 이 사례에서 적용되지 않는다. 왜냐하면 원고가 제품을 생산하는 유일한 제조업체라는 점에서 원고의 정보가 독특하기 때문(F15)이다.

한편, 원고는 영업비밀 보호규정에 따라 보호되는 가치의 일부를 손상시킨 것으로 추정된다.

- 원고가 공개 포럼에서 정보를 공개했기 때문에(F27), 원고는 자신의 재산권을 포기한 것이다.
- 원고가 공개 포럼에서 정보를 공개했기 때문에(F27), 원고는 자신의 기밀 유지를 통한 이익을 포기한 것이다.
- 비공개 계약이 어떤 정보가 기밀로 다루어져야 하는지 구체적으로 명시하지 않았으므로(F5), 원고의 기밀 유지를 통한 이익은 정당하지 않다.
- 원고가 공개 포럼에서 정보를 공개했기 때문에(F27), 일반적으로 사용가능한 정보의 유용성에 대한 일반 공중의 이익은 이 사례에서 적용된다.

도표 5.10의 VJAP 도메인 모델에서 논점들은 사례에서 절충되는 전체 가치를 지역적이고 상호적인 절충의 부분집합으로 구분한다. 예를 들어, Dynamics 사례는 영업비밀법에 의해 보호되는 가치에 대한 효과와 관련된 절충을 제시한다. 이러한 절충 사항 중 일부는 한 가지 논점과 관련하여 경쟁하는 요소를 다루고 있다는 의미에서 부분적이다. Maintain−Secrecy와 관련하여 부분적 갈등이 있다. (F6 Security−Measures (P) and F4 Agreed−Not−To−Disclose (P) vs. F27 Disclosure−In−Public−Forum (D)), 그리고 Breach−Confidentiality와 관련하여도 부분적 갈등이 있다. (F4 Agreed−Not−To−Disclose (P) vs. F5 Agreement−Not−Specific (D)). 절충에 영향을 미치는 다른 가치는 상호적 논점이다. 예를 들어, Info−Valuable(F15 Unique−Product (P))과 관련된 원고의 강점은 Maintain−Secrecy 또는 Breach−Confidentiality 문제에서의 약점을 보완할 수 있다.

Section 5.7.4에서 설명했듯이, VJAP 프로그램은 이러한 절충을 논증 그래프에서 신뢰값으로 분해하고 도표 5.10의 도메인 모델을 사용하여 정량적으로 집계한다.

5.7.3. VJAP 논증 체계

VJAP는 어떤 법규가 현재의 사례에 적용되어야 한다거나 이전 사례의 유사점에 기반하고 있지 않다는 주장을 모델링한다. 법규는 ILC들로 구성된다. 이러한 ILC들은 영업비밀법의 도메인 모델(도표 5.10)로부터의 논점이다. 유추란 현재의 사안과 이전의 사례가 동일한 부분이나 상충관계에서 가치 효과에 대한 절충을 제시한다는 주장이다.

공유된 가치 효과 절충에 기초한 유추를 통해 논증을 구성하는 구조를 채택하면서, 이 프로그램은 현재의 사안과 동일한 부분 또는 상충관계를 공유하는 사례를 검색하고, 적절한 논증에서 사용할 수 있다.

예를 들어, "선례로부터의 상충관계(Inter-Issue Trade-off from Precedent)"에 대한 논증 구조는 한 쪽의 측면에서 논증을 이끌어내기 위한 전제 조건을 형식적으로 규정하는 규칙이다. 기본적으로, 선례의 경우 그 쪽으로 결정되어 있어야 하며, 현재의 사안과 마찬가지로 가치 효과에 있어 동일한 상충 관계를 공유한다.

도표 5.13은 이 논증 체계로 구성된 Dynamics의 경우에 대한 프로그램의 분석에 대한 요약을 보여준다. 본문의 밑줄 친 부분은 논증 체계가 영업비밀법에 의해 보호되는 가치에 대한 효과에 있어서 절충점을 어디에 도입하는지를 보여준다. 비록 VJAP 프로그램이 장황하고 동어반복이 심할(wordy and repetitive) 수 있는 텍스트를 출력하지만, 미래의 문제로, 그 논증은 Berman과 Hafner가 주장한 일종의 이론적 주장(도표 3.12의 Argument II에서 예시 됨)에 긍정적으로 비교된다.

VJAP 논증 체계는 또한 현 사안과 가치 효과에서 부분적 절충을 공유하는, 즉 동일한 문제에 적용되는 절충이 존재하는, 선례와 유사한 논증을 만드는 것을 지원한다.

도표 5.13의 Dynamics 사례와 National Rejectors 사례에 대한 비교는, 사례가 정보 가치와 같은 법규 요구 사항을 충족시키거나 충족시키지 못한다는 논점에 있어서, VJAP 프로그램이 가치 효과 절충의 방식에서 사례를 통하여 어떻게 추상적 유사성을 그려내는지 보여준다.

중요하게도, VJAP 모델에서, 선례가 현 사례와 동일한 가치 효과 절충을 공유한다는 사실이 반드시 동일한 요소 집합을 공유한다는 것을 의미하지는 않는다. 주어진 가치 효과는 도표 5.11과 도표 5.12에서 나타난 바와 같이 여러 요인에 의해 야기될 수 있다. 결과적으로, VJAP는 이전의 법적 추론 모델보다 더 추상적인 수준에서 유사성을 그려내고 있다.

> VJAP는 법정에서 심리중인 사례와 상충 관계를 공유하는 측면에서 잠재적 선례를 검색한다. 여기에는 어떤 요소가 이러한 효과를 구성하는지에 관계없이 두 가지 가치 효과 세트가 포함된다. 이것은 HYPO, CATO 및 IBP에서 채택된 요소 수준에서 후보 선례 검색과 실질적으로 (그리고 틀림없이 '더 깊은') 다른 것이다. 다시 말해, VJAP가 선례를 찾아내는 것은 공유하는 요소의 측면에서 표면적으로는 다를지 모르지만 공유하는 가치 효과 측면에서, 즉 더 깊은 차원에서 유사한 선례를 찾아내는 것이다(Grabmair, 2016, p.60).

추가적인 VJAP 체계는 유사성을 지지하거나 공격하는 논증을 가능하게 한다. "한 당사자는 현재 사안에는 있지만 선례에는 없는, 그러나 유사성에 관하여 여전히 논점 상호가 절충의 부분이 되는, 호의적인 요소를 지적할 수 있다. 결과적 주장은 현재의 사안에서 호의적으로 접근하는 요소는 주장을 더욱 강하게 만든다는 점에서 더 강력한 주장이다."(Grabmair, 2016, p.61). 상호 보완적인 방식으로, 상대방은 "현재의 사안에 유사성을 주장하는 측면에서, 즉 선례의 일부는 아니지만 여전히 절충의 일부라는 주장의 측면에서, 부정적인 요소가 존재한다는 점을 지적함으로써, 그로써 유사성을 약화시킴으로써" 유사성을 공격할 수 있다(Grabmair, 2016, p.62).

▌**도표 5.13.** ▌ Dynamics Case 용 VJAP 프로그램 결과물 (발췌) (Grabmair, 2016, PP. 59-60)

DYNAMICS 사례에서, 가치 있는 정보에 대한 피고측 주장의 예:

원고의 제품 정보는 충분히 가치 있지 않다. 왜냐하면 피고 측에 강한 증거가 없다하여도, 원고가 정보의 기밀성을 유지하는 데에 노력을 거의 기울이지 않았기 때문이다. 원고의 제품 정보가 충분히 가치 있지 않았다고 가정된다. 그와 반대로 결정하는 것은 영업비밀법의 근본적 목적과 일치하지 않기 때문이다.

특히, 원고에 의한 기밀성의 유지, 일반 공개는 <u>재산권의 분명한 포기</u>로 인정된다는 점, <u>공공 정보의 유용성</u>은 매우 중요하고, 원고에 의한 기밀성 유지의 부재는 <u>기밀성을 통한 이익의 분명한 포기</u>라는 논리를 고려하면, 피고 측에 강력한 증거가 부족하고, 제품 정보가 독특하다는 사실에도 불구하고, 정보의 가치가 부족하다는 사실은 충분히 입증된 것으로 간주되어야 한다.

피고가 승소한 NATIONAL – REJECTORS 사례에서도 이와 유사한 상충관계가 만들어졌다. 거기에서, 원고의 기밀 유지와 관련하여, 외부인에 대한 공개는 <u>재산권에 대한 명백한 포기</u>와 <u>기밀 유지를 통한 이익의 명백한 포기</u>로 이어졌다. 일반 공개는 <u>재산권에 대한 명확한 포기</u>이고, <u>공개 정보의 유용성</u>은 중요하며, <u>기밀 이익에 대한 명백한 포기</u>라는 논리가 인정되었다. 보안 조치의 부재는 <u>재산권에 대한 명확한 포기</u>와 <u>기밀 이익에 대한 명확한 포기</u>로 인정되고, 제품 정보가 독특하다는 사실에도 불구하고, 정보의 가치가 미약한 것으로써 역설계의 가능성이 인정된다.

5.7.4. VJAP의 논증 기반 예측

VJAP 프로그램은 논증 체계를 사용하여 각 사례에 대한 논증 그래프를 구성한다.(Grabmair, 2016, p.iv) 사례 c에 적용 가능한 모든 요소가 입력되면, VJAP는 사례 c에서 원고의 영업비밀 침해 주장이 성공할 것이라는 논증을 구성한다.

논증 그래프 구조에서 표현된, 논증은, VJAP가 지원하는 모든 논증 체계를 적용하기 위한 역방향 연결을 사용하여, 철저한 검색의 결과를 기록한다. 논증 체계에는 공유하는 부분이나 상충관계를 기초로 한 유사성에 의한 논증 체계를 포함한다. 이것은 각각의 논점에서 프로그램은 적용가능성을 위해 모든 논증 체계를 확인한다는 것을 의미한다. 어떤 체계가 적용되면, 그것은 예시되고, 그것의 전제는 같은 과정의 반복 속에서 논의된다. 논증 체계의 적용가능한 각 예시의 결과는 하나의 주장으로서 논증의 그래프 구조에 추가된다. 이 과정은 그래프가 완성되어, 프로그램이 새로운 주장을 더 이상 찾을 수 없을 때까지 계속된다(Grabmair, 2016, p.48).

논증 그래프는 주어진 프로그램의 도메인 지식에서 누가 이 사건을 이겨야 하는지에 대해 모든 가능한 주장을 나타낸다. 논증 그래프는 너무 크고 여기에 표시하기에 너무 복잡하지만, 도표 5.14는 "VJAP가 생성하는 논증 그래프의 패턴 체계"를 보여 주며,

| 도표 5.14. | VJAP에서 거래와 관련한 Restatement 논점에 대한 추론을 위한 진술 및 주장 구조 (Grabmair, 2016, p.51)

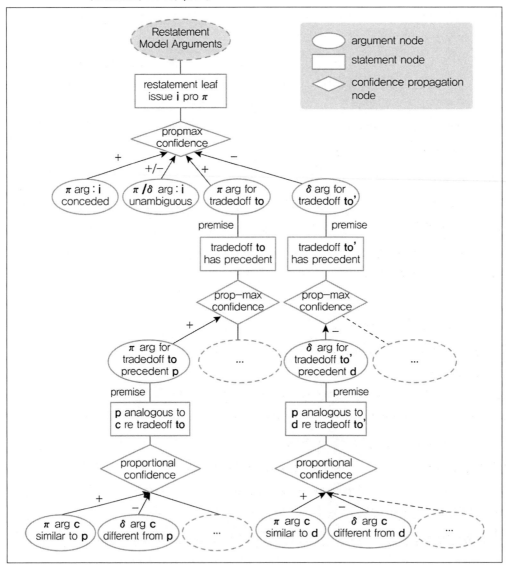

영업비밀법의 도메인 모델(도표 5.10)에서 사례 c의 문제 i에 관해 원고의 승소 여부를 논의한다. 논증 그래프는 타원형 노드에 있는 주장, 직사각형 노드에 있는 관련된 가정, 그리고 (나중에 설명하는) 다이아몬드 모양의 신뢰 전파 노드로 구성된다. 노드를 연결하는 가장자리는 결과 및 전제 관계를 나타낸다(Grabmair, 2016, pp. 48−51).

앞에서 언급했듯이, 프로그램은 규칙으로 표현된 논증 체계를 사용한 역방향 연결을 통해 위에서 아래로 논증 그래프를 생성한다. 각 논증 체계의 전제 조건이 충족 될 때, 체계는 그래프를 아래쪽으로 확장하여 상응하는 논증을 추가한다. 도표 5.14에서 볼 수 있듯이, 논증 그래프는 "윗부분의 도메인 모델의 주장에서 출발하여 파생 논점, 절충, 선례, 그리고 선례와 현재 다루고 있는 사안과의 유사점/차이점에 대한 논의"로 진행된다(Grabmair, 2016, p.50).

논증 그래프는 또한 상호적이다. 도표에서 제시된 바와 같이, 논증 구조 탐색 과정은 사례의 논점에 대한 원고와 피고에 대한 법적 논쟁을 일으킨다.

VJAP는 논증 그래프를 기반으로 사례의 결과를 예측한다. "논증 그래프로부터 계산된 신뢰도 측정을 사용하여 사건 결과를 예측하고, 예측을 정당화하는 문자화된 법적 논증을 생성한다. 신뢰 전파는 가치에 대한 사실의 효과에 할당된 정량 가중치를 사용한다. VJAP는 최적화된 방법을 반복적으로 사용하여 과거의 사례로부터 이러한 가중치를 자동으로 학습한다."(Grabmair, 2016, p. iv).

다시 말해서, 논증 그래프는 이전 사례와 맥락에서 주어진 가치의 절충을 고려하여, 사건의 결과를 예측하는 정량적 그래픽 모델의 역할을 한다. "신뢰 가치는 ⋯ 어떤 문장이 논리적으로 확립된 정도를 나타내므로, 시스템에 일종의 '양적 신뢰 의미론'을 부여한다."(Grabmair, 2016, p.17). 가치는 다음을 기반으로 계산된다.

1. 각 요소가 원고 또는 피고를 지지하는 각 가치에 미치는 영향과 관련된 가중치.
2. 논증의 전제가 수립될 수 있는가에 대한 신뢰의 정도, 그것은 그 전제에 대한 찬반 논증의 강도에 달려 있다.

논증 그래프를 확장하면서 각 논증 체계가 시작될 때, 전체 논증에 대한 신뢰에 기여한 주장의 상대적 효과를 계산하기위한 신뢰 함수를 도출한다. 각 논증 구조는 그것이 구성하는 논증의 종류에 대한 상대적인 설득력의 척도를 계산하는 기능을 가지고 있다. 신례로부터의 논점 연결적 또는 부분적 논증에 있어서, 신뢰도 측정은 선례 p와 사례 c 사이의 유사성의 강도에 따라 올라가며, 구별성의 정도에 따라 감소한다.

VJAP 프로그램은 특정 사실이 해당 가치에 미치는 효과의 설득력을 나타내는 학습된 가중치 매개 변수의 논증 그래프를 통해 신뢰값을 전달함으로써 사례의 결과를 예측한다(Grabmair, 2016, pp.25−6).

일단 그래프가 구성되면, 시스템은 논증 그래프의 파생 노드의 신뢰도를 계산하기 위해, 요인 효과 가중치 지도 변수를 사용하여, 주장[원고가 승리한 명제]의 신뢰도를 계산한다. ([도표 5.14]의 하단 참조). 이러한 초기 신뢰 값은 논증 체계의 신뢰 함수 ··· 그리고 명제에 대한 비례 신뢰와 propmax 신뢰 함수를 사용하여 상향식으로 (또는 신경망 용어에서 '피드 포워드(feed forward)') 전파된다(Grabmair, 2016, pp. 70−1).

결과 값은 결과 예측에 대한 프로그램의 신뢰도를 나타낸다. 50%의 임계값보다 크면, 원고가 이기는 것으로, 그렇지 않으면 피고가 이기는 것으로 예측하는 것이다.

5.7.5. VJAP 프로그램 평가

VJAP 프로그램을 평가하기 위해, Grabmair는 영업비밀 사건 121건(원고 승리 74건, 피고 승리 47건)의 데이터베이스를 사용했다. 이것은 원고와 피고 각각에 적어도 하나의 요소가 있는 사건들로 구성된 IBP 데이터 집합의 하위 집합이다. 따라서 이러한 사례들은 절충을 균형 잡는 논증을 뒷받침한다.

데이터베이스는 훈련 및 테스트 세트로 나누어진다. 훈련을 위해 논증 그래프가 작성되고, 훈련 세트의 각 사례에서 승자가 예측된다. 그러면, 전체적인 예측의 정확도가 결정된다(Grabmair, 2016, p.71).

시스템은 예측 정확도를 극대화하기 위해 최적의 사실 효과 가중치 변수를 학습하려고 노력한다. 이를 달성하기 위해, 구조 − 전파 − 예측 패턴은 시뮬레이티드 어닐링 (simulated annealing, 모의 담금질) 기술을 사용하여 최적의 가중치 맵을 반복적으로 탐색하는 루프에서 발생한다(Grabmair, 2016, p.71).

Simulated annealing은 신뢰도와 같은 함수에서, 최댓값이 아닌 부분적 최댓값을 피해서, 전체 최댓값을 찾는 기술이다.

simulated annealing에서, 훈련 루프는 사전 정의된 반복 횟수만큼 실행되고, 매개 변수 (즉, 가치에 대한 사실 효과의 가중치)는 임의의 효과 가중치를 새로운 임의의 효과 가중치로 대체하여 각 반복마다 조정된다. 따라서 현재의 사안에 대한 "인접한" 가중치 맵을 생성한다. 이 새로운 가중치 맵은 신뢰도 전파 및 전반적인 예측 정확도를 통해 평가된다. 인접한 가중치 맵이 더 우수하거나 동등하게 양호하면, 현재의 가중치 맵을 대체하고 알고리즘은 다음 사이클로 진행된다. 새로운 가중치 맵이 더 나쁘다면, 그럼에도 불구하고 시스템은 시스템의 "온도"에서 계산된("냉각 일정" 기능을 사용하여) 작은 확률의 현재 가중치 맵을 만든다. 이것은 어닐링 프로세스에서 잔여수와 총 반복수의 함수이다. 때로는 "나쁜 행동"을 취함으로써, 가능한 가중치 맵 매개 변수의 다차원 공간에서 검색이 부분적 최적점에 걸릴 가능성이 적다는 것을 직감할 수 있다 (Grabmair, 2016, p.71).

어닐링 프로세스가 완료되고 최상의 가중치 맵이 발견된 후, 테스트 단계가 수행된다. 테스트 단계에서 VJAP 프로그램은 테스트 사례의 결과를 "더 이상 최적화하지 않고 훈련된 효과 가중치 매개 변수를 사용하여 동일한 구조 전파 예측 방식"으로 예측한다 (Grabmair, 2016, p.72). 테스트 사례 예측의 총 수를 분모로, 정확하게 예측된 테스트 사례의 수를 분자로 하여 정확도를 계산한다.

이 프로그램은 LOO와 fivefold cross validation(Section 4.4.3 참조)에서 개별 사례 결과를 예측했다. 각각은 법률적 요인에 관해 수동적으로 표현된 영업비밀 부당이용 사례 121건의 데이터베이스를 사용했으며, 각각의 경우는 적어도 한 쌍의 상충되는 요소를 가지고 있다(Grabmair, 2016, P.74).

LOO에서, 각 훈련 및 테스트 단계가 121번 실행되었다. 때마다, 다른 사례가 한 사례의 테스트 집합이 되었고, 다른 120개의 사례는 훈련 집합이었다. fivefold cross validation에서 사례들은 균등한 크기의 다섯 세트로 무작위로 할당되었다. 각 실행마다, 하나의 세트가 테스트 세트가 되면, 나머지 4개가 훈련 세트가 된다.

VJAP 프로그램은 LOO 평가에서 79.3%의 정확도를 달성했고, fivefold cross validation에서 77.9%의 정확도를 달성했다. 이는 61.2%의 다수 등급 기준선과 비교된다.

도표 4.7에서 보고된 결과와 비교할 때, 이 정도의 정확도는 IBP보다 낮고, CATO (이는 상충되는 요인이 없는 64가지 사례를 포함하는 관련 데이터베이스로 평가되었다)보다 높다. 그러나 비교를 할 때, VJAP 프로그램이 가치 관련 정보를 고려하지 않았고, IBP나 CATO보다 더 법적으로 사실적인 주장을 하지 않는다는 것을 생각해야 한다. 게다가, IBP에서 KO-Factors를 정의하는 필요성을 생략했다.

AGATHA 프로그램(Chorley and Bench-Capon, 2005a, c)의 가치 기반 이론 구축 접근법에 대한 VJAP 프로그램의 장점은, VJAP는 법적 문제 내외부의 가치 절충에 중점을 두고 세분화 된 표현을 사용한다는 점이다. 그 미세한 입자는 과거의 사례에서 가치 절충에 더 잘 부합할 수 있고 과거 사례와 현재의 문제의 사실적 맥락에서 차이를 더 잘 조정할 수 있음을 의미한다. 또한 VJAP 프로그램은 변호사에게 직관적으로 받아들일 수 있는 논증을 생성한다.

주어진 사례에서 법규의 요건(중간적 법률 개념)이 만족되었는지, 결과가 무엇인지에 대한 논증을 생성함에 있어, VJAP는 법규를 적용하고 문제를 사례와 비교할 뿐만 아니라, 문제의 규칙을 뒷받침하는 가치도 추론한다. 그것은 주어진 사례에서 법규의 요건이 광범위하게, 제한적으로, 또는 어떤 경우에는 전혀 해석되지 않아야 한다고 주장한다(Grabmair, 2016). 이러한 주장을 함에 있어, 해석이 선례를 통해 확립된 가치 절충에 일관되도록 결정을 만드는지 여부에 따라 프로그램은 유도된다. 그것이 만들어낸 논증은 사안의 결과를 예측하기 위한 근거로도 사용된다.

마지막으로, Grabmair는 VJAP 시스템의 변종을 구축하여 현재 사례에 대한 논의가 현재 사건의 날짜보다 적어도 1년 전에 결정된 사례를 통해서만 이루어질 수 있도록 했다. 소위 VJAP-timeline의 목표는 "선례가 없거나 적은 경우와 선례가 많은 경우에, 추론하는 시스템의 능력을 평가하고, 어떤 선례가 후의 사례에 가장 많이 인용되는지 검토하는 것"이라 하였다(Grabmair, 2016, p.73).

평가에 있어서, VJAP-timeline은 LOO(84.3%)와 교차 유효성 검사 조건(82.1%)에서 전체 VJAP 모델보다 더 나은 예측 성능을 나타냈다(Grabmair, 2016, p.80). 알려진 바와 같이, VJAP-timeline은 법률 실무에서도 사실상 난관인, "주어진 사례의 연대기를 고려할 때 임시적으로 그럴듯한" 논증을 방지하는, 사례 기반 법적 추론 또는 논증의 첫 번째 계산 모델이다.

5.8. 증거적 법률 논증의 전산 모델

증거적 법률 논증이란 재판이나 청문에서 일방이 법규의 사실적 요건이 충족되었다는 결론을 입증하기에 충분한 증거를 제시하였는지 여부를 결정함에 있어 사실의 판단자가 고려하는 논증을 말한다. 그것은 신청이나 상소 절차에서, 어떤 법규 또는 용어가 무엇을 의미하는지 결정하는 데에, 또는 상충되는 결론의 법적 결과를 해결하는 데에 판사가 고려하는 법적 논증들과 구별된다. Hypo, CATO, CABARET, GREBE, Theory Construction, VJAP 모델에 있는 논증 체계와 모델은 후자에 초점을 맞추고 있다.

인공지능과 법에 대한 연구자들은 증거적 법률 논증과 관련된 논쟁 체계에 대한 공식 모델을 여럿 개발했다(Bex, 2011; Walker et al., 2011; Verheij et al., 2015 참조).

Walker의 논증 모델은 그 서술적인 초점 때문에 특히 흥미롭다. Walker는 증거적 법률 논증과 사법 판결을 체계적이고 경험적으로 조사한다. 그의 모델은 공개된 판결에 나타난 대로 사실 판단자의 실제 추론을 자세히 설명하는 것을 목표로 한다. 그의 논증 모델은 새로운 사례를 분석하고 예측과 주장을 생성하는 프로그램을 (아직) 포함하고 있지 않지만, 증거적 법률 논증의 체계를 제공한다.

이 연구는 Hofstra University의 Maurice A. Deane School of Law와 Law, Logic and Technology 연구소 (LLT Lab)에서 개발한 Vaccine/Injury Project (V/IP) 코퍼스 (Corpus)와 관련된다. 이 코퍼스는 백신과 관련된 상해에 대한 보상 청구가 국가 백신 상해 프로그램(National Vaccine Injury Compensation Program (이하 "NVICP"))의 요건을 충족하고 있는지 여부에 대한 연방법원의 결정으로 구성되어 있다. 이 경우, Special Masters 는 어떤 증거가 어떤 사실의 문제와 관련이 있는지 결정하고, 법적 기록에서 증거의 타당성을 평가하고, 증거를 정리하여 합리적인 추론을 하고, 사실에 대해 판단하게 된다. (Walker et al., 2011).

NVICP 하에서, 보상 청구자는 백신이 상해를 야기해야만 보상을 받는다. 그러나 정책적 이유로, 인과관계의 개념은 순수 과학적 인과관계보다 낮은 기준으로 특별히 정의된다. Althen v. Secr. of Health and Human Services, 418 F. 3d 1274 (Fed. Cir. 2005)에서, 보상 청구자는 증거의 우세로 다음을 입증해야 한다.:

1. "의학 이론은 백신의 종류와 상해의 유형을 인과적으로 연결시킨다.";
2. 특정 예방 접종과 특정 상해 사이에 "원인과 결과의 논리적 연결"이 있다.; 그리고
3. 예방 접종과 상해 사이에 "가까운 시간적 관계"가 있다.

코퍼스는 사실상 원인(causation-in-fact)에 대한 Althen 판례의 테스트를 적용한 첫 2년간의 모든 판결(35개의 판결문, 일반적으로 판결 당 15-40쪽)을 포함하고 있다 (Walker et al., 2011).

증거적 법률 논증에 대한 Walker의 모델은 Default Logic Framework이라고 불린다. DLF 논증 다이어그램은 적용 가능한 법규 및 규제 요건을 "규칙 트리"로 보여준다. 그 나무는 강제력 있는 규칙 조건의 나무이며, 그 규칙 조건에 따른 Special Master의 사실 판단에 대한 증거적 주장을 연결하는 법적 결정에서, 추론의 사슬이다(Walker et al., 2011). NVICP를 위한 규칙 체계를 수립하는 법령은 미국의 법령에서 발견되는 전형적인 논리 구조를 나타낸다(Walker et al., 2015b).

도표 5.15는 원인을 증명하기 위한 *Althen* 규칙의 세 가지 조건을 보여주는 백신 결정을 위한 부분적 규칙 트리를 보여준다. 각 규칙 트리는, 청구인이 입증해야하는 전반적인 문제, 즉 NVICP 하에서의 보상 자격을 나타내는, 루트 노드가 맨 위에 있는 그래프이다. 자식 노드는 연결된 부모 노드에서 명제를 증명하기 위한 조건을 나타낸다. 형제 하위 노드는 커넥터 AND, OR, UNLESS 또는 RULE FACTOR에 의해 상위 노드에 연결된다. 커넥터 AND는 필요조건의 논리적 결합으로서 기능하며, 커넥터 OR은 독립적으로 충분한 조건의 논리적 분리로서 기능한다. 커넥터 UNLESS는 반박으로 기능한다.: 패배

┃ 도표 5.15. ┃ Althen의 3가지 인과관계 조건을 보여주는, 백신 결정을 위한 DLF 부분 규칙 트리 (Walker et al., 2011 참조)

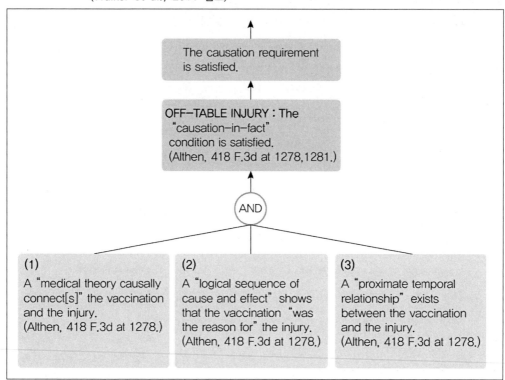

조건이 참이면 결론은 거짓이라는 것이다. 커넥터 RULE FACTOR는 조건의 진실이 결론의 가능성을 높이거나 낮춘다는 것을 나타낸다. 사실을 판단에 있어, 사실 판단자는 "규칙 요소" 조건을 고려해야 하지만, 규칙은 진실 값을 할당하는 방법을 구체화하지 않는다. 규칙 트리의 명제 노드는 "참", "결정되지 않음" 또는 "거짓"의 값을 할당받을 수 있다. 특별한 경우에, 파생 노드에서 사실의 판단은 루트 노드 명제의 진실값에 영향을 미친다(Walker et al., 2011).

도표 5.16은, 그 사례에서 증거를 규칙 트리에서 인과 관계 규칙의 첫 번째 요건에 대한 Special Master의 사실 판단에 연결하는, Stewart 사건의 결정에서 추출된 추론 연쇄를 보여 준다.

DLF 모델에서, 논리적이고 타당한 연결 요소는 Special Master의 사실 판단과 규칙 트리의 명제에 연결하는 데에 사용된다. 증거 요소는 결론에 대한 Special Master의 판결 이유를 모델링하고, 사실 판단자에 의해 실제로 할당된 타당성 값을 그들에게 할당한다 (Walker et al., 2011). 결정을 위한 DLF 모델은 왜 증거가 선례의 법적 규칙을 증명하거나 또는 증명하는데 실패했는지에 대한 사실 판단자의 추론을 포착한다. 도표 5.16에서, 네 가지 증거요소가 확인되었고, 이들 모두는 Althen 규칙의 세 가지 요건 중 첫 번째 요건이 충족되었다는 증거적 판단을 뒷받침한다.

▌도표 5.16.▌ DLF 추출 추론 체인 (발췌) (Walker et al., 2011 참조)

- AND [1 of 3]: (1) A "medical theory causally connect[s]" the vaccination on March 26, 2002 and cerebellar ataxia (Althen, 418 F.3d at 1278.) -- that is, hepatitis A vaccine "can ⋯ cause the type of injury alleged" (Pafford, 451 F.3d at 1355-56).
- "The plausible medical theory for autoimmune cerebellar ataxia is that the body, sensing a protein to which it responds, misidentifies its own cells as a target for attack." [C: 38; S: Special Master; NLS: The plausible medical theory for autoimmune cerebellar ataxia is that the body, sensing a protein to which it responds, misidentifies its own cells as a target for attack.]
  - EVIDENCE FACTORS
    - FACTOR [1 of 6]: "[H]epatitis A virus has been causally linked to cerebellar ataxia." [C: 38−39; S: Special Master; NLS: The logical sequence of cause and effect is that hepatitis A virus has been causally linked to cerebellar ataxia and the vaccine contains an inactivated form of the hepatitis A virus to which, in rare cases, individuals may respond with cerebellar ataxia.]
      - EVIDENCE FACTORS
        - FACTOR [1 of 4]: Dr. Marks testified that "medical literature shows that hepatitis A virus can cause acute cerebellar ataxia." [C: 25, S: Special Master; NLS: Secondly, medical literature shows that hepatitis A virus can cause acute cerebellar ataxia.]
          - Very Plausible
        ...
    - FACTOR [2 of 6]: "Medical literature links vaccines to cerebellar ataxia." [C: 39; S: Special Master; NLS: Medical literature links vaccines to cerebellar ataxia.]
      ...
    - FACTOR [3 of 6]: "[T]he [hepatitis A] vaccine contains an inactivated form of the hepatitis A virus to which, in rare cases, individuals may respond with cerebellar ataxia." [C: 39; S: Special Master; NLS: The logical sequence of cause and effect is that hepatitis A virus has been causally linked to cerebellar ataxia and the vaccine contains an inactivated form of the hepatitis A virus to which, in rare cases, individuals may respond with cerebellar ataxia.]

- EVIDENCE FACTORS
    - FACTOR [1 of 4]: "The [hepatitis A] vaccine contains inactivated hepatitis A virus." [C: 39; S: Special Master; NLS: The vaccine contains inactivated hepatitis A virus.]
        - Very Plausible
    ...

Walker의 LLT Lab은 또한 V/IP 코퍼스에서 발견한 논증 유형을 분류하기 시작했다 (Walker and Vazirova, 2014). 그들은 *Althen* 사례의 첫 번째 조건 ("의학 이론은 백신의 종류와 상해의 유형을 인과적으로 연결시킨다.")과 연결되는 판결을 식별할 수 있고, 적용된 모든 유형의 논증을 식별할 수 있다. 예를 들어, 5개는 신청인이 승소하였고 5개는 정부가 승소한, 10개의 대표적인 판결의 샘플에서, *Althen* 사례의 조건 하에 연결적인 EVIDENCE FACTOR를 기반으로 한 총 56개(신청인을 위한 판결에서 19개, 정부를 위한 판결에서 37개)의 주장이 나타난다(Walker and Vazirova, 2014). 연구자들은 추론의 유형(연역적, 확률적/ 통계적, 또는 과학적/의학적), 증거의 유형(법적 선례, 법적 정책, 의학적/과학적 연구, 사례 보고서, 사실 증언), 그리고 증거적 불일치에 근거한 패턴(전문가 대 전문가, 부적절한 설명)으로 논증을 분류하는 것을 제안한다.

결정적으로, Walker의 설명 모델은 증거적 주장의 실제(가상이 아님) 사례를 다루며, 모델링 된 판결의 텍스트에 가깝다. Part Ⅱ와 Ⅲ에서 설명할 바와 같이, 논증 체계화와 세부 수준은 사례 텍스트에서 논증과 관련된 의미론적 정보를 추출하고 개념적 AR과 인지 컴퓨팅을 달성하는 데에 사용할 새로운 접근법을 가능하게 하는 도구가 된다. 특히 DLF 모델은 논증과 관련된 정보를 확인하고(Section 6.8), 사실 판단과 인용된 법규를 추출하며(Section 10.5), 사용자의 논증 관련 정보 수요를 유발하고(Section 11.5.5), 법적 가설을 수립하고 테스트하는(Section 12.4.1) 데에 중요한 역할을 수행한다.

5.9. 다리 역할을 하는 법적 논증의 전산 모델

논증의 전산 모델이 인공지능과 법 연구의 정점이고 통일된 프레임워크라면, CCLA에서 어떤 역할을 수행할 것인가? 잠재적으로, VJAP와 DLF 모델과 같은 전산적 논증 모델은 법적 텍스트와 인간이 찾는 해답 사이에서 다리 역할을 할 수 있다.

예를 들어, 표 5.3의 샘플 문제를 생각해 보자. 그것들은 사람들이, 이 Chapter의 앞부분에서 논증 모델 예제를 보여준 영역인, 가족법을 포괄하는 (가상의) 리걸 앱이나 웹 사이트에 질문할 수 있는 합리적인 질문들을 보여준다. 직관적으로, 논증의 계산 모델(법규, 판례, 논증 체계를 포함한)은 이러한 질문에 현실적인 방식으로 답변하는 데에 중요한 역할을 할 수 있다.

▌표 5.3. ▌ CMLA가 법률 텍스트와 사람이 찾는 답변 사이의 다리 역할을 할 수 있겠는가?

Asker	Askee	Question
Martha	legal-advice.com	George가 저를 지원하지 않아도 되나요?
Martha's attorney	legal-ir.com	George가 Martha를 지원할 의무가 있다는 법규적 주장은 무엇입니까?
George's attorney	legal-ir.com	George가 Martha를 지원할 의무가 있다는 주장에 반하는 사례가 있습니까?
Martha's attorney	eDiscovery program	George와 Martha의 이메일은 부모자식의 관계를 가졌다는 것을 뒷받침합니까?
Judge's law clerk	legal-ir.com	George가 Martha를 지원할 의무가 있다는 전제에 대해 찬성하는 그리고 반대하는 가장 강력한 주장은 무엇입니까?
Legislative clerk	legal-ir.com	제1601조는 지원 의무 이행을 강제하는 국가의 이익을 보호하기에 충분합니까?
Law student taking Family Law course	Intelligent tutoring system	George가 Martha를 지원할 의무가 있는지에 대하여 어떻게 결정할 수 있습니까?

그 역할이 정확히 무엇인지 결정하기 위해, 다음 질문들이 처리되어야 한다.:

1. 모델은 프로그램이 질문에 대해 사용자가 신뢰할 수 있는 답변을 제공 할 수 있게 만드는가? 또는 모델이 Watson이나 Debater와 같이 시스템이 적절한 답변의 텍스트를 식별하고 추출된 정보를 사용자의 요구에 맞출 수 있게 도와주는가? 다른 말로 하면, 논증 모델은 텍스트와 답변 사이의 어떤 종류의 다리가 될 것인가? 직접적이고 충분한 경로 그 자체로써, 아니면 인간이 그들 자신의 답을 구성하는 지침으로써?

2. 이와 같은 사용자 질문에 대한 답변은 법령 및 관련 사례의 법적 텍스트에 있다. 질문에 답변하는 데에 사용할 수 있는 형태로 정보는 텍스트로부터 어떻게 컴퓨터 프로그램에 얻어지는가?

3. 프로그램이 사용자의 질문을 어떻게 이해하고 배경 정보를 수집하는가?

Chapter 1에서 언급했듯이, 법률적 질의에 대한 답변은 종종 설명과 논증을 필요로 한다. "George가 나를 도와야 하지 않습니까?"라는 Martha의 질문에 대답하는 것조차도 논증과 관련될 수 있다. 그녀는 legal-advice.com이 간단하게 "예" 또는 "아니요"로 답변해 줄 것을 기대할 수도 있지만, 현실적으로 시스템은 보다 진부하게 변호사와 같은 방식으로 응답할 것이다. "상황에 따라 달라요." 그리곤 시스템은 답변이 좌우될 수 있는 적어도 일부의 변수에 대한 설명을 요구할 것이다. 예를 들어, "George가 Martha의 조상입니까?" "George가 Martha를 지원하는 것이 George에게 과도한 어려움을 야기합니까?" "George와 Martha는 부모와 자식의 관계를 맺었습니까?" "Martha에 대한 지원은 언제까지 필요합니까?"

시스템이 답변을 이끌어내기 위해 "알" 수 있는 어떠한 방식으로 관련된 변수는 표현될 필요가 있다. 이것을 달성하는 적어도 세 가지 방법이 있는 것 같다. 첫 번째는 전문가 시스템 또는 BNA 접근 방식이다.: 지식은 법규의 조건이 지원의 의무가 있다는 결론에 변화를 가져올 수 있는 다양한 사실을 포괄하는 그 법규에서 수동으로 표시된다. 아마도 후위 연결에 의해 유도되어, Section 1.3.1의 Waterman 프로그램이나 Section 2.3.4의 BNA 프로그램처럼, 규칙 엔진은 가능한 사실들에 관하여 조사할 것이다.

두 번째 방법은 법적 논증의 전산 모델을 사용한다. 지식은 변수를 식별할 수 있는 중요한 질문을 가진 해제 가능한 법적 규칙과 함께 수동으로 표시될 수 있다. 법적 결론과 적절한 논증 체계가 주어지면, 시스템은 해제 가능한 법적 결론을 좌우하는 변수를 이용하는 가능한 반론을 찾아내고 식별한다. 가능한 논증은 어떤 결론에 영향을 미치는 실패한 가정, 예외, 또는 제외에 대한 중요한 질문을 통해 검색을 유도한다. 이러한 논증들을 바탕으로, 이 시스템은 Martha에게 변수를 제시하고 그들이 왜 중요한지 설명할 수 있다.[6]

질문 (1)과 관련하여, 이 두 가지 접근법에서 모델은 질문에 대한 답을 직접 구성한다. 차이점은 추론을 유도하는 방식에 있다. BNA 프로그램 또는 전문가 시스템은 고전적인 부정과 지원에 대한 결론을 증명하려는 시도의 실패에 의한 부정을 사용하여 서술적 논리를 적용한다. 대조적으로, 논증 시스템은 논증 모델 의미론에 근거한 해제할 수 있는 법적 규칙을 가지고 추론을 수행한다. 아마도 시스템은 규칙/논증 그래프를 작성하고, Carneades와 같이 법적 규칙 기반의, 요소 기반의, 또는 사례 기반의 논증을 생성하며, VJAP에서와 같이 논증을 질적으로 또는 정량적으로 집계한다.

---

6) For an interesting proposed hybrid expert system with defeasible legal rules for reaching family law solutions in the best interests of children (see Araszkiewicz et al., 2013).
   아동의 최대 이익을 위해 가족법의 해답을 찾기 위해, 해제 가능한 법적 규칙을 가진 흥미로운 하이브리드 전문가 시스템. (Araszkiewicz et al., 2013 참조).

세 번째 방법은 Watson/Debater 형식의 접근 방식이다. 여기에서 모델은 적어도 처음부터 직접 질문에 대답하지 않는다. 대신, 모델에 포함된 논증 관련 정보의 유형은 질문을 해결하는 텍스트를 식별하는 시스템을 유도한다. 논증 관련 정보 자체는 지원의 법적 의무를 초래하는 상황과 관련된 법학 논문집이나 기타 간행물을 포함하는 문헌 모음에 포함되어 있다. 이것은 해답뿐만 아니라 해답을 설명하고 논증하는 텍스트를 식별하는 것을 의미하고, 해결하려는 문제에 대해 가장 적절한 설명과 논점을 선택하는 수단을 의미한다. 예를 들어, 혹자는 "독일 가족법에 따라 한 사람(A)이 다른 사람(B)을 지원할 법적 의무가 있을 수 있다."와 같은 "주제"를 Debater에게 제시할 수 있다. Debater는 주제에 적절한 주장을 탐지하기 위해 문서를 스캔하고, 도표 1.4와 비슷한 찬반 논증을 구성한다. 시스템은 관련성에 대한 확실성에 따라 문서를 정렬하고, 질문을 가장 직접적으로 처리하는 부분을 강조 표시한다. 사용자는 자신의 상황에 맞는 조언을 선택하고, 읽고, 적용하면 그만이다.

세 번째 접근법은 시스템이 사용자 질문을 이해할 수 있는 능력과 문헌에 있는 법률용어의 적어도 어느 정도 이상의 의미를 이해하는 능력에 달려 있다. 전자는 해결될 수 있고, 후자에 집중해야 한다고 가정해 보자.

시스템은, 관심 있는 주제에 대한 주장, 그러한 주장에서 당사자의 역할, 그리고 법적 요인과 같이 논증의 결과에 영향을 미치는 사실관계의 특징을 포함하는 구절과 같은, 텍스트에서 논증 관련 정보를 식별할 수 있어야 한다. 또한 시스템은, 논문에서 논의된 관할권과 독일 가족법 맥락 사이의 차이점과 같은 (상황을 더 복잡하게 만드는) 문제를 식별할 수 있어야 한다(Chapter 1에서 논의한 토론토 블루제이스 관할권 문제 참조). 이 정보를 통해, 시스템은 검색된 텍스트에서 현재 맥락으로의 매핑을 구성할 수 있으며, Martha, 변호사 또는 George의 변호사와 같은 질문자의 맥락에 맞게 결과를 조정할 수 있다.

사용자가 찾는 논증의 유형에 관하여 사용자의 질문이 더 구체적이 되면, Watson/Debater 접근 방식이 지금까지 제공한 것보다 더 많은 것이 필요할 것이다. 예를 들어, Martha 또는 George의 변호사는 법적 규칙 또는 제1601조 같은 특정 법규를 포함한 논증을 찾을 수 있고, 사례들 또는 Mueller 판례와 같이 특정 사례를 기초로 한 논증을 찾을 수도 있으며, 또는 그러한 논증인데 지원의무가 인정된 경우나 부정된 경우를 뺀 논증을 찾을 수 있다. 사용자는 부모-자식 관계가 없어서 지원 의무가 부정된 논증을 찾을 수 있고, 그러한 주장을 부정하는 주장을 찾을 수도 있으며, 또는 e메일 증거가 부모자식 관계의 존재를 보여주기 위해 성공적으로 사용된 주장을 찾을 수도 있다.

이와 같은 쿼리에 응답하기 위해, 법적 논증의 컴퓨팅 모델에 포함된 정보가 필요하다. CMLA와 관련된 논증 관련 정보의 종류는 Debater 유형의 시스템이 텍스트에서 논증의 구조적이고 의미적인 특징을 식별하는데 도움을 줄 수 있으며, 이는 차례로 법규에서 요구하는 요건의 의미나 증거에 대한 주장과 같은 논증의 유형을 식별할 수 있다. 그런 다음 시스템은 답변과 찬성과 반대의 논증을 구성하는 데에 가장 적절한 자료를 선택할 수 있다. 그것은 사건에 관하여 이전에 제기된 관련 논쟁을 인식하고, 검색하고, 강조할 수 있으며, 아마도 유용한 반론을 이끌어내는 반대의 결론을 가진 텍스트를 식별할 수 있다.

George의 지원 의무 또는 결과 예측에 대한 가장 강력한 논점을 찾는 질문에 대해서, CMLAs가 실질적인 기준을 고려해야 할 필요가 있는 것으로 보인다. 부모와 자식의 관계가 없거나 이미 제공된 지원과 같은 법적 요소가 텍스트에서 자동으로 식별되고 논증을 만들고 예측하는 데에 사용되는 경우, 법적 논증에 대한 컴퓨팅 모델이 도움이 될 것이다. 마찬가지로, VJAP 모델(Section 5.7)과 같은 CMLA는, 결정이 기본 가치에 미치는 영향에 관한 법률 및 입법 담당자의 질문에 응답하는 법적 요인을, 시스템이 식별하고 추론하는 데에 도움이 될 수 있다.[7]

마지막으로, Martha를 지원하는 George의 의무를 분석하는 방법에 관하여 가족법을 공부하는 학생의 질문에 대하여, Debater는 아마도 "어떻게"에 대한 논문을 찾을 테지만, 오직 CMLA만이 실제 논증에 학생이 참여하게 할 수 있다.

논증은 따라서 코퍼스에 있는 텍스트의 사전 논증을 논리적으로 추출한 토론자와 예측을 만드는 논증의 컴퓨팅 모델을 결합함으로써 구동되고, 문제에 맞는 인수를 구성하고, 변형을 탐구함으로써 운영된다. 적어도 그것이 목표다.

질문 (2)와 관련하여, 텍스트에서 컴퓨터 프로그램으로 정보를 얻는 방법에 대해, Watson/Debater 방식은 수동 지식 표현을 피하는 다른 두 가지 방법에 비해 상당한 장점이 있다. 문서가 존재한다고 가정하면, 그것은 찬반의 주제와 관련된 명제의 문서를 찾을 수 있고, 그렇게 할 수 있는 능력은 지식 엔지니어가 각각의 모든 포인트에서 해제할 수 있는 법적 규칙의 중요한 질문을 예측하는가에 의존하지 않는다.

질문 (3)과 관련하여: 어떻게 프로그램이 사용자의 질문을 이해하고, 배경 정보를 수집할 것인가? 이는 중대한 기술적 도전이다. 왜냐하면 이는 솔루션을 복잡하게 만들 수 있는 몇 가지 고려 사항을 포함하여, 맥락뿐만 아니라 사용자가 해결하고자 하는 그 문제를 시스템이 이해하는 것과 관련되기 때문이다. 이 책은 이 컴퓨터의 이해 문제에 대하여 일반적인 해결책을 제시하지 못한다. 대신, 사람들이 표 5.3에 있는 것과 같은 질

---

7) SCOTUS 프로젝트의 기능(Section 4.4)은 의사 결정의 텍스트에서 직접 추출할 수 없으며 광범위한 기능 엔지니어링이 필요하다. Lex Machina에 사용된 기능은 텍스트에서 추출할 수 있지만, 알려진 대로, 사례의 실질적인 기능을 모델링하지 않는다.

문에 대답하는 것을 돕는 법률서비스 앱을 개발하는데 도움이 될 수 있는 방향으로 도전 과제를 제시한다.

사용자가 법적 가설을 테스트할 수 있도록 도와줌으로써, 이 책은, 사용자의 쿼리를 이해하는 도전을 강제하지만 여전히 인지 컴퓨팅의 견고하고 유용한 예(Section 12.4)인, 어떤 종류의 문제를 식별한다. 사용자의 쿼리를 이해하는 것을 돕기 위해, DLF와 같은 논증 모델과 VJAP 같은 CMLA와 같은 논증 모델의 리소스를 사용하는 사용자 인터페이스 디자인을 간략하게 설명한다(Sections 11.5.5 and 12.5.3 참조). 이러한 리소스는 논증과 관련된 유형의 언어와 문장이 법적 논증에서 수행하는 역할과 함께 표현된 그래픽 표현, 그리고 법적 요소와 같이 특정 분야에서의 법률 용어를 포함한다.

ML(Machine Learning)은 많은 역할을 수행할 것이다. 시스템은 구조적 단서, 명제의 논증 역할, 법적 요소와 같은 실질적인 기능과 같이, 적절한 선택을 향상시키고 인간을 도울 수 있는 기능적 용어를 추출하는 방법을 배운다. ML은 시스템이 질문에 대한 이해 또는 대답, 설명 또는 논증에 대한 신뢰성을 평가하는 데에 있어 기능의 가중치를 학습하는데 도움을 준다. 마지막으로, 이 시스템은 인간의 주장을 성공 또는 실패로 연결함으로써, 그리고 사용자가 그들의 문제를 가장 잘 제시한 문제, 답변, 논증과 관련된 피드백으로부터 배우게 된다.

Part Ⅱ에서는 논증의 컴퓨팅 모델이 법률 텍스트와 Vern Walker의 DLF에 중점을 둔 답변 사이에서 어떻게 가교 역할을 하는지 설명한다. Chapter 6에서는 규칙 트리와 추론의 DLF 체인에서의 개념 및 관계 유형에 해당하는 것들을 나타내는 방법을 설명한다. 그러한 개념과 관계의 측면에서 법적 텍스트에 주석을 다는 것은 텍스트와 논증의 컴퓨팅 모델을 연결하는 열쇠이다. 법률 정보 검색 및 ML 기법을 소개한 후, Part Ⅱ에서는 텍스트와 논증 관련 개념 정보를 주석으로 추가하는 방법에 대해 설명한다. Part Ⅲ에서는 어떻게 정보와 ML을 사용하여 그들이 포함하는 주장에 기반한 법률 문서의 개념적 검색을 지원하는지 설명하며, 어떻게 다른 CMLA로부터 논증 관련 정보를 적용하여 잠재적으로 결과를 예측하고 새로운 법적 주장을 만들 수 있는지 설명한다. 각 단계에서, 예를 들어 개념적 정보 검색 시스템의 관련 문서 순위와 현재 법률 정보 검색 시스템의 순위를 비교하는 것과 같이, 기술의 효율성을 객관적으로 측정하고자 한다.

PART

$\vee$

II

법률 텍스트 분석

06

온톨로지와 유형 시스템에서
법적 개념의 표현

6.1. 서론

Part Ⅰ에서 언급한 바와 같이, 지식 표현은 인공지능과 법 연구의 핵심이며 시스템을 실제 법률 실무 도구로 활용하기에 충분히 강건하도록 개선하기 위한 핵심적 도전이다.

온톨로지(Ontologies)는 그 도전을 만나는데 도움을 준다. 온톨로지는 시스템을 목적으로 존재하는 사물 또는 개념의 근본적 유형을 특정하고 그들 사이에 관계를 설정한다.

온톨로지에 대한 일부 기본적 정보를 소개한 후, 이 Chapter는 역사적으로 일부 영향력이 있는 법적 온톨로지를 조사하고 반자동으로 온톨로지를 구축하기 위한 일부 현대 기술들을 설명한다. 그 이후 조문 상 추론과 법적 논증을 위한 온톨로지의 지원으로 넘어간다. 후자와 관련하여, 심화 사례는 사건들의 작은 모음으로 논증하기 위한 온톨로지의 지원을 설명한다.

마지막으로, 이 Chapter는 특별한 종류의 온톨로지이자 기본적 텍스트 분석 도구인 "유형 시스템"(type system)을 소개한다. 유형 시스템은 자동으로 법률 문헌의 개념들과 그와 관련된 용어들에서 시맨틱하게 마크업하거나 주석을 다는 것을 지원한다. 그들은 개념적 법률 정보 검색(CLIR)과 인지 컴퓨팅(cognitive computing)에 중요한 역할을 할 것이다.

이 Chapter는 다음의 의문들을 다룬다. 무엇이 법적 온톨로지이고 법적 온톨로지는 어떻게 쓰이는가? 무엇이 시맨틱 주석인가? 무엇이 텍스트 주석 파이프라인(pipeline)[1]이고 유형 시스템은 무슨 역할을 하는가? 무엇이 UIMA구조인가? 어떻게 법적 온톨로지와 UIMA 유형 시스템은 구축되는가? 어떻게 법적 유형 시스템의 개발자들은 현행 법적 온톨로지와 의약분야 또는 법적 함의를 가진 실제 세상 주제 분야(domain)를 위해 이미 개발된 온톨로지를 이용하는가?

┃ **도표 6.1.** ┃ 계약형성에 관한 온톨로지 예제

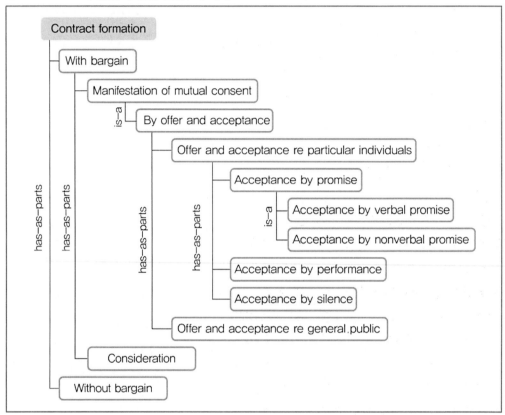

6.2. 온톨로지 기본

온톨로지의 형이상학적 함의에도 불구하고, "온톨로지"(ontology)라는 용어는 전산 모델에서 그렇게 인상적이지는 않다. 온톨로지는 "주어진 분야에서 대상물 사이에 관계와 그 대상물 속성의 개념화를 명백하고, 형식적, 일반적으로 특정"한 것이다(Wyner,

---

1) 역자주) 생산 라인 등과 같이 여러 공정별로 생산 라인이 나열되어 있고 동시에 공정별 프로세서가 가능하게 하는 것으로, 시스템의 효율을 높이기 위해 명령문을 수행하면서 몇 가지의 특수한 작업들을 병렬 처리하도록 설계된 하드웨어 기법.

2008). 다른 말로, 프로그램이 온톨로지를 가지고 추론할 수 있도록, 온톨로지는 한 주제 분야의 개념을 명확히 한다.

예를 들어, 도표 6.1은 계약형성의 법적 개념에 대한 단순 온톨로지를 보여준다. 이러한 종류의 온톨로지는 Ann Gardner의 AGP(Section 1.4.2)와 Gardner(1987, pp.121−3)에서 설명한 개념 잡기와 관계(예를 들어 "상호 동의의 표시"와 "구술 약속에 의한 승낙" 같은 것)에 유용했을지도 모른다.

법적 온톨로지는 개념들 사이에 라벨이 붙은 링크로 표현된 어떤 표준적 관계를 포함한다. 그 개념들 중 둘은 도표 6.1에서 표시하였다:

- is−a: 같은 종류 구성원 표현. 예를 들어, "구술 약속에 의한 승낙"은 "약속에 의한 승낙"이다.
- has−as−parts: 부분과 전체 관계를 나타낸다. 예를 들어, "특별한 개인들과 관련하여 청약과 승낙"은 "약속에 의한 승낙", "행위에 의한 승낙", "묵시에 의한 승낙"을 그 부분들로써 갖는다.

다른 표준 관계들은 도표에 묘사되지 않았다:

- has−function: 부모의 기능을 나타낸다. 예를 들어, "조직은 사회적 기능을 갖는다"(Breuker et al., 2004, p.267).
- has−parent, has−child: 상대적인 수직적 지위를 나타낸다. 예를 들어, "기초−수준 요소들은 부모 요소로서 중급의 법적 우려를 갖는다; 중급의 법적 우려는 부모 요소로서 중급의 법적 우려 또는 법적 이슈를 갖는다."(Wyner, 2008, p.368)

has−parent 링크의 예는 CATO(3.3.2)에서처럼 요소의 수직적 지위에 관한 개념적 구성요소들의 온톨로지와 관련이 있을 것이다.

온톨로지의 논의는 전형적으로 높은 수준의 온톨로지 체계와 낮은 수준의 주제 분야 온톨로지 사이에 구별이다(Breuker et al., 2004; Breuker and Hoestra, 2004).

온톨로지 구조는 근본적 개념들을 특정한다. 예를 들어, 계약법과 법 일반의 좀 더 많은 근본적 개념들의 구조를 제공하기 위하여, 누군가는 도표 6.1에서 법적 온톨로지를 왼쪽까지 확장할 수 있다. "계약 성립"에 더하여, 누군가는 "계약 이행"과 "계약 불이행"을 "계약 의무"의 하위부분으로 포함시킬 수 있다. 결국 그 개념은 "법적 의무"를 부모 개념으로 하는(has−parent) "불법행위에서 의무", "형사법에 따른 의무" 같은 형제 개념을 가질 수도 있다.

또한 누군가는 주제 분야 온톨로지를 만드는 권리를 위하여 온톨로지를 확장할 수도 있다. 즉, 그 권리는 계약의 성립과 같이 주어진 주제에 대한 목적, 술어(predicates), 관계의 특정이다. 예를 들어, "전신의 교환", "구매 주문의 완성", "동의의 구술 진술"을 "구술 약속에 의한 승낙" 행위에 관한 의미로 구분 지을 수 있다. 또는 누군가는 "대중에 대한 청약과 승낙"을 하는 어떤 방법을 "광고에 의해" 또는 "보상금 제시에 의해"와 같이 특정할 수도 있다.

온톨로지의 역할은 컴퓨터프로그램이 처리할 수 있는 지식을 나타내기 위한 개념적 어휘를 제공하는 것이다. 그것은 "실제상황과 역사의 구성 또는 해석을 위하여 만들어진 블록을 정의하거나 전달한다"(Breuker et al., 2004). 예를 들어, 만일 어떤 프로그램이 전보의 교환을 만나면, 계약형성을 위한 주제 분야 온톨로지까지 확장된 것으로써 도표 6.1의 온톨로지에 담겨있는 정보에 기해서, 시나리오가 "대중에 대한 청약과 승낙"보다는 다른 법률 원칙이 적용되어야 할 주제로써 "특별한 개개인에 대한 청약과 승낙"을 다룬다고 결론을 내리는 것에 대한 근거를 갖는다.

이런 방식으로, 온톨로지는 프로그램이 그것을 가지고 일정한 범위까지 추론할 수 있도록 개념과 관계에 대한 추정을 명확하게 만든다. 또한 그것들은 법률 정보 검색 시스템에 대한 쿼리를 넓힐 수도 있다. 특정 개개인에 대한 청약과 승낙에 관한 쿼리와 관련하여, 전보 교환을 포함하는 사건은 구술진술동의를 포함하는 사건과 관련이 있을 수 있다. 또한 시맨틱 웹을 통한 전자상거래의 세계에서, 온톨로지는 다중의 DB를 넘나들며, 아마도 국제구매질서의 DB에서 채택한 민법과 보통법 개념에 자동구매대리인을 가능한 범위까지 맞추도록 돕는 방식으로, 정보와 쿼리의 교환을 용이하게 하는 역할을 할 수도 있다.

6.3. 법적 온톨로지 예제

e-Court 온톨로지와 van Kralingen's frame-based 온톨로지, 두 개의 법적 온톨로지 예제는 온톨로지를 디자인하는 두 개의 다른 접근방법은 물론이고 지식을 표현하는 온톨로지의 다양한 역할을 설명해준다.

6.3.1. e-Court 온톨로지

Amsterdam 대학에 한 팀은 법률문서기록(형사상 조서와 심리의 오디오/비디오 기록을 포함) 시맨틱 색인을 위한 유럽연합 프로젝트의 한 부분으로서 e-Court를 개발했다. 그 온톨로지는 메타데이터(metadata) 즉, 데이터에 대한 데이터의 형태로 문서와 그 내용을 서술하기 위하여 구조화된(structured) 어휘를 제공한다.

메타데이터는 문서에 의미연관 없는 정보, 예를 들어, 저자, 일자, 저작권, 유형(예를 들어, 오디오, 비디오, 또는 기록), 이름, 형사사건 식별자는 물론이고 지방법원절차로 결정된 다른 구조상 정보를 포함한다. 또한 메타데이터는 문서의 내용을 특징짓는 일부 시맨틱 정보, 예를 들어, 심리나 조사에서 구술 증언과 같은 사건 기록, 재판이나 기소 같은 형사절차법상 주제들을 포함한다. 또한 시맨틱 메타데이터는 범죄에 관여된 유형을 표시하는 키워드, 예를 들어, 살인 또는 치사(manslaughter), 또는 특정형사사건에 쓰인 무기도 포함한다(Breuker et al., 2004; Van Engers et al., 2008).

메타데이터 태그(tags)는 이용자가 문서를 찾기 위해 검색할 수 있는 색인에서 구성된다. 또한 이용자는 목표문서를 위한 쿼리를 하면서 시맨틱 제한으로써 태그를 포함한다. IR시스템은 온톨로지의 링크(links)에 근거하여 이용자의 쿼리를 시맨틱 태그의 분류에 포함되었거나 포함하고 있는 분류까지 확장시킬 수 있다. 예를 들어, "살해"는 "살인"과 "치사"까지 확장될 수도 있다. "Glock 23"은 "무기"까지 일반화될 수도 있다.

도표 6.2는 형사재판 정보조사 업무에 대한 연관성이 상당히 명료한 e-Court 온톨로지의 일부 발췌를 보여준다. e-Court 온톨로지는 LRI-Core 온톨로지라고 불리는 온톨로지의 기본구조에 바탕을 두었다(Breuker and Hoestra, 2004). 도표 6.2에서 굵은 글씨체 용어들은 LRI-Core에서 온 용어들이다. 굵지 않은 글씨체 용어들은 네덜란드에서 CRIME.NL이라고 불리는 형사절차법 주제 분야 온톨로지의 일부이다.

온톨로지는 법적 개념에 관한 지식의 표현을 표준화한다. 이 표준화는 다양한 형태 또는 개념 사이에 관련성에 대한 제한을 포함한다. 예를 들어, LRI-Core 온톨로지에서, "역할"은 "기관"인 "자"에 의해 수행된다. 도표 6.2가 교차 링크 또는 그렇지 않은 것을 통해서 이러한 제한을 설명하지 않음에도 불구하고, 온톨로지를 쫓아서 지식의 토대를 구축할 때, 형식적 원칙은 이러한 제한을 포함한다.

상기 온톨로지의 관련성 중 일부는 온톨로지의 다른 기능을 지원할 수도 있다: 특성의 상속. 상속은 확실히 표현의 경제성을 달성한다. 개념의 하위 개념에는 자동적으로 그 개념의 속성이 부여되어 있다. 현 상태의 관련성은 "개체의 분류와 분류에서 개체의 속성이 완전하고 명백하게 그 분류를 정의한다는 점을 추정한다. 그 관련성은 그들의 특별한 속성에서 더 나아가서 정의할 때 상위 분류의 속성을 물려받은 하위 분류를 정하게 된다"(Wyner, 2008, p.363).

예를 들어, e-Court 맥락에서, 도표 6.2에서 현 상태의 관련성에 의해, "침해자"의 개념은 "피고", "사법적 역할", "법률적 역할" 개념의 속성을 상속한다(Breuker et al.,

▮ 도표 6.2. ▮ "reasoning object", "agent", "judicial role"의 확장을 보여주는 e-Court 온톨로지에서 발췌. 링크는 달리 적어둔 것이 아니면 is-a와 같다. (Breuker and Hoestra, 2004; Breuker et al., 2004; Van Engers et al., 2008)

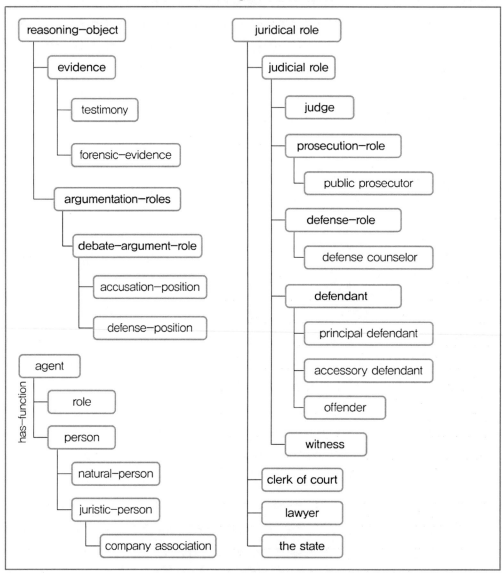

2004, p.257). LRI-Core 온톨로지 저자들이 말한 바와 같이, "근본적 온톨로지 개념의 속성들은 동일한(is-a) '등뼈'(backbone)를 통해 핵심 온톨로지에 의해 상속되므로, 법적 역할이 역할의 모든 속성 등을 갖는 것이 놀랍지 않다."(Brueker and Hoekstra, 2004).

우연히, LRI-Core 온톨로지는 나중에 법률지식교환형태(이하 "LKIF")와 합쳐졌다 (Gordon, 2008a). LKIF는 온톨로지웹언어(OWL)에서 기본적인 법적 개념의 핵심 온톨로지, 예를 들어, Semantic Web을 통해 거래행위를 할 때, 컴퓨터프로그램이 자동으로 읽고 처리할 수 있는 온톨로지의 실행을 포함한다(Wyner, 2008, p.363 참조). 예를 들어, 독일가족법 제5.3조에 취소할 수 있는 법적 규정에 관한 논증의 예에서 법의 규정들은 LKIF에서 쉽게 표현되고 Carneades시스템에 의해 처리될 수 있다.

6.3.2. van Kralingen의 프레임-기반 온톨로지

일부 온톨로지들은 개념에 대한 정보를 표현하기 위하여 좀 더 정교한 설비를 채택한다. 그것들은 개념의 표준적 특징을 표현하기 위하여 슬롯(slot)으로 프레임(frame)을 정한다. 그 프레임은 템플릿(template) 또는 양식(form)과 같고, 슬롯은 양식에서 채워질 빈칸과 같다.

예를 들어, 표6.1은 규칙(즉 법적 규정), 개념, 행위를 포함하는 법적 개체(legal entity)들을 나타내기 위한 van Kralingen의 고전적 프레임-기반(frame-based) 온톨로지를 보여준다. 각 프레임의 슬롯들은 주어진 법적 규칙, 개념, 행위의 표준적 특징의 가치를 나타내기 위한 장소를 특정한다. 그 슬롯 필러(filler)는 법적 규칙, 개념, 행위의 예시와 같은 특징들의 특정한 값을 나타낸다(Van Kralingen et al., 1999, pp. 1135-8, 1150-3).

도표에서 묘사된 프레임이 대학도서관규정을 나타내기 위하여 적용되는 경우도 생긴다. 오른 편에 예시로 채운 슬롯들은 상세한 도서관규정 정보를 담고 있다. 예를 들어, 예시 규정은 차용인이 기한까지 책을 반환해야 한다고 규정하고, "차용"의 개념이 정의되어 있으며, 기한까지 책의 반환 행위가 기술되어 있다.

지식표현 도구로써 프레임은 주어진 주제를 위하여 시맨틱 제한을 하는데, 특정한 슬롯을 위한 필러(filler)로써 작용할 수 있는 것들의 유형을 정의함으로써 부분적으로 이루어진다. 예를 들어, 표 6.1.에서 규칙 프레임의 "법적 조동사"(legal modality) 슬롯은 법적 조동사의 4가지 형태를 정한다: ought, ought not, may, can. 개념 프레임의 유형슬롯은 4가지 형태를 정한다: definition, deeming provision, factor, meta. 법적행위 프레임의 "일시적 측면"(temporal aspects) 슬롯은 슬롯이 받아들이려 하는 날짜와 시간 같은 필러들의 유형에 관하여 제한을 정할 수도 있을 것이다. 만일 누군가 그렇게 정해진 것과 다른 값의 유형을 입력하려 한다면, 프로그램이 거부할 것이다.

이 제한을 강제하기 위하여, 프레임의 슬롯값은 개념이 적용되는지 여부를 프로그램이 측정할 수 있는 것과 함께 테스트를 포함할 수도 있다. 예를 들어, 표 6.1에서 보이는 "차용"(borrowed) 개념의 프레임에서, "상태"(conditions)슬롯은 다음의 테스트를 포함한다: "true_from(T, registered(Person, Book)) and true_from(T, possession(Person, Book))."

이러한 테스트를 이용하여, 프로그램은 "차용" 개념의 적용가능성을 측정할 수도 있다.

또한 예시적 프레임(instantiated frames)은 교차적으로 관련된다: 규칙 프레임(norm−2)은 차용개념 프레임에서 정의된 "차용" 개념을 채택하고, 행위 프레임에서 기술된 "기한내 책반환"을 행위로 참조한다. 프레임−기반 온톨로지에서, 이러한 교차관련성은 슬롯을 채우는데 사용될 수 있는 개념의 유형에 관한 온톨로지 제한에 의해 강제되는 함축적 개념연결이 된다.

컴퓨터프로그램이 적용할 수 있는 방식으로 지식을 표현함에 있어서 법적 온톨로지의 기능성을 고려하면, 예제에서 기술한 것처럼, 누군가는 법적 어플(application)을 만들면서 그 유용함에 감사할 수도 있다. 온톨로지는 사물의 분류(class)를 정의하고, 그것의 가능한 특성과 속성을 정하고, 특성값에 제한을 강제하고, 사물 간의 관계를 정한다. 프레임과 슬롯을 사용하면, 누구나 분류의 예제를 만들고 지식베이스(knowledge base)를 덧붙일 수 있다. 이는 e−Court 온톨로지처럼 개념적 정보검색뿐만 아니라, van Kralingen의 프레임−기반 온톨로지의 도서관 규정 예시에서 묘사된 것처럼 일부 추론도 지원할 수 있다. 추가적 추론을 가능하게 하기 위하여, 누군가는 예를 들어, "추론을 지원하기 위하여 생산규정을 지식베이스의 요소에 적용하거나"(Wyner, 2008, p.363) Part Ⅰ에서 논의하였던 사건−기반 논증의 방법을 적용할 수도 있다.

│ **표 6.1.** │ 도서관 규정을 위한 슬롯 필러들과 함께 법적 규칙(norm), 개념(concept), 행위(act)를 위한 3가지 온톨로지 프레임들 (Van Kralingen et al., 1999, pp. 1135-8, 1150-3)

"Norm" element	Description	IC Library Regulations Example
Norm identifier	norm에 대한 참조 지점으로 사용	"norm−2"
Norm type	예를 들어, 행위의 norm 또는 능력의 norm	Norm of conduct
Promulgation	norm의 출처	IC Library Regulations article 2
Scope	norm의 적용 범위	IC Library Regulations
Application conditions	norm이 적용되는 조건	Subject has borrowed a book
Subject	norm에 해당하는 사람	Borrower
Legal modality	해야 한다, 하지 말아야 한다, 해도 된다, 할 수 있다	Ought to
Act identifier	별개 행위 묘사에 대한 참조로 사용	"return−book−by−date−due"

"Concept" element	Description	IC Library Regulations Example
Concept identifier	concept에 대한 참조 지점으로 사용	borrowed
Concept	묘사된 concept	borrowed (Person, Book)
Concept type	정의, 규정으로 간주, 사실요소, 메타(meta)	definition
Priority	적용 가능 하다면, 사실요소에 결부된 중요도	NA
Promulgation	concept 묘사의 출처	{(knowledge−engineer)}
Scope	concept 묘사의 적용 범위	{IC Library Regulations}
Conditions	concept이 적용되는 조건	true_from(T, registered(Person, Book)) and true_from(T, possession (Person, Book))
Instances	concept 예시의 나열	always_false

"Act" element	Description	IC Library Regulations Example
Act identifier	act에 대한 참조 지점으로 사용	"return−book−by−date−due"
Promulgation	act 묘사의 출처	IC Library Regulations article 2
Scope	act 묘사의 적용 범위	IC Library Regulations
Agent	개인, 개인들의 모둠, 집단, 대기업	Borrower
Act type	기본적 act 또는 어디서든 특정된 act	Return
Means	action 또는 좀 더 특별한 묘사에 사용된 물체	
Manner	action을 하는 방식	
Temporal aspects	절대시간 특정	Book should be returned by the date due
Spatial aspects	action이 발생한 장소	
Circumstances	action이 발생한 상황	A book has been borrowed
Cause	action을 하는 이유	
Aim	그 행위자가 상상했던 목표	
Intentionality	그 행위자의 마음 상태	
Final state	action의 결과와 부정적 결과	

6.4. 법적 온톨로지의 구축

법적 온톨로지는 전통적으로 수작업으로 구축하였으나, 점차로, NLP와 ML이 자동화된 지원을 제공한다.

온톨로지들은 시스템이 최상의 작동을 하도록 하기 위하여 개념과 관계를 포함해야 하는 것에 관하여 전문가지식을 반영할 필요가 있다. 그러나 자동화된 방법은 분명히 중요한 개념과 관계를 통계적 분석에 근거하여 코퍼스(corpus)에서 구별할 수도 있다. 자동화는 전문가들의 검토를 위한 후보 개념과 관계를 끌어올릴 수도 있다. 전문가는 후보를 포함할 것인지 여부를 결정할 수 있고 온톨로지에 포함하기 위하여 노드(node)와 화살표를 다시 이름 지을 수 있다.

온톨로지 기반 입법초안지원(DALOS) 온톨로지(도표 6.3)는 이 방법의 표본이다 (Francesconi et al., 2010). 온톨로지는 유럽연합 회원국 전반에 입법초안과 소비자보호 주제에 중점을 둔 언어를 지원하기 위하여 고안되었다. 목표는 소비자보호를 다루는 규정 유형의 분류체계를 제공하기 위한 것이었으나 2개 언어(영어와 이탈리아어) 전반에 걸쳐 소비자보호를 포함한 모든 상황을 묘사하기 위한 개념적 어휘 또한 제공하기 위한 것이었다.

도표 6.3의 상위 절반에서 Ontological Layer는 개념적 어휘를 묘사하고 있으며, 상거래에서 주요행위자의 유형의 일부인 *공급자(Supplier)*와 *소비자(Consumer)*와 같은 용어를 포함한다. 법률주제전문가는 top−down방식으로 수작업으로 온톨로지상 계층을 구조화하였고 그들 사이에 관계를 정하였다. 예를 들어, 소비자와 공급자 양자는 *상거래 (Commercial_transaction)*에서 있는 모든 것에 관여한다. *공급자*와 *소비자*의 *Commercial _transaction* HasAgentRole, 양자는 SubClass Of *Legal_role* 이다. 나머지 관계는 HasObjectRole과 HasValue를 포함한다.

매매계약과 신용계약 같은 소비자거래의 전체 범위에 걸쳐 참조되는 상거래 계약, 공급자, 소비자와 같은 개체들은 어떤가? 이에 답을 하기 위하여, 연구자들은 ML기술과 결합된 NLP기술을 사용하여 서로 다른 언어들로 된 주제 문서들의 코포라(corpora)에서 전문용어를 반자동화, bottom−up 방식으로 추출하였다. 그 결과는 도표 6.3의 아래 절반부분에서 Lexical Layer에 묘사되어 있다.

Lexical Layer에서, 용어들은 언어적 관계의 드문 유형에 의해 연결되어 있다: hyponyms, equivalents, fuzzynums. "하위어"(hyponym)는 그것에 적용가능한 일반적 용어보다 좀 더 세부적 의미를 갖는 단어이다. 예를 들어, 영어 용어 "공급자"(supplier)는 하위어인 "상품의 공급자"(supplier of goods), 그리고 이탈리아어로 동일한 "*fornitore*"

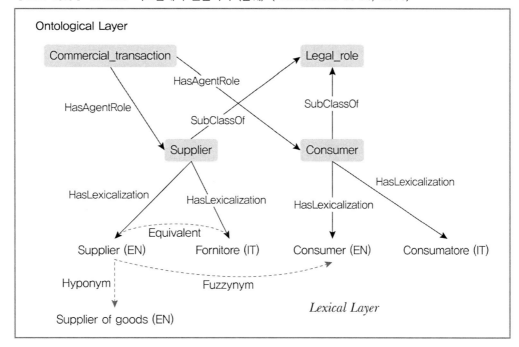

와 연결되어 있다. "연관어"(fuzzynym)는 "필요한 의미적(semantically) 유사성 없이 … 가장 두드러진 특징을 공유하는 단어들을 연결하는 더 넓은 연관성이다."(Francesconi et al., 2010, p.101). 통계적 문제로, "공급자"(supplier)와 "소비자"(consumer)는 문서에서 자주 함께 나타나고 연관어로 취급된다.

　　Lexical Layer는 판례는 물론 법령규정을 포함하여 영어, 이탈리아 소비자 법률문서의 코퍼스에서 자동으로 추출한 용어의 리스트로부터 형성한 것이다(Francesconi et al., 2010, p.105). 추출과정에서, 코퍼스에 텍스트들은 발음부분(POS)을 식별처리하고 약한 문법적 이해관계를 식별하기 위하여 나눠진다:

- 명사(예를 들어, 채권자, 상품)
- 형용사－명사(예를 들어, 보통계좌, 지방정부)
- 명사－명사(예를 들어, 신용동의, 상품안전)
- 명사－전치사－형용사－명사(예를 들어, 부동 자산의 구매, 법적 확실성의 원칙)
- 명사－전치사－명사－명사(예를 들어, 신용동의의 취소, 소비자 분생의 해결)(Francesconi et al., 2010, p.106).

　　다음으로, 통계적 방법들은 좀 더 두드러진 용어의 단위를 식별하는데 적용된다. 예를 들어, tf/idf[2] 값(measure)(문서에서 용어의 빈도수에 비례하고 용어가 발견된 코퍼스에서 문서의 수와는 반비례하는 값)은 어떤 용어를 위해 전자적으로 계산되고 통계적으로 정해진 수준과 비교된다. 그 용어는 만일 tf/idf 값이 충분히 높다면 온톨로지에 포함되기 위하여 선택된다(Francesconi et al., 2010, p.107).

그리고 나서 선택된 용어는 명사구의 내부구조에 근거하여 하위어 또는 연관어로 수집된다. 예를 들어, "시간-공유 계약"(time-share contract), "신용계약"(credit contract), "소비자계약"(consumer contract)은 일반적 "계약" 용어의 공동-하위어들(co-hyponyms)로 분류된다. 그리고 나서 그 용어와 그들의 관계는 도표 6.3의 하단과 같이 Lexical Layer에 추가된다.

마지막 단계는 Ontological Layers와 Lexical Layers를 정제하고 두 Layers 사이의 개념적 연관성을 증가시키는 것이다. 사람인 전문가가 이 단계를 하지만, 그들은 Lexical Layer에서 실시간으로 제공되는 정보의 지원을 받는다. 하위어들와 연관어들은 시스템의 통계상 근거를 둔 최상의 추측을 나타내는데, 그 용어와 "잘 다듬어진 관계는 ⋯ 온톨로지에 포함되기 위해서 전문적으로 평가되어야 하고, 현행 또는 새로운 개체값(object properties)으로 현행 온톨로지 요소들과 연결되어야 한다"(Francesconi et al., 2010, p.111).

Lexical Layers에서 예를 들어, "공급자"와 "소비자" 사이에 연관어 관계(fuzzynym relationship)의 의미상 관련성은 사람인 전문가로 하여금 온톨로지 수준에서 명백한 시맨틱 해석을 부여하는 것을 고려하게 한다. 예를 들어, 대리인은 상업적 계약(Commercial_transaction) 개념과 연결되고, 법적 역할(Legal_role) 개념의 하위 분류에 연결된다(Francesconi et al., 2010, p.102).

흥미롭게도, DALOS에서 문서들은 다국어이다. 이와 같이 교차-언어 동등성은 통계적 분석과 사람인 전문가 확인의 조합을 통해 반자동으로 구분된다. 예를 들어, 도표 6.3에서 제시한 바와 같이, 이탈리아어 용어, fornitore는 사람인 전문가가 시맨틱상 확인을 한 연관어 관련성을 통해 우선 영어로 동등한 Supplier와 연계될 수 있다.

6.5. 법규 추론을 위한 온톨로지상 지원

DALOS 접근법은 소비자 보호 규정의 종류에 따른 분류 생성을 도움으로써 입법안 지원을 목표로 하였다. 다른 온톨로지들은 변호사, 기업가, 규정을 찾거나 적용하려는 시민을 지원한다.

오늘날, 법규(statutes)와 규정(regulations)들은 시스템상 다양한 표시 언어(markup languages)로 주석이 붙어 있다. 본래, 그러한 표시들은 보는 사람이 어떤 컴퓨터 플랫폼

---

2) 용어 빈도(Term frequency; *tf*) / 역문서 빈도(inverse document frequency; *idf*).

을 쓰던지 상관없이 문서에 저자의 의도를 드러내는 것이 가능하도록 하는 것에 초점이 있었다.

그러나 점차로, 그러한 테스트들은 정보의 표시를 넘어서서 문서의 구조와 시맨틱 표시를 가능하게 하고 있다. 구조적 표시(structural markup)는 문서 내 구조적 역할에 근거를 둔 텍스트 부분들의 표준화된 분류(standardized categorization)이다(예를 들어, 서문, 절, 조, 항). 시맨틱 표시(semantic markup)는 문서 내 그 의미에 따라 텍스트가 다른 부분들의 표준화된 분류이다(예를 들어, 규정, 정의, 인용, 이름, 날짜). XML 또는 확장 가능한 표시 언어(Extensible Markup Language)는 그렇게 구조화된 데이터를 위한 문법과 형식이다. XML 파일들은 사람이 읽을 수 있기 때문에 주석이 붙은 문서를 담기에 좋은 선택이 될 수 있다.

Akoma Ntoso(Cervone et al., 2015)에 근거한 법적 문서 표시 언어들(Legal document markup languages)은, 예를 들어, LegalDocML와 같은 것은, 일부 권위 있는 온라인 저장소 내에 통합자원식별자(Uniform Resource Identifiers, URIs)에 근거하여 문서를 참조하고 법규와 규정을 포함한 법률 문서를 나타내기 위하여 시스템상 XML-형태 구조를 제공한다. 좀 더 친근한 인터넷 통합자원식별자는 자료의 위치를 제공하는 통합자원식별자와의 부분집합이다.

예를 들어, Akoma Ntoso에 따르면, 모든 문서 또는 자료들은 '이름짓기규약'(naming conventions)과 법률문서에 관한 종류별 온톨로지를 사용하여 독특한 이름으로 구분할 수 있다. 그러한 예로 다음과 같은 것이 있다:

- 일(Works)(예를 들어, "act 3 of 2015"),
- 표현(Expressions)(예를 들어, "2016년 7월 3일 실행되고 개정된 버전에서 act 3 of 2015"),
- 표시행위(Manifestation)(예를 들어, "그 버전에서 act 3 of 2015의 PDF 제시 … "),
- 아이템(Items)(예를 들어, "그 버전에서 act 3 of 2015의 PDF 제시를 보유한 내 컴퓨터에서 act32015.pdf라 불리는 파일 … "),
- 상기의 구성물(Components), 조(articles), 조항(sections) 등을 표시하는 표시상 구성요소를 포함함, 그리고
- "개인(individuals){사람(Person)}, 조직(organizations){(기업체(Corporate Body)), 행위와 발생(actions and occurrences){사건(Event)}, 위치(locations){장소(Place)}, 아이디어(ideas){(개념(Concept)) 그리고 사물(physical objects){물체(Object)}"(Oasis, 2016).

LegalDocML에서 법규 표시(statutes marked-up) 또는 유사 표시 언어(similar markup language)를 가지고, 이종동형(異種同形)의 표시(representations)를 유지하는 복잡성을 일부 개선하여, 법률규정들의 논리적 버전과 그 법규 자료 사이를 관련짓는 것이 좀 더 쉬워진다(Section 2.5.3 참조). 예를 들어, 법률 문서와 지식 관리시스템인 Eunomos 시스템은 법제 XML(legislative XML)과 온톨로지에 근거하여,

> 법률지식의 법적 온톨로지 개념과 그것을 정하는 규정의 일부를 관련짓고, 법제 XML을 사용하여 체계를 갖춘, 법률지식과 그것의 법제자료 사이에 더 엄격한 짝짓기의 필요성을 인식한다 … [이는] 온톨로지를 실무가들이 좀 더 수용할 수 있게 하고 개정으로 인하여 법률의 텍스트가 진화되는 것과 그것의 의미를 맞추게 됨으로써, 그 자료에 대한 법적 온톨로지의 개념에 근거가 된다(Boella et al,, 2016).

다른 말로, 표시언어(markup languages)와 온톨로지는 Eunomos와 Akoma Ntoso에서 법규의 이종동형(異種同形) 제시(representations)에 대한 필요를 설명하기 위해 도움을 주는 것과 같다(Section 2.5.3 참조). 이와 같이 설명과 정당화를 목적으로 영업규정(business rules)의 법규자료에 연결(links)함으로써 그 규정에 주석을 붙일 수 있다. 법규 자료가 개정될 때, 영업규정 실행에 대한 연결이나 검색은 가능한 업데이트에 대한 필요를 표시할 수 있다.

법규자료 텍스트 속에 주석은 규정(provisions)과 그 규정의 효력발생일의 개정 버전에 대한 임시적 정보 또한 유지한다. 과거 사건을 포함하여 문제를 분석하는 경우, 시스템은 특정한 시기에 어떤 법규의 버전이었는지를 결정할 수 있을 것이다(Palmirani, 2011).

궁극적으로, 법규와 규제 문서들의 온톨로지 개발자들은 법적 추론에 있어 어떤 수단(measure)을 제공하려는 목적이 있다. Eunomos의 개발자들은 "술어(predicates)가 참조 온톨로지(reference ontology)의 분류(classes)와 1:1로 연결된 입/출력 논리식(Input/Output logic formulae)과 규범(norms)을 관련짓기 위한 계획을 세운다. 이와 같이 규범의 주소(addresses)에 관한 자동 추측이 가능해진다"(Boella et al., 2016). 다른 말로, 그들은 온톨로지 분류를 통해 영업규정의 텍스트 법규 자료를 규범의 관념적 표시 및 전산상 실행 가능한 논리적 규범의 표시와 연결할 것이다.

예를 들어, EU의회 국가들의 특정 지침은 (다음과 같다).

> 다른 국가에서 자격증을 획득한 자를 제외하고 회원국에서 영업을 하려는 법률가는 그 국가의 당국에 등록하여야 한다.

시스템은 이 규정을 논리식, 국가, 효과로 다음과 같이 표시하려 할 것이다: 법률가 (x), 국가(y), x가 최초로 자격을 취득한 국가를 제외하고 x가 y에서 영업하길 원하는 모든 행위, y에서 x의 등록된 행위가 있어야 한다. 적정한 법적 온톨로지는 도서관규정 주제 분야를 위한 표 6.1의 개념 프레임에서 논리적으로 표현된 조건들 같은 것보다는 논리적 용어로 이 개념의 의미와 그와 관련된 제한을 표시하려할 것이다. 그리고 나서 만일 사업자의 직원 변호사 명단, 그들의 자격, 그들의 고용에 대한 데이터가 있다면, 프로그램은 자동적으로 그 변호사들이 그 요건을 만족하는지 여부에 대한 추론을 시작하려 할 것이다(Robaldo et al., 2015).

Oberle et al(2012)에서 규범 도표(norm graphs)에 관한 작업(Section 2.5.1)은 유사한 주안점을 가졌다. 그 연구는, 특히 준법 소프트웨어 제작을 위하여, 법규 온톨로지, 주제별 온톨로지, 그리고 "그 양자 사이에서 이용자－안내에 포섭할 것들(user－guided subsumption)"을 통합함으로써 법규 요건에 맞춘 준법 영업을 지원하는 것에 목적을 두었다(Oberle et al., 2012, p.312).

법규 온톨로지(statutory ontology)는 법규에서 사용하는 규범적 개념의 분류, 다른 규범적 개념에 대한 그 법규의 관련성, 더불어 규제 분야의 개념들에 대한 그 법규의 관련성을 포함한다. 다른 말로 하자면, 현실 상황을 묘사하기 위하여 개념과 관계에 대한 법적 개념들을 관련짓는다.

저자들은 온톨로지를 "규범적 규정에서 그들이 적용하려는 주제 분야 사안까지 개념 분류 관계(concept class relations)를 지도로 그리기 위하여 정형적 논리(formal logic)를" 사용한 것으로 본다(Oberle et al., 2012, p.288).3) 이와 같이 Robaldo et al.(2015)와 Boella et al.(2016)와 유사하게, 법규 온톨로지는 논리적 용어로 법규상 개념의 의미와 그것과 관련된 제한을 표시한다. 그래서 법규 온톨로지는 Section 2.5.1에서 설명한 바와 같이 영업규정 규범에 의해 사실 사항의 포섭을 지원할 수 있다. 또한 그것은 규범적 개념이 의도한대로 그 상황을 포섭할 수 있는지 여부를 평가할 수 있게 한다.

구상중인 프로그램은 제한적 규제 주제 분야와 관련하여 소수의 법적 결과에 집중함으로써 온톨로지의 구축을 반자동으로 할 수 있을 것이다. 저자들이 "온톨로지는 구축하기 지루한 작업이다. 결과적으로 더 많고 더 작은 것들이 있을 것이다"(Dietrich et al., 2007, p.189)라고 그들의 철학을 특징짓는 것과 같다.

저자들은, 독일 FDPA와 관련 규정들의 구성요소들을 정형화하는 법규 온톨로지, 특

---

3) DALOS와 FDPA 온톨로지 모두, 이해관계가 있는 특정 법규의 방향으로 분류가 특화되고 확장된 개념, 개체, 종류, 가치의 근본적 온톨로지로써 DOLCE(Gangemi et al., 2002)를 채택하였다 (Francesconi et al., 2010, p.103; Oberle et al., 2012, p.289, fn.9),

히 "개인적 신체를 위한 데이터 개인정보 온톨로지(data privacy ontology)"에서 어떻게 그것을 구축할 수 있는지를 구상해본다(Oberle et al., 2012, p.288).

구상중인 프로그램은 법규 텍스트의 자동 분석에서 유래한 규제 용어와 개념들의 어휘 목록을 제공하려 할 것이다. 전문가는 관련 개념들을 선택하고, 개념들 중에서 분류상 다른 관계를 구분하여, 그것들을 법규 온톨로지에 추가할 것이다. 그 전문가는 특정 개념과 관계를 선택함으로써 도표 2.6에서 보여준 것처럼 규범 도면을 구축하거나 수정하여 영업규정 내에서 제한을 표시할 수 있을 것이다. 만일 그 전문가가 실무적 영업정보, 예를 들어, FDPA 제4b조 II 문단1 BDSG의 요건을 돌아서 지름길이 있다는 것을 사용하길 희망했다면, Section 2.5.1에서 설명한 바와 같이, 그것은 규범 도면에서도 명시적으로 표시될 수 있을 것이다.

또한 주제별 온톨로지(subject matter ontology)가 구축될 필요가 있다. 그것은 분류(classes)와 관계(relations, 이탤릭체)에 관한 정보를 표시하는 도식(schema)을 갖고 있다. 예를 들어, "웹서비스 *isa* 소프트웨어 *isa* 데이터 *isa* 정보객체"(Web service isa Software isa Data isa Information object) 그리고 "소프트웨어가 Web Service Operation Invocation를 작동하고, 그것은 Web Service Operation을 목표로 하고 개체에 관한 데이터를 요구한다."(Software performs Web Service Operation Invocation, which targets Web Services Operation and requests Data about Entity) (Oberle et al., 2012, p.295 참조).

또한 주제별 온톨로지는 특정 분류를 표시하기 위한 도식의 사례들(instances)로 구성되어 있다.

> 사례들은 그 도식에 따라서 다른 사례들과 관련이 있는 분류의 구체적 구성요소들이다. 예를 들어, Web Service Operation Invocation 분류의 사례 WSOpI1은 Google Maps에 대한 자료 전송을 표시할 수 있다(Oberle et al., 2012, p.296 참조)

목표는 준법 소프트웨어를 만드는 것과 같은 주제에 집중함으로써 주제별 온톨로지에서 개념과 관계의 많은 사례가 소프트웨어 산업 자료에서 곧장 추가될 수 있도록 하는 것이다.

규범 도표, 법규 온톨로지, 주제별 온톨로지가 일단 작동하면, 저자들은 그 시스템이 준법 소프트웨어를 설계하도록 소프트웨어 개발자를 인도할 수 있을 것이라는 생각을 한다. 예를 들어, 다양한 법적 결과물들은 그 소프트웨어가 "적법성"(legality)과 "유효한 합의"(effective consent) 요건을 충족하도록 만들 필요가 있다. 그 프로그램은 목표한 소프트웨어 설계, 즉 주제별 온톨로지의 사례에 관하여 가능한 범위까지 디자인 된 설계를 포섭하려고 시도한다. 그것은 여전히 충족시킬 필요가 있는 규범 개념을 표시하고

(flags) 개발자들에게 그 개념들을 충족하기 위해 시도할 자료들을 제공한다.

예를 들어, "전자양식"(Electronic Form)을 생각해보라. 이는 표 2.6의 오른쪽 아래에서 규범 도표의 리프노드(leaf-node) 개념이다. 인터페이스(interface)에서, 사용자가 그 개념을 클릭할 때,

> [소프트웨어] 개발자는 TMA(도표의 왼쪽에 표시된 것)의 제13조(2)에 따라서 전자적 승낙에 관한 요건에 대한 정보를 얻는다. 이에 상응하는 관점은 개인적 신체를 위하여 개인 온톨로지 데이터에서 정형화된 법적 개념의 시각화를 제공한다. 더불어 그 관점은 개념의 정의, 추가적 코멘트, 법률 전문가가 제시한 어휘의 일부분으로써 추가적 정보를 위한 색인표를 제공한다(Oberle et al., 2012, p.306).

이러한 방식에서, 시스템은 개발자들이 적합한 소프트웨어를 디자인 할 수 있게 하면서 반자동이며 사용자를 안내하는 포섭(subsumption)을 제공하려 할 것이다. 최소한, 이것이 목표이다.

텍스트에서부터 자동화된 IE 기술의 이용은 법규로부터 온톨로지를 더 쉽게 만들고 영업규정에 대한 지식표시시스템(knowledge representation systems)을 더 쉽게 만들게 할 수 있다. 예를 들어, "Eunomos에서 미래연구는 처방을 위하여 확장된 온톨로지에서 정보추출기술을 사용하여 규범 조항(deontic clause), 수동적 역할(passive role), 행위 역할(active role), 범죄(crime), 제재(sanction)와 같은 추가적 분야를 포함하게 될 것이다"(Boella et al., 2016). 이 주제는 Chapter 9에서 다룬다.

6.6. 법적 주장을 위한 온톨로지의 지원

Section 5.7에서 설명한 바와 같이, 법률 규정 개념에 대한 해석을 그 기저에 있는 가치를 고려하여 유사한 주장과 결부함으로써, 어떤 종류의 법률 온톨로지가 주장-계획-주도 부류의 추론을 위한 지식 획득을 지원할 수 있을까? 내가 아는 한, 이러한 목적으로 가능한 기성의 온톨로지는 없다.

실험을 통하여 확장된 다음 사항은 온톨로지가 아주 제한된 주제 분야 속에서 이러한 종류의 추론을 제시하기 위하여 제공해야 하는 특성들을 묘사한다. 이는 비록 아주 제한된 주제 분야이지만 법률 교육 어플리케이션(application)을 위한 기초로써 작용할 수는 있을 것이다.

그 묘사의 핵심은 컴퓨터로 하여금 상대적으로 제한되었지만 실제 법적 주장을 만들어낼 수 있는 지식을 나타내는 것의 복잡성을 강조하는 것이다. 다행히 작업을 위한

인지 컴퓨팅(cognitive computing)을 위하여, 주장의 전산 모델들은 법률 주장 자체를 발생시킬 필요가 없다. 그러나 그것들은 Section 6.7에서 설명한 유형 시스템(type system)와 같이 다른 종류의 온톨로지 디자인 정보를 준다. 유형별 체계는 리걸 앱리케이션이 사람 이용자로 하여금 관련 주장을 찾을 수 있도록 도움을 줄 수 있다. 도움의 방법은 DLF 모델과 같이 법률 주장의 서사적 모델에 근거한 텍스트에서 주장-관련 정보를 식별하는 것이다.

6.6.1. 법률 주장 온톨로지를 위한 목표 어플리케이션

첫째, 목표가 정해진 교육 어플리케이션을 생각해보자. 아마도 누군가는 법학교수와 학생이 법적 개념에 대하여 빠져들 수도 있는 대화를 만들어내는 시스템을 원했을 것이다. 표 6.2는 인공지능과 법에서 현행 주장 모델의 범위 안에서 소크라테스 대화식 법학 수업의 한 종류를 나타낸다(Ashley, 2009a, 2011 참조).

그것은 재산법 수업 첫 해에 마주하기 바라는 단순한 종류의 대화이다. 그 수업은 야생동물과 Pierson v. Post, 3 Caines R. (N.Y.1805) 사건이 재산권법에 관한 판례 서적에서 다루어졌던 것처럼(예를 들어, Dukeminier et al., 2010 참조) 재산권 주제로 귀결된 것과 같다. 그 주제는 보통법(예를 들어, 법규와 반대로 판사가 해석한 것)의 이슈를 다룬다: 어떤 상황에서 "사냥꾼들"은 그들의 사냥감에 대한 재산권을 가질 수 있는가? Section 3.4에서 적은 바와 같이, 그 주제는 인공지능과 법에서 많이 논의된 것에 중점을 두고 있었다(예를 들어, Berman and Hafner, 1993; Atkinson and Bench-Capon, 2007; Gordon and Walton, 2009 참조).

교육소프트웨어 개발자는 지능형 교육시스템의 한 부분으로써 표 6.2와 같은 대화를 만들어내는 프로그램을 디자인할 것이다. 온라인 재산권법 과정 또는 MOOC는 소크라테스식 법적 대화 수업의 게임화된 버전과 같은 것을 포함할 수도 있다. 그 버전에서 학생들과 강의자는 논쟁을 만들거나 대응하게 된다. 학생들을 논쟁 이동 선택에 빠져들게 함으로써 추상적 법률과 1학년 법률논쟁 수준의 학생들 같은 부류 모두를 가르칠 수 있을 것이다(예를 들어, Ashley, 2000; Aleven, 2003 참조).

여기서 강의자가 최근 관련 사건인 Popov v. Hayashi, 2002 WL 31833731 (Cal. Superior, 2002)의 시나리오를 도입한다고 가정해보자. 2001 시즌의 마지막날, 샌프란시스코 자이언츠의 거인 Barry Bonds는 73호 홈런을 쳤을 때 새로운 기록을 만들었다. 그의 팬인 Popov는 관중석에서 그 공을 그의 글러브로 잡자마자 다른 팬들이 그를 밀치면서 그 공을 놓쳤다. 옆에 있던 Hayashi는 팬들의 아수라장 사이로 공이 굴러갈 때 최종적으로 그 공을 잡았다. 원고(P) Popov는 피고(D) Hayashi를 그 공에 대한 재산권 침해로 제

┃표 6.2.┃ 논쟁 이동과 더불어 아주 작은 세계에서 소크라테스식 법적 대화 예제 (P=원고, D=피고)
(Ashley, 2009a, 2011)

대본(Transcript)	논쟁 이동(Argument Moves)
제1부. 선생님: 야구에서 (어떤 것이든) P의 재산권을 결정하기 위하여 Popov 사건에서 법적 테스트는 무엇이어야 하는가?	
제2부. 학생A: 테스트는 "만일 P가 명백하게 가치 있는 무언가의 소유를 얻으려고 의도했고, D가 고의적으로 P가 실패하는데 원인을 제공하여 방해했다면, P는 회복할 수 있다."와 같이 정당한 행동을 보호해야 합니다. Keeble 사건과 같이 Popov 사건에서 P가 명백하게 그의 사냥감에 접근했고, D는 P가 사냥 목표에 가까워지고 있다는 것을 알았으며, D는 고의적으로 P의 사냥감에 대한 접근을 물리력으로 방해했다는 점에서 P가 승소했습니다.	• P를 위한 테스트 제시 • 원칙과 선례로 테스트 정당화 • 사실요소들로 선례 분석
제3부. 선생님: 정당한 행동은 오직 그 상황만 보호하는가? 만일 경쟁하는 신규 학교의 교사 D가 교사 P의 예전 학교를 향해가는 학생들을 놀라게 했다면, P가 회복한다면 정당한 행동을 보호하는 것이지만 경제적 경쟁은 줄어들 것이다.	• 가설/도전 테스트를 아주 넓게 세움 • 원칙들로 도전을 정당화
제4부. 학생A: P와 D가 경제적 경쟁에 있지 않다는 점에서 Popov 사건은 경쟁하는 교사 가설과 다릅니다; 가설에서 D에 유리한 사실요소는 Popov 사건에서 적용되지 않습니다. 그럼에도 불구하고, 나는 "가치 있는 무언가"에서 잘못된 "야구공"으로 나의 테스트를 제한하려 합니다.	• 가설 구분 • 범위를 넘어서는 부분을 삭제하기 위하여 테스트 변경
제5부. 학생B: 학생A에 대응하자면, Keeble 사건은 Popov사건과 다릅니다. Keeble 사건에서 P는 자신의 생계수단을 자신의 토지에 가두었고, 법원은 생계수단과 토지 소유자의 권리를 보호했습니다. P가 명백하게 그의 사냥감에 접근했고, D는 P가 사냥 목표에 가까워지고 있다는 것을 알았으며, D는 고의적으로 P의 사냥감에 대한 접근을 물리력으로 방해했지만 D가 승소했다는 점에서 Popov 사건은 Pierson 사건과 좀 더 유사합니다.	• 사실요소로 P에 유리한 선례를 구별 • 원칙들로 구분을 정당화 • 법적으로 강제할 수 없는 원칙을 주장 • 사실요소로 압도적 반대사례를 인용
제6부. 선생님: 너의 테스트는 무엇인가?	• D를 위한 테스트 제시
제7부. 학생B: 저의 테스트는 "만일 P가 야구공의 소유(예를 들어, 그것을 잡아서 확보)를 얻지 못했다면, 그는 회복할 수 없다."는 것입니다. 이 테스트는 야구공을 "거의 잡았다"거나 "잡을 수 있었던" 사람들의 소송 의욕을 낮추어 사소한 소송을 감소시켜 줄 것이며, 공공재에 재산권을 부정하게 할 것입니다. 이는 Keeble 사건에서 고려사항이 아닙니다.	• 원칙과 선례로 테스트를 정당화 • 원칙에 의한 P에 유리한 선례를 구별

소하였고 횡령(conversion)을 주장하였다.

　　그 수업의 교육 목적은 로스쿨 학생들로 하여금 야생 동물 또는 다른 사냥감을 추적 중인 원고와 원고의 사냥감 획득에 방해를 한 피고 사이에 분쟁 해결을 위한 방어적 법적 규정이나 테스트(test)를 제안하도록 하는 것이다. 제안된 테스트는 어떻게 사건이 결정되어야 하는 지에 관한 가설의 한 종류가 된다. 변호인(때로는 판사)은 사건을 결정할 규정 같은 것을 제시하고 종전 사건 및 그 기저에 있는 원칙과 정책들로 일관성 있게 방어한다. Frederick Schauer에 따르면 "우리는 특별한 결정에 대한 근거를 제시할 때, 전형적으로 규정, 원칙, 테스트, 규범 또는 그 결정 자체보다 더 넓은 범위의 것을 제시한다(Schauer, 1995, p.641)".

　　이상적으로, 학생들은 사례교과서의 사건들을 분석하거나 구별하고 그 기저에 있는 가치나 정책을 고려한 주장을 함으로써 그들이 제안한 주장를 정당화해야 한다. 이에 대응하여, 강사는 소크라테스식 문답법으로 학생들의 테스트와 주장을 검토하게 될 것이다. 대법원 판사들, 반대하는 변호인, 교수들은 종종 기존의 결정 원칙을 테스트하는 가설을 제안한다. 가설들(Hypotheticals)은 제시된 테스트와 같은 가설을 포함한 상황을 상상하거나 구성한 것이며, 그것으로 테스트의 의미를 찾아보거나 그것이 너무 넓거나 좁은지 탐구하도록 고안된 것이다. Section 3.4는 Pierson과 Keeble 사건을 어떻게 결정해야하는가를 조사할 목적으로 판사 또는 Berman과 Hafner에 의해 제시된 가설을 설명하였다.

도표 6.4. 가설로 만든 법적 주장 모델 (Ashley, 2009b)
→ 1. 현재 사실 상황(이하 "cfs")을 결정하기 위하여 지지자를 위한 테스트 제시: 제시한 테스트가 cfs에서 유리한 결정으로 이끌고 적용 가능한 법률 정책/가치 및 중요 선례와 일치하게 형성, 그리고 근거를 제시. ← 2. 제시한 테스트가 너무 넓은 것인지를 검증하기 위하여 교섭담당자를 위한 가설을 제시: 가설 예제 형성: 　　(a) 규범적으로 관련된 cfs의 일부 측면을 강조하는 것이고 　　(b) 제시한 테스트를 그것에 적용하며, cfs에 대하여 같은 결과를 부여하지만, 　　(c) 법적 정책/가치를 고려하여, 가설에서 그 결과가 규범적으로 잘못된 것이라는 점. → 3. 교섭담당자의 가설 예제에 대하여 지지자를 위한 대응: 　　**(3.a) 제시한 테스트를 정당화**: 가설 예제와 cfs를 유추하고 이 양자가 제시한 테스트로 부여된 결과를 가져야만 한다고 주장한다. 또는 　　**(3.b) 제시한 테스트를 수정**: cfs와 가설 예제를 구별하고, 양자가 서로 다른 결과를

가져야 한다는 것과 제시한 테스트가 cfs에서 올바른 결과를 도출한다고 주장하며, 좁혀진 테스트가 cfs에는 여전히 적용되지만 가설 예제에는 적용되지 않거나 서로 다른 결과로 이끌기 위하여 조건이나 개념 정의 한계를 추가한다. 또는

(3.c) 제시한 테스트를 포기하고 1.로 돌아간다.

도표 6.4는 가설로 법적 주장를 만드는 일반적 모델을 묘사한 것이다. 그 모델에서 판사 또는 강사와 같은 교섭담당자가 사건의 결정을 위해서 지지자의 원칙을 테스트하는 가설을 세운다. 교섭담당자의 가설에 대응하여, 학생은 가설을 구분하거나 가설에서 노출된 문제를 회피하기 위하여 제시된 가설을 수정하는 방법을 포함하여 다양한 방법으로 대응할 수 있다.

더 나아가 설계자가 법적 원칙의 개념을 해석하는 주장를 모델링하기 위하여 적당한 주장 계획을 채택한다고 가정해보자. 여기에는 선례에 대한 유추를 하고 그 바탕에 있는 법적 주제 분야의 가치와 정책들 속에서 그 유추를 정당화하기 위하여 Chapter 5에서 우리가 살펴보았던 것과 같은 계획들이 포함된다. 추가적으로 우리는 사건을 결정하기 위한 규정이나 근거를 제시하기 위하여, 그 규정을 테스트하기 위한 가설을 세우기 위하여, 그 가설을 구별하거나 그 근거를 수정함으로써 대응하기 위하여 설계자가 도표 6.4의 모델을 실행하려는 계획을 개발한다고 추정해본다. 아직까지 우리가 그러한 주장 계획(argument schemes)을 접해보지는 못했지만, Section 5.7.3의 VJAP 계획은 그 모델을 예를 들어 설명하려는 주장 계획을 위해 형식주의(formalism)를 제시하였던(Ashley, 2009b) 근본적 가치(Grabmair and Ashley, 2010, 2011)에 관한 규정 개념과 효과에 대하여 그들의 목표지점에 가까워진다. 그러나 그것은 VJAR 프로그램의 실행과 평가가 남는다.

누군가는 그러한 대화가 사냥, 사냥감, 오리연못, 바다에 관한 것과 물고기, 여우, 수업료-납부 학생, 야구 중에서 관련 유사점과 차이점에 대한 다수의 CSK를 포함한다는 것을 즉시 알 수 있다. 그러한 종류의 CSK를 표시하는 것을 지원하는 온톨로지는 아주 복잡한 일이 될 것이다. 이는 인공지능과 법 연구를 지연시키는 지식표현 병목현상의 본보기이다.

그러나 게임설계자가 힘든 방법으로 그 CSK의 모든 것을 표현하려는 시도를 회피하길 원한다고 해보자; 대신에 그는 대화 중에 변화(moves)를 지원하는 것 외에 거의 아무것도 하지 않는 온톨로지를 디사인하는 것을 선호한다. 다른 말로 하면, 시스템은 주장을 제시하거나, 원칙과 선례에 의해 주장을 정당화하거나, 사실요소에 의해 문제와 사건을 유추하거나, 가설을 세우고 대응하거나, 주어진 주장을 수정하기 위하여 온톨로지와 주장 계획을 사용할 수 있을 것이다. 그러나 재산권법 사례집에 그와 같은 단 몇 건

의 사건을 위해 그렇게 할 필요가 있다.

실제로, 설계자가 사건의 "아주 작은 세계"(microworld)에서만 주장을 지원하는 것에 만족한다고 가정해보자. 아주 작은 세계는 표 6.2에서와 유사한 대화를 위하여 사건(실제와 가설), 요소, 정책 또는 가치, 제시할 법적 근거, 일부 다른 요소의 작은 집합으로만 구성된다 (Ashley, 2009a, 2011). 이러한 "사냥감에 대한 재산적 이익"(Property−Interest−in−Quarry)의 아주 작은 세계는 한 두 개의 가설(Section 3.4에서 그리고 대화에서 언급된 논쟁적인 교육자 가설과 Flushing Quail[4] 가설)과, 말하자면 오직 표 6.3에서 나타난 사건들로만 구성된다: Pierson v. Post, Keeble v. Hickeringill, Young v. Hitchens, Popov v. Hayashi, and an Escaping Boar case.

┃ **표 6.3.** ┃ 사냥감에 대한 재산적 이익의 아주 작은 세계에서 사례(P=원고, D=피고). 요소(factors)
축약은 아래 표 6.4에서 정의함 (Ashley, 2009a, 2011)

사건 명칭, 인용(사건=C, 가설=H)	설명(요소-측면 선호)[결정: 원고=P, 피고=D]
Pierson v. Post, 3 Caines R. (N.Y,1805)(C)	P가 광야에서 여우를 스포츠로 사냥하였고, D는 성가신 유해동물인 그 여우를 죽인 경우, P가 그 여우를 죽이지 않았거나 심하게 다치게 하지 않았다면, P는 P의 소유 문제에 기하여(on) 재산 침해 청구권을 잃어버렸다. (NC−D, OL−D, MCI−P, KCI−P, II−P, N−P) [D]
Keeble v. Hickeringill 103 Eng.Rep. 1127 (K.B. 1706)(C)	토지소유자 P가 먹잇감을 가지고 오리를 자신의 연못의 한 부분으로 유혹하고 있었는데, D가 오리들을 겁줘서 쫓아버리기 위해 총을 사용한 경우, P가 그 오리를 죽이지 않았거나 심하게 다치게 하지 않았다면, P는 P의 소유 문제에도 불구하고(despite) 재산 침해 청구권을 갖는다. (NC−D, OWL−P, L−P, MCI−P, KCI−P, II−P) [P]
Young v. Hitchens, 6 Q.B. 606 (1844) (C)	어부 P가 물고기 주위에 그물을 쳐놓았고, 어부 D가 계속 열려있는 그 그물에서 물고기를 잡았을 경우, P가 그 물고기를 잡지 않았을 경우에 P의 소유 문제 때문에(due to) D는 재산 침해 청구권을 갖는다. (NC−D, OL−D, L−P, C−D, MCI−P, KCI−P, II−P) [D]
Flushing Quail (H)	P가 광야에서 메추라기를 쫓아내고 추격하면서 총을 쏘고 있다는 것을 알고 있는 D가 그 메추라기를 가로채고 죽였다면, P가 아직 죽이지 않은 메추라기에 재산적 이해관계가 있

---

4) 역자주) 지역 명칭.

	는지 없는지 문제에 관련되어(involved) P는 재산 침해 청구권을 갖는다/잃는다. (NC−D, OL−D, L−P, C−D, MCI−P, KCI−P, II−P) [?]
Competing Schoolmasters (H)	교사 D가 학생들이 P의 학교에 참석하지 못하도록 겁을 주어 쫓아버린 경우, P가 학생들이 그의 학교에 참석하는 것에 재산적 이해관계가 있는지 없는지 문제에 관련되어(involved) P는 재산 침해 청구권을 갖는다/잃는다. (NC−D, OL−D, L−P, C−D, MCI−P, KCI−P, II−P) [?]
Escaping Boar (C)	P의 재산에 손해를 끼친 유해 야생동물을 D가 소유한 경우, P는 D의 과실에 의해/없이 놓친 동물 문제에 관한(on) 부주의/엄격 책임 청구권을 갖는다. (NC−D, OWL−P, L−P, N−P) [P]
Popov v. Hayashi, 2002 WL 31833731 (Cal. Superior, 2002) (C)	D가 Barry Bonds의 73번째 홈런공을 잡았을 때 P가 그의 야구글러브 윗부분으로 그 공을 잡았던 경우, P가 다른 팬(D는 제외)에 밀려 넘어지기 전에 완전히 공을 확보하지 못한 경우, P는 P의 소유에도 불구하고(despite) 재산 침해 청구권을 부분적으로 갖지만, 공 판매 수익금의 절반만 받았다. (NC−D, OL−D, MCI−P, KCI−P, II−P) [Split proceeds]

또한 개발자가 추상적으로 서로 다르지만 기저에 쟁점은 유사한 사건에서 이끌어낸 유추를 모델화하고 싶다고 가정해보자. 예를 들어 Pierson 사건과 Escaping Boar 사건을 비교하는 것이다.

마지막으로 설계자는 또 다른 지름길을 추구한다: 시스템은 수집한 것(scratch)에서 제안의 어떤 것도 추정할 필요가 없다. 시스템은 "규격화된"(canned) 제안과 그것의 구성요소를 제공할 것이다. 사실 시스템은 (또는 때때로 동적으로 구성된 선택 옵션에 기반을 둔 학생이나 이용자는) 적합한 제안이나 구성요소를 적합한 주장 변화(moves)에 추가하는 것만이 필요하다.

도표 6.4와 같은 주장 모델과 Chapter 5에서와 같은 법적 주장 계획이 있다고 가정하면, 프로그램은 표 6.2와 같은 대화를 만들어낼 수 있을 것이다. 오른쪽 칸은 우리가 Section 5.7.3에서 보았던 VJAP 주장 계획의 일부와 연관된 변화(moves)에 관한 대화, 도표 6.4의 가설로 논쟁하는 모델과 연관된 일부 새로운 계획, 적당한 온톨로지의 도움을 받아 제공된 주장 구성요소들의 데이터베이스에서 선택된 요소들을 요약하고 있다 (Ashley, 2009a, 2011).

좀 더 특별하게는, 요소들, 법적 개념들, 정책/가치들 중에서 관련성을 나타내는 온톨로지상 체계(framework)는 대화를 펼치는 단계를 짜는데 도움을 줄 것이다. 문제된 사실과 가능한 주장 계획이 이끄는 바에 따라서, 프로그램은 데이터베이스를 검색하고, 구별하고, 가능한 주장를 모아서, 예를 들어 제시된 법적 원칙 또는 테스트가 너무 광범위하다고 공격하거나 대화의 다음 단계를 만들어내는 선택을 할 수 있을 것이다.

예를 들어 추상성과 법적 "포괄성"(inclusiveness)이 있는 법적 용어의 온톨로지상 순서는 학생들이 제안한 법적 테스트를 좀 더 특정되게 만들어서 표 6.2 대화 중에 Chapter 3에 있는 선생님들의 논쟁적인 교육자 가설에 대응하도록 프로그램을 안내할 수 있을 것이다. Chapter 4에서 학생들은 "야구"를 좀 더 일반적인 사냥감인 "가치 있는 무언가"(something of value)로 바꿔서 Manifest Intent−1에 대한 Manifest Intent 테스트를 좁힌다. 때로는 거기에 깜짝 놀랄 수도 있다. 사실을 바꾸는 가설은 하나의 정책에서 또는 다른 정책으로 바꾸어 시나리오를 채택할 수 있다. 예를 들어 Chapter 3에서, 사냥감을 야구에서 수업료를 지불하는 학생으로 바꾸고 Manifest Intent 테스트를 적용하면 공정 행위는 보호하지만 경제적 경쟁을 약화시키는 비싼 대가를 치르는 의외의 결과가 나온다.

다음 Section에서는 이러한 설계 목표를 만족시키고 그러한 논쟁적 대화를 지원할 수 있는 법적 주장 온톨로지를 제시한다.

6.6.2. 아주 작은 세계의 주장을 위한 온톨로지

사냥감에 대해 재산적 이해관계가 있는 아주 작은 세계(microworld)를 위한 온톨로지는 수집된 사물의 유형에 상응하여 개념과 관계의 목록, 그와 더불어 구성요소, feature(slots), slot−fillers를 정하는 프레임 또한 특정할 필요가 있다. 이는 사건, 법적 요소, ILC, 그 기저에 법적 정책/가치의 제시를 포함한다.

사건과 법적 요소의 제시

아주 작은 세계에서 사건은 사건 프레임(case frames)과 함께 제시된다. 도표 6.5에서 나타내는 바와 같이, 각 사건 프레임은 이름, 청구(예를 들어, 횡령(conversion), 다른 사람의 재산을 자신이 사용하는 민사적 과실 또는 불법), 결과(P 또는 D), 적용 가능한 요소들의 목록을 위한 slots으로 구성된다.

또한 사건 프레임은 사냥감에 대한 재산적 이해관계가 있는 주제 분야를 위한 법적 요소들 측면에서 사건을 비교하기 위하여 중요한 일부 가치들을 특정한다. 이러한 비교 특징(Comparison Features)은 **사냥/포획 장소**(Hunting/Catching)에서 **원인이 된 방해**(Interference caused)까지 사건 프레임 내에서 별표 표시된(*) slot들을 포함한다.

사실의 내용에 따라서, 예를 들어, 광야, 바다, 야구장 같이 사냥을 한 장소가 어떤 종류인가에서 그 장소에 적용될 수 있는 규제의 종류가 무엇인가(사유지인가 아니면 공유지인가?) 또는 어떤 종류의 사냥감이었는가: 성가신 유해동물, 식용 게임, 상업적 획득인지가 중요한 문제가 될 수 있다. 유사하게, 사냥감을 확보하려는 원고가 취한 단계의 범위, 그 단계가 공개적으로 알려진 범위, 피고의 방해 의도가 중요할 수 있다.

재산권 방해 주장에 대한 피고의 방어에 관하여 고의적 방해가 과실에 의한 방해보다 더 나쁘다는 것, 스탠드에서 가치 있는 야구공을 잡으려고 하는 것이 여우를 사냥하는 것과 같다는 것, 임시 교사(paying tutor)를 그의 학교로 되돌리려고 노력하는 것은 경쟁자들이 잡은 것을 걷어 올리려는 그들의 그물들 사이에서 미끄러지는 것과 같다는 것, 팬들은 연못이나 바다에서 엉뚱한 야구공을 "사냥"하지 않을 것 같다는 것, 바다는 연못보다 좀 더 공개되어 있고 재산권의 제한이 덜 할 것 같다는 것을 이해하기 위해서 어느 정도의 법적 CSK를 요구한다.

▌도표 6.5. ▌ 사냥감에 대해 재산적 이해관계가 있는 아주 작은 세계를 위한 사건 구조 (P=원고, D=피고)

Case Frame
Name:
Short name:
Citation:
Hypothetical case?: [True | False]
Legal claim: [conversion of property | negligence | strict liability | other]
Result: [P | D | Unknown]
Applicable factors: (set of factors that apply to case)
Hunting/Catching venues:*[vacant−tract | pond | ocean | baseball−stands]
Restrictions on venues:*[open | privately−owned | subject−to−regulatory−restriction | by−invitation−only | plaintiff−owned]
Quarry:*[animal(wild | domestic | edible | nuisance   pests | fox | quail)] | baseballs | students | something of value | economic goals]
Hunting/catching steps repossession:*[seeking−quarry | closing−in−on−quarry | catching−briefly−or−wounding−quarry | catching−and−securing−or−mortally−wounding−quarry]
Objective manifestation of plaintiff's quarry-seeking:* [hidden−intention | ambiguous−intention | clearly−manifested−intention]
Defendant Interfered with plaintiff's quarry-seeking?:*[True | False]

```
Intentionality of defendant's interfence:*[unintentionally | negligently |
        knowingly-or-intentionally]
Interference caused:*[no-consequence |
        not(catching-and-securing-or-mortally-wounding-quarry)]
```

| 도표 6.6. | 사냥감에 대해 재산적 이해관계가 있는 아주 작은 세계를 위한 사실요소 구조 (P=원고, D=피고)

```
Factor Frame
Name:
Abbreviation:
Legal claim: conversion of property
Side favored: [P | D]
Translation into English:
Triggers: (conditions for factor to apply)
Focal slot range: (Case frame Comparison Feature whose ordered range of possible
        values represents factor's magnitude in a case)
Pro-plaintiff direction: (direction along focal slot range that favors plaintiff)
Policies/values served: (policies and values that factor affects)
```

　　프로그램은 이러한 차이를 인간이 하듯이 이해할 수 없다. 정보가 제공되고 프로그램이 적정한 시기에 어디서 관련 정보를 찾아야 하는지 지시받지 않는 한 심지어 합리적인 방법으로 그것을 조작할 수도 없다. 만일 개발자가 그러한 비교를 수행하거나 그러한 의미상 제한(semantic constraints)을 강제할 만큼 충분히 "똑똑한" 프로그램이기를 원한다면, 그는 그것을 시스템에 만들어야 한다. 온톨로지는 그렇게 할 위치에 있다.

　　이 온톨로지에서, 요소들은 하나의 요소에 따라 딱 맞음(on-pointness)과 중요도(magnitudes)라는 측면에서 사건의 비교를 지원한다(Section 3.3.2 참조). 요소 중요도의 비교를 가능하게 하는 것에서, 요소들은 특징비교(Comparison Features)를 위하여 사건의 가치(value)를 사용한다(도표 6.5에서 별표 표시된 자리들). 그 사건 프레임은 각각 특징비교를 위하여 대안으로 가능한 가치를 특정한다. 이러한 slots의 일부분은 가능한 가치들의 정렬된 범위를 포함한다. 예를 들어, **소유에 관한 사냥/획득 단계**(Hunting/catching steps regarding possession)의 가치들은 단순히 사냥감-찾기(seeking-quarry)에서부터 획득-확보-또는-심하게-다친-사냥감(catching-and-securing-or-mortally-wounding-quarry)까지 범위이다. **피고 방해의 고의성**(Intentionality of defendant's interference)의 가치는 과실 방해(unintenti onally interfering)에서부터 알고-또는-고의적으로 그렇게 하는 것(doing so knowingly -or-intentionally)까지 범위이다.

또한 온톨로지는 컴퓨터가 "이해할" 것으로 기대되는 모든 사물의 종류에 대한 체계를 특정할 필요가 있다. 예를 들어 사냥감 체계가 필요하게 될 것이다. 그 체계 slot들은 "있을 것 같은 장소들"(Likely venues), "만일-식용이라면"(If-edible), "만일-성가신-유해동물이라면"(If-noxious-pest), "만일-상업적-획득이라면"(If-commercial-catch)과 같은 속성값(properties) 그리고 그 사건을 비교하는데 중요하다고 예상되는 사냥감의 어떤 진짜 속성값을 특정한다.

온톨로지는 도표 6.6에서 나타내는 바와 같이 요소 프레임(factor frame)과 함께 법적 요소들(legal factors)을 나타낼 것이다. 요소 프레임은 그 요소들을 영어로 번역하기 위한 법적 요소의 이름, 축약어, 법적 청구, 편면적 유리함, 구절들을 특정하게 될 것이다. 사냥감에 대한 재산적 이해관계가 있는 아주 작은 세계를 위하여 표 6.4에서 목록화 된 9개 요소들 각각은 요소 프레임의 신규 예제(instantiation)로 나타낼 수 있을 것이다.

어떤 사건에서 단순하게 주어진 법적 요소들을 채택하는 것보다는, 만일 한 요소가 Hypo의 관점에서 그랬던 것과 같이 어떤 사건이나 가설에 적용될 수 있다면, 오히려 요소 프레임이 테스트를 위한 제한 목록을 지원할 수 있을 것이다(Section 3.3.2 참조). 방아쇠 슬롯(triggers slot)은 그 테스트들을 저장할 수 있을 것이다. 예를 들어, 가설이 "학생"을 사냥감인 "야구공"으로 대체할 때 경쟁(Competes)과 생활(Livelihood) 요소들이 작용하기 시작하였다(표 6.2에서 대화 3부분). 성가심(Nuisance) 요소는 만일 사냥감이 성가신 유해동물(If-noxious-pest)이라면 작용된다.

"초점 슬롯 범위"(Focal slot range) 요소 프레임은 가능한 가치의 정해진 범위가 사건에서 그 요소의 중요도를 나타내는 특징 비교(Comparison Feature) 사건 프레임을 특정한다. "원고 친화적 지침"(Pro-plaintiff direction)은 원고에 유리한 범위의 끝이 어딘지를 표시한다. 그 요소에 따른 사건의 중요도는 그 사건에서 적용되는 관련 비교 특징(associated Comparison Feature)의 범위에 따른 가치이다. 예를 들어, 만일 피고가 원고의 추적을 단지 과실로 방해했다면 프로그램은 사건을 국제적 방해(International Interference) 요소에 따른 중요도에서 원고에게 불리한 것으로 구별 지을 수 있을 것이다. 만일 원고가 추적하려고 했던 사냥감이 숨겨져 있었거나 모호했다면, 원고의 사건은 근접하고 있음을 앎(Knows Closing In)이란 요소에 따라서 더 불리해진다. 만일 사냥 장소가 (표 6.2) 대화의 5부분에서처럼 원고의 소유였다면 어떤 사건은 토지 소유자(Own Land) 요소에 따라 중요도에서 원고에게 더 유리해진다.

| 표 6.4. | 사냥감에 대해 재산적 이해관계가 있는 아주 작은 세계에서 사건요소와 정책들 (P=원고, D=피고) (Ashley, 2009a, 2011)

Factors	Short Name (Abbreviation) [Side-Favored]
Quarry not caught or mortally wounded	Not Caught (NC) [D]
Open Land	Open Land (OL) [D]
Own Land	Own Land (OWL) [P]
P Pursuing Livelihood	Livelihood (L) [P]
D in Competition with P	Competes (C) [D]
P manifestly closes in on goal	Manifest Closing In (MCI) [P]
D Knows P closes in on goal	Knows Closing In (KCI) [P]
D intentionally interferes physically with P's closing in on goal	Intentional Interference (II) [P]
Quarry is a nuisance pest	Nuisance (N) [P]

Principles or Policies	Meaning
Protect Fair Play	Discourage unsportsmanlike conduct and unfair competition
Reduce Nuisance Pests	Encourage eradication of deleterious pests
Reduce Frivolous Suits	Maximize rule's clarity of application and minimize scope so as to reduce frivolous law suits
Protect Livelihood	Protect livelihood of working parties
Avoid Property Rights in Public Property	Avoid assigning property rights in things on public property
Promote Economic Competition	Promote economic competition among businesspersons
Protect Free Enterprise	Protect free enterprise of businesspersons
Protect Landowner's Rights	Protect the rights of the landowner on his own land

일단 온톨로지 체계가 실행되면, slot들을 가치(values)로 채우고 사건 프레임(case frames)을 예제로 하여 사건의 데이터베이스를 채우기 시작한다.

예를 들어 Popov 사건에서 원고가 사냥감을 잡아서 확보하지 못했거나 사냥감을 치명적으로 다치게 했다는 사실과 그 일이 일어난 장소가 개방된 토지(적어도 원고의 소유 장소는 아니라는 점)이었을 수 있다는 사실은 모두 피고 Hayashi에게 유리하게 작용했다.

다른 한편, 원고가 밝힌 바대로 사냥감에 근접하였다는 사실, 피고는 원고가 사냥감에 근접하려고 했던 것을 알고 있었다는 사실, 피고가 고의로 원고의 사냥감 추적을 방해했다는 사실은 원고 Popov를 도왔다. 따라서 표 6.3에서 보는 바와 같이 Popov 사건은 표 6.4에서 작용하였던 요소들에 따라서 다음과 같이 표시한다: 잡히지 않음(Not Caught) (NC)[D], 공개된 토지(Open Land)(OL)[D], 근접하고 있음을 밝힘(Manifest Closing In)(MCI) [P], 근접하고 있음을 앎(Knows Closing In)(KCI)[P], 고의적 방해(Intentional Interference) (II)[P].

이러한 방식으로 온톨로지는 사건 관련 사실을 표시하는 것을 지원한다. 다음으로 어떻게 온톨로지가 관련 법률을 표시하는 것을 지원하는지 알아보자.

법적 테스트(test)의 표시

표 6.2의 예시적 대화 모델을 만들기 위하여, 법률이 어떤 것이어야 하는지에 관하여 다투기 위해서 온톨로지는 법률을 표시할 필요가 있다. 학생들은 법적 규정이나 테스트를 제시하고 강사는 가설을 세움으로써 제시된 테스트의 적정성을 검사한다. 학생들은 테스트를 좀 더 넓게 혹은 더 좁게 수정함으로써 그 가설에 대응할 수도 있다. 온톨로지는 이러한 수정을 도울 필요가 있다.

표 6.5에서 나타낸 예시적 대화에서 채택되어 제시된 테스트(proposed tests)의 작은 세트(set)에 대해 어떻게 그것이 작용하는지 상술해보자. 왼쪽 칸은 5개의 제시된 테스트를 목록화한 것이다. 두 개의 테스트 중 첫 번째 세트가 소유(possession)를 다룬다 (Possession and Possession−1). 세 개의 테스트 중 두 번째 세트가 밝혀진 의도(manifest intent)(Manifest Intent, Manifest Intent−1, Manifest Intent−2)를 다룬다. 테스트가 논리적으로 어떻게 표시되는지를 보여주는 오른쪽 칸을 잠시 미뤄두자.

제시된 주장는 5개의 ILC를 채택한다:

1. 소유(POSSESSION)(quarry, level)
2. 밝혀진 소유하려는 의도(MANIFESTATION−OF−INTENTION−TO−POSSESS)(quarry, level)
3. 고의적 방해(INTENTIONALITY−RE−INTERFERENCE)(level)
4. 방해(INTERFERENCE)
5. 원인(CAUSE)(방해(INTERFERNCE) not(소유(POSSESSION)(quarry, level)))

ILC는 가치를 받아들인 변수(parameters)로 표시한다. 예를 들어, 소유(POSSESSION)는 소유한 사냥감(quarry possessed)과 소유의 단계(level of possession), 즉 실행된 사냥/

획득 단계를 특정할 수 있다. 가능한 가치는 사건 프레임(도표 6.5에서 별표된 자리)의 특징 비교(Comparison Features)에 그러했던 바와 같다. 소유한 사냥감(quarry possessed)은 **사냥감**(Quarry)의 가치를 가질 수 있다: 동물(야생, 가축, 식용, 유해동물, 여우, 또는 메추라기), 야구공, 학생, 어떤 가치 있는 것, 경제적 목적. 소유의 단계는 다음과 같이 **소유 관련 사냥/획득 단계**(Hunting/catching steps regarding possession)에서 나온 가치가 될 수 있다: 사냥감−추적(seeking quarry), 사냥감에 근접(closing in on−quarry), 빠른 획득 또는 사냥감을 다치게 함(catching briefly or wounding quarry), 획득과 확보 또는 치명적으로 다치게 함(catching and securing or mortally−wounding−quarry). ILC 소유 의도의 표시(ILC MANIFESTATION OF INTENTION TO POSSESS)는 사냥감과 소유 의도 표시의 단계를 특정할 수 있다. 그래서 그것의 가치는 (다음과 같은) **원고의 사냥감−추적에 대한 객관적 표시**(Objective manifestation of plaintiff's quarry−seeking)의 가치가 된다: 숨겨진 의도(hidden intention), 모호한 의도(ambiguous intention), 명백히 표시된 의도(clearly manifested intention).

┃ **표 6.5.** ┃ 사냥감에 대한 재산적 이익의 아주 작은 세계에서 제시된 테스트 (P=원고, D=피고) (Ashley, 2009a, 2011)

제시된 테스트	Short Name	Logical rule
만일 P가 *야구공*을 잡아서 확보함으로써 그것의 소유권을 얻지 않았다면, P는 회복할 수 없다.	Possession	not(POSSESSION(baseball, mortally−wounding−or−catching−and−securing)) → not(recover)
만일 P가 *가치 있는 무언가*를 잡아서 확보함으로써 그것의 소유권을 얻지 않았다면, P는 회복할 수 없다.	Possession−1	not(POSSESSION(something−of−value, mortally−wounding−or−catching−and−securing)) → not(recover)

만일 P가 명백하게 *물고기*의 소유권을 얻으려는 의도였고, D가 고의적으로 P가 실패하는데 원인을 제공하여 방해하였다면, P는 회복할 수 있다.	Manifest Intent−2	MANIFESTATION−OF−INTENTION −TO−POSSESS(fish, level: manifestly intended) ∧ INTERFERENCE ∧ INTENTIONALITY−RE−INTERFERENCE (knowingly−or−intentionally) ∧ CAUSE(INTERFERENCE not(POSSESSION (fish, mortally−wounding−or−catching −and−securing))) → recover
만일 P가 명백하게 *야구공*의 소유권을 얻으려는 의도였고, D가 고의적으로 P가 실패하는데 원인을 제공하여 방해하였다면, P는 회복할 수 있다.	Manifest Intent−1	MANIFESTATION−OF−INTENTION −TO−POSSESS(baseball, level: manifestly−intended) ∧ INTERFERENCE ∧ INTENTIONALITY−RE−INTERFERENCE (knowingly−or−intentionally) ∧ CAUSE(INTERFERENCE not(POSSESSION (baseball, mortally−wounding−or− catching−and−securing))) → recover
만일 P가 명백하게 *가치 있는 무언가*의 소유권을 얻으려는 의도였고, D가 고의적으로 P가 실패하는데 원인을 제공하여 방해하였다면, P는 회복할 수 있다.	Manifest Intent	MANIFESTATION−OF−INTENTION− TO−POSSESS(something−of−value level: manifestly−intended) ∧ INTERFERENCE ∧ INTENTIONALITY−RE−INTERFERENCE (knowingly−or−intentionally) ∧ CAUSE(INTERFERENCE not(POSSESSION (something−of−value, mortally− wounding−or−catching−and−securing))) → recover

┃ 도표 6.7. ┃ 사냥감에 대해 재산적 이해관계가 있는 아주 작은 세계를 위한 ILC 구조 (P=원고, D=피고)

```
Intermediate Legal Concept Frame
Name:
Short name:
Parameters: (types of values passed to the ILC)
Ranges: (Comparison Features of case frame that serve as parameters' ranges of
        restrictiveness)
Related factors: (factors which affect ILC)
Related policies / values: (policies and values underlying ILC)
```

표 6.5에 테스트의 두 가지 세트 각각의 범위 안에서, 그것들의 일반성 측면에서 그 테스트는 다양하다. 즉 Possession-1 테스트는 "야구공"을 "무언가 가치 있는 것 (something-of-value)"으로 대체한다는 점에서 소유(possession) 테스트보다도 좀 더 일반적이고, 그 범위 내에서 좀 더 포괄적이다. 유사하게, 표시된 의도(Manifest-Intent)는 "야구공"보다는 "무언가 가치 있는 것"을 다룬다는 점에서 Manifest-Intent-1 또는 -2 어느 쪽보다도 더 일반적이다.

테스트의 일반성을 수정하는 것은 강사의 테스트에 대응하는 한 방법이다. 표 6.2의 대화에서 학생A는 Manifest-Intent를 좀 더 제한적인 Manifest-Intent-1 테스트로 교체함으로써 그가 제안한 테스트를 수정한다. 좀 더 제한적인 테스트에 의지하여, 강사 가설의 공격을 회피할 수 있다.

누군가는 좀 더 제한적이나 덜 제한적으로 만들기 위해 제시된 테스트를 수정하는 다른 적당한 방법을 상상할 수 있다. ILC의 3가지는 제한의 합리적 수준에 범위에 있는 테스트 또는 수준을 정한다(>좀 더 제한적이라는 의미이다):

- 소유(POSSESSION)의 수준: 획득과 확보 또는 치명적으로 다치게 함(catching-and-securing-or-mortally-wounding-quarry)

- 소유 의도의 표시(MANIFESTATION-OF-INTENTION-TO-POSSESS)의 수준: 명백히 표시된 의도(clearly-manifested-intention) > 모호한 의도(ambiguous-intention) > 숨겨진 의도(hidden-intention)

- 고의적 방해(INTENTIONALITY-RE-INTERFERENCE)의 수준: 고의적으로 또는 의도적으로(knowingly-or-intentionally) > 부주의하게(negligently) > 과실로 (unintentionally)

이것의 각각은 특징 비교(Comparison Feature)의 사건 프레임에 각각 해당한다(도표 6.5). 즉 **소유에 관한 사냥/획득 단계**(Hunting/catching steps re possession), **원고의 사냥감-추적에 대한 객관적 표시**(Objective manifestation of plaintiff's quarry−seeking), **피고 방해의 고의성**(Intentionality of defendant's interference).

온톨로지는 ILC의 의미와 제시한 주장의 일반성으로 이러한 종류의 추론을 지원할 것이다. ILC의 각각은 하나의 ILC 프레임에서 사례화 할 수 있을 것이다(도표 6.7에서 나타난다).

ILC 프레임은 개념 변수가 어떤 가치를 받아들일 것인지와 변수의 제한적 범위로써 역할을 하는 사건 프레임의 특징 비교(Comparison Feature)를 특정하기 위하여 slots을 갖고 있다. 이러한 수준의 가치를 변경하기 위하여, 시스템(또는 학생)은 제시한 근거를 수정할 수 있을 것이다. 예를 들어, 만일 피고의 방해가 과실 또는 우연 또는 원고가 사냥감을 확보하는데 실패하는 원인이 되지 않았다 하더라도 Manifest−Intent 테스트의 어떤 버전을 적용하기 위해서 수정한다. 그것은 좋은 정책이 아닐 수 있으나, 이와 같은 아주 작은 세계에서는 이상적으로 시스템이 적정한 주장 계획을 선택하고, 그와 같은 규정이 너무 넓어서 경솔한 소송을 줄이려는 정책의 목적에 너무 많은 영향을 줄 수 있다는 것과 같은 반대논쟁을 할 수 있을 것이다(다음 Section 참조).

▎도표 6.8. ▎ 사냥감에 대해 재산적 이해관계가 있는 아주 작은 세계를 위한 Test 구조 (P=원고, D=피고)

```
Test Frame
Name:
Short name:
Logical rule: first order predicate logical rule
Antecedents: { Intermediate legal concepts }
Consequent: P or D
Translation:
```

온톨로지는 제시한 법적 규정 또는 테스트를 도표 6.8의 그것과 유사한 체계로 정의하려 할 것이다. 우리는 각 테스트가 ILC로 구성된 첫 번째−순서 논리 규정(first−order logical rule)의 형태로 표현될 수 있다고 가정할 것이다. 또한 테스트 프레임(Test Frame)은 이러한 논리상 규정, 선행 ILC, 그 이후의 결과물을 표시할 slot들이 필요하다. 표 6.5의 왼쪽 칸에서 제시한 테스트의 각각을 위하여, 오른쪽 칸은 그것을 표시할 논리상 규

┃ **도표 6.9.** ┃ 사냥감에 대해 재산적 이해관계가 있는 아주 작은 세계를 위한 정책/가치 구조 (P=원고, D=피고)

Policy / Value Frame
Name:
Short name:
Translation:
Related factors: (factors that affect policy or value)
Related intermediate legal concepts: (ILCs that policy or value underlies)

정을 보여준다. Section 6.5는 논리상 테스트와 법적 개념을 연관 짓기 위한 온톨로지 설계에 관하여 유사 예제를 상술하였다.

이러한 온톨로지 구성요소로 누구나 표 6.5에 제시한 근거의 작은 세트를 표시할 수 있을 것이다. 그 세트는 예제 대화를 모델링하기에 충분할 것이다.

법적 정책과 주장 계획을 표시하기

마지막으로 위에서 제시한 바와 같이 아주 작은 세계는 사냥감에 대한 재산적 이익을 보호하려는 (또는 보호하지 않으려는) 이 법적 주제 분야를 다루기 위해 제시한 주장의 기저에 있는 정책 또는 가치를 담고 있다. 누구나 표 6.4에서와 같은 정책 또는 가치 8개를 표시할 수도 있다.

정책/가치 체계(도표 6.9)는 성명, 영어로 번역, 특히, 제시한 테스트와 관련된 요소들과 ILC의 목록(제시한 테스트에서 용어들)을 제공한다. 유사하게 사건, 요소, ILC의 체계 또한 주어진 예제의 사건, 요소, ILC와 관련이 있는 정책과 가치를 특정하기 위한 slot들을 갖고 있다.

정책, 가치, 사건, 요소, ILC의 이러한 개념적 연결은 프로그램이 가설을 유추하고, 구별하고, 만들며, 제시한 테스트를 수정하는 운영을 할 수 있게 한다. 표 6.2에서 대화를 만들어내는 주장 계획은 연관된 정보를 이용한다:

- ILC의 측면에서 사건을 결정하기 위해 제시한 테스트 또는 규정
- (선례와 같은) 과거 사건에 대한 유추를 이리콜
- 법적 주제 분야의 정책/원칙들에 대한 근본적 측면에서 유추의 정당화
- 가설을 세움으로써 제시된 테스트에 대하여 너무 넓거나 너무 좁은지 검증
- 제시된 테스트 등을 수정함으로써 가설에 대응

적절한 정보로 체계 표시를 채움으로써, 주장 계획은 개념적 연결을 따르고, 목적물을 검색하고, 방해를 이끌어내도록 할 수 있을 것이다.

요소들은 정책, 가치와 관련이 있다. 그리고 유사성과 차이점은 관련되어 있는 정책과 가치들 때문에 법적으로 관련이 있다. 예를 들어, (표 6.2)대화의 5부분에서 Keeble 사건을 설명하고 Pierson 사건을 구별할 때, 토지 소유권자(Own Land) 요소는 그 정책이 **토지소유자의 권리를 보호**하려는 것임을 나타낸다. 상호보완적인 방법으로 공개적 토지(Open Land) 요소는 **공공재산권에서 재산권을 회피**하려는 정책과 관련이 있다.

ILC는 요소들과 정책들에 관련이 있다. 예를 들어 Chapter 7은 **소유 ILC**(POSSESSION ILC), 즉 **획득하지 못함**(Not Caught) 요소와 **경박한 의상을 회피**하려는(Avoid Frivolous Suits) 정책 사이에 연관성을 설명한다. **고의적 방해 ILC**(INTENTIONALITY−RE−INTERFERENCE ILC)는 고의적 방해(Intentional Interference) 요소와 정당한 행위를 보호하려는(Protect Fair Paly) 정책과 관련이 있다. 만일 "사냥감"(quarry)이 성가시지 않은 유해동물, 사냥감새, 경제적 목적을 포함한다면, 그 바탕에 있는 정책/가치를 언급하는 다양한 요소들이 작동된다.

종합하면 아주 작은 세계 온톨로지는 이렇게 확장된 생각 실험에서 모든 것을 조작하게 하려는 시도이자 대화와 그 외에 그와 같은 것을 만들어내는데 필요한 개념과 관련성일 뿐이다. 이는 사냥감에 관한 재산권법 같은 추상적 법적 주제 분야의 개념과 관계 그리고 적어도 사냥감을 포획하는데 있어 실제 세상의 기계적인 부분도 포함한다.

6.6.3. 온톨로지 지원을 통하여 자동화된 법적 주장에 관한 한계

그러한 대화들은 법적으로 현실적이고 교육적 유용성을 갖는다. 그것들은 어떻게 법적 규정들이 사건 비교 과정에서 해석, 검토, 변경에 기속되는지를 설명한다. 변호사는 연역적 추론을 함으로써 과거 결과를 설명하고, 현행 사실에서 바라는 결과로 이끄는 테스트를 제안한다. 그러나 제시한 테스트는 해석의 절차에 따라야만 한다. 회의론자들은 규정 ILC의 의미를 검사하고 과거 결정과 원칙에 맞는 것인지 심사하기 위하여 가설을 세운다. 그 테스트는 연역적으로 가설과 선례의 사실에 적용된다. 그러나 그 결과는 그 주제 분야의 기저에 있는 정책과 가치의 견지에서 심사되어야 한다. 선례들은 어떤 규정에 대한 권위 있는 자료로 여겨지고 또한 변호사와 판사가 새로운 문제의 사실관계, 다른 결정, 정책과 가치의 기저에 비추어 규정들의 범위를 추출할 수도 있는 사실들의 세트로도 여겨진다.

이와 같은 미시적 접근은 인상적인 교습시스템을 위한 기초로써 작용할 수도 있다. 학생들은 사례집의 사건들 관련 주장과 대응을 테스트해보고 사냥감의 재산권 같은 특별 주제에 관한 가설을 세워볼 수도 있을 것이다. 어떤 대화의 일부분을 만들어가면서,

시스템은 어떤 주장들이 다음 단계로서 논리적으로 더 좋게, 더 안 좋게 구성되었는지를 측정할 수 있을 것이고, 학생들에게 선택의 메뉴를 제공할 수 있을 것이다. 학생들은 가능한 대응의 옵션을 찾아볼 수 있고, 그들이 옳았는지 볼 수 있을 것이다.

사실, 그런 대화를 형성하는 프로그램은 만들어지지 않았지만 – 이는 결국 사변적 실험일 뿐이다 – 개요를 말함으로써 그런 프로그램이 어떻게 작용할 것인지에 대한 느낌을 전달한다. 예제에서 핵심은 구조화된 목적물(objects) 속에서 협력(associations)과 연결(connections)을 나타내기 위한 온톨로지 체계(ontological framework)가 이런 종류에 관한 대화의 주장 – 계획 – 추구(argument – scheme – driven) 구조를 가능하게 만드는가를 설명하는 것이다.

만일 누군가 이 구조화된 목적물의 온톨로지와 데이터베이스를 실행하고 Chapter 5의 주장 계획을 이용했었다면, 그 결과는 다음의 의미에서 일반적인 것이 될 것이다. 표 6.2에서 대화는 프로그램 결과로 생성할 수 있었던 대화들 중에 단지 하나의 예가 될 것이다. 원칙적으로, 프로그램은 아주 작은 세계에서 사례나 가설로 시작하는 같은 종류의 대화들을 생성할 수 있을 것이다(표 6.3 참조)(Ashley, 2009a, 2011).

다른 한편으로, 이 사변적 실험은 실제 법적 주장을 지원하기 위한 온톨로지를 개발하는데 한계를 나타낸다.

첫째, 법률 온톨로지가 얼마나 일반적인가 그리고 여전히 유용한가? 재산법 사례집의 다음 장은 다른 개념과 관계를 포함하고, 다른 법률 주제에 관한 많은 사례집이 있다. 어떤 것은 중첩될 것이고, 일부 온톨로지 체계(framework)는 다시 사용될 수도 있으나, 모든 것을 재사용할 수는 없고, 나머지는 각각의 새로운 주제 분야(domain)에 수작업으로 맞춰야만 할 것이다. 예를 들어, 도표 6.7과 6.8에 테스트와 ILCs를 위한 프레임을 표 6.1에서 Kralingen의 법적 규칙과 개념 체계와 비교해보라. 그 양자는 선례, 결과, 논리적 규칙들을 위한 slot들을 갖고 있다. 그러나 테스트와 ILCs 프레임은 사냥감에 대한 재산적 이해관계가 있는 아주 작은 세계(microworld)와 구체적 환경에서 가치 효과 측면으로 ILCs의 의미를 해석하는 활동에 특화된 slots을 더 갖고 있다. 아마도, 아주 작은 세계를 단순하게 나타내었던 온톨로지는 설명이 필요한 현상에 관하여 온톨로지 디자인에 결점이 있는 직감과 부족한 예지력을 나타내거나 불충분한 것이다.

한편, 그 비교는 온톨로지가 특별한 목적을 위하여 디자인된다는 점을 강조한다. 결과적으로, 법률 온톨로지에 정확하게 특화된 것이 무엇인지 또는 어느 수준으로 세부적인지, 그리고 생성된 목적에 따라서 온톨로지의 적정성을 평가하는 것에 관하여 일치된 사항은 거의 없다(Bench – Capon and Visser, 1997). 일반적으로 말하자면, 법률 온톨로지는 지금까지 법률규칙을 문제 사실의 다양한 가설에 적용해야만 할 것인지에 대한 주장 모델링에 집중하지 않았지만, 그 작업은 법적 자문을 설명하는데 핵심적인 것이다.

둘째, 온톨로지 체계를 정독하면, 이런 종류의 지식 표현은 복잡하게 얽혀 있고 매우 투박하다는 것이 분명히 보인다. 야생동물에 대한 사건을 야구 또는 '수업료를 낸'(tuition—paying) 학생들이 포함된 시나리오까지 확대하는 예측에서 획득—확보—또는—심하게—다친(catch—and—secure—or—mortally—wound)과 같은 어색한 개념을 만들어내야 할 필요가 있다.

프로그램이 여우를 잡는 것, 야구공을 잡는 것, 학생을 유혹하는 것 사이에 유사성을 "볼(see)" 수 있도록 하는 방식으로 그 개념을 표현하는 것은 여전히 연구 대상이고, 그것은 프로그램이 보다 심층적 단계에서 유사한 것들과 피상적으로 유사한 것 사이를 구별하게 하는 것과 같이 특별한 도전이다. 놓친 야생돼지(Escaping Boar) 사건의 사실관계를 생각해보라(표 6.3 참조): D가 P의 재산에 해를 입힌 성가신 유해동물인 야생돼지를 잡았다. 표면적으로는, Pierson v. Post 사건과 유사해 보인다; 둘 다 성가신 유해동물인 야생동물을 놓친 것과 원고의 재산적 이익에 손해를 야기하였다고 제소를 당한 피고를 포함한다.

그러나 좀 더 깊은 수준에서, 이 사건들은 아주 다르다. 이 사건들은 다른 법적 청구에 관련된다. 놓친 야생돼지 사건은 (살아있는) 야생동물에 대한 관리와 그것을 놓아준 것에 대한 부주의(negligence) 또는 엄격 책임(strict liability)에 대한 청구와 관련되어 있다. Pierson 사건은 횡령(conversion)과 관련된다. 양쪽 다 불법행위청구(tort claim)이지만, 서로 다른 방식에 의해 가해진 손해의 서로 다른 종류에 중점을 둔다. 이것을 다루는 간단한 방법은 프로그램으로 하여금 사건에 관계된 특별한 청구에 집중하도록 하는 것이다. 한편 서로 다름에도 불구하고 어떤 청구들은 깊은 수준에서 그것들이 관여된 손해나 방식의 종류가 실제로 유사성이 있다. 이와 같이, 좀 더 복잡한 솔루션(solution)을 생각해 볼 수도 있다(Ashley, 2009a, 2011).

다른 한편으로 표현 계획(scheme)의 엉성함은 그것의 세밀함 부족이다. 온톨로지 지원을 받으며 계획—추구(scheme—driven) 검색에 의해 생성된 주장들은 교육목적 수업에 충분히 복잡한 반면에, 그 주장들은 McCarthy 판사가 Popov v. Hayashi 사건에서 스탠드로 넘어온 홈런타자의 귀중한 홈런볼에 대한 재산적 이익과 경쟁적 팬들의 싸움을 해결하면서 전개한 테스트에는 전혀 필적하지 못한다. McCarthy 판사의 3가지 테스트는 도표 6.10에서 나타나있다.

┃ 도표 6.10 ┃ *Popov v. Hayashi* 사건에서 McCarthy 판사의 테스트

> (1) "횡령(conversion) 행위는 원고가 자격(title), 소유(possession), 소유에 대한 권리 (right to possession)를 가진 경우에 일어날 수 있다."
>
> (2) Gray 교수의 규칙: "스탠드에 들어온 공을 잡은 사람이 그 공의 소유자이다. 그 공을 잡으려 할 때 공의 탄력(momentum)과 팬의 탄력이 끝나는 그 순간에 그 공을 완전히 지배하는 사람이 있다면 공이 잡힌다. 탄력을 잃기 전에 물체나 다른 사람과 부수적인 접촉에 의해 자리를 벗어난 공은 소유된 것이 아니다. 다른 사람과의 부수적 접촉은 그 다른 사람의 고의에 의한 접촉이 아니다. 흘린 공을 집어들어 확보한 첫 번째 사람이 그것의 소유자가 된다."
>
> (3) "그러나 행위자가 버려진 개인 재산의 한 부분 소유를 달성하기 위하여 중요하지만 완전하지 않은 단계를 실행하고 그 노력이 다른 사람의 불법행위에 의해 침해되었을 경우, 그 행위자는 그 재산에 대해 법적으로 인정되는 사전-소유 이익을 가진다."

McCarthy 판사 테스트의 복잡함은 인간의 지적활동 특성인 창조적 법적 추론 같은 종류의 본보기가 된다. 어떻게 McCarthy 판사가 (Gray 교수를 따라서) 공의 상대적 가속도와 팬과의 측면에서 "소유"(possession)를 정의하고, "사전-소유"이익(pre-possessory interest)을 말하고, 의도된 계약과 "우연"(incidental)을 구별했는지 주목하자. 이러한 질적 수준을 지원하기 위한 온톨로지 체계와 지식표현을 세련되게 하는 것을 상상해보자 (Ashley, 2009a, 2011).

그러한 온톨로지를 디자인하고 구조화된 개체들(structured objects)을 데이터베이스에 사례화시키는 과정은 마치 나의 사변적 실험처럼 대규모 수작업이고, 정보가 일정한 종류의 주장에서 어떻게 사용될 것 같은지에 관하여 전문가 예지력이 필요하다고 한다면, 그 테스트는 특히 대단한 것이다. 이상적으로, 온톨로지는 그것이 사용되는 만큼 스스로를 확장할 것이다. 위에서 논의한 바와 같이, 전문가들이 온톨로지를 구축하고 확장하는 것을 지원하기 위한 일부 자동화된 기술들이 개발되었지만, 법적 주장를 위한 이러한 종류의 온톨로지에 어떻게 그것들을 적용해야할 지는 불분명하다.

McCarthy 판사의 실질적 테스트와 사변적 실험(thought experiment)에서 제안했던 테스트 사이에 대조는 온톨로지로 구조화된 객체들의 데이터베이스에서 주장-계획-추구(argument-scheme-driven) 검색이 얼마나 멀리 확장될 수 있는지에 대한 의문을 일으킨다. 인공지능과 법의 분야는 점점 세밀한 주장 모델들과 주장 계획들을 내놓고 있으나, 그것의 지식표현기술들은 그것의 논쟁모델들의 능력을 따라가지 못하고 있다.

다행스럽게도, McCarthy 판사의 분석에서 구체적 수준이 교육용으로 만족스러운 시스템에 필요하지는 않을 것이고, 인지 컴퓨팅(cognitive computing)은 그와 같은 ILCs의 복잡한 해석이나 그와 같은 높은 수준의 세부사항에서 상식적 추론을 자유자재로 구사하는 것을 필요로 하지 않을 것이다.

6.6.4. 법적 주장에서 인지컴퓨팅에 대한 온톨로지 지원

언급한 바와 같이, 인지컴퓨팅이 작동하기 위해, 전산상(computational) 주장 모델들이 주장 자체를 생성할 필요는 없을 것이고, 그보다는 법률문서의 코퍼스에서 발견한 유용한 주장 사례들에 사람들이 집중하게 하는 것이 낫다. 이상적으로 인지컴퓨팅이 McCarthy 판사가 적정한 테스트를 만들려고 생각할 때 과거 사례와 특별한 문단을 찾을 수 있도록 도와줄 수 있을 것이다. 예를 들어, 그것은 특히 사냥감을 쫓았던 것(sought-after)의 소유를 결정하기 위한 규칙의 예 또는 원고(또는 피고)가 승소하였던 사건들을 찾기 위해 그가 과거 사례의 코퍼스를 검색하는 것을 도울 수 있다. 또한 그것은 사실 판단자(trier of fact)가 그런 규칙의 요건들이 충족되었는지 아닌지를 판단했던 경우에 사실 인정(fact findings)의 사례를 식별하는데도 도움을 줄 수 있다.

오늘날의 법률정보장치들은 많은 사례를 갖고 있지만, 그것들은 그 사례들에서 텍스트들이 주장하는 역할들에 대한 정보를 갖고 있진 않다. 만일 인공지능와 법률의 주장 모델과 법률 온톨로지들이 사건 텍스트에서 그런 종류의 주장 관련 정보를 추출하는 것을 지원할 수 있다면, 그것들은 인간 변호사의 창조적 법률 추론을 지원하는 개념정보검색(conceptual information retrieval)을 가능하게 할 수 있을 것이다.

6.7. 텍스트분석을 위한 유형 시스템(Type System)

위에서 제시한 바와 같이, 법률 온톨로지들은 실질적 법률 개념과 원칙을 표현하기 위한 정보를 담고 있다. 위에서 논의한 바와 같이, 그것들은 법률 논쟁의 교육적 적용을 포함하는 다른 작업(Section 6.6)에 더하여 준법(regulatory compliance)의 목적(Section 6.5)을 위해 법률 정보 검색을 개선하고 규정상 원칙과 개념에 대한 추론을 편리하게 하는 법적 지식을 표현하는데 초점이 맞춰져 있었다.

그러나 필요한 것은 *텍스트(text)* 속에서 법적 주장과 주장 관련 정보를 식별하는데 있어서 컴퓨터를 지원할 법적 온톨로지이다. 프로그램은 일정 범위까지 그 정보에 대한 추론을 할 수 있고 논쟁할 사람의 필요와 관련된 이전 사건 텍스트들에서 과거 주장의 사례들을 찾는데 그것을 사용할 수 있다.

6.7.1. 유형 시스템의 정의

그러한 법적 주장의 사례를 찾아내는 것에는 "유형 시스템"(type system) 같은 다른 종류의 온톨로지, 그리고 텍스트에서 정보의 유형을 식별하고 그것을 처리할 수 있는 일련의 소프트웨어 구성요소들이 필요하다.

> 유형 시스템은 부분적으로 처리된 텍스트를 이용하기 위하여 [파이프라인 (pipeline)에서] 하위구성요소들(downstream components)에게 필요한 데이터 유형을 제공함으로써 [텍스트의] 가능한 마크업에 대한 구조(structure)를 정의 하고, 상위구성요소들(upstream components)에게 표시 데이터를 위한 목표표 현을 제공한다(Wu et al., 2013).

유형 시스템은 텍스트공학을 위한 일반구조(General Architecture for Text Engineering; GATE) 또는 UIMA와 같은 자연어텍스트처리체계(natural language text processing frameworks)의 한 구성요소이다. Chapter 1에서 서술한 바와 같이, *UIMA*는 IBM왓슨QA 시스템에서 사용된 오픈소스 아파치체계(Apache framework)이다. UIMA체계에서는, 텍스트-처리 파이프라인 속에 조직화되어 있는 "주석자들"(annotators)로 불리는 소프트웨어 구성요소들의 집합체가 텍스트를 분석하고 그 유형에 대응하는 정보를 추출한다. 각각 자동화된 주석자들은 특별한 방식으로 텍스트의 어떤 영역을 분석하고, 그것에 의미 (semantics)를 부여하고, 텍스트에 관한 주석이나 주장(assertion)을 생성한다. "완벽한"(down the line) 다른 주석자들은 텍스트의 의미에 관하여 추가적 또는 좀 더 추상적 추론을 끌어내는데 그 주석들을 사용할 수 있다(Ferrucci et al., 2010, p.74; Ferrucci, 2012).

유형 시스템은 계층으로 구성되어 있고 주석자들 사이에 통신을 조절한다. UIMA에 서, 유형 시스템은 하위형(subtypes), 상위형(super types), 부수형(attribute types)처럼 다양한 방식으로 서로 상호 간에 계층적으로 관련된 개념의 그래프이다. 그것은 다른 주석자들이 해석하고 처리할 수 있는 방식으로 주석자의 분석 입출력 데이터에 대한 규격화를 지원한다(Epstein et al., 2012, p.15:1). "파이프라인"(pipeline) 용어가 일직선의 주석기 조직을 나타내긴 하지만, 병렬처리 또한 가능하다.

유형 시스템은 문서 속에 나타날 수 있는 주석자들, 개념들, 관계들의 종류를 정의하면서 텍스트분석을 위한 온톨로지 종류의 하나로써 기능한다(Grabmair et al., 2015). 그러나 보통의 온톨로지와 다르게, 유형 시스템은 개념들과 개념의 관계들이 주제 분야 (domain) 텍스트에서 거론되었거나 나타났던 방식인 언급(mentions)을 수집한 텍스트의미유형(textual semantic types)을 포함한다. 예를 들어, 백신상해사건(Section 5.8)에서 의견을 쓸 때, 판사는 "수두예방접종"(vaccination for varicella)을 참조할 수도 있다. 백신언급

(Vaccine Mention)과 예방접종언급(VaccinationMention)에 관한 언급유형(Mention types)은 그 텍스트를 백신과 예방접종의 개념(concepts)으로 참조하도록 주석을 붙이는 구조를 제공한다. 사실, 그 백신과 예방접종을 참조하는 방식은 많이 있다. 예를 들어, "수두예방접종"(chickenpox vaccination), "수두대비접종"(inoculation against chickenpox), "VARIVAX 주사"(VARIVAX는 상표이름) 등등이 있다. 이런 모든 것들이 백신과 예방접종의 개념을 언급한 예로 주석 처리할 수 있다.

유형 시스템은 전자의료기록에서 의료데이터저장(Wu et al., 2013)에서부터 Jeopardy 게임에 질문/대답 텍스트에 이르기까지 넓은 범위에 적용되고 있다.

6.7.2. 유형 시스템 예제: DeepQA

UIMA로 개발되고 IBM왓슨에서 채택된 DeepQA시스템은 주석유형(annotation types)과 온톨로지 개념(ontology concepts) 양자의 규격화된 유형 시스템을 포함하였다.

DeepQA는 "답변유형"(answer types)의 예제들이 Jeopardy "질문"과 "대답"의 텍스트로부터 자동으로 식별되고 추출될 수 있을 것이라는 추정에 근거한다. "어휘답변유형"(이하 "LAT")은 "답변의 의미를 이해하려는 시도가 전혀 없이 답변의 유형을 특징짓는 질문에 단어나 명사구이다", 즉 그 단어가 무엇을 의미하는지 모른다는 것이다. 만일 답변후보 또한 같은 LAT의 예제라면, 그것은 Watson이 답변후보를 관련성으로 서열화하여 이용할 수 있다는 다소 긍정적인 증거이다(Ferrucci et al., 2010, p.70).

예를 들어, "오 … 체스"라는 Jeopardy! 항목, 그리고 "1500년대에 게임의 스피드를 올리기 위해 발명되었고, 이 책략에는 같은 색깔의 두 조각을 포함한다"는 단서를 위해, "책략"(maneuver)이라는 단어는 LAT에 있다(Ferrucci et al., 2010, p.70). "무엇이 캐슬링(castling)이지?" 같은 정확한 Jeopardy! 응답을 고려하면, 직관적으로 LAT의 유용성을 볼 수 있다. 캐슬링은 체스의 책략이다.

한편 LAT는 답변후보가 질문에 맞는 것인지를 측정하기 위한 일부 정보를 제공하는데, 그 정보는 대체로 불충분하다. 무작위로 선정된 2만개의 Jeopardy! 질문 예제를 분석하여, 연구자들은 "가장 빈도수 높은 200개의 명시적 LAT가 그 데이터의 50%도 감당하지 못했다"는 것을 알아내었다(Ferrucci et al., 2010, p.63). 결과적으로, Watson은 빈번하게 적합성을 측정하기 위하여 추가적 정보를 생성할 필요가 있다.

답변후보들이 LAT에 표시된 것 같이 단서의 답변 유형과 밀접하게 관련되거나 그 예시인지를 결정하는데 있어서, Watson은 두 가지 종류의 유형 시스템을 채택한다. 첫째 유형은 "일반적—목적 NLP 유형이며, 이것은 질문 또는 텍스트 문단의 언어적 분석을 표시하는데 사용된다"(Epstein et al., 2012, p.15:3).

두 번째 유형은 DeepQA에 특화된 것으로 후보 텍스트를 식별하고 그것들을 Jeopardy! 질문의 LAT에 맞춰보기 위해서 좀 더 의미 있는 정보를 밝혀내는데 초점이 맞춰져 있다. Watson은 질문에 관련된 내용을 검색하기 위하여 그것의 텍스트 코퍼스들과 어떤 특별한 지식자료에 쿼리를 보낸다. 그 쿼리들은 특별한 지식에 근거하여 문서, 텍스트 문단, 답변을 만들어낸다. 그리고 나서 그 쿼리 결과는 다른 유형의 예제, 즉 답변후보특징유형(CandidateAnswer Feature Type)을 위해 분석된다. 이것들은 검색결과에서 잠재적 답변과 관련된 라벨(labels)과 점수(scores)의 한 쌍이고 최선의 답변을 선정하는데 사용된다(Epstein et al., 2012, p.15:3).

예를 들어, Jeopardy! 단서가 "그는 1974년 9월 8일에 대통령 주도로 사면되었다"였고, 그것에 대한 정확한 Jeopardy! 답변은 "Nixon은 누구인가?"였다. 물론, Watson은 정확한 답변을 알지 못한다. 그러나 "Nixon"은 검색된 텍스트인 "포드는 1974년 9월 8일에 닉슨을 사면하였다."에 근거하여 만들어진 답변후보 중 하나이다.

Watson은 이 텍스트의 관련성을 측정하기 위한 알고리즘들에 점수를 매겨서 다양한 문단(passage)에 적용한다. 어떤 채점기(scorer)는 "질문과 문단 사이에 공통적으로 IDF-가중치 용어들의 숫자를 세어본다." 다른 채점기는 "질문과 문단 사이에 가장 길게 유사한 결과가 이어지는 길이를 측정한다(예를 들어, '1974년 9월 8일에')." 세 번째 득점자는 "질문과 문단의 논리적 형식의 일관성을 측정한다." 논리적 형식은 텍스트의 그래프이며 그 속에서 노드(nodes)[5]들은 그것의 용어들이고 모서리(edges)[6]는 문법 또는 의미적 관계를 나타낸다. 논리적 형식 맞춤 채점기(logical form alignment scorer)는 "Nixon을 문단에서 사면의 대상으로 식별하고, 질문은 사면의 대상에 대해 문의한 것으로 식별한

---

5) 역자주) 변과 함께 그래프를 구성하는 요소의 하나. 그래프 이론적으로는 결절(結節), 정점(頂點), 점이라고 한다. 그래프는 점과 선으로 구성되는데, 이 점을 노드 또는 절점이라 한다. 선은 두 개의 노드를 연결한 것이다. 그래프는 현실 문제를 추상화한 것이기 때문에 실제로 노드는 하나의 기능 단위를, 변은 그 사이의 정보 흐름이나 관계를 나타낸다. 통신망을 나타내는 그래프에서의 노드는 단말 장치나 통신 처리 장치 등에 해당한다. 「이음매」또는 「마디」의 의미로 네트워크 아키텍처의 이론 구조의 하나이다. 컴퓨터 네트워크는 컴퓨터, 데이터 통신망, 단말 장치 등으로 구성되는데 이들 구성 요소를 통신 기능면에서 모델화하고, 그 구조나 기능 분담, 인터페이스 등을 결정하지만 논리 구조로 불리고 있으며, 이와 같은 논리 구조를 이용함으로써 여러 가지 네트워크를 통일적으로 사용할 수 있다. 노드란 이 논리 구조 중 호스트 컴퓨터, 전처리 장치, 단말 제어 장치, 원격 처리 장치, 단말 장치 등 정보나 통신의 처리 기능을 갖는 요소를 모델화한 것을 말한다. 정보 통신 분야에서는 네트워크에 접속할 수 있는 장치를 의미한다. 또한 중계 지점에 두는 장치를 포함한 어드레스가 가능한 지점을 가리킨다. 인터넷에서는 수많은 호스트 컴퓨터가 연결되어 호스트 컴퓨터가 중계 지점을 겸하고 있는 경우가 많으며, 호스트 컴퓨터를 의미하는 경우가 많다.

6) 역자주) 그래프를 구성하는 선을 가리킨다. 그래프는 점과 선으로 구성되는 도형이다.

다." 이와 같이 "[논]리적 형식 맞춤은 'Nixon'에 좋은 점수를 준다"(Ferrucci et al., 2010, p.72).

실무에서 DeepQA는 답변후보가 LAT의 예제인지를 결정하기 위한 알고리즘들에 점수를 매기는데 아주 많은 수를 사용한다. 이러한 알고리즘들은 답변에서 거론된 개념들 사이에 관계에 근거하는 특성들(features)의 다른 유형들을 식별하는 것에 초점을 맞춘 그들만의 유형 시스템을 종종 사용한다(Ferrucci et al., 2010, p.70).

특성들의 다른 유형들은 질문의 유형에 의존하여 질문과 답변후보가 일치한다는 증거의 다른 총량(amounts)을 제공한다. "간단한 흥미 거리 질문에 정확한 답변을 식별하는데 결정적일 수도 있는 [확]실한 점수들은 퍼즐 질문에서는 유용하지 않을 수도 있다"(Ferrucci et al., 2010, p.74). Watson은 다른 질문 유형에서 다른 특성 유형들의 예측 성공에 따라서 그 특성 유형에 부여할 가중치를 학습하기 위하여 정확하고 많은 질문/답변 쌍의 훈련 세트에 근거한 ML을 사용한다(Ferrucci et al., 2010, p.74).

6.8. LUIMA: 법률 UIMA 유형 시스템

우리가 본 바와 같이, DeepQA에서 유형 시스템은 Jeopardy! 질문에 대한 답변 후보에 텍스트를 맞춰보는 Watson의 업무를 위해 유용한 유형을 정의한다. 인공지능과 법 연구자들은 법률 정보 검색의 업무에 유용한 판례에서 문장들의 논쟁역할을 식별하기 위하여 개념, 관계, 언급에 중점을 둔 법률주제용 UIMA 유형 시스템(*LUIMA*)을 만들었다 (Grabmair et al., 2015). 지금까지 그들은 LUIMA를 Section 5.8에서 소개하였던 백신 상해 주제 분야와 코퍼스에서 법적 결정에 적용하여 왔으나, 그들은 그것을 다른 법적 주제 분야에 또한 적용할 계획이다.

표 6.6에서 보이는 바와 같이, 계층적 LUIMA 유형 시스템은 4단계를 포괄한다: 문장수준유형(Sentence Level types), 형성유형(Formulation types), 언급유형(Mention types), 용어유형(Term types).

최고 계층에 있는 문장수준유형과 일부 예제들은 표 6.7에서 볼 수 있다. 그것들은 규정 언급, 규정 요건, 사실의 발견, 사실의 확인을 고려하여 규정 요건이 충족되는 결론과 같이 법적 주장에서 문장들이 하는 9가지 중요한 역할을 포착한다.

법률논쟁에서 문장들의 역할에 따라 사건의 문장들에 주석을 붙이는 것은 정보검색을 향상시킬 수 있다. 전형적으로, 장황한 의견에서 상대적으로 소수의 문장들이 중요한 논리를 갖고 있다. 이러한 문장들의 일부는 법률 규정을 말하고, 다른 문장들은 사건에서 증거를 보고하며, 또 다른 문장들은 증거에 기반한 법적 판단이 법적 요건을 충족한다고 선언한다.

찾고 있는 정보에 대한 시스템 이용자의 목적에 따라서, 문장 역할들이 그러한 문장들의 일부를 다른 것들보다 좀 더 관련성 있게 만들 수도 있다. 예를 들어, 백신 상해 내용(Section 5.8)에서 유용한 종류의 질문을 생각해보자. 변호사가 법원에서 수두백신이 뇌골수신경염을 일으킬 수 있다는 판단을 한 사건을 필요로 한다고 가정하자. 아마도 변호사는 그러한 사실을 알려준 새로운 고객이 있고, 그 변호사는 회복의 가능성을 평가하고 싶어 할 것이다. 적정한 질의는 "수두 백신이 뇌골수신경염을 일으킬 수 있다는 사실(findings)이나 결론(conclusion)"이 될 수도 있다.

▮ 표 6.6. ▮ 계층적 LUIMA 유형 시스템: 문장수준, 형성, 언급, 용어 유형들

Level	LUIMA Types	Example
Sentence Level Types	Citation, Legal rule, Legal ruling or holding of law, Evidence−based finding of fact, Evidence−based intermediate reasoning, Evidence, Legal policy, Policy−based reasoning, Case−specific	SeeTable 6.7
Formulation	ConflictingArgumentsFormulation	"at odds with"
Types	LegalStandardFormulation	"must be supported by"
Mention	DecisionBodyMention	"the court"
Types	TestimonyMention	"expert testimony"
	CurrentCaseContextMention	"In this case"
	ProofBurdenMention	"the burden of proof"
	VaccineMention	"Tetanus"
	VaccinationMention	"Tetanus vaccination"
Term Types	PlaintiffTerm/DefendantTerm	plaintiff, petitioner/ respondent
	CausationTerm	cause, causes, causal, causation
	DepartmentTerm	Department
	PositiveArgumentAttributeTerm	consistent, clear
	ConclusionTerm	conclude
	MustRelationTerm	must, have to
	PrescriptionTerm	may
	DecisionBodyTerm	court
	IllnessTerm	Gastroparesis, injuries
	VaccineTerm	Tetanus

| 표 6.7. | LUIMA 유형 시스템: 문장수준 유형

LUIMA 문장 수준 유형	정의	예제
인용	문장이 법적 권위에 대한 인용을 포함한다.	"42 U.S.C. §300aa−12(d)(4)(B); Vaccine Rule 18(b)를 보라."
법률 원칙	문장이 법률 규정을 특정 사실에 적용하지 않고서 추상적으로 법률 규정을 적시한다.	"그 기준에 따라, 제소자는 백신이 상해의 원인이었을 '가능성이 그렇지 않을 가능성보다 높다'는 것을 밝혀야만 한다."
판사의 법적 규칙 또는 결정	문장이 판사에 의한 법적 규칙 또는 결정을 적시한다.	"아래에 기술된 이유로, 나는 그녀에게 아직 정해지지 않은 금액으로 그러한 보상 자격이 있다고 결론짓는다."
증거에 기반한 사실의 확인(finding)	문장이 특정 사건에서 증거가 규정 요건을 충족한다는 것을 입증하는지 여부에 관하여 진상 조사원의 사실 확인을 보고한다.	"나는 여러 이유로 Dr. Lacy의 의견이 Dr. Caserta의 의견보다 더 설득력이 있다는 것을 알았다."
증거에 기반한 중간 추론	문장이 특정 사건에서 증거가 규정 요건을 충족한다는 것을 입증하는지 여부에 관하여 추론을 포함한다.	"이와 관련해서, 나는 Dr. Caserta의 서면 보고서를 신중히 검토했음을 적시한다."
증거	문장이 사건에서 증거의 아이템을 요약한다.	"이 사건 그의 증언에서, Dr. Lacy는 추가적으로 파상풍 백신이 제소자 Ms. Roper의 위마비에 원인이 되었을 것 같다는 그의 믿음을 설명했다."
법적 정책	문장이 법률 정책을 특정 사실에 적용하지 않고서 추상적으로 법률 정책을 적시한다.	"근본적 공정의 문제로써, Mr. Popov는 불법적 행위로 방해받지 않고 그의 포획을 완성하는 시도를 할 기회를 가졌어야 했다."
정책에 기반한 추론	문장이 특정한 사실에 대한 법적 정책의 적용에 대하여 추론을 포함한다.	"그렇지 않다면 포획이 폭력에 영향을 받은 이 사건에서 그 결과를 허용하게 했을 것이다."
특정 사건 절차 또는 절차적 사실들	문장이 사건에서 절차적 쟁점의 절차적 셋팅을 참고한다.	"이 사건에서 제소자는 위마비 질환의 상황이 그녀가 1997년 7월 10일에 맞은 파상풍 백신에 의해 " 사실상 원인이 되었다"고 다툰다."

Casey v. Secretary of Health and Human Services라고 불리는 사건7)이 이와 딱 맞는 사실들을 제공하였지만, 상업용 IR프로그램으로 이 질의를 사용해 본 실제 검색에서, Casey 사건은 16위를 차지하였다. IR프로그램의 사건보고에 근거하면, IR 프로그램이 Casey 사건보다 높은 순위를 매긴 사건들에는 이 특별한 사실들을 포함하지 않은 것으로 나타났지만, 그 보고서의 절반 이상은 인과관계(causation)상 Althen 사건 규칙의 재서술(re-statements)이나 요약을 포함하였다(Section 5.8 참조).

변호사가 사실추구목적이 있다고 하면, 백신사건에서 단순히 인과관계상 법률규정을 재서술한 문장은 매우 도움이 안 될 것 같다(Ashley and Walker, 2013, p.36). 그 문장이 "백신"과 "원인"과 같은 검색용어의 예제를 포함하지만, 이는 특별히 도움이 되지 않는데, 왜냐하면 상해를 일으킨 특정한 종두들(vaccinations)에 대한 어떠한 정보도 없기 때문이다. 반대로, 이용자의 목적에 대한 정보를 가지고 법적 주장에서 문장의 역할을 구별할 수 있는 시스템은 단순히 법적 규정을 보고하는 문장보다는, 관련 증거에 입각한 판결을 보고하는 문장 또는 관련 사실에 법적 규정을 적용한 결론을 언급한 문장을 선호한다. 그러한 주장 관련 정보는 IR 시스템이 주요 문장에 집중하고, 보다 효율적으로 사건을 정렬하며, 전반적으로 검색 정확성을 개선하는데 도움을 줄 수 있다(Ashley and Walker, 2013, p.36).

9개 문장 유형이 Hofstra University의 LLT 연구소에 의해 개발되었고, 그것은 Section 5.8에서 설명된 증거를 갖춘 법적 주장의 DLF 모델을 위해 준비된 것이다. 표 6.7에서 문장 수준 유형들(sentence level types)의 모든 예제들은, 2개의 정책-유형-관련(policy-type-related) 문장 수준 예제를 제외하고, 다른 백신 상해 사건(*Roper v. Secretary of Health and Human Services*)에서 유래한 것이다. 그 정책-관련 문장 수준 예제는 Section 6.6.1에서 논의하였던 사냥감에 대한 재산적 이해관계를 다룬 사건인 *Popov v. Hayashi* 사건에서 유래한 것이다.

표 6.6에서 보여준 LUIMA 유형 시스템 수직관계에서 하위문장(subsentence) 유형들은 바닥 수준에서 전형(Formulation) 유형, 언급(Mention) 유형, 용어(Term) 유형을 포함한다. 그 표는 각 유형의 예제를 제시한다. 전형 유형은 법률 주장에서 일반적 표현과 판사가 사건 서류에서 법적 테스트를 표현하는 전형적 방법을 잡아낸다.

언급 유형은 법적 주장에서 개념과 주제 분야(subject matter domain)가 참조된 방법들을 포착한다. 그것들은 그 개념들에 더하여 그러한 개념들을 나타내는데 실제로 사용된 용어들이 확실하도록 도움을 주는 추가적인 언어 단서들을 나타낸 전문용어를 식별

---

7) Casey v. Secretary of Health and Human Services, Office of Special Masters, No. 97-612V, December 12, 2005.

하는 규칙들로 주석을 붙인 것들이다. 하위문장 용어 유형은 법률 분야의 특정 주제에서 사용된 용어와 더불어 법적 주장에서 사용된 기본적 전문용어를 나타낸다.

LUIMA 유형 시스템 수직관계에서 상위에 있는 문장 수준 유형들과 전형 유형은 법적 증거를 갖춘 주장을 포함하는 사건들에서 법률 분야 전반에 걸쳐 아주 포괄적이다. 하위에 있는 언급 유형과 용어 유형 또한 법률 분야 전반에 걸쳐 포괄적이지만, 필수적으로 좀 더 주제 분야에 한정된(domain-specific) 개념들을 언급하는 용어와 방법을 포함한다. 지금까지 LUIMA 작업에서는 백신 상해 분야에 용어들이 아주 드물게 특화되어 있다.

이상적으로는 인간 주석자가 높은 수준의 신뢰성으로 이러한 유형 측면에서 문서를 만들 수 있고, 인간이 주석을 한 데이터로 훈련된 자동화 규칙-기반 또는 ML-기반의 주석장치들(annotators)은 거의 인간에 가까운 신뢰성으로 그 유형을 자동으로 지정할 수 있다. 주석 논의는 Section 12.5.2에서 더 논의한다.

개념들과 관계들은 다양한 방법으로 후보 텍스트들(candidate texts)에서 언급될 수 있기 때문에, ML은 자동 또는 반자동 방법으로 이러한 대체적 표현들을 식별하는 데 도움을 줄 수도 있다. 후자에서 ML은 후보 표현들(candidate expressions)을 식별하고 인간 편집자가 그것들의 포함 여부를 승인할 수 있다. 이러한 방식으로 Dalos 온톨로지에서 앞서 설명하였던 것들과 유사한 기술들이 주장-관련 온톨로지와 LUIMA 같은 유형 시스템을 확장하고 대중화하는데 적용될 수 있다.

6.9. LUIMA 주석들은 개념적 법률 정보 검색을 지원할 수 있다

실질적 법률 개념들, 법률 주장-관련 개념들, 규제받는 분야에서 개념들, UIMA와 LUIMA 유형 시스템에 언급들을 온톨로지와 엮음으로써 개념적 정보 검색이 가능하다. 시스템은 관련 문단들을 자동으로 요약하기 위하여 검색된 문서들에 대한 순위(그리고 재순위)를 매기는데 이 주석이 붙은 유형들을 가이드로써 사용할 수 있다(Grabmair et al., 2015).

특히, 법적 주장에서 문장들의 이러한 역할들을 식별할 수 있는 시스템은 정보에 대한 이용자의 특별한 필요, 즉, 이용자가 주장에서 검색된 정보를 어떻게 채택하려 하는지를 고려하여 이용자들에게 도움이 될 만한 가상 관련 있는 사건과 문단들로 이끌어 줄 수 있다. 이용자 쿼리들은 이용자의 목적을 고려하여 가장 관련 있을 것 같은 문장 유형들과 개념 관계들의 조합을 특정함으로써 늘어날 것이다. 특정된 유형들과 관계들에 의해 증가된 만큼 쿼리를 만족시키는 후보 문서들이 검색될 것이다. 지원 문서들 (supporting documents)은 그 문서들이 제한적(constraints)이라는 시스템의 확신에 의해 순위가 정해질 것이다. 이해관계 있는 주장 역할들과 가장 관련 있는 비율을 강조하기 위하여 최상위 문서들은 요약될 것이고 문단은 선택될 것이다.

예를 들어, 원고의 버려진 로봇 심해조사선에 대한 사냥이 마지막 순간에 피고 해커에 의해 그 조사선의 컴퓨터가 망가져서 좌절된 경우에 미래 재산법(future property law) 논쟁에 직면한 판사 또는 변호사를 생각해보라. 만일 사용자 또는 판사가 어떤 테스트를 적용할지 결정하려 하고 있다면, 판사들이 법적 결정 또는 판결을 내린 문장을 찾는 것은 유용할 것이다. 즉 재산권 또는 사냥감의 다양한 유형에 관하여 도표 6.10에 McCarthy 판사의 것과 같이 법적 결정 또는 판결 유형의 문장들을 말한다.

우리는 Section 7.4에서 이 *Popov* 후속(post-*Popov*) 사냥감을 다시 논의한다. 이 Section에서 설명한 바와 같이, IR시스템은 이제 그러한 사건을 검색할 수 있다. 그러나 이 시스템들은 이용자가 무엇을 찾는지를 이해하지 못한다. 만일 이해한다고 해도, 어느 문장이 그러한 사냥감에 가장 최적인지를 결정할 수 없다. IR시스템은 법적 주장에서 문장들이 하는 역할에 의해 사건 속의 문장들에 주석을 달지 않으며, 이와 같이 이용자의 필요에 대한 문장들의 역할에 의해 관련 문장들을 연결 짓지 못한다. *Popov* 사건에서도, McCarthy 판사 테스트의 3가지 부분들은 6,000 단어 이상 의견에 흩뿌려지게 된다. 판사의 테스트들이 충족되는지에 관하여 판사의 증거에 의한 사실의 확인, 즉 판사의 결정(findings)을 나타내는 문장을 찾는 것에 도움이 될 수는 있다.

인지 컴퓨팅으로 이러한 중심 이동의 중요성을 제대로 느끼기 위해서는, *Popov v. Hayashi* 사건에서 McCarthy 판사의 결정 내용에 관한 인공지능과 법 연구의 3가지 대조적인 잠재 목표들을 생각해보라. 누군가는 다음을 위하여 인공지능과 법 시스템을 만들려고 시도할 수 있을 것이다:

1. McCarthy 판사의 3가지 테스트로 끝이 나고 그것이 이전 사건들의 분석에 근거하여 정당화된 *Popov* 사건에서 결정과 같은 주장을 생성하기.
2. 표 6.2의 아주 작은 세계(Microworld) 대화 예에서 설명된 것과 같은 주장을 생성하기.
3. 자동으로 과거 사건에서 관련 주장들과 테스트들에 대한 검색, (재)순위, 요약을 통해서 사람들이 자신의 주장과 테스트를 만드는 것에 도움을 주기.

선택1은 인공지능과 법에 많은 작업의 중점을 둔 것으로 보이지만, 너무 어려울 것 같고 NLP 방법들이 크게 개선되지 않는 한 자연어 텍스트들과 연결될 것 같지 않은 수동지식표현(hand-tooled knowledge representations)에 너무 많이 의존하는 것으로 보인다. Section 6.6에서 본 것과 같이, 선택2는 현행 기술로 실현 가능한 것으로 보인다. 그러나 아주 작은 세계 접근방법은 또한 텍스트와 쉽게 연결될 것 같지 않은 수동지식표현에 의지한다. 필연적으로, 사건들과 테스트들의 수와 범위는 상업적 법률 세팅에서 많이 이용되기에는 너무 제한적이 될 것이다. 비록 그것들이 전자사례집, 온라인법학과정, 로스쿨MOOC 등을 위해 흥미 있는 교습시스템으로 사용되기에 충분해도 그러하다.

선택3은 이 책에서 주목하는 통로이다. Chapter 11은 어떻게 LUIMA 주석들이 개념적 법률 정보 검색을 지원할 수 있는지 구체적으로 설명하고 있다.

그러나 그 통로를 택하기 전에, Chapter 7에서 어떻게 법적IR이 작동하는지, 어떻게 ML이 법률텍스트들에서 정보를 뽑아내는 데 적용되는지(Chapter 8), 특히, 어떻게 법규와 법률사건텍스트들에서 정보를 뽑아내는지(Chapter 9와 Chapter 10)에 대하여 좀 더 배울 수 있다면 독자들에게 도움이 될 것이다.

Chapter

07

∨

법률 정보 검색을 좀 더 스마트하게 만들기

7.1. 서론

만일 법적 추론과 주장의 전산상 모델들이 법률 실무에 더 커다란 충격, 예를 들어 인지컴퓨팅의 방식으로 리걸 앱을 가능하게 함으로써 충격을 주고 있다면, 그것들은 완전한 텍스트(full-text) 법률 정보 검색과 전자증거개시절차(e-discovery)에 대한 현행 민간과 공공부문의 접근방법과 결합하여 그렇게 하여야 할 필요가 있을 것이다. 인공지능과 법의 기여는 상당히 클 수 있지만, 기술들은 현행 상업적 도구들의 범위에서 최적으로 적용될 수 있을 것이다. 코퍼스 관리, 색인화와 색인 관리를 위한 그 도구들의 절차들과 검색은 잘 성립되어 있고, 믿을 만하며, 효율적이다. 이와 같이 리걸 앱들과 인지컴퓨팅이 "가치-증가"된 것을 기대하기 전에 법률 정보 검색을 위한 현행 기술을 이해하는 것이 좋다.

이 장은 판결, 법령, 다른 문서들의 텍스트 법률 정보 검색을 위한 현행 기술들을 설명한다. 이 법률 검색 도구들은 로스쿨 학생이나 법률 전문가들이 법적 논쟁이나 간단한 글을 쓸 때 사용하는 것이다. 이 Chapter는 쿼리 확장을 통해 텍스트 법률 정보 검색을 개선하는 법률 온톨로지의 역할을 설명하고 어떻게 일부 인공지능과 법 기술들이 관련성 측정을 고려하여 시맨틱 정보를 채택하도록 법률 정보 검색에 도움을 주는 데 이미 이용되고 있는지를 설명한다.

이 Chapter는 다음의 문제들을 논의한다: 도치된 색인(inverted index)은 무엇인가? 어떻게 텍스트 법률 IR 시스템에서 관련성이 측정되는가? 그리고 그것은 어떻게 인공지능과 법 모델의 관련성 측정들과 비교하는가? 쿼리 확장은 무엇인가? 어떻게 인공지능과 법 접근방법들은 IR 시스템 표시 방법과 법률 텍스트들 색인 방법에 변화를 요구하지 않으면서 법률 IR과 통합될 수 있는가?

7.2. 현행 법률 정보 검색 서비스들

실무적인 리걸 앱들을 인식하기 위한 실행가능 한 통로는 텍스트 법률 정보 검색 서비스들에 덧붙이기 위한 인지 컴퓨팅 모듈(modules)을 개발하는 것이다. 어떻게 이것을 성취할 수 있는지를 이해하기 위해서는 현행 법률 정보 검색 기술들을 이해하는 것이 유용하다.

텍스트 법률 정보 검색 서비스들은 미국과 같은 어떤 법률시장들에서 잘 형성되어 있다. 법률 실무가들은 어떻게 그 서비스들을 이용할지 알고, 주기적으로 그것들을 사용하고, 그것들에 대한 확신을 표명한다. 미국 로스쿨에서 학생들은 법률교육의 일환으로 Westlaw와 LexisNexis에 대한 이용권을 갖고 있고 습관적으로 그것들에 의존하는 경향이 있다. 적어도, 만일 그들이 구독할 여유가 되는 로펌에서 일하거나 법률기관에서 일한다면, 학생들은 그들의 향후 실무에서도 이러한 도구들을 이용할 것을 기대한다. 많은 주(州)와 지방 변호사협회들은 회원 특권(perquisite)으로, 법률 IR 서비스들에 이용권을 제공한다(예를 들어, Casemaker를 경유해서, 2015).

Chapter 1에서 언급한 바와 같이, 로스쿨들, 국제기구들, 기관들은 유지와 검색을 위해 그들 독자적으로 생성된 실무관행과 함께 상당히 특화된 법률 문헌 저장소들을 유지하고 있다. (예를 들어, Pace 로스쿨의 UN국제상품매매협약에 관한 CISG 판례 및 평석 DB(Kritzer, 2015), 세계지적재산기구(WIPO)의 색인, 통일도메인이름분쟁해결(UDRP) 정책과 규칙, 중재결정들(WIPO, 2015). 이러한 결정들은 인터넷 도메인 이름 분쟁에 대한 중재 재판부에 의한 것이다.) 마지막으로 Google Scholar Cases와 Courtlistener.com은 상당한 사례 코퍼스들(corpora)에 대한 무료 검색을 제공한다.

이러한 법률 IR 서비스들은 판례, 법령, 법률문헌의 거대한 DB를 포괄하고 있다. 그 서비스들은 효율적이고, 새로운 자료들이 가능해지자마자 흡수하고 색인하기 위해 광범위한 조직적 처리과정을 유지한다. 또한 상용 서비스들은 실제 소유자 조사 기관(substantial proprietary research establishments)들을 지원하고 지속적으로 개선하고 있다.

그러나 법률 IR 시스템은 좀 더 개선될 수도 있다. 그들의 법률 관련성과 유사성 수단들은 상당히 서비스가 가능함에도 불구하고 Part 1에서 채택한 법적 추론의 컴퓨터 모델이 채택한 법률 관련성의 측면을 따라가지 못한다. Section 6.8에서 소개된 것처럼 문장들이 제시된 법률 주장들에서 하는 역할과 같이, IR 시스템들도 법률 자료에서 문장에 중요한 정보를 식별하거나 이용하지 못한다. 결과적으로 IR 시스템은 법률 관련성, 법률 주장의 생성, 법률 결과의 예측, 사람 사용자가 이러한 업무들을 하는 데 좀 더 적극적인 도움이라는 측면에서 판례들을 비교할 수 없다.

Chapter 8은 11가지에 걸쳐서 이러한 업무들을 이행하기 위하여 법률 IR 시스템들의 기존 절차에 거의 또는 아무런 방해를 주지 않고 법률 IR 시스템들에 곧 부가시킬 수 있는 기술들을 제시한다. 그러나 우선 이 장은 판례 검색에 초점을 맞추어 어떻게 텍스트 법률 IR이 작용하는지를 설명하고, 어떻게 인공지능과 법 접근방법들이 법률 IR과 통합되었는지의 일부 예들을 집중 조명한다.

7.3. 상용 법률 IR 시스템들의 이용 예제

이 Chapter의 목적은 현재 가능한 어떤 특정 법률 IR 서비스들의 상세를 설명하는 것이 아니라, 대부분의 정보검색시스템들에 기저에 있는 주요 개념 아이디어들에 초점을 맞추는 것이다. 사유 상용 서비스들(Proprietary commercial services)은 일반적으로 기술 정보를 공개하지 않고 지속적으로 그들의 시스템들이 실행되는 방법을 변경한다. 그러나 일부 독자들은 최근 법률 IR 시스템을 사용한 경험이 없을 수도 있으므로, 미국에서 사용될 것 같은 법률 문헌을 위한 두 가지 주요 상용 검색 시스템인 Westlaw Next(WN)과 Lexis Advance(LA)의 예를 들어본다.

수두(chicken pox 또는 varicella) 예방접종 후에 심각한 상태 즉, 뇌척수신경염(encephalomyeloneuritis)으로 고통 받는 의뢰인을 Section 6.8의 예와 같이 백신 상해 문제로 마주한 변호인이 있다고 가정하자. *Althen* 조건1(상해의 유형과 백신의 유형을 연결하는 것, Section 5.8 참조)을 입증하거나 물리치는 것에 관련된 증거 또는 주장들을 찾는 데 있어서, 변호인은 의뢰인의 시나리오에서와 같이 동일한 백신의 유형과 동일한 상해의 유형을 포함한 사례들을 찾으려 할 것이다. Section 6.8에서 적은 대로, 적정한 쿼리는 "Varicella 백신이 뇌척수신경염을 일으킬 수 있다는 결정 또는 결론"이 될 것이다. 최소한 하나의 판례가 이 쿼리를 정확하게 만족시키는 데, Casey 사건[1] 결정이다.

누군가는 상기 시스템들 중 어딘가에 그와 같은 자연어 쿼리를 할 수 있을 것이다.

---

1) Casey v. Secretary of Health and Human Services, Offices of Special Masters, No. 97−612V, December 12, 2005.

선택사항으로써, 누군가는 "판례"(Cases), 관할, 예를 들어, 모든 연방법원들의 판결을 포괄하는 "all federal"과 같이 바라는 내용의 유형을 특정한다. 쿼리를 입력하면, 적어도 3초 이내에, 각 프로그램은 관련성 순서에 따라 쿼리에 대한 결과에 주석이 붙은 리스트("Results List")를 회신한다. 더욱이 판례에 대한 정보를 요약하고 그 쿼리와 관련하여 선택된 발췌부분을 제공하는 "Case Report"는 물론이고, Results List의 각 판례를 위해, 판례, 법원, 관할, 일자, 인용의 표제를 만든다. 최근 시도에서 각 프로그램은 Casey 사건을 그것의 초기 Results List에서 검색하였다. WN은 16번 판례로 순위를 매겼고, LA는 1번 판례로 순위를 매겼다.

각 Case Report는 배상소송에서 따랐던 국가아동백신피해법(National Childhood Vaccine Injury Act)의 관련 규정을 인용하고 있는 간략한 요약을 제공하였다.

WN 보고서에는 소송을 제기했던 당사자의 이름과 주장의 일부 서술이 적혀있다. 그리고는 인과관계(causation) 쟁점에 관한 전문가 증언의 검증에 관한 4가지 발췌부분을 인용하였다. 예를 들어, 이렇게 적혀 있다:

> 요약하여, Tornatore 박사는 왜 수두백신이 원고의 뇌수척수신경염의 원인이 되지 않기보다는 원인이 될 것 같은지를 설명하면서, 수두백신은 원고의 뇌수척수신경염에서 커다란 요소였으며, 수두백신이 없었더라면, 원고는 뇌수척수신경염으로 전개되지 않았을 것이라는 신뢰할만하고 확증된 이론을 분명히 말하였다.

WN은 발췌부분이 있는 자료의 일부분에 링크를 제공한다.

LA 보고서에는 원고가 "수두백신이 그녀의 신경 상해라는 사실에 인과관계가 있었다는 증거의 우세함으로 입증할 수 있었다"고 적혀 있다. 그리고 원고의 입증책임(burden)을 규율하는 일부 일반적 원칙들을 포함하여 "헤드노트"(Headnotes) 시리즈의 첫 번째를 서술하였다:

> 사실상 인과관계의 이론에서 승리하기 위하여, 백신 관련 상해 원고들은 반드시 문제의 백신이 상해와 인과관계가 있다는 증거의 우세함을 보여주어야 한다. 그 입증책임에 부합하기 위하여, 원고는 그 백신이 그 백신이 사실상 문제된 상해의 원인이라는 것을 물론이고, 문제의 상해를 일으킬 수 있다는 것을 입증해야 한다. 그 요건을 보여주기 위해서, 원고는 그 백신주사가 상해에 대한 원인이었다는 것을 보여주는 원인과 결과(cause and effect)의 논리적 연속성을 증명해야만 한다.

LA는 다른 헤드노트들, 완전한 문단들, 독자적인 시각적 보조, 어디에 질의 용어들이 위치하였는지를 표시하는 색깔 있는 줄과 함께 헤드노트들, 의견, 주석을 나타내는 직선의 바(bar)에 대한 링크들을 제공한다. 커서를 바 위로 움직임으로 해서, 그 지점에 보이는 용어들의 조합을 보게 된다. 바를 클릭하면 그 용어들이 강조된 문헌의 해당 부분으로 이동하게 된다.

1970년대 후반에 전용단말기로 상용 법률정보서비스를 처음 사용했던 전직 법조인으로써, 나는 이번 예에서 WN과 LA의 동작이 놀랄 만큼 좋다고 여긴다. 각 시스템의 결과는 명백히 유용한 것이었다. WN은 사실 판단자(trier-of-fact)가 명백하게 동의한 전문가의 증언을 유형화하는 프레임(frame)으로써 Special Master의 증거가 있는 결론이 분명해 보이는 것을 인용한다. 한편, WN은 Section 6.8에서 언급한 바와 같이 Case Reports가 인과관계에 관한 *Althen* 사건 규칙을 재인용하였던 다수의 판례들을 우선하면서, *Casey* 사건을 results list에서 16번째 순위로 두었다. LA는 *Casey* 사건 판례를 1순위로 두었지만, 그것의 Case Report는 어떻게 원고가 백신으로 인한 상해를 증명할 수 있는가를 다루는 원칙들의 일반적 리스테이트먼트(restatement)에 중점을 두었다. 그러나 시각적 바(bar) 표시를 사용하여 Special Master의 사실 발견들을 정확히 찾아내기는 쉽다.

문제는 강조된 발췌텍스트들이 무슨 의미를 갖는지를 어떻게 IR 시스템들에게 훨씬 더 많이 이해시킬 것인가이다. 만일 그것들이 법률 주장에서 문장들의 역할에 대해 좀 더 의미 있는 정보를 가졌더라면, WN은 관련 정보의 순위 매김을 더 잘 할 수 있지 않을까? 그리고 LA는 Case Report에 표시하기 위해 좀 더 관련 있는 headnote를 선택하지 않았을까? (LUIMA 주석들이 순위 매김을 개선할 수 있다는 평가에 대하여 Section 11.4 참조) 게다가 법률 주장에는 다른 특징들, 예를 들어, 사용자들이 예상하는 결과들, 주장 만들기, 가설의 검증을 지원하기 위하여 코퍼스 속에서 IR 시스템이 좀 더 합리적 추론을 가능할 수 있도록 하는 어떤 것을 IR 시스템이 식별할 수 있게끔 하는 법적 요소들 같은 것이 있지 않을까? Chapter 11과 Chapter 12에서 다룬 것과 같이, 이는 IR 시스템으로 하여금 개념적 법률 정보 검색과 인지컴퓨팅에 있어서 리걸 앱들을 지원할 수 있도록 할 것이다.

그러나 우선 법률 IR 시스템들은 그것들이 아주 잘 할 수 있는 것들을 어떻게 성취하는지를 생각해보자.

7.4. 어떻게 법률 IR 시스템들이 작동하는가

법률 IR 시스템은 사용자의 질의를 받고, 색인된 DB에서 문서들을 검색하며, 질의에 대한 문서들의 반응성을 측정하여, 그것들에 순위를 매기고, 사용자가 읽기 위해 정돈된 결과물 리스트를 내놓는다.

사용자들은 문장, 단어, 사건 명칭, 인용으로 표현된 자연어 질의들을 입력할 수 있고 현재나 필요한 기간을 특정할 수 있다.

쿼리를 받으면, IR 시스템은:

1. "the", "a", "and" 같은 일반적 단어들과 "ing", "es."와 같은 어간(stems), 즉 *불용어(stop words)*들을 제거한다.

2. 단어들을 제외하고 다른 특징들, 예를 들어 법령에 대한 인용, 헌법 규정, 이전 판례들, 중요 텍스트들, 특별한 색인 개념들을 구분한다.

3. 텍스트에서 남아있는 각 단어 또는 다른 특징들이 드러난 회수를 센다.

4. DB에서 후보 자료들, 즉 쿼리에 어떤 특징들이라도 포함하여 색인된 모든 자료들을 검색하기 위해서 도치된 색인을 사용한다. (Turtle, 1995, p.18)

그 DB는 쿼리들과 같이 동일한 방법으로 많은 부분이 처리된 문서들을 갖고 있으며 *도치된 색인(inverted index)*을 사용하여 실행하기도 쉽다(Büttcher et al., 2010, p.33). 그 색인은 DB에 저장된 모든 자료나 나타내는 어떤 특징을 목록화한 것이다. 각 특징을 위해, 도치된 색인은 특징이 나타난 문서, 각 문서에서 특징의 위치, 문서 그리고 텍스트 코퍼스 전체에서 특징이 나타난 회수에 관하여 모든 문서들을 기록한다(Büttcher et al., 2010, p.48; Turtle, 1995, p.18). 새로운 문서들이 계속 추가되기 때문에, 다양한 색인 유지 전략들이 사용되어야만 하지만(Büttcher et al., 2010, Chapter 7 참조) 이는 여기서 논의하지 않는다.

IR 시스템은 쿼리에 대한 관련성에 따라서 순위를 정한 사건들의 목록을 내놓는다. IR 시스템들은 쿼리에 대한 관련성을 측정하기 위하여 다양한 기술들과 수단들, 즉 불리언(Boolean), 벡터스페이스(vector space), 확률 모델(probabilistic models)을 사용해왔다(Section 7.5 참조). 이것들 모두는 도치된 색인에 담긴 빈도(frequency) 정보를 이용한다.

검색 과정을 설명하기 위해서, 여기서는 원고의 버려진 로봇심해탐사선 사냥이 마지막 순간에 피고 해커가 그것의 컴퓨터를 망가뜨리는 방법으로 가로채어 실패한 경우에 미래 재산권 분쟁에 처한 판사 도는 변호사를 다룬 Section 6.9의 *Popov* 사건 시나리오 후속에서 영감을 얻은 예시적 쿼리를 한다. 여기 잠재적으로 유용한 완전−텍스트 법률 정보 쿼리 하나가 있다:

> 피고가 마지막 순간에 탐사선의 컴퓨터를 해킹하여 가로채지 않았다면 원고가
> 버려진 로봇심해탐사선을 거의 잡을 뻔 했던 경우에 횡령(불법)행위의 소
> (action for conversion)

┃ 표 7.1. ┃ 도치된 색인 예제

ID	TEXT
1	An action for conversion involves a serious interference.
2	The data conversion was completed.
3	Certain actions may deceive.
4	The probing was unauthorized.
5	The action of Defendant Hack was unauthorized.

Term	Frequency	Doc. IDs
action	3	[1][2][5]
alone	1	[5]
certain	1	[3]
completed	1	[2]
conversion	2	[1][2]
data	1	[2]
deceive	1	[3]
defendant	1	[5]
hack	1	[5]
interference	1	[1]
involves	1	[1]
may	1	[3]
probing	1	[1]
serious	1	[1]
unauthorized	2	[4][5]

시스템은 불용어와 어간을 제거하고, 질의를 다음으로 변경할 것이다:

"action conversion where plaintiff nearly capture abandon robotic deep sea probe defendant intercept probe last minute hack computer"

표 7.1은 어떻게 5개의 문장들 각각이 색인 목적을 위한 "문서"로써 작용하는지를 보여준다. 그 문장들은 (불용어와 어간을 제거한 후에) 오른쪽에 작은 도치된 색인에 색인화 될 것이다.

이 작은 예제에서도 법률 정보 검색의 도전과제들 중 하나를 나타내고 있다: 단어들이 복수의 의미를 가지고 있다. 3개의 문장("An action for conversion involves a serious interference", "The data conversion was completed", "Certain actions may deceive")에서 "action"과 "conversion"의 의미를 생각해보자.

예제 질의에서, "action"과 "conversion"은 횡령(불법)행위의 소와 그렇게 서술된 사실들이 포함된 사례들이 관련이 있을 것이라는 사용자의 기대와 통하려는 의도가 있다. 그러나 각 용어는 복수의 의미를 가진다. 소송을 제기한다는 법적 감각을 제외하고, "action"은 또한 뭔가를 한다는 사실과 연관된다. "Conversion"은 재산권 소송의 한 종류뿐만 아니라 변화 또는 무언가로의 변신을 나타낸다. 이와 같이, 단어들은 관련 있는 문서들과 관련 없는 문서들을 구별하기 위하여 이상적인 특징들이 아니다. 유사하게, 쿼리의 5개 문장을 비교하면, "probe"란 단어가 복수의 뜻을 가지고 있음을 알 수 있다. 쿼리는 그것을 명사로 보지만, 문장[4]는 그것을 동사로 사용한다. 또한 "hack"는 [5]에서는 적합한 명칭이지만 쿼리는 그것을 탐사선의 컴퓨터 시스템을 방해하는 것과 연결짓는데 사용한다.

독자는 자신이 선호하는 법률 IR 시스템에 이 쿼리를 테스트해볼 수 있다. 나의 시도에서, 상기 예제 쿼리에 대한 상용 법률 IR 시스템이 내어놓은 결과들은 명백하게 불법행위에 대한 재산권 소송을 포함하고 원고 사냥꾼이 의도한 사냥감들의 포획을 좌절시키는 피고들이 포함된 시나리오들을 제시하는 사례들을 제공하지는 않는다. IR 시스템의 results list에 보고된 상위 20개의 사건들 중에서 사건 보고서를 숙독하여 다른 소송{예를 들어, 연방도청장치법(federal Wiretap Act), 전자통신개인정보법과 컴퓨터사기부정사용법(Electronic Communications Privacy Act and Computer Fraud and Abuse Act), 저작권, 상표, 무역 비밀, 개인정보침해, 형사재판에서 컴퓨터 증거의 채택(admissibility), Bivens 사건[2], 남북전쟁 이후 버려졌거나 획득한 재산법(post-Civil War Abandoned and Captured Property Act) 관련 3가지 소송}의 영역에서 두 가지 사건들을 밝혀냈다. 물론 쿼리에 다양한 용어와 그것들의 다른 의미들을 고려하면(예를 들어, "conversion", "abandoned", "robotic", "intercepted", "hacking", "computer") 왜 그 사건들이 검색되었는지를 이해할 수 있다. 그러나 그 사건들 중 어느 것도 유용해보이지는 않았다.

관련성의 다른 모델들과 그것들과 함께하는 수단들은 중의적 단어들의 문제를 다루는 시도에 있어서 범위를 다양하게 하는데 효과적이다.

---

2) 역자주) *Bivens v. Six Unknown Named Agents, 403 U.S. 388* 사건(1971)을 의미한다. 연방대법원은 4번째 수정 헌법을 위반한 연방공무원들에 대하여 불법적인 수색과 압류에 대한 연방소송을 할 수 있다고 판결하였다.

7.5 IR 관련성 수단들

언급한 바와 같이 IR 시스템은 쿼리에 대한 문서의 관련성을 측정하기 위하여 불리언(Boolean), 벡터스페이스(vector space), 확률 모델(probabilistic models)을 채택해왔다. 물론 Boolean 관련성 측정이 가장 간단하다.

7.5.1. Boolean 관련성 측정

Boolean 관련성 측정에서 쿼리는 검색해야 할 문서들에 대한 논리적 분류항목(criteria)을 제공한다. 그 분류항목은 응답을 보여야 할 문서들을 위해 지정된 용어들의 존재(presence)와 근접성(proximity)을 특정한다. 그 관련성 수단은 얼마나 쿼리의 Boolean 분류항목에 완전히 충족하는가의 측면에서 사건들을 순위 매긴다(Turtle, 1995, p.24).

상기 심해조사선 예를 Boolean 쿼리로 표현하기가 쉽지는 않지만, 다음과 같이 시도해볼 수 있다:

> (action w/5 conversion) AND ((captur! w/5 quarry) OR (hunt! w/5 quarry))
> AND ((defendant w/5 interfer!) OR (defendant w/5 intercept!))

상기 쿼리에서 느낌표(!)는 시스템이 지시한 단어로 시작하는 모든 단어들, 예를 들어 "capture", "captures", "captured", "capturing" 등등을 모두 포함해야 한다는 것을 나타낸다. 아마도 버려진 조사선들을 포함한 사건들을 찾을 가능성이 낮은 점을 예상하여, 사용자는 다른 물건의 포획을 포함한 사건들이 회신되기를 바라면서 더 넓은 용어인 "quarry"(사냥감)로 대체하였을 것이다.

7.5.2. 관련성에 대한 Vector Space 접근방법

관련성에 대한 vector space 접근방법에서 문서들과 쿼리들은 "단어들의 가방들"(bags of words)로 표현될 수 있고 "용어 벡터들"(term vectors)로 비유될 수 있다(Turtle, 1995, p.26). 문서의 단어들의 가방(bag of words, 이하 "BOW") 표현은 순서 없는 용어들의 집합체로 구성된다. 심해조사선 예로 돌아가서, 쿼리는 BOW로 하면 다음과 같이 표현될 수 있다:

"sea capture action where conversion deep computer nearly hack minute
robotic plaintiff abandon defendant probe intercept last"

BOW 표현은 용어들이 문장에서 나타난 연속적 순서를 보전하지 않는다. 문장의 의미에 대한 정보는 사라진다.

단어들의 가방들로 표현된 문장들을 비교하기 어려울 것이기 때문에, 그 용어들을 알파벳 순서로 정렬할 수 있고 용어 벡터들로 표현할 수 있을 것이다:

"abandon action capture computer conversion deep defendant hack
intercept last minute nearly plaintiff probe robotic sea where"

용어 벡터들(term vector)은 단어들, 인용들, 색인개념들, 다른 특징들의 측면에서 문장 또는 다른 문서를 표현한다. 그것은 커다란 공간 차원(dimensional space) 상에 원본(o, o, o, ..., o)에서 그 사건 텍스트를 나타내는 지점까지 화살표(arrow)이다. 텍스트들의 총 코퍼스에서 각각 다른 용어(예를 들어, 단어 또는 다른 특징)가 다른 차원(dimension)에 해당하기 때문에, 차원들의 수 n은 아주 크다.

도표 7.1의 간단한 3차원 벡터 공간 모델에서 보여준 바와 같이, 벡터는 전체 문서를 표현하는 지점에 도달하기 위한 각 차원에 따른 거리를 특정한다. 어떤 주어진 문서

‖ 도표 7.1. ‖ 3차원 벡터 공간 모델

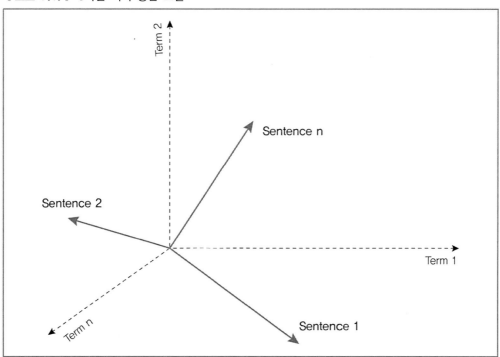

든 전체로써 하나인 코퍼스에 용어들이 많이 부족하기 때문에, 많은 차원들에 따른 거리는 제로(0)가 될 것이다. 그러나 문서 속에 용어들에 관해서 하나의 용어에 대한 각 차원에 따른 거리는 일(1) 또는 어떤 실행에서는, 계산된 규모 즉 단어의 *tf/idf* 가중치(weight)가 될 것이다.

tf/idf 가중치는 문서의 텍스트에서 얼마나 많이 관련 용어가 나타났는지에 대한 비율이고{예를 들어, 용어 빈도수(term frequency; tf)}이고 코퍼스에서 용어가 나타난 횟수와 반비례(예를 들어, 그것의 반비례 문서 비율(inverse document frequency; idf)이다. 이와 같이 용어는 문서에 자주 나타나고 코퍼스에서는 드물다는 점에서 쿼리와 문서는 유사하다는 결론에 대해 쿼리와 문서 양쪽 모두에서 나타난 용어가 가중치를 더해준다.

용어 벡터 접근방법의 한 가지 장점은 *벡터 공간 유사성*(*vector space similarity*, VSS)과 문서들 사이 또는 쿼리들과 문서들 사이에 유사성 계산이 쉽다는 점이다. 사실 쿼리는 이러한 목적을 위한 문서로써 다루어지고 또한 용어 벡터로써 표현된다. 특별한 (예를 들어, 알파벳) 순서로 용어들을 정렬하는 것은 (위에서 예를 든 바와 같이) 그것들의 유사성(similarity)을 측정하기 위하여 용어 벡터들을 자동으로 비교하는 것을 가능하게 한다. 그 유사성 측정은 다차원 공간에서 용어 벡터들의 끝지점들 사이에 기하학적(Euclidean) 거리들에 상응한다. 유사성을 결정함에 있어서, 쿼리는 삼각법(trigonometric) 계산을 사용하여 도치된 색인(inverted index)에서 검색된 모든 문서들과 비교된다. 그것들에 상응하는 용어 벡터들 사이에 코사인(cosine) 각도를 계산해 볼 수 있다. 코사인이 작으면 작을수록 용어 상응하는 벡터들 사이에 각도도 더 작아지고, 완전─텍스트(full─text) 접근방법에서는 벡터들에 의해 표현된 텍스트들이 의미상 더 가깝다고 추정한다.

7.5.3. 관련성의 확률 모델(Probabilistic Model of Relevance)

관련성의 확률 모델과 함께, IR은 사용자의 쿼리가 무엇을 의미하는지, 코퍼스에 문서들이 무엇에 관한 것인지, 어떤 문서들이 그 쿼리에 가장 만족할 것인지에 대한 증거(evidence)를 평가하는 문제로써 표현된다. 쿼리의 내용에 대한 증거와 문서들의 증거는 그것들이 표현된 방법들로 구성된다. 이는 그것들이 갖고 있는 단어들과 문단들, 사전들과 유의어들(thesauri[3])에서 그것들의 정의와 동의어(synonyms), 인용과 주제(subject─matter) 지수(예를 들어, West digest topic과 key numbers), 통계정보 같은 문서들에 다른 특징들을 포함한다. 그것은 마치 쿼리와 문서들의 내용, 즉 그것들이 무엇을 의미하는지가, 소위 어떻게 그것들이 표현되는지, 즉 관찰된 증거를 초래하는 것과 같다.

---

3) 역자주) thesaurus의 복수.

반대로 어떻게 쿼리와 문서들이 표현되는지, 즉 증거는 그것들이 무엇을 의미하는지, 즉 원인에 달려 있다.

Bayesian 네트워크에 대한 서론

Bayesian 네트워크는 "인과관계(causality)가 역할을 하지만 실제로 무슨 일이 생기는지에 대한 우리의 이해는 불완전하므로, 우리는 사물들을 확률적으로 설명할 필요가 있다"는 점에서 모델링 상황에 유용한 도구이다(Charniak, 1991, p.51). 앞서 West is Natural(WIN) 시스템에서 실행되었던 관련성의 확률적 모델에서, 예를 들어, BN은 정보를 찾는 자의 필요성(쿼리에 의해 입증된 것으로써)이 DB에서 특정한 문서에 의해 만족될 가능성에 대한 추론들을 자동화하였다(Turtle, 1995, p.27).

BN은 확률적 인과관계들(probabilistic causal relationships)의 그래픽(graphic) 모델이다. 각 BN 노드(node)는 사건이 발생한 것인지를 표시하기 위하여 "사건"(event)을 변수(variable)로 나타낸다. 화살표들은 인과관계의 영향력들과 연관된 조건부 확률들(conditional probabilities)을 포함하여 사건의 발생 가능성에 영향을 끼친 인과관계의 영향력들을 나타낸다. 만일 어떤 추정들이 충족된다면, 그래프에서 바로 앞 사건 변수들의 상황(status)에 대한 정보가 주어지는 어떤 상황이 되면서 사건 변수의 확률을 계산할 수 있다. 이러한 추정들은 각 사건이 그 사건의 상위 변수들을 고려했을 때 그 사건의 후속이 아닌 것(non-descendants)과는 조건 상 독립적인 독립성 추정을 포함한다(Turtle and Croft, 1990, p.21). 이러한 독립성 추정은 인과관계 추론을 모델링하기 위하여 BN을 효율적 방법으로 만드는 계산에 필요한 확률의 수를 줄여준다.

그의 글 "눈물 없이 Bayesian Networks"에서, Eugene Charniak은 도표 7.2에서 보이는 바와 같은 BN의 평범한 예제를 제공하였다. BN의 기능은 집으로 걸어가는 작가가 개가 짖는 소리를 듣는다면 그의 가족이 외출 중인 가능성을 결정하는데 도움을 주도록 되어있었다.

그래프에서 화살표들의 인과관계 해석은 다음과 같다: 이전에 가족이 외출할 가능성은 15%이지만, 가족의 외출은 개의 외출과 직접 인과관계를 가지므로, 이는 결국, Charniak이 개의 소리를 들었다는 것과 직접적으로 연결된다. 그러나 그래프는 개의 소화에 관련하여 왜 개가 외출하였는지에 대한 다른 이유를 보여준다. 개가 그런 문제를 가지고 있을 이전의 가능성은 1%이지만, 이 그래프는 소화에 문제가 있는 개 또한 외출에 원인이 될 수 있음을 의미한다.

┃ 도표 7.2. ┃ 가족-외출 문제를 위한 BN (Charniak, 1991, p.52)

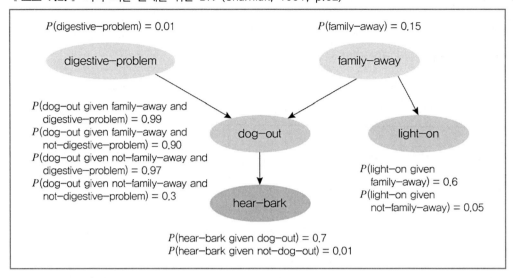

게다가 이 그래프는 가족들이 Charniak의 집을 떠날 때, 그들이 그 시간의 60%로 바깥 불을 켤 것이지만, 그 시간의 5%는 그들이 집에 있을 때에도 불을 켤 것이다(예를 들어, 그들이 손님을 기다리고 있다면)라는 것을 보여준다(Charniak, 1991, p.52).

BN은 노드들의 일부 값들이 관측되었다는 전제에서 네트워크에서 노드들의 조건부 확률들을 계산하도록 허용한다. 만일 Charniak이 불이 켜 있지만(light-on = true) 개 짖는 소리를 듣지 못한다면, 그는 이러한 증거의 조각들에 의해서 가족-외출의 조건부 확률을 계산할 수 있다(이 경우 대략 0.5이다) (Charniak, 1991, p.52). 계산의 상세는 Branchman and Levesque(2004, p.248)에서 볼 수 있다.

IR에서 관련성 측정을 위해 Bayesian 네트워크 이용하기

서술한 바와 같이, BN은 인과관계 사슬에서 증거를 평가하기 위해 편리한 도구이다. 사용자의 쿼리가 무엇을 의미하는지 또는 문서의 모음에서 문서들이 무엇에 관한 것인지에 관하여 법률 IR 시스템의 불확실성을 다룰 수 있다. BN의 노드들은 사용자의 쿼리 용어가 한 세트의 문서들을 정확하게 설명할 확률을 그 세트들의 문서들을 나타내는 개념들에 대한 정보에만 근거하여 표시한다(Turtle and Croft, 1990; Turtle, 1995, p.33). 그 네트워크를 사용하여, IR 시스템은 특정 문서가 쿼리에 관련될 가능성을 계산할 수 있다.

정보검색시스템을 위한 BN은 도표 7.3에서 보는 바와 같이 2가지 부분을 가진다. 첫 번째 부분(쿼리 네트워크로써 도표의 하단에 보임)은 사용자가 쿼리를 제출할 때 구조화된다. 그것은 쿼리 텍스트의 시스템상 처리와 쿼리 개념들(단어들, 인용들 등)에 관하여 그것을 표현한 결과이다. 쿼리는 (아래 보기처럼) 특정한 쿼리 개념을 같은 의미의

(synonymous) 표현 개념들과 연결하기 위하여 온톨로지 또는 시소러스를 사용하여 확장될 수 있다.

▌**도표 7.3.** ▌ 추정 네트워크 검색 모델 (Turtle, 1995, p.33)

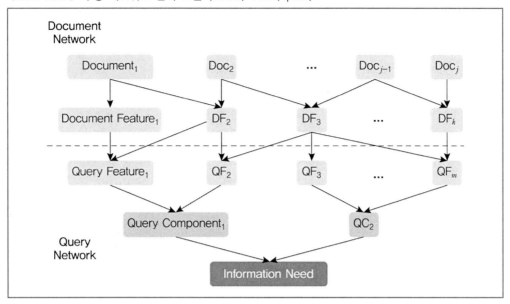

쿼리 네트워크는 이제 미리 구축되어 있고, 쿼리가 처리됨에 따라 변하지 않는 문서 네트워크와 (윗부분에) 연결된다. 노드들과 화살표들은 쿼리 노드에서 문서 노드들까지 다양한 조건부 확률 관계들을 나타낸다. 사용자의 특별한 정보 요구가 맞춰졌을 가능성은 쿼리 구성요소들에 달려 있다. 특별한 쿼리 구성요소를 관찰할 가능성은 쿼리 특성들에 달려 있다. 특별한 쿼리 특징을 관찰할 가능성은 문서 특성에 달려 있다. 특별한 문서 특성을 관찰할 가능성은 문서들에 달려 있다.

어떤 특별한 문서 Doc_i가 관측될 이전의 가능성은 코퍼스에서 문서들의 수 분에 1이다. 바꿔 말하면, 쿼리를 고려하기 전에, 어떤 문서가 해당할 이전의 가능성은 균일하게 무작위로 추정된다(Turtle and Croft, 1990).

도치된 색인(inverted index)에서 문서 특징 표현들과 연계된 *Tf/idf* 값들은 이러한 조건부 확률들을 추정하는데 쓰인다. Doc_i가 관측되는 각 문서를 추측함으로써 순차적으로 BN은 Doc_i에 의해 정보 요구가 충족된 기회들을 계산한다. 그 이후 시스템은 확률들의 규모에 따라서 문서들에 순위를 매기고 가장 관련성 있을 것 같은 문서들의 정리된 목록을 사용자에게 회신한다(Turtle, 1995).

상용 법률 IR 시스템들은 관련성 측정을 위한 BN의 사용에 관하여 개선을 하였다(예를 들어 Section 7.7 참조). 그렇지만 BN을 사용한 추론 네트워크 IR 접근방법은 관련성을 측정하기 위하여 용어 빈도 정보를 효과적으로 사용하는 데 있어서 진전을 보였다. 또한 관련성 측정을 위해 불리언과 벡터스페이스 모델들을 시연해보기 위해서 BN을 사용하는 것도 해볼 수 있다(Turtle, 1995, p.32).

그러나 정말 어떻게 텍스트 법률 정보 검색 시스템을 잘 돌아가게 할 것인지 문제가 발생하였고, 그 문제는 오늘날에도 여전히 관련되어 있다.

7.6. 법률 IR 시스템들의 평가

법률 IR 시스템들의 평가에 대한 우선적 쟁점은 어떻게 그 성능을 측정할 것인가에 있다. Section 4.4.4는 어떻게 ML 분류기(classifier)들의 성능을 측정할 것인지를 설명하면서 이미 고전적 정보 검색 특징들을 제시하였다. 정보 검색 세계에서:

- *True Negatives (TN)*: 관계없거나 관계없는 것으로 예상되었던 문서들의 수.
- *True Positives (TP)*: 관계있거나 관계있는 것으로 예상되었던 문서들의 수.
- *False Negatives (FN)*: 관계있지만 관계없는 것으로 예상되었던 문서들의 수.
- *False Positives (FP)*: 관계없지만 관계있는 것으로 예상되었던 문서들의 수.

그러면 IR 시스템들의 성능은 대체로 (다음의) 측면에서 측정된다:

정밀함(Precision): 검색된 관련 문서들의 수 분에 검색된 모든 문서들의 수의 비율.

$$P = \frac{|Relevant \cap Retrieved|}{|Retrieved|} = (TP)/(TP+FP)$$

리콜(Recall): 검색된 관련 문서들의 수 분에 코퍼스에 모든 관련 문서들의 수의 비율.

$$R = \frac{|Relevant \cap Retrieved|}{|Relevant|} = (TP)/(TP+FN)$$

F_1측정(F_1 Measure): 정밀함과 리콜 양쪽 측정수단들이 동등하게 중요하게 다뤄질 때의 조화적 수단.

$$F_1 = 2 * \frac{P * R}{P+R} = \frac{2 * TP}{2 * TP+FN+FP}$$

회피(*Elusion*): 관련성 있지만 검색되지 않은 문서들의 비율.

$$E = \frac{|Relevant \cap Unretrieved|}{|Unretrieved|} = (FN)/(TN + FN)$$

회피 측정방법은 다음 장에서 논의되는 전자증거개시에서 정보검색의 효율성 평가에 중요하다(Oard and Webber, 2013, pp.152-4 참조).

사실상 모든 IR 시스템들은 문서들을 검색하고 그것들에 순위를 매긴다. IR 시스템이 검색된 문서들을 어떻게 잘 순서를 매기는지를 평가하기 위한 메트릭스(Metrics)는 Section 11.4.1에서 정의될 것이다.

전반적으로 IR 시스템들에서, 정밀함과 리콜 사이에 교환(trade-off)이 있다. 덜 제한적인 검색은 좀 더 많은 문서들을 회신하지만, 그것들 중 더 많은 부분은 관련이 없을 것이다(더 높은 리콜과 더 낮은 정밀함). 반대로 좀 더 제한적인 검색은 더 적은 문서들을 회신하지만, 그것들 중 더 많은 부분이 관련 있을 것이다(더 적은 리콜과 더 높은 정밀함). 교환을 회피할 수 없을지라도, 정밀함과 리콜을 동시에 개선할 수 있는 전략들이 있다. 예를 들어, 차후에 좀 더 정교한 검색을 위해 검색된 문서들의 세트를 사용하는 다층(multistage)의 검색 절차들은 정밀함과 리콜 모두에서 개선을 보였다(Buckland and Gey, 1994, pp.18-19). (IR 시스템들에서 그러한 전략의 예는 "관련성 후기"(relevance feedback)이다 (Section 7.9.2 참조)).

초기의 기념비적 연구에서 Blair와 Maron(1985)은 IBM의 STAIRS 텍스트 IR 시스템을 테스트하였다. STAIRS는 대규모 회사법 소송을 방어하는데 사용된 약 4만 건 문서들의 DB와 관련해서 불리언 검색 모델을 적용하였다.

Blair와 Maron은 그 IR 시스템을 평가하기 위하여 정밀함과 리콜을 채택하였다. 정밀한 계산에서, 쿼리들을 만들었던 법률가들은 관련 있는 문서들이 검색되었는지 판단하였다. 리콜 평가에서는, 검색되지 않은 문서들의 세트들에서 무작위로 샘플들이 뽑혔고 변호사들은 블라인드 테스트로 그 문서들이 관련성이 있는지를 결정하였다(Blair and Maron, 1985, p.291).

정밀함 평균이 75.5%였고, 리콜은 아주 낮았던 반면; 그 연구는 STAIRS가 평균적으로 단 20%만 관련 있는 문서들을 검색했다는 것을 밝혔다(Blair and Maron, 1985, p.293). 리콜의 이 정도 수준은 변호사들이 그 시스템을 사용하면서 얻을 수 있을 것으로 기대하였던 관련성 있는 문서들의 소위 75%와는 선명하게 대조되었다. 저자들은 아주 많은 용어들이 유의어들(synonyms)을 가지고 문서들은 간접적(oblique)인 참조들을 포함한다는 사실에 낮은 리콜을 적용하였다. 그리고 쿼리들을 좀 더 정확하게 만들기 위한 계속적인 검색 수정은 많은 관련 있는 문서들을 무시하고 검색을 왜곡하게 하였다.

Blair와 Maron의 연구 이후에 10년 동안, LEXIS와 WIN 같은 텍스트 법률 IR 시스템들은 법률 사건들의 코퍼스들(corpora)에 대해 상기에 서술된 확률적 관련성 모델을 적용하였다. 이러한 전개는 Dan Dabney가 Blair와 Maron의 연구를 1993년에 업데이트하도록 이끌었다.

Dabney의 연구는 소송 문서들이 아니라 법률 사건들의 거대한 코퍼스를 포함하였다. 특히 그는 American Law Reports (ALR)의 한 권 당 23개 글들의 범위에서 모든 주의 사건들, 법률의 세부 주제에 관한 심도 있는 글들을 보유한 참조를 검색하기 위해서 LEXIS와 WESTLAW를 채택하였다. ALR 글들("주석"(annotations)이라고 불린다)은 주제에 관련 있는 사건들을 인용한다.

전문적인 법률 연구자로서 Dabney는 23개 테스트 문제들의 각각에 대한 쿼리(각각의 ALR 글을 위한 것)를 만들었다. 각 쿼리는 LEXIS와 WESTLAW로부터 너무 많은 관련 없는 사건들을 빼고 관련 있는 사건들의 최대 수를 검색하기 위한 목적이었다. 그 이후 그는 회신된 사건들의 최종 목록과 ALR 글에서 인용하고 있고 관련 DB에서 보유하고 있다고 알려졌던 주 사건들의 전체 목록을 비교하였다(Dabney, 1993, pp. 105-6).

중요한 점은 Dabney의 결과가 Blair와 Maron의 결과와 크게 다르지 않았다는 점이다(Dabney, 1993). Dabney의 연구는 Blair와 Maron에 의해 발견된 20%의 리콜이 40%의 리콜까지 개선될 수 있는 것이었지만, 정밀함에 의해 희생되었다는 것을 보여주었다. Dabney가 결론 내린 것처럼, "대부분의 실무가들이 Blair와 Maron에 의해 발견된 20%의 리콜은 놀랍도록 낮다고 느끼고, 많은 수는 여기서 발견된 40%의 리콜은 훨씬 좋지 않다고 느낄 것인데, 특히 정밀함의 상당부분 손실을 고려하면 그러하다" (Dabney, 1993, pp. 126-7).

사건 검색을 위한 법률 IR 시스템들의 기술은 지속적으로 개선된 반면, 위의 두 가지 연구들의 연장선 상에서 재평가는 최근까지 발표되지 않은 것으로 보인다.

7.7. 법률 IR 시스템들에서 최근 개발

WN 같은 최신 법률정보 검색시스템들에서, 상기 문서 검색 기능의 일부는 사용되었지만, 사용자에게 제출하기 위한 문서들의 순위는 다르다(Lu and Conrad, 2013).

순위는 문서들의 텍스트들에 빈도 정보로부터 나온 증거를 이용하지만, WN의 순위 기능은 다음과 같은 추가적 특징들을 고려한다:

- 전문가 – 작성 주석들로부터 증거(예를 들어, West의 Key Number System과 관련된 것)
- 인용하거나 인용된 자료들의 인용 네트워크들[4]
- 앞선 사용자의 쿼리들로부터 정보를 총합한 정보를 고려하여 문서들의 대중성과 활용에 대한 정보

추가적으로, 순위 기능은 검색된 문서들에서 최선의 순위를 만드는 방식으로(예를 들어, 가장 높은 정밀함) 이 증거를 표현하는 '특징들'(features)에게 어떻게 가중치를 줄 것인가를 학습한다. 텍스트에 ML을 적용하는 것은 Chapter 8에서 설명하고 상술된다. 짐작컨대, ML 모델은 테스트용 쿼리들을 위해 검색된 사례들의 중요한(gold) 테스트 순위들 또는 결과를 받은 후에 어떻게 사용자들이 행동하는지를 관찰한 것으로부터 나온 후기(feedback)와 같은 감시의 어떤 다른 형태로 훈련을 받는다.

마지막으로 WN은 관련 이슈들에 대한 문서들을 추천하기 위하여 쿼리와 관련이 있는 것으로 보이는 법적 이슈들에 대한 정보를 이용한다.

최근, LexisNexis의 Paul Zhang과 그의 동료들은 좀 더 지능적이고 개념에 근거한 법률 IR을 지원하기 위하여 법률 사건 텍스트들에 의미 있게(semantically) 주석을 달기 위한 기술들을 개발하였다. 그것들은 "법률 문서들에 철저하게 시맨틱 주석 처리를 수행하고, 그 동안에 다양한 텍스트 단위들이 구분되고, '표준' 형태들로 일반화되고, 적절하게 색인된다"(Zhang, 2015).

Section 6.8에서 서술된 계층적 유형(hierarchical type) 시스템과 유사하게, 그 주석들은 4계층의 메타데이터(metadata)를 포함한다:

1. 일반 어휘(Generic lexical) 단계
2. 기본 법적 개념 단계
3. 법적 쟁점 단계
4. 동사 – 술어 단계

일반 어휘 단계에서, 단어들과 문단들의 형태들(예를 들어, 그들의 어형(morphology))은 일반화된다. 즉 철자 변화와 어법(phraseology)의 표준 형태에 집어넣는다.

기본 법률 개념의 단계를 위해서, LexisNexis는 전체 코퍼스에 걸쳐서 법적 개념의 통일 목록(universal list)을 개발하였다. Zhang은 빈번한 법적 논의들에 걸친 단어들이나

---

4) 또한 다른 상용 법률 IR 서비스인 FastCase에서 관련성 순위는 인용 빈도와 인용의 상대적 중요성을 고려한다(Remus and Levy, 2015, p.24).

문단들의 세트들에 공통된 아이디어로써 "법적 개념"(legal concept)을 기능적으로 정의한다. 문서들에 법적 개념들은 구분되어 통일 목록 상 개념 ID들에 일치시킨다.

통일 개념 목록(universal concept list)을 구축하는 과정은 자동과 수동 분석이 결합된다. 그 과정은 주어진 텍스트 연속성(sequence)으로부터 n 항목들(예를 들어, 단어들)의 인접한 순서들인 n−grams가 포함된다. LexisNexis 팀은:

1. 미국 법률 문서 n−grams의 코퍼스에서 (데이터 마이닝(data−mining)을 사용하여) 후보 개념들을 만든다.
2. n−grams를 명사구(noun phrases)(NPs)를 중심으로 코퍼스에서 그것들의 분산을 고려하여 언어 규칙들로 걸러낸다.
3. 같은 의미를 공유하는 용어들을 그룹 짓고, 각 그룹을 위해, 빈도와 단순한 규칙들에 근거하여 그 개념을 표현할 일반적 형태로써 하나의 용어를 선택한다.
4. 필요한 곳에 용어들을 더하거나 짝을 짓고, 원하지 않는 용어들이나 그룹들을 제거하며, 법적 개념들을 선택하는 수작업을 한다(Zhang et al., 2014).

일반적 형태에서 결과적으로 나온 개념들은 그 개념들의 표면적(surface) 언어 표현들보다 다소 추상적이다. 이러한 개념들의 범위는 법적 원칙들(principles), 선언들(doctrines), 특수용어(jargon)에서 사용된 것에서부터 사실적 개념들(factual concepts)(예를들어, 중요하고 자주 논의된 사실적 용어들)까지이다(Zhang et al., 2014).

LexisNexis는 법적 쟁점의 사건 논의가 링크된 표준화된 법적 쟁점들을 보유한 법적 쟁점 라이브러리(library)를 유지한다. 법적 쟁점은 "믿음, 의견, 원칙 등의 진술"로써 정의된다. "그것은 일반적으로 하나 이상의 의미가 있을 것 같은 '개념들'(Concepts)을 갖는다"(Zhang et al., 2014). 법적 쟁점들은 왜 하나의 사건이 다른 사건이나 법규를 인용하는지에 대한 이유들과 관련되어 있다. LexisNexis는 그러한 이유들과 법적 쟁점을 추출하기 위한 특허 받은 절차를 가지고 있다. 동일한 법적 쟁점이 있는 사건들 속에 텍스트들은 구분되고 법적 쟁점 라이브러리와 색인 등의 표준 항목(standard entry)에 연결된다.

Zhang은 법적 쟁점들과 개념들을 설명하면서 다음의 예들을 제시한다.

> 진술(Statement): "13살은 차량을 소유해서는 안 된다" ...는 적어도 그 안에 3가지 개념들을 가진다: "13살", "차량", "소유"(to own); ⋯ 저자 또는 화자(speaker)는 분명히 의견, 믿음, 법의 평화를 진술한다 ⋯ [and] 그 진술은 [a] 법률적 의미(implication)를 가지고, 그것은 법적 쟁점(Legal Issue)이다. 여기 사건들에서 찾아낸 법적 쟁점의 예가 있다 ⋯ [where the] "차량" 개념(Concept), ⋯ 사용된 ⋯ (다음의 경우에)[5]:

a. "경찰관은 멈춰진 차량에 접근하여 미국연방수정헌법 제4조를 침해하지 않고서 탑승자(occupant)의 상태(well-being)를 문의할 수 있다."

b. "Nebraska 주에서 만일 채무자가 업무와 연계하여 또는 출퇴근용으로 차량을 사용한다면 그 차량은 채무자의 거래(trade) 수단이 될 수 있다.

c. "주(州)법은 자동차들(motor vehicles)에 보안문제들(security interests)의 쟁점을 규율한다."

d. "Idaho 주에서 구매자(purchaser)에게 적법하게 부여된 권리의 증서를 구매자 또는 양수인(transferee)에게 전달하지 않고 차량을 매도하거나 이전하는 것을 주장하는(purport) 것은 중죄(felony)이다."(Zhang et al., 2014)

술어(predication) 단계는 동사중심의(verb-centered) 술어부분 측면에서 사건들에 주석을 달고(이른바 "V-Triples"), 이는 문장의 의미를 압축하는 효과적인 방법으로 보인다. 문장들은 구문론 트리들(syntactic trees)로 분석되고 그 이후 그 술어 구조들(predicate structures)로 변환된다.

메타데이터(metadata) 주석들의 이러한 4가지 단계들은 전체 DB에 걸쳐 시맨틱 정보 표준화 측면에서 법률 문서들의 파생된 표현(derived presentation)으로 구성되고, 그 표현은 개념적 정보 검색에 사용될 수 있다. 이미 알려진 바대로, 주석 계획(annotation scheme)은 상용 LexisNexis 시스템에 합쳐져 있거나 합쳐질 것이고, 시맨틱 기반의 (semantics-based) 개념 지도(concept map), 인용 네트워크 검색은 물론이고, 문서들, 분류(classification), 인용을 위한 근거 정보(information about reasons for citation) 검색에 사용되고 있거나 사용될 것이다(Zhang et al., 2014; Zhang, 2015).

7.8. 법률 IR과 CMLAS 비교

정보검색은 법률 주장의 인공지능과 법 전산모델들(인공지능과 법 computational models)에 상당한 강점이 있다. 새로운 사건 자료가 전자적 형태로 법원에서 나왔다고 하면, 새로운 사건들을 도치된 색인에 추가하는 것은 자동이다. IR 시스템의 관련성 수치(measure)로 사용할 사건 자료를 준비하는 것에 인간의 해석이나 개입은 전혀 필요하지 않다. 시스템은 자동으로 tf/idf 수치를 측정할 수 있다. 결과적으로 Lexis와 Westlaw는 사동으로 수백만 개의 사건 자료들을 처리한다.

한편, IR 관련성 수치는 가능한 모든 *법적* 관련성의 요소들을 잡아내지 못한다. 쿼리 용어들에 중점을 두는 것은 별도로 하고, 어떤 특징들이 법적으로 중요하다는 것인지

---

5) 역자주) 앞의 [where the]를 우리 어순에 맞추어 뒤로 옮겨 해석한 것이다.

의 표현이 부족하기 때문에 IR 시스템은 사건들을 비교하지 못한다. 심지어 어느 쪽이 승소했는지 또는 어떤 것에 관한 소송이나 주장인지 "알지" 못한다. 결과적으로 IR 시스템은 검색된 사건들에서 그 문제가 어떻게 결정되어야 하는지, 어떻게 결과를 예측해야 하는지, 어떻게 결과에 대한 찬반 주장을 만들어야 하는지를 추론할 수 없다.

Part 1의 전산모델들은 이러한 법적 관련성의 측면들을 잡아낸다. 그것들은 법적으로 유의미한 방법들로 사건들을 비교할 수 있고, 결과들과 그 결과들에 대한 찬반 주장들에 관한 예상들을 만들 수 있다. 그러나 이러한 모델들은 수작업으로 표현된 최대 수백 개의 사건들로 작동한다. 이것이 지식 표현 병목(bottleneck)의 문제이다. 새로운 사건들이 CMLA에 추가될 때, 그들 역시 수작업으로 표현되어야만 한다.

이상적으로, 완전-텍스트 법률 정보 검색과 인공지능 및 법 접근방법의 이러한 추가적 보강(strengths)은 합쳐질 수 있을 것이다.

7.9. 인공지능과 법 접근방법으로 법적 IR의 개선

Chapter 10에서 Chapter 12까지는 LUIMA와 현재 가능한 다른 공개소스(open-source) 도구들을 사용하여 수행할 수 있는 어떤 방법들을 제시하지만, 우선은 인공지능과 법 기술들을 통해 법적 지식을 추가함으로써 완전-텍스트 법률 정보 검색을 개선하려는 종전의 일부 노력들을 검토하는 것이 유용할 것이다.

7.9.1. 법적 온톨로지들과 IR의 통합

이러한 기술들의 처음은 쿼리 확장을 목적으로 법적 온톨로지들을 사용하는 것을 포함하는 것이다. 쿼리에서 용어들이 있다면, 프로그램은 유의어들 또는 관련 용어들을 찾기 위해서 법적 온톨로지를 찾고 그에 따라 그 쿼리를 확장한다.

예를 들어, Saravanan et al.(2009)은 임대관리, 소득세, 양도세(sales tax)에 관하여 자동으로 사용자 쿼리들을 확장하기 위해서 인디안법의 법적 온톨로지를 채용했다. "임대 연체금"(rental arrears)이란 용어가 포함된 사용자 쿼리를 받으면, 검색시스템은 "연체 중에 임대"(rent in arrears), "임대료 지급의 오류"(default of payment of rent), 그리고 다른 관련 용어들이나 문단들을 포함하여 온톨로지에서 링크된 개념 항목들(linked concept entries)을 수집할 것이고, 쿼리를 확장하기 위하여 그것들을 이용한다. 유사하게 "임대의 증가"(increas in rent)에 대한 쿼리는 "지나친 임대"(exorbitant rent)와 "임대의 향상"(enhancement of rent)을 포함하여 확장될 것이다.

저자들은 자동 쿼리 확장을 사용하고 또한 사용하지 않고 검색시스템의 버전들(versions)을 평가하였다. 그들은 두 세트(set)의 쿼리들 각각을 위해 관련성 있는 문서들의 중요 기준(gold standard) 세트에 대해 그 버전들의 결과들을 비교하였다. 그 결과들은 온톨로지 기반의 쿼리 확장에 대해 정밀함과 리콜 특성(precision and recall—attributable) 모두에서 향상을 나타내었다(Saravanan et al., 2009).

법적 온톨로지의 관련성 이용은 정보검색 개선을 위하여 코퍼스에서 텍스트 구성요소들의 시맨틱 마크업을 주기 위함이다. 이는 Section 6.3.1에서 설명하였다. 형사법정을 위한 IR 시스템은 e—Court 온톨로지에 근거한 색인과 검색으로 지능적인 검색의 수단(measure)을 지원했다. 문서들은 형사절차를 다루는 법적 온톨로지로부터 나온 용어들을 사용하여 주석이 달리거나 태그가 붙여졌다. 사용자들은 찾으려는 문서들을 위해 좀 더 분명하게 개념적 요건들을 특정하려고 온톨로지를 검색할 수 있다(Breuker et al., 2002).

LUIMA 유형 시스템(Section 6.8)은 법적 사건들에서 문장들의 법적 주장 역할들(legal argument roles)에 의미 있게 주석을 붙이는 데 사용되었던 온톨로지의 한 종류이다. Section 11.4에서 논의된 바와 같이, LUIMA 주석들은 백신 상해 사건들에서 완전—텍스트 법률 IR 시스템이 다시 순위 매기는 성능을 개선하는 것을 보여주었다.

7.9.2. 법적 IR과 인공지능과 법 관련성 수단들의 통합

두 가지 프로젝트들이 인공지능 및 법 관련성 수단들과 사건들의 텍스트 검색을 통합하려는 행보를 하고 있다.

우선 하나는 SPIRE로써 사용자가 법적 요소들의 세트로 새로운 문제를 입력할 수 있었다. 그 후 그 프로그램은 완전—텍스트 법률 IR 시스템에서 사건들을 검색하고, 요소들을 공유하며, 이해관계 있는 요소들에 관련된 그 텍스트의 문단들을 강조할 수 있었다. 중요한 점은 검색된 사건들이 종전에 SPIRE의 DB에 있지 않았다는 것이다. 바꿔 말하면, SPIRE는 Lexis나 Westlaw 같은 법률 IR 시스템에서 관련 사건들을 검색하기 위하여 CMLR을 마치 Hypo나 CATO처럼 사용했다(Daniels and Rissland, 1997a, b).

SPIRE는 채무자가 채권자에게 "성실"(good faith)하게 변제하는 계획안을 제출했는지 여부에 관한 파산법 쟁점을 다룬다. 연구자들은 판례법(caselaw)에서 법원의 "성실성" 판단에 영향을 주었던 10개의 요소 같은(factor—like) 특징들(계획의 기간, 채무자의 진실성, 채무자의 장래 수입 전망, 기타 특별 상황들 같은 것)을 식별해냈다. 이러한 요소들의 각각을 위하여, 연구자들은 법원들이 그 요소를 고려했거나 어떻게 고려했다고 표시했던 사건들 중에 3개에서 14개까지 발췌부분들을 모았다. 예를 들어, 향후 수입에 대하여, 즉 채무자의 수입이 향후 증가할 것 같은지 여부에 대하여, 발췌부분은 긍정적일 수도 부정적일 수도 있다: "법원은 향후 증가의 가능성을 보지 않는다", "실질적으로 증가된 소득과 함께 일반적 직업의 전망은 대단한 것이 아니다", "그녀의 건강이 그녀가 향후 일을 할 수 있는 능력에 의문을 던져준다", 또는 "상승할 것 같은 어떤 증거도 없다"(Daniels and Rissland, 1997a, p.43).

SPIRE의 구조는 도표 7.4에서 나타난다. SPIRE는 두 가지 순환통로를 가졌었다: 바깥 통로(outer loop)는 Lexis 또는 Westlaw 같은 완전－텍스트 법률 IR 시스템에서 사건 의견들(case opinions)을 검색했고, 내부 통로(inner loop)는 검색된 의견들에서 이해관계 있는 요소들과 관련된 문단들을 식별했다. 각 통로는 별개의 DB를 가졌다. 바깥 통로 DB는 채무자들이 성실한 변제계획안을 제출했는지 여부의 쟁점에 대한 도산 사건이 있었다. 이 사건들은 성실성에 관련된 10개의 법적 요소들 측면에서 표현되어 있었다. 추가적으로 DB는 각 사건의 텍스트가 저장되어 있었다. SPIRE의 내부 통로를 위한 DB는 요소들과 연관된 짧은 문단들을 갖고 있었다. 이러한 발췌부분들은 수작업으로 도산 사건들에서 추출되었다(Daniels and Rissland, 1997a, b).

▌ **도표 7.4.** ▌ SPIRE의 구조 (Daniels and Rissland, 1997a)

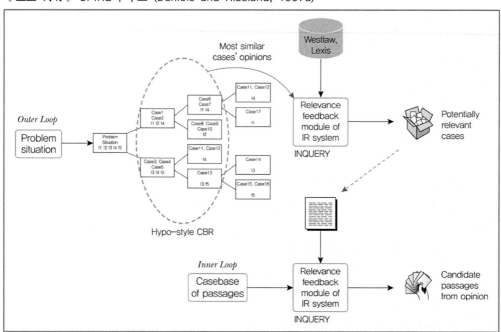

도표 7.4에서 설명된 바와 같이, 요소들의 세트로써 새로운 문제 입력이 있으면, SPIRE는 사건 DB에서 관련 사건들을 검색하고, 그것들을 청구 격자(claim lattice)로 조직화하여, 주요 사건들(point cases) 중에서 최상을 선택했다(Section 3.3.2 참조). 이 주요지점

(point)까지 프로그램은 Hypo 스타일 사건 기반 추론(Hypo-style case-based reasoning)을 사용했다.

그 이후 SPIRE는 주요 사건들 중에서 최상의 텍스트들(texts)을 INQUERY라 불리는 완전-텍스트 IR 시스템에 넘겼다(Callan et al., 1992). INQUERY의 DB는 Lexis 또는 Westlaw의 DB와 같이 IR 코퍼스에서 나온 법률 텍스트들로 구성되었다.

특히 SPIRE는 이러한 사건 텍스트들을 INQUERY의 관련성 피드백 모듈(relevance feedback module)에 전달하였다. 결과적으로 사건 텍스트들은 INQUERY의 관련성 피드백 모듈이 그것의 DB에서 씨앗 사건들(seed cases)과 같은 좀 더 많은 텍스트들을 검색하도록 지시하는 쿼리의 씨앗을 뿌렸다. 관련성 피드백 모듈은 사용자들이 쿼리로 회신을 받을 어떤 문서가 실제 관련이 있고 사용자가 찾는 것을 가장 잘 전달하는지 지정할 수 있게 한다. 검색시스템은 쿼리를 강화하고 다른 유사한 관련문서들을 찾기 위하여 그러한 피드백(feedback) 선택에서 추가적 용어들 같은 정보를 추출한다(Turtle, 1995, p.40).

INQUERY는 이러한 잠재적으로 관련 사건들을 검색하고 그것들을 사용자가 입력한 요소들과 관련한 문단들을 강조하려는 목적으로 SPIRE의 내부 통로(inner loop)로 보냈다(도표 7.4에 점선 화살표를 보라). 이해관계의 각 요소를 위하여, SPIRE는 내부 통로의 문단 DB에서 텍스트 발췌부분들을 추출하였다. 그것은 이해관계의 요소와 연관된 문단들을 INQUERY의 연관성 피드백 모듈에 다시 제출되었던 쿼리에 합쳤다. 그러나 이 때 INQUERY의 DB는 이미 검색되었던 잠재적으로 관련된 사건들의 텍스트들로만 구성되었다. 결과적으로 문단 쿼리(passage query)는 INQUERY로 하여금 잠재적으로 관련 사건들에서 그 쿼리와 같은 더 많은 문단들을 검색하게 지시한다. INQUERY는 가장 관련된 요소-관련(factor-related) 문단들을 회신하였고, 그것들은 잠재적으로 관련된 사건들에서 강조되었고(highlighted), 그 사건들은 사용자에게 회신되었다(Daniel and Rissland, 1997a).

구자들은 쿼리들에 대응하여 검색을 한 요소-관련(factor-related) 문단들을 SPIRE가 정렬하여(ordering) 사용자들이 검색된 문단들을 조사하는 불필요한 노력의 양을 줄이는 범위에서 SPIRE를 평가하였다. 이것은 예상했던 검색 길이(search length), 관련된 것들의 특정한 수를 찾기 전에 사용자가 만나게 되는 관련 없는 아이템(items)의 수(여기서는 1, 3, 5개로 관련 문단들이 정해져 있었다)의 측면에서 측정된다. 20개 문서들의 시험 세트(test set), 연구자들이 준비한 개별적 요소-중점(factor-focused) 쿼리들의 두 세트, 인간 전문가가 생성한 쿼리들 한 세트를 사용하여, 연구자들은 SPIRE가 각 요소마다 약 4, 10, 11개의 아이템들의 검색을 줄였음을 알아냈다(Daniels and Rissland, 1997b, p.335).

SPIRE는 Hypo 또는 CATO와 같은 인공지능과 법 시스템이 완전-텍스트 IR 시스템과 연계되는 새로운 방법을 제시하였다. 실험에서, 그것은 SPIRE의 DB로부터 입력된 사건들과 유사한 IR 코퍼스에서 새로운 사건들을 성공적으로 찾았다.

또한 이러한 연결은 최소한 반자동 절차에서 어떻게 CMLR 또는 CMLA의 요소−기반(factor−based) 사건 기초(base)를 업데이트 할 것인지를 제시한다. 정기적으로 SPIRE의 현행 사건들을 입력(inputs)으로 사용하여, 누군가는 같은 요소들을 입력 사건으로 공유하고 그 요소들과 관련된 문단들을 강조하는 Lexis 또는 Westlaw 코퍼스에서 새로운 사건들을 검색할 수 있을 것이다. 강조를 통해 안내를 받음으로써, 사람들은 잠재적으로 관련된 새로운 사건들을 검사하고, 그들의 관련성을 확인하며, 그것들을 SPIRE의 사건 DB에 입력할 수 있을 것이다(Daniels and Rissland, 1997a). 여기서부터 CATO, IBP 같은 CMLR 또는 VJAP 같은 CMLA는 Section 4.5.2와 Section 5.7에서 논의한 바와 같이 결과들을 예측하거나 주장들을 만드는데 그것들을 사용할 수 있을 것이다. 물론 그 방법은 사건들의 DB 존재가 요소들(factors)로 표현되고 문단들의 DB는 요소들과 연계되었다는 것을 가정한다.

7.9.3. 인용 네트워크들로 법률 IR 관련성 평가의 강화

Section 7.7에서 지적했던 바와 같이, WN과 LexisNexis는 법률 정보 검색 개선을 위하여 인용의 네트워크에서 인용 링크들을 이용한다. 초기 인공지능과 법 프로젝트인

┃ **도표 7.5.** ┃ "videocassette"에 대한 검색 (Rose and Belew, 1991)

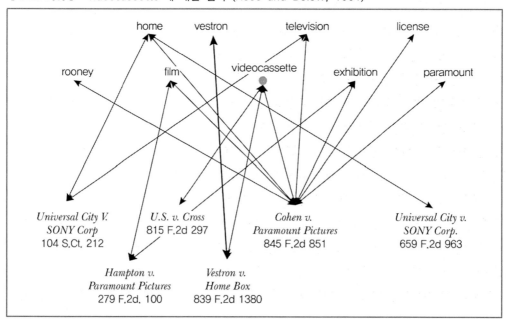

SCALIR는 관련성 평가를 향상시키기 위해 인용 링크들을 고려하는 방법을 증명하였다 (Rose and Belew, 1991). 그것은 사건들, 법령들, 그것들의 구성 용어들을 표현하는 노드 들(nodes)의 네트워크 DB로 구성되었다. 검색을 위한 그것의 관련성 수단으로써, 그것은 이 네트워크를 통해서 (아래에서 정의하는) "작동"(activation)이라 불리는 수량의 확산과 정도(spread and magnitude)를 채택하였다.

SCALIR는 사용자들에게 이해관계 있는 용어들로 초기 노드들(initial nodes)에 태그 (label)를 붙일 수 있고 상호작용 되는 그래픽 조작화면(interactive graphical interface)을 제 공한다. 이에 대응하여 시스템은 가장 관련된 노드들이 중심에, 덜 관련된 노드들이 외곽 을 향하도록 코퍼스 속에 사건들과 용어들을 표시했다(도표 7.5 참조). 표시된 노드들을 클 릭함으로써, 사용자들은 특히 이해관계 있는 노드들을 지적할 수 있고 이에 따라 관련성 피드백 구조(relevance feedback mechanism)가 확장되거나 검색을 잘라낸다.

SCALIR는 사건들의 텍스트들(1,361개 연방 사건들), 법령들(저작권법(Copyright Act)의 87개 조항들), 용어들의 라이브러리(library)(6,160개 용어들)을 보유했다. 이것들의 각각은 3가지 종류의 링크들로 네트워크 상호링크(network interlinked) 속에 노드(7,608개의 노드 들)로 표시된다. C-links는 용어가 포함된 사건을 표시한다. S-link는 다른 법령의 일 부분 또는 그것을 참조한 일부분인 법령, 다른 용어와 관련된 용어, 다른 사건을 참조하 거나 번복한 사건들을 표시한다. H-link는 다른 사건에 어느 정도 영향(some intermediate effect)을 준 사건을 보여준다(Rose and Belew, 1991).

사용자가 이해관계 있는 용어들로 쿼리를 입력하면, 네트워크 속에 노드들은 특정된 용어들 각각에 따라서 어떤 "활동성"(activity)의 총량(amount)을 받는다. 이는 활동성 확산 (spreading activation)의 절차를 시작하게 한다. 쿼리 용어들과 연계되어 활동성을 받은 노드 들(activated nodes)은 그들에게 링크되어 있는 노드들에게 활동성을 보낸다. 그러나 활동성 확산은 링크의 가중치(weight)에 따르고 보내 온 활동성들(sender activations)의 합계가 일 정한 진입단계(threshold)를 넘어야만 링크를 따라서 전해진다. 용어에서 문서까지 C-link 에 관한 가중치는 그 용어가 있는 문서들의 빈도와 반비례한다. S-link들은 어떤 활동성이 지나갈 것인지에 따라서 선택적이다(Rose and Belew, 1991).

이러한 링크들(linkages), 가중치들(weights), 진입단계들(thresholds)이 시스템으로 하 여금 쿼리의 관련성 측면에서 노드들을 식별하는 방법을 정한다. 활동성 확산이 가라앉 고 나면, 어떤 노드를 위해서, 시스템은 입력된 활동성들을 모으고, 총합이 진입단계 (threshold)를 넘었는지를 테스트하며, 그것들의 활동성 수준(activation levels) 측면에서 그 노드들을 정렬하고, 그것들을 관련성에 따라 그래픽으로 표현한다. 사용자는 피드백 을 위해 그 노드들에 표시함으로써 검색에 다시 집중할 수 있다(Rose and Belew, 1991).

연결주의 네트워크 접근방법(connectionist network approach)은 개념적 정보 검색으로 향하는 첫 걸음이다(Section 1.3.2). 실험에서, "비디오카세트"를 위한 쿼리는 도표 7.5에서 보여준 자료들을 회신하였다. 그 검색은 관련 사건으로 *Sony v. Universal* 사건을 검색하였는데, 쿼리 용어는 *Sony* 사건 텍스트에서는 문언 상으로 존재하지 않았지만 검색하였다. 바꿔 말하면 *Cohen* 사건에 대한 "비디오카세트"에서 *Sony* 사건에 대한 "텔레비전"과 "집"(home)에 이르기까지 그 개념이 명백하게 드러나지 않은 경우에도 링크들은 개념적 검색을 가능하게 하였다.

링크들, 가중치들, 단계들을 올바르게 이해하는 것은 곤란할 수 있다. "비디오카세트"의 예에서, *Sony* 사건에 대한 링크(linkage)는 저자들이 그럴 것이라고 생각했던 것보다 덜 직접적이었다. 서술한 바와 같이, 링크들은 다른 사건(*Cohen* 사건)을 거쳐서 *Sony* 사건의 텔레비전과 집에 대해 간접적이었다. "VCR", "Betamax", "VTR" 개념을 위해서는 링크(linkage)가 나타나지 않았고, 저자들이 그럴 것이라고 바랐던 대로, *Sony* 사건에서는 그것들이 명백하게 거론 되었지만 그 대응되는 세트(set)에서는 드러나지 않았다.

그럼에도 불구하고 인용 네트워크들은 개념 정보 검색을 위한 정보의 잠재적 원천이다. 다른 인공지능과 법 프로그램인 BankXX는 도산법 정보의 법적 네트워크를 이용한다. 그 네트워크는 사건들에 관한 노드들, 그 노드들을 링크된 법적 요소들의 세트로 나타낸 것, 인용들의 다발들(bundles), 원형의 이야기들(prototypical stories), 법적 이론들로 구성되었고, 또한 법적 요소들로 표현되어 있었다. 프로그램의 목표는 논자(arguer)의 목적에 찬성 또는 반대하는 사건들을 포함하여 주장이 형성하는 블록들(blocks)의 12가지 유형에 따라서 정보에 관한 네트워크를 검색함으로써 주장을 만들려는 것이었다. 3가지 평가 기능들이 네트워크를 통해 가장 최선의 검색으로 인도하였고, 도출된 주장들은 그 이론을 사용하여 승리한 기록, 인용들의 강도, 최적의 사건 유추(analogies)의 강도를 포함하여 8개의 주장 요소들 측면에서 평가되었다.

BankXX가 결정된 사건(decided case)에서 시작하여 어떻게 해당 사법적 결정에서 분명한 주장 요소들을 잘 찾아냈는지의 통계적 평가는 긍정적 결과로 나왔다(Rissland et al., 1996). 그 작업은 개념적 검색(conceptual retrieval)의 지원을 받아 좀 더 법률적으로 의미 있는 용어들(legal semantic terms)에 관련성을 정하기 위하여 주장 개념들을 사용하는 초기 샘플이다.

7.9.4. 개념 변화 감지

법적 개념들의 의미들은 시간이 흐름에 따라 법원이 그것들을 새로운 사실 상황에 적용하면서 변화될 수 있다. Rissland and Friedman(1995)은 정보 검색 DB에 저장되어 있던 사건들의 개념적 변화를 감지하기 위한 기발한 방법을 개발하였다.

그 프로젝트는 개인채무자가 개인회생절차(11 U.S. Code, 13장, SPIRE에서 같은 주제로 Section 7.9.2)에서 요구하는 성실하게 변제계획안을 제출했는지에 대한 법적 쟁점을 다룬다. 그들은 BankXX 프로젝트에서 성실한 변제계획안 제출의 쟁점에 관하여 55개의 사건들에 대해 연대기 순으로 10년간 "샘플 흐름"(example－stream)을 창조하였다(Rissland et al., 1996).

각 사건은 텍스트가 아니라 예를 들어, 채무자들, 채무들, 채권자들, 고용, 현금 흐름, 약속된 지급, 채무자의 잉여 금액, 무담보 채권의 재지급 비율, 채무자의 표현에서 부정확성 같은 61개 특징들의 벡터(vector)로 표현되었다. 소득－요소의 비율－잉여(percent－surplus－of－income－factor), 고용－이력－요소(employment－history－factor), 소득－잠재－요소(earnings－potential－factor), 계획－기간－요소(plan－duration－factor), 계획－정확성－요소(plan－accuracy－factor), 상대적－종합－지급－금액－요소(relative－total－payment－amount－factor), 남용－부정확성－요소(inaccuracies－to－mislead－factor), 동기－진심－요소(motivation－sincerity－factor)와 같은 이러한 특징들의 일부는 상고 사건들에서 성실성 요건을 해석하면서 도입되었고 BankXX 사건 표현에서 사용했던 법적 요소들과 연계되어 있었다(Rissland et al., 1996).

연구자들은 각 사건 벡터를 연대기 순서에 따라 ML 알고리즘인 C4.5(Section 4.3.1 참조)에 입력한다. 그 알고리즘은 *그 지점 시기까지* 성실의 개념을 표현하는 결정－트리(decision－tree)를 산출한다. 각 결정－트리 노드는 성실성을 만족했는지(아닌지)를 나타내는 리프 노드(leaf node)이거나 특성(attribute)에 대한 테스트(test)이다. 테스트들은 예를 들어, 제시한 계획의 기간 또는 지급들과 잉여의 금액이 어떤 금액들을 초과했는지 여부 또는 채무자의 동기와 진심에 중점을 두었다.

프로그램은 구조적 변화들을 찾기 위하여 성실의 개념에 관한 새로운 결정 트리의 표현 각각을 이전 결정 트리와 비교하였다. 결정 트리들에서, 개념들은 분리(disjunct)를 추가하거나 결합(conjunct)을 제거함으로써 일반화할 수 있다. 분리를 제거하거나 결합을 추가하면 개념이 좁아진다. 추가적으로 개념 특성의 관련성은 예를 들어, 특성이 보이거나 사라지는 것 또는 그것의 값을 반대로 바꾸는 것을 변화시킬 수 있다. 특히 프로그램은 신구 트리들에서 각 위치에서 발생한 값들을 비교하였고 어떤 특성들이 어느 범위까지 이동하고, 나타나고, 사라졌는지를 측정하였다.

연구자들은 개념 변화를 감지하기 위하여 *구조적－불안정성 계측(structural－instability metric)*을 개발하였다. 그것은 트리들의 각 수준(level)에서 변화들을 모았고 전체 수준에서 변화의 가중치 합을 계산하였다. 정보 이론적 수단들이 트리 알고리즘들(tree algorithms)에 사용되었음을 고려하면, 좀 더 예상할 수 있는 특성들이 트리에 더 높은 곳(뿌리에 더 가까이)에서 발생하기 때문에, 불안정성 계측은 더 높은 수준에서 특성들의 변화에 좀 더 가중치를 주었다.

프로그램은 트리들의 각 연이은 쌍(successive pair)에 걸쳐서 변화의 총합에 평균을 내었고 편향(slope)나 경향(trends)에서 통계적으로 중요한 변화들에 대해 그것들을 검사하였다. 부정적 편향(negative slope)은 개념적 불안정성이 감소하고 있다는 것을 나타내었다. 긍정적 편향(positive slope)은 시스템이 법적 개념의 의미가 유동적(drifting)이라는 *가설(hypothesis)*을 세우도록 이끌면서 증가된 불안정성(increasing instability)을 나타내었다.

개념 유동성(concept drift)의 가설을 테스트하기 위하여, 연구자들은 지속적으로 종전 트리를 업데이트하고, 가능한 대체 트리를 형성하고, 그것들의 예측들을 다음 12개의 샘플에서 비교하였다. 만일 새로운 트리가 더 예측할 수 있었던 것(predictive)이라면, 그것은 개념의 유동성을 분명히 한 것이었다. 저자들은 프로그램의 개념 유동성 탐지를 비교하였고 그것이 판례들의 이력 기록과 대강 상응한다는 것을 확인하였다.

저자들이 지적했던 바와 같이 그들의 "방법은 아주 일반적인 것이고 증가하는 많은 학습 알고리즘들과 결합하여 사용될 수 있다"(Rissland and Friedman, 1995). 만일 관련성 특징들과 법적 요소들이 사건들의 텍스트들에 주석으로 달릴 수 있다면, 유사한 방법이 법적 개념에서 그 의미가 바뀌었다는 가설을 세우고 테스트하기 위한 기회들을 자동으로 탐지하려는 리걸 앱(legal app)에게 도움을 줄 수 있을 것이다(Section 12.6 참조).

7.10. 결론

최신 상용 법률 IR에서 개선사항들은 중요하고, 인공지능과 법 기술들과 법률 IR 시스템들을 통합하려는 노력들은 유망하지만, 그들은 (다음의) 두 가지 중요한 분야에 대응하지 못한다: (1) 문장들이 법적 주장에서 하는 역할을 잡아내기와 (2) 개념 중심의 법률 IR을 지원하는데 그 역할들을 사용하기.

Section 6.8에서 설명했던 바와 같이, 문장들이 법적 결정에서 하는 주장 역할들은 법적 권위들의 인용, 법적 규정을 요약하여 진술, 그 규정들에 관하여 결정하는 자의 법적 결정 또는 판결, 특별한 사건에서 증거가 규정 요건을 충족하였는지에 대한 입증 여부에 관하여 결정하는 자의 판단을 기록하는 것을 포함한다.

만일 이러한 문장 역할들이 사용자 쿼리들에 상응하여 IR 시스템이 검색한 사건들의 텍스트들 속에서 식별될 수 있다면, 그것들은 주장에서 법적 연구자들이 정보의 이용을 고려하여 검색된 사건들을 순위 매기고 가장 관련 있는 문단들을 강조하는데 유용한 정보를 제공할 수 있을 것이다. 또한 그것들은 사람이 결과를 예측하고, 주장을 만들며, 가설을 테스트할 수 있도록 보좌하는 리걸 앱들을 지원할 수 있는 법적 요소들 같이, IR 시스템이 사건 텍스트들에서 법적으로 시맨틱 정보를 식별하는데 도움을 줄 수 있다.

이러한 생각들은 Chapter 10에서 Chapter 12까지 발전시켜 나갈 것이지만, 우리는 먼저 ML을 법률 텍스트들에 적용하고 법령과 규제 텍스트들에서 법적 원칙들에 대한 정보를 추출하는 것을 배울 필요가 있다.

Chapter

08

∨

법률 텍스트들에 대한 기계학습

8.1. 서론

지금까지 ML의 예시에서 프로그램은 대법원 DB에서 판사들, 경향, 사건들에 대하여 데이터를 통해 학습했지만, 사건들의 텍스트 또는 다른 법적 문헌들에 대해 그러한 것은 아니었다. 이 장은 법률 텍스트들의 코퍼스에 ML 알고리즘들을 적용시키는 것을 소개하고, 어떻게 ML 모델들이 사용자의 관련성에 대한 가설들을 표현하는지를 논의하며, 어떻게 ML이 완전－텍스트 법률 정보 검색을 향상시킬 수 있는지 설명하고, 개념적 정보 검색과 인지 컴퓨팅에서 그것의 역할을 설명한다. 또한 이 장은 텍스트에 의해 관리가 된 ML과 그렇지 않은 ML의 차이를 구분하고 법적 문서들에서 구조와 의미(semantics)를 자동으로 학습하는 기술들에 대해 논의한다.

이러한 방법에 따라 이 장은 다음의 질문에 답을 한다: 어떻게 ML이 텍스트로 된 데이터(textual data)에 적용될 수 있는가? 텍스트(text)에 의해 관리가 된 ML과 그렇지 않은 ML의 차이는 무엇인가? 무엇이 예측 가능한 코딩(predictive coding)인가? 어떻게 예측 가능한 코딩이 잘 작동하게 할 수 있는가? 텍스트에서 "정보 추출"(information extraction)은 무엇인가? ML에 적용하기 위한 목적으로 어떻게 텍스트들(texts)을 표현할 것인가? "지원 벡터 기계"(support vector machine; SVM)는 무엇이며 왜 텍스트로 된 데이터와 함께 사용하는가?

8.2. 텍스트로 된 데이터에 기계학습의 적용

ML 알고리즘들은 데이터에 패턴을 식별하고, 하나의 모델로 그 패턴들을 요약하며, 새로운 데이터에서 동일한 패턴들을 식별함으로써 예측들을 만들기 위해 그 모델들을 사용한다(Kohavi and Provost, 1998 참조).

모델은 어떤 통계적 데이터에서 패턴들을 요약한 구조(structure)이거나 새로운 데이터에 적용할 수 있는 논리적 형태(logical form)이다(Kohavi and Provost, 1998 참조). 이 책은 이미 몇 개의 ML 모델들의 예제(도표 4.2에서 보석금 결정(bail decision)을 위한 결정 트리(decision tree)) 또는 Section 4.4에서 참조되었던 결정 트리들의 무작위 숲(random forests) 같은 것을 소개하였다.

그 모델들은 관찰된 특징들(observed features)과 결과적 특징들(outcome features) 사이에 패턴들에서 결합 강도(the strength to the association)를 잡아낸다. 예를 들어, 보석금 결정은 결과적 특징이고, 관찰된 특징들은 침해가 마약과 결부되었는지 또는 침해자가 전과기록이 있었는지 여부를 포함했다. 인용 또는 기각하는 대법원의 결정은 결과적 특징이고, 관찰된 특징들은 판사의 성별 또는 임명했던 대통령의 정당을 포함했다. 그 모델은 통계적으로, 논리적으로, 그 둘의 어떤 결합으로 관찰된 특징들과 결과적 특징들 사이에 패턴들에서 결합의 강도를 잡아낸다.

언급했던 바와 같이, Section 4.4에서 학습했던 모델은 대법원 사건의 결과들을 예측하였지만, 그들의 텍스트 상 특징에 근거한 것은 아니었다. 이 Chapter(그리고 Part Ⅱ의 나머지)는 데이터가 우선적으로 텍스트들(소송 문서들, 법적 사건 결정들, 법규정들)인 경우에 ML의 적용에 초점을 맞춘다. 텍스트들의 특징들은 그들이 채택한 용어, 가능하면 문법적 구조, 일부 시맨틱 정보를 포함한다. 알고리즘들은 텍스트들에서 이러한 특징들의 패턴들을 구분하고, 모델에서 패턴들을 요약하며, 새로운 텍스트들의 결과를 예상하는 모델들을 사용하고, 새로운 텍스트들에 태그를 붙인다.

도입부에서, 우리는 우선 법률 텍스트들에 대한 ML의 적용을 위한 기본적 구성을 검토한다(Section 8.3). 그리고 나서 우리는 전자증거개시에서 텍스트 검색을 검토한다. 여기서 ML 알고리즘들은 사용자의 관련성 항목(criteria)을 학습한다. 모델은 소송 상 청구에 대하여 "관련 있음"(relevant) 또는 "관련되지 않음"(not relevant) 태그를 붙인다(Section 8.4).

Section 8.5.1에서 예제 프로그램은 상용 IR 시스템의 법적 사건 코퍼스에서 정보를 추출하는 것을 다룬다. ML 시스템은 사건들에 "종전 사건을 고려하여 같은 소송에 관련된" 사건이라고 표시하는 태그 붙이기를 도와준다. 그 특징들은 표제(titles)의 유사성과 차별성(distinctiveness) 그리고 이력 언어(history language)가 직접적으로 그 텍스트들과 연결된 것으로 보이는지 여부를 포함한다. 그 모델은 이러한 특징들 및 다른 특징들과 연결된 패턴들 그리고 두 사건들이 같은 소송의 일부분이었다는 것을 그 특징들이 얼마나 강하게 예측하는지를 식별한다.

이러한 예는 법적 사건들에서 법률을 논의했던 부분과 사건 사실들을 논의했던 부분의 구별과 같은 어떤 수사적 구조들을 어떻게 학습할 것인지를 이해하기 위한 기초가 된다(Section 8.6). Chapter 10에서 논의되는 다른 ML 시스템들에서 모델들은 예를 들어, "증거에 입각한 사실 인정"(evidence−based finding of fact) 또는 "원고 승소"(plaintiff wins) 또는 "원고 패소"(plaintiff loses)와 같은 결과들 같이 문장의 주장 역할을 표시하는 태그를 붙인다.

마지막으로 Section 8.7에서 예제는 전자증거개시에서 ML 접근방법을 법규정의 코퍼스에 적용한다. 그 모델은 법규 분석을 위한 쟁점에 "관련 있음"(relevant) 또는 "관련되지 않음"(not relevant) 태그를 붙일 수 있다. 이는 Chapter 9에서 ML과 다른 기술들을 법규들에서 정보를 추출하는 것에 적용하는 다른 프로그램들을 이해하기 위한 기초가 된다.

법률 텍스트들에 ML을 적용하는 것은 인지 컴퓨팅을 위한 리걸 앱에서 중요한 역할을 할 것이다. 인지 컴퓨팅에서 하나의 목표는 ML 알고리즘들이 사람이 문제를 해결하는 데 중요한 텍스트 상 특징들의 패턴들을 식별하도록 학습하는 것이다. 또한 이에는 그와 같은 패턴들이 가장 유용한 텍스트들과 문제들 그리고 관찰된 특징들과 결과적 특징들 사이에 결합의 강도를 식별하는 것을 포함한다. 그 후에 인지 컴퓨팅 환경은 이러한 패턴들을 인간 사용자들이 새로운 문제들을 푸는 데에 있어 예측과 분류(classification)를 위해 사용할 수 있다.

8.3. ML을 법률 텍스트들에 적용하기 위한 기본적 구성

이 Section은 ML을 법률 텍스트들의 코퍼스에 적용하고 그것을 평가하기 위한 기본적 구성(basic setup)을 설명한다(Savelka and Grabmair, 2015). 그 구성의 목표는 텍스트 코퍼스를 벡터 공간 모델(Section 7.5.2 참조)로 ML 알고리즘을 적용하는데 적합하게 바꾸기 위한 것이다. 상세한 설명은 이 책의 범위를 벗어나는 것이지만, 이 Section은 무엇을 포함해야 하는지의 개요를 제공한다.

그 첫 번째 단계는 원 데이터, 자연어 법률 텍스트들의 코퍼스를 모으고 처리하는 것이다(Fagan, 2016, p.34 참조). CourtListener와 같은 온라인 서비스들은 디지털 법률 텍스트들의 원천이다. 개인적 파일들을 다운로드하는 것은 너무 오래 걸리기 때문에, 만일 사용 상 문제가 없다면 통째로 파일을 다운로드 하는 것을 선호한다. 비록 상업적 사용은 대부분 통째 다운로드를 금지하긴 하지만, CourtListener는 그것을 허용하고 지침[1]을 제공한다(Fagan, 2016, p.35).

다음 단계는 텍스트들을 표식화(tokenize) 하거나, 일반화(normalize) 하거나, 주석을 붙이는(annotate) 어떤 언어적 처리를 사용하여 본래의 텍스트 데이터를 변환하는 것이다.

일반화(Normalization)는 추상적 변화들을 제거하기 위해서 단어들을 소문자로 바꾸고 단어들을 원형으로 만드는 것에 관여한다(Turney and Pantel, 2010, p.154). 예를 들어, "Phelps"를 "phelps"로 바꾸고, "Swimming"과 "swam"을 "swim"으로 변환한다.

텍스트들의 표식화(Tokenizing)는 하이픈("-")으로 연결된 단어들, 따옴표를 가진 단어들, 다른 마침표를 가진 단어들을 표준적인 형태들로 변환하는 것에 관여한다. 또한 표식화는 자주 "상대적으로 낮은 정보 내용이면서 높은 빈도의 단어들, 기능적인 단어들(예를 들어, of, the, and)과 대명사들(예를 들어, them, who, that) 같은" 불용어(stop words) 제거를 포함한다(Turney and Pantel, 2010, p.154).

표식화는 일부 세부적인 것들도 제공할 수 있다. 예를 들어, (쉼표가 있는) "Michael"은 보통 "michael"로 변환된다. 그러나 어퍼스트러피(apostrophe)가 있는 "Michael's"는 소유의 형태나 계약일 수도 있다. 다른 텍스트 처리 시스템들은 이와 같은 단어들을 표식화 할 때 다른 규칙을 채택한다. 그래서 의미적 구별을 보전하거나 보전하지 않을 수도 있다. 또한 불용어의 선택도 의미에 영향을 미친다. 어떤 내용에서, 예를 들어 웹 서치에서, "and", "any", "not", "or"와 같이 자주 나타나는 짧은 단어들은 불용어로 다루어지겠지만, 법적 내용에서 그것들은 종종 중요한 정보 내용을 전달한다. 실무적으로 텍스트 처리 시스템은 표식화를 위한 초기 상태(default) 규칙들을 실행한다. 그러므로 시스템은 법적 적용의 측면에서 검토될 필요가 있다.

표식화의 다른 측면은 인접한 단어들의 처리를 포함한다. 이웃 단어들은 n-gram, 즉 n 단어들의 토큰으로 다뤄질 수 있다(Fagan, 2016, p.54). 바이그램(bigram)은 인접한 두 단어를 하나의 토큰으로 다룬다. 예를 들어, "Four score and seven years ago"는 5개의 바이그램으로 표현될 수 있다: "four score", "score and", "and seven", "seven years", "years ago". 또한 4개의 트라이그램(trigram)으로 표현될 수 있다: "four score and", "score and seven", "and seven years", "seven years ago".

---

[1] www.courtlistener.com/api/bulk-info/

주석(Annotation)은 텍스트에서 유사한 단어들의 차이를 명확히 드러내도록 도와줄 수 있는 정보를 *추가하는 것(adding)*을 포함한다. 유용한 주석들은 텍스트에서 모호한 단어들이 쓰인 느낌을 포함한다(느낌 태그부착(sense tagging)). 다른 주석들은 텍스트에서 이야기(speech)의 명사들, 동사들, 형용사들, 부사들과 같은 단어의 부분들이다(POS 태그부착(POS tagging)). 또한 잘라낸 문장의 구조들에서 단어들의 문법적 역할들에 주석을 붙일 수도 있다. 예를 들어, 직접 목적어 또는 전치사구의 목적어 같은 것이다(Turney and Pantel, 2010, p.155 참조).

문서의 텍스트를 일반화하고, 표식을 달고, 주석을 단 후에, 그것을 *특징 벡터(feature vector)*로 표현한다. 이 표현은 용어 벡터(term vector)와 유사하다(Section 7.5.2 참조). 그러나 특징 벡터에서 특징들은 항목 정보(category information)는 물론 바이그램들(bigrams), 다른 n−grams 같은 추가적 정보도 포함할 수 있다.

코퍼스에서 문서들을 표현하는 특징 벡터들은 모두 코퍼스에서 단어들과 다른 특징들의 합계 숫자와 같은 동일한 n 길이를 갖는다. 각 특징 벡터들은 원본(origin; o, o, o, ..., o)에서부터 n−차원 특징 공간(n−dimensional feature space)에서 문서를 표현하는 지점까지 화살표(arrow)이다. 텍스트들의 모든 코퍼스에서 서로 다른 각 단어 또는 다른 특징은 이제 다른 차원에 상응하고, n 차원들의 숫자는 아주 커질 것이다.

각 차원들에 따른 정도(magnitudes)는 그 문서에 대한 특징들의 값들이다. 그 정도는 문서가 특징을 갖지 않으면 "o"이 표시될 것이고 특징이 있다면 "1"로 표시될 것이다. 그렇지 않으면, 그 정도는 문서에서 단어 또는 다른 특징의 빈도(Fagan, 2016, p.53) 또는 코퍼스에서 그것의 빈도에 의해 줄어든 문서에서 그것의 빈도를 표시하는 그것의 tf/idf 값(Section 6.4와 Section 7.5.2 참조)을 나타낼 것이다(Turney and Pantel, 2010, p.156).

법률 텍스트들로부터 ML의 목표는 문서들을 유형화하거나 예측을 만드는 것이다. 예를 들어, 전자증거개시 내용에서 목표는 소송 관련 문서들을 "관련됨"(relevant) 또는 "관련되지 않음"(irrelevant)으로 분류하는 것이다. 법적 사건들로부터 ML이 관계된 내용에서 목표는 법적 의견에서 문장들이 하는 역할에 따라 문장들을 예를 들어, "법적 결정 또는 판결"(Legal Ruling or Holding of Law) 또는 "증거−기반 결정"(Evidence−Based Finding) 문장으로 분류하는 것일 수 있다. 그렇지 않으면, 그 목표는 사건에서 법적 요소가 적용된 결론을 문장들이 지원하는지 여부에 의해 문장들을 분류하는 것일 수도 있다. 이와 같이 문장은 F_1 협상−공개(F_1 Disclosure−in−negotiations) 또는 F_2 뇌물−직원(F_2 Bribe−employee) 요소의 인스턴스(instance)로써 분류되거나 그렇지 않을 수 있다. 생각건대, 학습의 목표는, 판사들 또는 변호사들의 소송 참여−행동 특징들(participant−and −behavior features)(Section 12.2 참조) 또는 어느 법적 요소들이 적용되는지 같은 청구의 이익(the merits of the claims)(Section 12.4.2 참조)에 관련된 사건 텍스트들에서 주워 모은 정보에 근거하여, 사건들에 대한 결과들을 예상하는 것일 수 있다. 법규에서 ML 내용의 목표는 행정법, 사법, 환경법, 형법과 같이 주제별로 규정을 분류하는 것일 수 있다.

문서 벡터(document vector)는 분류 또는 예측 어느 쪽이건 결과를 표현하는 특징을 포함할 것이다. 모델들을 학습하는 것은 자주 수치적 특징들에 대해서만 다룰 수 있기 때문에, 상기 분류들과 같은 항목별 결과 특징들을 수치적으로 부호화(encoding)해야 할 필요가 있으며, 예를 들어, 이진법(binary)으로 다층의 특징들(multiple features)을 부호화한다.

상기 예제 내용에서, 이해관계의 텍스트 단위(the text unit of interest)는 다양하다. 전자증거개시 내용에서 이해관계의 단위는 증거개시절차에서 생산한 전체 문서가 될 수도 있고 아니면 최소한 문서의 텍스트가 될 수도 있다. 문장 분류 연구(sentence classification study)에서 이해관계의 최우선 단위(primary unit)는 각 문장, 즉 사건 의견이다. 법규 주제 분야 내용에서 최우선 단위는 법규의 규정일 것이다. 세분화(granularity), 문서들, 문장들, 규정들의 각 수준은 특징 벡터로써 표현될 수 있다. 만일 문서 전체에 대해 한 문서의 부분적 연결이 중요하다면, 그것이 나타났던 특별한 사건 의견에 대한 각 문장들의 관련성 같은, 적절한 링크들이 기록될 수 있을 것이다.

문서들의 세트들(sets)은 빈도 매트릭스(frequency matrix) 또는 *문서―용어 매트릭스(document―term matrix)*에서 처리하기 위하여 표현될 수 있다. 이것은 문서들에 의해 가로(row)로 나열되고, 바이그램들 또는 다른 n―grams 같은 단어들 또는 다른 특징들에 의해 세로(column)로 나열되어 조직된 스프레드시트(spreadsheet) 같은 것이다. 하나의 콜럼(column)은 코퍼스에서 나타난 각각의 그 특징을 위한 것이다.

텍스트 데이터를 특징 벡터들로 나타냄으로써, 그 데이터를 훈련과 테스트 세트(sets)로 나눌 수 있다. 편향(bias)을 피하기 위해서, 무작위로 벡터들을 예제로 정하고 그것들에 어떤 확률을 가지고 테스트 세트를 배정할 수 있다. 나머지 벡터들은 훈련 세트가 된다. 그리고 나서 ML 알고리즘은 이 세트에 관하여 모델을 훈련하고 테스트 세트에서 특징 벡터들에 대하여 예측을 하거나 분류하는 것을 적용할 수 있다.

모델의 성과를 평가하는 과정에서, 특히 데이터 세트가 작은 경우, Section 4.4.3에서 설명하였던 상호―확인 절차(cross―validation procedure)를 채택할 수도 있다. 데이터 세트에서 각 특징 벡터는 일단 테스트 인스턴스(test instance)로써 사용될 것이지만, 그것은 다른 테스트 인스턴스들에 적용하기 위한 모델을 훈련하는데 사용될 수도 있다.

정확성 같은 계측(metric)의 측면에서 모델의 성능, 테스트 세트에서 모든 벡터들에 걸쳐서 정확하게 분류된 벡터들의 비율을 수량적으로 평가할 수 있다(Section 4.4.4).

혼합 매트릭스(confusion matrix)는 분류기(classifier)가 예제들을 제대로 잡았는지 식별하는데 도움을 준다. 혼합 매트릭스는 분류기의 예측과 실제 분류들에 대하여 정보를 담은 표(table)이다(Kohavi and Provost, 1998). 그 표는 분류(classes) 만큼이나 많은 가로와 세로의 콜럼들(columns)이 있다. 표 8.1은 690개 문장들의 가장(made-up) 테스트 세트를 위한 혼합 매트릭스를 나타낸다. 그 매트릭스 각각은 하나의 문서로 처리된다. 그 모델은 문장들을 3가지 역할 중에서 하나로 유형화하고, 각 문장은 그 역할들 중 하나의 인스턴스가 된다. 표에서 나타난 바와 같이, 가로줄은 유형에서 실제 존재하는 인스턴스들을 나타낸다. 세로줄은 유형에서 존재하리라고 예측했던 인스턴스들을 나타낸다.

┃ 표 8.1. ┃ 3가지 종류의 문장 역할에 관한 혼합 매트릭스(윗부분). 개별 종류마다 true positives(TPs), true negatives(TNs), false postives(FPs), false negatives(FMs)를 종합적으로 표시한 3가지 혼합 표 (아래)

n=690		Predicted class		
		Legal-rule	Holding-of-law	Finding-of-fact
Actual class	Legal-rule	201	96	13
	Holding-of-law	46	87	57
	Finding-of-fact	23	64	103

TPs for L-r: 201	FNs for L-r: 96+13=109
FPs for L-r: 46+23=69	TNs for L-r: 87+57+64+103=311
TPs for H-of-l: 87	FNs for H-of-l: 46+57=103
FPs for H-of-l: 96+64=160	TNs for H-of-l: 201+23+13+103=340
TPs for F-of-f: 103	FNs for F-of-f: 23+64=87
FPs for F-of-f: 13+57=70	TNs for F-of-f: 201+96+46+87=430

분류기의 성능을 측정하기 위하여 혼합 매트릭스를 조사할 수도 있다. 정확하게 분류된 사건들은 혼합 매트릭스의 왼쪽 위에서부터 오른 쪽 아래까지 사선을 따라서 있다. 이것이 true positives(TPs) 즉, 특징 벡터가 종류의 인스턴스가 있을 곳을 예측하였고 실제로 그 종류의 인스턴스가 있는 경우이다(Section 4.4.4 참조). 매트릭스 아래에 혼합 표들에서 나타내는 바와 같이, true negatives(TNs)의 수를 계산할 수 있는데, 특징 벡터들은 종류의 인스턴스들이 있지 않을 것으로 예상했고 실제로 종류의 인스턴스들이 없는 것이다. 각 종류마다 하나의 혼합 표가 있다.

또한 혼합 표들은 false postives(FPs)의 수들을 표시하는데, 특징 벡터들이 한 종류의 인스턴스가 있을 것으로 예측하였으나 없는 것이고, false negatives(FMs)는 벡터들이 한 종류의 인스턴가 없을 것으로 예측하였으나 있는 것이다(Section 4.4.4 참조). *왜* 모델이 실수들을 하는지 이해하기 위해서는, false positives 또는 false negatives였던 예제들을 검토할 필요가 있을 것이고, 특징들이 그것을 잘못된 분류들로 이끌었던 것을 조사할 필요가 있을 것이다.

8.4. 전자증거개시를 위한 기계 학습

전자증거개시(e-Discovery)는 변론전 증거개시절차(pretrial discovery)에서 전자적으로 저장된 정보(electronically stored information; ESI)의 수집, 교환, 분석을 말한다. 소송에서 *변론전 증거개시절차*는 사실을 밝히고 변론을 위한 증거를 만들어 나가기 위해서 상대방과 제3자들에 수중에 있는 자료들에 대한 당사자들의 요구들을 처리하는데 관여한다. 오늘날, 대규모 소송들은 주기적으로 수백만 건의 e-documents에 관계된다.

법적 사건들 또는 법령들과 다르게, 소송에서 생산된 문서들은 기업 회의록과 계약서들에서부터 이메일, 트윗, 웹사이트, 기타 인터넷 통신들까지 범위에서 극단적으로 여러 다른 종류로 이루어져있다. 전자증거개시에서 과제들은 소송에서 어떤 문서들이 공격과 방어에 관련이 있는지에 대하여 소송당사자의 가설들(또는 이론들)을 추출하는 것 그리고 문서들의 다양성에도 불구하고 문서들과 이러한 가설들을 연관 짓는 것이다(Ashley and Bridewell, 2010).

8.4.1. 전자증거개시에서 소송당사자의 가설들

Hogan은 전자증거개시를 *sensemaking*, 즉 "[sense makers]가 이해할 필요가 있는 일부 문제 주위에 집중된 모든 것인 복잡한 정보 세트들의 표현들을 모으고, 조직하고, 만들어내는 과정"으로 설명했다(Bauer et al., 2008). 이러한 절차의 과정에서, 소송당사자들은 관련성의 이론이나 관련성 가설을 만들고, 만일 문서에서 발견된다면 그 문서를 관련성 있게 만들 수 있는 주제 사항(subject matter)의 다소 추상적 설명을 만든다(Hogan et al., 2010, p.447).

관련성 가설들의 형성은 사건, 이해관계의 관련성 개념들의 특별한 수준, "개념이 표시될 수 있는 방법들의 다양성, 어휘나 문장구조", "이용 사건"(use case)에 대한 법적 개념과 다른 개념의 측면에서 다양하다. 생산을 위한 요구를 고려할 때, 당사자는 너무 많거나 너무 적은 생산을 하지 않는 것을 목적으로 한다(Hogan et al., 2009, pp.196-7, 2010, p.447).

미성년자들을 목적으로 하는 담배 광고에 관한 소송의 내용에서, 예제 관련성 가설들은 다음을 포함할 것이다:

- "모든 '상점내'(in-store), '카운터에'(on-counter), '매장'(point of sale), 다른 담배에 대한 소매 마케팅 캠페인이 거론된 … 모든 문서들"
- "판매촉진 제안들은 관련성이 있는가?"
- "'하나를 사면 무료로 하나 추가'는 그 자체로 관련성에 충분한가?"(Hogan et al., 2010, pp. 446-7).

이와 같은 소송당사자들의 관련성 가설들은 사건에서 제출된 문서들에 관한 정식 요청들에 부분적으로 근거한다. 결국 이는 원고의 법적 청구를 정교하게 만드는 청구 또는 청구에 주장들을 부인하고 방어 진술을 하는 피고의 답변과 관련 있다. 새로운 사실들과 정보가 출현할 때, 이로 인한 가설들의 수정으로 청구와 방어 모두 변경될 수 있다.

결과적으로 소송당사자들의 관련성 가설들은 아주 특수하고, 누가 누구와 무엇을, 언제, 가능하다면 왜 의사교환이 있었는지 측면에서 표현될 수 있다. 예를 들어:

- "담배광고들이 1989년에 어린이들을 목표로 했다는 것을 마케팅 부사장이 알고 있었다는 점을 나타내는 문서가 있다", 또는
- "담배회사 임원(officer)이 외국 공무원들에 대한 불법 지급과 관련되어 있다는 담배회사 또는 담배단체의 직원들에 대한 또는 그들로부터의 문서들이 존재한다", 또는
- "1985년과 1989년 사이에 Alice와 그녀의 변호사 Bob 사이에 의사교환이 존재한다는 문서들이 있다"(Ashley and Bridewell, 2010).

좀 더 일반적으로, 후자의 관련성 가설들은 (다음의) 형식이다: "*특별한 종류의 문서들, 특별한 시간 제한을 충족, 특별한 사회 상호작용 제한을 충족, 이해관계의 특별한 개념 또는 문단들에 대한 연관성*"(Ashley and Bridewell, 2010).

아래에서 설명하는 바와 같이, 소송당사자들이 전자증거개시에서 ML 기술들을 적용할 때, 그들은 그들이 관련성으로 보려는 것의 긍정 또는 부정의 인스턴스들(instances)이 있는 문서들을 선택한다. 위와 같은 가설들은 소송당사자의 관련성 선택에 정보를 줄 수도 있다. 그러나 시스템들이 소송당사자들에 그러한 가설들을 명백하게 형성하도록 많은 지원을 제공하는 것으로 보이지 않으며, 그 프로그램들이 그러한 가설들의 직접적인 이용을 하는 것으로 보이지도 않는다. 인지 컴퓨팅 패러다임에서 그러한 가설들을 끌어내는 것은 가설들을 테스트하도록 지도하는 것, 가설들과 쿼리들을 다시 형성하는 것,

결과들을 설명하는 것에 유용할 수 있다. 비록 법적 사건들의 코퍼스에 대한 것이라도, 소송 문서들의 코퍼스가 아니고, 인지 컴퓨팅에서 가설을 테스트하는 역할의 추가적 논의에 대해서는 Section 12.4.1 참조.

8.4.2. 예측되는 코딩 절차

전자증거개시에서 ML은 종종 "예측 코딩"(predictive coding)으로써 불려진다. 전자증거개시에서 예측 코딩은 전형적으로 다음과 같이 진행된다(Privault et al., 2010; Sklar, 2011).

일반적 검색도구를 사용하여, 마치 사건 매니저(case manager; CM)처럼 행동하여, 상대방이 생산한 문서들 또는 소송당사자의 의뢰인에 의해 생산될 문서들의 코퍼스를 조사한다. 그 조사를 지원하기 위하여, CM은 키워드, 불리언(Boolean)과 개념 검색, 개념 통합과 제거(grouping and filtering), 유사 용어들(near-duplicates)과 최신 이메일(latest-in-thread)의 구별(identification)을 사용할 수도 있다.

CM은 코딩 항목들의 인스턴스들(예를 들어, 관련성, 응답(responsive), 선점(privileged), 쟁점-관련(issue-related))인 문서들을 구별한다. 각 항목을 위해서, 이렇게 수작업으로 선택된 문서들은 세트들(sets)에 씨앗(seed)이 된다. 그 세트들에서 ML 프로그램은 긍정적인(또는 부정적인) 인스턴스들이 공유하는 특징들에 근거한 항목의 확률적 예측 모델들을 학습한다. 학습된 모델을 가지고서, 프로그램은 이전에 보지 못했던 문서들에 대해 적절한 항목들을 배정할 수 있다.

일단 항목의 씨앗 세트가 충분한 문서들을 담으면, 반복 "훈련"(training) 과정이 시작 된다:

1. ML 시스템은 씨앗 인스턴스들에서부터 통계적 분석을 사용하여 그리고 가능하다면 짧은 어구의 분석(parsing)을 적용해서, 개념들과 관계들을 찾아서, 온톨로지로 확장해서, 잠재적인 의미 상 특징들을 식별함으로써 예측 모델(predictive model), 즉 일종의 프로필(profile)(Sebastiani, 2002; Privault et al., 2010)을 추출한다.

2. 시스템은 추가적 문서들을 식별하고 사람 검토자들의 확인용으로 그것들 중 일부를 CM팀에 제출하기 위해서 예측 모델을 코퍼스에 적용한다. 제출된 문서들은 무작위 뽑기에서 온 것일 수도 있고, 활동적 학습(active learning)이라 불리는 과정에서 "분류기(classifier) 입장에서 가장 불확실한 예제들"로 구성된 것일 수도 있으며(Oard and Webber, 2013), "아마도 잘못된 태그가 붙은 문서들이나 예외적인 분류물(atypical outliers)"이 될 수도 있다(Privault et al., 2010).

3. CM팀은 정확함을 확인하기 위해서 프로그램이 제시한 문서들을 검토하고 항목으로 분류한다.

4. ML 시스템은 사람 검토자들이 보낸 관련성 응답의 측면에서 항목에 대한 그 모델을 업데이트 한다.

5. 코퍼스의 검토되지 않은 부분에서 더 이상 유사한 문서들이 없을 때까지 앞의 반복 단계가 지속된다(Sklar, 2011).

6. 통계적 샘플링이 결과의 정확함과 완결성의 수준을 평가하는데 적용된다.

항목의 모델 또는 프로필을 만들어내는데 적용될 수도 있는 ML 알고리즘들 중에서, "(통제된) 확률적이고 잠재적인 시맨틱 분석은 주제 분류들에서 단어들과 문서들의 생산적인 모델(generative model)을 [추론하는데 사용될 수도 있다]"(Oard and Webber, 2013, p.138). Xerox의 Categorix 시스템(Privault et al., 2010)에서, 예를 들어, 예측 모델들(predictive models)은 확률적이고 잠재적인 시맨틱 분석(probabilistic latent semantic analysis, PLSA)에 기반한다. "PLSA의 기본적 추정은 찾아낸(observed) 단어들과 문서들의 세트 중에서 동시-발생(co-occurrences)의 기저를 이루는 숨겨진('잠재적'(latent) 또는 '찾지 못한'(unobserved)) 요소들의 한 세트(set)가 존재할 것이라는 점이다." LSA는

> 통계적 계산들에 의해서 단어들의 내용상-활용 의미를 표현하고 추출하는 방법이 텍스트의 대규모 코퍼스에 적용되었다. … 기저에 있는 생각은 주어진 단어가 나타나기도 하고 안 나타나기도 하는 모든 단어 내용들의 총합이 단어들의 세트들(sets)과 단어들의 의미상 유사성을 대체로 결정하는 상호 제한들(mutual constraints)의 세트를 서로에게 제공한다는 것이다. (Landauer et al., 1998)

예를 들어, 전자증거개시 코퍼스가 다음과 같은 문장들이 있는 문서들을 보유한다고 가정해보자:

• John-Doe 마케팅 부사장이 어제 사임했다.
• 부사장은 기린이 담배 피는 만화가 특징인 광고 선전을 승인했다.
• 이 TV 만화 시리즈는 어린이들 주위에 놀라운 세계를 발견하도록 도움으로써 어린들을 재미있게 한다.
• 담배 피는 기린을 아이들에게 보여 준 것이 무슨 문제인가?

프로그램은 마케팅 부사장이 누구인지, 담배를 피웠는지, 기린이 만화가 될 수 있는지, 어린들이 만화를 보는지 "알지"(know) 못하지만, PLSA는 그것들과 관련된 문장들과

문서들의 발생 빈도에 기초하여 이러한 용어들 중에서 시맨틱 연관관계들(semantic connections)을 탐지할 수 있다. 문서들은 빈도 정보(frequency information)로 벡터 공간 (vector space)에 용어 벡터들(term vectors)로 표현된다(Section 7.5.2 참조). 용어 벡터 표현은 단어 순서, 언어학적 분석, 온토로지 정보를 무시한다. 이와 같이 PLSA는 문서 유사성(similarity)을 측정하기 위한 유일한 기초가 된다.

전자증거개시에서 적용된 ML 모델의 다른 종류인 SVM은 다중차원 특징 공간 (multidimensional feature space)(Section 8.3 참조)에서 항목 또는 분류의 긍정적 예제들과 부정적 예제들 사이에 경계들(boundaries)을 찾지 위해 통계적 항목을 사용한다. SVM의 예제는 Section 8.5.2에 있다.

ML 알고리즘의 복잡한 설명을 고려하면, 독자는 PLSA와 SVM들이 "사람들이 해석하거나 직접적으로 조율하는 것이 쉽지 않은 통계적 모델들을 학습하는 것"을 학습하는 것에 놀라지 않을 수도 있다(Oard and Webber, 2013, p.138). 다른 분류기 설계들(classifier designs)(예를 들어, Section 4.3.1에서 규칙 유도(rule induction)와 결정 트리들(decision trees)과 같은 것)은 사람에 의해 올바르게 잘 해석될 수 있다. 그러나 전자증거개시에서 텍스트 분류(text classification)의 목적을 위해서 "더 작은 설명가능한 통계적 텍스트 분류기들 (less explainable statistical text classifiers) 또한 가장 효과적인 것이 되는 경향이 있다"(Oard and Webber, 2013, p.138).

이것은 전자증거개시에서 문제가 된다. 설명 가능한 결정 규칙들(interpretable decision rules)의 부존재는 통계적 분류기의 효율성을 측정하기 위해 통계적 측정에 의지해야 할 필요성을 높인다. 그러나 이러한 평가 방법들은 역시나 한계가 있다(Oard and Webber, 2013, p.138).

8.4.3. 예측 코딩 효율성 측정

판사와 소송당사자들의 관점에서 보면, 기계-학습 분류기의 효율성을 측정하는 것은 중요한 관심거리이다. 비록 분류기의 검색 효율성을 측정하기 위하여 모든 관련 문서들의 세트를 갖는 것이 편리하겠지만, 수작업으로 전체 모음(collection)을 평가하는 것은 대개의 경우 불가능하다. 그것이 정확히 전자증거개시의 문제이다; 일반적으로, 그 모음은 너무 크다(Oard and Webber, 2013, pp. 159-60).

만일 사람에 의해 문서 생산의 완결성 측정이 가능하다고 해도, 반드시 믿을만한 것은 아니다. 앞선 Chapter의 Blari와 Maron의 연구에서 의뢰인의 모음 속에 75%의 관련 문서를 찾았을 것으로 예측하였던 피고인의 변호사들을 생각해보라. "그 모음의 검색되지 않은 부분으로부터, 그리고 같은 변호사들에 의해 관련성이 측정된 … 문서들의 예제"에 근거한, 그들의 진정한 리콜(recall)은 고작 약 20%로 측정되었다(Oard and Webber, 2013, p.160).

사람의 측정 대신에 무작위 샘플링(random sampling), 통계적 예측, 신뢰성 수준, 신뢰성 간격들이 리콜을 측정하기 위해 채택된다. 이것을 상기 담배 소송 전자증거개시 예제들의 내용으로 설명하려 한다. 다음 예제는 Tredennick(2014a)에서 사용되었다.

백만 개의 문서들이 검토를 위해 생산되었다고 가정하자. 어느 당사자들도 사전에 그 문서들이 얼마나 많이 관련성이 있는지 알지 못하지만, 어느 한 편의 소송당사자가 대략 10,000개의 문서들 또는 1%가 관련성이 있을 것 같다고 믿는다고 가정해보자. 그 것이 그의 *예측 지점(point estimate)*, 즉 그 문서들의 특성에 관한 가장 가능성 있는 값(value)이다(Crossman and Cormack, 2014).

예측 지점이 정해지지 않으면, 소송당사자는 *통계적 예측(statistical estimate)*을 만들기로 결정한다. 즉 통계적 예제를 만들고, 예제에서 관련성이 있는 문서들의 비율을 정하고, 그 비율을 전체 모음에 적용할 것이다. *통계적 예제(statistical sample)*는 모음에서 어떤 수의 문서들이 나온 것들 중 하나이다. 전체에 대해 최종적 관련성 비율로 추정될 수 있도록 그 예제가 전체 문서 세트를 대표하는 것을 확실히 하는데 무작위 선택은 도움을 준다(Crossman and Cormack, 2014).

필요한 예제의 크기는 소송당사자가 바라는 신뢰 수준에 달려 있다. 신뢰 수준*(confidence level)*은 무작위 샘플로부터 나온 신뢰 간격이 관련성 있는 문서들의 진정한 비율을 포함하게 될 우연성이다. 뒤집어서, 신뢰 간격(confidence interval)은 바라는 신뢰 수준으로 진정한 값(value)을 갖고 있을 것으로 예측되는 값들의 범위이다(Crossman and Cormack, 2014).

소송당사자의 예측 지점은 문서들의 1%가 관련성이 있다는 것이며, 플러스 또는 마이너스 2%에, 95%의 목표 신뢰 수준을 가진다고 가정해보자. 95%의 신뢰의 의미는

> 만일 같은 크기의 100개의 독립적 무작위 예제들을 뽑으려 하고, 각 예제에서
> 신뢰 간격을 계산한다면, 신뢰 간격들 중 100분의 95개가 진정한 값을 가질 것
> 이다. … 이것은 예측의 방법이 진정한 값을 포함한 신뢰 간격을 만들어낼 것이
> 라는 확률(Probability)이다(Crossman and Cormack, 2014).

소송 상 검색 규약들(protocols)의 논의 과정에서, 95%±2%는 "널리 인용되는 … 예측 목표"이다(Oard and Webber, 2013, p.161).[2]

---

2) 예측 효율성 목표를 표현하는 이러한 방법이 리콜과 회피에 관한 어떤 값이 받아들여졌다는 것을 지

일반적으로 사용되는 예측의 통계적 방법(소위 Gaussian)에 따르면, 신뢰 간격들은 측정될 수량들(quantities)이 정규분포곡선(normal bell curve distribution)을 따른다는 가정에 근거하여 계산된다(Crossman and Cormack, 2014).

*오차의 범위(margin of error)*는 실제 값에서 예측 지점(point estimate)이 벗어날 수도 있는 최대 크기이다. 그것은 대체로 특정한 신뢰 범위(confidence level)와 함께 "플러스 또는 마이너스" 퍼센트로 표현된다. 이러한 예로, 소송당사자의 표현은 그의 예측 지점은 1%이고, 그가 바란 오차의 범위는 2%이며, 신뢰도는 95%라는 의미이다. Gaussian 예측으로, 신뢰 간격은 오차 범위의 두 배가 된다. 바닥이 있기 때문에(관련 문서들의 수가 마이너스가 될 수는 없다), 그 간격은 0%에서 3%이다. 이러한 예에서, 백만 개의 문서들인 경우, 소송당사자의 통계적 예측은 "양적 측면에서 10,000개의 문서들이 관련성이 있다, 플러스 또는 마이너스 20,000개의 문서들, 95%의 신뢰도" 또는 "0에서 30,000개의 문서들 사이에 관련성이 있다, 95%의 신뢰도"라고 다시 서술할 수도 있다.

오차의 범위 2%와 95% 신뢰도 수준으로, 필요한 예제 크기가 2,396개의 문서들이라는 것을 계산할 수 있다.[3] 소송당사자는 문서 세트에서 그것들을 무작위로 추출하고, 그것들을 검토한 후에, 예를 들어 24개의 문서들이 관련성이 있다는 것을 알아낸다. 이러한 새로운 정보를 고려하여, 신뢰 간격의 정확한 측정은 이항식 신뢰 간격(binomial confidence interval) 계산기를 사용하여 계산할 수 있다.[4] 십진법으로 표현했을 때, 신뢰 간격은 이제 (최저) 0.0064에서 (최고) 0.0149까지 범위에서 계산될 수도 있다. 전체 세트에서 문서들의 총 수, 즉 백만에 대해서 이러한 십진법의 값들을 곱하여, 소송당사자는 6,400에서 14,900사이에 그의 정확한 신뢰 간격 범위들을 계산한다. 다른 말로 하면, 그 세트에서 관련 있는 문서들의 총수는 최고 14,900 또는 최저 6,400이 될 수 있을 것이다.

소송당사자의 검토팀은 일을 시작하여, 예측 코딩(predictive coding)으로 50,000건의 문서들(전체모음(collection)의 5%)을 검색하고, 대략 7,500건의 관련 있는 것들을 찾아낸다.

의문이 있다. 검토팀이 성취한 리콜(recall)이 무엇인가? 만일 10,000개의 관련 있는 문서들의 예측 지점이 정확하다면, 리콜은 75%(7,500/10,000)가 될 것이다. 실무적 조건에서, 문서 발견의 높은 비용과 검색에 더욱 비용을 들여 투자해도 소득이 줄어드는 점을 고려하면, 그것은 설득력 있는 리콜 값으로 여겨질 수 있을 것이다. 다른 한편, 만일

칭하는 것이 *아니다.* 그 목표는 단지 관련 있는 문서들의 분포가 측정되어야 한다는 것을 말한다 (Oard and Webber, 2013, p.161).

3) 예제 크기 계산은 www.raosoft.com/samplesize.html을 참조.

4) 이항식 신뢰 구간 계산기는 http://statpages.info/confint.html을 참조.

14,900개의 문서들이 관련 있다면, 신뢰 간격을 위한 상위 범위, 리콜은 단지 50%이다 (7,500/14,900), 그것은 당사자의 공개 의무(discovery obligation)를 만족시키는 것으로 상당히 덜 받아들여질 것 같다.

리콜에 대하여 좀 더 정확한 정보를 얻기 위하여, 변호사는 검토 안 한 950,000개의 문서들 중 어떤 비율이 관련성이 있는지 알아보기 위해서 이에 대한 표본조사를 할 수 있을 것이다. 다른 말로, 그는 회피(elusion)를 예측할 수 있을 것이다. 동일한 95% 신뢰 수준과 2% 오차 범위를 사용하여, 소송당사자가 검토되지 않은 문서들에서 이번에 무작위로 선택된 2,396개의 문서들을 다시 검토한다고 가정해보자.

검토팀이 8개의 관련 있는 문서들을 찾았다고 가정해보자. 검토되지 않은 문서들의 예에서 관련 있는 문서들의 비율은 0.33%(8/2,396)이고 검토되지 않은 세트(950,000 × (8/2,396))에서 3,172개의 관련 있는 문서들이 있다는 것을 나타낸다. 다시 정확한 이항식 신뢰 간격(binomial confidence interval)을 계산하면 0.0014에서 0.0066이 나온다. 검토되지 않은 문서들에 이 정확한 신뢰 간격 범위를 적용하면, 최저 범위는 1,330(0.0014 × 950,000)이고 최고 범위는 6,270(0.0066 × 950,000)이다.

이러한 추가적 정보에 근거하여, 변호사는 그의 팀에서 성취한 리콜을 다시 계산할 수 있을 것이다. 최대 13,770(7,500 + 6,270)개 범위로 관련 있는 문서들의 총수가 될 수 있는 것들 중에서 그 팀은 7,508개의 관련 있는 문서들을 찾았다. 그래서 그 리콜은 55%(7,508/13,770)가 될 것이고, 아마도 여전히 검색을 계속하지 않도록 정당화하는데 충분하게 높지는 않은 것이 될 것이다.

이 점에서, 오차 범위를 1%까지 좀 더 좁히려는 시도를 할 수 있을 것이다. 이 경우에, 변호사는 검색되지 않은 세트에서 9,508개의 문서들을 무작위로 선택할 필요가 있을 것이다. 만일 그 표본(sample)이 소송당사자의 초기 예측인 75% 리콜에 확신을 주지 못하면, 그 검토는 계속될 필요가 있을 것이고 검색되지 않은 세트에서 다른 표본 추출이 필요할 것이다(Tredennick, 2014a). 그 대신에, 소송당사자는 리콜 측정을 위하여 관련 있는 문서의 필요한 수(95% 신뢰 수준을 위한 384개)가 나올 때까지 무작위로 문서들을 선정하는 것을 포함한 후에 그 리콜을 다시 계산하는 직접적 방법을 채택할 수도 있다. 그러나 만일 문서들의 1%만 관련이 있다면, 이는 다른 38,400개의 문서들을 검토해야 한다는 의미이다(Tredennick, 2014b).

이 표본의 요점은 전자증거개시에서 리콜과 회피를 통계적으로 측정하는 근원을 묘사하는 것에 있었다. 또한 그것은 리콜의 적정한 수준을 달성했음을 보여주는 것이 어렵고 비용이 많이 든다는 것을 나타낸다. 게다가 실용적인 문제들은 물론이고 통계적으로 리콜을 측정하기 위해 표본 추출을 하는 것에 관한 이론적 문제들도 있다(Oard and

Webber, 2013, p.162 참조). 예를 들어, 서술한 바와 같이, 통계적 측정을 위하여 필요한 표본 크기를 계산할 수 있다. 그러나 만일 큰 이권이 걸린 소송에서 중요한 "스모킹 건"(smoking gun) 문서들을 찾을 수도 있는 가능성 또는 누군가 강력한 증거(telling evidence)를 숨기기 위해서 모음(collection)에서 문서들의 배포(distribution)를 조작하였을 가능성이 있다면, 통계적 공식(statistical formula)으로 예측된 것보다 더 큰 표본 크기가 필요할지도 모른다(Sohn, 2013).

8.4.4. 예측 코딩에서 다른 남겨진 문제들

전자증거개시 커뮤니티에서는 예측 코딩에 관하여 다른 몇 가지의 남겨진 문제들을 붙잡고 싸우고 있다.

감독 학습(supervised learning)(Section 4.3)에서, 씨앗 세트들(seed sets)은 핵심적 역할을 한다: 그것들의 문서들은 관련 항목을 나타내고 소송 전문가의 결단들을 반영한다. 그러나 여전히 남겨진 문제는 씨앗 세트를 구축하는데 어디서 시작하는 것이 가장 최선인지 여부이다. 다음에서 시작해야 하는가:

• 주제 전문가에 의해 선택된 것과 같은 특정한 개념의 예제들?
• 관련 있는 문서가 만족시켜야만 하는 항목을 구분하고, 반복적으로 쿼리를 조정하여 새로운 문서로 검토하도록 수작업으로 만든 쿼리들?(Oard and Webber, 2013, p.137)
• 특별한 사실 쟁점들에 관계없이 완전히 무작위로 뽑은 표본?(Oard and Webber, 2013, p.137)
• 공유하는 특징들에 근거하여 자동으로 문서들의 무리를 구축하는 문서 뭉치기 (document clustering)?(Privault et al., 2010)
• 상기 사항의 합성(hybrid)?

Remus와 Levy(2015, p.17)에 따라서, 감독 변호사들은 문서들의 초기 씨앗 세트를 선택하기 위해서 키워드 검색들을 사용해야만 하고 그 이후 관련성을 위해 그것들에 순위를 매긴다. 그러나 어떤 씨앗 세트들이 최선인지의 문제는 코퍼스(corpus)와 검색의 구체적 근원에 의존할 수도 있다.

두 번째 쟁점은 전자증거개시에서 어떻게 텍스트들(texts)을 표현하는 것이 가장 최선인지를 다룬다. 연구자들은 좀 더 지식−기반 기술들을 탐구하고 ML 주요 상품인 BOW를 넘어서 텍스트 표현들을 풍부하게 하였다(Section 7.5.2 참조). 그것은 "개체 추출 (entity extraction), 문서 메타데이터(metadata), 소셜 네트워크 분석, 이메일 통신의 구조와 패턴, 반응(responsive) 정보의 시간·조직상 근접성(locality) 등등의 자동화된 검토(automated review)를 어떻게 이용할 것인지를 살펴보아야 할 것으로 남겨두고 있다"(Oard and Webber, 2013, p.212).

예를 들어, 앞선 연구들에서는 전자증거개시에서 이메일을 해석하기 위하여 소셜 네트워크 분석(social network analysis)을 적용하였다(Henseler, 2010). 이러한 종류의 분석은 사람, 그룹, 조직, 웹사이트, 기타 정보-처리 개체(information-processing entities) 사이에 상호작용과 관계를 그래프로 표시하는 것, 이러한 그래프의 값을 측정하는 것, 그 측정치로부터 함의(inferences)를 끌어내는 것을 포함한다. 문서 송신자, 수신자, 소유자는 이메일 기록과 내용으로 스스로를 구분한다. 누군가가 어떤 주제에 관하여 어떤 시간 동안 누구와 의사소통하고 있는지를 표현하고 분석하는 것은 추가적 분석을 위해 관련 있는 텍스트들을 선택하는데 가치 있는 정보를 전달할 수도 있다.

예측 코딩의 복잡성은 여전히 다른 실무적 문제들을 일으킨다. 전자증거개시에서 예측 코딩은 소송 전략에 영향을 미친다(Sohn, 2013). 키워드 검색들이 주요 전자증거개시 기술이었을 때, 변호인단(counsel)은 문서들에 대한 검색을 위해 사용되었던 용어들과 쿼리들을 협의하였다. 그 쿼리 협의들은 당사자들이 개시할 수 있는 증거(discoverable evidence)의 범위에 관하여 합의할 수 있도록 도움을 주었다. 그러나 예측 코딩은 ML 알고리즘 용어들 외에 더 많은 것을 포괄하는 텍스트 표현들(text representations)에 적용한다. 검색의 비용을 고려한 검색의 효율성 측정은 리콜과 회피의 측정에 대하여 그리고 리콜과 회피의 어떤 수준들이 충분한 것인지에 대하여 복잡한 문제들을 일으킨다. 이는 불확실성들을 유도하게 되고, 논쟁으로 이어질 수도 있으며, 협상을 더 복잡하게 만든다. 게다가 예측 코딩 과정의 복잡성에도 불구하고, 당사자들은 증거개시절차-관련 심리(discovery-related hearings)에서 당사자의 예측 과정을 방어하기 위하여 하였던 완전한 회계기록 문서화 단계(complete audit trail documenting steps)를 유지할 필요가 있다(Sohn, 2013).

이러한 이론 및 실무적 문제들에도 불구하고, 증거는 기술-지원 검토(technology-assisted review)가 제대로 작용한다는 것을 뒷받침 한다; 예측 코딩과 다른 기술들은 생산 요청들에 관련 있는 문서들을 구분하는 중에 사람/컴퓨터 상호작용을 지원한다(Grossman and Cormack, 2010 참조). 예를 들어, 연례 대회인 TREC 법률 분야 시리즈에서 우수한 전자증거개시 기술자들은 동일한 업무와 코퍼스들에 그들의 방법을 적용했다. 2008년에서 2011년까지 TREC 도전자들에, "높은 정밀함과 높은 리콜을 동시에 이룩한 모든 시스템은, 다른 참가 시스템들과는 상대적으로, 기술-지원 검토에 … 의존하였다"(Oard and Webber, 2013, p.199). 증거들은 "기술-지원 상품은 최소한 수작업 검토만큼(그보다 더 하지는 않지만)이나 효율적이고 아주 적은 비용으로 가능하다"는 결론을 뒷받침 한다(Oard and Webber, 2013, p.203).

8.4.5. 텍스트로부터 비지도형 기계 학습

전자증거개시의 주제를 떠나기 전에, 텍스트로부터 비지도형 ML(기계학습)에 간단히 집중하는 것도 의미가 있다.

전자증거개시에서 예측 코딩과 Chapter 4에서 사건 결과들을 예측하기 위한 ML은 모두 지도형 학습의 예제들이다. 즉 그것들은 "독립한 특성들과 지정된 의존적 특성(태그(label)) 사이에 관계를 학습하기 위하여 사용된 기술들을" 설명한다(Kohavi and Provost, 1998).

*비지도형 학습(unsupervised learning)*은 유사한 문서들의 항목들을 추론하는 ML 알고리즘들을 채택하지만 사람 전문가가 수작업으로 태그를 붙인(labeled) 예제들의 훈련용 세트를 사용하지 않는다(Grossman and Cormack, 2014 참조). 예를 들어 문서를 클러스터링(clustering) 알고리즘들은 태그를 붙인(labeled) 훈련용 데이터를 사용하지 않는다. 그것들은 어떤 태그들(labels)이 정확한 것인지에 관하여 미리 정해진 정보를 사용하지 않고서 예제들을 그룹으로 만든다(Kohavi and Provost, 1998 참조). 대신에 그것들은 문서들의 내용 또는 메타데이터에 근거하여 문서들의 그룹을 추론하고, 만일 먼저 있었던 사건을 이유로(post hoc) 그룹의 회원들이 무엇을 공유한 것인지와 어떤 태그를 적용할 것인지를 결정할 것이 있다면 그 업무는 사람에게 남겨둔다(Privault et al., 2010, p.464; Oard and Webber, 2013, p.139 참조).

언급한 바와 같이, 클러스터링 기술들(clustering techniques)은 지도형 학습 기술들을 위해 씨앗 세트들(seed sets)을 선택하는데 역할을 한다. 예를 들어, Categroix는 문서들을 클러스터링해서 그룹 짓기 위하여 비지도형 ML을 사용하는 시스템이다. 시스템은 추후에 적용되어야 할 태그들을 사람들에게 제안할 수도 있고, 그 점에서 지도형 학습이 시작된다. 비지도형 방식(mode)에서 사용자는 사전에 클러스터링의 희망 숫자를 특정하지만 항목들 또는 태그들을 특정하는 것에 관하여 어떤 정보를 제공하지는 않는다.

시스템은 PLSA(Section 8.4.2 참조)를 유사한 수단으로 채택한다. 그것은 문서들을 클러스터링의 특정한 수로 나누고, 서로 가장 유사한 문서들로 그룹 짓는다(Privault et al,, 2010). 시스템은 공통점들을 파악하고 적정한 태그를 붙이려 애쓰는 사람 전문가들에게 그 클러스터링을 그래프로 보여준다. 그 화면은 관심 있는 클러스터(cluster)에 대해 문서의 유사성 수준을 나타내는 거리들(distances)에 따라 "자석"(magnet) 버튼 주위에 문서들을 체계화하는 "가상 자석"(virtual magnet)을 특별히 제공한다. 가장 유사한 문서들이 자석 버튼에 가장 가까이 위치하고 빨간색으로 강조 된다; 좀 덜 유사한 문서들은 더 멀리 위치하고 다른 색으로 나타난다.

일단 사람 전문가들이 태그들을 배정하면, 시스템은 그 태그들에 따라서 새로운 문서들을 분류하는 사람들을 지원하기 위하여 지도형 학습으로 이동한다. 이와 같이 비지도형 학습에서 지도형 학습으로의 이어짐은 검토팀들이 시간이 지나면서 생산된 문서들의 새로운 모음들(collections)을 이용하여 전자증거개시에서 문서 생산물이 빈번하게 늘어나고 있다는 사실에 대처하는 것을 도와준다(Privault et al., 2010, p.464).

8.5. 이력 프로젝트에서 법적 사건 텍스트에 ML을 적용하기

전자증거개시와 예측 코딩은 여러 다른 종류의 텍스트들에 ML을 적용한다. 그 텍스트들은 소송에 관여된 것이기 때문에, 그것들은 어떤 의미로는 "법적" 텍스트들이지만, 그것들은 전통적 법률 조사(판례, 법률, 규정 등)의 주된 텍스트들이 아니다. 어떻게 ML을 이렇게 상대적으로 단일한 법률 텍스트들에 적용시킬 수 있을까? 그리고 ML은 추출을 위하여 어떤 종류의 유용한 정보를 학습할 수 있을까? LexisNexis와 Westlaw와 같은 CLIR 서비스들의 다양한 코퍼스는 개념적 법률 정보(conceptual legal information)를 캐내기 위한 폭넓은 자료들(extensive resources)이 될 수 있을 것이다.

Westlaw 이력(history) 프로젝트는 ML을 법적 IR 코퍼스에 적용한 모범 사례이다 (Al-Kofahi et al., 2001; Jackson et al., 2003). 시스템은 법원 의견 중에서 이전 사건들에 영향을 준 언어(language)를 구분하고 그에 맞춰 그것들을 연결하는 것으로 "이력 업무"(history task)에 대응하였다. 특히 그것은 이전 사건 검색(Prior Cases Retrieval, PCR) 문제에 대응했다: 현행 또는 "배당된"(instant) 사건의 항소 절차(appellate chain)에 있는 사건들을 구분하는 문제. 수직적 구조의 법원 제도에서, 사실심으로 시작된 소송은 그 이후 별개 의견들로 보이는 신청들(motions)에 대한 결정들이 나올 수 있다. 그 신청 결정들과 사실심의 "최종" 판결은 같은 법원의 항소부와 상급 항소법원의 절차를 통해 항소될 수도 있다. 이와 같이 이전 의견(prior opinion)은 하급심 또는 심지어 동일한 법원에서 유래한 것일 수 있다(Al-Kofahi et al., 2001, p.88).

Westlaw는 항소 절차들을 보유한 데이터베이스에 7백만 사건들 중 1.3백만 사건들에 대해 알려진 항소 절차들을 포함하고 있는 인용DB(citator database)를 유지한다. 이력 프로젝트는 인용DB를 유지하고 강화하는 것을 지원하는 것에 초점이 맞춰져 있었다. 그러나 빈번하게 사건 의견들은 이전 사건들을 적절하게 식별하지 못한다. 예를 들어 배당된 사건에 의견이 쓰여 있을 때, 이전 사건은 아직 발간되지 않을 수도 있다. 그 계획은 Westlaw의 사람 편집자들이 시스템의 결과물을 확인하도록 되어 있기 때문에, 업무 적용에 있어서는 너무 많은 제안 생성을 회피하기 위하여 거의 100%에 가까운 높은 리콜과 50% 이상 정밀함이 특히 필요하였다(Jackson et al., 2003, p.274).

8.5.1. 이력 프로젝트 시스템 구조

이력 프로젝트 시스템은 텍스트 코퍼스에서 IE, 추출된 정보에 근거한 후보 사건들의 정보 검색, ML에 근거하여 후보들에 대한 결정을 조합한다(Al-Kofahi et al., 2001; Jackson et al., 2003). 도표 8.1에서 보는 바와 같이, 이력 프로젝트 시스템 구조는 3부분으로 구성되었다: 정보 추출(info extraction), 정보 검색(info retrieval), 결정(decision-making).

도표 8.1에 사전절차 단계에서, 인용-DB에 사건들은 그것들의 제목 특징에 따라 색인되었다. 제목에서 각각의 부분적 개체(entity)는 색인 용어를 생성시켰다. 예를 들어, "'David E. Smith'를 표현한 개체는 색인 용어 'Smith'와 'David+Smith'를 만들어낸다(Al-Kofahi et al., 2001, p.89). 용어 각각을 위해서, 용어가 나타난 제목들의 숫자가 계산

| **도표 8.1.** | 이력 프로젝트 시스템 구조 (Al-Kofahi et al., 2001)

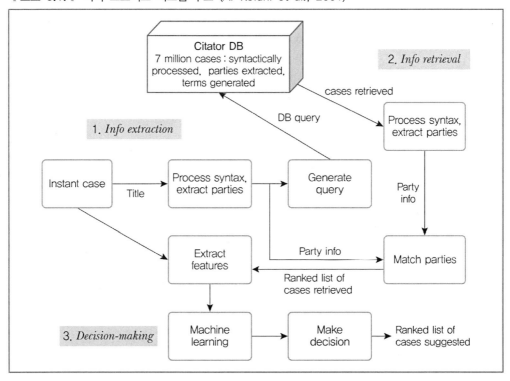

되었다; 이것이 용어의 문서 빈도이다. 용어의 빈도가 낮으면 낮을수록, 그것이 사건에서 나타날 때 점점 더 차별적 용어(discriminating term)가 된다. 이제 7백만 개의 사건들 각각은 가장 차별적 용어 8개로 색인되었다.

새로운 사건을 고려하여, 누군가는 배당된 사건의 이력에서 이전 사건들이 될 수도 있는 후보 사건들을 검색하는데 인용-DB를 사용할 수 있다. 이 과정은 도표 8.1에서 *1. 정보 추출(1. Info extraction)*로 표시된 첫 단계에서 시작한다. 배당된 사건을 고려하여, IE시스템은 의견과 그것의 헤더(header), 이력 언어 추출, 부분적 이름들, 법원들, 날짜들, 사건일람표(docket) 숫자들을 처리했다. 현행 사건의 제목은 색인 용어들을 뽑아내기 위해서 처리된다(상기와 같다). 그리고 추출된 정보를 고려하여 정보 검색 단계(도표 8.1, *2. 정보 검색(2. Info retrieval))*에서, 검색 시스템은 배당된 사건의 이전 이력에 일부분이 될 수도 있는 후보 사건들을 검색하기 위하여 인용-DB에 쿼리들을 보냈다. 인용-DB에서 배당받은 법원을 위해 가능한 상소 절차에 알맞고 배당된 사건의 날짜에서 과거 7년 이내에 판결된 이전 사건 후보들을 검색하기 위하여, 가장 차별적인 색인 용어들은 사건의 날짜와 관할, 기관, 지역, 연방항소법원 같은 법원 정보에 관한 정보들과 결합된다 (Al−Kofahi et al., 2001, p.90). 부분적 정보(party information)는 후보 사건들 각각에서 추출되고, 배당된 사건의 그것 및 후보 사건들의 목록과 비교하여, 부분들의 유사성에 의해 순위를 매겨서 회신된다.

3. 결정(3. Decision−making)(도표 8.1) 단계에서, 시스템은 검색된 후보들 중 어떤 것들이 배당된 사건의 이전 사건들이 될 수 있는지를 결정하는데 ML을 적용한다.

항상 그렇듯이, 각 사건을 ML의 목적을 위해 어떻게 최적으로 표현할 것인지가 문제의 시작이었다. 여기서 각 후보 사건은 이전 사건과 관련이 있다는 표시들로 드러났던 8가지 특징의 측면에서 특징 벡터(feature vector)로 표현되었다(Section 8.3 참조). 이와 같이 각각의 후보 사건 특징 벡터와 연결된 끝 지점들은 8면체 특징 공간으로 퍼져 있다. 8개 특징들은 (다음과 같이) 구성되었다:

- *제목 유사성(Title Similarity)*: 배당된 사건의 제목이 얼마나 유사한가의 측정값과 이전 사건 후보의 그것.
- *이력 언어(History Language)*: 직접 이력 언어가 배당된 사건에서 추출된 것이었는지 여부를 표시하는 이진법 상 특징. 이것은 단독으로 80s 아래에 리콜을 생성한다: 정밀함은 50−60% 범위.
- *사건일람표 일치(Docket Match)*: 배당받은 법원을 고려하여, 가능성의 추측, 그것은 이전 법원에 대한 계승자이다.
- *이전 가능성(Prior Probability)*: 배당 사건이 이전 사건을 내포할 가능성의 추측. 이

것은 DB에서 사건들의 총 수 대비 이전 사건들의 비율에 근거한다.

- *인용된 사건(Cited Case)*: 이전 사건 후보가 배당 사건에서 인용되었는지 여부를 나타내는 이진법 상 특징.

- *제목 가중치(Title Weight)*: 배정된 사건 제목에서 정보의 예상 가중치. 예를 들어 "Smith"는 "Alex J. Tyrrell"보다는 정보가 부족하다.

- *AP₁ 검색(AP₁ Search)*: 이전 사건 후보가 배당된 사건에서 항소 상의 쿼리를 통해 검색되었는지 여부를 나타내는 이진법 상 특징. 이것은 배당된 사건의 텍스트에서 특별한 경로이며, 그것이 이전 사건에 대한 정보를 담고 있을 수 있다.

그러나 문제는 어떤 특징들이 더 중요한지를 정하는 것이다. 연구자들은 선험적 (priori)으로 특징들의 상대적 중요성을 알지 못하지만, ML 프로그램은 훈련 세트에서 그것들의 가중치를 학습할 수도 있고 아직 보지 못한 사건 텍스트들에 관한 예측도 할 수 있다. 이력 프로젝트 팀은 SVM을 ML 알고리즘으로 사용하면서 이 업무를 위하여 지도형 학습(Section 4.3 참조)을 채택하였다. SVM은 다음에서 좀 더 자세하게 설명한다.

8.5.2. ML 알고리즘: 벡터 기계들을 지원하라

SVM은 항목 또는 종류의 긍정과 부정 사례 사이에서 구별하기 위하여 통계적 분류 (criteria)를 사용한다. 예측 코딩의 논의에서 언급한 바와 같이(Section 8.4.2), 통계적 ML 알고리즘은 결정 트리 프로그램(decision tree program) 보다 더 효율적으로 작동할 수 있지만, 사람이 직관적으로 해석할 수 있는 결정 트리 분류기(decision tree classifier)와 다르게 SVM의 모델은 지능적이지 않다.

SVM은 다른 모든 개체들로부터 가장 멀리 떨어져 있고 항목 또는 종류의 긍정과 부정 개체들(instances) 사이에 벡터 공간에서 경계를 구분한다(Noble, 2006). 이성적으로는 모든 후보 사건들이 그 경계의 한 쪽인 긍정 개체들에 있고 모든 부정 개체들은 그 다른 쪽에 있다.

경계는 지리적 개체(entity)이고 그 성질은 벡터 공간의 차원(dimensionality)에 달려 있다. 만일 벡터 공간이 선이라면, 경계는 점이 될 것이다; 만일 공간이 평면이라면, 경계는 선이 될 것이다. 3차원 벡터 공간에서 경계는 평면이 될 것이고, 더 고차원 공간에서(이력 프로젝트에서 8차원 공간을 포함하여) 경계는 "초평면"(hyperplane)으로 불린다. SVM이 학습한 초평면에 근거하여, 이전에 보지 못한 사건의 태그를 예측하는 것은 새로운 사건의 벡터가 경계의 어느 쪽으로 떨어지는지를 결정하는 단순한 문제이다(Noble, 2006, p.1565 참조).

도표 8.2 (1)은 긍정과 부정 개체들로 나누어진 초평면을 묘사하고 있으며, 그 초평면은 낯선 개체(하얀 점(white dot))를 분류하는데 사용될 수 있다. (2)는 긍정과 부정 개체들을 나눌 수 있는 다른 초평면의 수를 묘사하지만, SVM 알고리즘은 경계와 모든 개체들 사이에 간격을 최대로 하고 (3)에서 나타난 하나만을 선택한다(Noble, 2006, p.1566).

▌**도표 8.2.** ▌ SVM 예제들. 검은점들이 긍정, 회색점들이 부정, 흰점들이 "알수 없음"이다. (Noble, 2006, p.1566)

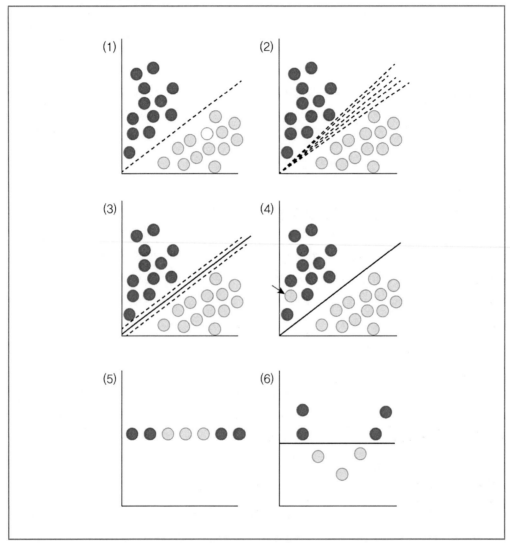

실제 데이터는 종종 일직선으로 분명하게 구분할 수 없기 때문에, SVN 알고리즘은 초평면 경계가 부드러운 간격을 두도록 하는 한계(parameter)를 가질 수 있다. 그 한계는 경계를 침범하도록 허용된 예제들(이것들은 올바르게 분류될 수 없는 데이터 개체들이다)의

수 사이에서 교환(trade-off), 그것들이 얼마나 많이 경계 밖으로 나갈 수 있는지, 경계 그리고 긍정과 부정 개체들 사이에 간격의 폭을 결정한다(Noble, 2006, p.1566). 도표 8.2 (4)는 벡터가 표시한 잘못 분류된 개체임에도 불구하고 SVM 알고리즘에 의해 준비된 부드러운 간격으로 초평면 경계를 묘사한다.

때때로 경계는 긍정과 부정 개체들을 나누기 위한 n-차원으로 그려질 수 없다. SVM 알고리즘들은 SVM이 n 차원에서 원래 데이터의 세트를 n+1 차원에서 분류하는 것을 가능하게 하는 "핵심기능"(kernel functions)을 지원할 수 있다. 다른 말로 하면, "핵심기능이 낮은 차원 공간에서 더 높은 차원의 공간으로 데이터를 던져준다"(Noble, 2006, pp. 1566-7). 도표 8.2 (5)는 하나의 경계 지점으로 긍정과 부정 개체들로 나눌 수 없는 1차원 데이터 세트를 묘사한다. 한편 (6)은 종전에 분리 될 수 없던 데이터가 어떻게 두 차원에서 하나의 경계로 나눠질 수 있는지를 보여준다. 도표에서 위치 변화는 핵심기능에 의해 다른 초평면으로 그 투입(projection)을 "형상화한"(symbolizes) 것이다. 올바른 핵심기능의 선택은 그와 같은 경계를 결정하는 것을 용이하게 할 수 있다.

8.5.3. 이력 프로젝트 SVM

언급한 바와 같이, 이력 프로젝트 SVM은 후보들이 배당된 사건 이력에 진정한 일부분일 가능성에 따라서 이전 사건 후보들에 순위를 매긴다.

연구자들은 DB에서 임의로 추출한 2,100개의 사건들로 SVM을 훈련시켰다. 이렇게 배당된 사건들 각각은 인용 DB로부터 이전 사건들의 후보를 검색하기 위하여 도표 8.1 (부분적으로 *1. 정보 추출, 2. 정보 검색*)에서 모듈을 사용하여 처리되었다. 개별 개체 사건 당 100개의 이전 사건 후보들이 축적되었고, 그 100개의 이전 사건들은 가장 높은 제목 유사성을 갖고 있었다.

그 이후 이전 사건 후보들 각각은 8차원의 특징 벡터의 방법으로 표현되었고, 113,000개의 훈련 벡터들이 생겼다. 지도형 ML에서 결정적으로, 연구팀은 각 후보가 사실 주어진 배당 사건의 이전 사건이었는지 여부를 인용기(citator)로부터 미리 알았다 (Jackson et al., 2003, p.284). 다른 말로 훈련 사건이 이전 사건의 긍정 또는 부정 개체인지 여부가 알려져 있었다.

모델을 훈련한 이후에, SVM은 편집 직원들이 무작위로 선택한 312개 사건들의 실험용 세트로 평가되었다. 이것들에 의해, 실제로 123개의 사건들은 인용 DB에서 이전 사건들을 보유한 것으로 드러났다.

언급한 바와 같이, SVM은 보통 보지 못한 사건들을 분류하는데 사용된다: 그것은 실험용 사건 각각에 그 사건이 경계의 어느 쪽에 나타나는지를 표시하면서 긍정 또는 부정 점수들을 부여한다. 그러나 이력 프로젝트는 관련이 있지만 다른 업무를 위해 SVM을 채택하였다. 그것은 학습된 경계로부터의 거리에 근거하여 배정된 사건의 이전 사건 후보들을 다시 순위 매겼다(Jackson et al., 2003, p.285). 그 이후 그 순위 목록과 해당 거리 점수들은 시스템의 리콜을 향상시키기 위해 설계된 결정 모듈에 입력되었다.

리콜 결과는 99.2%이었고(예를 들어 122/123) 정밀함은 64.9%였다(예를 들어 122/188). 배당된 사건 당 보고된 제안의 평균 숫자는 5였다. 그것은 사람 전문가가 시스템의 동작을 확인하기 위하여 고려했어야만 하는 제안의 숫자이다.

8.6. 사건 구조들의 기계 학습

Westlaw 이력 프로젝트는 법률 사건들의 코퍼스에서 유용한 정보를 추출하는데 ML을 적용한 전형적인 예이다. 비록 추출된 정보가 이전 사건 이력이었지만, 원칙적으로 유사한 기술들은 법률 정보 검색 성능을 향상시킬 수 있는 사건들에서 다른 종류의 정보를 추출할 수 있다.

그러한 유용한 종류의 정보 중 하나는 코퍼스에서 법률 문서의 구조에 관한 것이다. 그것은 그것의 내용 상 의미에 대한 단서들을 제공한다. 예를 들어, ML은 사건들에 텍스트에서 증거에 근거한 법적 논의로부터 사실적인 것을 구별하는데 사용될 수 있다. 만일 법원이 사실들을 논의하는 의견의 한 부분에 문장이 위치한다면, 그것은 그 문장이 사건의 어떤 사실들을 표현할 가능성이 있다.

예를 들어 LexisNexis는 그러한 ML 알고리즘들의 사용을 위한 훈련 데이터를 생성하는 것에 대하여 기술 특허를 내었다. 알고리즘들은 법률 사건의 문단이 사실, 논의, 사실도 논의도 아닌 것, 사실과 논의 양자 모두를 포함하는지 여부를 인식하는 학습을 한다(Morelock et al., 2004). 그 방법은 제목(headings)에 의해 문서에 텍스트들을 나누고, 의견에서 문단의 상대적 위치를 주석으로 달아 놓으며, 문서 제목들을 사실 제목과 논의 제목의 목록과 비교하고, 연계된 텍스트들의 훈련 세트들을 합친다.

사실과 논의 문단들을 인지하고 구별하는 것에 대한 알고리즘의 학습을 목적으로, 문단들은 (다음을) 포함하는 특징들 측면에서 표현된다:

- 상대적 문단 위치, 예를 들어, 의견에서 총 n번째 문단에서 k번째 문단;
- 사건들 또는 법령들에 대한 인용들의 수;

- 과거시제 동사들의 수, 예를 들어 "구식의"(dated), "요구받았다"(requested), "제공하였다"(served), "적용하였다"(applied), "인정되었다"(granted), "실행되었다"(executed), "제출하였다"(filed);
- 날짜의 수, 예를 들어 "1975년 12월 15일"(Dec. 15, 1975), "1976년 6월 21일"(June 21, 1976);
- 단일한 단어들의 수, 예를 들어, "결론짓다"(conclude), "확인하다"(find), "판결하다"(hold), "뒤집다"(reverse);
- "이 법원"(this court) 또는 하급심, 예를 들어, "하급심"(lower court), "사실심"(the trial court), "사실심 판사"(the trial judge)에 대한 참조의 수;
- 당사자들에 관련된 단어들의 수, 예를 들어, "원고"(plaintiff), "항소인"(appellant), "청구인"(claimant), "피고"(defendants), "피항소인"(respondents);
- 채택된 법률 텍스트의 수, 예를 들어, "범죄 경력"(criminal history), "양육권 분쟁"(custody dispute), "수용권"(eminent domain).

각각의 훈련 개체는 분석되어 덩어리들(chunks)로 나눠지고, 상기 특징들의 최소한 5개의 특징 값들과 비교되며, 문단의 상대적 위치와 일치하는 특징들은 ML의 목적을 위해 문단을 표현하는데 사용된다.

이력 프로젝트와 같이, 특징들은 직관적으로 유용하지만, 그것의 *가중치(weights)*를 알 수 없다. 훈련 세트를 분류하면서 특징들의 가중치들을 학습하기 위해, 이 지점에서 ML이 다시 활약을 시작한다. 그 이후 이러한 가중치들로 정보를 얻은 분류기(classifier)는 새로운 문단들이 사실, 논의, 둘 다 아니거나 둘 다 포함하는지를 예측할 수 있다. 특허는 Section 10.3.3에서 논의하였던 특징 가중치들(naïve Bayes 또는 논리적 퇴보(logistical regression))를 학습하는데 두 개의 ML 알고리즘들을 적용하는 것을 언급하고 있다.

8.7. ML을 법률 텍스트들에 적용하기

ML은 또한 법률 텍스트들에 적용될 수 있다. 최근 프로젝트는 상호작용도구를 법률 분석을 목적으로 관련 규정들을 찾는 업무에 대한 예측 코딩에 적용하였다.

8.7.1. 법규 분석

법규 분석(Statutory analysis)은 법규 적용 여부를 결정하는 것, 어떻게 그것을 적용할지, 그 적용 효과에 대한 처리과정이다(Putman, 2008, p.61).

법규 분석을 실행하기 전에, 분석할 후보 관련 규정들을 찾아야만 한다. 이 단계는 현행 법률 IR 시스템에 의해 잘 지원된다. 법적 문제를 고려하여, 변호사는 어떤 종류의 법규들이(또는 특정한 규정들이) 법적으로 그 문제와 관련이 있다는 가설을 세우고 법률 IR 시스템을 위해 검색 쿼리를 만들어낸다. 예를 들어, 만일 법률문제가 "펜실베니아주 법규에서는 공공보건 긴급상황을 대비하고 대응하는 것에 관하여 공공보건제도기관들에게 무엇을 요구하는가?"라면, 변호사는 아마도 (다음과 같은) 가설을 세울 것이다:

관련 법규 규정은 소방서, 병원, 보건부처 등과 같이 이해관계가 있는 일부 기관에 긴급상황, 재해, 위험을 대비하고 대응하도록 지시할 것이다.

그렇다면 사용자는 다음과 같은 쿼리를 만들 수 있을 것이다:

> (긴급상황(emergency) OR 재해(disaster) OR 위험(hazard)) AND
> (대응(respond) OR 대비(prepare)) AND
> (OR 화재(fire) OR 병원(hospital) OR 의료(medical) OR "응급관리기관"
> (Emergency Management Agency) OR "공동체 보건"(community health) OR
> "보건부처"(department of health) OR "환경보호"(environmental protection)
> OR ⋯ 이해관계가 있는 기관의 각 유형을 위하여)

IR 시스템의 결과로부터, 변호사는 가장 유망한 후보 규정들을 선택할 수 있다.

그러나 IR 시스템은 가장 유망한 후보들이 어떤 것인지를 결정하기 위하여 또는 관련성을 구별하는 좀 더 많은 특징들을 포착하기 위한 가설과 쿼리를 가다듬기 위하여 많은 지원을 제공하지 않는다. 만일 병원에서 준법을 확실히 하기를 원하거나, 다른 예로, 펜실베니아주와 같은 새로운 주에서 사업을 시작하면서 사업을 위한 법률 전반을 살펴보기를 원한다면, 법규 분석에서 이것들의 후속 단계가 중요하다.

8.7.2. 법규 분석을 위한 상호작용 ML 도구

이 업무를 위하여, 일부 연구자들은 전자증거개시에서 예측 코딩과 같이 (법규 텍스트들을 다루는 것은 제외하고) 반복적 ML 과정을 개발하였다(Savelka et al., 2015). 법률 IR 검색에 의해 검색된 규정들이 상호작용도구로 입력된 후에, 그것은 사용자에게 후보 규정들의 수를 제시한다. 사용자는 그가 찾는 법규들의 긍정과 부정 예제들을 구분하여 ML 분류기에 피드백을 제공한다. 그러면 분류기는 그에 따라 그것의 모델을 업데이트하고 그 과정을 반복한다.

이러한 방식으로, 관련성 측정은 인간 전문가와 ML 법규분류모델 사이에 일종의 대화를 한다. 사용자들은 도표 8.3에서 설명된 대로 그 문제에 관련된 것으로 법률 규정에

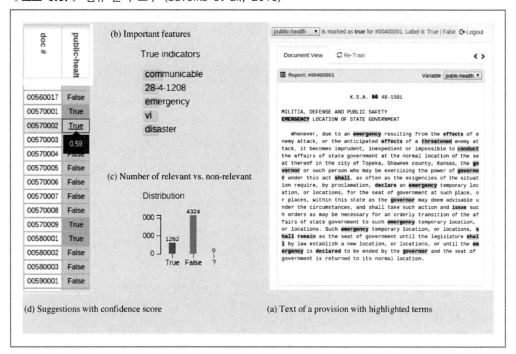

깃발표시를 하기 위해서 장치의 상호작용 그래픽사용자인터페이스(GUI)를 활용한다. 그 장치는 사용자에게 (a) 처리되지 않은 법률 규정, (b) 현행 모델에서 중요한 것으로 보이는 특징들/용어들과 그들의 가중치들, (c) 그 지점까지 관련 있는 규정과 관련 없는 것의 분포를 보여주는 요약 통계들, (d) 신뢰도 점수들로 태그가 붙은 규정들의 목록을 보여준다. 또한 이는 처리되지 않은 규정에 대한 태그를 제시하고 그것의 신뢰도 수준을 표시하고, 도표의 (a)와 (b)에서 현행 규정 상 유망한 특징들을 강조하며, 사용자의 결정(상위 오른쪽)을 요청하고, 사용자의 응답을 기록한다. 또한 사용자들은 (a)에 각 버튼을 클릭하여 어떤 용어를 강조함으로써 중요할 수도 있는 특징들을 제안한다(Savelka et al., 2015).

사용자의 요구에 의해, 분류 모델은 최근 사용자가 분류한 규정들의 각각에 대한 새로운 특징들과 가중치들을 학습하면서 재훈련된다. 장치는 일차적 핵심개념(linear kernel)을 갖춘 SVM을 ML 분류 알고리즘으로써 채택한다. SVM은 Section 8.5.2에서 설명한다.

관심 있는 문제는 하나의 관할에서 법률 텍스트들에 관하여 훈련된 ML 모델이 다른 관할에서 유사한 텍스트들을 분류할 수 있는지 여부이다. 연구자들은 그들의 상호작용 ML 접근법을 평가하였고 두 가지 실험에서 이 질문에 답변이 있었다. 첫째로, "초기화 시작"(cold-start) 실험으로 그들은 켄사스주 법률 규정들의 세트에 관하여 장치의 성능을 평가하였다. 그들은 전문적 공공보건제도 주석가들에 의한 수작업 측정들을 포함하여 두 가지 테스트들로 그 장치의 분류 결과를 비교하였다. 둘째로, "지식 재사용"(knowledge reuse) 실험으로 그들은 켄사스주 규정들로 학습한 ML 분류기를 재사용함으로써 장치가 시작했던 장소가 아닌 알라스카주 규정을 포함시켜 유사한 규정 분석에 대하여 장치의 성능을 평가하였다(Savelka et al., 2015).

ML 분류기의 성능은 정밀함, 리콜, F_1 측정(F_1 measure)(Section 7.6), 두 가지 다른 측정들, 특성 작용 수용기(receiver operating characteristic; 이하 "ROC")와 ROC 곡선 하부 영역(area under the ROC curve; AUC), 이진법 상 분류기들(binary classifiers)을 평가하기 위한 일반적 계측법(metrics) 측면에서 평가되었다.

ROC 곡선은 가능한 다른 결정의 한계(cutoffs) 또는 진입단계(thresholds)의 세트를 위해 x-축에 거짓인 긍정 비율에 대비하여 y-축에 참인 긍정 비율을 구분한다. 참인 긍정 비율은 리콜에 상응한다; 그것은 (TP/(TP+FN))(Section 7.6 참조)와 같이 정확하게 식별되고 관련 있는 문서들의 비율이다. 거짓인 긍정 비율은 (FP/(FP+TN))와 관련된 것으로 부정확하게 식별되고 관련 없는 문서들의 비율이다. 한계(cutoffs)는 목록의 상위에 문서는 관련 있는 것으로 보고 목록의 하위에 문서는 관련 없는 것으로 보는 ML 알고리즘 같은 것에 의해 생산된 문서들의 순서 목록에서 진입단계(thresholds) 점수이다. 전형적으로, 한계가 높으면 높을수록 정밀함은 더 높아지고 리콜은 낮아진다. 반대로, 한계가 낮으면 낮을수록 정밀함은 낮아지고 리콜은 높아진다(Grossman and Cormack, 2014).

AUC는 분류기가 무작위로 추출된 긍정 점수를 무작위로 추출된 부정 데이터 점수보다 더 높은 순위에 둘 것이라는 가능성을 나타낸다. 법규 분석 장치의 내용에서, 무작위로 추출된 긍정과 부정 데이터 점수들은 각각 관련 있는 규정들과 관련 없는 규정들에 상응한다. 이와 같이 AUC는 무작위로 추출된 관련 있는 문서가 무작위로 추출된 관련 없는 문서보다 더 높이 우선하여 지정될 가능성이다. 100%의 AUC 점수는 완벽하다; 모든 관련 있는 문서들이 모든 관련 없는 문서들보다 높은 순위에 위치하였다. 50%의 AUC 점수는 관련 있는 문서가 관련 없는 문서보다 더 높은 순위에 위치할 것이라는 우연성(chance) 이상의 의미는 없다(Grossman and Cormack, 2014; Savelka et al., 2015).

두 기준선들(baselines)은 아직 처리되지 않는 문서들을 관련 없는 것으로 여기는 사람 분류가(human classifier)의 정밀함 위주(precision-focused) 기준선들과 아직 처리되지 않은 문서들을 관련 있는 것으로 여기는 사람 분류가의 리콜 위주(recall-focused) 기준선들을 포함한다.

상호작용 ML 접근법은 두 실험들에서 비록 뛰어나지는 않지만 훌륭한 분류 성과를 내면서 기준선들보다 더 나은 성과를 내었다. 초기화-시작 실험에서, 약 25개의 문서들에 태그를 붙인 후에, 분류기의 AUC 점수는 80% 이상이었다(Savelka et all., 2015). 게다가 두 번째 실험은 흥미 있는 이전 효과를 보여주었다. 어떤 주의 문서들에 근거한 분류 모델을 재사용하는 것은 유사한 규정의 분석을 위하여 새로운 주의 규정을 분류함에 있어서 그 장치에 객관적으로 측정 가능한 이점을 주었다. 다른 말로 하자면, 어떤 주의 법규들을 분석하여 학습한 지식은 다른 주의 분석에도 도움이 되었다(Savelka et al., 2015).

8.8. 인지 컴퓨팅 리걸 앱들을 향하여

법률문제들을 해결하기 위하여, 사람들은 전자증거개시에서 생산된 자료들, 사례들, 법규들을 포함한 코퍼스에서 문서들을 찾아야만 한다. 이 장에서는 정보 검색을 개선하기 위하여 이러한 콘텐츠의 각각에 ML을 적용하는 것을 보여준다.

각 콘텐츠에서, 사용자는 아마도 그 문제를 해결하는데 관련이 있을 것 같은 문서들의 종류에 대한 가설을 염두에 둘 수 있다. IR 시스템들은 사용자가 가설을 키워드 검색이나 자연어 쿼리로 표현하는데 도움을 주지만, 그 쿼리들은 관련이 있을 만한 문서들의 앞부분(first cut)만을 검색하는 경향이 있다. 순위에 들어 있는 문서들과 강조된 용어들을 넘어서, 시스템들은 사용자들에게 문서들을 읽어보는 일, 그것들 중에서 어떤 것이 정말 관련 있는 것인지 결정하는 일, 사용자가 찾으려했던 것을 고려하여 가설을 가다듬는 일을 남겨둔다. 전자증거개시에서 쿼리들은 읽어야 할 너무 많은 문서들을 회신한다. 법규들의 경우에도 실제로는 법규 분석과 관련하여 어떤 것을 할지 결정하는 것은 여전히 수작업이다.

이전 Section에서 법규 분석 장치와 그것의 상호작용 ML 접근법은 어떻게 CCLA를 바라보아야 할지를 제시한다. 예측 코딩은 사용자들을 도와서 그 결과로 그들이 정말로 찾고 싶은 것을 특정하게 한다. 시스템이 제공하는 예제들과 사용자가 그것에 대해 관련 있음 또는 없음을 깃발로 표시하는 상호작용의 증가는 사용자의 가설을 써볼 수 있고 세련되게 만든다. 인지 컴퓨팅의 의미에서, 각각은 그것이 할 수 있는 최상의 지적 활동 같은 종류를 실행하고 있다; 사람 사용자는 무엇이 관련 있는지에 대하여 판단을 실행하고 시스템은 그러한 판단들을 새로운 문서들에 적용할 수 있는 방식으로 흡수한 모델을 학습한다. 우리는 전자증거개시에서 그리고 법규 분석 지원에서 이러한 접근법을 알게 되었다.

그러나 문서에 깃발 표시를 하는 것을 넘어서, 사람은 왜 어떤 것이 관련 있는지 없는지를 설명할 수 있다. 심지어 시스템이 예제들을 검색하기 전에도, 사람은 어떤 것이 관련 있을지를 설명할 수 있다. 이것이 코퍼스에서 찾을 수 있는 유용한 자료들에 대하여 관련성과 예측에 관한 사람의 명백한 가설로 여겨질 수도 있다. 더불어 사람은 시스템이 생산한 예제들에 비추어 자신의 관련성 가설을 수정할 수도 있다.

이상적으로는 시스템이 사람 사용자의 관련성 가설을 이해할 수 있고 문서들 검색에서 그것들을 운용할 수도 있을 것이다. 텍스트 분석 장치들을 고려할 때, 이는 어느 정도 달성될 수 있다. Section 12.4.1은 어플리케이션이 코퍼스에서 그것을 법률 텍스트에 대해 실험을 하고 사람이 생산된 예제들을 고려하여 수정할 수도 있는 점에서 분명히 유용한 가설들을 형성하는데 사람들을 지원할 수도 있는 CCLA에 초기형태(prototype)를 설명한다.

그러나 그것을 위한 기초작업을 하기 위하여, 우리는 어떻게 ML이 법률 텍스트들에서 유용한 정보를 추출할 수 있는지를 좀 더 특별하게 학습하여야 한다. Chapter 9는 ML과 관련 기술들을 법규 텍스트들에서 정보를 추출하는데 적용하는 것을 설명한다. Chapter 10은 판례의 텍스트들에서 주장-관련 정보를 추출하는데 UIMA-관련 텍스트 처리 장치들과 ML의 적용을 설명한다.

Chapter

09

∨

법률과 규정 텍스트들에서 정보 추출

9.1. 서론

변호사, 시민, 사업가, 정책담당자들은 모두 어떤 법규들이 있는지와 어떻게 그 요건들에 어긋나지 않고 회피할 수 있는지를 알기 위해서 법규 텍스트들을 접하고 이해할 필요가 있다. 이와 같이 인공지능과 법은 전자적으로 저장된 법령 텍스트들에서 규정들의 요건들에 관한 정보를 자동으로 추출하는 것을 오랫동안 추구하였다.

이 Chapter에서는 규제 주제 및 개념, 규칙 또는 원칙들의 형태들, 법규의 일부 기능적 요소들을 포함하여 법규 텍스트들에서 정보 추출을 위하여 일부 ML과 KE 기술들을 제시한다. 우리는 자동으로 법규를 분류하고 그것들로부터 기능적 정보를 추출하기 위하여 ML과 원칙―중심 접근방법들의 관련 장점들을 검토한다.

그 이후 이 Chapter는 법규에서 논리적 규칙들을 추출하는 좀 더 거창한 목표에 집중한다. 이상적으로는, 법률에서 자동으로 사업 규칙들(business rules)을 추출할 수도 있을 것이다. 추출된 규칙들은 Section 2.3.4에서와 같이 또는 Section 2.5.3에서와 같이 절차적 준법에서 취소할 수 있는 규칙들처럼 연역적으로 적용될 수도 있을 것이다. 예를 들어, 시스템들이 정형화된 규정들에서 추출된 규칙들과 설계 과정에서 통합되어야 하는 규칙들을 준수하여 설계되도록 보증하는데 공학 설계 환경들이 도움을 줄 수 있다. 그것은 Section 2.5.5에서와 같은 준법 설계에 대한 접근방법을 훨씬 더 늘릴 수 있을 것이다. 그렇지 않으면 법률 텍스트들에서 추출한 취소할 수 있는 규칙들은 Section 5.3.1에서와 같이 법률 주장에서 사용될 수도 있다. QA시스템은 추출된 규칙들을 Section 5.9에서 제시된 것과 같이 법률적으로 복잡한 방법들로 그 규칙들의 요건들에 대한 질문에 답변하기 위하여 사용할 수도 있다. 그러나 불행하게도 법규 텍스트들에서 추출된 규칙들을 향한 노력들의 결과는 이러한 방식들의 자동 추출에 대한 이상향에는 한참 부족하다.

그러나 추출된 법규 규칙들로 하는 자동 추론 없이도, 법규 텍스트들에서 자동으로 추출한 정보를 위한 기술들은 다양한 다른 방법으로 인지 컴퓨팅에 도움을 줄 수 있다. 자동 추출은 법규 텍스트들의 코퍼스에서 개념 정보 검색을 용이하게 한다. Section 6.3.1과 Section 6.4의 e-Court 또는 Dalos 온톨로지 같은 법률 온톨로지로부터 가져온 의미(semantic) 개념의 측면에서 자동으로 주석을 단 규정들은 사용자들이 그들의 개념적 내용에 근거한 문서 검색을 가능하게 한다. 또한 프로그램은 관련 있는 개념들의 측면에서 자동으로 법률 규정의 요약 또는 프로필을 만들어낼 수도 있다.

심지어 프로그램은 Section 2.6에서와 같이 법규 제도의 네트워크 분석들도 할 수 있다. 법규 네트워크(statutory network)는 어떤 규정들이 직접적으로 어떤 자에게 어떤 다른 자에 관한 행위를 하도록 지시하는 정보를 추출하여 시각적으로 제시한다. 그러한 프로젝트 중 하나는 법규 네트워크의 구축을 가능하게 함으로써 사람 분석가들이 그것으로 서로 다른 주의 유사한 규제 제도들을 시각적 또는 양적인 측면에서 비교할 수 있도록 ML을 여러-주 법규 텍스트들에 적용한다. 또한 네트워크들은 법규 DB에서 관련 규정들의 검색을 위한 GUI를 제공한다. 구문들 처리를 위해 LUIMA 유형 시스템과 구문 주석 파이프라인(pipeline)을 적용하는 것은 좀 더 효율적인 ML이라는 목적을 위하여 그것들의 표현을 개선시킬 수도 있다.

이 Chapter는 다음을 포함한 많은 질문에 대응한다: 어떻게 법규 구문들로부터 IE가 작동하는가? ML, NLP, KE가 하는 역할은 무엇인가? 프로그램들은 법규 구문들에서 직접 논리적 규칙들을 추출할 수 있는가? 준법이란 무엇인가? 어떻게 규제적 네트워크 도표들은 개념적 법률 정보 검색을 개선시키거나 법규 분석을 용이하게 할 수 있는가? UIMA-같은 유형-시스템-기반 구문 분석 파이프라인(UIMA-like type-based text analysis pipeline)은 법규 구문들 처리를 지원할 수 있는가?

9.2. 법규 텍스트들로부터 정보 추출에 관한 연구 개요

법규 규정들로부터 정보를 추출하는 것에 관한 연구는 정보의 다음과 같은 유형을 추출 또는 그 측면에서 규정의 분류에 중점을 두어왔다:

- 정의(definition), 금지(prohibition), 의무(obligation), 허용(permission)과 같은 법규 규정들 또는 규범들(norms)의 기능적 유형.
- 의무 보유자(bearer of a duty) 또는 행위자(acting agent), 행위(action), 수령자 (receiving agent) 같은 기능적 유형들에 대한 주장 또는 기능적 유형들의 요소들을 포함한 기능–관련 특징들.
- 행정법, 사법, 환경법, 형법과 같은 법의 영역 또는 주제들.
- 기능적 유형들, 기능적 특징들, 주제 영역들과 결합된 시맨틱 프로필들.
- 법률 시소러스 또는 온톨로지에서 나타난 것과 같은 규정들을 색인하는데 유용한 규제적 개념들.
- 규칙들 또는 그것들의 구성요소들의 논리적 형성을 포함하여 법률 규칙 또는 규범 들, 그것들의 선례와 결과들.

정보를 추출하기 위하여, 연구자들은 주로 전문가들에 의해 수작업으로 구축된 규 칙들과 함께 KE 접근방법을 채택하거나 SVMs(Section 8.5.2), 결정 트리들(decision trees)(Section 4.3.1에서 정의됨), Naïve Bayes 분류기들(Section 10.3.3에서 설명됨)을 사용하 면서 지도형 ML(supervised ML)을 채택해왔다. ML 작업에서, 법규 구문들은 보통 빈도 정보와 함께 단어 가방들(bags of words) 또는 용어 벡터들(term vectors)로 표현된다 (Section 7.5.2 참조).

법규 텍스트들로부터 IE에서 최신 감각을 전하기 위하여, 상기 정보의 각각 유형에 대해 여기서는 그것을 어떻게 추출하는지에 관한 연구를 좀 더 상세하게 묘사한다.

규정들의 기능적 유형들(Functional types of provisions): 연구자들은 "정의"(definition), "금지"(prohibition)(해서는 안 된다(must not)), "의무"(obligation)(해야 한다(must))를 포함하 여 11가지 항목(categories)으로 소비자 보호를 다루는 이탈리아 법규 텍스트들의 문단들을 분류하기 위하여 ML(특히 여러 등급의 SVM 모델(multi–class SVM model)과 Naïve Bayes 모 델)을 사용하였다(Biagioli et al., 2005; Francesconi and Passerini, 2007; Francesconi, 2009; Francesconi et al., 2010 참조). Maat and Winkels (2007) 그리고 de Maat et al. (2010)에서, 연구자들은 네덜란드 법규 텍스트들의 모음에서 나온 문장들을 "정의"(definition), "발간 규정"(publication provision), "변화–범위"(change–scope)를 포함하여 13가지 항목들로 나 누었다. Grabmair et al. (2011)과 Savelka et al. (2014)에서는, 결정 트리 또는 SVM 모델들 이 다른 국가들의 공중보건 긴급 상황을 다루는 법규 상 지침들(statutory directives)을 의무 (obligations), 허용(permissions)(예를 들어 "may" 사용), 금지(prohibitions)로 분류하였다.

기능–관련 특징들(Function–related features): 법률 규정 또는 규범의 일부 기능적 유형들은 좀 더 특정된 정보를 구성요소들이나 주장들로 본다. 여기서 "주장"(argument)

은 수학 함수의 변수들(input variables)과 유사한 어떤 것이다. 기능적 유형들을 추출하는 것에 더하여, 연구자들은 수령자에 대해 어떤 특정한 종류의 행위를 하도록 지시를 받은 행위자와 같이 법률 규정들에서 주장을 추출하기 위하여 NLP를 채택하였다. 예를 들어, 데이터 "관리자"(controller)는 "보증인"(guarantor)에게 "통지"(notification)를 제공해야 한다(Biagioli et al., 2005; Francesconi and Passerini, 2007; Francesconi, 2009; Francesconi et al., 2010). Grabmair et al. (2011)과 Savelka et al. (2014)에서 ML 알고리즘들은 또한 공중보건 긴급 상황을 다루는 규정들에서 유사한 요소들을 식별하였다. 예를 들어, "주 또는 지방 정부 공중 보건 관리자"는 "감염병 긴급 상황"에 대응하여 "병들었지만" "의학적 치료를 거부하는 자"에 대하여 "격리"를 "명""할 수 있다"와 같은 것이다.

　　법의 영역이나 주제들(Areas or topics of law): 법률 영역 또는 주제들을 포함하는 것은 물론이고 좀 더 압축적인 항목화(abstract categorizations)를 학습시킬 수 있다. Naïve Bayes과 여러 종류 SVM 모델들은 Francesconi and Peruginelli (2008)에서 환경법, 유럽법, 형사법 같은 법률 태그들을 학습하였다. Opsomer et al. (2009)에서, 저자들은 환경 정책의 원칙들과 목적들, 정부, 집행, 절차, 에너지 정책의 제도들 같은 230개의 주제별 리프 노드들(leaf nodes)로 구성된 색인 트리(index tree)에서 항목들 별로 법률 텍스트들을 분류하는 학습을 위해 SVM을 적용하였다.

　　다른 작업은 개념들에 의해 색인화 되어야 할 법률 문서에서 개념들을 식별하는 것을 포함한다. 법률 텍스트들에서 매우 특정된 주제와 기능적 정보를 캐내기 위해 상당한 작업은 EuroVoc 시소러스와 같이 개념적 온톨로지 측면에서 유럽연합(EU) 문서들의 자동 분류에 중점을 두었다(Steinberger et al., 2013; EuroVoc, 2014). Pouliquen et al. (2006)에서 저자들은 법규 텍스트들을 용어 벡터들로 표현하였고 그것들을 "소수자 보호", "어장 관리", "건축과 도시 계획" 등과 같은 EuroVoc 어휘 용어들의 각각에 관하여 유사한 벡터들과 비교하였다. SVM 모델은 "유럽 계약", "인플레이션 비율", "이탈리아" 등과 같은 EuroVoc 용어들을 위해 Boella et al. (2012)에서 유사한 작업을 실행하는 것을 학습하였다. Daudaravicius (2012)에서 작업은 다중-관할 배경(muti-jurisdictional setting)뿐만 아니라 EU 맥락(context)에서 *다중언어* 배경(*mutilingual* setting)으로 작용한다.

　　또한 ML 모델들은 압축적 항목(abstract category) 즉, 특정 문제 영역에 대한 관련성의 다른 종류를 학습한다. Grabmair et al. (2011), Savelka et al. (2014), Savelka and Ashley (2015)에서 학습된 항목들 중 하나는 학교 공중보건 연구자들이 선정한 공중보건 긴급 상황 규정의 문제 영역에 대해 관련성이 있었다. 이미 언급한 바와 같이, 이 작업은 공중보건 긴급 상황에 관하여 여러 미국 주들의 법률에 대응하기 위한 것이다.

법규의 의미상 프로필들(Semantic profiles of statutes) : 일부 작업은 기능상 유형들, 프로필 항목들, 개념상 색인화를 법규의 좀 더 넓은 의미상 프로필에 결합한다. Wyner and Peters (2011)는 언어학에 바탕을 둔 원칙들을 혈액 속에 병원체에 대한 실험에 관하여 복잡하고 4쪽으로 된 미국 식품 및 의약 관리 규정(U.S. Food and Drug Administration regulation)에서 정보 추출에 사용하였다. 그들은 텍스트에서 의무, 허가, 그것의 선례, 주요 물질, 주요 주제, 예외를 포함하여 규범적 규칙들의 다른 유형들을 식별하는 것을 추구하였다. Winkels and Hoestra (2012)에서 저자들은 시맨틱 웹(semantic web) 기술과 NLP 기술을 사용하여 네덜란드 세법 관련 법규 텍스트들에서 개념과 정의들을 추출하였다.

논리적 형성을 포함하여 법적 규칙들 또는 규범들(legal rules or norms including logical formulations) : Zhang and El−Gohary(2015) and Governatori and Shek (2012)에서처럼 사업용 시스템들이 관련 규정들에 맞게 설계되는 것을 확실히 하기 위하여, 또는 규정들에 대한 사람들의 주석을 개선하기 위한 반자동 기술들을 개발하기 위하여 (Kiyavitskaya et al., 2008; Yoshida et al., 2003 참조), 또는 여러 관할에 걸쳐 규제 규칙들을 비교하기 위한 기능적 정보를 추출하기 위하여(Gordon and Breaux, 2013; Savelk et al., 2014; Savelka and Ashley, 2015 참조), 나머지 작업은 일반적으로 법적 규칙들 또는 규범들을 추출하는 것에 초점을 두었다(Bach et al., 2013; Wyner and Governatori, 2013 참조).

다음 몇 개의 항목들에서는 법규 텍스트들에서 정보를 추출하는데 적용된 몇 가지의 구조들(mechanisms)과 이러한 방법들의 통계적 평가를 좀 더 살펴본다. 관련 평가 측정방법들(metrics)은 Section 4.4.4에서 소개한 것과 같다.

9.3. 법규 텍스트들에서 기능적 정보를 자동으로 추출하기

법규들에서 기능적 정보를 추출하는 것은 개념 정보 검색을 위하여 유용할 수 있다 (Section 1.3.2). 언급한 바와 같이, Fancesconi and Passerini (2007)에서처럼 일부 시스템들은 의무 또는 책무 보유자(bearer of an obligation or duty)와 그 수혜자(its beneficiary) 같이 그것들과 함께 가야하는 일부 기능−관련 특징들은 물론이고, 정의, 의무 (obligation), 책임, 금지, 책무(duty), 허용, 처벌과 같은 일반적 유형들의 세트에서 개별 법적 규정들의 기능을 추출한다.

일단 추출되면, 이러한 개념 정보(conceptual information)는 XML주석에서 메타데이터로써 시맨틱 마크업의 한 종류로 그 규정에 적용되고, Dalos 온톨로지 같은 법적 온톨로지에서 번역(compile)될 수 있다(Section 6.4 참조). 결과적으로 그 시스템은 텍스트에서 개념들이 의미하는 것이 무엇인지에 대하여 일부 정보를 가지고 그것을 개념 검색에 지원하기 위하여 사용한다.

┃ 도표 9.1. ┃ xmLegesExtractor의 입/출력 예제 (Francesconi, 2009, p.66)

Input: provision of Italian privacy law: "A controller intending to process personal data falling within the scope of application of this act shall have to notify the 'Garante' thereof, ..."

   Type: Obligation

Output: system extracts functional information:

   Features:

       Addressee: "Controller"

       Action: "Notification"

       Counter‒party: "Garante"

예를 들어, 도표 9.1은 이탈리아 개인정보법의 규정에서 시스템이 추출한 기능적 정보를 묘사한다.

일단 그러한 정보가 법률 규정의 온톨로지 색인에 합쳐지면, 인간 사용자들은 "관리자들"(controllers)에게 "보증인"(garante)(or guarantor)에 대하여 통지의무를 부과하는 모든 규정들을 찾을 수 있다.

9.3.1. 규정들의 기능적 유형들을 추출하기 위한 기계 학습

법률들로부터 기능적 정보를 추출하기 위하여, Francesconi and Passerini (2007)와 Francesconi (2009)는 두 가지 도구들을 구축했다: (1) xmLegesClassifier와 (2) xmLegesExtractor. 분류기(classifier)에 대한 입력(input)은 법률 규정 속들에서 텍스트의 문단(paragraph)이다; 결과물(output)은 후보 유형들(types)과 분류들(classes)의 세트로부터 선택한 규정의 예정된 기능적 유형 또는 종류이다(Francesconi and Passerini, 2007). 추출기에 대한 입력(inputs)은 텍스트 문단(text paragraph)이고 예측된 유형이다. 추출기는 규정의 그 유형에 관련되고 특히 의미상 역할들에 해당하는 텍스트의 조각들을 결과물로 내놓는다(Francesconi, 2009, p.66).

그 프로젝트는 보충적 방법으로 ML과 KE를 법규들에 적용했다. ML은 "의무"(Obligation)와 같이 좀 더 추상적인 기능적 유형들을 추출했다. 지식‒공학 규칙들(knowledge‒engineered rules)과 NLP는 의무에 상응하는 "관리자"(controller) 같은 좀 더 특정한 역할‒주체들(role‒players)을 추출했다.

Section 8.3에서 서술한 바와 같이, xmLegesClassifier에서 ML을 목적으로, 문서들은 구절들(phrases)이 아니라 유니그램들(unigrams)과 함께 BOW로 표현되었다. 사전 진행에서, 시스템은 단어들을 형태상 원형들로 줄이기 위하여 단어들을 가로막고, 숫자와 알파벳-숫자가 아닌 문자들을 특수한 문자들로 교체하였으며, 문서들을 가중치(weights)와 함께 용어 벡터(term vector)로 표현하였다. 또한 그들은 희귀한 용어들을 제거하기 위하여 특징 선정 진입단계들(feature selection thresholds)을 사용하였다(Francesconi, 2009, p.64).

용어 벡터 가중치들은 문서의 의미에 대하여 용어가 전달하는 정보의 양을 파악하기 위한 의도이다. 연구자들은 문서 내에서 용어의 존재 또는 부존재를 나타내는 이진법 "가중치"(weight), 문서에서 용어의 빈도에 비례하고 코퍼스에서 용어의 빈도에 반비례하는 tf/idf 가중치(Section 6.4 참조), 정보 획득과 용어 빈도를 결합한 가중치를 포함하여, 가중치들의 4가지 형태들을 시도하였다. tf/idf와 다르게, 정보 획득은 서로 다른 종류에 문서들에 걸쳐서 얼마나 용어가 잘 구분되는지를 측정한 것이다(Francesconi, 2009, p.64).

연구자들은 여러 종류 SVM(Section 8.5.2 참조)을 582개 규정들의 코퍼스에 적용하였다. 이 책의 앞부분에서 만났던 SVMs는 문서가 관련된 것인지 아닌지(Section 8.4.2 참조) 또는 사건이 배당된 사건(instant case)의 이전 이력에 한 부분이었는지 아닌지(Section 8.5.3 참조)를 예측하면서 이진법 결정들을 하였다. xmLegesClassifier의 결정들은 이진법이 아니라 여러 종류(multiclass)이다: 폐지(repeal), 정의, 대표(delegation) 등을 포함하여 11가지 기능적 유형들 중 어느 것을 텍스트에 적용할 것인가?

여러 분류(multiclass) SVM에서 목표는 여러 종류들의 긍정적 개체들(instances) 각각을 나머지들과 분리하면서 초평면(hyperplane)에 끌어들이는 것이다. 도표 9.2는 어떻게 여러 종류 SVMs이 이진법의 그것들과 다른지 여부를 직관적으로 전달한다. 도표에서 굵은 선은 초평면을 나타낸다. 가는 선은 맞춤(fit)을 최적화하기 위한 어떤 신뢰 여분(confidence margin)과 함께 초평면 세트(hyperplane set)를 나타낸다. 두 실선 사이에 최소 거리는 여러 분류 여분(multiclass margin)으로 불린다. 어두운 점은 지원 벡터를 나타낸다. 검은 점은 제한적 위반을 표시한다. 추가 경계선이 있는 점들은 훈련 오류들로 인한 추가적 위반들을 나타낸다(Francesconi and Passerini, 2007, pp. 11-12).

연구자들은 그들의 여러 분류 SVM을 LOO 교차-검증 실험에서 평가하였다. Section 4.4.3에서 설명한 바와 같이, 교차-검증 실험은 ML 알고리즘을 평가하기 위한 표준 절차이다. 그것은 훈련과 실험을 위한 데이터의 양이 제한적일 때 특히 유용하다. 훈련과 평가는 ML 알고리즘이 훈련 받았던 데이터와 동일한 데이터로 실험되지 않도록 확실히 하면서 제한된 데이터의 사용을 최대로 하기 위하여 준비된다.

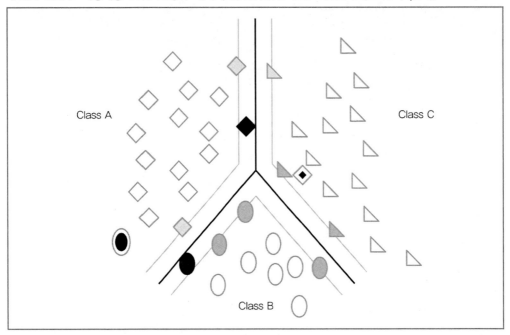

LOO 교차 검증에서, 폴더 k의 숫자는 코퍼스에서 데이터 지점들(points)의 숫자인 n과 같다. 다른 n번 동안, ML 모델은 실험 세트(test set)로 사용되어 남겨둔 하나의 지점 (point)을 제외하고 모든 데이터에 관하여 완전히 새로 훈련을 받고, 예측은 그 지점을 위해 이뤄진다.

연구자들은 LOO 정확성을 실험의 전체 수 중에서 들어맞는 예측 부분으로 측정하였다. 그들의 SVM은 특징 벡터에서 단어들의 가중치를 주기 위하여 가장 간단한 이진법 계획(scheme)을 사용하여 92.64%의 정확성을 얻었다(Francesconi, 2009, p.65). 결과적으로 점점 복잡한 가중치가 정확성을 개선하지 않았다는 것이 드러났다.

xmLegesClassifier가 규정의 기능적 유형들을 예측한 후, 그 예측값들은 xmLegesExtractor 로 전달된다. 언급한 바와 같이, xmLegesExtractor 장치는 각 유형의 규정들과 연관된 특정한 기능적 정보들을 추출하기 위하여 지식－공학 텍스트 분류 규칙(Knowledge－engineered text classification rules)을 채택하였다(Francesconi and Passerini, 2007; Francesconi, 2009).

9.3.2. 기능 정보 추출을 위한 텍스트 분류 규칙

법률 텍스트 그대로인 문단의 입력과 분류기에 의해 예측된 기능 유형들이 주어지면, xmLegesExtractor는 개체들을 표시하면서 규정의 기능적 유형을 고려하여 특별한 역할을 하는 텍스트 조각들(text fragments)(이를 어휘 단위들(lexical units)이라고 부른다)을 내놓는다. 도표 9.1은 수신인, 행위, 상대방, 이 추출과정의 단순한 입력과 출력, 역할-행위자들을 나타내는 어휘 단위들, "관리자"(Controller), "통지"(Notification), "보증"(Garante)을 포함하여 미리 정해진 역할들 같은 것을 나타낸다.

추출기 처리는 2단계로 구성된다: 구문 상 사전 처리(syntactic preprocessing)와 어휘 단위 구분(lexical unit identification). *구문 상 사전 처리*에서, 그것은 텍스트 문단(text paragraph)을 가지고 단어, 구(phrases), 상징(symbols), 기타 요소들(징표(token))로 나눈다. 그것은 날짜, 축약, 여러 단어 형태들로 표현된 방식들을 표준화하거나 일반화하고, 이탈리아 법률 어휘, POS 태그(tags)를 사용하여 다양한 형태의 같은 단어들을 하나의 세트로써 텍스트를 "정리하여 분류"(lemmatizes)하고, 텍스트의 문법 상 나눠진 작은 부분들을 구성요소들(constituents) 또는 "말모듬"(chunks)[1]으로 바꾼다. 어휘 단위 구분에서, 그것은 특정한 규정 형태와 관련하여 주장 또는 요소로 작용하는 모든 어휘 단위들을 구분한다. 각각의 특별한 규정 형태에 맞추어 전문가-제작 규칙들의 문법은 시스템으로 하여금 도표 9.1에서와 같은 그런 형태의 규제적 특징들과 관련하여 말모듬을 구분할 수 있게 한다(Francesconi, 2009, p.66).

추출기 장치를 평가하기 위하여, 연구자들은 규정의 4가지 기능 유형들과 연계된 중요한 기준 데이터세트(gold standard dataset)를 합쳤다: 금지(prohibition), 책무(duty), 허가(permission), 처벌(penalty). 209개의 규정들의 평가에서, 규칙-기반 분류기(rule-based classifier)는 83%와 74%의 평균 정밀함(AP)과 리콜을 나타냈고, 4가지 형태에 전부는 각각: 금지(P 85.11%, R 92.30%), 책무(P 69.23%, R 30.50%), 허가(P 78.95%, R 100.00%), 처벌(P 85.83%, R 89.34%)(Francesconi, 2009, p.66).

9.4. 법령 정보 추출을 위한 ML VS. KE

앞선 Section의 xmLeges 프로젝트는 법령과 다른 법률 텍스트들로부터 자동화된 IE에서 주제를 설명한다: ML과 KE 접근법 사이에 선택 또는 그와 다르게 그것들을 통합.

KE 접근법은 규정의 각 형태를 위해 분명하고 쉽게 관찰 가능한 패턴들을 구분하는 것과 새로운 텍스트들에서 패턴들을 구분하고 관련 정보를 추출하기 위하여 수작업으로 규칙을 형성하는 것을 포함한다.

---

1) 역자주) 말모듬, 청크(언어 학습자가 한꺼번에 하나의 단위처럼 배울 수 있는 어구. 예를 들어 Can I have the bill, please?나 Pleased to meet you. 같은 표현들)(네이버 영어사전).

ML 접근법은 수작업으로 훈련 예제들에 주석을 다는 것과 훈련 예제의 세트로부터 구분되는 특징들을 자동으로 일반화하기 위하여 ML 알고리즘을 사용하는 것을 포함한다.

각 접근법은 장단점이 있다(de Maat et al., 2010). KE 접근법은 수작업으로 주석이 달린 훈련 데이터를 필요로 하지 않지만, 규정의 각 종류와 연관된 표준 구절들을 잡아내기 위하여 수작업으로 만들어진 전문가 분류 규칙들을 필요로 한다. ML 접근법은 좀 더 유연하고, 주제-의존이 덜하며, 전문가 지식 필요가 덜하다. 반대로 앞서 언급한 바와 같이 SVMs와 같은 어떤 통계적 ML 알고리즘들은 사실상 블랙박스들이다. 어떤 것을 긍정 또는 부정 개체(instance)로 분류하기 위한 근거를 양분하기가 쉽지 않을 수 있다. 게다가 ML은 수작업으로 주석이 달린 훈련 예제의 세트를 상당히 크게 필요로 한다.

한 연구단체가 2개의 네덜란드 최근 법제에서 규정들의 기능적 형태들을 구분하는 동일한 작업에 두 가지 접근법 모두를 시도하였다(de Maat et al., 2010). 기능적 형태들의 13가지 항목들은 정의(definition), 허가(permission), 의무(obligation), 대표(delegation), 개정-범위(change-scope), 개정-삭제(change-repeal), 개정-조번호(change-renumbering) 등과 같은 다양한 형태의 개정 규정들을 포함하였다.

KE 분류들은 초반 작업에서 성과를 내었다. 연구자들은 20개의 네덜란드 법들을 연구하여 수작업으로 추출하였고 규정들의 다른 기능 형태들과 관련되어 있는 단어들에서 88개 패턴들의 세트를 구분하였다. 그 패턴들은 (네덜란드어에서) 권리 또는 허가를 나타내는 "해도 된다"(may), 정의(definition)를 위해 "x라고 이해됨에 따라 y"(by x is understood y), 인용 규정을 위해 "으로 언급된다"(is referred to as), 대표를 위해 "규칙들을 만들 수 있다"(may create rules)와 같은 동사와 동사구들을 포함하였다(de Maat and Winkels, 2009, pp. 32-3). 그 패턴들은 새로운 문장들에 대해 패턴을 맞추기 위해 어떤 형식(format)으로 저장되었다. 규정들은 여러 문장들을 포함하고 있기 때문에, 분류기는 첫 문장(또는 목록 항목(list item))에서 명백한 패턴을 찾았다. 만일 하나를 찾으면, 전체 규정이 따라서 분류되었다. 만일 그렇지 않으면, 다음 문장들을 각각 분류하기를 계속하였다. 만일 명백한 패턴을 가진 문장이 없으면, 전체 목록은 기본값(default)으로 분류되었고, 사실의 진술(statement of fact)이 되었다(de Maat and Winkels, 2009, p.33).

연구자들은 두 가지 최근 법률에 관하여 KE와 ML 접근법을 비교하였다. 하나는 현행 법률들에 개정만을 한 것이었고 다른 하나는 그 개정에 새로운 법이 주어진 것이었다. 연구자들은 앞의 결과에서 ML이 KE보다 살짝 우수한 성적을 내었지만, 뒤의 결과에서는 더 안 좋았음을 확인하였다. 특히 ML은 정의의 분류와 허가와 의무 사이에 구분 문제들이 있었다. 연구자들은 오류들을 분석하여 표 9.1에서 그 원인들을 목록으로 만들었다.

▌표 9.1.▐ 법률 규정 분류에 대한 ML vs. KE 접근법을 위한 문제점들 (de Maat et al., 2010)

문제	설명	KE를 위해?	ML을 위해?
부수적 문장들에서 키워드	키워드가 주 문장의 유형에 영향을 주지 않는 부수적 절에서 나타난 항목과 강하게 연관되었다.	✔	✔
기준을 벗어난 구	규정이 이전에 볼 수 없었던 구를 사용한다.	✔	✔
패턴에 다양성	알려진 패턴에 다양성이 같은 단어들이지만 어순이 다른 단어들에 사용될 수 있다.	✔	X
다양한 항목과 연결된 키워드	"May"는 허용의 표시이지만, "may not"은 의무를 나타낸다.	X	✔
충분한 데이터	훈련용 세트에서 제공된 표준 구절이 2회의 최소 빈도 조건 때문에 제외되었다.	X	✔
거짓 키워드에 집중	훈련용 세트는, 예를 들어, 어떤 "advisory board"를 포함하는 일이 생기는 것과 같이 우연히 많은 허용성을 가질 수 있다. 분류기는 "advisory board"가 허용 항목의 표시라고 잘못 가정한다.	X	✔
표준 구절 외의 키워드	ML는 완전한 구절보다 표준 구절의 한 단어에 근거하여 분류할 수 있다.	X	✔
편향된 데이터	공통 패턴 또는 항목들은 앞서 그들의 작은 기회들 때문에 잘못 분류될 수도 있다.	X	✔

　　표에서 나타난 바와 같이, 하위 문장들에서 나타나거나 표준 구절들이 없는 키워드들은 KE와 ML 모두 다에서 문제가 될 수 있다. 어순 패턴에 다양함은 KE에서는 문제를 일으키지만, ML은 (최소한 단어들 표현의 주머니(bag of words representation)가 적용되는 곳에서는) 어순에 무감각하다. 데이터의 부족, 단어들과 항목들 사이에 그럴싸한 연관관계, 구별할 수 없는 키워드들은 ML에서 모두 문제가 된다(de Maat et al., 2010).

　　KE와 ML 사이에서 선택하는 것은 많은 거래들을 포함한다. KE는 분류기의 개체들(instances)을 구별하는 관련 패턴들을 포착하기 위하여 수작업으로 규칙을 만들어야 한다. ML은 KE가 한 것과 같이 같은 패턴들을 구별할 필요가 없음에도 ML은 특색 있는 패턴들을 자동으로 구별하고, 그것은 수작업으로 분류된 규정들의 훈련 세트의 준비를 필요로 한다. 네덜란드 법률을 포함한 상기 실험들에서, KE와 ML은 대강 유사한 분류 정확성을 보였다. 새로운 법률에서 훈련 세트와 다소 다른 규정들을 분류함에 있어서, KE 규칙들은 SVM 분류기보다 더 높은 정확성을 보였다. 그러나 더 큰 훈련 세트가 ML

모델의 이동성을 개선하는 것이 가능하다(de Maat et al., 2010). 분류 에러들을 조사하여 없애게 될 때, KE 접근방법은 놓친 규칙들, 패턴이 작동되어야만 했지만 그렇지 않은 규칙들, 패턴이 작동되었지만 작동되지 않았어야만 했던 규칙들에 대해 좀 더 유용한 정보를 제공한다. 앞서 언급한 것과 같이, 결정 트리들(decision trees) 같이 다른 ML 모델들이 훨씬 더 쉽게 조사할 수 있음에도 불구하고 SVM 분류기의 모델은 훨씬 더 조사하기 어렵다.

KE와 ML 사이에서 선택하는 다른 관점은 하이브리드 모델에서 그 두 가지를 결합하는 가능성이다. 예를 들어 Section 10.5.3에서 논의했던 것처럼, LUIMA 프로그램은 문장 역할 구분을 위한 ML과 예를 들어 "원고는 반드시 증명해야 한다"처럼 StandardLegalFormulations 같은 문장 유형들에 주석을 달기 위해 KE를 채택한다. StandardLegalFormulations이 패턴들의 분명한 예제들을 제시하기 때문에, 자연스럽게 그것들을 구별하는 규칙을 형성하는 것으로 귀결된다. ML은 구별되는 패턴들이 덜 분명한 경우 또는 StandardLegalFormulations 같은 것을 구성요소들로 포함한 경우에 효과적인 대체수단으로 작용한다.

9.5. 법령에서 논리적 규칙들을 추출하기

법령의 텍스트들에서 논리적 규칙들을 추출하는 것은 법률 추론을 자동화하기 위한 중요한 목표이다. BNA 또는 독일 가족법의 텍스트들에서 자동으로 여기저기서 가져온 규칙들을 BNA 프로그램(Section 2.3.4) 또는 Cameades 프로그램(Section 5.3.1)에 자동으로 덧붙일 가능성들을 상상해보자. 야심찬 목표이지만 불행하게도 성취하기 까다로운 것이다.

자연어 장치들 단독으로는 작업에 충분하지 않을 것이다. Wyner and Governatori (2013)에서, 연구자들은 최신 오픈소스 자연어 번역 장치인 C&C/Boxer를 사용하여 법규 문장들을 시맨틱(semanctic) 표현들로 번역하는 실험 연구를 하였다. 저자들은 번역된 표현들을 민원 관리(complaint management)에 관한 내용인 호주 통신 소비자 보호법 (Australian Telecommunications Consumer Protections Code)(2012)으로부터 수작업으로 만든 취소 가능한 논리적 표현들에 대비해서 비교하였다.

예를 들어, "사업자들(suppliers)은 민원의 진행을 살펴볼 수 있는 수단을 소비자에게 제공해야 한다,"라는 규정에 대하여, 시맨틱 표현들은 개인, 사건, 관계, 일시적 관계들로 구분되었다. 장치는 조동사 must를 구분했지만, 의무의 보유자를 표시하거나 조동사 역할자(modal operator)의 범위를 구분하지는 못했다. 마지막으로 그 표현은 전반적으로 사업자에 대한 규범의 적용을 잡아내지는 못했다.

법률 텍스트들에서 논리적 규칙들을 자동으로 추출하는 것에 어떤 식으로든 성공하기 위해서는, 좁은 범위의 법에 초점을 맞추고 규칙들의 전형(templates)으로 사용하기 위한 그 법률 분야의 논리적 구조 특성들을 구별하는 것이 필요해 보인다.

┃ 도표 9.3. ┃ 논리적 부분들에 관하여 주석이 붙은 법규 문장들 예제 : 선례 〈A〉, 결과 〈C〉, 주제 〈T〉
(Bach et al., 2013)

〈T1〉 For the person 〈/T1〉
〈A〉 who is qualified for the ensured after s/he was disqualified, 〈/A〉
〈C〉 the terms of the insured are added up together. 〈/C〉

〈T2〉 For the amount of the pension by this law, 〈/T2〉
〈A〉 When there is a remarkable change in the living standard of the nation or the
　　 other situations, 〈A〉
〈C〉 a revision of the amount of the pension must be taken action promptly to meet
　　 the situations. 〈/C〉

예를 들어, 한 프로젝트는 ML을 일본 국민연금법(Japanese National Pension Law)을 포함한 코퍼스에 법률 문단들에서 논리적 구조들을 추출하는데 적용하였다. 그 코퍼스에서 다중－문장 규정들의 체계적 연구들은 주문장과 부속문장들 사이에 관련성을 4가지 형태로 구분하였고, 전형으로 사용하기 위해서 그것들의 연계된 논리적 구조들을 구분하였다(Takano et al., 2010). Bach et al. (2013)의 저자들은 특정한 조건 하에서 특정한 자에게 의무를 부과하는 논리적 규칙들을 그 문단들로부터 추출하기 위해 2단계 체계를 제시하였다. 그 프로그램은 우선 법령에서 선례(antecedents)(A), 결과(consequents)(C), 주제(topics)(T)를 포함하여 "논리적 부분들"(logical parts)을 구분하기 위하여 분류기를 학습한다. 도표 9.3은 그런 논리적 부분들에 주석이 붙어있는 법률 문장들의 2가지 예를 보여준다. 그 부분들에 기초하여, 프로그램은 그 이후에 적정한 전형을 선택하고 그 전형으로 그 부분들을 논리적 구조들과 완전한 규칙에 결합하기 위하여 분류기를 학습한다.

새로운 법률 문단을 고려하여 첫 번째 분류기는 그것의 논리적 부분들을 구별하고, 두 번째 분류기는 적용할 논리적 전형들을 선택하며, 시스템은 그 전형들에 기해서 논리적 규칙을 합친다. 저자들은 일본 국민연금법에서 구분된 논리적 구조들의 부분집합으로 어느 정도 성공을 보여주었지만, 법률 문단에서 논리적 구조 전형들을 구분하는 시스템의 두 번째 측면에서는 시스템이 자동으로 구분한 부분들보다 사람 전문가들이 입력한 논리적 부분들이 상당히 더 좋았다(Bach et al., 2013, p.3:27).

법률 규정의 좁은 분야에 집중하고 그 분야의 논리적 구조 특성을 구별하여 규칙을 추출하는 것은 빌딩과 같은 상품의 설계를 규율하는 규정들의 실험적 모델링에도 또한 적용되었다.

9.6. 상품 설계 준수(compliant product designs)를 위한 요건들의 추출

Section 2.5.1에서 논의했던 준법(regulatory compliance)은 상품, 시스템, 기타 인공물의 설계에 관련하여 많은 산업에서 중요한 실무적 관심사이다. 예를 들어, 건축 규정들은 "[빌딩벽으로 둘러싸인 열린 지역이라는 의미에서] 공간(courts)은 너비 3피트보다 작아서는 안 된다"는 규칙과 같은 건축 설계에 관한 제한들을 특정한다.

규제적 규정들은 공공(civil), 전기, 환경과 같은 대다수의 공학 분야에서 상품 설계들을 규제한다. 그 규정들은 지역, 사회, 정부 차원에 걸쳐서 넓게 다양하다. 규정이 상품 또는 시스템 설계를 제한하여도, 상품 공학자들과 시스템 설계자들은 어떤 규정이 적용되는지 모를 수 있다. 반대로 법조인은 제출된 설계의 기술적 측면을 이해하지 못할 수 있으며, 이와 같이 규제적 암시들을 예상하지 못할 수 있다.

이와 같은 것에 대한 고려는 제출된 설계가 관련 법적 제한들을 충족하는지 여부를 실험하는데 규칙들을 거의 자동으로 적용하기 위하여 연구자들로 하여금 규제적 텍스트들로부터 자동으로 규칙들을 추출하는 시도를 하게 하였다. 예를 들어, 어떤 접근방법은 건축 규정들의 코퍼스에서 자동으로 정보를 추출하고, 그것을 자동화된 준법 확인을 위해 곧바로 쓰일 수 있는 논리적 구절들로 변경한다(Zhang and El-Gohary, 2015).

저자들은 (다음을) 포함하여 여러 단계의 접근방법을 개발하였다:

1. *텍스트 분류(Text Classification)(TC)* : ML-기반 TC는 자동 준법 확인과 관련된 요건들의 유형을 담고 있는 문장들을 구분한다(예를 들어, 건축 산업에서 규제적 요건들).

2. *정보 추출(Information extraction)* : 규칙 기반의 시맨틱 NLP는 관련 문장들에서 목표 정보를 전달하는 단어와 구절을 구분하고 그것들에 미리 지정된 정보 태그(tag)를 붙인다.

3. *정보 변형 규칙들(Info Transformation Rules)(ITr)* : 시맨틱 알고리즘들(ITr)은 논리 프로그램이 논리적 진술로 추론할 수 있도록 추출된 정보를 논리적 진술로 변환하기 위하여 패턴-일치 규칙들을 채택한다. 그 규칙들은 구문론적 정보와 일부 시맨틱 정보를 채택한다.

예를 들어, TC는 다음과 같은 문장을 빌딩 설계에 자동화된 준법 확인과 관련 있는 것으로 인식한다: "공간(courts)은 너비 3피트보다 작아서는 안 된다." IE는 목표 단어들과 구절들에 대해 (다음과) 같이 태그를 붙인다:

- *주제(Subject)*: Court
- *준법 확인 속성(Compliance checking attribute)*: Width
- *비교 관계(Comparative relation)*: Not less than
- *수량 값(Quantity value)*: 3
- *수량 단위(Quantity unit)*: Feet
- *수량 참조(Quantity reference)*: Not applicable.

그 다음, ITr 규칙이 동작한다; 그것의 왼쪽편은 규칙 패턴을 구별한다:

> subject + modal verb + negation + be + comparative relation + quantity value + quantity unit + preposition + compliance checking attribute.

이 규칙의 오른편은: "'주제' 정보 개체(instance), '속성' 정보 개체, 'has' 정보 개체에 대한 예측들을 생성하라"이다.

일단 ITr 규칙들이 요소들을 생성하면, 소모−생성 구조(consume−and−generate mechanism)는 요소들을 논리적 절로 결합한다:

> compliant−width−of−court(Court)   if   width(Width),   court(Court), has(Court, Width), greater−than−or−equal(Width,quantity(3,feet))

ITr 패턴 일치 규칙들은 국제빌딩규정(International Building Code)의 Chapter 2에 근거하여 개발되었고 중요 기준(gold standard)으로 작용하는 Chapter 3의 텍스트에 관하여 실험되었다. 그 Chapter 3에서, 양적인 요건들을 가진 62개 문장들은 자동으로 구분되었고 그 문장에서부터 62개 논리적 절들(logic clauses)이 1,901개 논리적 절 요소들(logic clause elements)을 포함하여 수작업으로 구축되었다.

어떤 실험은 Chapter 3에서부터 자동으로 추출된 정보 태그들(tags)에 기하여 그 1,901개 논리적 절 요소들을 생성하는 과정에서 시스템의 ITr 패턴 일치 규칙들의 정밀함과 리콜을 측정하였다. 실험은 두 가지 버전으로 실시되었고, 하나는 정보 태그들의 작은 세트로 하였고, 다른 하나는 좀 더 포괄적인 세트로 하였다. 후자 버전이 좀 더 좋은 결과를 보였다: 정밀함(precision): 98.2%, 리콜(recall): 99.1%, F_1 측정(F_1 measure): 98.6% (Zhang and El−Gohary, 2015).

저자들은 논리적 절 구성요소들에서 에러들은 태그들을 놓치거나 잘못 구분한 IE 처리, 평범하지 않은 표현 구조들을 가진 문장들 처리에서 에러, 형태학적 특징 때문에 일치 여부 오류, 어떤 패턴 일치 규칙들로 인한 문제들, 규제 텍스트들 상 접속사들의 사용에서 구조적 모호성이 원인이었다고 결론지었다. 예를 들어, "내진 벽 부분들은 벽 기둥(wall piers)에 측면 지원을 하고(and), 그 부분들(such segments)은 총 강도가 …를 가진다"에서 "and"의 범위는 특정되어 있지 않다. "wall piers"와 "such segments"를 결합한 것일 수도 있고 그렇지 않으면 앞의 절과 뒤의 절일 수도 있다. 이는 법률에서 구문 상 모호성을 다루는 도전에 흥미로운 본보기이다(Section 2.2.2).

아주 높은 성과에도 불구하고 약간 제한이 있다. 첫째, 실험은 양적 요건들 처리에 관해서만 집중했다. 이는 빌딩 규정과 많은 유사 공학 규정들에서 중요하지만, 그러한 규정들조차도 수량 조건으로 표현되지 않은 좀 더 분석하기 어려울 수도 있는 다른 종류의 요건들을 가지고 있다. 둘째, 중요 기준을 수작업으로 만들기 어렵다는 부분적 이유 때문에 실험은 국제빌딩규정(International Building Code)에서 하나의 장을 실험한 것에 제한된다.

9.6.1. 추출된 규정들로 준법을 실행하기

양적 구조 요건들에 관한 Zhang and El-Gohary (2015)의 프로젝트는 규제적 텍스트들에서 직접 복잡한 논리적 규칙들을 추출하는 좋은 예이다. xmLegesClassifier와 Extractor에서 접근법(Section 9.3)과 같이, 그것은 규제적 요건들의 유형을 추출하는 (1)단계에서 ML과 규칙을 운용하는 단어들과 구문들을 추출하는 (2)단계 KE 규칙들을 결합한다. 그러나 이 작업은 준법 확인을 위하여 직접 적용될 수 있는 규칙을 실제로 구축하는 중요한 추가 (3)단계가 있다.

프로젝트는 규제적 규정의 상당히 제한적 유형에 중점을 두고 있다. 아직은 법률 규정의 텍스트들에서 논리적 규칙들을 자동으로 추출하는 일반적 접근방법이 없다. ML과 KE는 한 부분으로 나아가지만, 추출된 부분들을 논리적 규칙들로 합치는 것은 특화된 규칙들과 규정 상 특수한 유형들의 논리적 패턴 특성에 맞춰진 전형들(templates)을 필요로 한다.

통신 소비자 민원을 다루는(Section 2.5.5) Governatori and Shek (2012)의 프로젝트는 조직의 실제 세계 준법을 자동으로 확인하기 위한 논리적 규칙들을 추론하는 본보기이다. 그것은 현실 사업 내용에 직접적으로 논리적 규칙들을 적용하기 위한 기발한 방법을 설명한다. 저자들은 통신 시스템들을 규제하는 (여전히) 수작업으로 구축된 취소할 수 있는 규칙들로부터 규제적 요건들과 조화로운 기술적 설계 환경을 보여주었다. 그 장치를 채택한 사람 설계자들은 규정들에서 추출된 논리적 규칙들에 맞춘 것을 보증하는 통신 시스템을 설계할 수 있게 된다.

규제 텍스트들에서 자동으로 추출되고 실제 사업 준법을 감시하는데 직접 적용될 수 있는 논리적 규칙들로 다른 세팅들을 상상해보는 것은 흥미롭다. 어떤 준법 내용에서는 법률 규정들이 추출된 규칙들을 곧바로 적용하는 다른 방법을 제안하면서 기업 문서들을 규제한다. 예를 들어, 성실대출법(Truth in Lending Act), 규정Z(Regulation Z), 12 CFR Part 226 규정의 실행은 만일 다양한 "작동 단어들"(trigger words)이 광고에서 보인다면 반드시 맞춰줘야 하는 어떤 규제적 요건들을 특정한다. 그 규정에 따라, 신용카드 광고에서 연간 퍼센트 비율(Annual Percentage Rate)(APR)의 언급은 어떤 해당 공시를 해야 하는 요건을 작동하게 한다. 이러한 준법 내용에서, 이 광고 요건들을 감시하기 위하여 규제적 텍스트들에서 직접 논리적 규칙들을 추출하는 것과 그것들을 직접 광고의 텍스트 또는 대본에 적용하는 것을 생각해 볼 수 있다(Deisher-Edwards, 2015).

9.6.2. 준법을 위한 사람 주석을 개선하기 위한 반자동 접근방법들

연구자들은 또한 규제적 텍스트들, 예를 들어, 미국의료정보보호법(U.S. Health Insurance Portability and Accountability Act)(HIPAA)에서 권리와 의무를 추출하기 위한 반자동 기술들을 고안하였다. 자동화된 기술들은 사람 주석자들의 성과를 개선한다(Breaux et al., 2006). Kiyavitskaya et al. (2008)에서, 연구자들은 미국의료정보보호법 개인정보 규정(U.S. HIPAA Privacy Rule)에서 권리, 의무, 예외를 추출하기 위하여 규제 텍스트들인 Gaius T까지 연장하는 것과 함께 반자동 시맨틱 주석 장치(semantic annotation tool)인 Cerno(Zeni et al., 2013 참조)를 사용하였다.

구성요소들이 법률 언어 텍스트 요소들(legal language textual elements)인 텍스트의 분석 트리(parse tree)를 생성하기 위하여 Cerno는 내용-무관 문법(context-free grammar), 즉 언어의 구문을 만족하는 가능한 언어적 상징들로부터 어떻게 서술(statements)을 만드는지를 설명하는 규칙들을 사용한다. 그 다음으로 주석 규칙들이 분석된 텍스트들에 대하여 어떤 개념들의 존재 또는 부재를 표시하는 태그들을 달아준다. 그 개념들은 주제 온톨로지에서 선택된 것이다. 개념들 각각은 지표들의 결합 어휘를 가지고 있다. 그 어휘들은 현재 이어야 하는 (또는 그렇지 않아야 하는) 개체들의 단어들과 이름들이 문자 그대로 구성되어 있다. 마지막으로, 변형 규칙들은 확실하게 주석이 달린 텍스트 조각들과 주석에 기초하여 해당 분야가 채워진 결과 전형들(output templates)을 선택한다.

장치를 규제적 텍스트들에 주석을 다는 것까지 확장하기 위해서, 저자들은 수작업으로 미국의료정보보호법 개인정보 규정(U.S. HIPAA Privacy Rule)의 부분을 분석했고 4가지 중요 개념들에 대한 지표들의 목록을 작성했다:

1. 권리(Right): 이해당사자가 실행하는 것이 조건에 따라서 허용되는 행위;
2. 의무(Obligation): 조건에 따라서 실행할 것이 이해당사자에게 요구되는 행위;
3. 제한(Constraint): 하나의 사전 또는 사후 조건을 서술하는 권리 또는 의무의 측면; 그리고
4. 예외(Exceptions): 어떤 주제 분야에서 고려할 요소들로부터 배제하는 것 (Kiyavitskaya et al., 2008, p.5).

그 장치를 미국의료정보보호법 개인정보 규정(그리고 이탈리아 법령 규정)의 다른 부분에 적용하여, 연구자들은 시스템이 구분한 권리들, 의무들, 제한들, 상호참조들(cross-references)을 사람이 구분한 것과 비교하였다. 그 결과들은 대체로 비슷하였다. 그 평가는 제한들을 구분하기 위하여 좀 더 많은 규범적 구절들을 더해야 할 필요성을 보여주었다. 더불어 시스템은 연결과 분리의 주제들을 구분하는 것은 물론, 제한의 주제들과 목적들을 구분하는 다소 어려움이 있었다.

중요한 것은, 연구자들이 Gaius T가 이미 주석을 붙인 텍스트들로 작업을 했던 비전문가 주석자들의 결과와 그렇지 않은 자들을 비교했다는 것이다. 앞의 그룹은 약 10% 더 생산적이고 약 12% 더 빨리 일을 했으며, 자동으로 주석을 붙인 텍스트들로 일하지 않은 주석자들의 것만큼 정확하게 생산했다(Kiyavitskaya et al., 2008, p.9).

유사하게, Yoshida et al. (2013)에서, 저자들은 다양한 전형들(templates)에 관하여 사람들이 법규들에 주석을 붙이는 것은 그 전형들에 상응하는 문서들에서 용어들을 강조하는 장치의 지원을 받은 때 더 정확하고 효율적이었다는 것을 보여주었다.

저자들은 법률 텍스트들에서 정보를 잡아내기 위하여 3가지 전형들을 정의하였다. 정의 전형(definition template)은 법률에서 채택된 법률 용어들의 정의들에 주석을 다는 것에 쓰인다. 기능 전형(function template)은 법률 규정이 요구하는 (또는 허용하는, 기타 등등) 기능적 처리의 유형들을 구분한다. 데이터 전형(data template)은 법률에서 규제받는 당사자에게 기능적 처리에 입력하도록 요구하는 데이터 또는 정보를 구분한다. 그것들은 다양한 단어들, 개념들, 구절들이 3가지 전형 유형들의 각각과 연계되어 있다. 예를 들어, 삽입어구로 나타난 "이하 …로 인용했다,"(hereinafter refered to as …,)는 구절은 정의 전형 적용을 제시한다. "통지"(Notification)과 같은 명사 용어들과 "~에 보고하다"(report to)와 같은 동사 용어들은 법률이 제출하도록 요구하는 정보를 특정하기 위하

여 데이터 전형을 사용하기를 제시한다. "지불"(pay) 같은 동사 용어들은 기능적 전형으로 주석을 달기 위한 법규적 처리들(statutory processes)을 제시한다.

▌도표 9.4. ▌ 주석 전형에 관한 용어 제안 (Yoshida et al., 2013)

Recognition of Unemployment

Article 15 (1) The basic allowance shall be <u>paid</u> with regard to the days on which a person who has recipient qualification (<u>hereinafter referred to as a "qualified recipient"</u> except in the following Section to Section 4 inclusive) is unemployed

(2) A qualified recipient shall...<u>apply</u> for employment pursuant to the provisions of an Ordinance of the Ministry of Health, Labour and Welfare.

사람의 주석을 위하여 그들의 장치는 주석자들이 연관된 전형의 적용하도록 제시하는 다양한 단어들, 개념들, 구절들을 구분해서 법률 텍스트들에 사전 처리를 한다. 도표 9.4에서 묘사된 것과 같이, 장치는 데이터 전형을 제시하기 위해 하나의 밑줄, 기능 전형을 위해서는 이중 밑줄, 정의 전형을 위해서는 점선을 사용한다.

사람은 그 신호에 연관된 전형을 선택하고 수작업으로 필요한 정보를 채운다. 정의 전형은 용어와 정의를 요구한다. 도표 9.4의 내용에서, 이것은 "자격 있는 수령자"(qualified recipient), "수령 자격을 가진 자"(a person who has recipient qualification)가 될 것이다. 기능 전형은 처리, 어떤 조동사 자격, 조건들, 예를 들어, "지불됨"(paid), "해야한다"(shall), "그 날들에 관하여"(with regard to the days)를 요구한다. 데이터 전형은 조항 구분자(article identifier), 행위자, 행위, 데이터와 출처, 조동사 자격자(modal qualifier), 조건들, 예를 들어, "제15조제2항"(Art. 15(2)), "공무원"(public servant), "입력"(input), "자격 있는 수령자의 고용 지원으로부터 데이터"(data from employment application of qualified recipient), "해야한다"(shall), "고용 종료 이후"(after separation from employment).

작은 실험에서, 두 명의 공무원과 한 명의 학생으로 구성된 두 그룹은 그들에게 낯선 일본 법률의 다양한 규정들에 주석을 달았고, 한 그룹은 장치를 썼고 다른 한 그룹은 그렇지 않았다. 그 작업의 초점은 규정들에서 연구자들이 22개가 있다고 결정해 놓은 법률 기능들에 주석을 다는 것이었다. 장치를 사용하는 그룹의 참가자들은 주석 작업을 좀 더 빠르게(평균 9.5시간 대 11시간) 하였고 기능들을 구분하는데 더 높은 정확성과 범위를 달성했다.

이 두 가지 프로젝트들은 사람의 주석을 지원하는데 있어서 부분적으로 텍스트들에 주석을 달기 위하여 지식 공학 규칙들(knowledge engineered rules)과 전형들(templates)을 사용하는 장치의 유용성을 설명해준다. 이는 개념 검색(conceptual retrieval)(Section 6.5)을 목적으로 법률 색인화를 위한 주석과 훈련 세트들을 주석 자동화를 위한 ML로 변환하는 것에 대한 수요 증가를 맞추는데 도움을 줄 수 있다. 예를 들어, 비전문가가 행위자, 행위, 조동사 자격자, 위에서 설명했던 조건의 측면에서 법률에 주석을 붙이는 것에 도움을 주는 장치는 ML을 위한 의료규정들에 주석을 붙이는 것, 자동화된 주석, 아래의 Section 9.7.1에서 설명된 법령 네트워크들의 구축에 도움을 줄 수도 있을 것이다. 학생들에 의한 주석과 크라우드소싱(crowdsourcing)[2]을 통하는 것을 포함하여, ML을 목적으로 법률과 사건들에 대한 사람의 주석을 전산으로 지원하는 것은 Section 10.6과 Section 12.5.2에서 또한 논의한다.

9.7. 규정들을 비교하기 위하여 기능 정보를 추출하기

사업 상 준법의 중요한 요소는 유사한 목적의 규정들을 여러 재판관할지역에 걸쳐서 비교해야 할 필요성이다. 많은 산업들과 상업 조직들은 여러 국가와 국제적 영역에 퍼져 있다. 보험, 의료, 컴퓨터 보안, 개인정보규제와 같은 분야에서, 이러한 조직들은 여러 국가들의 법률에 기속된다. 서로 다른 국가와 국내 규제 구조들의 전체적 목표들은 유사할 수 있는 반면, 규정들 그 자체는 다양한 방법으로 다를 수 있다. 그 차이를 지속적으로 추적하고 그것들을 준법을 위한 계획들에서 고려하는 것은 지속적인 걱정거리들이다.

Travis Breaux는 법률 텍스트들과 재판관할들에 걸쳐서 규정들의 비교가 충분히 가능하도록 일반적인 법률 요건들 설명 언어(legal requirements specification language)으로부터 요건들의 추출을 자동화하는 시맨틱 모델(semantic model)을 개발하였다. 그와 그의 동료들은 재판관할들에 걸쳐서 개인정보의 엄중함과 보안 테스트들을 비교하기 위하여 "요건 투명표식 기술"(requirements watermarking technique)을 개발하였다(Gordon and Breaux, 2013).

연구자들은 산업 규모 정보시스템의 설계에 제한을 가하기 위하여 어떻게 규제 초안자들이 "법적 설계 패턴들"(legal design patterns)을 채택하는지를 연구하였다. 그들의 모델은 법적 제한의 논리적 범위를 제한하거나 풀어줌으로써 어떻게 조직화된 법적 정의, 요건들, 제외들이 정책 모양을 갖추는지를 보여준다(Breaux and Gordon, 2013). 그러한 법적 설계 패턴의 예는 "보류"(suspension)이다, "그것에서 허가는 … 의무에 대한 예외이다 …[;] 허가의 조건들이 의무를 중단시키는 것을 만족하고 있다"(Breaux and Gordon, 2011, p.11).

---

2) 역자주) 인터넷을 통해 여러 사람의 정보나 도움을 모으는 행위.

법률 제도들을 비교하는 것 또한 중요하다. Breaux의 개인정보 요건들 설명 언어 (privacy requirements specification language)(Eddy)는 다중 당사자들을 포함하여 복잡한 데이터 흐름들에 적용되었던 법적 요건들을 모델로 하고(Breaux et al., 2014) 현행 기업 데이터 개인정보 정책들을 비교하는데 사용하였다(Breax et al., 2015).

일부 주제에 관한 여러 주 법률들의 법규 네트워크(statutory network) 표시들(Section 2.6)도 또한 비교될 수 있다. 네트워크 도표들은 그래픽으로 그 규정들의 어떤 측면들을 묘사한다. 밀도, 포괄성, 정도, 강도, 호혜(reciprocity), 중심지와 권한(hub-and-authority) 의 측면에서 그래픽(Grabmair et al., 2011)과 수량으로 둘 다 서로 다른 주법들의 그러한 측면을 비교할 수 있다(Ashley et al., 2014). 예를 들어, 도표 2.10에서 묘사된 법규 네트워크는 펜실베니아주와 플로리다주의 법률을 공공 의료 응급 감독에 관하여 비교한다. 여러 재판관할들에서 유사한 규제 제도들을 가진 경우에 비슷한 네트워크 접근방법이 다른 준법 분야들에서 유용할 수 있다. 더불어 근로자들, 사업시스템 설계자들, 현장 직원들, 기타 법률을 모르는 개인은 도표 속에 링크를 단순히 클릭함으로써 입증이 되는 법규 출처들 (statutory sources)을 검색할 수 있을 것이다(Ashley et al., 2014).

9.7.1. 법규 네트워크들을 구축하기 위한 기계 학습

재판관할들에 걸쳐서 규제적 계획들(statutory schemes)의 법규 네트워크 표시는 다른 재판관할들의 법규들에 대한 상당한 양의 데이터를 필요로 한다. 위에서 언급한 프로젝트에서, 공공의료학교(School of Public Health) 직원들은 공공의료 응급을 다루는 12개 주법을 검색하기 위하여 LexisNexis를 사용했다.

그들은 한 종류의 전형에서 9가지 분류를 위하여 주법 규정들의 텍스트들을 수작업으로 코딩하였다: 어떤 *기간(time frame)*에 어떤 *유형의 응급 재해(type of emergency disaster)*에 관하여 어떤 *목표(goal)*와 *목적(purpose)*을 가지고, 어떤 *수준의 처방 (prescription)*으로 어떤 *상황(conditions)*에서 어떤 *수령 직원들(receiving agents)*에 대하여 어떤 *행위(action)*를 실행할 규정 상 지시를 받은 공공의료기관(Public Health Service) (PHS)의 *대행 직원들(acting agents).* 상기에서 이탤릭체인 코딩 개념들은 다음과 같이 설명된다:

- *관련성(Relevance)*: 규정은 공공의료학교 분석의 목적과 관련이 있는가? 만일 "그렇다면":
- *대행 PHS 직원(Acting PHS agent)*: 규정은 누가 행위 하도록 지시하는가?
- *행위(Action)*: 규정은 무슨 행위를 하도록 지시하는가?

- *수령 PHS 직원(Receiving PHS agent)* : 규정은 누가 그 행위를 받도록 지시하는가?
- *처방(Prescription)* : 어떤 수준의 처방으로 행위를 지시하는가: "할 수 있다"(may)? "해야 한다"(must)?
- *목표(Goal)* : 행위를 하도록 지시한 목표는 무엇인가?
- *목적(Purpose)* : 행위를 하도록 지시한 목적은 무엇인가?
- *응급 재해의 유형(Type of Emergency Disaster)* : 응급 재해가 유행병(epidemic), 기차 전복, 원자력 사고 등등 인가?
- *기간(Time Frame)* : 어떤 기간 내에 행위를 해야 하는가/할 수 있는가?
- *상황(Condition)* : 어떤 환경이 행위를 할 것인지를 지배하는가?

작업을 코딩하는 것(encoding task)은 만일 ML이 법률 텍스트들로부터 어떤 정보를 추출할 수 있다면 좀 더 실현가능할 것이다. 수작업으로 각 주를 위한 훈련 세트를 코딩한 것으로부터, ML 시스템은 다른 9가지로 코딩된 항목들의 각각은 물론이고 관련성 측면에서 주법의 규정을 분류하는 것을 배울 수 있을 것이다.

그것은 Section 9.2에서 언급한 Grabmair et al. (2011), Savelka et al. (2014), Savelka and Ashley (2015)에서 작업의 연장선 상에 있는 가설이다. 특히 그 작업은 ML을 사용하여 법규에서 정보를 추출하는 것에서 발생하는 3가지 이슈들에 대응한다:

1. 기계 분류가 가능한 단위 또는 "말모듬"(chunks)에서 법률 규정들 표시,
2. 적용할 학습용 알고리즘을 선택, 그리고
3. 희박한 훈련용 데이터의 처리.

법률 규정 텍스트들을 말모듬하기(chunking)와 표시하기(representing)

첫째 이슈는 상당히 길수도 있는 법률 규정을 분류의 목적을 위해 관리가능하고 유의미한 말모듬들로 어떻게 나눌 것인지와 어떻게 그것들을 표현하는 것이 최상인지이다.

법률의 하위조항에 어떤 문장이든, 그것의 의미는 문장의 구성뿐만 아니라, 그 하위조항에서 다른 문장 중에 그 내용, 그 조항의 다른 하위조항, 법률에서 다른 조항들, 아마도 다른 법률들에 의해서도 달라진다. 더불어 어떤 하위조항들은 목록의 부분들이거나 짐작컨대 목록에서 어떤 항목의 의미를 담고 있는 법률 규정의 다른 내부적 구조일 수도 있다.

문제는 어떻게 이러한 내용을 전산 상 합리적인 방법으로 운용할 수 있는지 이며, 그것에는 결과적으로 많은 선택이 있다.

Savelka et al. (2014)과 Savelka and Ashley (2015)에서는, 각 법률 문서, 즉 법률의 각 규정을 트리 그래프(tree graph)로 보았고, 루트 노드(node)에서 각 리프 노드까지 통

로에 따라 텍스트 요소들로 이루어진 작은 부분들 또는 말모듬들로 나누었다. 예를 들어, 도표 9.5는 플로리다주법의 규정을 7가지 하부트리들(subtrees)로 나눈 것을 보여준다. 그 중에 하나는 굵은 표시로 강조되어 있다. 이것은 리프 노드 5에 해당하는 말모듬이며, 그 규정의 하위조항(b)에서 목록의 5번째 항목에 해당한다. ML의 목적을 위해, 그것은 Fla. Stat. §101.62(1)(b)5로 표시되는 말모듬이다.

▐ 도표 9.5. ▐ 법규정을 하부트리들로 나누기

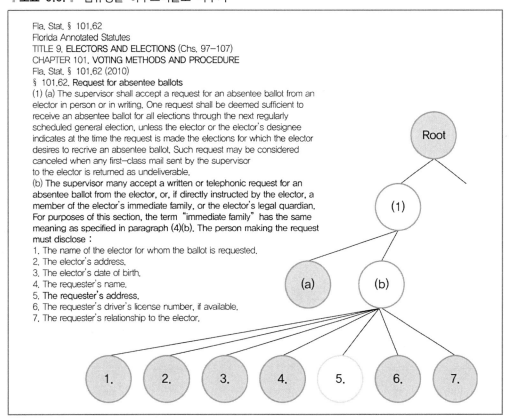

법규 트리 그래프(statutory tree graph) 접근방법은 두 가지 미덕이 있다. (1) 말모듬의 각각은 인용으로 단일하게 참조될 수 있다. (2) 트리 전체를 세로로 자른 면에서, 말모듬은 리프—노드 텍스트의 법규 내용의 일부분을 잡아낸다. 쌍둥이(fraternal) 리프 노드들 같은 법규 내용의 다른 측면은 제거된다. 법규 트리 그래프를 법규 내용을 좀 더 많이 잡아내는(예를 들어, 말모듬에서 근접한 리프 노드들을 포함함으로써) 다양성을 정의하기 위한 구조로써 채택할 수도 있다.

다음 이슈는 ML의 목적을 위하여 어떻게 말모듬 또는 "텍스트 단위"(text unit) 각각을 표시할 것인지 이다. Savelka et al. (2014)과 Savelka and Ashley (2015)에서 기본적

ML 설정(Section 8.3)과 유사하게, 제목에서 "제목"(Title), "부"(Part), "장"(Chapter)과 같은 불용어(stop words)와 특수어(particular word)들은 제거되었고, 숫자(numerical digits)는 표준적 징표(standard token)로 교체되었으며, 단어들은 소문자와 일반적 형태로 되었고, 전문적 사람 주석가에 의해 지정된 분류 코드들은 포함되었다.

그 다음으로 텍스트 단위 각각은 문서 모음(document collection)에서 유일한 용어에 해당하는 각 차원에 따라서 그리고 그 용어의 *tf/idf* 가중치에 해당하는 규모에 따라서 n−차원 용어 벡터로 표현되었다(Section 6.4 참조). 이는 Francesconi and Passerini (2007)에서 표현과 유사하다.

9.7.2. 법률 텍스트들에 ML 알고리즘 적용하기

공공의료 응급 법률들을 작업할 때, 연구자들은 SVM(Section 8.5.2)과 결정 트리 (decision trees)(Section 4.3.1) 둘 다를 적용했다(Grabmair and Ashley, 2011; Savelka et al., 2014; Savelka and Ashley, 2015).

법률 텍스트들에서 정보를 추출하는 효율성 측면에서, 인식할 수 있는 차이는 없어 보인다. 그러나 언급한 바와 같이 결정 트리들이 SVM 모델들보다 사람들이 긍정과 부정 개체들(instances)을 구별하기 위하여 어떤 특징들이 더 중요한 것인지를 조사하고 결정 하기 쉽다. 작업의 탐구적 성격을 고려하여, 그 모델들의 영상해석능력은 연구자들로 하여금 결정 트리들을 사용하게 하는 경향으로 이끌었다.

공공의료학교(School of Public Health) 연구에 대하여 관련성에 의해 앞의 조항의 텍스트 단위들을 분류하는 결정 트리에 관한 학습을 좀 더 세밀한 과정으로 생각해보자. (그 과정은 다른 9가지 항목들의 각각에 대한 결정 트리들에 관한 학습과 유사하다.) 텍스트 단위(text unit)는 용어들이 정렬된 세트(ordered set of terms)의 각각에 대한 *tf/idf* 값의 특징 벡터(feature vector)로써 표시된다. 특징 벡터들은 코퍼스에서 존재하는 모든 용어들에 해당하는 수천 개의 입력값들(entries)로 이루어져 아주 길다. 그러나 그 입력값들의 대부분은 해당 용어가 그 텍스트 단위에 있지 않다는 것을 나타낸다.

훈련 세트에서 텍스트 단위들로부터 결정 트리를 학습할 때, 알고리즘은 먼저 그 데이터를 나누게 될 특징의 기초에 따라 특징을 지목한다. 주어진 쿼리와 관련된 텍스트 단위들과 관련되지 않은 텍스트 단위들 사이에서 데이터를 나누려는 시도가 있다고 해 보자. 첫째, Section 4.3.1에서 설명된 보석(bail)을 위한 결정 트리에서처럼 그 특징들이 이진법이라고 가정하자. 도표 4.2의 결정 트리에서 특징 값들은 예를 들어, 가해자가 마약에 관여했다 또는 아니다 또는 가해자가 전과가 있다 또는 아니다를 표시하는 "그렇

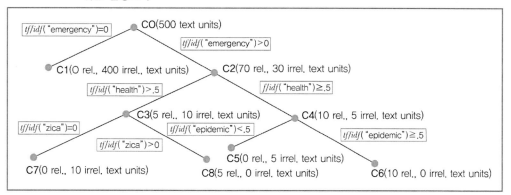

┃ 도표 9.6. ┃ 공공의료학교 연구와 관련된(rel.) 또는 관련 없는(irrel.) 법규 텍스트 단위들을 구분하기
위한 결정트리

다"(yes) 또는 "아니다"(no) 이다. 특징들이 이진법인 경우, 알고리즘은 특징 값과 실험 조건들에 일치함(equality)에 기초하여 그 데이터를 나눌 수 있을 뿐이다. 알고리즘은 특징의 값을 실험한 트리에 결정 노드(decision node)를 추가한다: 만일 "그렇다"가 오른쪽 가지라면 "아니다"는 왼쪽으로 간다.

반대로 텍스트 단위들을 표시하는 특징 벡터들은 *tf/idf* 값들처럼 숫자 값을 가질 수 있다. 결정 노드에 실험은 다음과 같을 것이다: 만일 선택된 특징의 *tf/idf*가 ≥ 0.5이라면 오른쪽으로 가고, 그렇지 않으면 왼쪽으로 간다. 법률 규정들이 관련 있는지 또는 없는지를 나타내는 텍스트 단위들을 분류하기 위한 이론적 결정 트리에 관하여는 도표 9.6을 참조하라. 각 가지에 대한 실험들이 박스들에서 나타난다.

진입단계(threshold)를 결정하는 것은 제쳐두고, 알고리즘은 또한 주어진 지점(point)에서 특징의 어떤 것이 가장 실험하기에 최적의 것인지를 결정할 필요가 있다. 만일 그 특징에서 그것이 나뉘었다면 데이터의 하부세트들(subsets) 내에서 목표 분류의 동질성에 대한 어떤 측정(엔트로피[3]) 또는 Gini 불순물(impurity) 같은 것, Kakwani (1980) 참조)이 필요하다. 알고리즘은 순차적으로 특징을 조사하고 그 측정에 관한 데이터를 고려하여 어떻게 좋은 나누기를 할 수 있는지를 결정한다. 알고리즘은 다른 것들과 비교함으로써 그 나누기에 의해 얻은 정보의 기댓값(expected value)을 최대로 하는 나누기를 선택한다. 일단 그것이 나누기에 가능한 최상의 특징을 계산하고 나면, 그것은 가지(branch)를 결정 트리에 삽입하는 나누기를 실행한다.

나누기가 실행되었다면, 알고리즘은 가지들에 생성되었던 노드들을 위해 동일한 과정을 반복하지만 지금은 오직 그 노드에 속한 데이터 세트(data set)의 부분들에 대해서

---

3) 역자주) 시스템 내 정보의 불확실성 정도를 나타내는 전문용어.

만 고려를 한다. 이런 식으로 알고리즘은 종료 조건이 맞을 때, 예를 들어 트리의 어떤 최대 수준(depth)에 도달했을 때까지 진행한다.

결과로 나온 결정 트리를 살펴보면(도표 9.6), 단어 "응급"(emergency)에 해당하는 특징들이 최적 나누기를 위한 기회로 제공되는 것으로 선택된 루트 노드(root node)(Co) 바로 아래를 보게 된다. 또한 나누기를 위한 *tf/idf* 값 한계를 볼 수도 있다. 예를 들어, 그것은 단순히 ">o"가 될 수 있고, 결과적으로 텍스트에서 단어가 존재한다는 의미이다. 예를 들어 500개의 문서들에서 400개가 왼쪽 즉 관련 없는 것(C1)으로 보내지고 나누기 조건에 맞는 100개가 오른 쪽(C2)으로 보내진 것을 볼 수도 있다. 노드 C2로부터, 단어 "의료"(health)은 나누기를 위한 두 번째 기회로 선택된 것을 볼 수도 있다. 만일 텍스트 단위들이 어떤 진입단계를 넘어서 "의료"의 *tf/idf* 값들을 가진다면, 그것들은 오른쪽 가지에 배정될 것이고, 그렇지 않으면 왼쪽이 될 것이다.

다시 오른쪽으로 따라가면 궁극적으로 관련 있는 것으로 태그가 붙여진 텍스트 단위들, 즉 *tf/idf* 값이 "응급", "의료", "유행병"에 대한 진입단계를 넘어선 문서들을 담고 있는 마지막 리프 노드(terminal leaf node)(C6)에 이르게 됨을 발견한다. 유사한 방법으로, 트리에 모든 경로를 조사할 수 있다. 노드 C6에 10개의 텍스트 단위들은 모두 관련성 있는 것임을 알려둔다. 사실, C5에서 C8까지 마지막 노드들 모두는 단일한 결과들인 텍스트 단위들을 갖고 있으나 그것은 필수적으로 그 사건이 아닐 수 있다. 만일 마지막 상황이 트리의 어떤 최대 수준이었다면, 리프 노드들은 아마도 혼재된 결과들을 가진 텍스트 단위들을 가질 수도 있고 어떤 분류도 이뤄지지 않았을 수 있다.

일단 결정 트리들이 10개의 항목(관련성, 대행 직원, 처방, 행위, 목표, 목적, 응급 유형, 수령 직원, 기간, 상황)에 대해 구축되었다면, 텍스트 단위들의 분류는 2단계로 진행되었다. 첫 번째 단계에서, 모든 텍스트 단위들은 공공의료 분석을 위한 그것들의 관련성 측면에서 분류되었다. 두 번째 단계에서, 관련 있는 텍스트 단위들은 남아 있는 항목들의 측면에서 좀 더 분류되었다.

9.7.3. 법률 텍스트들에 관한 ML 알고리즘 평가와 희귀 훈련 데이터에 대한 처리

실험에서, 시스템은 ML 분류들과 공공의료학교에서 전문 주석가들에 의해 수작업으로 생성된 분류들의 중요 기준을 비교함으로써 평가를 받았다. 이러한 평가는 위에서 설명했던 것과 유사하게 교차 확인으로써 이뤄졌다(Grabmair et al., 2011; Savelka et al., 2014).

펜실베니아주 코퍼스에 관하여, Grabmair et al. (2011)에서 9개 항목에 걸친 실행결과(performance)는 상당히 다양했다. 행위(Action)를 제외하고 모든 항목들에서, ML은 다음의 두 가지 테스트에서 F_1 측정(F_1 measure) 보다 더 높거나 같았다: 특성에 관한 가장 빈번한 규정(most frequent code)(MFC)과 키워드로 강화된(keyword-enhanced) MFC. ML F_1 측정(ML F_1 measure)은 9가지 항목들에 걸쳐 F_1 = 54%의 평균으로 목표에 관해 낮게는 24%에서부터 기간에 관해 86%까지 범위를 보였다.

상대적으로 낮은 실행결과에 대한 이유들 중 하나는 드문 훈련 데이터의 문제가 있었다. 공공의료 전문가들의 주석 코드북(annotation codebook)은 상당히 자세하고 주어진 특성에 대해 가능한 코드들의 수도 클 수 있다. 그 결과로, 주어진 코드에 대한 개체들(instances)의 수는 아주 작을 수도 있다.

데이터 희귀성의 문제를 완화하고 분류기의 성능을 가속하기 위하여, 연구자들은 다른 재판관할로부터 데이터를 사용하는 탐구를 하였다. 그들은 훈련 데이터의 양을 증가시키기 위해서 한 주의 훈련 데이터를 다른 주들의 그것과 합쳤다.

이러한 아이디어는 표면적으로 호소력이 있어 보이지만, 서로 다른 재판관할에 법률 텍스트들은 그들이 유사한 주제 문제를 다루고 있더라도 대체로 다양한 방식에서 다르다. 서로 다른 주에 입법자들은 서로 다른 용어학과 구조상 패턴들을 채택할 것이다. 예를 들어, 관련 있는 법률 텍스트들(relevant statutory texts)의 펜실베니아주(PA) 코퍼스는 플로리다주(FL)의 것보다 1.7배 많은 규정들을 가지고 있었지만 그 공간의 오직 70%만 차지하였다. 그 결과, 관련 있는 플로리다주 법률 텍스트들이 펜실베니아주 법률 텍스트들보다 더 긴 경향이 있었다. 또한 플로리다주 법률 텍스트들은 좀 더 나뉘어있는 것으로 보였다: 플로리다주 코퍼스는 11,131개의 텍스트 단위들을 생성한 반면 펜실베니아주 코퍼스는 6,022개의 텍스트 단위들에 불과했다. 펜실베니아주 코퍼스에서는 4,764개의 독특한 용어들(unique terms)(불용어(stop words) 제외)이 있었고 플로리다주 코퍼스에서는 6,569개의 용어들이 있었다. 이와 같이 그것은 여러 재판관할들에 걸쳐서 훈련 세트들을 결합하고 실행결과를 개선할 수 있을지의 통계적인 문제였다.

Savelka and Ashley (2015)에서 연구자들은 여러 주의 재판관할들 중에서 법률 텍스트들의 분류를 위한 예측 모델들의 이전을 용이하게 하기 위한 구조를 설명하였다. 플로리다주를 포함하여 2개의 목표 주들 각각을 위해서, 훈련 및 실험 세트들은 5중의 무작위 추출을 이용한 상호 확인을 통해 생성되었고 20번을 반복하였다. 즉 그 프로그램은 100번 실행되었고 매번 약 20%의 코퍼스가 훈련 데이터와 80%의 실험 데이터로 사용되었지만 매번 실행될 때 무작위로 규정들을 각각에 대해 재배치하였다.

도표 9.7은 플로리다주 실험에서 그 모든 실행을 위한 박스 구성들(box plots)을 보여준다. 8개의 박스 구성들의 각 뭉치(cluster)는 8개 작업의 각각에 관하여 F_1 측정의 측면에서 실행결과의 진행을 보여준다. 어느 뭉치에서든 첫 번째 박스 구성은 추가적인 주(state)의 데이터 세트를 사용하지 않은 100번의 실험을 요약하고 있다. 두 번째 박스 구성은 추가적인 주의 데이터 세트를 사용한 300번의 실험을 나타낸다. 100번 실행될 때마다 서로 다른 주의 데이터 세트가 사용되었다. 여덟 번째 박스 구성은 추가적인 7개 주의 모든 데이터 세트들이 사용된 100번의 실험을 요약하고 있다.

각 뭉치의 오른쪽으로 전체적으로 상승 경향을 분명히 볼 수 있는 것과 같이, 모든 작업들에 대한 분류기들의 실행결과는 좀 더 많은 주들의 데이터 세트가 사용될 때 개선되는 경향이 있다. 플로리다 코퍼스에 대하여, 9개의 항목에 대한 평균 F_1 측정은 추가적

┃**도표 9.7.** ┃ 박스도면은 플로리다주에 관한 각 작업에 관한 모든 실험 결과들을 요약한 것이다. 각 박스도면은 단일 실험 내에서 F1-측정에 대한 실행결과를 나타낸다. 그 작업은 AA(행위자), PR(약관), AC(행위), GL(목표), PP(목적), ET(응급 유형), RA(수령자), CN(조건), TF(기간)을 구분하는 것을 포함한다. (Savelka and Ashley, 2015)

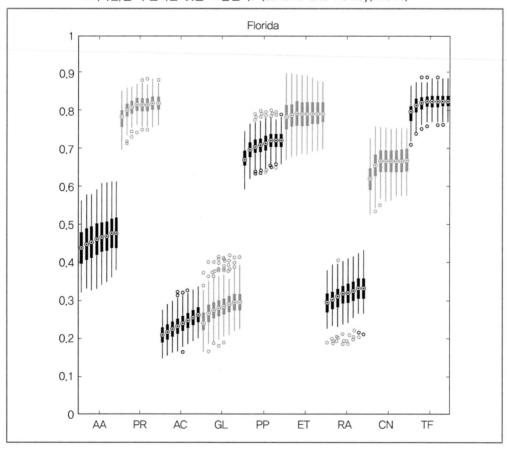

주의 데이터를 사용하지 않을 때 54%에서 7개의 추가적 주들의 데이터를 사용할 때 58%로 향상되었다. 추가적 훈련 데이터가 법률 제도와 언어가 다양한 서로 다른 주들에서 왔음에도 불구하고 그 실행결과는 개선되었다. 또한 그 결과는 실행결과는 추가적 데이터 세트들이 사용될 때 무해하다는 것을 보여준다. 최악의 경우에도, 실행결과는 수평을 유지한다(Savelka et al., 2014; Savelka and Ashley, 2015).

9.7.4. LUIMA를 법률 텍스트 표현을 풍부하게 하는데 적용하기

상기에서 설명한 프로젝트들(특히 Francesconi and Passerini, 2007; Francesconi, 2009; Bach et al., 2013; Zhang and El-Gohary, 2015)은 그들의 다단계(multi-staged) 또는 파이프라인(pipeline) 접근방법들, 법률 텍스트들의 다중적인 표현들, KE 규칙들과 ML의 결합과 함께, 법률에 주석을 붙이는 것에 Section 6.8에서 소개한 LUIMA 접근법을 적용하는 것의 유용성을 제시한다.

원칙-기반 주석기들(rule-based annotators)은 시맨틱 하위문장(semantic subsentence) 주석들과 문장-수준(sentence-level) 주석들이 달린 법률 규정들의 텍스트들에 대한 표현을 풍부하게 할 수 있다. LUIMA 유형 시스템(Grabmair et al., 2015)은 (다음을) 포함하여 공공의료(PH) 응급 법률 주제(Public Health Emergency statutory domain)에 덧붙일 수 있다: 법률 규칙들을 위한 문장-수준 유형들(sentence-level types), 전제(premise)와 결과(consequent)를 위한 하부문장-수준 유형들(subsentence-level types)(Bach et al., 2013 참조), 공공의료 직원들, 공공의료 개념들, 직원 행위들, 직원들/개념들의 속성값들(properties), 규제 요소들, 언어 단서들(language clues)을 위한 하부-문장과 언급 유형들(sub-sentence and mention types).

연구자들은 법률 규정들에 의미 있게(semantically) 주석을 붙이고 그 주석들에 의해 그것들을 분류함으로써 누구나 그러한 의미(semantics)를 고려하지 않는 유형 시스템들을 능가할 수 있다는 가설을 실험하려 한다. 예를 들어, 시스템은 단어 "양호실"(infirmary)에 규정에서 행위자 역할을 하는 사람인 직원을 언급하고 "병원" 유형으로, 또는 구절 "물 공급 차단"에 어떤 직원이 실행에 필요한 행위를 언급하고 "제한" 유형으로 주석을 달 수 있을 것이다. 주석들은 단어 n-grams를 ML 분류기들을 위한 특징들로 보충할 수 있었다.

분류기들의 목표는 약간의 미리 정해진 속성들을 위해 항목들/태그들을 규정들에 배정하는 것이다. 예를 들어, 시스템은 특별한 규정에 "의무" 또는 "공기 오염 응급상황"에 관계된 것으로 태그를 붙일 수 있다.

만일 그 접근방법이 성공했다면, 시맨틱 주석들(semantic annotations)이 개념들을 그 규정의 텍스트에 한정시키는 반면, 법률 규정에 배정된 태그들은 그 유형 시스템의 좀 더 일반적인 개념적 수준까지 그 규정에 대한 예측(projection)의 한 종류로 작용할 수 있을 것이다. 이는 시스템이 좀 더 추상적이거나 좀 더 특정된 기술을 적정하게 대체할 수 있다는 것을 의미한다.

주석기들은 어떤 개념들이 언급되는지를 결정하기 위하여 그리고 선택적으로 그 쿼리들을 그에 맞춰 확장하기 위하여 사용자가 입력한 쿼리들을 분석할 수 있을 것이다. 예를 들어, 쿼리가 단어 "에볼라"(Ebola)를 포함하고 있다면, 시스템은 "감염병"(infectious disease)이 언급되었다는 결정을 할 수 있을 것이고, 그 쿼리를 더 넓혀서, 정확히 단어 "에볼라"가 있지 않음에도 불구하고 "감염병"의 언급을 포함하는 법률 규정을 검색할 수 있을 것이다. 이는 관련 규정들이 단순히 사용자가 쿼리를 너무 특정하였기 때문에 결과로부터 제외되지 않도록 확실히 하는데 도움을 줄 것이다.

또한 시스템은 검색된 규정들의 각각이 그 쿼리와 얼마나 의미상으로 근접한지를 측정하는데 태그들(labels)과 주석들(annotations)을 활용할 수도 있을 것이고 그에 따라 그것들을 정렬할 수도 있을 것이다. 만일 사용자가 쿼리로 "병원은 에볼라를 보고해야 한다"(hospital must report Ebola)를 쿼리로 입력하면, 시스템은 "감염병"에 관련된 "병원" 유형의 직원(agent)에 대하여 "의무"(obligation)를 보유한 규정에서 그 의무적 행위가 "보고하는"(reporting) 것과 의미 있게(semantically) 관련된 경우에는 상위 순위로 올릴 것이다. 이는 규정이 쿼리에 있는 단어들을 드물게 가지고 있을지라도 여기에 해당될 수 있다는 것이다.

이는 또한 시스템이 각 규정을 주석 태그들로 구성된 문장으로 요약할 수 있게 해줄 것이며 이는 그 문장이 무엇에 관한 것인지 좀 더 요약하여 전달하기 위함이다. 이러한 일반화된 요약은 사용자가 검색된 규정의 관련성을 미리 평가하는데 도움을 줄 수 있다.

9.8. 결론

우리가 본 것처럼, 법률 텍스트에서 논리 규칙의 자동화된 추출은 NLP의 적용 문제 뿐만 아니라 추가적인 도전들이기도 하다.

만일 이 장에서 보고된 작업에서 주제가 있다면, 그것은 아래를 포함하여 규범적 원칙들의 형식과 의미와 관련된 법령에서 반복되는 구조들과 패턴들을 구별하는 것의 중요성이다:

- 법제를 전체적으로 특징짓는 논리적 구조들 또는 특별 법률들,
- 용어들의 패턴들 또는 전형들(templates), 단어들의 문법적 역할들, 개념의 유형들, 조동사들, 일반적인 또는 특별 법률에서 규범 원칙들의 기타 요소들 특징, 또는
- 조화로운 정의들, 요건들, 특별히 규제된 주제 분야의 예외적 특징에 관한 법률 설계 패턴들(legal design patterns).

규범적 원칙들의 자동화된 프로그램의 이해와 인간의 이해는 그러한 패턴들의 구별, 요소들을 모아 패턴들을 구성하거나 패턴들을 요소들로 해체하는 규칙들의 생성, 패턴들을 시각화하는 기술들로부터 혜택을 받을 것이다.

LUIMA와 같이 이러한 패턴들의 측면을 잡아내는 수직적 유형 시스템으로 법률 텍스트들의 표현을 풍부하게 하는 것은 ML을 위해 유용할 것으로 보인다. 다음 장에서, 우리는 법률 사건들에서 주장의 패턴들과 연계된 정보를 추출하기 위해 LUIMA 주석들을 사용하려는 어떤 노력들을 검토한다.

Chapter

10

$\vee$

법률 사건 텍스트들에서
주장-관련 정보 추출하기

10.1. 서론

Chapter 8은 어떻게 법률 텍스트들에 ML이 적용되는지를 설명하였고, Chapter 9는 법령 텍스트들에서 정보를 추출하기 위한 방법들을 탐구하였다. 이 Chapter는 그 논의의 연속이지만 특히 *주장-관련 정보(argument-related information)*에 집중하여, ML, NLP의 사용, 법적 결정들의 텍스트들로부터 정보를 추출하기 위해 수작업으로 구축된 규칙들에 중점을 둔다.

법률 사건들에서 정보는 만일 그것이 문장들의 역할과 사건에서 제공된 주장 속에 다른 정보라면 주장-관련이 있다. 이는 예를 들어, 요약에서 법률 원칙들의 진술들, 특정 사실들에 적용된 것, 사건 판결(holdings)과 사건의 확인(findings)으로써 문장 역할들을 포함한다. 또한 그것은 주장에서 명제들(propositions), 전제 또는 결론들, 전제들을 고려하여 결론들을 정당화시키는 주장 계획들(argument schemes)(Section 5.2), 현재 사실들로 이전 사건을 유추하거나 그것들을 구별하는 계획 같은 좀 더 일반적인 역할들을 포함한다. 마지막으로 그것은 법적 요소들과 같이 논의에 강한 영향력을 미치는 정보, 청구를 강화하는 진부한 사실 패턴들(Section 3.3.2), 증거 요소들(Section 5.8)로 구성된다.

이 책의 다양한 곳에서, *만일* IR 프로그램이 주장-관련 정보를 구분할 수 있다면, 주장-관련 정보가 개념 법률 정보 검색을 지원할 수 있을 것이라고 주장하였다. 다음

Chapter는 이러한 주장을 뒷받침하는 예비적 증거를 제공한다. 여기서 우리는 사건 텍스트들에서 이러한 정보의 일부를 추출할 수 있는 텍스트 분석 기술들을 논의한다. 특히, 유형 시스템(type system)과 텍스트 주석 파이프라인(text annotation pipeline)을 문장 역할들에 대하여 주장−관련 정보에 관한 사건 텍스트를 처리하는데 적용하기 위한 구조를 설명한다. 그리고 LUIMA(법률 UIMA), UIMA 구조에 근거하고 법률 문서들의 개념적 표시(conceptual markup)를 자동화하도록 설계된 법률−특화 시맨틱 추출 툴박스(law−specific semantic extraction toolbox)의 논의를 계속한다.

그 이후 이 Chapter는 ML 분류를 위해 문서들의 훈련 세트들을 만들기 위하여 법률 텍스트들의 수작업 주석 업무를 다시 본다. 표면적으로 주제 전문가의 어떤 수준에 있는 인간 주석가들을 위한 작업, 그 주석 작업의 영리한 분해는 주석에 대한 크라우드소스(crowdsource) 해법을 가능하게 만들 수 있다.

이 Chapter는 다음의 질문에 대한 대답을 제공한다: 법률 사건 텍스트들로부터 IE 추출은 어떻게 작업되는가? NLP, UIMA 유형 시스템들, 그리고 ML은 무슨 역할들을 하는가? 법률 문서들의 개념적 표시(markup)는 어떻게 자동으로 되는가? 수작업 텍스트 주석은 무엇이고, 어떤 장치들이 그것을 지원하며, 어떻게 그것을 관리할 수 있고, 어떻게 그것의 신뢰성을 평가할 수 있는가? 법률 사건 텍스트들로부터 어떤 종류의 주장−관련 정보가 추출되는가? 주석은 크라우드소스 할 수 있는가?

10.2. 법률 사건들에서 주장-관련 정보

사건 텍스트들에서 정보를 추출하는 일부 작업은 화제들(topics)과 주제(subject)를 추출하는 것에 초점이 맞춰져 있다. 프로그램들은 법률 사건들을 Thompson (2001)에서 추상적 서양 법률 항목(예를 들어, 금융과 은행, 파산)으로 그리고 Gonçalves and Quaresma (2005)에서 일반적 화제들(예를 들어, 특별 서비스 연금, 은퇴) 항목으로 구분해왔다. 다른 시스템은 문서 주제들 사이에 상호−참조들(cross−references)을 표현하는 질문들에 기초해서 문서들을 검색하였다(예를 들어, "어떤 명령들(orders)이 비정상적으로 짜증나는 소음에 대하여 이야기하고 방음에 대해 이야기 하면서 감소에 대해 참조를 하는가?")(Mimouni et al., 2014).

1991년 초반에, 연구자들은 개념적 법률 정보 검색(conceptual legal information retrieval)에 관한 사건들을 표현하는 것을 지원하기 위한 주장 계획들(argument schemes)의 이용을 탐구하였다(Dick and Hirst, 1991). 좀 더 최근에, 자동으로 "인용됨"(affirmed) 또는 "부분 기각"(reversed in part)와 같은 사건 처리 이력을 추출하는 것(Jackson et al., 2003), 발생한 침해들과, 형사 사건들로부터 요약들을 생성하기 위하여 적용된 법률 원칙들(Uyttendaele et al., 1998), 사건 판결들(case holdings)(McCarty, 2007), 사례로부터 주장과 원인과 결과로부터 주장과 같은 Araucaria 코퍼스로부터 주장 계획들(Feng and Hirst, 2011)을 포함하여, 사건 결정 텍스트들에서 주장—관련 정보의 자동 시맨틱 처리(automatic semantic processing)가 법률 IR(Legal IR)을 위해 이뤄졌다. 다른 프로그램들은 수작업으로 주석을 붙인 결정들에 근거하여 사건 문장들에 사건의 구분, 사건 사실들 성립, 사건을 논증, 사건 이력 보고, 주장들 진술, 판결 이유(ratio decidendi), 최종 판결들과 같은 수사적인 역할들(rhetorical roles)을 부여했거나(Saravanan and Ravindran, 2010), 또는 적용 가능한 법률 또는 사실들을 설명함으로써 사건에서 문장의 역할을 결정하였다(Hachey and Grover, 2006).

물론 때때로 화제—관련 정보와 주장—관련 정보는 중첩된다. Zhang et al. (2014)에서 "법률 이슈들"(legal issues)은 주장에서 인용될 수도 있는 사건에 관한 법적 명제(proposition) 또는 원칙(principle)으로 이루어져 있는 각각의 사건법 DB로부터 채굴된다. Section 7.7에서 언급한 것처럼, 시스템은 ML과 수작업 주석을 결합하여 사건 텍스트들에 있는 법률 이슈들에 의미 있게(semantically) 주석을 단다. 그 결과는 표준화된 법률 이슈들의 법률 이슈 라이브러리(library)와 그 이슈들의 사건 논의들에 대한 링크들이다(Zhang, 2015).

이 장은 ML, NLP, 추출 규칙들을 사용하여 사건 텍스트들로부터 주장—관련 정보의 서로 다른 유형들을 추출하였던 3가지 프로젝트에 초점을 맞춘다:

1. Mochales and Moens의 시스템은 주장에서 역할을 하는 문장들을 구별했고, 그것들에 전제들 또는 결론들로써 태그를 붙였으며, 사건 텍스트들로부터 주장의 구조를 추출하였다(Moens et al., 2007; Mochales and Moens, 2011).
2. SMILE은 실체적 법률 요소들, 한 당사자의 법적 청구를 강화하거나 약화시키는 사실의 전형적인 패턴들을 추출하였다(Ashley and Brüninghaus, 2009).
3. LUIMA 시스템은 사건에서 인용된 법률 규칙들과 그것들의 사실에 대한 적용에 관하여 주장—관련 정보를 추출한다(Grabmair et al., 2015).

Chapter 11과 Chapter 12는 법률 사건들로부터 추출한 이 정보가 어떻게 개념 법률 정보 검색을 개선할 수 있는지, AR을 가능하게 하는지, 다른 인지적(cognitive) 컴퓨팅 작업들을 할 수 있는지에 대해 논의할 것이다.

10.3. 법적 주장 청구들을 추출하기

법적 주장 채취에 관한 Mochales's and Moens's 개척 작업에서, 법률 텍스트들에서 추출된 정보는 주장들의 기본적 단위, 소위 그들의 명제들(propositions) 또는 청구들(claims)로 구성되어 있다(Moens et al., 2007; Mochales and Moens, 2011). 저자들에 따르면, "청구는 사실이든 거짓이든 누군가에 의해 사실로 제시된 생각인 명제이다"(Mochales and Moens, 2011, p.1). 이 작업은 IBM Debater 시스템의 선구자이며, 아직은 비법률적 내용에서 그 시스템은 화제에 관한 "관련 청구들을 탐지하기" 위해서 주제 독립 기술들을 채택하고 있다(Levy et al., 2014).

주장들은 추론의 사슬(chains of reasoning)을 포함하며, 여기서 좀 더 청구들을 끌어내기 위해서 청구들 또한 전제(premises)로써 사용되고 있다. 주장의 최종적 청구는 그것의 결론으로 불린다. 특히, 저자들은 주장(argument)을 "명제의 세트(set of propositions)"로 정의했고, "그 명제들의 모든 것은 많아도 하나의 예외를 제외하고 전제들(premises)[이며, 그 주장은] 주장 계획(argumentation scheme)에 따른다"(Mochales and Moens, 2011, p.5). Section 5.2에서 논의한 바와 같이, 주장 계획들은 다른 종류의 대략 주제 분야－특화 주장들을 위한 전형들(templates) 또는 청사진들(blueprints)이다. 그것의 일부는 주장의 전산 모델에서 실행될 수도 있다.

10.3.1. 문장들을 명제들, 전제들, 결론들을 구분하기 위한 기계 학습

연구자들은 ML을 자동으로 (1) 주장에서 문장들을 명제들로 구분하기 위하여(또는 그러지 않기 위하여) 그리고 (2) 주장 명제들을 전제들 또는 결론들로 구분하기 위하여 ML을 적용했다.

그들은 2가지 코퍼스들로 작업했다. 첫째는 Dundee 대학(UK)에 프로젝트의 한 부분으로써 특별한 방법론에 따라 주석을 붙인 641개의 문서들로 구성된 Araucaria 코퍼스였다(Reed and Rowe, 2004; Mochales and Moens, 2011, p.8). 그것은 5개의 법원 보고서들, 4개의 의회 기록들과 신문, 잡지 기사, 논의 게시판도 포함하였다. 이 코퍼스는 3,798개의 문장들로 구성되어 있었고, 주장 명제들 또는 비주장 명제들인 같은 수의 문장들을 포함하였다.

두 번째 코퍼스는 유럽인권법원(European Court of Human Rights)(ECHR)의 47개의 법률 문서들의 세트로 2,571개의 문장들로 구성되었다. 3명의 주석가들이 유럽인권법원 코퍼스의 주장들에 주석을 붙이면서 1년을 넘게 소모하였고, 한 명의 판사가 의견 불일치를 조율하였다. 주석가들은 태그를 붙이는데 있어서 훌륭한 수준의 동의를 얻었다(Cohen's kappa 계수에 따르면 75% 동의, Section 10.6.1에서 정의된 동의의 표준 측정방법).

10.3.2. 텍스트 표현

주장-관련 정보 추출을 목적으로, Mochales and Moens는 문장들을 특징 벡터들 (feature vectors)로 표현했다. Section 7.5.2과 Section 8.5.1에서 설명했던 것과 같이, 특징 벡터들과 용어 벡터들(term vectors)은 텍스트들을 표현하기 위해 널리 사용되지만, 여기서 그들은 주장들을 탐지하기 위한 목적으로 문장들을 표현한다.

문장들을 주장 명제들로 구분하는 것을 학습하기 위하여, 문장 텍스트들로부터 추출된 정보에 근거한 주제-전반 특징들(domain-general features) 측면에서 문장들은 (다음을) 포함하여 표현되었다:

- 각 단어, 단어들 한 쌍, 연속적 단어들의 쌍들과 3쌍들(triples),
- 어떤 부사들, 동사들("may", "must", "shall", "should"와 같이 허가 또는 의무를 표시하는 동사들), 조동사들을 포함하는 POS,
- 어떤 정확한 패턴들,
- 예를 들어 "but", "consequently", "because of"와 같이 논쟁을 표시하는 어떤 키워드들,
- 트리들 분석(parse)의 수준(depth)과 하부조항들의 수(문장 복잡성의 측정방법 둘 다),
- 문장 길이, 평균 단어 길이, 마침표의 수를 포함하는 어떤 텍스트 통계들 (Mochales and Moens, 2011).

특징 값들(feature values)은 문장에서 특징의 존부를 표시하는 전형적인 이진법 특징들로 표현된다.

주장 명제들을 전제들 또는 결론들로 구분하기 위하여, 저자들은 (다음을) 포함하여 문장들을 표현하기 위하여 풍부한 특징들의 세트를 채택하였다:

- 문서에서 진입단계(threshold)와 위치에 관한 문장의 길이(7가지 부분들로 나뉘었음),
- 주요 동사 시제와 형태,
- 이전 및 이어받은(successive) 문장들의 항목들,
- 주장 또는 그렇지 않은 것으로써 문장을 사전 처리한 구분,
- 문장에서 발생한 그리고 문장을 둘러싼 수사적 패턴들의 유형: support, against, conclusion, other, or none,

- 문장에서 논쟁적 패턴들의 유형, 예를 들어, "see", "mutatis mutandis"[1], "having reached this conclusion", "by a majority",
- 문장이 법률 조항을 인용하거나 법적 정의를 포함하는지 여부,
- 문장 주체의 행위자 유형, 예를 들어, 원고, 피고, 법원, 기타(Mochales and Moens, 2011).

10.3.3. 통계적 학습 알고리즘들 적용하기

문장들을 특징 벡터들로 표현했을 때, Mochales and Moens는 텍스트 분류에서 일반적으로 사용되는 3가지 통계 학습 알고리즘들을 사용했다:

1. Naïve Bayes 분류기,
2. 최대 엔트로피(entropy) 분류기,
3. SVM.

첫 번째 두 가지 알고리즘들은 문장에 주장 명제가 있는지를 예측하기 위하여 적용되었다. 이전 Chapter에서 제시했던 시스템들과 유사하게, 알고리즘들 둘 다 특징 벡터에서 특징들의 X값에 기초하여 항목Y의 개체(instance)를 예측한다. 그것들은 X특징값들을 고려하여 항목Y의 가능성을 계산하고 가장 가능할 것 같은 태그Y를 선택한다.

가능성들 계산 과정에서, 알고리즘들 둘 다 특징 벡터에서 특징들의 각각에 연계된 매개변수들(parameters) 또는 가중치들(weights)을 측정하지만, 그것들은 서로 다른 방식으로 그렇게 한다.

Naïve Bayes

Naïve Bayes는 특징 가중치들을 측정하는 간접적 접근방법으로 사용한다. 그것은 Y를 고려한 X의 가능성과 Y의 가능성을 측정하고 그 이후 X를 고려한 Y의 가능성을 계산하기 위해 Bayes 규칙으로 불리는 공식(formula)을 사용함으로써 간접적으로 X를 고려한 Y의 가능성을 측정한다.

Naïve Bayes 분류기는 계산의 전산 상 복잡성을 줄이는 편리한 지름길을 채택한다. 그것은 개별적 특징들이 조건에 따라 서로 독립적이라는 추측을 단순하게 만든다. 이런 조건 상 개별 추측은 Y를 고려한 X의 가능성을 모델링(modeling) 할 때 측정될 필요가 있는 매개변수(parameters)의 수를 제한한다(Mitchell, 2015, p.3).

---

1) 역자주) "필요한 부분만 약간 수정하여"

사실, 이러한 추측은 자주 만족되지 *않고*, 그 알고리즘이 naïve(소박한)로 불리는 이유이다. 만일 특징들의 일부가 독립적이지 않다면, 그 소박한 Bayes 알고리즘은 에러를 낼 수도 있다. 예를 들어, "Buenos Aires" 구절에서 두 단어들은 드물게 분리되어 보인다. 비록 그것들이 독립적이지 않아도, Naïve Bayes는 그 구절에 각 용어의 증거를 더할 것이고, 결과적으로 이중 계산된다. 이러한 현상을 고려하여, 그 자료로부터 좀 더 직접적으로 매개변수들을 측정하는 다른 기술을 사용하는 것을 선호할 수도 있다(Mitchell, 2015, p.10).

최대 엔트로피(entropy) 분류기

다항식 기호논리 회귀분석(multinomial logistic regression)으로 알려진, 언어 처리에서 최대 엔트로피(entropy) 분류기는 다른 종류들 사이에 구별을 위하여 가장 유용한 어떤 특징들을 입력값에서 학습함으로써 문서에 대한 분류를 정한다. 그것은 이렇게 관찰된 특징들에 가중치가 반영된 세트의 지수 함수로부터 가능성을 계산한다(Jurafsky and Martin, 2015). 그것은 알려진 다른 것이 없을 때 가능성 배분은 가능한 단일해야 한다는 원칙, 즉 최대 엔트로피(entropy)를 가져야 한다는 것에 근거한다(Nigam et al., 1999).

텍스트 분류의 내용 상, 문서는 단어들의 세트와 문서에서 각 단어가 나타난 횟수로 표현될 수 있다(Section 8.3 참조). 훈련 데이터에서 문서들은 모두 지정된 태그들을 가지고 있다. 최대 엔트로피(entropy) 분류기는 분류 태그의 조건 상 배분(conditional distribution)을 추측할 수 있다. 태그가 붙은 훈련 데이터를 고려하여, 각 분류를 위해 그것은 이러한 단어 횟수의 기댓값, 즉 특징들의 가중치들(weights)을 추측할 수 있다(Nigam et al, 1999).

예를 들어, "faculty" 분류를 포함하여 4가지 문서의 분류들이 있다고 가정하면, "professor" 단어를 가진 문서들의 40%가 "faculty" 분류에 속한다고 한다. 그 정보는 제한으로 작용한다. 다른 정보가 없고, 만일 문서가 "professor" 단어를 가지고 있다면, faculty 문서가 될 가능성이 40%, 다른 분류가 될 가능성이 각각 20%라고 추측할 수 있을 것이다. 만일 문서가 "professor"를 갖지 않고 있다면, 25% 가능성으로 각 분류가 될 것으로 추측할 수 있다. 이것이 단순한 최대 엔트로피(entropy) 분류기가 될 것이다(Nigam et al., 1999).

훈련 데이터는 조건 상 배분에 그러한 많은 제한을 만든다. 각 제한은 알고리즘이 학습한 배분에서 또한 제시되어야 하는 훈련 데이터의 특징에 상응한다. 알고리즘은 태그가 붙은 데이터로부터 이러한 모든 제한들에 일치하는 텍스트 분류기 함수를 형성하기 위하여 반복적 기술을 적용한다(Nigam et al., 1999). 그 결과, 그 모델은 그 제한들에 상응하는 특징들의 가중치들을 학습한다. 직관적으로, 그것은 조건 상 최대 가능성 추측 (conditional maximum likelihood estimation)이라 불리는 과정에서 훈련 예제들의 분류들을 좀 더 그럴싸하게 만드는 가중치들(weights)을 선택한다(Jurafsky and Martin, 2015).

최대 엔트로피(entropy) 분류기는 특징들이 독립적일 것이라는 어떤 추측도 하지 않는다. 소박한 Bayes와는 다르게, 그것이 "Buenos Aires" 구절을 만나면, 제한의 사용이 그것으로 하여금 증거 가중치를 평가절하게 만들고 증거를 이중 계산하는 것을 회피하게 한다. 결과적으로, 최대 엔트로피(entropy)로 바이그램들(bigrams)과 구절들을 사용할 수 있게 된다(Nigam et al., 1999). 공교롭게도, 아래에 보고된 실험에서도, 최대 엔트로피 (entropy) 분류기가 소박한 Bayes보다 더 좋은 결과들을 내놓았다.

벡터 기계(vector machine) 지원

주장에서 명제들로 분류된 유럽인권법원 코퍼스에 문장들에 대하여, 저자들은 그것들을 전제들(premises) 또는 결론들(conclusions)로 분류하기 위하여 SVM을 적용했다.

텍스트에 ML을 적용하는 것에 관하여 Section 8.5.2에서 설명된 것과 같이, SVM은 특징 벡터들의 공간에서 항목 또는 종류의 긍정과 부정 개체들(instances) 사이에 초평면 경계(hyperplane boundary)를 구분하는 통계적 ML 알고리즘의 한 종류이다(Noble, 2006). 여기서, 벡터 공간은 상기 풍부한 특징들의 세트 측면에서 문장들을 표현하는 특징 벡터들의 공간이다.

주장 명제들을 구분하는 것에 대한 결과

주장 명제들을 구분하는 것에서, Mochales and Moens는 Araucaria 코퍼스에서 74%와 유럽인권법원 코퍼스에서 80%의 정확성을 달성했다. 그들은 "그들의 POS−tag, 문장 길이, 평균 단어 길이, 마침표의 수에 대한 통계, 동사들에 의해 선택된 단어 커플들을 조합함으로써 최적의 결과들을 얻은 것으로 보인다(Moens et al., 2007). 유럽인권법원 코퍼스에서 주장 명제들이 전제들(premises) 또는 결론들(conclusions)인지를 결정하는 것에, 그들은 전제들의 68%와 결론들의 74%의 F_1 측정을 얻었다(Section 4.4.4 참조).

연구자들은 논쟁적 또는 비논쟁적 명제들로 잘못 분류된 98개의 문장들을 검토하였다. 그들은 만일 이전 담론(discourse) 내용을 고려했다면 그 오류들의 20%는 정확하게 분류될 수 있었다는 결론을 내렸다. 그 오류들의 다른 47%는 주장으로 표시될 수 있지만 결과적으로 모호한 것으로 드러난 텍스트의 신호들(cues)을 포함하였다. 나머지 오류들은 추론 단계들에 암시가 남아있었거나 주장을 탐지하기 위하여 CSK가 필요한 경우에 발생하였다.

10.3.4. 공개 트리 구조를 위한 주장 문법

마지막으로, 저자들은 프로그램이 문서로부터 직접 주장의 담론 구조 일부를 추출할 수 있는지 여부를 실험하였다. 그들은 주장 담론 구조를 주장 3쌍(triples)의 트리로 표현하였다. 3쌍 각각은 전제 리프 노드(node)와 결론 리프 노드가 지원 연결들(links)에 의해 루트 노드에 부착되어 구성된다. 한 주장 3쌍의 루트 노드는 추론의 사슬에서 다른 것의 루트 노드에 부착될 수도 있다.

그들은 10개의 유럽인권법원 사건들을 평가에서 제거하였고 수작업으로 3쌍들을 구분하고 연결하며 이와 같이 주장의 담론 구조를 구축하기 위한 규칙들의 세트를 형성하였다. 이 규칙들의 세트는 주장 구조를 탐지하고 구조에서 명제들을 분류하기 위한 문법의 한 종류이다.

저자들은 문법을 남아있는 유럽인권법원 문서들의 텍스트들을 분석하는데 적용하고 그것들의 주장 구조들을 탐지하는데 적용함으로써 그 문법을 평가하였다. 주장 문법에 의한 주장 트리들 결과는 모든 주장 정보가 포함된 것인지, 개별적 주장들이 잘 형성되었는지, 주장들 사이에 연결은 정확한 것인지 여부의 측면에서 사람 주석가들에 의해 구분된 구조들과 수작업으로 비교되었다.

유럽인권법원 코퍼스에서 텍스트들을 분석하는 것에 그 문법을 사용하여, 저자들은 주장 구조들을 탐지하는데 약 60%의 정확성을 얻었다. 그 구조들은 전제들과 결론들을 구분함에 있어서도 약 70%의 F_1 측정을 유지하였다.

▌**도표 10.1.** ▌ 사건에서 자동으로 추출한 논쟁 트리 구조의 발췌 (Moens et al., 2007, Fig.5)

> 결론: 이러한 이유로, 위원회는 … 장점을 예단하지 않고서, 적용 인정을 선언한다.
>   전제:
>   결론: 그 적용은 명백하게 잘못된 근거로서 기각될 수 없다는 것을 따른다.
>   전제: 신청자의 제소는 장점의 검토에 의존해야 하는 … 협약에서 사실과 법률에 심각한 쟁점을 만든다는 고려를 한다.
>   전제: 위원회는 당사자들의 제출을 인식하고 있었다.
>   결론: 이러한 여건에서, 위원회는 신청이 국내 구제수단의 비소진 때문에 불인정으로 선언될 수 없음을 확인한다.
>   전제: 위원회는 협약 제10조가 협약 위반과 관련하여 제기되고 … 배상을 … 제공할 수 있는 … 그러한 구제수단의 소진만을 요구하고 있음을 상기한다.
>   전제: 위원회는 그 조항 권한의 내용에서 장관이 아주 넓은 재량을 갖는다는 점도 적시한다.
>   전제: 위원회는 *Temple v. the United Kingdom* 사건에서 … 위원회가 순전히

재량권에 의지하는 것은 ... 효과적인 국내 구제수단을 성립하지 않는다고 판단했던 것을 상기한다.

도표 10.1은 주장 문법에 의해 규제 사건의 텍스트에서부터 자동으로 추출된 트리 구조의 발췌를 표시한 것이다(Mochales and Moens, 2011, p.19). 위원회의 전체적 결론은 상위에 있다. 그것은 2가지 주장에 의해 뒷받침 되는데, 전제들에 의해 추종되는 결론에 의해 각각 표현되었다: 두 가지 전제들이 첫 번째 주장을 지지하고 3가지 전제들이 두 번째를 지지한다.

그렇게 자동으로 생성된 주장 구조들은 유용하다. 그것들은 주요 이슈들, 지위들과 주장들, 지지하는 증거 측면에서 복잡한 법률 문서에서 주장들을 효율적으로 요약할 수 있다. 그러나 문서가 다른 시나리오에서 새로운 주장을 만드는데 관련 있고 유용한지를 결정하기 위하여, 프로그램은 전제들과 결론들이 무슨 의미인지 그리고 사용 중인 주장 계획들의 종류에 대하여 좀 더 많은 정보가 필요할 것이다.

10.3.5. 주장 계획들의 개체들 구분하기

Mochales and Moens (2011)와 Feng and Hirst (2011)의 작업을 만들면서 약간의 법률 사건들을 보유하고 위에서 언급했던 온라인 Araucaria DB 코퍼스로부터 나온 텍스트에서 주장 계획들의 개체들(instances)을 자동으로 구분했다. 연구자들은 명제들과 결론들과 같은 주장 구성요소들에 상기 기술들을 사용하여 성공적으로 주석을 붙였다는 것을 추정하였다. 그들은 도표 10.1에서 보이는 5종류의 주장 계획들에 주석을 다는 작업에 집중하였다.

도표 10.1에 주장 계획들은 법에서 사용되는 것과 유사하다. 그것들은 유사한 법률 사건에서부터 논쟁을 설계하는 VJAP의 계획들과 모두 관련되어 있다(Section 5.7.3 참조). 인용된 사건은 속성(property)을 현재 문제와 공유하는 본보기로 사용된다. 말하자면, 만일 그것들이 같은 방식으로 결정되었다면 즉, 만일 그것들이 특별히 중간 법률 개념의 개체들(instances)로써 둘 다 분류된다면, 값들(values)의 밑바탕에서 특별 거래(trade−off)는 발생하거나 회피될 것이다.

표 10.1. 자동으로 주석이 붙은 일부 논쟁 계획들 (Feng and Hirst, 2011)

Argument scheme Argument from:	Meaning	Scheme-specific features (excerpts)	Best average accuracy of classification (%)
Example	사건 a에는 재물 F와 재물 G가 있다. 그러므로 일반적으로 만일 x가 재물 F를 가지면, 재물 G도 갖는다.	phrases including *for example, such as, for instance*	90.6
Cause to effect	일반적으로 만일 A가 일어나면, B가 일어날 것이다. 이 경우에, A가 일어난다. 그러므로, 이 사건에서 B가 일어날 것이다.	phrases including *result, related to, lead to*	70.4
Goal to means	나는 목표 G가 있다. A 행위를 하는 것은 G를 실현하는 의미이다. 그러므로, 나는 이 A 행위를 (실질적으로 말하자면) 실행해야 한다.	phrases including *want, aim, objective*; four modal verbs: *should, could, must, need*	90.8
Consequences	만일 A가 발생한다(안 한다)면, 좋은(나쁜) 결과가 순리대로 생길(안 생길) 것이다. 그러므로, A는 발생해야(안 해야) 한다.	counts of positive and negative propositions in the conclusion and premises	62.9
Verbal classification	a가 재물 F를 가지고 있다. 모든 x를 위하여, 만일 x가 재물 F를 가지고 있다면, x는 재물 G를 가진 것으로 분류될 수 있다. 그러므로, a는 재물 G를 갖고 있다.	maximal similarity between the central word pairs extracted from the conclusion and the premise; counts of copula (e.g., an a is F), expletive (e.g., there are, it is), and negative modifier (e.g., not an F) dependency relations returned by the parser	63.2

주장 계획들에 주석을 달기 위하여, Feng and Hirst (2011)는 일반적이고 계획－특화 텍스트 특징들의 세트들을 구별하였다. 일반적 특징들은 텍스트에서 결론의 위치와 전제들과 결론들의 상대적 위치들과 길이를 포함한다. 계획－특화 특징들의 일부는 특징적 텍스트들 또는 언어적 구조들을 포함하여 표 10.1에서 나타난다.

그들은 이러한 특징들에 기초하여 분류를 하기 위해서 Weka pakage(Machine Learning Group at the University of Waikato, 2015)에서 실행되었던 소위 C4.5(Quinlan, 2004)라는 결정 트리 알고리즘(Section 4.3.1)을 채택했다. 표 10.1에서 마지막 칸은 Feng and Hirst (2011, p.992)에서 보고한 결과들(주장 분류의 최상급 평균 정확성)의 작은 일부를 보여준다.

저자들은 결과들(consequences)과 동사 분류(classification)로부터 주장들을 구분하는 것에 대한 낮은 실행결과(performance)를 이 계획에서 상대적으로 작은 훈련 개체들의 수와 그들이 다른 계획들처럼 명백한 신호 구절들이나 패턴들을 갖지 못했다는 사실로 돌렸다(Feng and Hirst, 2011, p.993). 이 점에 있어서, ML이 법률 주장 계획들을 분류하기가 더 쉽다는 것을 증명할 수도 있다. 법률 의견 텍스트들에서 사건들의 잦은 인용과 법률 원칙들의 진술들은 유사 사건에서 서술된 결과들이나 법률 원칙 개념 측면의 분류들에 근거한 주장 계획들에 관련해서 좀 더 분명한 신호를 주는 것일 수 있다.

컴퓨터 프로그램이 사건들에 관한 주장을 추론하거나 결과들을 예측할 수 있도록, 좀 더 많은 종류의 정보가 추출될 필요가 있다. 법률 사건 의견들에서 주장 전제들, 결론들, 계획들을 표시하는 것은 제쳐두고, 법적 주장을 강화하거나 약화시키는 요소들 또는 사건 결과들을 예측하는데 쓰일 수 있는 요소들 같은 실체적 특징들에 주석을 붙일 필요가 있을 것이다(Section 4.5.2). 다행히도, 사건 텍스트들에서 프로그램들은 요소들을 구분할 수 있을 것 같다.

10.4. 주장-관련 법률 요소들 추출하기

SMILE은 Section 4.5.2에서 설명된 IBP 프로그램에 대한 자연어 인터페이스(interface)이다(Ashley and Brüninghaus, 2009). 그것은 문제들의 자연어 서술과 사건 결과를 예측하기 위한 IBP의 전산 모델 사이에 "가교"(bridge) 역할을 한다.

SMILE은 요소들을 묘사한 예제 문장들의 훈련 세트에 기초하여 문제들의 짧은 텍스트들(textual descriptions)에서 법적 요소들을 어떻게 구분할지를 학습한다. 도표 10.2에서 설명된 바와 같이, 영업비밀법에 관련된 문제의 텍스트를 입력한다. SMILE은 그것을 요소들의 목록으로 나타내고 그 목록을 IBP에 입력하여, 결과적으로 IBP가 SMILE의 입력에 의하여 결과를 예측하고 그 예측을 설명한다.

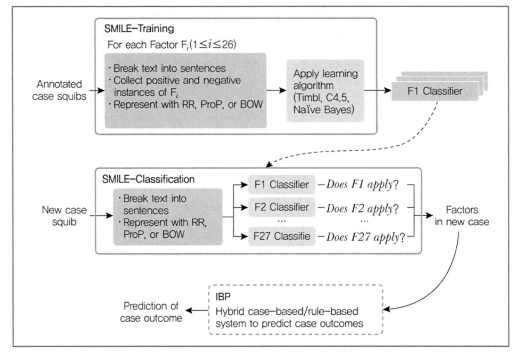

10.4.1. 텍스트로부터 학습하기 위한 3가지 표현들

SMILE은 수작업으로 분류된 사건 텍스트들의 훈련 세트를 채택하였다. 이것들은 법률 의견들의 완전한 텍스트들이 아니었고, *폭죽(squibs)*, 1년차 로스쿨 학생들이 사건들 브리핑을 위해 준비하는 것 같이, 사건의 중요 사실들과 법원의 판결에 대한 간략한 서술적 요약이다.

사실, 그 작업을 위해 특별히 고용된 로스쿨 학생들은 판사의 결정에 중요하다고 보이는 모든 사실들을 포함시키라고 교육받았다. 가이드는 폭죽 작가들에게 영업비밀법 문제들을 나타내는 26개의 요소들에 대하여 알려주었다. 그들은 적용 가능한 어떤 요소들이라도 관련된 의견들 속에 사실 표현을 구별하고 포함시키라고 격려를 받았다. 특히 그들은 (다음의) 부탁을 받았다: (1) 사건 의견들 속에 특별한 요소들과 관련된 사실 표현들을 잘라−붙이기, (2) 그것들을 읽을 수 있는 묘사에 균일하게 합치기, (3) 각 요소와 연계된 문장들의 시작과 끝을 표시하는 구획 문자(delimiter)를 그 묘사에 삽입하기. 연구자들은 각 폭죽을 정확성과 합리성을 위해 검토하고 수정을 위한 피드백을 제공하였다.

SMILE을 만드는 과정에서, 연구자들은 텍스트로부터 학습하기 위하여 무엇이 좋은 표현인지라는 중요한 질문에 대응해야 할 필요가 있었다. 예를 들어, 독자들은 이미

Section 1.4.4에서 보았던 영업비밀 사건으로부터 "Newlin copied some files from ICM and brought them with him to DTI."(Newlin은 ICM으로부터 일부 파일들을 복사하였고 그 것들을 자신과 함께 DTI로 가져갔다.)는 문장을 가져오자. 이 문장(Factor F7, Brought Tools 의 샘플)은 프로그램이 어떻게 그 요소를 구별하는지를 학습할 수 있도록 훈련 개체로써 표현될 필요가 있다.

연구자들은 점차로 좀 더 시맨틱하고 문법적인 정보를 고려한 3가지 표현들을 채택 하였다(Ashley and Brüninghaus, 2009).

첫 번째 표현은 가장 단순한 (Section 7.5.2에서 소개된) BOW 표현이다. 그 문장은 특징 들이 단순히 문장 속에 단어들인 경우에 특징 벡터(feature vector)로 표현된다(Section 7.5.2 와 Section 8.3 참조). 상기 문장의 BOW 표현은 단순히 문장 속에 알파벳 순서인 단어들의 목록이다: "and brought copied dti files from him icm newlin some them to with."

두 번째 표현인 Roles—Replaced(RR)은 BOW와 유사한 특징 벡터이지만 중요한 차 이가 있다. 당사자들의 이름들과 상품—관련 정보의 개체들 같은 특징들은 그들의 역할 들을 구분하는 좀 더 일반적인 용어들, 예를 들어 "원고"(plaintiff), "피고"(defendant), "정 보"(information)로 교체된다. RR에서 상기 F7의 예제를 (다음과) 같이 표현한다: "and brought copied defendant him information plaintiff some them to with."

세 번째 표현인 명제 패턴(Propositional Patterns) 또는 ProP는 문장들을 "누가 무엇 을 했는지" 구분하기 위하여 분석한 것 중 하나이다. 특히 그 분석은 4가지 구문 상 이 해관계를 구분한다: 주어—동사, 동사—목적어, 동사—전치사구, 동사—형용사. 그 다음 엔, 당사자와 상품 이름들은 RR에서 역할들로 교체한다. 마지막으로 동의어들은 작은 온 톨로지를 이용하여 명사들과 동사들을 대체한다. 이와 같이 상기 F7의 문장 예제는 네스 티드(nested)[2] 알파벳 순서의 한 종류에서 다음 특징들을 고려하여 특징 벡터로 표현되 었다:

((defendant copy) (person copy))

((copy information))

((copy_from person) (copy_from plaintiff))

((defendant bring) (person bring))

((bring them))

((bring_to defendant) (bring_to person))

((bring_with him)). (Ashley and Brüninghaus, 2009)

---

2) 역자주) (수학) 집합 또는 구간의 순서를 지닌 계열(系列)에서, 각기 그 앞의 것에 포함되고, 또한 집합의 직경이나 구간의 길이가 0으로 수속(收束)하는 것.

Section 7.5에서 자세히 설명한 바와 같이, 프로그램은 BOW, RR, ProP에서 특징 벡터들로 표현된 문장들을 그들의 유사성을 정하기 위해 비교한다. 그것은 벡터들의 끝지점 사이에 Euclidean 거리를 계산한다; 가장 작은 거리, 가장 가깝고 좀 더 유사한 문장들.

각 요소를 위한 분류기를 학습하면서, 연구자들은 3가지 ML 알고리즘들을 적용하였다: C4.5를 이용하는 결정 트리(decision tree) 알고리즘(Quinlan, 2004)(Section 4.3.1), Rainbow에서 실행된 Naïve Bayes(McCallum, 2004)(Section 10.3.3), Timbl이라 불리는 프로그램에서 실행된 k−nearest neighbor(k−NN) 알고리즘(Daelemans et al., 2004)(Section 4.2).

그 시스템의 흐름은 도표 10.2에서 간단히 드러난다. 첫째, 모든 텍스트들은 문장들로 부서진다. Fi 요소 각각을 위해 긍정과 부정 개체들이 수집된다. 각 훈련 사건에서, 그 사건에서 법률적 요소가 적용되었다는 것을 합리적으로 추론할 수 있었던 모든 문장들은 그 요소의 긍정적 개체들로써 수작업으로 표시되었다. 나머지 모든 문장들은 그 요소의 부정적 개체들로 처리되었다. 그 이후 그 문장들은 개체들의 벡터 공간을 만들기 위한 BOW, RR, ProP로써 표시된다.

첫 번째 두 가지 ML 알고리즘들인 C4.5와 Naïve Bayes는 훈련 구절에서 각 요소를 위한 분류기를 학습한다. 그 다음 구절에서, 프로그램은 각 요소들의 분류기를 BOW, RR, ProP로 표시된 문제의 모든 문장들에 적용한다.

Nearest neighbor 알고리즘은 다르게 작동한다. SMILE에서 연구자들은 k=1을 선택했다. 즉 문제의 새로운 문장 각각은 그것과 가장 유사한 하나의 문장처럼 동일한 방식으로 분류되었다. BOW, RR, ProP의 특징 벡터로 표현된 문제의 문장 각각은 요소 각각의 긍정과 부정 개체들로 된 벡터 공간에 더해진다. 프로그램은 상기에 언급된 Euclidean 유사성 계측에 따라 가장 유사한 문장을 찾고 새로운 문장에 그것의 분류를 요소의 긍정 또는 부정 개체로써 배정한다. 프로그램은 새로운 사건 텍스트를 그 요소의 긍정 개체였던 최소한 하나의 문장을 가졌기 때문에 모든 요소들을 포함하는 것으로 분류한다.

10.4.2. 어떻게 SMILE을 잘 작동하게 했을까?

LOO 상호−확인 실험(Section 4.4.3 참조)에서, 연구자들은 $k=1$에서 k−nearest neighbor가 다른 두 가지 알고리즘들보다 더 잘 작동했다고 결정했고 그것을 어떤 표현이 가장 잘 작동했는지 실험하는데 사용했다. RR과 ProP 표현들은 모든 요소들에 걸쳐서 각각 평균 26%와 28%의 F_1−측정을 보였다. 이러한 F_1−측정은 낮지만, RR과 ProP

표현들은 더 높은 F_1−측정들(Section 4.4.4)을 보이면서 BOW보다 각각 더 나은 성과를 보였고 그 차이는 통계적으로 중요했다. RR은 ProP보다 더 좋게 나왔지만, 그 의미는 중요하지 않았다. 다른 말로, 역할에 대한 배경 지식을 포함하고 "누가 무엇을 했는지"를 구별하기 위한 좁은 NLP가 더 나은 분류−기반 텍스트 색인으로 이끌었다(Ashley and Brüninghaus, 2009).

IBP의 사건−기반 예측들에 관한 SMILE의 배정 효과를 측정하기 위하여, 연구자들은 두 번째 실험을 하였다. 그들은 SMILE이 사건들의 요소들을 사건 텍스트에 배정했던 사건들에 대한 IBP의 사건 결론 예측 결과들을 사람이 그 요소들을 배정했던 동일한 사건들에 대한 결과와 비교하였다. IBP에 대한 입력들은 사건들의 불꽃 설명들에 대한 SMILE의 결과들이었다. 그것들은 원고가 이길 가능성이 모음(collection) 속에 사건들의 수 분에 원고가 이긴 사건들의 수인 분수와 동일한 경우에 또한 SMILE+IBP의 예측들을 편향된 징표(biased coin)를 뒤집은 기준선에 비교하였다. SMILE+IBP 예측의 정확성은 63%로 IBP의 92% 보다는 낮았지만, 편향된−징표 기준선의 49%보다는 높았다(Ashley and Brüninghaus, 2009).

우리가 아는 한, SMILE+IBP는 법률 사건들의 텍스트 형태 입력에 대한 결과들을 예측하는 첫 번째 인공지능과 법 프로그램이었다. SMILE은 법률 사건 사실들의 텍스트상 설명들을 분석하였고 IBP는 사건−근거 추론(case−based reasoning)과 법률 이슈들의 논리 모델(logical model)을 사용하여 그 사건의 결과를 예측하였다. 더불어 그 이후에 IBP는 그것의 가설−실험 접근방법(hypothesis−testing approach)의 측면에서 그것의 분석을 설명하였다. IBP의 예측들의 예제에 관하여 도표 4.6을 보라.

Chapter 11에서 좀 더 진화된 설명이 있을 것인데, SMILE+IBP 접근방법의 개선된 버전은 개념 법률 정보 검색과 결합하여 사람들이 문제들의 결과를 예측하는 것, 예측을 평가하는 것, 그 예측에 대한 찬반 주장을 만드는데 도움을 줄 수 있을 것이다.

10.4.3. 구성 요소들에 주석 붙이기

후속 작업에서, Wyner and Peters는 주석 파이프라인 접근방법을 법률 결정의 텍스트들 전체에서 영업비밀 법적 요소들에 관한 정보를 식별하는데 적용하였다(Wyner and Peters, 2010, 2012). 그들은 세분된(fine−grained) 구성 요소들(factor components)에 GATE 텍스트 주석 환경으로 주석을 달기 위한 계획을 개발하였다. 이 세분화된 구성 요소들은 때때로 factoroids로 불리는데 CATO 무역 비밀 법률 요소들의 설명에서 채택된 용어들과 구절들로 구성되었다(Section 3.3.2). 연구자들은 동의어들, 정의, 시소러스의 한 종류로 기능을 하는 용례(usage examples)를 가진 영어를 위한 온라인 어휘 DB인 WordNet[3]
으로부터 가져온 용어들의 동의어들로 목록을 증가시켰다.

예를 들어, 법적 요소인 F_1 협상에서 공개(F_1 Disclosure−Negotiations)(D)를 위하여,
그들은 수작업으로 (다음을) 포함하여 용어들을 구별하였다:

> plaintiff, disclose, product, information, negotiation, defendant, obtain, fair
> means, show, lack of interest, maintain, secrecy, joint venture, licensing
> agreement, sale of a business, acquire, knowledge, employment.

그들은 예를 들어 "disclose" 또는 "disclosure"와 같은 이러한 개념들의 일부를
WordNet으로부터 동의어들로 확장하였다:

> announce, betray, break, bring out, communicate, confide, disclose,
> discover, divulge, expose, give away, impart, inform, leak, let on, make
> known, pass on, reveal, tell, announcement, betrayal, communication,
> confidence, disclosure, divulgence, exposure.

결합된 목록들은 개념에 의해 포함된 관련 용어들의 "색인 목록"(gazetteer list)으로
작용하고 새로운 문서들에 주석을 다는 것에 유용했다(Wyner and Peter, 2010, p.40).
GATE의 규칙−기반 주석 언어를 JAPE라 불렀다(Section 10.5.3에서 UIMA의 RUTA 언어와
같이), Wyners and Peters는 적용가능한 개념들에 따라서 문장을 표시하기 위한 규칙들
을 개발하였다. GATE가 텍스트에서 색인 목록의 단어들을 만나면, 그것은 상응하는 규
칙 즉, 개념(예를 들어 유형 "disclosure")을 포함하여 문장에 주석을 다는 것을 시작한다.

영업비밀 법률 요소들의 기본적 개념들이 표시된 후에, 복합된 규칙들(compound
rules)은 좀 더 복잡한 개념적 유형들, 예를 들어 공개정보(DisclosureInformation) 그리고
궁극적으로 공개정보−협상을 포함하는 법적 요소들의 측면에서 문장들에 주석을 단다
(Wyner and Peters, 2010. p.41).

---

3) https://wordnet.princeton.edu/

10.5. 사실의 확인 및 인용된 법률 규칙들 추출하기

LUIMA 시스템은 법률 사건 텍스트들로부터 법률 규칙들과 그것들의 사실들에 대한 적용에 대한 주장−관련 정보를 추출하였다(Grabmair et al., 2015). 이것은 LUIMA 프로젝트의 가설을 측정하기 위한 실험에서 첫 번째 단계였다: 법률 주장에서 문제들이 하는 역할의 측면에서 사건 문서들에 시맨틱하게 주석을 달고 주석들에 근거하여 그것들을 검색함으로써, 프로그램은 텍스트 일치와 법률 정보 검색 기술들에 의존하는 시스템들을 압도할 수 있다.

이 Section은 사건 문서들에 주석을 달기 위하여 문장의 역할들을 포함하여 시맨틱 정보로써 어떻게 LUIMA가 규칙−기반 및 ML 주석기들을 사용하는지를 설명한다. 그 후에, 개념적 IR에 관한 Chapter 11은 어떻게 LUIMA가 이 정보를 AR을 실행하는데 사용하는지, 즉 어떻게 LUIMA가 시맨틱하고 근거−관련 정보를 구별하고 주석을 다는지, 그리고 어떻게 LUIMA가 그것을 법률 정보 검색을 개선하기 위해 사용하는지를 설명한다(Ashley and Walker, 2013).

그 작업은 Section 5.8에서 설명된 V/IP 코퍼스의 하위세트와 법적 증거를 갖춘 (evidentiary) 법적 주장의 모델을 포함한다. 설명한 바와 같이, DLF는 법적 결론들을 지원하는 사실−검색기(fact−finder)의 추론에서 문제들(propostitions)의 역할들을 모델화한다. 예를 들어, 문제의 역할은 이슈를 결정하기 위한 법률 규칙을 진술하는 것 또는 특정 사건에서 법률 규칙의 조건이 충족된다는 결론을 지원하는 사실의 검색을 진술하는 것이 될 수 있다.

10.5.1. LUIMA 유형 시스템 적용하기

LUIMA 프로젝트에서, 연구자들은 법률 주제에 대한 UIMA 유형 시스템의 확장된 버전을 적용하였다. Chapter 1에서 도입하였고 Section 6.8에서 상술하였던 것처럼, UIMA 유형 시스템은 주제 적용에서 중요한 개념들과 관계들의 유형들뿐만 아니라 어떻게 그것들이 텍스트들에서 표현되는지에 집중된 온톨로지의 한 종류이다. LUIMA 법률 개념들과 그런 개념들이 언급되었던 다른 방법들 사이를 구분한다(Grabmair et al., 2015).

Section 6.8에서 설명된 것처럼, 계층적 LUIMA 유형 시스템에서, 더 높은−수준 유형들은 더 낮은−수준 유형들로부터 구성된다. 특히 하부문장 유형들의 계층은 계층의 최상에 문장−수준 주석들을 지원한다.

표 6.6에서 보여준 바와 같이, PlaintiffTerm, IllnessTerm, VaccineTerm과 같이 용

어 유형 주석들은 가장 낮은 수준이다. 두 번째 수준은 언급 유형들(mention types), 예를 들어, "MMR vaccination"과 같은 벡신언급(VaccinationMention)을 포함한다. 전형 유형들(Formulation types)은 세 번째 수준, 예를 들어, "원고가 그것의 입증책임을 진다" 같은 법률기준전형(LegalStandardFormulation)으로 구성된다. 가장 높은 수준은 표 6.7에서 나타낸 법률 문장 유형들과 같다.

이러한 문장-수준 주석 유형들의 세 가지는 아래에 중점을 둘 것이다:

1. 법률규칙문장(LegalRuleSentence): 요약에서 법률 규칙을 진술한다, 그것을 특별한 사건의 사실들에 적용하지 않고.
2. 문장검색기초증거(EvidenceBasedFindingSentence): 특별한 사건에서 증거가 규칙 증거 또는 결론(rule condition or conclusion)이 충족되었다는 것을 증명하는지 아닌지에 관하여 사실-검색기(fact-finder)의 검색(finding)을 보고한다.
3. 인용문장(CitationSentence): 법원 결정들(사건들), 법률, 규칙, 정부문서, 조약, 논문, 증거를 갖춘 문서들(evidentiary documents)과 같은 권위있는 문서들과 출처들을 신뢰하고 언급하다.

더 높은 수준의 LUIMA 시스템의 분류를 적용하는 것은, 문장 수준을 포함하여, 이진 법 특징들로 표현된 더 낮은-수준 주석들의 존재 또는 부존재를 탐지하는 것에 달려 있다. 예를 들어, 주석 규칙은 특별히 더 낮은 수준 주석들의 사슬을 탐지함으로써 "원고가 그것의 입증책임을 진다"(the Plaintiff bears the burden of showing that 같은 법률기준공식(LegalStandardFormulation)과 유사한 문장을 탐색한다: (1) 원고-언급(Plaintiff-Mention), (2) "bear the burden"과 유사한 표현 종류 중에 하나, (3) 증거 생성을 알리는 동사들 종류 중 하나(예를 들어, show, produce, establish 등등) (Grabmair et al., 2015).

10.5.2. 중요 기준 사건들을 준비하기

LUIMA 가설의 초기 평가를 목적으로, 연구자들은 Section 5.8에서 소개하였던 V/IP 코퍼스로부터 10개의 원본(source) 사건들을 선택했다. 중요 기준 사건들(gold standard cases)로 참조된, 이 10개의 사건들은 종전 연구에서 채택된 것들이었다: Cusati, Casey, Werderitsh, Stewart, Roper, Walton, Thomas, Meyers, Sawyer, and Wolfe (Ashley and Walker, 2013).[4] 이 사건들은 모두 NVICP의 목적으로 그 백신이 신청인(petitioner), 피해

---

4) *Cusati v. Secretary of H   ealth and Human Services*, No. 99-0492V (Office of Special Masters, United States Court of Federal Claims, September 22, 2005); *Casey v. Secretary of Health and Human*

당사자(injured party), 대리인(representative)에 의해 주장되고 있는 상해를 일으켰다는 것을 증명하는 문제를 다루었다. 신청인들은 그 사건들 중 다섯 번 승소하였고; 피고 정부는 나머지 다섯 번을 승소하였다.

연구자들은 중요 기준 사건들 예제에서 법률규칙문장(LegalRuleSentence), 문장검색기초증거(EvidenceBasedFindingSentence), 인용문장(CitationSentence)의 예제들에 주석을 붙이기 위하여 시스템 절차를 채택하였다. Hofstra Law에 법률, 논리, 기술 연구소(Research Laboratory for Law, Logic and Technology)(LLT Lab)는 그 주석을 수행하였다. 모든 노력은 그 절차를 신뢰성있고 정확하게 보증하는 것에 이뤄졌다(Walker and Vazirova, 2014). 법률과 문장-수준 유형 시스템에 훈련을 받은 학생 연구자들은 초반에 각 결정에 표시를 했다. 그 이후 유사하게 훈련을 받은 로스쿨 학생들이 초기 주석을 검토하였고, 그 주석들에 어떤 차이들이라도 기록되었으며, 첫 번째와 두 번째 검토자들은 그 차이들의 모든 것을 해결하였다. 마지막으로 법학 교수(Walker)가 그것들을 검토하고 중요기준 주석들로 인증하였다. Section 10.6.2에서 설명된 바와 같이, LLT Lab은 훈련 제공과 품질 보증에 대한 계획서들(protocols)을 이용하고 다듬는다(Walker et al., 2011).

10.5.3. LUIMA-주석

다음 장에서 설명된 LUIMA 시스템의 세 가지 모듈들 중에, 도표 10.3에서 표시된 LUIMA 주석은 (다음의) 두 가지 방법들을 채택하여 사건들의 텍스트들에 주석을 다는 모듈이다:

1. 규칙-기반 하위문장 주석, 그 속에서 사람은 일부 예제들의 조사에 근거한 주석 규칙들의 문법을 수작업으로 구축한다.

Services, Office of Special Masters, No. 97−612V, December 12, 2005; *Werderitsh v. Secretary of the Department of Health and Human Services*, Office of Special Masters, No. 99−319V, May 26, 2006; *Stewart v. Secretary of the Department of Health and Human Services*, Office of Special Masters, No. 06−287V, March 19, 2007; *Roper v. Secretary of Health and Human Services*, No. 00−407V (Office of Special Masters, United States Court of Federal Claims, December 9, 2005); *Walton v. Secretary of the Department of Health and Human Services*, No. 04−503V (Office of Special Masters, United States Court of Federal Claims, April 30, 2007); *Thomas v. Secretary of the Department of Health and Human Services*, No. 01−645V (Office of Special Masters, United States Court of Federal Claims, January 23, 2007); *Meyers v. Secretary of the Department of Health and Human Services*, No. 04−1771V (Office of Special Masters, United States Court of Federal Claims, May 22, 2006); *Sawyer v. Secretary of the Department of Health and Human Services*, No. 03−2524V (Office of Special Masters, United States Court of Federal Claims, June 22, 2006); *Wolfe v. Secretary of Health and Human Services*, Office of Special Masters, No. 05−0878V, November 09, 2006.

2. ML 속에서 인간-주석이 붙은 예제들의 훈련 세트로부터 ML 알고리즘이 자동으로 긍정과 부정 예제들을 구별하는 모델을 구축한다. 이는 Section 8.4.2의 예측 코딩과 유사하다.

이를 테면 CLIR 서비스에서 문서가 입력된 때(도표 10.3의 왼쪽), 시스템은 반드시 한 문장이 끝나고 다른 문장이 시작되는 지점을 구별해야 한다. 문장 나누기는 규칙-기초 언급(Rule-Based Mention)과 공식 주석기들(Formulation Annotators)에서 초기 단계에 일어난다.

| 도표 10.3. | LUIMA-주석의 도식 (Grabmair et al., 2015)

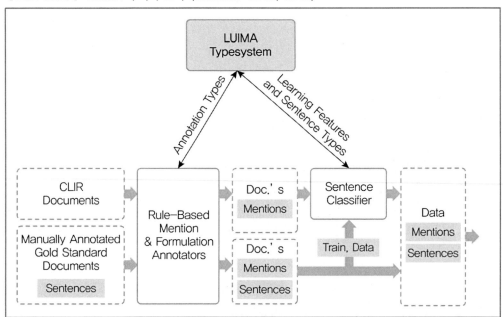

문장 나누기는 인간 독자들에게는 쉬운 작업이지만 컴퓨터에게는 반드시 그렇지는 않다. 법률 문서들의 모호한 마침표는 자동 문장 나누기들(splitters)에게는 도전이다. 예를 들어, 법률 문서들에서 압축과 인용은 문장의 종료를 표시하는 다른 방법과는 다르게 마침표(".")를 채택한다. 문장 나누기들은 그것들을 문장을 종료하는 것으로 잘못 해석할 수 있고, 이것은 그 이후에 ML을 덜 효율적으로 만들 수 있다. Lingpipe 문장 나누기는 마침표와 관련된, 예를 들어, 주식회사에 "Inc."와 같은 현상을 다룬다(Alias-i, 2008); 연구자들은 "v."(versus)와 같은 법률-특화 마침표의 사용들을 다룰 모듈(module)을 추가하였다. 모듈의 효율성을 평가하는 것은 향후 작업으로 남겨져 있다(Grabmair et al., 2015).

특히 LUIMA-주석 분류기들은 사건 텍스트들에서 (다음) 개체들(entities)을 구분한다:

- 용어들(Terms): VaccineTerm, IllnessTerm, CausationTerm.
- 언급들(Mentions): VaccineMention, 이것은 VaccineTerm("MMR Vaccine"), VaccinationEventMention, CausationMention과 한쌍을 이룬 VaccineAcronym을 포함한다.
- 일반화(Normalizations): VmNormalization, ImNormalization (즉, 문장에서 언급된 백신이나 질병의 일반화된 이름).

백신들 또는 질병들은 아주 많은 변형들, 동의어들, 축약들로 표현될 수 있기 때문에, 표준화된 표현들 또는 일반화들은 어간추출(stemming)과 분류정리(lemmatization)와 정의 부분으로 포함된다(Section 8.3과 Section 9.3.2 참조). 이와 같이 문서들과 쿼리들 속에서 문장이 "MMR vaccine"에 대한 것이라는 사실은 VaccineMention 또는 VaccinationEvent Mention 용어, 언급된 백신에 대한 일반화된 이름, 그 언급의 텍스트의 측면에서 표현된다. 예를 들어:

about:VaccineMention　　or　　about:VaccinationEventMention　　or
vmNormalization:#mmr or content: "MMR vaccine." (Che et al., 2015)

인용들에 주석을 달기 위하여, 연구자들은 규칙적인 표현들(regular expressions)(regex), 이전 사건들을 포함하여 법률 문서들에서 인용하는 다른 유형들의 패턴들이 일치하는 문자열(string)을 위하여 검색 패턴들을 정의하는 특징 순서들(character sequences), 법률 규정, 사건 파일들, 일반적 참조들을 개발하였다(Che et al., 2015).

수작업으로 구축된 하부문장 주석 규칙들

문장들은 언급들과 하부문장 유형들의 측면에서 자동으로 주석이 달린다. 이 주석은 UIMA 주석기들의 빠른 개발을 용이하게 하기 위하여 텍스트 일치(text matching)에 대해 특별히 설계된 규칙 언어(rule language)인 UIMA RUTA에서 수작업으로 프로그램되었던 규칙들에 의해 실행된다.

법학 교육을 받은 연구자들 중 한 명(Grabmair)은 법률 주제 전반에 걸쳐서 무엇이 유용할 것인지에 관하여 직감에 의존하여 주석 규칙들의 일부를 개발하였다. 그는 추가적 규칙들을 개발하였다. 세 가지 중요 기준 V/IP 사건들(*Roper, Cusati, and Thomas*)의 일부분들에 기초하여 추가적 규칙들을 개발하였다. 그는 수작업으로 용어들, 언급들, 세 가지 사건 텍스트들로부터 공식들(formulations)을 추출하였고, 그것들을 자동으로 추출하기 위한 RUTA 규칙들을 구축하였다. 그 이후, 그는 단어구성의 변형들과 구조를 예상하기 위한 규칙들의 영역을 그의 직감에 의하여 확장하는 시도를 하였다. 세 가지 사건들로부터 규칙들을 구축하면서, 그는 중요 기준 사건들의 주석기들에 의해 준비된 세 가지 문서들의 문장-수준 주석들을 참고하지 않았다. 이러한 신중함은 시스템 생성 중에 데이터를 검토하거나 나중에 평가에서 쓰일 훈련에 의해 그 데이터나 모델을 "오염시키지" 않기 위한 것으로 여겨진다(Grabmair et al., 2015).

하부문장 주석에 대하여 수작업으로 구축된 규칙의 예제로써, 여기에 법률기준공식(LegalStandardFormulation)에 주석을 붙이기 위한 규칙(in RUTA)이 있다:

> IF   (PlaintiffMention MustRelationTerm "also"? ("prove" | "show" | "establish"))
>
> THEN
>
> MARK(LegalStandardFormulation)

이 규칙은 (다음을) 의미한다:

- 만일(IF): 그 표현이 원고를 언급하는 개체, 의무를 표현하는 용어의 개체, 3가지 다른 동사들 중 하나와 선택적으로 "또한"을 포함한다면
- 그렇다면(THEN): 그 표현을 LegalStandardFormulation으로 주석을 단다.

예를 들어, 만일 규칙이 그러한 원고의 언급("must", "also", "show"와 같은 용어)을 탐지한다면, 그것은 그 문장이 법률 테스트를 표현하는 것으로 주석을 달 것이다.

LUIMA 개발의 현재 단계에서, 현행 유형 시스템은 여덟 가지 용어 유형들(term types), 열네 가지 언급 유형들(mention types), 열세 가지 공식 유형들(formulation types)로 구성된다. 그 규칙 기초(rule base)는 일곱 가지 사전 주석기들(dictionary annotators)(백신 축약을 포함하여(Centers for Disease Control and Prevention, 2015))과 StandardLegalFormulation, VaccineMention, ProofStandardMention, ProofStandardSatisfiedMention, and ProofStandardNotSatisfiedMention과 같은 개체들에 대한 49개의 규칙들로 구성된다. 이러한 규칙들과 유형들 모두가 아래에서 논의되는 초기 실험을 위한 주석 과정에 직접적으로 관여되지 않았다(Grabmair et al., 2015).

문장 주석기들에서 학습된 기계

LUIMA-주석은 문장 주석에 ML을 채택하였다. 학습될 세 가지 분류들은 문장이 (1) LegalRuleSentence, (2) EvidenceBasedFindingSentence, (3) 둘 다 아닌 즉, "NotAnnotated" (이것은 기술적 목적들로 별도의 태그로 다루어졌다)의 개체인지 여부를 포함하였다. 그 데이터세트(dataset)는 5,909개의 문장들, 그중 82개의 문장들은 EvidenceBasedFinding 개체들이었고, 227개는 LegalRuleSentences의 개체들이었으며, 그 나머지는 둘 다 아니었다(NotAnnotated).

ML의 목적을 위하여, 문장들의 텍스트들은 West History Project(Section 8.5.1)에서만큼 많이 또는 Mochales and Moens 작업(Section 10.3)과 SMILE(Section 10.4)에서처럼 특징 벡터들로 표현되었다. LUIMA에서 특징 벡터들은 문장에서 보유한 길이인 네 단어들까지 가능한 모든 단어 연속에 대하여 *tf/idf* 빈도 정보(Section 6.4 참조)를 포함한다.

연구자들은 또한 선택된 LUIMA 하위문장 유형들의 관련 특징들을 추가하여 문장의 이러한 벡터 표현을 풍부하게 하는 시도를 하였다. 만일 그 문장이 특별한 유형의 개체들로써 주석이 달린 표현을 포함하고 있다면 추가된 특징 각각은 이진법의 변화가능한 표시이다.

여기 예제 문장이 ML의 목적을 위하여 어떻게 표현되었는지의 예시가 있다. 그 문장은 "Winston 박사는 신청자가 지연된 위장 공복의 장애인 *위마비*로 고통을 받았다고 결론내렸다"(Dr. Winston concluded that *petitioner* was suffering from *gastroparesis*, a disorder of delayed stomach emptying)이다. 그것의 특징 벡터는 모든 가능한 하나−요소("Dr."), 두 개−요소("Dr. Winston"), 세 개−요소("Dr. Winston concluded"), 네 개−요소("Dr. Winston concluded that") 연속들의 *tf/idf* 빈도 정보를 포함한다. 이탤릭체 용어들이 PlaintiffTerm과 IllnessTerm으로 주석이 달려 있기 때문에, 각각의 벡터 또한 PlaintiffTerm과 IllnessTerm의 각각에 대해 1의 값을 포함한다(Grabmair et al., 2015).

중요 기준 사건 중의 하나로써 *Roper* 결정에서 이 문장은 수작업으로 EvidenceBasedFindingSentence가 아니라 EvidenceSentence로 주석이 달렸다. 왜냐하면 그것은 Special Master의 결론이 아니라 전문가 증언인 Dr. Winston의 결론을 보고하였기 때문이다. 그에 따라, 그것은 이 ML 실행의 목적을 위해서 NotAnnotated로 다루어질 것이고, 그 ML 실행에서 세 가지 분류기들은 EvidenceSentences를 포함하지 않았다(향후 작업을 위한 업무).

도표 10.3의 왼쪽 아래에서 보이는 바와 같이, *Roper* 결정과 다른 중요 기준 사건들은 세 가지 문장 유형들인 LegalRuleSentence, EvidenceBasedFindingSentence, NotAnnotated를 위해 수작업으로 주석을 달았고, LUIMA−주석(Annotate)에 입력했다. 하위문장 언급과 공식 주석 규칙들이 적용된 후에, 그 사건들은 문장 분류기(Sentence Classifier)를 훈련하기 위한 데이터로 취급되었다(Grabmair er al., 2015).

10.5.4. LUIMA−주석을 평가하기

연구자들은 LUIMA−주석(Annotate)이 얼마나 잘 작동했는지를 평가했다. 특히 그 실험은 그것이 두 번째 문장−수준 주석들(LegalRuleSentence와 EvidenceBasedFindingSentence)을 10개의 중요 기준 사건들에 대하여 얼마나 잘 배정했는지를 실험했다.

그 실험은 LOO 교차 확인(Section 4.4.3 참조)으로써 진행되었다. 다른 말로, 10번 실행되었고, 각 중요 기준 사건에 대하여 한 번 실행되었다. 각 실행에서, 하나의 다른 주석이 붙은 중요 기준 문서들의 문장들이 실험 세트로 제공되었다; 그 나머지 9개 문서들의 문장들은 훈련 데이터로 사용되었다. 주석이 붙은 문장들은 그들 주석들의 긍정 예제들로 제공되었다; 주석이 붙지 않은 문장들은 부정적 예들이 되었다.

네 가지 측정들인 정교함(precision), 리콜(recall), 정확함(accuracy), F₁-측정(measure) (Section 4.4.4에서 정의됨)을 위한 값들은 매 실행마다 계산되었고 평균을 내었다(표 10.2 참조). 세 가지 ML 알고리즘인 naïve Bayes(Section 10.3.3), 기호논리 회귀분석(logistic regression)(Section 10.3.3), 결정 트리들(decision trees)(Section 4.3.1)이 적용되었다(Stanford Parser(Finkel et al., 2003-2014), 그리고 데이터-마이닝(data-mining) 소프트웨어 장치들의 저장소(repository)인 Weka 패키지(Machine Learning Group at the University Waikato, 2015)를 사용).

‖ 표 10.2. ‖ 문장 분류 실행결과 측정 (볼드체는 최상값) (Grabmair et al., 2015)

ML Algorithm+ additional feature	Accuracy	Precision	Recall	Macro-F
Naive Bayes	0.88	0.15	**0.75**	0.14
Naive Bayes+Type	0.89	0.16	**0.75**	0.15
Decision Tree	**0.97**	0.53	0.28	0.23
Decision Tree+Type	**0.97**	0.53	0.29	0.23
Log. Regression	0.96	**0.66**	0.38	**0.31**
Log. Regression+Type	0.96	**0.66**	0.38	**0.31**

기호논리 회귀분석(logistic regression)이 세 가지 ML 알고리즘들 중에 최고로 작용하였기 때문에, 그것은 핵심 시스템 파이프라인(main system pipeline)(Section 11.4에서 설명된 바와 같이)에서 다른 문서들에 대한 대규모 저장소(pool)의 문장-수준 주석(sentence-level annotation)을 위해 선택되었다(Grabmair et al., 2015).

연구자들은 또한 문장 표현에서 하위문장 유형들을 n-grams에 추가한 것, 예를 들어, 상기 예제에서 PlaintiffTerm과 IllnessTerm에 대한 1의 값들이 성능을 개선시켰는지를 테스트하였다. 추가적 특징들은 성능을 개선하지 못했다. 예를 들어, 표 10.2에서 Log, Regression and Log, Regression + Type을 비교해보라. 아마도 LegalStandardFormulation과 같은 규칙 주석기 패턴들(rule annotator patterns)의 다수는 네 가지 요소 n-gram으로써 대략 같은 길이일 것이고, 그래서 그것들의 기여는 작았다(Grabmair et al., 2015).

Chapter 11에서 논의한 바와 같이, LUIMA 주석기들은 법률 정보 검색을 개선시킬 수 있다.

10.6. 훈련 데이터의 주석

사건 텍스트들로부터 주장-관련 정보를 추출하려는 노력은 고품질 훈련 세트들을 개발하는 것에 달려 있다. 이 목적을 위하여, 중요 기준으로 사용하기 위하여 수작업으로 주석을 붙인 문서들의 세트를 생성하는 것이 점차로 중요하게 될 것이다. 수작업으로 주석을 붙인 문서들은 훈련과 자동 주석기들의 측정 둘 다를 위해 데이터로써 사용될 수 있다.

대부분 코퍼스들의 크기를 고려할 때, 코퍼스의 한 부분만 수작업으로 주석을 붙이는데 필요하다고 하여도 사람들은 아직 많은 문서들에 표시를 할 필요가 있다.

이상적으로는, 가공하지 않은(untouched) 실험 세트로 그 나머지에 대한 훈련된 ML 모델을 측정하기 위하여 주석이 붙은 데이터의 일부를 보존할 만큼 충분히 주석이 붙은 데이터가 있을 것이다. 만일 그렇지 않다면, 훈련과 실험 세트들 사이에 분리는 LOO 또는 k-fold 상호교차 검증(cross validation)을 통해서 강제될 수 있다.

확실한 실험 또는 안정적 시스템을 위하여 필요한 주석이 달린 문서들의 순수한 숫자는 별도로 하고, 주석들 또한 충분한 품질을 갖춰야 할 필요가 있다. 좋은 매뉴얼 주석들을 얻는 것은 각 텍스트를 여러 사람들에게 배정하여 독립적으로 주석을 달게 하고 그들의 주석을 그들이 동의하는 범위까지 즉, 그 주석들의 *신뢰성*을 측정하기 위하여 그들의 주석을 비교할 필요가 있다. 주석들이 다른 개체들(instances)에 대해, 실험의 설계 상 차이에 대해 설명하거나 어떤 방법에 따라 그 차이를 해결할 수도 있다. 만일 사람들이 그 주석들에 대해 동의할 수 없다면, 예를 들어, 만일 그 태그의 의미가 너무 모호하다면, ML 프로그램 또한 그 태그를 어떻게 적용해야 할지 학습할 수 없을 것이다. 이러한 면에서, 사람 주석가의 신뢰성은 자동화된 ML 기술들의 성공에 관하여 상위 부분의 한계를 부여한다.

컴퓨터-지원 환경은 텍스트들에 표시를 하는 사람들의 팀을 지원할 수 있다. 그것은 주석가들의 노력을 안내하고 조화시키기 위한 시스템 상 절차를 실행하고 그들의 신뢰성을 감시한다.

10.6.1. IBM Debater에서 주석

IBM Debater팀은 ML이 텍스트들로부터 정보를 추출할 수 있도록 수작업으로 훈련 세트들에 주석을 붙이는 것에 대하여 시스템 상 접근방법을 개발하였다(Levy et al., 2014).

Chapter 1에서 언급한 바와 같이, Debater는 Wikipedia 기사들과 그 뒷받침 증거로부터 찬반 주제(topic)인 주장 청구들을 추출한다. 좀 더 특별하게는, 그것은 문맥-의존 청구들(context-dependent claims)(CDC), 주어진 화제를 직접 뒷받침 하거나 다루는 일반적 진술들, 간결한 진술들을 탐지한다(Aharoni et al., 2014a). 청구들을 탐지하는 과정에서, Debater는 Mochales and Moens (2011)의 작업과 유사한 작업을 수행하지만, 법률 텍스트들에 관해서는 아직 그렇지 않다.

주제와 관련 기사들을 고려하여, 문장 구성요소(sentence component)는 최상의 200개 문장들을 선택한다. 경계 구성요소(boundaries component)는 각 문장에서 청구 후보에 한계를 정한다. 문장과 경계 점수들을 이용하여, 그 이후 순위 구성요소(ranking component)는 최상의 50개 CDCs 후보를 선택한다. LUIMA와 같이, Debater 프로젝트는 ML을 채용하지만 Debater는 3가지 단계들의 각각에서 그렇게 한다: 문장 선택(sentence selection), 경계 설정(setting boundaries), 후보들 순위 매김(ranking candidates).

Debater의 ML은 문서들의 훈련 세트에 대한 고품질 주석을 하기 위한 사람 주석가들의 능력에 의존한다. 주석가들은 텍스트 부분들이 다음 제한들을 만족시킨다면 그것들에 CDCs로써 태그를 달도록 부탁받는다. 텍스트 부분들은 (다음)이어야 한다:

- *강도(Strength)*: 화제를 직접 뒷받침/다루는 강력한 내용을 표현.
- *일반성(Generality)*: 상대적으로 넓은 주제(idea)를 다루는 일반적 내용을 표현.
- *표현(Phrasing)*: 문법적으로 정확하고 시맨틱하게 일관성 있는 진술을 하기.
- *텍스트 정신(Text.spirit)*: 원본 텍스트의 정신을 유지.
- *단일 화제(Topic unity)*: 하나의 화제, 또는 많아야 두 가지 관련 있는 화제들을 다룸(Aharoni et al., 2014a).

Debater팀은 신뢰성을 극대화하려는 사람 주석 노력을 조직화할 시스템 상 방법을 개발하였다. 언급한 바와 같이, 주석에서 신뢰성은 텍스트의 동일한 조각에 대하여 태그를 부여하는데 있어서 독립적인 (보통은) 사람 입력자들의 동의 수준에 관한 것이다.

태그를 붙이는 자들의 동의에 대한 표준 측정방법은 Cohen의 kappa (k) 계수(coefficient)이다(Cohen, 1960). Cohen의 kappa 통계는 만일 그 동의가 철저하게 우연에 맡겨졌더라면(Pe) 기대가능한 동의는 빼고 평가자들(raters)(P) 사이에서 실제로 관찰된 동의를 측정한 0과 1 사이의 값이다(Breaux, 2009 참조). 그것은 공식으로 (다음과 같이) 표현된다:

$$k = (P - Pe)/(1 - Pe) \qquad (10.1)$$

우선적으로 대학원 학생들인 사람 입력자들은 그들의 작업에 보수를 받았다. 그들은 온라인 주석 환경을 사용했는데 팀 매니저들이 그들의 코딩과 관련한 각각의 효율성과 정확성을 감시할 수 있었다. 팀 매니저들은 필요에 따라 비효율적이거나 부정확한 입력자들을 교체하였다.

토론 화제를 고려하여, 5명의 태그를 붙이는 사람들은 CDCs를 갖고 있다고 믿는 기사들을 Wikipedia에서 각자 검색하였다. 그 이후 그 5명은 선택한 기사들을 각각 읽었다. 그들은 독립적으로 작업하여 1,491개의 CDCs 후보들을 탐지하였다. 그 이후 그 5명은 CDCs 후보들을 각각 검토하였고, 독립적으로 그 후보에 대한 확인이나 거부를 결정하였다. CDCs 후보들은 최소한 3명에 의해 확인된 경우에만 통과되었다.

Debater팀은 어떤 2명의 태그를 붙이는 사람들도 모두 동일한 작업들을 할 수 없다는 사실에 대처하기 위하여 다중-평가자들 동의 측정방법을 채택하였다. 각각 100개 이상의 CDCs/CDEs에 관하여 함께 일을 했던 한 쌍의 주석가들에 대하여 그 모든 주석가들의 쌍에 걸쳐서 동의의 평균 측정방법을 취하였다(Aharoni et al., 2014a, p.67).

팀은 다음과 같은 보고를 하였다. 32개 화제에 관하여, 326개의 Wikipedia 기사들에 태그가 붙었고, 976개의 CDCs를 생산했다. 평균적으로, 태그를 붙이는 작업은 각 화제마다 30개의 CDCs를 생산했다. (평균적으로, 200개의 문장들 중에서 단 2개만 CDC에 포함된다.) 태그를 붙이는 자들의 한 쌍들 사이에 평균 kappa 동의(사람 주석가들의 신뢰성 측정방법)는 0.39였다. CDEs에 대한 평균 kappa는 0.4였다. 이는 높은 수준의 동의를 나타내지 않는다. 언급한 바와 같이, ML의 자연어 적용에서, 사람 입력자 신뢰성의 수준은 기계-학습 분류기 성능의 상위수준에 얽매여 있다.

그럼에도 불구하고, 태그를 붙이는 작업의 복잡성과 소위 CDC와 CDE와 같은 태그들을 정의하는 기준들이 잘 정비되지 않은 점을 고려하면 Debater팀이 이룩한 동의 수준들은 놀라운 것이었다. 특히 상기 세 가지 태그 항목인 강도(strength), 일반성(generality), 텍스트 정신(text spirit)은 다소 주관적(subjective)이다. 시스템 상 주석 처리는 결과로 나온 CDCs가 청구들과 자연스럽게 일치하여 화제 토론에서 사용가능하도록 보증하는데 도움을 주었다(Aharoni et al., 2014a).

10.6.2. 주석 규약들(protocols)

DLF에 따라 LUIMA 문장 유형들에 주석을 붙일 때, Hofstra의 LLT Lab에서 Walker의 접근방법(Section 5.8, Section 6, Section 10.5.2 참조)은 연구자들이 중요 기준 문서들로 주석을 붙인 규약들(protocols)을 동시에 개발하고 재정비한다(Walker, 2011; Walker and

Vazirova, 2014).

규약들은 사람 주석가들에게 주석을 붙일 때 사용할 언어 또는 논리 상 신호들 (cues)이 특정된 항목과 예제들을 제공한다. 그것들은 새로운 문서들이 표시될 때 통계적으로 개발되는데, 그것들이 그 처리 과정에서 발견된 언어적 변화를 수용하고 비정상적인 패턴들에 대한 가이드를 제공할 수 있게 하기 위함이다. 그것들은 훈련 주석들과 품질 보장 모두를 위해 유용하다. 또한 정리된 규약들은 유형들에 대한 정의들을 재정비하는데 제공되어, 그 범위에서 그것들은 그것들의 적정한 사용을 특화한다. 그것들은 또한 자동 주석을 위한 규칙-기반 프로그래밍의 구축에 통찰을 제공한다.

10.6.3. 컴퓨터-지원3 주석 환경들

IBM의 Debater 주석 환경과 처리는 아직 외부인들에게는 사용가능하지 않다. Chapter 1에서 설명한 IBM의 BlueMix 서비스들은 비록 허가 받아야 하지만 주석에 대한 지원을 한다. 이와 같이 대안적인 오픈-소스 주석 환경들(open-source annotation environments)이 중요하다.

┃ **도표 10.4.** ┃ LUIMA 주석 환경

UIMA는 개발자의 툴박스 소프트웨어를 갖추고 복잡한 주석 인터페이스(interface)를 포함하여 제공된다. 도표 10.4는 위에서 논의했던 9개의 UIMA 문장 유형들에 주석을 다는 것을 갖춘 UIMA 주석 환경을 보여준다. 그 주석들은 컴퓨터 교육을 받은 로스쿨 교수의 감시 아래 때로 능력 있는 대학원 학생들의 기술적 지원을 받으며 로스쿨 학생들이 수행한 것이었다. 추정컨대, 텍스트 주석 환경들의 중요성이 증대됨에 따라, 좀 더 UIMA 와 호환되는 사용자-친화적 인터페이스 또는 어떤 계승자 체계가 개발될 것이다.

텍스트 처리용 파이프라인 구조와 UIMA에 대안인 GATE 주석 환경은 Debater와 관련해서 화제에 태그를 붙이는 것에 채택되었다(Aharoni et al., 2914a). 웹사이트 툴인 GATE Teamware는 커다란-규모에 여러 주석가들인 프로젝트들에 주석가들, 편집가들, 매니저들의 역할들을 지원한다. 그것은 언어적 메타데이터(metadata)인 핵심 유형 시스템 을 사용하여 낮은-수준 유형들의 용어들에 표시를 함으로써 수작업 주석을 위한 텍스 트들을 준비한다. 전문 편집가들은 Teamware를 사용하여 비전문 주석가들을 감시하고 주석이 붙은 문서들을 선별하는데 사용한다. 그것은 주석자들이 문서 당 소모한 시간의 양, 그들이 완성한 문성의 퍼센트, IBM Debater에서 채택한 시스템 상 처리 종류의 실행 에 유용한 다른 측정들 같은 주석 처리 작업에 대한 통계를 유지한다.

┃ **도표 10.5.** ┃ 영업비밀 사건에서 사실요소들과 구성요소들의 GATE Teamware로 붙인 주석 (Wyner and Peters, 2010)

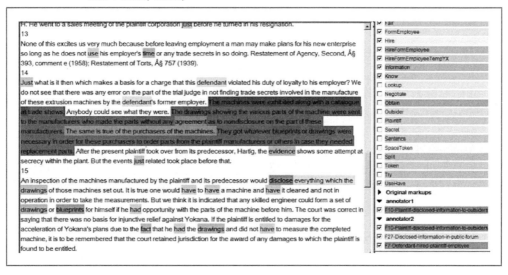

로스쿨 학생들과 변호사 참여자들은 GATE Teamware를 요소들과 요소 구성요소들 (factor components)의 측면에서 영업비밀 사건들에 주석을 붙이는데 사용했다(Section 10.4.3)(Wyner and Peters, 2010, 2012). 도표 10.5는 Teamware 환경에서 사건 발췌의 표시 를 묘사하고 있다. 지리적으로 퍼져있던 주석자들은 인터넷을 통해 원격으로 작업했다. 그 툴은 각 컴퓨터에 설치가 필요하지 않고 중앙 저장소에 데이터를 저장한다.

중요한 것은, 어떻게 효율적으로 GATE Teamware와 UIMA를 연동할 것인지가 남 아있는 것으로 보이지만 UIMA와 GATE가 상호운용이 가능하다는 것이다.

| 도표 10.6. | Mason 사건에서 영업비밀 구성요소들의 WebAnno 주석 (Yimam et al., 2013)

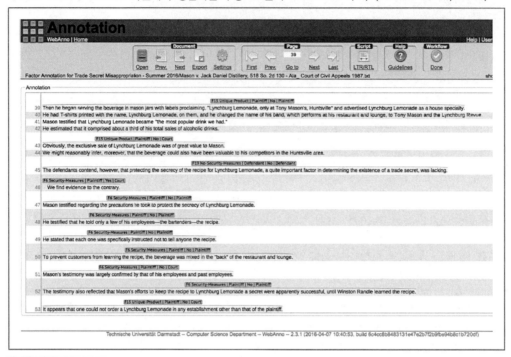

다른 브라우져-기반 툴(browser-based tool)인 WebAnno 또한 여러 주석자들, 주석자들 간의 동의 감시, 데이터의 선별을 관리하는 것을 지원한다(Yimam et al., 2013). 그 사용자 인터페이스는 잘 조직되어 있고, 어수선하지 않고, 상대적으로 이용하기 쉽다. 도표 10.6은 현재 진행되는 프로젝트에서 웹 브라우저를 통해 WebAnno 환경을 사용하여 로스쿨 학생들에 의해 수행된 *Mason* 사건(도표 3.2)에서 영업비밀 요소들의 표시를 묘사한 것이다. 그 태그들과 텍스트의 통합은 비기술친화적 사람들에게 좀 더 지적일 수 있는 인터페이스를 만드는데 도움을 주었다. Hofstra의 LLT Lab에서 Walker와 로스쿨 학생들은 DLF와 LUIMA 문장 유형들의 측면에서 퇴역군인 장애 사건들에 표시를 하기 위하여 WebAnno를 사용하고 있다(Section 5.8, Section 6.8, Section 10.5.2 참조).

WebAnno는 더 간단한 주석 작업들은 대규모의 비전문 주석가들이 다룰 수 있도록 하기 위하여 크라우드소싱 플랫폼들(crowdsourcing platforms)에 쉽게 연결되도록 설계되었다(Yimam et al., 2013). 크라우드소스 주석의 장점과 도전들은 Section 12.5.2에서 논의한다.

사건 텍스트들로부터 정보를 추출하는 중요한 이유 중 하나는 다음 장의 주제인 법률 정보 검색을 개선하기 위함이다.

PART

∨

III

컴퓨팅 추론 모델과
법적 텍스트의 연결

Chapter

11

∨

인지 컴퓨팅을 위한
개념적인 법률 정보 검색

11.1. 서론

이 Chapter에서 설명하는 LUIMA 아키텍처는, 문서의 개념적 마크업을 자동화하고 법률 사례 텍스트에서 정보를 추출하기 위하여, Part Ⅱ의 기술을 채택하고, 이를 개념적 법률 정보 검색을 위한 프로토타입(prototype) 시스템에 통합한다. 이 시스템은 자동적인 부속문장 단위의 주석, ML 기반 문장 주석, 전체 텍스트 정보 검색 시스템을 사용한 기본 검색, 그리고 검색된 문서의 ML 기반 재순위화를 위한 모듈로 구성된다. 이 장에서는 이러한 객관적으로 평가하는 방법과, 전체 텍스트 법률 정보 시스템에 대한 기여도를 평가하는 방법에 대해 설명한다.

특히 이 Chapter는 Section 10.5에서 설명한 LUIMA 가설, 'AR이 가능하다'는 가설을 뒷받침하는 증거를 제시한다. 논증에서의 역할 정보와 함께 의미론적으로 문서에 주석을 달고, 그 주석에 기반하여 문서를 검색함으로써, 혹자는 텍스트 매칭에 의존하는 현재의 시스템과 법률정보 검색을 위한 현재의 기술을 능가할 수 있다(Grabmair et al., 2015).

예를 들어, Section 6.8에서 소개했고 여기에서 자세히 설명할 바와 같이, B형 간염 백신이 다발성 경화증을 일으킬 수 있는지 여부를 찾는 변호사는 두 개의 다른 질문을 염두에 둘 것이다. (Q_1) "백신과 상해 사이의 인과관계를 수립하기 위한 규칙은 무엇인가?"에서와 같이 그는 관련 법규가 무엇인지 알고 싶어 할 수 있다. 또는, (Q₂) "B형 간염 백신이 다발성 경화증(MS)을 일으킬 수 있는 판례가 있었는가?"와 같이 변호사는 특정 사실에 대해 규칙을 적용한 판례를 찾을 수도 있다. 질문의 바탕이 되는 사용자의 추론에 따라, 다른 판례가 더욱 적절할 수 있다. 예를 들어, *Werderitsh*[1] 판결문의 다음 문장들을 생각해보라.

- S₁: Althen 사례에서 연방 항소법원은 Grant v. Secretary of HHS 판례[2]에서의 의견을 인용하였다.: 설득력 있는 의학적 이론은 "예방 접종이 상해의 원인이었다는 것을 보여주는 원인과 결과의 논리적 관계의 증거"에 의해 입증되는데, 그 논리적 관계는 "평판이 좋은 의학적 또는 과학적 설명", 즉 "과학적 연구나 의료 전문가의 증언과 같은 형태의 증거"에 의해 뒷받침된다.

- S₂: "서명자는 B형 간염 백신이 보상신청자의 다발성 경화증(MS)을 유발하거나 현저하게 악화시켰다고 주장한다."

- S₃: "서명자는 예방 접종과 보상신청자의 상해를 인과적으로 연결하는 의학이론은 유전적으로 다발성 경화증에 취약한 Werderitsh 여사가 두 가지 B형 간염 예방 접종의 항원 상태(염증, 자가 항원, 자가 면역 반응을 일으키는 충분한 수의 T 세포를 생성하는, 나중에 다발성 경화증으로 진단되는)에 노출되었다는 것이라고 결론을 내린다."

세 문장 모두 상해를 유발한 백신을 다루지만, 한 가지 유형의 질의를 충족시키는 문장이 반드시 다른 하나를 만족시키지는 않는다. 인과 관계의 규칙을 나타내는 역할을 하는 문장은 첫 번째 질문에 더 적합하다. 특정한 상해를 야기하는 백신과 관련된 사실에 대한 판사의 판단을 밝힌 문장은 Q₂에 더 적합할 것이다.

이 예에서 S₁은 Q₁에 더 반응한다. 그것은 백신과 그 이후의 상해 사이에 인과 관계를 수립하기 위한 법적 규칙을 명시하고 있다. Q₁을 고려할 때, S₁이 더 관련성이 있다고 인식하기 위해서는 시스템이 단어를 매칭하는 것 이상으로 나아갈 필요가 있다. 그것은 법규의 개념, 즉 예방접종, 인과관계, 상해와 같은 개념을 인식해야 한다. S₁에서 예방접종을 상해의 "원인"이라고 하였다. 시스템은 그것을 인과관계의 개념을 언급하거나, 인과관계의 개념을 언급하는 다른 방법인 것으로 인식해야 한다. 또한, S₁은 "원인과 결과

---

1) *Werderitsh v. Secretary of the Department of Health and Human Services*, Office of Special Masters, No. 99-319V, May 26, 2006.
2) *Grant v. Secretary of HHS*, 956 F. 2d n44, n48 (Fed. Cir. 1992)

의 논리적 관계의 증거"에 의해 증명되는 의학적 이론을 언급하고 있다. "규칙"이나 "표준"에 대한 구체적인 언급이 없는 경우에, 시스템은 이 공식과 항소 법원의 인용을 규칙이나 표준을 나타내는 문장을 가리키는 것으로 인식하여야 한다. S_1은 "예방접종"과 "상해"에 대해 명시적으로 언급하고 있지만, 시스템은 또한 "면역"과 "반대의 의학적 상태"를 표현하는 개념(이 개념들은 동일한 것을 의미하고, 법원이 요건을 바꾸어 쓰곤 했다.)을 인식할 필요가 있다. 반면에, S_2와 S_3은 Q2에 대해 "B형 간염 백신", "원인"과 "다발성 경화증"을 모두 언급한다. 두 문장은 모두 다발성 경화증을 일으키는 B형 간염과 관련된 사실에 대한 법규의 적용에 관한 특별 전문가의 결론을 보여준다.

현재, LUIMA 시스템은 규칙을 제시하는 문장과 사실의 발견을 제시하는 문장, 즉 S_1과 S_2 또는 S_3을 구별할 수 있다. 이 장에서는, 검색의 품질을 향상시키는 방식으로 판례를 재순위화하기 위하여, 연구자들이 Section 10.5.3에 설명된 LUIMA 주석 접근법을 정보 검색 시스템과 어떻게 통합하였는지, 이러한 종류의 논증 관련 정보를 어떻게 사용하는지, 법률 정보 검색 시스템에서 검색한 사례의 텍스트에서 어떻게 추출하였는지를 설명하고자 한다.

또한 이 Chapter에서는 LUIMA 유형의 시스템을 확장하여 현재의 법률 정보 시스템에서는 불가능한 다양한 개념적 질의를 가능하게 하는 방법에 대해서도 설명한다. 확장된 시스템이라는 관점에서 문서에 주석을 달기 위한 기술과 나머지 과제에 대해 논의한다. 이 Chapter는 개념적 법률 정보 검색의 약속을 실현하기 위한 대안적 네트워크 기반 기술에 대한 논의로 끝맺음하고자 한다.

이 Chapter에서 대답하는 질문은 다음과 같다. AR은 무엇이며 법률 정보 검색을 어떻게 개선 할 수 있는가? 왜 텍스트 주석 파이프라인과 정보 검색 시스템을 통합하는가? 정말 통합할 수 있는가? ML은 개념적 법률 정보 검색을 위한 프로토타입에서 어떤 역할을 하는가? 강력한 개념적 법률 정보 검색을 달성하는 데에 얼마나 걸릴 것인가?

11.2. 개념적 법률 정보 검색에서의 최첨단

LexisNexis와 WestlawNext(WN) 같은 주요 법률 정보 검색 시스템은 개념적 법률 정보 검색의 기능을 이미 달성했다(Section 7.7 참조). LexisNexis는 판례법 데이터베이스에서 채취한 "법적 논점" 네트워크를 기반으로 판례에 대한 개념적 엔트리를 제공한다. 각 논점은 판례를 인용할 수 있는 명제에 해당한다. WN의 정교한 재평가 기능은 전문가가 생성한 주석 및 인용 네트워크를 기반으로 개념 정보를 활용한다.

두 법률정보 검색서비스 회사는 관련성 평가를 향상시키기 위해, 자동으로 추출된 판례 처리 내역(Section 8.5.3)에서 재순위화를 위한 법적인 주제와 관련된 특징 가중치 학습하고(Section 7.7) 법적 논의에서 사실에 관한 구절을 구별해내는(Section 8.6) 데에, ML을 사용한다고 발표하였다.

인공지능과 법 연구자들은 법률 정보 검색을 향상시키기 위하여, Chapter 10에서 설명한 바와 같이 판례에서 자동으로 추출되는 논증 관련 정보를 적용하는 다양한 방법을 시도하였다.

일부는 개념적으로 판례를 색인화하거나 논증을 중심으로 요약을 생성하는 방법을 취하였다. 예를 들어, 연구자들은 판례를 색인화하고 집중된 요약을 생성하기 위해, 자동 추출된 형사사건에서의 범죄와 법원칙을 적용했다(Uyttendaele et al., 1998). 프로그램은, 판례의 측면을 요약한 구조화된 헤드 노트를 만들기 위해, Saravanan and Ravindran 판례(2010)에서 수동으로 주석한 결정을 기반으로 판례 문장들에 자동으로 할당되는 레토릭 기능을 적용했다.

다른 경우는 검색을 위하여 논증 관련 정보를 사용하는 것에 집중하였다. 그것은, 판례를 표현하기 위해 논증체계를 사용하는, Dick and Hirst (1991)의 목표였다. Mimouni et al. (2014)에서의 시스템은 개념 설명자와 문서간의 상호 참조가 포함된 쿼리를 기반으로 문서를 검색했다. 비법률적 맥락에서, IBM Debater 시스템은 주제 적절성 클레임(논증을 구성하는 데에 가장 관련이 있는 논문을 선택하고 순위를 매기는 것을 탐지하는)을 사용했다(Levy et al., 2014).

11.3. LUIMA 아키텍처

법률 정보 검색에서 논증관련 정보를 사용하기 위해, 도표 11.1에 그려진 바와 같이, LUIMA 시스템의 아키텍처는 두 구성요소 LUIMA-Search와 LUIMA-Rerank를 구성하면서, 텍스트 주석 파이프라인 LUIMA-Annotate를 정보 검색 시스템과 연결한다.

LUIMA-Search는 검색 엔진과 판례 데이터베이스로 구성된다. 쿼리가 주어지면, 가장 답이 될 수 있는 문서를 검색하고 순위를 정하고, 다음 구성 요소로 전달한다. LUIMA-Rerank는 학습 자료의 실제 순위에서 배운 모델과 쿼리와 검색 엔진 순위에서 추출한 용어적 기능을 기반으로 적절성 측면에서 문서를 재정렬한다. 아래에 설명된 평가는 CLIR 시스템의 문서 목록과 재정렬된 문서 목록을 비교한다.

도표 11.1. LUIMA 파이프라인 구조 (Grabmair et al., 2015)

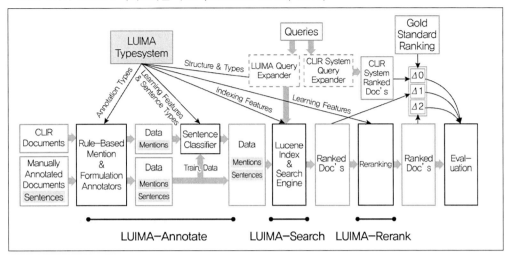

11.3.1. LUIMA-검색

Section 7.4에서 논의된 CLIR 시스템이 다음 쿼리를 처리하는 방법을 생각해보자.

"B형 간염 백신이 다발성 경화증을 유발할 수 있다는 판결 또는 결론."

서론(Section 11.1)의 Q_2와 마찬가지로, 이것은 문장 S_2와 S_3이 적절할 수 있는 쿼리이다. 아래에 설명된 실험에서, 그것은 CLIR 시스템에 제공된 11개의 기본 쿼리 중 하나인, 표 11.1의 Q_9이다.

▌표 11.1. ▌ CLIR에 입력된 11개의 쿼리들 (Grabmair et al., 2015)

	Query	Source case name (date) Winner [Althen 1 issue]	# Cases returned by CLIR system	# Cases expert deemed relevant in CLIR system's top 30	Source case rank in CLIR system's top top 30
Q1	Legal rule about vaccines causing injury	NA	157	25/30	NA
Q2	Finding or conclusion that MMR vaccine causes intractable seizure disorder	Cusati (9/22/05) Pet. [Pet.]	76	9/30	11th
Q3	Finding or conclusion that Tetanus vaccine causes chronic gastroparesis	Roper (12/9/05) Pet. [Pet.]	75	1/30	21st
Q4	Finding or conclusion that DTaP vaccine causes diabetes	Meyers (5/22/06) Govt. [Govt.]	75	1/30	9th
Q5	Finding or conclusion that Tetanus vaccine causes hand, wrist, and arm injuries	Sawyer (6/22/06) Govt. [Govt.]	75	0/30	not in top 30 (37th)

Q6	Finding or conclusion that Hepatitis A vaccine can cause cerebellar ataxia	Stewart (3/19/07) Pet. [Pet.]	75	1/30	7th
Q7	Finding or conclusion that DPT vaccine can cause acute encephalopathy and death	Thomas (1/23/07) Govt. [Govt.]	78	22/30	not in top 30
Q8	Finding or conclusion that MMR vaccine can cause myocarditis	Walton (4/30/07) Govt. [Govt.]	76	2/40	16th
Q9	Finding or conclusion that Hepatitis B vaccine can cause multiple sclerosis or MS	W e r d e r i t s h (5/26/06) Pet. [Pet.]	77	17/30	1st
Q10	Finding or conclusion that Hepatitis B vaccine can cause intractable seizure disorder	Wolfe (11/9/06) Govt. [Govt.]	75	4/30	22nd
Q11	Finding or conclusion that Varicella vaccine can cause encephalomyeloneuritis	Casey (12/12/05) Pet. [Pet.]	75	1/30	7th

배타적 텍스트 기반 검색 엔진은 "판결"과 "결론" 같은 단어들을 추가적인 (그리고 매우 일반적인) 키워드로 취급한다. 그것은 그 쿼리를 결과적으로 "B형 간염 예방 접종이 다발성 경화증을 유발한다는 판결이나 결론을 포함하는 모든 문장들을 검색하라"는 것으로 이해하지는 않는다. 비록 CLIR이 의도된 의미로 질의를 이해했다 할지라도, 데이터베이스의 어떤 문장이 법원의 판결 또는 결론인지 알지 못하기 때문에 이를 적절히 처리할 수 없다.

법률 정보 검색 시스템은 인간이 의도한 방식으로 쿼리를 해석 할 수 있어야 하지만, 아직 이 기능을 수행하는 일반적인 방법은 없다. LUIMA-Search는 법률 정보 검색 시스템이 이를 가능하게 하는 하나의 단계이다. 결과적으로 그것은 단어를 법적 개념으로 해석하고, 쿼리를 검색된 판례 문서에서 유사한 문장의 지정된 역할에 관한 구체화된 제한으로 해석한다.

도표 11.2의 상단은 위 쿼리에 대한 LUIMA-Search 버전을 보여준다. 여기에는 대상 텍스트뿐만 아니라 개념과 논증 역할 정보도 포함된다. 그것은 판례에서 검색된 몇몇 비슷한 문장들이 증거에 입각한 사실판단이나 법규를 확인하는 문장으로서 역할을 수행하는 것과 같이 지정된 역할을 구체화한다(Grabmair et al., 2015). 이 조건은 "type: EvidenceBasedFindingSentence"로 지정된다. 다른 조건에는 VaccineMention, VaccinationEventMention, CausationMention, 또는 IllnessMention과 같은 mention의 유형으로 구체화되거나, "B형 간염 백신", "다발성 경화증" 등 특정 표기와 일치하는 것과 같이 그 문장은 무엇에 관한 것인가에 대한 다양한 제한이 포함된다. 따라서 LUIMA-Search 쿼리는 쿼리 텍스트의 의도된 의미를 보다 잘 포착하는 것으로 나타난다.

┃ 도표 11.2. ┃ LUIMA-Search: Lucene 데이터베이스 색인의 샘플 쿼리 (상단) 및 문장 입력

Query

type:	EvidenceBasedFindingSentence or
about:	VaccineMention or
about:	VaccinationEventMention or
content:	"Hepatits B vaccine" or
about:	CausationMention or
about:	IllnessMention or
content:	"multiple sclerosis" "MS"

Sentence in database

```
<doc>
  <field name="id">21 CI.Ct. 651:−210032610</field>
  <field name="title">Carter v. Secretary of Dept. of Health and Human
       Services</field>
  <field name="content">Therefore, the petitioner was required to prove to the
       Special Master by a preponderance of the evidence that the rubella
       vaccine inoculation was the cause in−fact of her JRA. </field>
  <field name="level">sentence</field>
  <field name="type">LegalRuleSentence</field>
  <field    name="about">CausationTerm    CausationMention    PlaintiffTerm
       VaccineTerm VaccineMention</field>
</doc>
```

Section 10.5.3에서 LUIMA−Annotate가 문장의 유형과 다른 논증 관련 데이터를 포함하는 문장에 대한 의미 정보를 생성한다는 것을 상기해보자. AR 시스템의 다음 단계에서 이 의미 정보는 쿼리에 대한 시스템의 응답에 사용될 것이다. 문장의 의미 마크업은 문장의 일반 텍스트와 함께 데이터베이스에 저장된다. 이러한 방식으로 데이터베이스는 동시 발생 의미 개념과 쿼리와 텍스트의 매칭이라는 두 개를 기초로 검색된 각 문장에 점수를 매길 수 있다. LUIMA에서, 이것은 오픈 소스 Apache Lucene 정보 검색 소프트웨어 라이브러리로부터의 코드로 구현되었다.

Lucene 데이터베이스는 문서를 저장하고 도치된 색인으로 색인화 한다(Section 7.4 참조). 특히, 그것은 특정 판결에서 오는 것으로 인식되는 문장을 저장한다. 도표 11.2의 아래 부분은 Lucene DB 색인의 문장 엔트리를 보여준다. 각 엔트리는, 그것의 하위 문장 유형의

예의 형태로, 엔트리의 "content" 필드에 있는 문장의 텍스트뿐만 아니라, 문서에서 문장의 논증 역할에 대한 정보, 즉 문장 수준 유형, 언급된 개념, 그리고 내용에 대한 정보를 나타낸다. 예를 들어, 주어진 문장에서 레벨은 "Sentence"이고, 유형은 "LegalRuleSentence"이고 문장의 내용은 "CausationTerm, CausationMention, PlaintiffTerm, VaccineTerm, VaccineMention"이다.

"type:", "about:", "content:"와 같이 LUIMA−Search 쿼리(도표 11.2 (상단))에 있는 필드명은 예제 문장 표현의 필드명(도표 11.2 (하단))과 일치한다. LUIMA−Search는 주어진 쿼리의 필드 엔트리를 데이터베이스 인덱스의 필드 엔트리와 비교하고, 쿼리의 조건에 따라 모든 문장을 검색한다. 도표 11.2에서 볼 수 있듯이 LUIMA−Search 쿼리는 지정된 모든 조건을 논리적 OR 용어로 연결된 것으로 간주한다. 이상적으로, 쿼리의 의도된 의미가 주어지면, 사용자가 원하는 모든 조건을 만족하는 문서를 식별하기 위해 커넥터는 AND이어야 한다. 그러나 코퍼스의 제한된 데이터를 감안할 때, 조정이 필요했다. 검색을 분리하여 조건을 완화함으로써, Lucene은 부분 일치인 문장을 검색할 수 있다.

LUIMA−Search는 문장을 검색한 후, Apache Lucene의 내장되어 있는 점수 시스템에 따라 각 문장의 Lucene 점수를 사용하여, 만족되는 쿼리 조건 수에 따라 순위를 매긴다. 점수는 유사성을 평가하기 위해 용어 빈도 벡터를 사용하여 검색어에 대해 검색된 문장의 일치도를 측정한다. (Bialecki et al., 2012) LUIMA−Search는 각 문서에서 검색된 응답 문장의 수를 기준으로 문서의 순위를 매긴다.

11.3.2. LUIMA-Rerank에 의한 문서의 재순위화

LUIMA 파이프라인 다이어그램(도표 11.1)에서 볼 수 있듯이, LUIMA−Search는 검색한 문서를 세 번째 모듈 LUIMA−Rerank로 전달한다. LUIMA−Rerank는 사용자의 쿼리에 대한 응답성을 극대화하기 위해 문서를 재순위화하는 방법을 학습한다.

Section 7.7에서 우리는 WN과 같은 최첨단 법률 정보 검색 시스템에서 재순위화 (reranking)를 보았다. CLIR 시스템의 검색 모듈만으로는 최고의 순위를 얻을 수 없다. 재순위화는 이전 쿼리에서 문서의 텍스트, 전문가 생성 주석, 인용 네트워크, 그리고 문서의 빈도 정보에서 파생된 증거를 사용한다. 순위 기능은 ML을 사용하여 최적화되어 다양한 기능에 따른 가중치를 결정한다.

여기서도 재순위화의 목표는 적정한 결과를 맨 위에 올리기 위해 LUIMA−Search 결과를 재정렬하는 기능 가중치를 학습하는 것이다. LUIMA−Rerank는 논증 관련 정보를 포착하는 기능을 사용한다. 그것은 다음 문서 기능에 대한 가중치를 학습한다.

- Sentence count: 주어진 문서에서 응답 문장 수 (LUIMA−Search가 초기 순위 계산에 사용하는 것과 동일한 숫자)
- Maximum Lucene score: 주어진 문서에서 모든 문장의 가장 높은 Lucene 점수.
- VSS: 주어진 문서와 쿼리에서 모든 문장의 "about" 필드의 최대 코사인 VSS 값 (Section 7.5.2 참조)

이전 section에서 설명한 것처럼, 이러한 모든 기능은 문장−수준과 하위문장−수준 주석으로 캡처된 논증 관련 정보를 계산에 넣는다. 특히, 문장이 문장−수준 유형을 비롯한 논증 관련 정보로 색인화되기 때문에 Lucene 점수는 또한 논증과 관련되어 있게 된다(도표 11.2 하단 참조).

LUIMA−Rerank는 법률 전문가가 만든 교육 세트의 "진정한" 순위로부터 이 기능 세트에 대한 가중치를 학습한다.(아래에 설명) 학습 과정에서, 모듈은, 쿼리와 기능 가중치의 재순위화에 관하여, 각 교육 세트 문서의 진정한 순위를 검사한다. 모듈은 각 기능에 가중치를 할당하는 기호적 회귀 공식을 학습한다.

연구자들은 그 기능의 다른 하위 세트를 적용한 LUIMA−Rerank의 다른 버전을 평가했다. 그들은 다음 section에서 정의될 순위 성능 측정을 위해 두 가지 지표를 사용했다.

LUIMA Rerank 버전을 평가할 때, 재순위화 학습 기능의 거의 모든 하위 세트들이 평범한 LUIMA−Search보다 우수하고 잘 수행되었다. 최대 Lucene 점수 기능만 사용하면, 주어진 문서에서 모든 문장의 가장 높은 Lucene 점수는 우수한 성능을 이끌어 낸다. VSS를 약간 추가하면 순위 성능이 향상되었다. 그러나 세 가지 기능을 모두 적용하면 향상된 부분이 사라진다. 결과적으로, 최종 실험(아래 설명 참조)에서 LUIMA−ReRank는 재순위화 학습 기능으로 VSS와 최대 Lucene 점수만을 사용했다.

11.4. LUIMA를 평가하는 실험

도표 11.1의 LUIMA 파이프 라인 아키텍처의 오른쪽 끝에서 보이는 바와 같이, 실험에서 11개 쿼리에 대한 LUIMA−Search의 결과에 대한 LUIMA−Rerank의 새 순위는 다음에 대하여 평가되었다.

- CLIR 시스템에 의한 기준선 순위,
- 법률 전문가가 설정한 진정한 순위, 그리고
- LUIMA−Search의 원래 순위(Grabmair et al., 2015).

CLIR 시스템은 다음과 같이 기준선을 생성했다. 표 11.1에 나와 있는 11개의 쿼리 각각이 기본 쿼리로 CLIR에 제출되었다. 첫 번째 질문(Q_1)은 백신 상해에 대한 인과관계에 성립에 중점을 두었다. 나머지 10개(Q_2에서 Q_{11})는 특정 백신이 특정한 상해를 입혔다는 판결이나 결론에 초점을 맞추었다. 이들 각각은 Section 10.5.2에서 중요한 표준 사례로 열거된 10개의 기초 사례 중 1개 사례의 사실관계에서 도출되었다. 규칙 중심의 쿼리(Q_1)가 하나만 있다는 사실은 사실상 인과관계에 대한 Althen 테스트와 같이 이해관계에 대한 법적 규칙이 하나만 존재한다는 사실을 반영한다. V/IP 코퍼스에는 그 테스트를 적용한 2년 동안의 모든 판결이 저장되어 있다는 점을 기억해보라.

CLIR 시스템은 쿼리 당 기준 순위로 상위 30개인 문서 목록을 검색하고 순위를 매겼다. 이 문서들은 188개의 문서로 구성된 "기반 문서" 컬렉션으로 모아졌다. (11쿼리 × 30 문서 - 142(중복 문서) = 188)

법률 전문가가 진정한 순위를 매겼다. 각 쿼리에 대해 전문가(이 책의 저자, 월스트리트의 주요 로펌에서 5년간 소송을 담당했고, 1989년부터 법학 교수로 재직 중)는 문서의 유용성에 대하여 상위 30개 문서를 뽑았다. 전문가는 30개의 문서 각각에 대한 (오로지) CLIR 시스템의 사례 보고서에 대한 평가를 기반으로 했다. CLIR 시스템의 사례 보고서에는 관련된 주장과 법원의 결정에 대한 2문장 요약과 검색어가 강조된 검색된 사례 텍스트의 4가지 간단한 발췌 내용이 포함되어 있다. 그런 다음 30개의 문서는 주어진 쿼리를 위한 문서의 진정한 순위를 형성하도록 재순위화 되었다.

각 쿼리에 대해, 표 11.1은 기초 사례 정보, CLIR 시스템이 반환한 사례 수, CLIR 시스템의 상위 30개 사례에서 전문가가 관련 있다고 판단한 사례 수, 그리고 CLIR 시스템이 그 순위에서 기초 사례를 배치한 위치를 보여준다. CLIR 시스템이 기초 사례를 검색하고 높게 순위를 매길 것으로 예상되었지만, 이는 오히려 자주 발생하지 않았다.

LUIMA-Search는 다음과 같이 초기 순서를 생성했다. 연구자들은 중요한 표준 판례를 기반으로, Section 10.5.3에서 설명한 프로세스를 사용하여 규칙에 기반하고 머신러닝(ML)의 텍스트 주석 기능을 만들었다. 주석 기능은 관련된 하위 수준 문장 유형뿐만 아니라, 세 가지 문장 유형인 LegalRuleSentence, EvidenceBasedFindingSentence, 그리고 CitationSentence를 분류할 수 있도록 설정되었다. 이 텍스트 주석 기능이 문서 기반의 188개 문서 풀에 적용되었다. 분류 기능은 풀의 모든 문서에 대한 문장 수준의 주석을 예측했다. 결과로 주석된 텍스트는 도표 11.2(p.377)에 표시된 Lucene 데이터베이스 형식의 LUIMA-Search 데이터베이스에 저장되었다.

11개의 쿼리 각각은 수동으로 도표 11.2 상단에서 있는 것과 같은 LUIMA 쿼리로 변환되었다. Lucene 데이터베이스에 나타난 것과 같이, 각 쿼리와 관련된 30개의 사례는

LUIMA 쿼리에 답이 되는 문장의 수에 따른 LUIMA−Search의 순위 지정 방법에 따라 순위가 매겨졌다(Section 11.3.1 참조).

LUIMA−Rerank는 각 쿼리에 대한 11개의 실행을 통한 LOO 교차 유효성 검사에서 재정렬된 순위를 생성했다. (교차 유효성 검사에 관하여는 Section 4.3 참조) 각 쿼리에는 Lucene 데이터베이스 형식으로 표시된 30개의 관련된 문서와 문서의 실제 순위가 있다. 각 문서에는 재 학습을 위한 관련 기능, 즉 검색어에 대한 VSS 및 최대 Lucene 점수가 있다(Section 11.3.2 참조).

각각의 실행에서, 다른 쿼리의 문서는 테스트 세트가 되었고, 나머지 10개의 쿼리 문서가 훈련 세트가 되었다. 시스템은 각 훈련 세트 문서의 재순위화 기능을 검사하고, 재순위화 기능에 가중치를 할당하는 로지스틱 회귀 공식을 학습하며, 문서에 대한 새로운 랭킹 점수를 계산한다. 학습 과정에서 전체 오류 기능이 최소화되도록 쿼리에 대한 문서의 실제 순위가 검사되고 가중치가 설정된다.

각 실행에서, 완성된 로지스틱 회귀 공식은 테스트 쿼리 순위를 예측하는 데에 사용됐다. 평가 지표 값이 계산된 후, 모든 실행에 대해 평균화되었다.

11.4.1. 평가 공식

시스템의 순위 성능은 일반적으로 사용되는 두 가지 지표 (성능 측정을 위한 AP와 일반화된 할인 누적 획득(DCG))의 측면에서 평가되었다. 이 측정값은 [0,1] 간격으로 일반화되며, 최고 점수는 1이다.

AP의 기본적인 전제는 다음과 같다. 이 프로그램은 관련성이 있는 문서를 검색하고 순위가 매겨진 후보 목록을 검색하는데, 실제로 그중 모든 것이 관련성이 있는 것은 아니다. 올바르게 반환된 (관련성이 있는) 문서 각각에 대해, 정확도를 계산한 다음 평균을 취한다. 반환된 결과가 1, 1, 1, 0, 0, 1이라면, 1은 관련 문서이고 0은 그렇지 않다고 할 때, 모든 올바른 지점의 정확도는, 1/1, 2/2, 3/3, 3/4, 3/5, 4/6와 같이, 그 지점에서 검색된 모든 문서의 수로 나눈 값을 포함하여 검색된 올바른 문서의 수이다. 이 시리즈의 AP는 0.92이다.

다시 말하면, AP를 계산하기 위해, 어느 것은 한번에 [1, 30] 사이에서 하나의 순위를 내려간다. 랭크 i의 문서가 적절한 문서라면, $i(P@i)$에서 정밀도를 측정한다. $P@i$는 적절한 문서인 top−i 랭크에서 검색된 문서의 비율이다. 마지막으로, 모든 $P@i$ 값의 평균을 취한다. $P@i$ 값의 수는 적절한 문서의 수와 같다. AP는 다음과 같은 수식으로 표현된다.

$$AP = \frac{\sum_{i \in R} P@i}{|R|}$$

R이 적절한 문서의 위치 세트일 때, |R|는 R 세트에서 항목 i의 수이고, $\sum i \in R$ P@i 는 R에 있는 모든 항목에 대한 i에서의 정확도의 합이다(Crabmair et al., 2015).

일반화된 DCC의 기본 전제는, 이상적인 순위와 연결되어 순위가 매겨졌다는 것에 기초하여, 각 적절한 문서가 순위의 전반적인 품질에 기여한다는 것이다. DCC는 순위화된 항목의 관련성에 대한 가중치가 적용된 합계이다. 항목의 순위가 낮을수록 가중치는 감소한다. 이러한 의미에서 획득은 "평가절하"된다. 일반적으로 대수(logarithmic) 평가절하 함수는 감소하는 가중치를 모델링하는 데에 사용된다. 일반화된 DCC(NDCC)는 DCC를 최상의 순위 결과인 DCC 지수, 즉 이상적 DCC 또는 IDCC로 나눈 값이며, 이 값은 항상 [0,1] 사이의 숫자이다(Wang et al., 2013 참조).[3]

전체 시스템의 성능을 측정하기 위해, 모든 쿼리에 대한 시스템의 순위 성능은 평균 AP (MAP) 및 평균 NDCC의 관점에서 측정된다.

MAP은 각 쿼리에 대한 AP의 모든 쿼리 집합에 대한 평균이다. 그것은 다음과 같이 정의된다.:

$$MAP(Q) = \frac{\sum_{i}^{|Q|} AP_i}{|Q|}$$

여기서 Q는 모든 쿼리의 집합이고 APi는 각 쿼리의 평균 정확도이다.

평균 NDCG는 다음과 같이 정의된다.

$$Average\,NDCC = \frac{\sum_{i}^{|Q|} NDCC_i}{|Q|}$$

---

3) 기술적인 경향이 있는 독자를 위해, LUIMA 실험에서, NDCC를 정의하면 다음과 같다.

$$NDCC = \frac{DCC}{IDCC} \quad DCC_p = \sum_{i}^{p} \frac{2^{releuance_i} - 1}{\log_2(i+1)}$$

관련성 i∈{0,1}, p는 순위 위치이며, 우리의 사례에서 30까지, DCC는 예상 순위를 사용하여 계산될 때, IDCC("이상적인" DCC)는 진정한 순위를 사용하여 계산된다.

여기서 NDCGi는 각 쿼리에 대한 NDCG이다(Burges et al., 2005; Grabmair et al., 2015).

덧붙여 말하면, CLIR 시스템에 의해 검색된 사례를 재순위화함으로써 진정한 순위가 생성되었기 때문에, 모든 베이스 라인 결과의 리콜(즉, 쿼리에 답이 되는 모든 관련 문서의 적용 범위)은 1이다. 또한 LUIMA−Search는 검색된 사례의 끝까지 모든 답이 안 되는 문서를 추가하기 때문에, 실험적 시스템은 리콜의 항목에서 베이스라인과 비교되지 않았다.

11.4.2. LUIMA vs. CLIR

일련의 실험에서, 표 11.1의 각 쿼리에 대해, 위의 측정 항목을 사용하여, 연구자들은 법률 전문가의 진정한 순위와 검색된 사례의 순위를 비교함으로써, LUIMA와 베이스라인의 네 가지 구성을 평가했다.

1. Baseline: 표 11.1의 쿼리에 대한 CLIR 시스템의 순위.
2. LUIMA−Search: 전체 LUIMA 쿼리를 바탕으로 검색하기, 각 문서에서 검색된 문장의 수를 기준으로 문서에 순위 매기기.
3. LUIMA−Search+ReRank: 전체 LUIMA 쿼리를 바탕으로 검색하기, 각 문서에서 검색된 문장의 수를 기준으로 문서에 순위 매기기, 가중치 재순위화 기능을 통하여 문서를 재순위화하기.
4. LUIMA−Search, no sentence type: LUIMA 쿼리를 바탕으로 하지만 문장 유형에 관계없이 검색하기, 각 문서에서 검색된 문장의 수를 기준으로 문서에 순위 매기기.
5. LUIMA−Search+ReRank, no sentence type: LUIMA 쿼리를 바탕으로 하지만 문장 유형에 관계없이 검색하기, 각 문서에서 검색된 문장의 수를 기준으로 문서에 순위 매기기, 가중치 재순위화 기능을 통하여 문서를 재순위화하기. (Grabmair et al., 2015)

연구자들은 LUIMAReRank의 순위가 베이스라인 CLIR 시스템 순위보다 높은 값을 추가하는지 여부를 평가하기 위해 항목 (1)과 (3)을 비교했다. 항목 (2)와 (3)에 대한 비교는 LUIMA 검색과 비교하여 LUIMA reranking의 효과를 보여준다. Section 10.5.3에서 설명한 바와 같이, LUIMA−Annotate 모듈은 황금률에 속하지 않았고 기대한 만큼 효과적이지도 않은 문서에 문장 단계의 주석을 달았다. 연구자들은 검색이나 재순위화 구성 요소의 성능에 대한 부정적인 영향을 평가하기 위해 이 모듈의 문장 수준 주석이 없이 시스템을 수행하는 방법을 조사했다.

도표 11.3. LUIMA Versions의 AD와 Eleven Queries and MAP을 위한 Baseline (Grabmair et al., 2015)

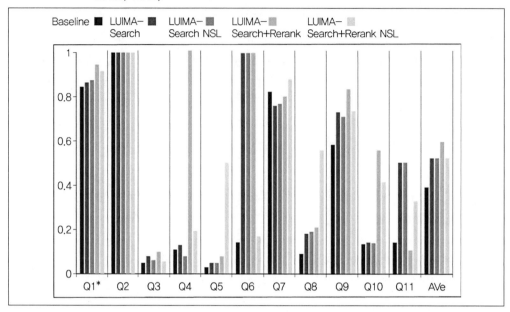

도표 11.3은 베이스라인의 AP와 MAP뿐만 아니라 11개의 쿼리에 대한 네 가지 버전을 보여준다. 도표 11.4는 NDCG와 평균 NDCG에 대한 유사한 결과를 보여준다.

도표 11.3과 도표 11.4에서와 같이, LUIMA는 11개 쿼리 중 10개 쿼리에서 CLIR 시스템 베이스라인을 능가했고, 이를 하나에서는 동등했다. Q_1 (LegalRuleSentence 유형을 포함하는 유일한 쿼리)에서, LUIMA의 베이스라인에 대한 개선은 작았다. $Q_2 - Q_n$(모두 EvidenceBasedFindingSentence 유형을 다루는)에서 LUIMA는 모든 쿼리에서 기준을 능가했지만, Q_2에서는 동등했다.

모든 버전이 Q_2에 관하여 동점이었다는 사실은 모두가 목록 맨 위의 대상 사례를 검색했음을 나타낸다. 6개의 쿼리 (Q_1, Q_3, Q_4, Q_6, Q_9, Q_{10})에 대해, 문장 유형과 재순위화를 사용하는 검색 시스템인 LUIMA $-$ Search $+$ ReRank가 가장 잘 수행되었고 가장 높은 전체 평균을 획득했다. 다른 세 가지 쿼리 (Q_5, Q_7, Q_8)에서는 문장유형이 아닌 LUIMA $-$ Search $+$ ReRank가 가장 잘 수행되었다. 하나의 쿼리 (Q_{11})의 경우 LUIMA $-$ Search가 재순위화를 사용한 LUIMA 버전보다 잘 수행되었다. Q_1 (LegalRuleSentence 유형에 대한 유일한 쿼리인)에서는 베이스라인이 매우 잘 수행되었으며, LUIMA 버전은 약간의 성능 향상을 보였다. EvidenceBasedFindingSentence ($Q_2 - Q_n$)의 예에 중점을 둔 7개의 쿼리에서 재순위화는 검색 성능을 향상시켰다.

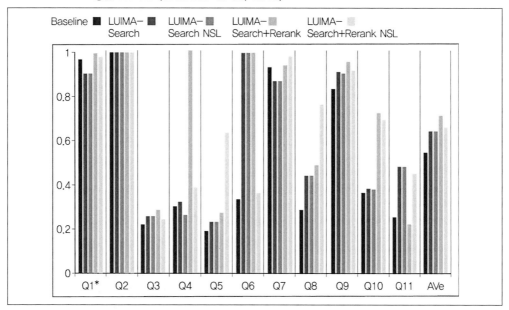

세 가지 쿼리에서, 문장 유형을 무시하면 실제로 성능이 향상되었다. 이것은 문장 분류 기능(때때로 법적 개념을 식별하는 유익한 효과를 차단하기도 하는)이 약하다는 것을 의미한다.

LUIMA의 성능 향상

후속 연구에서 연구자들은 POS 태깅으로 구조화된 쿼리를 확장함으로써 LUIMA−Search의 정확성이 향상되었음을 입증했다. 즉, 시스템은 자동으로 각 단어가 처리하는 POS (명사, 동사, 한정사 등)를 사용하여 문서의 문장과 쿼리 텍스트의 내용을 태그에 추가하고, 쿼리와 문장을 통틀어 POS 태그의 유사성을 고려했다.

또한 그들은 LUIMA−Rerank의 성능을 향상시켰다. 그들은 상위 N개의 검색 결과에서 문장의 수만을 기반으로 하는 이전 투표 방법을 수정하고, BM−25 (Best Match 25) 메트릭, *tf/idf* 가중치의 개선(문장과 문서에서 인용의 유형과 위치를 더 잘 설명하는)을 기반으로 하는 새로운 재순위화 기능을 추가했다(Bansal et al., 2016).

관련 논의

LUIMA의 평가는, 문서에서 LUIMA 유형(백신, 상해, 인과관계 및 선고 유형)의 예를 자동으로 주석 처리하고 색인 작성 및 쿼리에 사용하면, 이러한 정보를 사용하지 않는 CLIR 시스템보다 더 나은 검색 성능을 얻을 수 있다는 것을 보여준다. 논증 관련 정보에 초점을 맞추고 일반 용어의 법률 문서에서 검색 결과로 이동하는 개념적 법률 문서 검색 시스템은 최소한 백신 상해 주장 영역에 있는 제한된 문서 집합에 대해서는 실현가능하다.

Evidence-Based Finding, 그리고 Legal Ruling이나 Holding of Law와 같은 문장 역할 유형에 주석을 담으로써, AR 시스템은 사용자가 "적용 사례"를 찾도록 도울 수 있다. 추상적인 법적 가정을 뒷받침하는 것을 넘어서, 그러한 사례들은 사용자의 문제와 유사한 구체적인 사실에 대한 가정을 적용하는 예이다(Mart, 2010, p.222 참조).

LUIMA-Annotate는 논증에서 문장 수준의 역할과 다양한 부수 주석에 대하여 검색된 사례의 문장에 마크업 하였기 때문에, 원칙적으로 시스템은 사용자를 위해 논증 관련 정보를 강조 표시할 수 있다. 특히 검색된 사례는 사용자의 논증적 필요성에 맞추어 요약될 수 있다. Daniel Jurafsky는 추출(extractive) 및 추상(abstractive) 요약을 다음과 같이 구별한다.

> 추출 요약은 문서에서 짧은 텍스트 세트(snippets)를 가져 와서 쿼리에 응답한다. 추상적 요약은 적어도 부분적으로 다른 단어로 아이디어를 표현한다. 추상적 요약은 법적인 서면에서 찾을 수 있는 언어에 훨씬 가깝다. 현재 중요한 연구 목표이지만 매우 어렵다(Remus and Levy, 2015, p.22).

아마도, LUIMA-Annotate가 인식한 논증 관련 정보(예: 문장이 법적 규칙을 말하고 있는지, 사실에 법적 규칙을 적용하여 법적 결론을 도출하는지, 또는 사실의 판단을 알려주는지)는 프로그램이 추상 요약을 수행하는 데에 도움이 될 수 있고, 적어도 추출 요약의 더 나은 작업을 수행할 수 있다.

요컨대, LUIMA 시스템은 법적인 텍스트 정보에 특정한 일반 및 도메인 중심 주석 유형을 구현한다. 그것은 작은 양의 중요한 표준 문서를 통해 훈련된 ML 문장 분류 기능을 사용하는 문장 수준 주석과 수작업으로 만들어진 규칙을 사용하는 하위문장 주석을 식별한다. 이러한 주석을 검색 및 재순위화 프로세스에서 도입함으로써, 검색된 문서의 순위 지정 작업에 대한 LUIMA의 결과는 상업용 전체 텍스트 법률 검색 시스템 베이스라인의 결과를 능가했다. 그러나 이러한 결과는 더 크고 다양한 데이터 세트로 확인해야 한다. 그 작업은 현재 진행 중이다.

11.5. 법률 정보 검색(IR)에서 논증검색(AR)으로의 전환

LUIMA의 설계자들은 논증 마이닝을 위한 기능을 지능적으로 설계하는 데에 법률적 전문 지식을 적용하여, 데이터 마이닝과 관련된 것보다 훨씬 적은 양의 데이터로도 "똑똑한" ML과 더 지능적인 재순위화를 실현했다(Grabmair et al., 2015). LUIMA는 법률 정보 검색을 AR로 변환하는 데는 멀지만 개념 증명과 아키텍처 기반을 제공한다.

앞으로의 경로는 분명해 보이지만 거기에는 많은 어려움이 있다. 아래에 설명하는 바와 같이, 핵심은 사례 텍스트에서 논증 관련, 실체법적, 그리고 가정적 정보에 주석을 달기 위한 기술을 확장하는 것이다.

이 Section의 초점은 앞으로의 작업이다.: 목표는 다른 사람들이 따라올 수 있는 길을 자세하게 설명하는 것이다. 이 Section에서는 미래의 법적 논증 검색/인지 컴퓨팅 시스템(Legal Argument Retrieval/Cognitive Computing System: LARCCS)이 어떻게 법률 정보 검색 시스템에 연결될 수 있는지 설명하고, CLIR 시스템이 현재 지원할 수 없는 새로운 종류의 개념적 쿼리를 어떻게 설명하는지 상술하고자 한다. 새로운 유형의 개념적 쿼리를 가능하게 하는 유형 시스템에 대한 일부 확장을 설명하고, 확장된 유형에 자동으로 주석을 달기 위한 그리고 쿼리에서 사용자의 논증적 요구를 이끌어 내기 위한 전망을 제시한다.

이 Section에서 향후 작업에 대해 설명하지만, 이것은 단순히 "그림의 떡"이 아니다. LARCCS 프로토타입 구축 계획은 LUIMA 구축 경험에 의해서, (Chapter 10에서 설명했듯) 인공지능과 법 연구자들이 사례 텍스트에서 논증 관련 정보를 추출한 경험에 의해서, 그리고 이러한 기술과 법적 추론과 논증에 대한 기존의 컴퓨팅 모델을 연결하려는 목표에 의해서, 알려져 있다.

11.5.1. LARCCS와 법률 정보 검색 시스템의 연결

LUIMA는 LARCCS 프로토타입을 기존의 법률 정보 검색 시스템에 연결하기 위한 안내를 제공한다. LUIMA의 주석 및 재순위화 기술은 보다 일반적인 법률 정보 검색 시스템으로 검색한 문서에 적용될 수 있다. 일반적으로 도치된 주석, 관련성에 대한 확률 모델, 그리고 재순위화 기술(Section 7.4)을 사용하는 외부 전문(full-text) 법률 정보 시스템에서 검색한 상위 n개 사례는 텍스트 주석 파이프라인으로 공급할 수 있다.

의미론적 마크업과 재순위화를 수행할 수 있는 기능을 추가함으로써, 정보 검색 시스템의 산출물은 논증 관련 기준으로 재정렬될 수 있다. 결과적으로 이러한 시스템은 사용자가 정보를 찾는 이유와 정보에서 사용자가 논증에서 정보를 사용하는 방법에 대한 보다 자세한 정보를 효과적으로 계산할 수 있다. LA, WN, Google Scholar Cases와 같은 외부 정보 검색 시스템은 자체 재순위화를 수행할 수 있지만, 알고 있는 한, 그러한 재순위화에는 논증 관련 정보가 포함되어 있지 않다.

따라서 원칙적으로, 법률 문서를 위한 지능형 의미 분석 기술은 IR 데이터베이스와 색인 생성을 방해하지 않으면서 IR 시스템의 성능을 향상시킬 수 있다. 의미론적 주석과 논증 기반의 재순위화는 IR 시스템의 산출물에만 외부적으로 적용된다. 주의할 점은 텍스트 주석 기술이 IR 시스템에 의해 출력되는 수십, 수백 또는 수천 개의 문서에 효율적으로 적용될 수 있는지 여부이다. 토론을 위해, 충분한 기술 자원을 투입하는 것이 가능하다고 가정하자. 이것은 큰 가정이지만, 여기에서 나의 목표는 왜 그러한 노력이 투자 가치가 있는지에 대한 동기를 부여하고자 하는 것이다.

11.5.2. 확장된 논증관련 정보로 사례에 쿼리 달기

법적으로 중요한 개념과 관계로 문서를 검색, 정렬, 요약하기 위한 보다 포괄적인 논증 유형 시스템은 사용자가 광범위한 논증 관련 조건을 사용하여 더 광범위한 쿼리를 표현할 수 있도록 지원한다.

예를 들어, 백신관련 사건에서 의뢰인을 대리하는 변호사는 홍역, 유행성 이하선염, 풍진 (MMR) 백신과 같은 특정 백신이 난치성 발작 장애와 같은 특정 상태를 일으킨다는 증거를 근거로 한 판단을 한 전문가가 어떤 사례에 있었는지 알고 싶어 할 수 있다. 변호사는 법원이 채택한 증거의 종류를 알고 싶어 할 수도 있고, 더 급박하게, MMR이 그러한 상태를 유발하지 않는다는 다른 결정에 존재하는 증거와 사실판단을 알고 싶어 할 수 있다.

대안적으로, 변호사는 특정 사실이 결부된 상황에 법적 규칙을 적용하는 사례를 찾을 수 있다. 영업비밀 부당 이용 사건에 관여하는 변호사는 영업비밀 부당 이용 청구의 특정 요소를 규정하는 법적 규칙에 따라 법원이 당사자에게 유리하거나 불리하게 판단한 사례를 찾을 수 있다. 변호사는 예를 들어, 원고의 제품이 독특하다, 피고의 비공개 계약 체결과 같이 정보를 보호하기 위한 보안 조치를 취했으며 공개 포럼에 정보가 공개되어있지 않다는 등 현재 문제되는 사실이 존재하는 사례를 찾으려 할 수 있다.

이와 같은 정보에 대한 요청은 법적 개념과 정보의 논증 관련 패턴의 관점에서 표현된 조건과 결부된다. 법적 논증 검색을 위한 인지 컴퓨팅 시스템 개발의 목표는 사용자가 이러한 논증 조건을 지정하는 쿼리의 방식으로 사용자의 정보 수요를 표현하도록 지원하는 것이다.

이것이 LARCCS 프로토타입의 목표가 될 것이다. 다음 두 도표는 사용자가 논증의 요구를 표현할 수 있도록 하는 정보 요청의 공식의 예를 보여준다. 도표 11.5에서 이러한 요구는 법적 논증의 DLF 계산 모델을 기반으로 V/IP 도메인의 특정 논증 역할에 따라 공식화된다(Section 5.8). 예를 들어 숫자 4a, b, c와 같은 쿼리는, 기존의 문장 수준 논증 역할 유형과 법적 규칙 요건의 측면에서, 발작을 일으킬 수 있는 MMR 백신에 관한 위의 V/IP 정보 요청을 구현할 수 있다.

┃ 도표 11.5. ┃ 특정 논증 역할을 하는 가정이 있는 사례들을 위한 쿼리들 (V/IP 영역에서). 굵은 글씨는 기존 문장 수준 논증 역할 유형을 나타냄. 이탤릭체는 법적 규칙 요구사항을 나타냄.

---

1. What are the **Legal Rule Requirements** for proving that a particular vaccine caused a particular injury?

2. What **Legal Rulings or Holdings of law** have there been that a particular vaccine [caused | did not cause] a particular injury?

3. What **Legal Policies or Values** have been discussed re **Legal Rule Requirements** addressing vaccines causing injury?

4. What **Evidence-Based Findings** have there been that:

   a. the measles, mumps & rubella (MMR) vaccine causes intractable seizure disorder?

   b. the MMR vaccine can [cannot] *cause* any type of injury?

   c. the MMR vaccine cannot *cause* a type of injury?

   d. any kind of vaccine can [cannot] *cause* myocarditis?

   e. a particular kind of vaccine cannot *cause* myocarditis?

   f. *there is [not] a logical sequence of cause and effect between* a particular MMR vaccination and a particular injury involving intractable seizure disorder?

   g. a particular vaccine *caused* a particular injury despite presence of negative **Evidence Factors**?

   h. a particular vaccine *caused* a particular injury even though onset timing (time interval between specific-vaccination and earliest Injury-onset) is greater than six months?

5. What **Evidence** has [supported | contradicted] a finding or conclusion that:

   a. the MMR vaccine causes intractable seizure disorder?

   b. *there is a logical sequence of cause and effect between* a particular MMR vaccination and a particular injury involving intractable seizure disorder?

6. What **Evidence Factors** have [supported | contradicted] an **Evidence-Based Finding** or **Legal Rulings or Hoidings of Law** that:

   a. a particular vaccine *causes* a particular injury?

---

b. *there is a logical sequence of cause and effect between* a particular vaccination and a particular injury?

7. Given the Evidence (e.g., regarding the injury) what Legal Rule Requirements does it help prove?

8. Given the Legal Rule Requirement (e.g., concerning causation)

a. what Evidence is relevant and makes proving this condition more likely? Less likely?

b. what arguments have been successful? Unsuccessful?

c. what arguments relying on citation have been successful? Unsuccessful?

도표 11.6에서 CATO, IBP 및 VJAP 논증 모델(Sections 3.3.2, 4.5.2, 5.7)의 요소를 기반으로 한 영업비밀 영역의 쿼리로 정보 요구가 표현되었다. 여기에는 법적 규칙의 요건을 나타내는 용어뿐만 아니라 기존의 문장 수준 논증 역할 유형과 추가 법적 요소 및 가치 관련 유형(Section 11.5.3 참조)이 포함되었다. 예를 들어, 쿼리 번호 3은 위의 영업비밀 규칙 적용 요청을 구현할 수 있다.

┃ **도표 11.6.** ┃ 법적 요소와 논증 역할을 위한 쿼리들 (영업비밀 영역에서). 굵은 글씨는 기존 문장 수준 논증 역할 유형에 더하여 법적 요소와 가치와 연결된 유형을 나타냄 (Section 11.5.3. 참조). 이탤릭체는 법적 규칙 요구사항을 나타냄. 밑줄 친 이탤릭체는 법적 정책과 가치를 나타냄.

1. What cases are there with a Legal Ruling or Holding of Law regarding Legal Rule definding *Trade−Secret−Misappropriation* where Legal Factor: *F7 Brought−Tools (P)*?

2. What cases are there where *defendant* won a Legal Ruling or Holding of Law regarding Legal Rule defining *Trade−Secret−Misappropriation* where Legal Factor: *F7 Brought−Tools (P)*?

3. What cases are there with Legal Ruling or Holding of Law regarding Legal Rule defining *Trade−Secret−Misappropriation* where Legal Factor: *F15 Unique−Product (P), F4 Agreed−Not−To−Disclose (P), F6 Security−measures (P), F27 Disclosure−in−public−forum (D)*?

4. What trade secret misappropriation cases, won by plaintiff, have involved the following:

• Legal Rule Requirement: *Info−Misappropriated*

• Legal Factor: *F14 Restricted−Materials−Used (P), F16 Info−Reverse−Engineerable (D)*

> - Applied Legal Value: *General Public's Interest in Fair Competition*
> 5. What cases are there where plaintiff won a Legal Ruling or Holding of Law regarding Legal Rule Requirement defining *Info-Trade-Secret* where:
>   - Legal Factor: *F10 Secrets-Disclosed-Outsiders* (D)?
>   - Legal Factor: *F10 Secrets-Disclosed-Outsiders* (D) and number of disclosures to outsiders is greater than 1000?

여기에서, 구현요소들(implements)은 문장의 논증에서의 역할, 법적 규칙과 그 요건, 영업비밀 법률 요소, 그리고 요소의 근원이 되는 가치와 관련된 조건의 측면에서 쿼리를 표현하는 것을 의미한다.

보다 구체적으로, 조건은, **Legal Rulings** 또는 **Holdings of Law, Evidence, Legal Policies** 또는 **Values**, 그리고 **Legal Factors**와 **Applied Legal Value** 등 어떤 새로운 것 (아래에 설명)과 같이 아직 광범위하게 사용되지 않은, 문장 수준의 LUIMA 유형(표 6.7 참조)을 포함한 논증 유형의 확장된 목록으로 표현된다. 조건은 또한 문장이 무엇에 관한 것인가에 대한 다양한 조건을 포함하며, 도메인 특정 개념으로 지정된다. 예를 들어, 백신 상해 법률에서, 이것은 원인들과 원인과 결과의 논리적 순서를 포함한다. 영업비밀 보호법에서, 이것은 F7 Brought-Tools(P)와 기본 가치, 공정 경쟁에 대한 일반 대중의 이익을 포함한다. 원칙적으로, 이러한 상황에서 조건을 표현하는 쿼리는 도표 11.2에 보이는 LUIMA-Search 쿼리와 같이 검색을 위하여 구현될 수 있다. 이것은 대상 문장의 논증 역할과 문장이 무엇에 관한 것인지에 대한 개념적 조건을 포함하는 조건의 목록을 구체화했다.

일반적 법률 정보 검색 시스템은 도표에서와 같이 쿼리의 단어를 기반으로 자료를 검색할 수 있지만, 논증 관련 개념과 조건을 이해하지 못한다. 독점적인 텍스트 기반 검색 엔진은 검색된 사례 문서에서 유사한 문장의 역할에 대한 논증 관련 정보를 구체화하는 법적 개념이 아닌, 추가적인 공통 키워드로 이를 간단하게 처리한다. 그것은 키워드 쿼리 확장이나 법적 유의어를 사용할 수 있지만, 개념 레이블의 키워드 문자는 여전히 남는다. 법률 정보 검색 시스템이 일반적 언어 쿼리에 적합한 사례를 검색할 수 있다고 하더라도, 사용자가 해결하고자 하는 문제에 맞는 방식으로 사례를 정렬하거나 요약하는 데에 논증 관련 정보를 사용할 수 없다. 이러한 제약 조건을 이해하고 조작할 수 있다면, 사용자는 자신이 실제로 원하는 것을 표현하고 찾을 수 있는 전례 없는 능력을 누릴 수 있을 것이다.

Chapter 12에서 설명한 바와 같이, LARCCS 접근 방식은 Lex Machina(Section 12.2

및 Section 12.3 참조)와 같은 새로운 상업용 법률 응용프로그램이 검색 및 예측을 위하여 사례의 실질적인 장점과 관련된 의미론적 기능을 사용하도록 도울 수 있다. Section 12.1 은 LARCCS 기반의 법률 응용프로그램이, 인간 사용자가 사례의 코로나에 대한 법적인 가설을 테스트 할 수 있게 하기 위하여, 도표 11.5와 11.6과 같은 쿼리를 어떻게 처리하고 어떻게 인지 컴퓨팅에 연결하는지 보여준다. 그러나 이러한 가능성을 제시하기 전에 적어도 아래의 세 가지 문제를 해결해야 한다.

1. 광범위한 논증, 문서, 도메인별 법적 현상에 대한 보다 넓은 범위의 개념 쿼리를 지원하는 유형 시스템을 확장하는 것.
2. 확장된 유형 시스템과 함께 문서에 주석을 다는 것.
3. 편리하고 믿을 수 있는 방식으로 사용자의 논증 요구를 유도하는 것.

11.5.3. 새로운 법률 주석 유형

법적 문서를 검색, 정렬, 요약하기 위해 LARCCS 의미 분석 시스템에는 확장된 유형 시스템이 필요하다. 표 6.6과 표 6.7의 핵심 유형은 기초를 제공하지만, 추가적인 논증 관련 패턴, 문서 구조의 측면, 법적 논증의 명제 구조, 그리고 도메인 특정 정보를 포착하는 것이 보완되어야 한다.

추가적 문장 수준의 논증 역할 유형

Part Ⅰ에서의 법적 주장의 전산 모델은 그러한 확장 유형 시스템에 아직 통합되지 않은 경우의 논증 패턴과 관련되어 있다. 예를 들어, 영업비밀 부당이용 영역(도표 5.10) 과 거기에서의 보호가치(도표 5.11과 도표 5.12)에서 설명한 바와 같이, VJAP 모델(Section 5.7.3)은 법적 요소, 법규 요건에 근거한 논점, 그리고 기본 정책과 가치를 통합한다. CATO (Section 3.3.2), Bench−Capon/Sartor (Section 3.5.1), IBP (Section 4.5.2) 모델들 모두 이들의 어떤 하위 세트를 나타낸다.

이러한 모델과 법조문을 연결하기 위해, 유형 시스템은 법적 요건의 맥락에서 법적 요소와 기본 가치를 논의하는 문장과 관련된 몇 가지 새로운 유형을 포함해야 한다.

그러한 문장을 식별하는 것이 중요할 몇 가지 종류의 쿼리가 도표 11.6에 나와 있다. 예를 들어, 쿼리 번호4는 원고에게 유리한 영업비밀 부당이용 건을 찾고 있는데, 그 중 일부는 다음과 같은 역할을 한다.: 특정 법적 요건(Info−Misappropriated)이 충족되었는지 여부에 집중하거나, 적용 가능한 법적 요소(F14 Restricted−Materials−Used (P)와 F16 Info−Reverse−Engineerable (D))를 식별하며, 또는 적용 가능한 정책이나 가치(the General

Public's Interest in Fair Competition)를 식별한다. 그러한 문장은, 그것의 도메인 모델(도표 5.10)에서 보여준 바와 같이, 논의를 VJAP 모델이 논증과 예측을 할 수 있는 문제, 요인, 가치, 관계와 연결시킨다.

이러한 논증 패턴은 도표 11.7에 표시된 세 가지 추가 문장 유형으로 표현 될 수 있다.

▌도표 11.7. ▌ 새로운 논증 역할 문장 수준 유형들

- Legal Rule Requirement: 소송을 제기된 특정 사건의 사실에 요구 사항을 적용하는 맥락에서 법적 규칙의 요구 사항 또는 요소를 진술하는 문장.
- Legal Factor: 판사가 어떠한 사유로, 또는 그럼에도 불구하고, 판결을 내렸는지를 진술하는 문장으로써, 법적 규칙 또는 요구 사항이 사실 상황에 적용되거나 적용되지 않는, 법률 정책 또는 가치에 미치는 영향으로 인해 법적 결론을 강화하거나 약화시키는 전형적인 사실 패턴을 나타내는 문장.
- Applied Legal Value: 특정 사실에 대한 법률 정책 또는 가치의 적용에 대한 추론과 관련된 문장.

의견 텍스트의 이러한 점들은 VJAP 및 DLF 모델과 같은 논증의 계산 모델이 추론할 수 있는 기능을 확인한다.

이러한 유형의 문장들은 영업비밀 부당이용과 백신 상해 사례에서 주로 접하지만, 그것들은 많은 종류의 법적 청구가 관련된 결정에도 나타난다. 원칙적으로, 세 가지 유형 모두는 증거 또는 요인 기반 논증에 대한 해당 계산 모델이 적절한 모든 법적 영역에서 적용하기에 충분히 일반적이다.

문서 구조 유형들

이전 Section과 표 6.7에서, 법률 문서의 전형적인 논증 패턴을 포착하는 문장 − 수준 논증 − 역할 유형의 예를 살펴보았다. Chapters 8과 Chapters 10에서 논의된 작업에서 제시하는 것처럼, 더 넓은 범위, 즉 법률 문서 구조와 법적 논증 구조에서, 구조 요소에 주석을 달기 위한 유형을 추가하는 것이 유용할 수도 있고 실현 가능할 수도 있다.

법률 문서 구조 유형은 제목, 소제목, 주제로 표시된 법적 의견의 부분적 구분에 해당한다. 섹션은 해당 법률을 제시하거나, 사례의 사실을 진술하거나, 사실을 근거로 법적 기준이 충족되었는지 여부에 대한 결론을 표시할 수 있다. 경우에 따라, 법적 규칙이나 요건, 관련 사실판단, 그리고 증거에 대한 법규의 적용을 하나의 섹션에서 효과적으로 소개함으로써, 섹션은 이러한 역할을 일부 복합적으로 수행할 수 있다. Section 8.6에서 논의했듯이, 이제 프로그램은 구절이 사실 또는 법적 논의를 포함하고 있는지, 또는 둘 다 포함하거나 둘 다 포함하고 있지 않은지를 구별하는 법을 배울 수 있다.

주된 논점으로 섹션을 구별하는 능력은 법적 규칙, 법규 요건에 관한 결론, 또는 사실 판단과 관련된 명제에 주석을 다는 데에 있어 불확실성을 줄여줄 수 있다(역으로도 같다). 표준 섹션 유형과 LUIMA 문장 유형은 연관되어 있다.: 법률 섹션은 종종 법규 문장 또는 요건을 제시한다. 사실 섹션은 흔히 증거, 증거 기반 추론(Evidence−Based Reasoning), 증거 요인(Evidence Factors), 또는 증거 기반 판단(Evidence−Based Findings)을 제공한다. 법률에 사실을 적용하는 섹션은 종종 다투어지는 법규 요건과 법규 해석(Legal Rule Requirements and Legal Rules)에 대한 증거 기반 판단(Evidence−Based Findings)에 근거하여 법률해석 또는 판단(Legal Rulings or Holdings of Law)을 제시한다. 물론 법률 문서가 섹션으로 구분되는 방식은 문서 유형, 관할권, 심지어는 특정 판사나 저자에 따라 다르며, 이는 복잡한 문제이다.

법적 논증 명제 구조(Legal Argument Propositional Structure)는 법원의 논증에서 전제와 결론으로 사용되는 명제를 확인한다. Chapter 1에서 설명한 바와 같이, Section 10.3과 IBM Debater에서 논의된 Mochales and Moens (2011)의 주된 관심사는 전제와 결론을 확인하는 것이었다.

Mochales and Moens (2011)가 인정한 바와 같이, 논점과 하위 논점에 관한 텍스트 법적 논증의 일반적으로 중첩된 논증 구조에서, 전제와 결론은 중요한 역할을 한다. 의견의 다양한 부분에서, 법원은 논점 또는 주제를 소개하고 논점과 연결된 주장을 고려하며 결론을 도출한다. 각 논점에 대해, 법원은 하위 논점을 확인하고, 하위 논점과 관련된 주장을 고려하여 결론을 도출한다. Feng and Hirst (2011, p.989)에 따르면, 중첩된 논증은 논증 단위로 참조될 수 있다. 그것들은 결론 명제와 선택적인 전제 조건을 포함한다. 이 명제들 각각은 중첩되고 더 작은 단위들을 포섭할 수 있다.

중첩은 법적이고 궁극적으로 사실적인 논점에 대한 법원의 점진적으로 세밀한 분석을 따른다. 그것은 요건을 정의하는 법규, 사실 판단, 요건 충족 여부에 대한 결정에 대한 법적 청구의 분석을 따른다. 사례의 절차적 단계에 따라, 이것은 판단을 위한 또는 판단에 반대하는 증거에 대한 고려를 계속할 수 있다. 즉, 중첩은 위의 LUIMA 문장 유형의 구성에 해당하며, 그 자체는 Section 5.8에 제시된 DLF 규칙 트리 및 추론 연쇄를 반영한다.

중첩된 논증 구조 외에, 법적 논증 명제 구조는 또한 일반적인 종류의 법적 논증에 대한 명제, 템플릿, 또는 "청사진"으로부터의 추론을 지원하기 위해 사용되는 법적 논증 체계 (Section 5.2)의 유형을 포함한다. 이러한 논증 체계는, 예를 들어 도표 3.7에 나온 논증 경시/강조 구분 체계와 같이, CATO에 예시된 사례 기반 논증에 대한 논의와, Section 5.7.3에서 논의된 선례로부터의 논점 간 상쇄의 논증과 같은 VJAP 모델에 예시된 사례 기반 논증에 대한 논의를 포함한다.

추가적 주장 구체화 유형들

위의 논증 유형이 일반적으로 많은 법적 영역(적어도 영미법 시스템 내에서)에 적용되는 반면, 유형 시스템에 대한 다른 필수적 추가 사항은 특정 유형에 중점을 둘 것이다 : 세부적 개념, 관계, 언급에 대한 주장(*claim—specific concepts, relations, and mentions*), 그리고 전제조건 정보(*presuppositional information*).

세부적 개념, 관계, 언급에 대한 주장(*claim—specific concepts, relations, and mentions*)은 특정한 종류의 법적 주장, 그와 관련된 법규, 그리고 요소들에 대한 일반적 개념이다. 백신 상해 또는 영업비밀 부정이용에 대한 주장에서, 특정 개념, 관계, 언급은 여러 사례에 걸쳐 자주 등장한다. 여기에는 주장의 법규와 요건(주어진 사실에 대한 그 적용이 다투어지는 논점인)이 포함된다. 영업비밀 부당이용 사례에서 세부적 개념에 대한 주장은, 예를 들어, IBP 또는 VJAP 모델(도표 4.4와 도표 5.10 참조)처럼, 정보가 영업비밀(Info—Trade—Secret)이었는가, 그것이 신뢰 관계(Confidential—Relationship)를 위반하여 사용된 것인가와 같이, 주장의 제목, 그 요소나 논점을 포함한다.

세부적 개념 주장에는 해당 종류의 주장에 세부적인 일반적인 의미 유형의 예도 포함된다. 영업비밀 부당이용은 예를 들어 F_7 Brought—Tools (P)와 같은 그 자체의 법적 요소를 가지고 있고, 공정 경쟁의 공익과 같이 그 자체의 법적 가치를 가지고 있다. 영업비밀법과 같은 특정 법적 영역 내에서, 법적 요소와 관련된 사실 패턴은 고정되어 있다. 그것들은 모두 문장 수준 유형, 법적 요소의 모든 예이지만, 하위 유형을 각각에 연관시키는 것이 좋다.

주장의 법적 요소 각각은 언어학적으로 표현할 수 있는 다양한 방법과 연결되어야 한다. 예를 들어, "Newlin과 Vafa는 ICM을 떠나면 ICM 소프트웨어 및 도구의 사용을 금지하는 비공개 계약을 체결하였다" 그리고 "Ungar는 비공개 계약에 서명했다"와 같이 실제 사례에서 추출한, Section 1.4.4에 설명된, 문장 각각에 영업비밀 요소인 F_4 Agreed—Not—To—Disclose (P)가 적용된다.

다른 유형의 주장은 그 자체의 법적 요소를 가지고 있다. 여기에는 야생 동물에 대한 재산적 이익(Section 3.4 참조) 또는 상표권 침해 주장(혼동의 가능성, 상표권 침해 요건과 같은 논점을 결정하는 데에 요소가 사용되는)이 포함된다.

전제조건 정보에는 사실 또는 언어적 개념과 관련된 하위문장 유형과 규제 영역에 관한 담론에서 중요한 관계가 포함된다. 그 영역에 대한 모든 지식을 표현하는 것은 불가능하지만, 일반적으로 발생하는 법적 논점들과 관련하여 특정 측면을 표현할 수 있다.

Legal claim domain	Semantic relations	Meaning (objects or event referents)
Vaccine injury	1. Covered－vaccine	a vaccine covered by the VICP
	2. Specific－date	a specific month, day, year
	3. Specific－vaccination	a vaccination on a Specific－date
	4. Generic－injury	a type of injury, adverse condition, or disease
	5. Injury－onset	a symptom, sign, or test result associated with the onset of a Generic－injury
	6. Onset－timing－expected	expected time interval between time of vaccination with a Covered－vaccine and the earliest Injury－onset
	7. Onset－timing	time interval between Specificvaccination and the earliest Injury－onset
Trade Secret Misappropriation	1. Number－disclosures－outsiders	number of disclosures to outsiders plaintiff made
	2. Tools－brought	product development tools defendant employee brought from plaintiff employer
	3. Time－to－reverseengineer	amount of time it would reasonably take to reverse engineer information
	4. Security－measure－types	types of security measures plaintiff took
	5. Product－development－savings	amount of product development time and expense defendant saved by accessing plaintiff's information
	6. Improper－means－types	types of improper means defendant engaged in to obtain plaintiff's information
	7. Employee－inducements	value of inducements defendant offered to plaintiff's former employee

표 11.2는 백신 상해 영역 및 영업비밀 부당이용 영역에 대한 전제조건 정보를 보여준다. 이전 영역에서, 인과관계에 대한 Alten 규칙은 법이 적용되는 특정 백신 접종과 상해 발병 사이의 시간 간격과 같은 사실에 중점을 둔다. 영업비밀의 경우, 특정 법적 요소(Section 3.3.2 참조)의 크기는 특정한 가치(원고가 한 외부인에 대한 공개 수 또는 원고의 정보를 사용하여 피고가 아낀 제품 개발 시간과 비용)에 달려 있다. 이러한 종류의 사실들(Hypo 차원(Section 3.3.2)의 초점 슬롯 전제 조건 또는 Wyner and Peters(2010) 판례의 기본 요

소 관련 개념과 연결된)는 의견 텍스트에 주석을 달고 AR 및 사례 비교를 용이하게 하는 데에 사용되는 의미 정보이다.

유형 시스템의 이 부분 중 상당 부분은 법적 영역에서 일반적으로 적용될 수는 없다. 다른 한편, 시간적 지속에 대한 추론(제품 개발에서 절약된 시간, 주사와 상해의 시작 사이의 경과 시간, 어부가 그물을 닫는 데에 걸리는 시간 등)과 같은 개념과 관계의 일부는 본질적으로 일반적이다. 연구는 사례 텍스트에서 날짜, 시간 및 기간을 마크업하기 위하여 SUTime이나 HeidelTime과 같은 최첨단 시간적 주석기능 적용 방법을 찾아야 한다 (Strotgen and Gertz, 2013 참조). 사건 계산법은 시간적 조건을 추론할 수 있다. 예를 들어, 예방 접종 후 상해의 발병 시점과 관련하여 도표 11.5의 쿼리 4h에서 설명한 바와 같이 말이다(Zhou and Hripcsak, 2007 참조; Thielscher, 2011).

11.5.4. 확장된 법적 유형에 주석달기에 대한 전망

다양한 유형의 논증 패턴, 문서 구조, 그리고 클레임 세부 유형에 대한 개념적 쿼리를 지원하기 위해 유형 시스템을 확장했다고 가정하면, LARCCS 프로토타입을 개발하기 위한 두 번째 과제는 이러한 새로운 유형의 관점에서 법률 문서에 자동으로 주석을 달수 있는가하는 전망과 관련된다.

확장된 유형 시스템은 텍스트의 논증 관련 다양한 측면을 잡아낸다. 예를 들어, 도표 11.8은 Mason 사건에서 영업비밀에 대한 의견으로부터 발췌한 것을 보여 주며, 그 사실관계는 도표 3.2에 요약되어 있다. 문장은 WebAnno를 사용하여 네 가지 유형으로, 수동으로 주석을 달았다(Yimam et al., 2013).:

• 다양한 영업비밀 부당이용에 대한 법적 요소.
• 다양한 핵심 LUIMA 문장 유형.
• Mochales and Moens (2011) 판례에서와 같은 조건/전제 또는 결론.
• Feng and Hirst (2011) 판례에서와 같은 다양한 논증체계.

법적 사례에서, 인간이 얼마나 믿을만하게 이러한 유형을 표시할 수 있는지와 컴퓨터가 얼마나 성공적으로 이러한 유형을 표시할 수 있는지는 여전히 실증적인 질문인 반면에, 주석 기술은 많은 사람들에게 개발되고 평가되었다. F_6 Security-Measures, F_{15} Unique-Product, 그리고 F_{16} Info-Reverse-Engineerable과 같은 영업비밀 요소들이 자동으로 표시되고(Section 10.4 참조), 컴퓨터 환경은 이러한 요소에 수동으로 주석을 다는 것을 뒷받침했다(Chapter 10.4.3 및 도표 10.5 참조). LegalRule과 EvidenceBasedFinding을 포함하여 세 가지 핵심 LUIMA 문장 유형에 주석을 달기 위한 기술이 적용되고 평가되

었다(Section 10.5.3 참조). 예제로부터의 논증을 포함하여 전제, 결론, 논증 체계가 수동
주석을 기초로 자동으로 인식되었다(Section 10.3 참조).

하나의 프로젝트에서 이러한 모든 유형을 분석하는 것은 아직 시도되지 못했다. 이
범위의 과업은 아래 Section 12.5.1에서 논의되는 몇 가지 특별한 과제를 제시한다. 또한
몇 가지 기회도 제시한다.

논증 관련 정보의 의미론적 검색에서, 이익에 대한 문장은 종종 복합적 유형의 예이
다. 도표 11.8의 주석이 달린 문장의 거의 대부분은 하나 이상의 유형으로 표시되었다.
예를 들어, 도표에서 Mason 텍스트의 두 번째 단락에 나오는 다음 문장을 살펴보자.

> 그는 자신의 직원 몇 명(바텐더)에게만 조리법을 가르쳤다고 증언했다. 그는 각
> 자에게 누구에게도 조리법을 말하지 않도록 구체적으로 지시했다고 말했다. 고
> 객이 제조법을 배우지 못하도록, 음료는 식당과 라운지의 "뒤"에서 혼합되었다.

인간은 문장 유형, 증거, 법적 요소, F6 보안조치, 논증 구조 유형, 조건/전제의 예로 발췌한 내용을 표시했다.

영업비밀에 특정한 법적 요소들을 알려주는 문장들은 또한 사법적 논증에서 증거이거나 증거에 기초한 사실 판단과 전제조건인 경향이 있다는 것은 그럴듯해 보인다. 요소들은 증거에서 사실의 패턴을 추상적으로 요약하고, 논점이 충족되었다거나 충족되지 않았다는 주장에서 전제로서의 영향을 잡아낸다. 더욱이, "직원 중 일부에게만 말했음", "조리법", "조리법을 아무에게도 말하지 않도록 지시했다"는 용어와 문구는 ML 알고리즘이 주어진 교육사례를 통해 이러한 종류의 증거를 특정 법적 요소인 'F6 보안조치'와 연관시키는 데에 충분할 수 있다.

또한 인용은 사실에 대한 법의 적용을 다루는 섹션에 등장한다(법규문장, 결정이나 판결, 증거에 기초한 사실판단에 대한 섹션에서 근접성 참조). Section 11.5.3에서 언급했듯이, 프로그램은 이러한 문서 구조 유형들을 학습하고, 그것들을 법률 문서에서 자동으로 식별할 수 있다.

인용은 또한 원고 Mason이 자신의 칵테일 제조법이 영업비밀임을 증명하는 기준을 충족시켰다는 결론(이른바 판결과 결정)을 이끌어내는 논증의 진행과정에서 나타난다. 이러한 종류의 논증 구조에 관해서는 Mochales and Moens (2011), Levy et al. (2014) (in Debater), Feng and Hirst (2011)가 법적 논증에서 복합적 논증 유닛과 논증 체계에 주석을 다는 것에 어느 정도 성공하였음을 보여주었다(Sections 10.3.3, 10.3.5, 10.6.1 참조).

따라서 개념적 법률 정보 검색에서 이익에 대한 문장은 여러 개의 논증 관련 유형과 문서 구조 유형으로 주석을 달 수 있다. ML 알고리즘이 아마도 이 숨길 수 없는 표시의 결합의 중요성을 감지할 수 있겠지만, 도전은 여전히 남아 있다.

유형 시스템의 하위 수준에서 특정 전제 정보에 주석을 달면 더욱 집중된 사례 비교가 가능해질 수 있다. 예를 들어, 도표 11.8에서 F_{16} Factor Info – Reverse – Engineerable에 관한 증거가 중요하다. 영업비밀 보호는 비밀을 합리적으로 리버스 엔지니어링하는 한 계속된다. 만약 이 정보가 어떤 사례에서 사용 가능하다면 기록할 가치가 있는 것이다(표 11.2의 전제 정보 목록에서 Time – to – reverse – engineer 참조). 따라서, 린치 버그 레모네이드 (Lynchburg Lemonade)가 한 번의 시음만으로 쉽게 복제될 수 있다는 증언은 잠재적으로 매우 위험할 수 있다. 원고 Mason이 이러한 한계에도 불구하고 승리했다는 사실은 Mason 사례를 요소 F_{16}의 효과에 대한 유용한 반대 표본으로 만든다. 이상적으로 개념적 법률 정보 검색 시스템은 사용자가 그러한 반례 표본을 검색할 수 있도록 하지만, 이것은 증명될 필요가 있다.

표 11.2의 전제 정보가 주석될 수 있는 범위 내에서, 개념적 정보 검색 쿼리는 보다

상세히 조건을 명시할 수 있다. 예를 들어, 도표 11.5의 발생 시기(특정 예방 접종과 가장 빠른 상해 발생 사이의 시간 간격)가 6개월을 넘는데도 불구하고 인과관계를 증거에 기반하여 판단한 사례를 찾는 쿼리 4h를 보라. 마찬가지로 도표 11.6의 쿼리 5는 외부인에게 1,000건이 넘는 공개에도 불구하고 원고가 승소한 판결 또는 결정을 찾는다. 전자는 몇 가지 간단한 시간 추론을 포함한다. 후자는 Hypo에서(Section 3.3.2), Secrets−Disclosed−Outsiders, 즉 공개규모의 크기를 추론하는 것과 같다. 두 가지 쿼리는 현재의 법률 정보 검색 도구의 능력을 넘어서는 것이지만, 이러한 종류의 전제 정보에 주석을 다는 것은 사용자가 자신의 주장에 필요한 유형의 사례를 보다 정확하게 표현할 수 있게 만들어줄 것이다.

교육 사례로 사용하기 위해 도표 11.8과 같은 텍스트에 누가 수동으로 주석을 달 것인가와 그들은 그것을 어떻게 할 것인가의 문제는 Section 12.5.2에서 논의된다.

11.5.5. 사용자의 논증 수요 끌어내기

개념적 법률 정보 검색을 지원하기 위해 LARCCS 프로토타입을 개발하는 데에 있어 세 번째 과제는 사용자의 논증 요구를 편리하고 신뢰할 수 있는 방식으로 유도하는 방법론을 설계하는 것이다. 법률 응용 프로그램에서는 보다 복잡한 쿼리를 지정하기 위해 사용하기 쉬운 인터페이스를 제공해야 한다. 그러면 더 복잡한 쿼리가 논증 관련 제약 조건을 구체화하는 구조화된 쿼리 종류로 확장될 수 있다. 이것은 상당히 달성하기 어려운 과제일 것이다.

개념 정보 검색 시스템이 쿼리를 처리하기 위해서는, Lucene과 같은 데이터베이스에서 문서가 인덱싱되는 방식과 일치할 수 있는 형식이어야 한다. 표 11.3은 단순한 일반 언어 쿼리에 대하여 구조화된 쿼리가 무엇처럼 보이는지 나타내고 있다. 그것은 필드와 그 내용의 세부사항이 포함되어 있으며, 수동으로 작성되어야 했다.

일반 언어 텍스트는 사용자가 쿼리를 구성하는 가장 편리한 방법이지만, 일반 영어로 표현된보다 복잡한 쿼리의 NLP를 사용하는 것은 아직 가능하지 않다.

선도적 사용자는 논증 관련 제약 조건에 따라 검색 요구 사항을 표현하기 위해, 많은 기술을 통합 할 수 있는 인간−컴퓨터 인터페이스를 요구할 것이다. 직관적으로는 그래픽 인터페이스가 도움이 될 수 있다.

특히, 논증 다이어그램은 사용자가 관심이 있는 가정과 논증 역할에 대한 정보를 지정하는 것을 도와줄 수 있다. 다이어그램은 DLF 모델(Section 5.8) 또는 VJAP 모델(Section 5.7)과 같은 논증의 계산 모델 요소를 기반으로 한다. 예를 들어, 조건의 규칙 트리를 포함하여 적용 가능한 법정 요건을 나타내는 DLF 논증 다이어그램을 제시한 도표

▌표 11.3. ▌ "MMR 백신이 난치성 발작 장애를 일으킨다는 것에 대한 사실판단이나 결론"에서 도출된 구조적 쿼리

Feature	Meaning	Structured Query Entry
Sentence type:	Annotated sentence type such as Evidence Based Finding Sentence or Legal Rule Sentence.	EvidenceBasedFindingSentence
About:	What sentence is about in terms of annotated mention or terms, such as VaccineTerm, IllnessTerm, or CausationTerm.	(OR VaccineMention VaccineTerm CausationMention Causation-Term AdverseMedical ConditionMention IllnessMention IllnessTerm)
VmNormalization:	Normalized name of vaccine mentioned in sentence.	"mmr"
ImNormalization:	Normalized name of illness mentioned in sentence.	"null"
Content:	Plain text of sentence.	(OR "MMR vaccine" "causes" "seizure" "disorder")
POS-tag:	Tags indicating part of speech of each component of sentence content.	(OR "Finding VBG" "or CC" "conclusion NN" "that IN" "MMR NN" "vaccine NN" "causes VBZ" "intractable JJ" "seizure NN" "disorder NN")
Citation:	Whether sentence, preceding sentence, or succeeding sentence is a citation.	NA

5.15를 생각해 보라. 도표 5.16은 그러한 조건 하에서 특별한 전문가의 사실 판단에 대한 증거적 결정에 연결된 법적 결정에서의 추론의 사슬을 보여주고 있다.

DLF 논증 다이어그램의 보다 추상적인 버전을 기반으로 한 입력 데이터 체계를 사용하여, 사용자가 법률 응용 프로그램에 쿼리를 제출하는 것을 상상할 수 있다. 체계는 법률 응용 프로그램에 정보가 있는 규칙 트리와 연쇄 추론에 기반한 입력 구조를 제공할 것이다. 사용자는 이해관계의 법적 규칙에 대한 어떠한 입력 구조를 선택할 것이다. 예를 들어, 도표 11.9는 인과관계에 관한 Althen 규칙에 대한 입력 체계를 보여준다.

이 구조에는 왼쪽의 법칙에서 오른쪽의 증거 수준까지 규칙 트리와 추론 연쇄의 다양한 연속 레벨을 추상적으로 나타내는 노드가 포함된다. 즉, 각 노드는 트리 또는 체인에서 해당 노드의 문장 수준 유형과 관련된 논증 역할을 나타낸다. 여기에서 노드는 법

| 도표 11.9. | 쿼리 입력 데이터 체계. 노드는 DLF 스타일 규칙 트리 및 추론 체인의 연속 레벨을 나타낸다. 여기서 사용자는 사실적 원인에 대한 Althen 규칙의 요구사항에 "의학적 이론이 인과적으로 연결"하는가에 대한 법적 판단과 관련하여, "MMR 백신이 난치성 발작 장애 및 사망을 유발할 수 있음"이라는 증거 및 증거 기반 사실판단을 가지고 있는 사례를 찾고 있다.

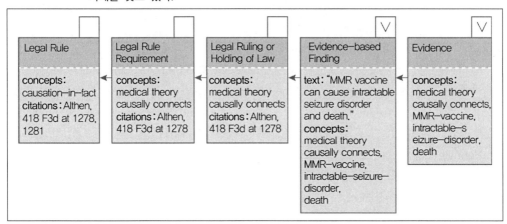

적 규칙 (causation−in−fact에 대한 Althen 규칙), 법규 요건 ("의학 이론이 원인으로 연결함"), 증거에 기반한 판단 등을 나타낸다. 시스템은 규칙 트리에서 "인용"과 "개념" 정보를 채울 것이다.

사용자는 그가 찾는 정보에 관한 규칙 트리와 체인의 레벨을 (체크 표시로) 표시하고, 대상 노드의 "텍스트" 필드에 이해관계가 있는 특정 명제를 삽입한다. 실제로 체크 표시는 검색된 사례에서 명제가 수행해야하는 논증 역할을 나타낸다. 여기에서 사용자는 causation−in−fact에 대한 Althen 규칙의 "의학 이론이 원인으로 연결함"의 요건에 대한 법적 판결과 관련하여 증거 및 증거 기반의 인과 관계 판단을 찾는다. 그는 "MMR 백신이 다루기 힘든 발작 장애와 사망을 유발할 수 있다"는 증거 기반의 판단이 있어야 한다고 지정했다. 아마도 이 시스템은 명제에 언급된 개념들을, 예를 들어 표준화된 MMR−백신 개념, 결합할 수 있다.

결과적으로 채워진 데이터 체계는 정보 검색 시스템이 사용자가 제시한 논증 관련 제약 조건에 맞추어 사례를 검색하고 적합도에 따라 순위를 매길 수 있도록 안내할 것이다. 혹자는 도표 5.10의 VJAP 도메인 모델과 같은 클레임의 법적 요인 기반 모델을 기반으로 유사한 입력 체계를 상상할 수 있을 것이다. 이러한 구조는 사용자가 법적 결정 또는 증거에 근거한 판단을 찾는 문제와 요인을 구체화하는 데에 도움을 줄 수 있다. 시스템은 정보를 가진 모델을 통해 경로에 해당하는 입력 체계의 목록을 제공할 것이다.

또한 혹자는 위와 유사한 논증 관련 쿼리 제약 조건을 지정하는 항목이 있는 입력

양식을 개발할 수도 있다. 사용자는 특정 논증 역할을 하는 문장(그 내용이 명제를 구체화하는)이 있는 문서를 찾는다는 것을 나타낼 것이다. 개념과 인용의 메뉴는 사용자가 양식을 완성하는 데에 도움이 될 것이다. 대상 정보가 여러 문장에 분산되어 있는 경우, 양식 기반 접근 방식은 문장에서 문단이나 단락으로 항목의 단위를 변경할 수 있다. 이 접근 방식은 그래픽 인터페이스의 위치나 보충기능으로써 사용될 수 있다.

상상컨대, 입력 쿼리의 일반 언어 버전은 사용자의 의도를 확인하기 위한 보완적인 매체로 작용할 수 있다. 시스템은 사용자가 입력 체계 또는 형식으로 입력한 쿼리를 동등한 일반 언어 버전으로 변환할 수 있다. 인터페이스는 사용자가 쿼리를 개선하거나 수정하고 일반 언어 버전의 효과를 관찰할 수 있는 메뉴 옵션을 제공할 수 있다. 예를 들어, 시스템은 도표 11.9에 표현된 쿼리를 "인과관계에 대한 의학적 이론에 관한 Althen 판례의 causation−in−fact 규칙의 요건의 맥락에서, MMR 백신은 다루기 힘든 발작 장애와 죽음을 초래할 수 있다는 사실과 증거의 판단을 포함하는 모든 문장을 검색하라"로 번역할 수 있다. 그런 다음 사용자에게 번역을 확인하거나 쿼리를 수정하도록 요청할 것이다.

11.6. 법률에서의 개념적 정보 검색

지금까지 논의는 법률 사례들의 코퍼스로부터 논증 관련 정보의 개념적 법률 정보 검색에 주로 초점을 맞추었다. 개념적 법률 정보 검색은 법률 및 규정에 어느 정도 적용될 수 있을까? AR과 마찬가지로, 해답은 '개념'을 잡아내는 유형 시스템의 개발에 달려있다. 그 개념은 (1) 사용자의 쿼리와 해결하려는 문제에 중요하며, (2) 법규와 규제 텍스트 및 기타 문서에 자동으로 주석을 다는 것에 사용할 수 있는 개념이다.

예를 들어, Chapter 2에서 소개된 공중 보건 응급 영역의 의료 요원은 희귀하지만 전염성이 있는 질병을 가진 환자와 관련된 상황에 직면할 수 있다. 이상적인 개념적 법률 정보 검색 시스템은 "전염성 질병에 관하여 정부 보건 기관과 병원 간의 보고 관계를 설정하는 규정은 무엇인가?"와 같은 질문에 대한 답을 쉽게 찾을 수 있도록 도와 줄 것이다.

CLIR 프로그램은 규정에 의해 수립된 개념들 사이에서 관계의 네트워크 또는 그것이 언급하는 개념을 이해할 수 없기 때문에, 텍스트로 제출된 그러한 쿼리를 오해할 가능성이 높을 것이다.

이 Section에서는 먼저 규제적 개념을 나타내고자 하는 유형 시스템 접근법에 대해 설명하고, 개념의 예들 사이에 법적으로 위임된 관계를 나타내기 위한 네트워크 기반 기술을 설명한 다음, 네트워크가 개념적 법률 정보 검색에 어떻게 유용하게 사용되는지 보여주고자 한다.

11.6.1. 법률에서 유형 시스템

법규 영역에 대한 법적 온톨로지가 개발되었지만(Section 6.5), 알려진 바와 같이, 개념적 정보 검색을 가능하게 할 목적으로 규제 텍스트의 의미를 표현하기 위해 유형 시스템과 파이프 라인 접근법을 적용하기 시작했다(Section 9.5에서 논의된 Wyner and Governaton, 2013 참조).

일반적인 법률 유형의 적절한 시스템에는 법률의 구조적 요소, 법적 규칙 진술의 유형, 법적 규칙의 요소는 물론 규제 영역에 보다 구체적인 개념 및 관계가 포함된다. 일부 유용한 일반 법률 유형이 도표 11.10의 왼쪽 열에 나와 있다. 맨 위에는 제목, 절, 단락, 활자체로 구분되었지만 번호가 매겨지지 않은 텍스트 덩어리, 절의 종류, 그리고 상호 참조의 종류와 같은 번호가 매겨진 요소와 같이 법률 텍스트에서 일반적으로 발생하는 구조적 요소의 불완전한 목록이 있다.

이 도표에는 정의 및 규칙 문장을 포함하는 법조항의 기본 구성 요소인 "Statement" 유형이 나열되어 있다. Statement는 문장 전체일 수도 있고, 문장의 일부일 수도 있다. 예를 들어 의무를 부과하거나 권한을 부여하는 등의 규칙 명령문과 같은 유형도 있다. 규칙 명령문의 세 가지 일반적인 부분을 나열할 수 있는데, 이는 선행 조건 "if" 부분, 결과 "then" 부분, 그리고 예외의 부분이다.

하단부에는 소송을 포함하여 법규적 규칙에 일반적으로 적용되는 것으로 보이는 법규 서술 변수의 집합이 나열되어있다. 여기서 소송은 특정한 목표와 입법 목적을 달성하기 위해, 특정 시간동안 어떤 조건이 부여된 수신 대리인에 대하여, 법규 규정이 규정의 어떤 수준으로 대리인 대행으로 하여금 수행하여야 하거나 수행할 수 있도록 하는 소송을 말한다(Sweeney et al., 2014 참조).

법률은 또한 규제적 주제를 가지고 있으며, 규칙 서술의 의미를 나타내는 데에 유용한 특정 개념을 포함하는 영역을 규율한다. 공중 보건 비상사태에 대한 준비 및 대응과 같은 특정 규제 영역의 개념에 대한 몇 가지 추가 유형은 도표 11.10의 오른쪽 열에 표시되어 있다. 피츠버그대학교(University of Pittsburgh)의 공중 보건 직원들은, 공중 보건 시스템 책임자, 응급 상황, 그리고 감시, 보고, 검역과 같은 관련 활동과 같은 개념들을 인식하고 있다. Section 9.7.1에서 논의했듯이, 그들은 12개 주정부의 공중 응급 보건 법령에 수동으로 주석을 달기 위해 이러한 개념을 사용했으며, 법규 텍스트에서 개념을 자동으로 식별하기 위해 ML을 적용했다.

- Structural Elements
  - Numbered elements: titles, sections, subsections, paragraphs
  - Unnumbered elements
  - Section types preamble, definitions, appendix
  - Regulatory Cross-references: internal ref., external ref.
- Statements
  - DefinitionStatement
  - RuleStatement
    - ObligationStatement
    - PermissionStatement
    - ProhibitionStatement
    - LiabilityStatement
    - PurposeStatement
  - RuleStatementParts
    - Antecedent
    - Consequent
    - Exception
  - Statutory Statement Variables: action, acting, receiving agents
    - Acting Agent: whom does the statement direct to act?
    - Receiving Agent: whom does the statement direct to receive the action?
    - Action: what action does the statement direct?
    - Prescription: with what level of prescription does the statement direct the action: "may"? "must"?
    - Goal: for what goal does the statement direct the action?
    - Purpose: for what purpose does the statement direct the action?
    - Time frame: in what time frame can/must the action be taken?
    - Condition: what circumstances govern if the action is taken?

Regulatory Domain Concepts and Relations

- Regulatory Topic (e.g., envirnmental, criminal, intellectual property, public health emergency preparation and response)
- Agents
  - PublicHealthSystemActor
    - GovernmentalPublicHealthAgency
    - Hospital
    - HealthCareProvider
    - BusinessEmployer
    - ElectedOfficial
- Actions
  - PublicHealthSystemActions
    - ReportingAction
    - SurveillanceAction
    - QuarantineAction
- Concepts
  - InfectiousDisease
  - PublicHealthEmergency: epidemic, train wreck, nuclear accident
  - Time: intervals, dates
- Mentions
  - AgentMentions
    - GovernmentalPublicHealthAgency Mention
    - HospitalMention
  - ActionMentions
    - ReportingMention
  - TimeMentions: IntervalMention, DateMention

┃도표 11.11. ┃ 공중 보건 응급 영역의 법규적 개념 쿼리들

1. 정부 공중 보건 기관, 병원 및 보고 조치에 관한 규정이 있는 조항은 무엇인가? (감염성 질병)
2. 정부 공중 보건 기관, 사업주 및 보고 조치에 관한 규정이 있는 조항은 무엇인가? (감염성 질병)
3. 공중 보건 응급 상황 및 병원 요원과 관련된 의무 규정이 있는 조항은 무엇인가?
4. 펜실베니아 규정에는 있지만 다른 주의 규정에는 없는, 공중 보건 시스템 행위자들이 연결되어 있는 조항은 무엇인가?
5. 병원에 대한 의무 규정 및 형벌규정 그리고 공중 보건 비상 준비에 대한 규제 규정이 있는 조항은 무엇인가?

이와 같은 법규 유형의 시스템을 사용하면, 법규 정보를 검색 할 수 있는, 도표 11.11과 같은 개념적 쿼리를 작성할 수 있다. 예를 들어, 쿼리 번호 2는 전염병에 관한 정부 보건 기관과 병원 간의 보고 관계를 수립하는 규정에 관한 위의 예를 나타낸다.

이상적으로, 프로그램은 텍스트와 쿼리 모두에서 이러한 의미 유형을 자동으로 식별하기 위해 유형 시스템과 텍스트 마이닝 기술을 사용한다. 프로그램은 이 개념적 법률 정보를 사용하여, 사용자 쿼리에 대한 응답으로 텍스트 순위를 매기고, 사용자를 그가 찾는 답변으로 보다 신속하게 이끌며, 검색된 텍스트를 강조 표시하고 요약하여 사용자가 그가 검색한 것이 무엇이고 그들의 쿼리에 어떻게 대입하는지 이해할 수 있게 한다.

구상했던 무언가와 같은 개념적 정보 검색 시스템은, 유형 시스템에서 캡처되고 텍스트에서 주석 붙여진 의미론적 기능이 중요하다는 것을 "알 것"이지만, 그것은 사용자가 제출하는 다른 유형의 쿼리에 그 기능이 얼마나 중요한지 처음부터 알지는 못할 것이다. 그러나 사용자가 쿼리를 처리 할 때, Section 11.3.2에서와 같이 ML 기술을 사용하여, 시스템은 그 기능이 성공적인 쿼리에 얼마나 중요한지를 알 수 있다. 어떤 쿼리가 목표를 달성했는지에 대한 사용자의 피드백을 기반으로, 시스템은 과거 쿼리에 대한 문서의 적절성에 대한 신뢰도를 평가하기 위해 가중치를 업데이트할 것이고, 따라서 새로운 쿼리가 주어진 문서의 순위에 대한 신뢰도를 평가하는 방법도 개선할 것이다. 결국 어떤 의미에서 사용자는 규제적 텍스트에서 적절성을 측정하는 방법에 대하여 개념적 검색 시스템을 "가르치는" 것이 된다.

11.6.2. 개념적 법률 정보 검색을 위한 네트워크 기술

많은 프로젝트가 네트워크 분석을 사용한다. 즉, 개념적 법률 정보 검색을 구현하기 위해, 네트워크의 연결 고리와 가중치를 기반으로 관련성에 대한 추론을 형성한다. Section 7.7에서 언급했듯이, LA는 특별한 법률문제의 네트워크를 전체 텍스트 판례법 코퍼스로부터 추출함으로써, 사용자가 동일한 문제에 대한 다른 사례를 검색하는 데에 도움을 줄 수 있다. WN의 재순위화 기능은 주석 네트워크를 계산에 넣는다. Mimouni et al.(2014)에 나오는 시스템은 의미론적 서술요소와 주석 네트워크 안의 문서들 사이의 상호 참조관계의 표시요소를 가지고 있는 쿼리에 기초한 문서를 검색했다. (예를 들어, "어떤 명령이 비정상적으로 성가신 소음에 대해 이야기하고, … 방음에 관해 말하는 법령을 인용하는가?")

법규적 법률 정보 검색 응용 프로그램에서, Winkels and Boer (2014)는 사용자가 온라인 하이퍼링크 되어있는 입법 데이터베이스에서 검색한 특정 법률 논문과 관련된 법률 컨텍스트를 자동으로 결정하는 방법을 개발했다. 작은 코퍼스는 네덜란드의 "외국인 법률"의 두 논문으로 구성된다. 각 논문을 위하여, 초점에 놓인 논문에 대해 모든 들어오는 참조와 모든 나가는 참조의 선택을 구성하는 "컨텍스트 네트워크"가 개발되었다. 컨텍스트는 가중치의 체계를 기반으로 한다. 그 가중치의 체계는 나가는 참조를 선호하고, 내부 참조가 아니어야 하며, 이전 논문의 정의를 참조하고, 최근 변경되었거나, 네트워크 중심성의 높은 점수를 갖는 것이다.

네트워크 분석은 법률 규정에 대한 코퍼스 기반 추론을 지원한다. Hoekstra and Boer (2014)의 시스템은 MetaLex Document Server에 있는 법률 규정들과 연합된 상호 연결된 웹 자원 간의 공동 인용 네트워크를 분석함으로써, "네덜란드에서 가장 중요하거나 영향력 있는 규정은 무엇인가?"와 같은 질문에 답변하는 것을 돕는다. Szoke et al. (2014)도 역시, 인용 정보가 자동으로 추출된, HTML 형식으로 표현된, 수백 개의 입법 문서의 코퍼스에서 가장 영향력 있는 규정을 결정하기 위하여, 인용 네트워크 분석을 채택했다. 법적 자료의 네트워크에서, Gultemen and van Engers (2014)는 단락-논문 수준에서 법규적 법률의 잘 다듬어진 상호연결을 사용했다.

위의 네트워크 기반 접근법의 대부분은 인용 링크에 의존하지만, 법의 의미론적 측면을 표현하기 위해 법규적 네트워크를 사용할 수도 있다.

11.6.3. 법규 네트워크 다이어그램을 통한 개념적 법률 정보 검색

피츠버그 대학의 공중 보건 대학의 LENA 프로젝트는 개념적 법률 정보 검색을 위하여 법규적 네트워크를 사용한다. Section 2.6에서 언급했듯이, 그러한 네트워크의 링크는 법령에 의해 위임된 참여자 간의 관계를 나타낸다. 구체적으로, LENA 네트워크 다이어그램은 공중 보건 비상사태를 처리하기 위해 주 보건의료 시스템의 어떤 기관과 행위자가 법령에 의해 서로 상호작용하도록 지시되는지를 그래픽으로 나타낸다(Ashley et al., 2014).

이 시스템은 현장에서 근무하는 공중 보건 요원과 같은 사용자가 "공공 보건 기관과 병원 간의 관계를 수립하는 규칙은 무엇인가?"와 같은 질문에 답할 수 있도록 도와줄 수 있다. 도표 11.12와 같은 법규적 네트워크 다이어그램은 법률 정보 데이터베이스에 대한 시각적 색인 역할을 한다. 사용자가 링크를 클릭하면, 시스템은 참여자 간의 관계를 확립하고 노드 간의 링크를 정당화하는 특정 법규정을 검색할 수 있다. 이러한 방식으로, LENA 법규적 네트워크 다이어그램은 이러한 상호 작용을 지시하는 법령 텍스트의 비상 법률 데이터베이스(Emergency Law Database)에서 개념적 인터페이스로 작동한다. 현장의 공중 보건 요원은 전문(全文) 법률 정보 검색 도구에 익숙한 변호사가 아니기 때문에, 다이어그램의 링크를 클릭하여 그의 책임과 관련된 조항을 검색하는 것이 더 직관적일 수 있다(Ashley et al., 2014).

예를 들어, LENA 법규적 네트워크는, Timothy Allen Duncan이라는 환자가 텍사스 장로교 병원의 응급실에 도착하여 아프리카를 방문한 후 메스꺼움과 두통을 호소했던 2014년의 상황의 처리에서 법적 추론을 이끌어내는 데에 도움을 줄 수 있었다. 그는 검사를 받고 퇴원했지만, 그는 병원으로 돌아왔고, 얼마 지나지 않아 에볼라 바이러스로 인한 출혈열로 사망했다. 미 의회의 에너지 및 상무위원회의 후속 보고서에 따르면, "던컨(Duncan)씨의 증상이 에볼라와 일치한다는 사실을 텍사스 주 보건 서비스 부서(Texas Department State State Health Service)가 언제, 어떻게 알렸는지는 명확하지 않다"고 했다. 명백한 의사소통의 어려움을 고려할 때, 병원 응급실 직원이 에볼라 노출 환자를 볼 가능성에 대해 충분히 경고하지 않았던 것으로 보인다(Ashley et al., 2014).

LENA와 응급 법률 데이터베이스의 유용성을 입증하기 위해, 공중 보건 대학의 연구자들은 "어느 텍사스 주의 법률이 병원과 정부 공중보건기관 간의 상호 작용을 요구하는가?"라는 질문에 대답하기 위해 그것들을 사용했다. 그러한 질문에 답변하는 것은 상업적 법률 정보 검색 시스템을 사용하는 법적으로 훈련된 직원에게는 단순한 것이지만, 법적으로 훈련받지 않은 사람들이 신속하게 답변을 찾는 것은 문제가 된다.

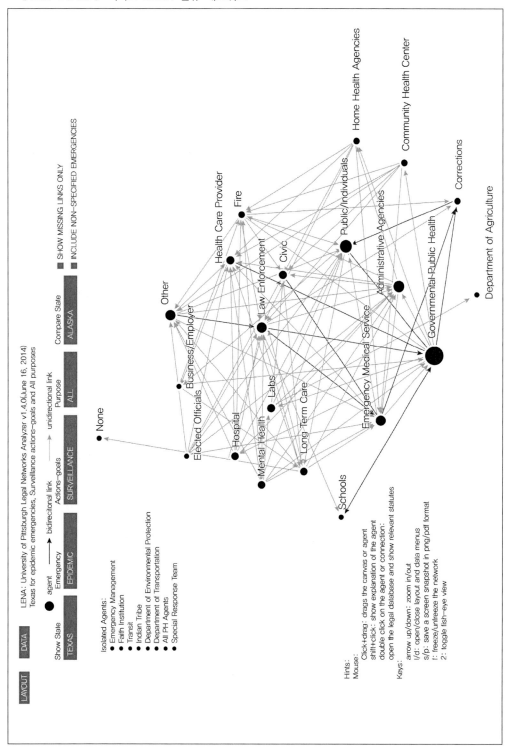

도표 11.12의 LENA의 스크린 샷은 전염병과 관련된 전염병 응급상황과 관련하여 텍사스 법에 의해 지정된 법적 에이전트의 네트워크를 보여준다. 원형 노드는 공중 보건 시스템의 에이전트를 나타낸다. 에이전트를 연결하는 선(또는 "가장자리")은 법률 또는 법률의 조합이 두 에이전트 간에 어떤 행동을 지시한다는 것을 보여준다. 그것의 두께는 그러한 상호 작용을 요구하는 법령의 수를 나타낸다. 정부 공중 보건은 가장 큰 노드로, 주 및 지방의 보건 위원회와 부서를 나타낸다. 노드의 크기는 네트워크에서 에이전트의 중요도에 해당한다. 노드가 클수록 에이전트가 담당하는 역할의 중요도가 커진다. 이것은 다른 에이전트에서 명령의 수 및 다른 에이전트로 나가는 명령의 수에 비례한다. 정부 공중 보건과 병원 간의 더 어두운 연결은 양방향 상호적이다. 두 에이전트 사이의 기능 중 일부는 정부 기관에 의해 주도되고, 다른 일부 기능은 병원에서 시작된다.

사용자가 이 두 에이전트 간의 링크를 선택하면, LENA 응급 법률 데이터베이스는 이러한 에이전트 간에 일종의 상호 작용을 지시하는 119개의 법률을 끌어온다. 검색 범위를 좁히기 위해, 사용자는 "보고할 수 있는"과 "질병"과 같은 용어를 키워드로 입력할 수 있다. 이 결과 24건의 인용을 찾아내고, 그중 3건은 관심사와 관련이 있다. 이러한 법률에 따라 텍사스 주 내의 병원은 바이러스성 출혈열을 확인한 경우 지역 보건 당국에 전화로 즉시 알려야 한다. 의료 서비스 제공자가 환자의 여행 기록에 관한 정보를 공유하거나, 병원이 환자의 발병 지점을 조사하도록 요구하는 텍사스 주법 규정은 없는 것으로 보인다. 24개의 인용된 법률 중 어떤 것도 진행 중인 보건 경고(예: 당시의 에볼라)와 관련하여 정부 보건 기구가 병원에 직접 의사소통하도록 규정하지 않았다(Ashley et al., 2014). 따라서 LENA 도구와 응급 법률 데이터베이스는 정책 결정자가 공공 보건 비상사태를 다루기 위한 주의 규율 체계의 흠결을 확인하도록 도울 수 있다.

법규적 네트워크 다이어그램과 데이터베이스는 정책 결정자와 입법자가 다른 주와 비교하는 것에 도움을 줄 수 있다. 연구자들은 유사한 검색을 수행하여 여러 주에서의 질병보고에 관한 규정을 찾고 비교할 수 있다. LENA 데이터베이스를 검색 한 결과, 전염병에 걸린 응급 상황보고 규정이 텍사스 주의 것과 상당히 다를 수 있음이 밝혀졌다. 예를 들어, 캔사스 주(Kansas)와 위스콘신 주(Wisconsin)는 병원이 그러한 질병 관련 사건을 정부 기관에 몇 시간 내에 보고하도록 하고 있다(Ashley et al., 2014).

LENA 도구가 제공하는 결과는 주정부의 전염성 질병 대응 네트워크의 스냅 샷을 기반으로 한다. 법령 및 규정은 자주 개정되며 응급 법률 데이터베이스 및 LENA 리소스는 정기적으로 업데이트해야 신뢰할 수 있다. 물론 거기에서 법규 텍스트로부터 정보를 자동 추출하는 기능은 특히 유용할 것이다(Section 9.7.1 참조).

11.7. 결론

이 장에서는 개념적 법률 정보 검색을 위하여 텍스트에 주석달기를 사용하고 인간 사용자가 법적 추론을 이끌어 낼 수 있는 관련 자료를 찾을 수 있도록 지원하는 프로그램에 대하여 알아보았다. 다음 장에서는 법적 추론의 계산 모델이 특정 종류의 법적 추론을 도출함으로써 인간을 도울 수 있는 도구에 대하여 알아보고자 한다.

Chapter

12

∨

인지 컴퓨팅 리걸 앱

12.1. 서론

Section 11.5에서 제안된 프로토타입은 법률 정보 검색을 AR로 변환할 것이다. 여기에서 논의한 바와 같이, Part Ⅰ의 법적 추론, 논증, 예측에 대한 계산 모델의 법률지식 표현 프레임워크 중 일부가 사례 텍스트에 자동으로 주석을 달 수 있다면, 리걸 앱은 개념적 법률 정보 검색 이상의 기능을 수행할 수 있다. 그것은 인지 컴퓨팅을 지원할 수 있는 것이다. 이 Chapter에서는 작업, 인터페이스, 입력과 출력의 측면에서 법적 영역에 맞게 조정된 인지 컴퓨팅 환경에 대해 설명하고자 한다. 또한 이 장에서는 전산 모델을 기반으로 한 유형 시스템과 주석이 어떻게 인간이 법적 논증에 대한 가설을 세우고, 예측하고, 코퍼스의 문서에 대해 테스트하는 데에 도움을 주는지에 대해 설명한다.

가설은 법적인 문제가 어떻게 결정되어야 하는지 예언한다. 아래와 같이:

- 원고는 정보가 쉽게 리버스 엔지니어링될 수 있었을지라도 피고가 기만하여 제품 기밀데이터를 공개하도록 한 경우, 영업비밀 부당이용 문제에서 승소하여야 한다.
- 예방 접종과 상해 발생 사이에 6개월 이상이 경과했다하더라도 원고는 여전히 인과관계를 보여줄 수 있다.
- 피고가 의도적으로 그녀의 시도에 개입했다하더라도, 그녀가 실제로 야구공을 잡지 않은 경우에, 원고의 반환청구는 실패한다.

이와 같은 법적 가설을 세우고 테스트하는 것은, 각자가 최선을 다하는 지능적인 활동을 수행한다고 할 때, 인간과 컴퓨터가 협력할 수 있는 패러다임적 인지 컴퓨팅 활동이다. 인간은 법적으로 중요한 가설을 알고 있다.: 컴퓨터는 사례 및 반례를 인용하는 주장을 토대로 인간이 가설을 구성하고 테스트할 수 있도록 도와준다. 유형 시스템 주석은 개념적 법률 정보 시스템이 가설과 관련된 사례를 검색하고 사용자 요구에 맞는 요약을 생성하며 논증을 구성하고 예측을 설명할 수 있게 한다.

이 Chapter에서는 이러한 새로운 CCLA를 구성하기 위해 해결해야 할 과제에 대해 논의한다. 사례 기반, 규칙 기반, 그리고 가치 기반의 법적 추론과 논증의 전산 모델을 개념적 법률 정보 검색과 어떻게 통합할 수 있겠는가? 이 통합에서 유형 시스템과 파이프라인된 텍스트 주석기능의 역할은 무엇인가? 문서들의 훈련 집합에서 어떤 종류의 수작업의 개념적 주석이 필요한가? CCLAs는 어떻게 생겼는가? 그들은 인간이 법적인 가설을 구성하고 테스트하는 데에 어떻게 도움이 될까?

이러한 접근의 일반적인 한계를 설명한 후에, 이 Chapter에서는 법적 텍스트에 근거한 논증의 전산 모델을 실현하는 데 있어 어느 정도 진전이 있을 수 있는지를 탐구하고자 한다. 무언가는 논증 체계의 사례를 추출하고, 관련 텍스트와 구절에 사용자의 주의가 기울어지게 하기 위해 그것을 사용하며, 논증과 반론을 제안할 수 있다. 그러나 시스템이 새로운 주장을 제시할 수 있을까? 시스템이 믿을만한 이유가 있는 새로운 법적 가설을 세우고 그것들을 테스트할 수 있을까? 법적 지평에 무엇이 놓여 있으며, 개발자는 어디에서 시작하여야 하는가?

12.2. 시장에 나와 있는 새로운 리걸 앱들

2016년에 Legaltech News(Legaltech News, 2016)는 거의 매주 리걸 앱의 새로운 개발을 보도하였다.

12.2.1. Ross

아마도 IBM의 Watson(Ross Intelligence, 2015)에 기반한 클라우드 기반 법률 QA 서비스 인 로스(Ross)는 새로운 리걸 앱 중 가장 흥미로운 것일 수 있다. 일반 영어로 질문을 받아들이고 법률, 판례법, 기타 자료를 기반으로 답변을 제시한다. "파산한 회사가 여전히 사업을 수행할 수 있습니까?"와 같은 일상 언어로 된 사용자의 질문에 대한 이해를 바탕으로, 로스는 인용과 함께 답변을 제공하고 주제에 적합한 자료를 제안하며 사용자의 "사례"에 영향을 줄 수 있는 법의 변경을 모니터링한다(Cutler, 2015).

토론토 대학 로스쿨의 한 팀이, IBM이 주최한 경연 대회에서 2위를 차지한, 로스 (Ross)를 창안했으며, IBM의 지원을 받아 실리콘 밸리에서 창업했다(Jackson, 2015). 그들의 데모 비디오에는 프로그램에서 처리할 수 있는 샘플 질문이 나열되어 있다.

1. 캐나다 회사는 어떤 회사 기록을 유지해야 하는가?
2. 캐나다 기업의 이사들은 얼마만큼의 주식을 주 자본금 계정에 추가할 수 있는가?
3. 직원이 경쟁 비즈니스를 시작할 수 있는가?
4. 직원이 판매 목표를 달성하지 못하고 고용의 필수 요소를 완료하지 못하면, 예고 없이 해고될 수 있는가? (Jackson, 2015)

마지막 질문에 대한 답변으로, Ross는 화면에 Regina v. Arthurs 판례[1]를 발췌 및 본문과 함께 띄웠다. Ross는 사례에 대한 응답성 94%의 신뢰도를 나타내며, 다음과 같은 결론을 요약했다. "직원이 중대한 위법 행위, 일상적인 의무 불이행, 무능력, 또는 자신의 의무와 양립 할 수 없거나 고용주의 사업에 불리한 행위를 하거나, 실질적인 문제에서 고용주의 명령에 고의적인 불복종을 범한 것으로 판결되면, 법은 고용주가 의무불이행 직원을 즉시 해고할 수 있는 권리를 인정한다." Ross는 법안, 판례법, "해고 사유"에 관한 법적 서면 및 기타로부터 추가로 읽을 자료를 제안했다. 또한 사용자의 이전 쿼리에 적합할 수 있는 코퍼스에 추가 된 새로운 자료를 모니터링한다(Cutler, 2015).

Remus와 Levy는 "IBM Watson 및 이와 유사한 질의응답 시스템"의 접근 방식에 대해 아래와 같이 설명한다.

> [조합된 프로젝트 데이터베이스에서 각 문서의] 각 단락에, (첨부된 각 문제에 대하여 그 단락이 올바른 답인) 일상 언어로 된 [법률] 연습 문제를, 첨부할 전문가를 요구하는 것이다(Remus and Levy, 2015, p.24f).

예를 들어, "채무자가 언제 단체교섭 합의를 거부할 수 있는가?"라는 질문이 있을 수 있다(Remus and Levy, 2015, p.25).

이와 같은 질문은 다양한 방식으로 표현될 수 있기 때문에, 시스템은 사용자가 시스템이 대답하는 방법을 알고 있는 버전으로 질문을 했는지 인식해야 한다. 예를 들어, 사용자는 아래와 같이 질문을 더 구체적으로 표현할 수 있다.

> 채무자가 Chapter 9의 파산 신청을 하고, 단체교섭 합의를 거부하기 전에 사적 조합과 사전적으로 협상을 시도한 도시인 경우에, 채무자는 단체교섭 합의를 거부할 수 있는가? (Remus and Levy, 2015, p.26)

---

1) Regina v. Arthurs, [1967] 2 O.R. 49, 62 D.L.R. (2p) 342, 67 C.L.L.C. 14,024 (C.A.)

문제는 전문가가 제공한 각 질문의 교육 세트를 기반으로, 시스템이 다양한 변형들을 인식하는 것을 학습할 수 있는가이다. 시스템은 질문의 긍정과 부정의 사례를 구분하는 훈련 사례의 특징과 관련된 가중치를 학습한다. 이러한 특징은 단어 또는 n-gram 빈도(Section 8.3), 단어 네트워크의 동의어와 하위 단어(Section 6.3), 언급된 개념과 그 관계(Section 6.7)로 구성된다(Remus and Levy, 2015, p.26 참조). 학습된 가중치는 사용자의 질문을 "이해"한다는 시스템의 확실성 수준을 알려준다.

사용자가 새 버전의 질문을 제출하면 시스템은 질문과 이미 저장된 답변 사이에 새로운 링크를 형성한다(Remus and Levy, 2015, p.27 참조). 이러한 방식으로 Ross는 사용자 피드백을 통해 학습한다. 예를 들어, Regina v. Arthurs 판례에는 사용자에게 응답이 정확하면 자신의 "사례"에 응답을 저장하기 위해 "좋아요"를 누르도록 요청하고, 다른 응답을 원할 경우 "싫어요"를 누르도록 하는 쿼리가 이어진다. 피드백은 사용자의 질문 버전에 대한 답변의 응답성에 대한 Ross의 신뢰도를 알려주고 업데이트하기 위한 것이다(Cutler, 2015).

Ross가 질문에 응답하는 데에 있어서 향상되겠지만, 그것의 응답은 법률 문서의 관련 구절을 가리키는 것뿐이다. Ross는 사용자가 논증을 만들거나 결과를 예측하는 데에 적극적으로 도움을 줄 수 있을 것으로 보이지는 않는다.

12.2.2. Lex Machina

LexisNexis는 최근에 특허 및 기타 지적재산권 사건에 대한 법적 예측을 하는 서비스인 Lex Machina를 인수했다. Section 4.7에서 논의된 바와 같이, 그것의 법률적 예측은 무엇보다도 광범위한 지적재산권 사례집에서 추출한 소송 참여자와 행위의 특징 분석을 기반으로 한다.

분명히 Lex Machina의 제작자는 사례의 장점에 대한 의미론적 정보를 통합하려고 했다. Surdeanu et al. (2011)에서 저자는 "사례의 장점과 이전 요인(참여자와 행위의 특징들)을 단일 모델에 결합하고자 한다."고 하였다. 사건의 실질적인 장점과 직접적으로 관련된 특징이 현재 버전에 포함되었는지 여부와 그 범위는 분명하지 않다.

12.2.3. Ravel

스탠포드 로스쿨 졸업자들에 의해 설립된 Ravel (Ravel Law, 2015a)과 하버드 로스쿨 도서관은 미국 판례법의 많은 부분을 스캔하고, 법적 개념과 관련하여 한 사례가 다른 사례를 인용하는 방법을 그래픽으로 묘사한 Ravel의 시각적 맵과 함께 디지털 형식으로 사례 텍스트에 접근할 수 있도록 공동 노력하고 있다(Eckholm, 2015).

예를 들어, 일반인이 현재 이용할 수 있는 Ravel 사이트에서, 기업이 독립적인 정치적 지출을 할 수 있도록 허용한 2010 Citizens United 판결에 도전할 계획인 변호사는, "선거 자금" 항목에 들어갈 수 있으며, 도식화된 형식으로 1심, 항소심, 대법원 수준의 주요 판례들(2010 판결을 이끌었던 그리고 그것을 인용한 후속 판결들)을 볼 수 있다(Eckholm, 2015).

출력물에는 "선거 자금"과 적합한 n건의 사례 목록이 포함된다. 여기에서 "사례가 '적합'하다는 것은 당신의 특정 검색어의 맥락에서 그것이 중요할 때"를 의미한다(Ravel Law, 2015d). 각 사례는 검색어가 강조 표시된 의견에서 발췌문과 함께 표시된다. 수반되는 시각적 지도, 구조화된 인용 네트워크(Section 2.6 참조)는 Citizens United 사례와 같은 "선거 자금"을 다루는 사례의 써클을 나타낸다. 써클의 크기는 사례가 인용된 빈도를 나타낸다. 선은 인용을 나타내는데, 선의 두께는 "다루어짐의 정도"를 나타낸다. 다루어짐의 정도는 인용의견에서 사례가 인용되거나 논의되는 정도를 나타내는 척도일 것이다. 인용 네트워크는 연대순을 나타내는 x축과 법원 시스템 계층구조로 구분된 y축으로 구성되어 있다.: 특정 쿼리에 대한 주 법원, 연방지방법원, 연방항소법원, 연방대법원. 대안적으로 y축이 적합도가 높은 사례를 맨 위에 표시하는 방식으로 관련성에 따라서 사례를 보여줄 수 있다.

그래픽 디스플레이를 사용하면, Buckley v. Valeo 사례와 같은 중대한 사례에서 최근 사례에 이르기까지 인용을 추적할 수 있다. 사례를 클릭하면, 그것은 사례 목록 상단에 표시된다(Ravel Law, 2015c).

Ravel은 또한 사법적 연혁과 과거 사례에 초점을 둔 유료 분석 서비스를 제공한다. 어떤 종류의 소송행위와 관련한 사례에서, 쿼리가 주어지면 프로그램은 다음과 같은 것을 리포트한다. "과거에 그러한 소송행위에 대하여 특정 판사가 어떻게 반응했는가?", "가장 설득적으로 판단한 판례, 관할지역, 판사들", "우호적으로 판단되고 일반적으로 인용되는 규칙과 특정 언어", "판사를 다르게 보이게 하는 차이"같은 것들이다. 사례 분석에는 특정 단락이나 문장에 대한 정보와 이후 판결에서 어떻게 언급되었는지가 포함된다(Ravel Law, 2015b).

12.3. 법적 텍스트와 전산 모델의 연결

시장에 나와 있는 새로운 리걸 앱은 인지 컴퓨팅에서 중요한 혁신적인 도구와 사용자 인터페이스를 도입한다. 예를 들어, 연대기와 법원 계층의 측면에서 인용 네트워크를 구성하는 Ravel의 그래픽 인터페이스는 법률 연구자를 대규모 인용 네트워크의 미덕으로 안내한다. 그것의 인용 네트워크 안에 법령을 포함시키고자 하는 Ravel의 계획은 네트워크를 더욱 유용하게 만들 것이다. 우연히도, Ravel의 인용 네트워크는 Section 7.9에서 논의된 SCALIR 프로젝트(Rose and Belew, 1991)와 Sections 2.6 및 11.6.3에서 논의된 법령 인용 네트워크의 약속을 전달한다.

새로운 리걸 앱은 또한 ML과 법적 결과 예측을 통합한다. Ross는 질문에 응답하면서 제시된 자료의 관련성에 대한 신뢰성을 업데이트하기 위해 ML을 적용한다. Lex Machina는 판결의 텍스트에서 직접 추출한 특징을 기반으로 법적 문제의 결과를 예측한다. Ross와 Lex Machina는 판사가 논증에 어떻게 대응할 것인지를 예상하는 데에 도움이 되는 사법적 결정의 역사를 활용한다. 그러나 Lex Machina가 예측에 사용하는 기능은 사례의 실질적인 측면을 직접 고려하지 않은 것으로 보인다.

논증을 만들거나 법적 결과를 예측하는 데에, 리걸 앱이 사례 텍스트에서 추출한 실질적인 특징을 고려하거나 할 수 있는 경우, 이 분야는 한 단계 큰 진보를 하는 것이다. 조합된 자료와 텍스트에서 정보를 추출하는 기술을 통해, Lex Machina, Ross, Ravel이 이 단계를 수행할 수 있는 좋은 위치에 있지만, 아직까지는 그렇게 하는 것으로 보이지는 않는다. 아래에 설명하는 것처럼, 법적 추론의 전산 모델이 도움이 될 것이다.

12.4. 법적 가설을 테스트하기 위한 인식 컴퓨팅 앱

이 Section에서는 Part Ⅰ의 법적 추론 (CMLR)의 전산 모델 중 일부와 법률 텍스트에서 논증 관련 정보를 추출하고 이를 개념적 정보 검색에 사용하는 Part Ⅱ의 기술들을 연결하여 새로운 종류의 CCLA를 구현하는 방법에 대해 알아보고자 한다.

이러한 새로운 리걸 앱에서, 법적 추론의 전산 모델은 법적 텍스트의 모음과 현실적인 법률문제를 해결하는 사용자 간의 다리 역할을 한다. 앱은 제I편에서 설명한 모든 CMLR이 텍스트에서 직접 실행될 수 있도록, 논리적 규칙 또는 의미 네트워크에 충분하게 자세한 주석을 달 수 없을 것이다. 그러나 앱들은 인지 컴퓨팅이 사용자들과 협업하는 것을 뒷받침하기 위하여, 법규, 법적 판단과 사실의 판단, 판결의 정당화 논증, 이유에 대한 설명은 물론 특정 법적 요소와 증거 요소가 포함된 테스트 부분을 인지할 수 있을 것이다.

CMLR을 갖추게 되면, CCLA들은 법적 텍스트에서 추출한 이 정보를 활용하여, 현존하는 기술로 현재 실현 가능한 것보다 효과적으로, 인간이 법적 문제를 조사하고 답을 내고 사례 결과를 예측하며 설명을 제공하고 법적 결론에 대해 논쟁을 제기할 수 있게 돕는다.

12.4.1. CCLA들을 위한 패러다임: 법적 가설 테스트

Chapter 1에서 설명했듯이, 인지 컴퓨팅은 인간과 컴퓨터 간의 협업적 지능 활동을 지원해야 하며, 그 속에서 각자는 가장 잘 수행하게 된다. Susskind의 법률 업무 진화의 마지막 단계인 법률 서비스의 상품화를 소개함에 있어서, 그 Chapter에서 다음과 같은 열린 질문을 남겼다. "법률 서비스의 프로세스 엔지니어링이 '매우 저렴하고 우수한 품질의' 해결책을 제공하는 방법을 다시 생각하는 것이라면, 고객의 특정 문제에 대한 그 해결책을 도출하는 것은 누가 또는 무엇이 담당할 것인가?"

이전에는 로펌의 전문 지식과 문제 해결 방법을 구현하는 규칙을 생성하는 것이 인공지능의 전문가 시스템 개발의 목표였다. Waterman의 전문가 시스템(Section 1.3.1)에서와 같이, 혹자는 법적 텍스트에 대한 수작업 분석으로부터 경험적인 규칙을 추출하려고 시도한다. 그러한 규칙을 갖게 되면, 새로운 문제가 주어졌을 때, 시스템은 그 문제에 대한 해결책을 도출하기 위해 그 규칙을 적용할 수 있을 것이다. 아니면 적어도 그러한 의도였을 것이다. 그러나 그러한 노력은 힘든 것이었다. 지식 표현의 병목 현상으로 인해 전문가 시스템 접근 방식은 난항을 겪게 되었다.

인지 컴퓨팅도 법률 자문의 일종의 대량 맞춤화를 추구한다는 점에서 유사한 목표를 가지고 있다고 할 수 있지만, 인지 컴퓨팅은 지능적인 컴퓨터와 인간의 협업을 위해 노력함으로써 인간 사용자에게 초점을 돌린다. 그러나 이러한 접근방식도 비슷한 질문을 제기한다. "어떤 종류의 공동 작업이 그리고 어떻게 달성될 것인가?"

여기에 하나의 답이 있다. 해답을 생산하는 규칙을 추출하는 대신, 인간의 문제해결 노력을 안내할 수 있는 분석 및 논증 패턴에 주석을 달아주는 것을 목표로 하는 것이다. 특히, 분석과 논증의 주석이 달린 패턴은 인간이 그들의 문제를 해결하는 것에 적합한 법적 가설을 구성, 테스트, 평가하는 데 도움을 줄 수 있다. 여기서 가설이란 예측을 의미하는데, 특정 조건에 따라 법률문제가 합리적으로 어떻게 결정되어야하는지 또는 어떻게 결정될 수 있는지에 대한 예측이며, 실질적인 법적 고려사항에 기반한 규칙과 같은 일반화 형태의 예측을 의미한다. 법률 가설을 "테스트"하고 "평가"한다는 것은 예측의 정확성을 평가할 뿐만 아니라 고려할 가설의 사례와 반례를 추출하고, 찬성과 반대의 논증을 고려하는 것을 의미한다. 이러한 논증은 인간이 가설을 수정하고 재평가하도록 유도할 수 있다. 그것들은 또한 반론을 철저히 검토하면서, 고객의 입장을 지지해야 하는 변호인의 위치에 적합한 가장 강력한 논증을 만들도록 도와줄 수 있다.

인간이 실질적인 법적 가설을 구성, 테스트 및 평가할 수 있도록 돕는 데에 있어서, 계획된 CCLA는 인간을 패러다임 협업 활동에 참여시킬 것이다. 인간은 흥미로운 가설 (확정된다면 그들이 취하는 법적인 입장과 그들이 정당화하는 방식에 대해 전략적 또는 전술적인 파급 효과를 가지는)을 생각해내는 것에 더 우수하다. 컴퓨터는 인간의 가설에 적합한 증거를 찾기 위해 거대한 텍스트 자료들을 신속하게 분석할 것이다.

리걸 앱은, 용어를 표현하고, 현재의 가설을 확인하거나 탄핵하는 사례를 선택하는 것을 통하여, 가설을 재구성하는 반복적 절차에 사용자를 참여시킬 수 있을 것이다. CCLA는 "답변"을 출력하지 않지만, 현재의 형태에서 가설을 보강하거나 탄핵하는 증거를 요약함으로써, 잠정적 결론을 출력할 것이다. CCLA는, 쿼리를 만족시키고 가설을 확인하는 것으로 보이는 사례들, 또한 가설을 부정하는 명백한 반례를 지적하는 사례들, 그리고 규칙에 준하는 가설의 선례를 거의 만족시키는 예제들을 나열하는 것을 포함하여, 증거에 기초한 가설에 관하여 논증을 구성할 것이다.

궁극적으로 인간 사용자는 선택한 예제, 반례, 또는 거의 근접한 사례를 읽어야 한다. 그러나 리걸 앱은 가설을 중심으로 프리젠테이션을 구성할 것이다. 이것은 가설에 가장 적합한 것으로 선택된 문서에 독자를 집중시킬 것이다. 또한, 앱은 쿼리 또는 가설과의 관계를 명확하게 하는 방식으로 적합한 문서를 추상화하고 요약할 것이다.

이 Section의 나머지 부분에서는, 새로운 CCLA가 어떻게 인간이 다양한 실질적인 법적 가설을 공식화하고 법률 문서의 모음에 대해 테스트하고 평가하게 할 수 있는지를 설명하고자 한다. 법적 가설의 지정된 유형들은 설명되고 분명하게 보여 진다. 우리는 CCLA가 어떻게 가설을 하위 쿼리로 분석하고 결과를 해석하는지를 그려본다.

두 영역의 확장된 예제들은, 가설을 평가하고 논증과 반증으로 그것을 설명하기 위해, 개념적으로 적합한 사례들을 위하여 가설을 쿼리로 전환하는, 그리고 검색된 정보에 법적 논증의 적절한 전산 모델을 적용하는 프로세스를 보여준다.

해결해야 할 연구 과제를 확인하고 접근법의 일반적인 제한 사항을 강조하기 위하여, 다음 Section에서는 개요에 대한 비판을 제시한다.

12.4.2. 목표 설정된 법적 가설

변호사가 사실적인 시나리오가 제기하는 다양한 법적 논점을 고려할 때, 그는 각 문제에 대한 잠재적인 논증과 반증을 고려하고 어느 측면이 성공해야하는지에 대한 가설을 세울 것이다. 본능적으로 변호사는 특정 결과에 도달하는 이유와 그에 반대되는 이유를 모두 고려한다. 이러한 이유에는 변호사가 입증했거나 입증할 수 있다고 믿는 유리한 사실들은 물론이고 상대방이 입증했거나 입증할 수 있는 불리한 사실들이 포함된다.

따라서 변호사는 다른 조건이 반대 결론을 뒷받침하더라도, 특정 조건이 그 결론을 지지하는 논점을 강조해야 한다는 가설을 세울 수 있다. 그러한 가설의 기본 형태가 도표 12.1에 나와 있다.

| **도표 12.1.** | 대상 법률 가설에 대한 두 가지 템플릿 |

[1] *Should-가설*: [*x*]의 문제는 조건 [z]가 있다 하더라도 조건[y]가 충족된다면 *[side]* 를 위해 *결정되어야* 한다.

[2] *Can-가설*: [*x*]의 문제는 조건 [z]가 있다 하더라도 조건[y]가 충족된다면 *[side]*를 위해 *결정할* 수 있다.

이러한 공식에서, [side]는 일반적인 당사자, 즉 원고 또는 피고이다. [x] 논점은 법적 청구, 청구의 요소, 또는 법적 규칙 또는 규칙 요건의 적용일 수 있다. 조건 [y]와 [z]는 법규 판단, 사실의 판단, 법적 요소, 증거 요소, 증거 유형, 또는 사실에 대한 진술을 일반적으로 의미할 수 있다.

두 가지 공식 모두에서, 가설은 법적 문제의 결정에 대한 예측이다. 여기에서 법적 문제는 법적 청구, 요소, 법규, 또는 (가설에서 구체화된 조건에 부여된) 요건에 관한 법적 문제이고, 반대편에 유리한 조건에도 불구하고 그 측면을 지지하는, 법규 판단, 사실의 판단, 증거요소, 증거유형, 사실의 진술, 또는 그것들의 조합을 포함한다.

제안된 리걸 앱은 인간 사용자가 사례 모음에 대해 두 가지 유형의 가설을 테스트하는 것을 돕기 위한 것이다. 우리는 그들이 적용하는 판결문의 제1원칙이나 독립적인 법률 텍스트를 기초로 하여 법적 문제를 분석하는 모델을 만들려하지 않는다. 따라서 예측은 법적 사례 텍스트의 특정 집합에 있는 정보와 관련이 있으며 그렇게 제한되는 것으로 간주되어야 한다.

이러한 의미에서, 두 공식은 부분적으로 경험적이며 부분적으로 규범적인 예측을 포함한다. should-가설인 공식 [1]은 주어진 일련의 법적 사례들에 포함된 정보가 주어진 경우, 판결의 결과가 구체화되어야 한다는 예측이다. 그것은, 그 집합 안의 법적 논증과 사례의 전산 모델의 측면에서, 사례 기반의 법적 찬반 논증의 강도가 주어진 경우, 그 예측이 확정이 될 수 있는지를 결정한다는 것을 의미한다. can-가설인 공식 [2]는 일련의 법적 사례가 주어진 경우에 판결의 결과가 특정될 수 있다고 예측한다. 그것은 should-가설보다 훨씬 약한 예측이며, 조건을 만족시키고 지정된 결과를 갖는 단 하나의 사례에 의해서도 만족될 수 있다.

구상된 리걸 앱을 통해, 사용자는 도표 12.2와 도표 12.3에 설명된 것과 같은 위 형식에서 가설을 구성하고 테스트할 수 있을 것이다. 이 가설들은 이전에 논의된 두 가지 법적 영역, 즉 Section 3.3.2에서 소개된 영업비밀법과 Section 5.8에서 소개된 V/IP 영역에서 가져온 것이다.

▍도표 12.2. ▍ CCLA가 대상으로 해야 할 법적 가설 샘플 (영업비밀 부당이용 영역에서)

영업비밀 부당이용의 문제는 다음과 같이 결정되어야 한다.

(a) 원고의 전 직원이 피고에게 제품 개발 정보를 가져간 경우, 원고 승소.

(b) 피고가 기밀 정보 공개에 원고를 기만한 경우, 원고 승소.

(c) 원고의 정보가 리버스 엔지니어링할 수 있었다 하더라도, 피고가 기밀 정보를 공개함으로써 원고를 기만한 경우, 원고 승소.

(d) 원고가 공중에 그 정보를 공개하였다 하더라도, 원고가 기밀 정보를 보호하기 위한 보안 조치를 취하였고, 원고의 제품이 시장에서 독특하며, 피고가 그 정보를 공개하지 않기로 합의한 경우, 원고 승소.

(e) 원고가 공개로 인하여 재산상의 권리를 포기하고 기밀유지권을 포기한 경우라 할지라도, 원고가 보안조치 및 비공개 계약을 이유로 자신의 재산적 이익과 기밀유지 이익을 보호한 경우, 원고 승소.

(f) 원고가 그 정보의 비밀성을 유지하기 위한 노력을 하였고, 그 정보를 보호하기 위한 조치를 취했으며, 피고가 비공개 계약을 체결했다 하더라도, 원고가 그 정보를 공중에 공개한 경우, 피고 승소.

The issue of trade secret misappropriation can be decided for:

(g) 원고의 전 직원이 제품 개발 정보를 피고에게 가져온 경우, 피고 승소.

▍도표 12.3. ▍ CCLA가 대상으로 해야 할 법적 가설 샘플(V/IP 영역에서). (논점은 이탤릭체)

원고는 다음과 같은 논점에서 승소할 수 있다.

(a) 백신이 MMR 백신이고 부상이 난치성 발작 장애인 경우, 백신 *상해에 대한 보상 청구*.

(b) 백신이 MMR 백신이고 손상이 난치성 발작 장애인 경우, *원인에 대한 Althen 심사*.

(c) 백신이 MMR 백신이고 손상이 난치성 발작 장애인 경우, *백신 접종과 부상 사이의 논리적 원인 및 결과*.

(d) 백신이 관여하고 부상이 심근염인 경우, *원인에 대한 Althen 심사*.

(e) 법원이 Althen 테스트 하에서 인과 문제에 대해 피고인 승소를 선고하더라도, *백신 상해 보상 청구*.

(f) 약간의 증거가 피고에게 유리하다 하더라도, 백신이 MMR 백신이었고 부상이 난치성 발작 장애인 경우, *백신과 상해 사이의 원인과 효과에 대한 논리적 순서*.

(g) 질병의 발병시기가 6개월 이후였다고 하더라도, 백신이 MMR 백신이었고 부상이 난치성 발작 장애인 경우, *백신과 상해 사이의 원인과 효과에 대한 논리적 순서*.

(h) 다른 증거들이 피고에게 유리하다 하더라도, 백신이 MMR 백신이었고 부상이 난치성 발작 장애이며 약간의 증거가 원고에게 유리한 경우, *원인에 대한 Althen 심사*.

이 도표들은 법적 추론의 전산 모델이 가설을 평가하는 데 어떻게 적용될 수 있는 지를 제시한다. 도표 12.2에서, 가설은 거의 모두 should-가설이다.(공식 [1]) 이들을 평가하기 위해, 혹자는, VJAP 모델(Section 5.7)과 기능적으로 유사한, 법적 요소 기반 논증과 예측 모델을 적용할 수 있다. Section 12.4에서 논의된 것처럼, 그러한 모델은 결과가 무엇이어야 하는지를 예측하는 should-가설뿐만 아니라 결과가 무엇일 수 있는지 예측하는 can-가설(공식 [2])을 평가할 수 있다. 예를 들어, 가설 (a)은 원고가 이겨야 한다는 논증을 야기할 것이고, 가설 (g)는 피고가 이길 수 있는 논증에 초점을 둘 것이다. (g)를 위한 논증은 (a)에 대한 반론일 것이다. (a)를 위한 논증을 생성함에 있어, 응용 프로그램은 (g)의 논증과 같은 반론을 고려하고 이에 대응할 것이다.

대조적으로, 도표 12.3에서, 모든 가설은 can-가설이다. 혹자는 이 가설들을 평가하기 위한 증거적 법적 추론의 전산 모델(예컨대, DLF(Section 5.8)와 같은)을 적용할 수 있을 것이다. Section 12.4에서 논의된 이유들로 인해, 그런 논증의 서술적 모델은 추가 정보 없이 should-가설을 평가할 수 없을 것이다.

다음에 서술할 바와 같이, 도표 12.2와 12.3과 같은 가설들은 Section 11.5.2에 설명된 것과 같은 개념적 법적 기준을 사용하여 그 가설들을 쿼리로 번역함으로써 운영될 것이다. 거기에서 볼 수 있듯이, 개념적 기준은 Part Ⅱ와 Chapter 11에서 설명한 것과 비교될 수 있는 유형 시스템과 주석 방법으로 표현된다.

물론 사람들이 법률 문서의 자료에 대하여 평가하기를 원할 수 있는 실질적인 법적 가설의 많은 다른 형태가 존재한다. 예를 들어, 법적인 경험이 있는 법학자는 법원이 주주의 책임을 물을 수 있는 기업 베일을 뚫는(pierce the corporate veil)[2] 경우에서 사기행위가 근거와 실질적인 주장으로서 중심적인 역할을 한다는 가설을 확인할 수 있다(Oh, 2010 참조). 누군가가 사례집에 대한 테스트를 위하여 그런 가설을 조작할 수 있는 방법을 개발하지 않는 한, 새로운 앱이 그러한 종류의 가설을 확인하는 것은 어려울 것이다.

12.4.3. 가설을 작동하게 하기

도표 12.1에 나타난 형식의 가설이 주어진다면, 그 가설에 적합한 사례를 찾는 것은 Section 11.5의 LARCCS 프로토타입과 같은 시스템이 처리하도록 설계된 개념적 AR의 종류일 것이다.

---

2) 역자주) pierce the corporate veil은 악의적으로 기업의 채무를 늘리고 기업의 자산은 기업주의 소유로 숨겨놓은 경우에, 기업의 채무에 대하여 기업의 자산을 넘어서서 기업주에게 책임을 부과하는 법리를 말한다.

첫째, 거기에는 인간 사용자가 테스트할 가설을 수립하도록 도와야 하는 과제가 있다. 사용자로부터 그러한 가설을 도출하는 것은 개념적 정보 검색에서 사용자의 요구를 이끌어내기 위해 Section 11.5.5에서 논의된 것과 유사한 문제를 제기한다. 잘 설계된 사용자 인터페이스는 그것이 처리 할 수 있는 가설의 종류에 대해 인간에게 알릴 필요가 있다. 시스템은 위의 두 가설 공식에 대한 템플릿을 제시하고 각 유형의 예시 가설을 제공할 것이다. 시스템은 시각 보조 도구, 텍스트 처리, 샘플 가설 편집 도구, 그리고 확인을 위한 사용자 입력 시스템의 버전을 나타내는 동적 생성 메뉴 등의 조합을 활용하여, 사용자가 유사한 가설을 공식화하는 것을 지원한다.

가설이 주어지면, 리걸 앱은 법원이 조건 z에도 불구하고 조건 y를 근거로 논점 x의 어떤 측면으로 판단한 사례에 대한 하위 쿼리들을 구성할 것이다. 가설들을 하위 쿼리들로 변환함으로써 도표 12.2와 12.3과 같이 가설을 작동할 수 있도록 조작하는 것이 핵심인 것이다.

대상 하위 쿼리들은 Section 11.5.2의 개념 쿼리들과 매우 유사하다. 그것들은 특정한 논증이나 법적 역할을 수행하는 명제로 사례들을 검색한다. 조건 y와 z를 표현하기 위해 사용할 수있는 논증 관련 및 법률 관련 정보의 종류에는 Section 11.5.3에 있는 유형의 확장된 목록이 포함되는데, 다음과 같은 내용이 포함될 것이다.

- 법적 규칙의 요건이 충족되는지 여부에 대한 법규 또는 결론,
- 사실의 판단, 증거 요소, 증거 또는 증거적 추론,
- 적용할 수 있는 법률 요소 또는 관련 정책, 가치, 추론, 또는
- 판례의 절차적 요소

특히, 도표 12.2와 같은 영업비밀법에 대한 가설은 도표 11.6과 같이 법적 요인과 논증 역할에 대한 개념적 질문으로 바뀔 것이다. 예를 들어 가설 (a)는 부분적으로 아래와 같이 작동할 수 있도록 조작될 수 있다.

원고의 전 직원이 피고에게 제품 개발 정보를 가져온 경우에, 영업비밀 부당이용 문제는 원고에게 유리하도록 판단되어야 한다.

그것은 아래와 같은 개념적 쿼리와 동반하게 된다.

F7 Brought−Tools (P)라는 법적 요소에서 영업비밀 부당이용에 관한(하위 개념) 법적 규칙에 관한(다음 하위개념) 법률 해석이나 법적 판단(최종 개념)을 가지고 있는 판례는 어느 것인가?
다른 예로써, 가설 (g)는 아래와 같이 작동할 수 있도록 조작될 수 있다.
전 직원이 제품 개발 정보를 피고에게 가져온 경우, 영업비밀 부당이용 문제는 피고에게 유리하도록 판단될 수 있다.

마찬가지로 아래와 같은 구체적 쿼리와 관련되는 것이다.

> F7 Brought−Tools (P)라는 법적 요소에서 영업비밀 부당이용에 관한(하위 개
> 념) 법적 규칙에 관한(다음 하위개념) 법률 해석이나 법적 판단(최종 개념)에서
> 피고가 승소한 판례는 어느 것인가?

이것들은 각각 도표 11.6의 개념적 쿼리 1과 2이다.

도표 12.3의 그것들과 같은 V/IP 도메인에 관한 가설들은 도표 11.5에서와 같은 특정 논증 역할을 하는 명제가 있는 경우에 있어서 개념적 쿼리로 자동 변환된다. 예를 들어, 도표 12.3에 있는 가설 (a)의 조건은 아래와 같이 변환될 수 있다.

> 백신이 MMR 백신이었고 그 상해가 난치성 발작 장애인 경우, 원고는 백신 상
> 해에 대한 보상 청구 문제에 승소할 수 있다.

이는 도표 11.5의 쿼리 4a와 함께 표현될 수 있다.

> 홍역, 유행성 이하선염, 풍진(MMR) 백신이 난치성 발작 장애를 일으킨다고 한
> 증거 기반 판례는 무엇인가?

LUIMA−Search와 같은 모듈은 위와 같이 공식화된 가설을 Section 11.5.2와 같이 하위 개념적 쿼리로 변환하고, 차례로, Section 11.5.3의 논증 유형을 사용하여 도표 11.2와 같이 제약 조건의 집합으로 차례로 변환할 것이다. 그런 다음 검색과 재순위화 모듈은 Section 11.3.1과 11.3.2에 설명된 대로 사례를 검색하고 순위화할 것이다. 이것은 Section 11.5.1에서 설명된 바와 같이 법률 정보 검색 시스템에의 동일한 종류의 연결을 전제로 한다. 그 연결이란 CLIR 시스템에서 검색한 텍스트 모음의 사례에서 논증 관련 정보가 자동으로 주석 처리되는 것을 말한다.

12.4.4. 가설을 해석하기

지금까지 설명한 프로세스는 법적 가설 중심의 개념적 정보 검색의 일종이다. 리걸 앱은 대상 가설의 사례가 검색되었는지 여부, 그 사례가 뒷받침하는 측면, 즉 검색된 사례가 가설에 대해 긍정적인지, 부정적인지, 또는 혼합인지 여부, 그리고 결과적으로 그 결과가 가설을 확인하는 것처럼 보이는지를 결정하기 위해 쿼리의 결과를 평가한다. 그러나 리걸 앱은 그 이상을 달성할 수 있다.

Part Ⅰ에서 논증의 전산 모델이 사례의 주석 기능에 적용되는 경우, 법적 요인 또는 기타 논증 관련 정보를 확인하는 때에, 앱은 가설을 지지하거나 반대하는 법적 논증을 구

성하고 상대 법적 논증에 비추어 가설을 평가할 수 있다. 그렇게 함으로서, 앱은 해제할 수 있는 법적 규칙과 판례, 법적 요소, 근본적인 가치를 가진 논증 체계를 적용할 것이다.

앱은 사용자의 가설을 확인하거나 질문하고, 논증의 측면에서 이유를 설명할 것이다. 분석을 바탕으로, 앱은 인간 사용자에게 가설의 수정을 포함하여 다양한 옵션을 제공할 것이다. 사실상, 이 앱은 사용자가 법적 주장이나 문제에 관한 그럴듯한 가설의 공간을 탐구하고, 가설을 공동으로 테스트하고 수정하는 데에 도움을 줄 것이다. 다음 Section에서는 공동으로 가설을 테스트하는 것에 대하여 설명하고자 한다. 먼저 VJAP 모델을 사용한 경우를 설명하고, 다음 DLF 모델을 사용한 경우를 설명한다.

예측적 논증 모델을 통한 공동의 가설 테스팅

VJAP(Section 5.7)와 같은 전산 논증 모델을 이용한 공동 가설 테스트의 예로서, 도표 12.2의 가설 (d)를 생각해 보자.

> 원고가 자신의 고유한 제품에 대한 보안 조치를 취하였고 피고가 그 정보를 공개하지 않기로 합의한 경우, 원고가 공중에 정보를 공개 했음에도 불구하고, 영업비밀 부당이용 주장에 대한 문제는 원고에게 유리하게 판단되어야 한다.

메뉴 지원과 일상 언어 입력 허용을 제공하는 리걸 앱 인터페이스를 사용하여, 사용자는 이와 같은 법적 가설을 쿼리로서 입력하고 테스트할 가설로 지정할 수 있다. 프로그램은 Legal Factors의 유형을 포함하여, Section 11.5.3에 있는 논증 유형의 확장 목록에 따라 쿼리의 텍스트에 주석을 달 것이다. 이 프로그램은 Legal Factor 유형의 사례들로 주석된 일상 언어 형식을 특정 법적 요소의 목록으로 변환한다. 가설의 해석에 대한 불확실성이 있는 경우, 앱은 사용자의 확인을 위해 사용자의 가설의 용어에 대한 상위 n 해석을 나타내는 메뉴 선택 사항을 제공할 수 있다.

사용자의 가설에 대한 세부적인 해석을 확인한 후, 프로그램은 이를 테스트하기 위한 프로세스를 시작한다. 첫째, 프로그램은 도표 11.6의 쿼리 3과 같은 특정 영업비밀 영역의 법적 요소와 논증 역할을 가진 사례에 관하여 가설을 쿼리로 분해할 것이다.

> 다음과 같은 법적 요소에 대하여 영업비밀 부당이용 청구에 관해 법적 판단이나 법률해석이 있는 판례는 무엇인가?: F_{15} Unique-Product (P), F_4 Agreed-Not-To-Disclose (P), F6 Security-measures (P), F_{27} Disclosure-in-public-forum (D)

리걸 앱은 이러한 쿼리를 적용할 수 있는 사례 데이터베이스에 접근할 것이다. 상상컨대, 다음과 같은 쿼리 3의 일반화를 사용하여 법률 정보 검색 프로그램의 일반 자료에서, 데이터베이스는 런타임에 조합될 수 있을 것이다.

원고가 기밀 정보를 보호하기 위한 보안 조치를 취하였고, 원고의 제품이 시장에서 독보적이었으며, 피고가 정보를 공개하지 않기로 동의했으나, 원고가 공중에 정보를 공개한, 영업비밀 부당이용 주장.

리걸 앱은 확장된 목록으로부터 법적 요소와 다른 논증 유형의 관점에서 런타임으로 쿼리에 대한 법률 정보 검색 프로그램의 출력물에 주석을 추가할 것이다. 주석의 효율성에 따라, 가설과 관련 쿼리에 명확하게 적합한 유형의 하위 집합에 집중할 수 있다. 대안적으로, 만약 법률 정보 검색 프로그램에 대한 쿼리를 업데이트함으로써 런타임으로 보충된다면, 영업비밀 부당이용 사례에 대한 사전에 조합되고 주석된 자료를 사용한다. 상상컨대, 사용자는 데이터베이스를 대상으로 관할지역과 시간대를 지정할 수 있을 것이다.

이 주석은 일반적인 Legal Factor 유형 및 영업비밀 비공개 주장에 특정된 법적 요소를 포함하여, 문장 수준의 유형별로 인덱싱된 문장과 관련 사례로 구성된 데이터베이스가 될 것이다. 우리는 이 시스템이 판결, 판단에 의해 어느 쪽이 승소하는지 충분히 알 수 있는 판결, 법률 형성, 증거기반 판단을 표현하는 문장들을 해석할 수 있다고 가정한다. 원고 또는 피고의 조건을 포함하고 어느 측면이 "승리했다", "우세하다", "성공했다"는 등을 표현하는 구절들은 아마도 표준 법적 형식으로 취급될 것이다(Section 6.8). 이러한 문장 유형의 보다 복잡한 사례를 해석하는 것은 Section 12.5.1에서 논의된 귀속성과 양극성의 문제를 야기할 수 있다.

리걸 앱은 쿼리 3을 주석 데이터베이스에 적용하고, 쿼리를 만족시키는 사례를 검색하고, 결과를 분석한다. 처음에는, 각 쿼리에 응답한 사례 수를 간단히 비교함으로써 분석할 수 있다. 원고가 공중에 공개한 사실(Factor F27 Disclosure−in−public−forum (D))이 존재함에도 불구하고, 원고가 영업비밀 부당이용에 대한 주장에 성공한 판례가 존재하지 않을 수 있지만, 원고가 일부 승소하고 피고가 일부 승소한 혼합된 판례가 존재한다.

리걸 앱은 수치 비교에 대한 예비 보고서(가설과 일치하는 원고 측면의 n개의 사례들과 가설에 반하는 피고인 측면의 m개의 사례들)를 제시할 수 있다. 이 보고서는 n개의 영업비밀관련 판례(특정 관할 지역 또는 시간대 내에서)의 현재 데이터베이스만을 기반으로 한다는 조건(단서)이 포함될 수 있다.

이 지점에서 앱은 사용자에게 다음과 같은 몇 가지 옵션을 제공할 수 있다.

1. 데이터베이스 수정 (App/User): 가설에 적합한 추가 사례를 검색하기 위해 데이터베이스를 확장하거나 변경하기.
2. 가설 수정 (App/User): 가설을 변경하고 검색을 다시 실행하기.
3. 법적 논증 만들기 (App / User): 가설을 지지하거나 반대하는 법적 논증을 구성하기.

4. 가설 평가 (App/User): 법적 논증에 비추어 가설을 평가하기.

데이터베이스 수정 옵션은 데이터베이스와 관련하여 사용가능한 옵션이 있다고 가정한다. 예를 들어, 데이터베이스를 제한하는 관할권이나 시간 범위를 지정할 수 있다. 아마도 검색은 추가적인 텍스트 자료를 포함할 수 있거나, 정보검색 쿼리를 수정할 수 있을 것이다. 괄호 안의 "(App/User)"는 앱 또는 사용자가 데이터베이스 수정을 제안할 수 있음을 나타낸다.

가설 수정 옵션과 관련하여, 일반적인 변경은 법적 요소들이나 가능성 있는 다른 사실들을 쿼리 제약 조건에 빼거나 추가함으로써, 가설을 보다 일반화하거나 보다 구체적으로 만드는 것이다. 이렇게 함으로써, 사용자의 가설은 거의 완전히 구체화된 사실적 시나리오에서 공중에의 공개의 법적 중요성에 관한 가설이 된다. 예를 들면,

(d') 원고가 공중에 정보를 공개 했음에도 불구하고, 피고가 정보를 공개하지 않기로 동의한 경우, 영업비밀 부당이용 청구에 대한 문제는 원고 승소로 결정되어야 한다.

가설 (d')는 F_4 Agreed−Not−To−Disclose (P)와 F_{27} Disclosure−in−public−forum (D)라는 법적요소만 관련된다는 측면에서 가설 (d)보다 덜 구체적이다.

또 다른 전형적인 수정은 청구와 관련된 특정 법적 논점에 대한 가설에 초점을 맞추는 것이다. 예를 들어, 영업비밀 부당이용 청구(도표 5.10)의 VJAP 모델과 F_4 및 F_{27}과 관련된 시나리오를 감안할 때, 일반적 초점은 정보가 영업비밀인지, 정보가 부당이용 되었는지의 문제이거나, 더욱 구체적으로, 가설(d")에서처럼 기밀 관계가 있었는가와 원고가 비밀을 유지했는가의 문제일 것이다.

(d") 원고가 공중에 정보를 공개했음에도 불구하고, 피고가 정보를 공개하지 않기로 동의한 경우, 영업비밀 부당이용의 청구에서 기밀 유지의 문제는 원고 승소로 결정되어야 한다.

법적 논증 만들기 옵션은 앱(또는 사용자)이 현재의 가설을 지지하고 반대하는 법적 논증을 만들도록 하게 하는 것이다. VJAP(또는 CATO 또는 IBP 모델)와 같은 논증의 전산 모델을 사용하여, 앱은 주어진 사실 상황에서 가설을 지지하고 반대하는 법적 요소 기반 또는 가치 기반의 논증을 만들 수 있다.

예를 들어, 가설 (d)와 관련된 시나리오에서, 원고가 공중에 정보를 공개했음에도 불구하고, 원고는 고유 제품에 대한 보안 조치를 취했으며 피고는 정보를 공개하지 않기로 동의했다. 즉, 해당 요소에는 F_4 Agreed−Not−To−Disclose (P), F6 Security−measures

(P), F$_{15}$ Unique−Product (P), 그리고 F$_{27}$ Disclosure−in−public−forum (D)가 포함된다. VJAP와 같은 모델에 이러한 요소를 입력함으로써, 앱은 Dynamics 사례를 위한 논증을 보여준 도표 5.13과 유사한 논증을 구성할 수 있다. 그것은 가설 d의 예시이다.

만약 사용자가 논증을 지정하면, 프로그램은 이에 응답하려고 시도하지만, 입력된 논증은 시스템이 적용 가능한 CMLR 또는 논증의 측면에서 이해할 수 있는 형식이어야 할 것이다. 예를 들어, 사용자는 사례 또는 사실 상황을 앱이 구별하여 응답하려하는 반례로써 구체화할 수 있다.

가설 평가 옵션은 이전의 것과 관련이 있다. 기본적으로 앱은 가설을 평가할 수 있다. 즉, 적용 가능한 찬성과 반대의 법적 논증에 따라, 관련된 사실적 시나리오의 결과를 예측할 수 있다. VJAP 모델(또는 CATO 또는 IBP)을 사용하여, 앱은 사실 상황에 대한 결과를 예측하고, 논증 측면에서 이를 정당화할 것이다. 사용자 옵션을 사용하면 사용자는 예상 결과를 변경하고 앱이 그것을 평가하도록 지시할 수 있다.

이 마지막 두 가지 옵션(법적 논증 만들기와 가설 평가)에 대한 법적 논증은 논증의 전산 모델에서 지원되는 논증 체계를 사용한다. 그것은 가설에 반하는 사례들(즉, 반대 사례들)을 구별하고, 가설의 긍정적 또는 부정적 사례인 판례들의 기초 가치에 대한 영향을 고려하여, 가설과 일치하는 과거의 사례들을 유추함으로써, 논증을 포섭할 것이다. 도표 5.13의 Dynamics 논증에서 설명한 바와 같이, 정당화는 가설을 뒷받침하는 사례와 논증뿐만 아니라 반대 사례도 식별한다. 그것은 현재의 시나리오에서 그것들을 구별하거나, 아니면 반대 결론의 법적 요소, 근원적 가치, 반대 결론의 가치의 해로운 영향에 기초하여 그것들의 중요성을 평가절하하려고 시도한다. 반대사례를 바탕으로, 앱은 Ashley(1990)에서와 같이 약간 다른 사실이 주어진 결과에 영향을 줄 수 있는 가설의 근접한 가설적 변형들을 발견할 수도 있다.

서술적 증거 논증 모델을 통한 공동의 가설 테스팅

V/IP 영역과 같은 증거적 법적 논증 영역에서, 리걸 앱은 도표 12.3과 같은 가설을 처리할 수 있다. 예를 들면 다음과 같다.

a) 백신이 MMR 백신이었고 그 상해가 난치성 발작 장애인 경우, 백신 상해에 대한 보상 청구 문제에서 승소할 수 있다.

언급한 바와 같이, 도표 12.1에서 형태 [2]를 따라 패턴화된 이들 can−가설은 법적 요소를 다루는 도표 12.2의 should−가설과 다르다. "그 문제는 원고승소로 결정되어야 한다." 또는 "원고가 승소해야 한다."는 가설 대신, "일부 원고는 승소했다."는 관점에서 가설에 설명된 조건에 따라 "원고가 승소할 수 있다"는 식으로 표현된다. 그 차이점은 논증의 기초가 되는 전산 모델에서의 차이와 그들이 모델링한 법적 논증의 범위를 반영한다.

증거적 법적 논증의 설명적 전산 모델은 법원의 사실적 판단, 인정 및 반대 이유, 법적 요건의 충족 여부에 대한 법적 결정을 정확하게 나타낸다. 이 모델은 법적 규칙 요건의 의미에 대해 논쟁하는 것을 지원하지 않는다.

아마도 증거적 법적 논증의 설명적 모델이 예측의 근거를 제공할 수 있을 것이다. "자료는 논리적 구조를 사용하여, 비슷한 경우에 결과를 예측하거나 유사한 경우에 사용하기 위한 논증을 공식화하기 위해, 데이터를 제공한다."(Walker et al., 2011, pp. 303, 329). 그러한 모델의 측면에서 주석이 달린 판례의 광범위한 자료는 관련 논증과 함께 규칙 트리를 통해 성공 및 실패한 경로의 데이터베이스를 제공할 것이다. 이러한 경로는 특정 규칙 및 요건에 따라 사례별로 정렬될 수 있다. 이러한 점에서, 그것들은 법적 규칙의 요건이 충족되었는지 여부를 판단할 때 판사의 추론을 따라가는 또 다른 모델인 GREBE의 EBEs(Section 3.3.3 참조)와 유사하다.

그러한 자료가 주어지면, 프로그램은 원하는 결론을 위하여 가정된 사실과 가설의 하위 논점의 결론으로부터 경로를 추적할 수 있을 것이다. 규칙 트리는 만족되어야 할 법규의 요건을 나타낸다. 사례들은 이미 시도되었던 성공과 실패의 경로를 알려주며, 정교한 규칙 트리에서 특정 경로나 세그먼트가 시도되거나 성공하였던 빈도를 제공할 수 있다.

자료는 또한 특정한 사실판단자, 즉 특정 판사 또는 특별 전문가가 과거에 특정 문제를 어떻게 결정했는지에 대한 자세한 실제 기록을 제공할 것이다. 그것은 판사가 증거를 선택하고 해석하며, 상충되는 증거를 해결한 이유를 기록한다. 유사한 문제 시나리오에 직면해있는 변호사의 경우, 판사의 추론은 변호사가 만들어야 할 종류의 증거와 변호사가 구축해야 할 논증의 한 예가 될 수 있다. 그것은 또한 예를 들어 Casey 판결에서의 특별 전문가와 같은 특정 사실판단자가, 특정 쟁점, 증거, 심지어는 전문가의 증언을 어떻게 다루었는지 알려주는 예로서 유익하다. 따라서 판결문에 DLF와 유사한 모델을 적용하면, 특정 판사가 특정 문제를 어떻게 결정할 것인지를 예측하는 세분화된 정보를 Lex Machina 프로젝트가 찾고 적용할 수 있을 것이다.

자료에서 주어진 이 정보를 기반으로, 어떤 가설이 주어지면, 리걸 앱은 가설을 확인 또는 부인하고, 통계를 요약할 수 있다. 가설이 확인되면, 리걸 앱은 가설과 일치하는 성공적인 경로와 논증을 제시할 수 있다. 프로그램은 긍정적인 사례에 근거한 논증을 제안할 수 있으며, 예외나 실패한 논증에 관해 사용자에게 주의를 줄 수 있다. 가설을 부인하는 경우, 앱은 오로지 부정적인 경로를 제시할 것이다.

설명적인 논증 모델을 사용할 때, 흥미로운 문제는 리걸 앱이 가설에서 제기된 사실을 고려하여 원고가 문제에서 이겨야한다고 예측할 수 있느냐이다. 여기서 "should"는 형식 [1] should-가설의 규범적과 경험적이 결합된 의미에서 사용된 것이다. 그러한 모델로 확인을 위한 규범적 가설을 제기하는 것이 타당하지만, 본질적으로 하위 쿼리는 청구나 논점을 정의하는 적합한 법적 규칙의 요건들을 충족하는지 여부의 문제이다. 그러한 모델에서 법적 규칙 요건의 의미에 대하여 사례와 유사한 논증이 없을 때에 규범적 가설을 평가하는 것은 어려울 것이다.

설명적 모델은 사실 판단자의 증거적 추론의 바탕이 되는 또 다른 종류의 규범적 정보를 포착하는 것을 목표로 한다. 언급한 바와 같이, 그러한 모델은 사례에서의 결정이 법에 대한 결론인지 또는 사실의 판단인지 여부를 기록하며, 그것이 사례에서 다른 결정과 어떻게 연결되는지를 기록한다. 그 모델은 결정자의 추론을 결정자의 언어로 그들이 그 결정에 어떻게 영향을 주었는지 기록한다. 즉 결정자가 결정을 뒷받침하였는지, 반박하였는지, 그리고 얼마나 강건하게 영향을 주었는지 기록한다. 예를 들어, 표 12.1은 세 가지 사례(Casey (n. 1), Howard (nn. 2-5), Stewart (n. 6))[3]의 DLF 표현에서 주석처리된 특별 전문가의 결정 안의 증거적 추론의 예를 보여준다.

표에서 알 수 있듯이, 추론들은 복수의 증거적 결정을 통해 볼 것으로 예상되는 증거 또는 질병 원인에 대한 정책정보가 들어간 일종의 "상식적" 추론의 패턴의 각 사례들이다. 각 추론의 오른쪽은, 추론의 바탕에 있을 수 있는 원칙이나 정책의 표현을 보여준다.

만약 그런 추론과 증거 요소의 주장 특정 사례들이 그 영역의 판례들을 통해 충분히 전형적일 경우, 또는 그것들이 명백한 증거적 추론의 바탕이 되는 더 일반적인 정책이나 가치의 사례들인 경우, 판례들은 그렇게 주석처리되고, 자동으로 비교될 수 있고, 그 비교는 일종의 결합된 규범적이고 경험적인 주석으로서 예측에 포함될 수 있다.

---

3) Casey v. Secretary of Health and Human Services, Office of Special Masters, No. 97-612V, December 12, 2005; Howard v. Secretary of the Department of Health and Human Services, Office of Special Masters, No. 03-550V March 22, 2006; Stewart v. Secretary of the Department of Health and Human Services, Office of Special Masters, No. 06-287V, March 19, 2007.

│ 표 12.1. │ 스페셜 마스터의 결정에서 DLF 증거적 추론의 예(왼쪽)와 가능한 기본 정책 또는 원칙(오른쪽)

사실 판단자의 증거적 추론	가능한 기본 정책 또는 원칙
1. "감쇄된 수두 바이러스 백신 접종 후 운동 실조증, 뇌염 및 자연 수두 감염의 특징적인 다른 증상들도 관찰되었기 때문에 수두 백신이 그러한 증상을 유발했을 가능성이 있다."	감쇄된 수두 바이러스 백신 접종 후 자연 감염의 증상 특징을 관찰하면 백신이 그러한 증상을 유발할 수 있는 가능성을 증가시킨다.
2. "청문회에서 Exs. 43과 44에 관한 Katz 박사의 의견은 … 너무 짧아 완전히 깨닫기 어려웠다."	전문가의 분석은 주제의 복잡성에 상응해야 한다.
3. "Katz 박사는 Berger 박사의 비판에 대답할 기회를 거절했다."	화자가 모순된 의견에 답변할 기회가 있지만 거절하는 경우, 청취자는 화자에게 합리적인 답변이 없다고 가정할 수 있다.
4. "Sierra가 실제로 6주 동안 '포기'또는 '우울' 상태가 되었을 수 있으며 3주 이상 손발이 '부어' 있었지만, 청구인은 그 기간 동안 의사에게 아기를 데려가지 않았다."	유아가 몇 주에 걸쳐 나쁜 증상을 나타내었다면, 부모는 의학적 도움을 구했을 것이다.
5. "Sierra의 증상 이력에 대한 청구인의 설명이 두 번 이상 변경되었다."	어린이가 실제로 증상을 나타내었다면, 증상에 대한 설명이 일정하게 유지될 것으로 기대할 수 있다.
6. "바이러스와 소뇌 운동 실조증 사이의 원인에 대한 적절한 시간적 체계는 1일에서 21일이다."	예방 접종과 부상 사이의 시간 간격(예: 발병 간격)이 예상을 초과하여 길어짐에 따라 인과관계를 입증할 가능성이 줄어들 수 있다.

12.5. 인식 컴퓨팅 리걸 앱의 과제들

법적 가설을 구성, 테스트, 평가하기 위해 인간과 협력하는 리걸 앱은 곧 가능할 것이다. 위의 스케치에서 제시한 바와 같이, 만약 논증 관련 정보에 자동으로 주석을 달 수 있다면, 기존의 법적 논증 전산 모델은 가설과 사례의 텍스트 설명을 통하여 결과를 예측하고 논증으로 결과를 뒷받침할 수 있을 것이다.

그 '만약(if)'이 가설기반의 쿼리와 테스트의 협업적 목표 이전에 이야기해야 하는 실질적인 연구 과제 중 첫 번째 과제이며 그것은 실현될 수 있다. 법적 요소, 증거 요소, 법적 논증에서 문장의 역할을 포함하여, 텍스트에서 법적 논증 관련 정보를 어느 정도까지 추출할 수 있겠는가? 두 번째 주요 과제는 ML과 자동 주석을 위해 수작업으로 주석이 추가된 교육 데이터가 있는지 여부이다. 셋째, 사용자가 가설과 쿼리를 지정할 수 있는 인터페이스를 설계하는 것이 과제가 될 것이다. 이러한 과제의 측면은 이미 이전 장에서 논의되었지만, 가설 테스트를 지원한다는 목표에 비추어 여기에서 다시 논의하고자 한다.

12.5.1. 과제: 법적 논증관련 정보에 자동으로 주석달기

Chapter 9에서 Chapter 11까지 보고된 연구는 논증 관련 정보가 가설 테스트를 지원하기에 충분할 만큼 자동으로 주석을 달 수 있다는 낙관적인 이유를 제시한다.

우리는 이미 많은 예제를 보았다. Section 10.3에서 설명했듯이, Mochales와 Moens는 논증 전제와 결론으로써 법적 자료에서 조건을 자동으로 식별하는 데에 ML을 적용했고, F_1 측정은 전제에 68%, 결론에 74%였다. 지식 처리된 규칙을 사용했을 때, 집적된 논증 구조를 60%의 정확도로 식별했다. Feng과 Hirst는 예를 들어 63%에서 91%의 정확도로 논증 체계에 자동으로 주석을 달았다(Section 10.3.5). Section 10.5.4에 설명된 평가에서, LUIMA 팀은 문장이 실행하는 두 개의 법적 논증 역할(LegalRuleSentence와 Evidence-BasedFindingSentence)에, F_1 측정값 68%와 48%로, 자동으로 주석을 추가했다. (Bansal et al., 2016) SMILE 프로그램은, 요소당 평균 26%에서 28%의 낮은 F_1 측정값(그러나 알려진 15%의 기준선을 넘어서 IBP 예측을 개선하기에 충분한 수치)으로 영업비밀 부당이용 판례에서 자동으로 법적 요소를 인식하였다(Section 10.4). 또한, SPIRE 프로그램은 요소 텍스트의 자료를 사용하여 사례를 재정렬함으로써 예상되는 검색시간을 줄였다(Section 7.9.2).

사례에 주석을 다는 것을 목적으로 하지는 않지만, Dalos 프로젝트(Section 9.3)에서, 그리고 정량적 건축 규정(Section 9.6)으로부터 법적인 조항을 분류하고 기능 정보를 추출하는 기술, 또는 여러 주의 법규(Section 9.7.3)에 기초한 훈련 데이터로부터 학습하는 기술은 법적 요소에 주석을 다는 것이 작동할 수 있다고 제안한다. 자동화된 주석과 논리적 규칙의 추출도 약간의 성공을 거두었다(Section 9.5). 법적 요소들은 자동으로 주석을 달기에 논리적 규칙보다 쉬울 것이다. 요소들은 규칙의 선례들과 같으므로 규칙보다 간단한 것이다. 반면에, 요소가 주석된 사례 텍스트는 법률 텍스트보다 다양할 수 있다.

유망해보이지만, 이러한 결과의 범위를 고려할 때, 분명히 많은 작업이 필요하다. 네 가지의 언급되는 요구사항이 존재한다. 특정 논점의 귀속성을 다룰 필요가 있고, 특정 명제의 극성을 구별할 필요가 있으며, 특정 영역에 특화된 개념과 관계를 확보할 필요가 있다. 긴급하게, 수동으로 주석처리된 더 많은 훈련 사례들을 생성할 필요가 있다.

귀속성

사례를 근거로 가설을 정당화할 때, 리걸 앱이 판사가 당사자 또는 증인에게 귀속시키는 판사의 결론과 서술 중에서 구별할 수 있는 것은 중요하다. "귀속성은 … 서술된 명제가 진실이라고 믿는 사람을 결정하는 문제"이다. (Walker et al., 2015a) 판결에서 주어진 문장은 당사자의 주장, 전문가의 증인의 증언, 문서에 나타난 본문, 판사의 법적 결론 또는 사실 판단, 또는 위의 내용 중 하나이지만 다른 사례로부터 인용된 것 등을 나타낼 것이다.

명제를 표현할 때 판사가 그것을 사실로 받아들이는지 여부를 CCLA는 결정해야 할 것이다(Walker et al., 2015a). 당사자의 진술은 종종 그들이 뒷받침하기를 원하는 주장일 뿐이다. 판사가 법적 요소처럼 보이는 서술을 한 당사자에게 귀속한다는 사실은 해당 주제가 논의되었음을 보여 주지만, 판사가 그 요소가 존재함을 결정한 것은 아니다. 판사는 증인의 증언을 증거로 인용할 수 있지만, 판사는 자신의 결정을 표시하기 전에 경쟁 증거를 인용할 수 있다.

다음은 LUIMA가 아직 그려낼 수는 없지만 그릴 필요가 있는, 속성에 기반한 구별의 예를 보여준다. 제11장의 앞부분에서 사용되었던 Werderitsh 판결에서 나온 쿼리 Q_z("B형 간염 백신이 MS를 일으킬 수 있는 경우가 있었는가?")에 대한 응답으로 나온 문장들인 S_2와 S_3을 포함하여, 새 문장 S_4를 생각해보자.

- S_2: "서명인들은 B형 간염 백신이 청구인의 MS를 유발하거나 현저하게 악화시켰다고 주장한다."

- S_3: "서명인들은 예방 접종과 청구인의 상해를 연결하는 의학이론 상 유전적으로 MS가 발생하기 쉬운 Werderitsh 여사가 두 가지 B형 간염 백신의 항원 환경에 노출되었고, 나중에 MS로 진단된 자가 면역 반응을 일으킬 충분한 수의 T 세포, 염증, 자가 항원을 생성한다는 결론을 내렸다.

- S_4: (새 문장) "B형 간염 백신이 Werderitsh 여사에게서 항체 생성에 실패했기 때문에, B형 간염 백신은 그녀에게 MS를 야기하거나 악화시키지 못할 것이라고 결론지은 Leist 박사의 결론은 그 항체는 관련이 없기 때문에 Martin 박사가 설명한 다른 세 가지 유형의 MS를 무시하고 있다.

주장을 누구에게 귀속시킬지 이해하는 프로그램은 재순위화에서 그러한 정보를 사용할 수 있을 것이다. 만약 사용자가 특정 주장과 관련한 결론을 가진 선례를 찾는 경우, S_2, S_3과 같은 문장이 S_4보다 선호된다. 그들은 모두 Q_2에 대한 응답이다. 그것들은 모두

"B형 간염 백신", "원인"과 "MS"를 다룬다. 그러나 S₄는 특별 전문위원의 결론("서명인이 판단내린" 또는 "결론내린"을 통하여 S₂ 및 S₃에서 보여준 바와 같은)이 아니라 전문가 증인인 Leist 박사의 결론을 보여주기 때문에, S₄는 Q₂에 대한 답변으로 덜 유용할 것이다. 만약 LUIMA 시스템이 S₄에서 진술의 귀속성을 전문가 증인으로 인식할 수 있고, S₄가 특별 전문위원에 의한 증거 기반 결론이 아니라고 추론할 수 있다면(Walker et al., 2015a), LUIMA 시스템은 S₂와 S₃를 구분할 수 있고, S₄는 또 다른 편으로 구분할 수 있을 것이다.

Walker et al. (2015a)에서 설명된 것처럼, 귀속성은 또한 재순위화를 위한 함의를 가진 세밀한 논점의 범위와 관련된다. 이 예에서, 특별 전문위원은 S₂에서의 Leist 박사의 결론을 Martin 박사와 같은 다른 전문가의 정보를 "무시"하고 있다고 비판한다.

아마도 시스템은 진술의 귀속성을 전문가의 증언으로 인식할 뿐만 아니라 주장의 부정적인 극성을 인식할 것이다. 그러나 이러한 추론은 아주 미묘할 수 있다. Leist 박사와 마찬가지로 Martin 박사는 패소한 피항소인인 정부측의 증인이다. 다시 말해, 특별 전문위원은 패소 측의 전문가 증인의 결론에 호의를 가지고 있다. 단지 전문가 증인이 패자 쪽에 대해 증언했기 때문에, 특별 전문위원은 그/그녀의 주장 중 아무 것도 받아들이지 않았다고 생각할 수는 없다.

발언자와 그들에 귀속된 진술에서 그들의 믿음에 대한 이유를 밝히기 위해, 프로그램은 담론 모델을 적용할 필요가 있을 것이다. 담론 모델이란 결정에 참여자를 나타내는 데이터 구조인데, 즉 명명된 주체와 행위자의 유형, 그리고 그들의 "속성, 행위자 관계(가능한 행동 포함), 그리고 기타 정보"를 말한다(Walker et al., 2015a). 예를 들어, 담론 모델에는 "'청구인'은 보상청구서를 제출하는 사람이고, '특별 전문위원(special master)'은 사실을 결정하는 사람"이라는 정보를 포함한다.

귀속성을 다루는 데에 있어서, 누군가가 무엇인가를 주장했음을 나타내는 문장 내 귀속성 관계, 즉 귀속성 주체, 귀속성 신호, 귀속성 객체 간의 관계에 주석을 다는 것은 중요하다. 예를 들어, "특별 전문위원이 백신 접종이 상해를 야기했다고 판단하였다."와 같이, 어떤 문장은 용어 사이에 다소 복잡한 관계가 있음을 나타낼 수 있다. 예를 들어 특정 규칙의 조건과 결론을 나타내는, 다른 영역에서도 비슷한 필요성이 적용된다.

Walker(2016)는 그러한 문장 내 귀속성 관계에 주석을 다는 것은 인간 주석 작성자의 신뢰성을 달성하기 위한 특별한 도전이 되며 주석을 유도하는 프로토콜을 창조하는 것이라고 주장했다. 문장 내 관계에 주석을 다는 것은 또한 주석 인터페이스 디자인의 측면에서 그리고 관계를 표현하는 데에 몇 가지 기술적 과제를 제시한다. 인간이 텍스트의 범위를 표시하고 유형을 지정하는 것보다 그러한 관계에 정확하고 일관되게 주석을 다는 것은 상당히 어렵다.

LUIMA 접근법을 위한 담론 모델을 개발하고 평가하는 것이 현재 연구의 초점이다. 전산 언어학은 일관된 논의의 구조에 대한 어떤 정보를 생성하는 담론 해부와 같은 유용한 도구를 제공한다. 먼저, 해부자는 텍스트(예를 들어, 단락)를 구절(clause) 또는 담론의 다른 기본 단위들로 분할한다. Rhetorical Structure Theory (RST) (Mann and Thompson, 1987, pp. 87-190)와 같이 담론을 분석하기 위한 틀에 기초하여, 세그먼트들 사이의 관계를 분류하고 RST-Tree를 출력한다. 그 RST-Tree는 귀속성에 대한 정보를 보여준다.

▎**도표 12.4.** ▎ Mason 사례의 일부 속성 정보를 표시하는 RST-Tree

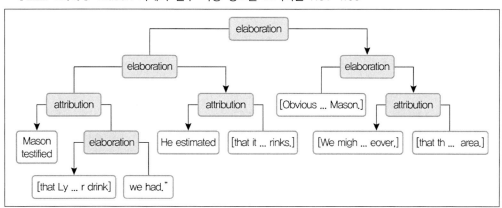

예를 들어, 도표 12.4는 Section 3.3.2의 Mason 사례에서 발췌한 텍스트의 RST-Tree를 보여준다.

> Mason은 린치버그 레모네이드가 "우리가 가진 가장 인기 있는 음료"가 되었다고 증언했다. 그는 그것이 자신의 총 주류 판매량의 약 3분의1을 차지한다고 추정했다. 분명히 린치버그 레모네이드 독점 판매는 Mason에게 큰 가치가 있었다. 게다가, 우리는 그 음료가 Huntsville 지역의 경쟁자들에게도 가치 있을 수 있음을 합리적으로 추측할 수 있습니다.

담론 해부는 원고인 Mason에게 증인으로서 귀속성을 보여준다. 뒤에는 상세 항목으로, Mason에 대한 다른 귀속성이 나오고, "We"에게 다른 귀속성이 뒤따르는 것을 보여준다. "We"는 해부자에 의해 공유되지 않은 정보를 기초로 그것은 판사(즉 법원)를 의미한다.

아마도 담론 해부자[4]는 이전 Chapter의 주석 파이프라인에 통합될 수 있을 것이다. 그것은 텍스트의 대상 부분에 대해 RST-Tree를 생성할 수 있을 것이고, 파이프라인의

---

4) 오픈 소스 툴은 http://agathon.sista.arizona.edu:8080/discp/ 참조.

다음 단계에서 세분화된 단위, 그들의 관계, 관련된 귀속성 정보를 기능으로 사용할 수 있을 것이다(Falakmasir, 2016). 또한, 담론 모델은 판사가 그들의 결론을 나타내는 데에 그들 자신을 어떻게 참조하는지에 대한 정보를 필요로 할 것이다.

물론 도표 12.4의 문단은 사법적 서술의 특히 복잡한 예가 아니다. Popov v. Hayashi 판례에서 스탠드를 때린 야구공을 소유한 사람을 결정하는 McCarthy 판사의 3단계 테스트를 회상해보라(도표 6.10 참조) 사법적 산문은 앞으로도 수년 동안 일상 언어 구문 분석의 한계를 테스트할 것이다.

극성 구별하기

가설을 평가할 목적으로 법적 텍스트에 주석을 달 때, 리걸 앱은 법률 판결, 논점에 대한 판결, 사실의 판단, 채택된 증거의 극성을 구별해야 한다. 이것은 예를 들어, 백신 상해의 판례에서, Alten 판례의 첫 번째 요건에 대한 판결과 관련하여, 특별전문위원이 MMR 백신이 난치성 발작 장애를 일으킬 수 있다고 결정하였지 여부를 판단할 필요가 있다는 것을 의미한다. 특별전문위원은 정부 측 전문가 증인의 증언을 인과관계의 발견을 뒷받침하는 것으로 간주했는가? 아니면 반대하는 것으로 간주했는가? 영업비밀 판례에서, 영업비밀 정보가 부당이용되었어야 한다는 법규 요건과 관련하여, 판사는 원고 승소로 또는 피고 승소로 판결하였는가?

일반적으로 논증을 캐냄에 있어, 결론과 전제에서 명제의 극성을 확인하는 것은 중요하다. 즉, 명제가 결론을 뒷받침하는지 또는 반대하는지 여부가 중요하다. 이것은 또한 논증과 반론을 구별하는 데에 도움이 된다.

비록 논증 마이닝의 극성이 "독특한 도전"(Aharoni et al., 2014b)을 나타내지만, 몇몇 연구자들은 도메인 내의 또는 도메인 전체의 주석에서 이를 구별하기 위해, 규칙 기반 또는 ML 접근법을 성공적으로 사용하고 있다.

가장 간단한 접근법은 부정의 언어적 증거를 식별하고 이에 따라 명제의 극성에 주석을 다는 규칙을 구현하는 것이다. 예를 들어, 임상 NLP를 위한 유형 시스템에서, "암은 림프절로 퍼지지 않았다"는 '관계의 부정적인 위치'를 산출할 것이다(Wu et al., 2013, p.9).

다른 비법적 맥락에서, Debater 팀은 ML로 극성을 처리한다. Chapter 1에서 보았듯이, IBM의 Debater 프로그램은 주제와 관련된 가정의 극성, 즉 가정의 주제에 대한 찬반 여부를 식별한다. Debater에서 연구자들은 극성에 주석을 달기 위해 분류기를 훈련시키는 ML 접근법을 적용했다(Slonim, 2014). 그들은

1. 찬반 극성의 개념을 정의하고, 예를 제공했다.
2. 기초 사실 데이터를 제공하여, 극성을 찾도록 사람들을 훈련시켰다.
3. 극성의 "통계적 특성"을 포착하는 분류기를 개발하기 위해 ML을 적용했다.
4. 새로운 사례에서 기초 사실 데이터를 통해 분류기를 평가했다.

훈련 세트의 수동 주석에 기초한 ML에 대한, Debater 팀의 체계적인 접근 방법은 Section 10.6.1에서 논의한다.

법적 판단, 논점에 대한 판결, 사실의 판단, 증거에 관한 결정에서 부정을 표현하는 수단이, 유사한 주석 규칙 또는 ML 접근법이 성공하기에 충분한 패턴과 제약 조건을 제시하는지의 여부는 여전히 경험적 문제이다.

영역에 특화된 개념과 관계 도출하기

Section 11.5.3의 확장된 유형 시스템은 법적 영역을 통틀어 법적 논증에서 명제의 역할을 정의하는 데에 이해력을 갖는 것을 목표로 한다. 인지 컴퓨팅의 패러다임으로서 협력적 가설 테스트는 법적 또는 증거적 요소를 식별 할 수 있는 법적 영역에서 유용할 수 있을 것이다.

그러나 법적 영역에서는 반드시 규제 대상과 관련된 개념과 관계가 관련된다. 예를 들어, Chapter 5에서 소개된 백신 상해 영역에서, 법적 인과관계의 문제는 의학적 인과관계의 문제와 연결된다.

특정 법적 영역의 경우, 리걸 앱은 영역별 지식을 획득하고 표현해야 한다. 여기에는 주장 특정 개념, 관계, 언급, 표 11.2에 설명된 전제 정보의 종류, 그리고 백신 상해 영역의 질병과 백신 이름과 같은 기본 용어가 포함된다. 이 정보에 주석을 달기 위한 일부 기술은 Section 10.5.3, 11.5.3, 11.5.4에서 논의되었다.

그러나 규제 영역은 역동적이다. 새로운 상업용 백신이나 새로 발견된 백신과 상해와의 연관성과 같이 새로운 용어가 도입된다. 결과적으로, 전문화된 어휘를 비롯하여 규제 영역별 정보의 측면에서 이를 유지하고 업데이트할 필요가 있다.

비법률적 기관들은 유형 시스템과 온톨로지를 개발하는 활동에 종사하고 있으며, 그들의 특화된 영역에서 개념적 정보 검색을 개선하고자 한다. 이것은 의학 및 공중 보건에서 특히 그렇기 때문에, 법적 유형 시스템을 의학적 온톨로지 자원과 유형 시스템에 연결하는 것이 효율적일 것이다. 온라인 의료 온톨로지는 백신과 그로 인해 야기될 수 있는 상해를 광범위하게 다루고, 백신과 상해의 명칭을 약어 또는 상업적 명칭으로 정규화하기 위한 사전을 제공한다.

서로 다른 영역에서 개발된 서로 다른 온톨로지를 상호 운용 가능하게 만드는 방법에 대하여 연구가 진행되고 있다.

> 서로 다른 UIMA NLP 모듈간의 직접적 상호운용성은, 서로 다른 유형 시스템 간에 변환 할 래퍼 역할을 하기 위해, 그것들이 동일한 유형 시스템[또는 주석자 구성]을 기반으로 할 것을 요구한다(Liu et al., 2012).

의료 온톨로지와 유형 시스템의 영역−교차 사용을 가능하게 하는 기술에 대한 연구는 Liu et al. (2012)와 Wu et al. (2013)에 논의되어 있다.

법적 유형 시스템과 다른 영역의 상호운용성을 달성하기 위한 방법은 이 책의 범위를 벗어나지만, 거기엔 쉽게 해결할 수 있는 방법이 있을 것이다. 일부 의미 정보가 포함된 표준화된 형태의 용어와 변형의 간단한 어휘 목록조차도 질병, 백신, 약어, 상업적 명칭과 같은 용어를 표준화해야 할 필요성을 처리하는 데에 유용할 것이다.

12.5.2. 과제: 교육용 사례들의 수동 주석달기

Chapter 9 이후로 반복되는 주제는 사람이 법령, 판례, 그리고 기타 법적 문서에 주석을 달 필요성이 커지고 있다는 것이다. 만약 법적 영역 전반에서 가설−테스트 패러다임이 유용하다면, 더 많은 수동 주석이 필요할 것이다. Section 10.6에서 언급했듯이, 자료의 모든 텍스트를 분석하고 주석을 추가해야 하는 것은 아니지만, 누군가는 여전히 올바른 교육 세트를 필요로 하며, 이것은 텍스트에 수동으로 주석을 작성하는 데에 상당한 투자가 필요하다는 것을 의미한다.

여기에서 우리는 그 질문에 대한 두 가지 해답을 모색한다. 첫째, 크라우드 소싱(crowdsourcing)은 텍스트(심지어 법적인 텍스트)에 주석을 달 수 있는 흥미로운 가능성이다. 크라우드 소싱은 텍스트의 훈련 세트를 마크−업하는 것과 같이 컴퓨터가 현재수행할 수 없는, 인간의 지능이 필요한 작업을 많은 수의 사람들을 참여시켜 수행하는 것을 포함한다. 고용주는 Amazon Mechanical Turk와 같은 웹사이트에, provider 또는 Turker라고 불리는 대규모의 유료 인력에 의해 동시에 수행될 작업을 게시할 수 있다. 둘째로, 비교적 유능하지 않은 Turker 대신 로스쿨 학생과 연수생이 일종의 공부로 주석달기를 수행할 수 있다. 두 경우에, 사람들은 Section 10.6.3에 설명된 것과 같은 온라인 주석 환경을 사용할 것이다.

크라우드 소싱된 주석달기 환경

연구자들은 Breaux and Schaub (2014)에서 법적 개인정보보호 정책의 요건에 주석을 달기 위한 crowdsourcing 접근 방법의 타당성을 입증했다. 한 가지 작업은 개인정보보호 정책에서 정보 수집, 공유, 사용에 관하여 요건에 대한 설명을 추출하는 것이었다.

연구자들은 법적 훈련이 없는 주석자의 "군중(crowd)"이 법적 텍스트에 신뢰할 수 있는 주석을 달 수 있는지 여부에 대한 질문에 답했다. 핵심은 비전문가인 주석자들이 착수하기에 충분하도록 주석 작업을 조심스럽게 각각의 간단하고 잘 정의된 작은 하위 작업으로 나누는 것으로 보인다. Breaux와 Schaub (2014)는 주석 작업을 네 가지의 식별 하위 작업으로 분해하였다. 하위작업은 각기 다른 목표인 동작 동사, 정보의 유형, 출처와 대상, 목적에 중점을 두고 있다. 실현 가능한 경우, 실행방법이 지정된 동사를 식별하기 위해 NLP를 사용하는 것과 같이, 다른 식별 작업이 자동으로 수행되었다.

연구자들이 개발한 온라인 인터페이스는 crowdsource 주석자들에게 다음과 같은 개인정보보호 정책에서 발췌한 텍스트를 제공한다.

> 우리는 (i) 이메일 연락처를 업로드하기로 선택한 다른 Zynga 사용자와 (ii) 제 3자인 정보제공자를 포함한 다른 출처에서 정보를 수집하거나 수신할 수 있습니다.

주석자는 관련 구문을 선택하여 강조 표시하고, 특정 개념의 예로써 구문을 "개념" 키를 눌러 인코딩한다. 예를 들어, 위의 추출에서, 주석자는 "수집", "수신", "업로드"를 강조 표시하고, 그것들을 관심 개념 목록의 적절한 개념들과 연관시킬 수 있다(Breaux and Schaub, 2014, p.169).

그들의 실험은 군중이 문장-수준과 구문-수준의 코딩을 수행할 수 있음을 보여주었다. 단순한 구성 요소의 코딩과 관련된 분해 작업 흐름은 결과적으로 "전반적인 비용 절감으로 수용 가능한 총체적 응답"이 되었다(Breaux and Schaub, 2014, p.171).

전반적인 주석 문제를 간단한 코딩 작업으로 분해하는 것은, 소비자 지향의 데이터 프라이버시 정책과 관련하여, Breaux and Schaub (2014)에서 사용된 텍스트의 종류에서 실현가능했다. 아마도 이 작업은 전체 문서를 고려하지 않고도 수행할 수 있는 잘 정의된 작업이었을 것이다.

법적인 사례에 주석을 달아주는 행위를 어느 정도의 법적인 전문 지식이나 교육이 없는 인간 주석자에 의해서도 적용될 수 있을 정도로 단순한 구성 작업으로 분해하는 방법을 상상하는 것은 어렵다. 이러한 주석자들은 지능적인 주석 결정을 내리기 위해 사례의 전반적인 사실적이고 법적인 맥락에 접근할 필요가 있을 것이다.

학생들을 통한 주석달기

분명히 학생들은 텍스트에 효과적으로 주석을 달 수 있으며, 많은 학생들이 그렇게 해왔다. IBM Debater 팀은 대학원생들을 고용하여, (법적이 아닌) 주제와 증거를 확인하게 하였다(Section 10.6.1). 법적인 맥락에서, LUIMA 그룹은 로스쿨 학생이 주석을 첨부한 백신 결정을 사용했다. Hofstra의 LLT Lab 학생들은 LegalRuleSentences 또는 EvidenceBasedFindingSentences를 포함하여 유형에 대한 문장을 마크업 했다(Section 10.5). 피츠버그 대학교(Section 10.6)에서 그리고 Wyner and Peters (2012)의 작업(Section 10.4.3 및 도표 10.5)에서, 학생들은 영업비밀에 관한 법적 요소에 대해 주석을 달았다.

주석달기는 논증하기의 다른 영역에서 교육의 도구로 사용되어 왔다. 연구자들이 인간이 주석을 단 ML 교육 세트를 사용하여 논증 마이닝을 적용하는 다른 영역(Teufel et al., 2009)에서, 그것은 학습자가 "과학적 논증에 참여"(Zywica and Gomez, 2008)하는 데에 도움이 될 수 있다. 사회학, 문학, 과학 등의 고등학교 교과에서, 주요 아이디어(논증 또는 주장), 아이디어에 대한 뒷받침(증거), 핵심 단어, 중요한 사실 또는 주요 내용, 텍스트에 제공된 정의, 주요 결론과 같은 중요한 정보를 강조하기 위해 주석을 적용할 수 있다(Zywica and Gomez, 2008). 이러한 유형들은 법적 논증을 위한 주석 유형과 대략적으로 일치한다.

문제는 주석달기가 법률 교육 및 훈련의 필수적인 부분이 될 수 있는가이다. 그것이 가능하다는 증거가 존재한다. 온라인 오픈 소스 판례집에 대한 법학 교육의 현재 움직임은 학생 및 다른 사람들이 텍스트를 마크업하고 공개적으로 사용할 수 있는 주석을 만드는 장치를 포함한다(Berkman Center for Internet and Society, Harvard Law School Library, Harvard Library Lab, 2016 참조).

주석달기는 로스쿨 학생들이 법률 자료를 자세히 읽도록 훈련시키기 위해 사용되어 왔다. "학생들이 함께 읽고, 구문에 주석을 달고, 질문에 답하는" 것을 허용하는 웹 기반 도구인 Classroom Salon은 학생들이 태그를 지정할 수 있는 서면의 형식에서 주석달기를 지원한다(Blecking, 2014). "Classroom Salon"에 주석달기를 포함하는 로스쿨 교육에서, 연구자들은 "읽기에서 측정 가능한 성과"를 보여주었다(Herring and Lynch, 2014).

법적 텍스트에서 논증 관련 정보에 대한 강조하기와 주석달기를 위한 컴퓨터 지원 환경은 학생들이 법적 추론의 구조를 배우고 논증적 텍스트를 더 잘 해석하는 데에 도움이 될 수 있다. 주석을 달아야 할 개념과 관계에는 실체법과 법적 결정 및 주장의 구조가 포함된다. 로스쿨 1학년 학생들은 판례와 법령을 읽는 법을 배우는 과정에서 이들과 만난다. 교육자는 로스쿨 1학년 학생들이 법규를 설시하거나, 법적 요건이 충족되었다는 판사의 결정을 표현하거나, 사실의 판단을 밝히는 판결문에서 명제를 찾아내도록 가르친다. 이것은 학생들이 판례의 주요 측면에 주의를 기울이게 할 것이기 때문에, 학생들이 텍스트에 이러한 논증 역할에 대하여 주석을 다는 것은 교육적으로 가치가 있다.

마찬가지로, 주석달기는 법적 서면과 요약 작성에 대한 고용주의 특별한 접근방법을 로펌의 신입 사원이 배우는 데에 도움을 줄 수 있다. 로스쿨 학생, 법무부서의 신입 사원과 하급 변호사, 그리고 초임 사법보조원은 주석달기를 수행함으로써, 그들은 논증 탐색의 부산물로 사용할 주석이 달린 텍스트를 생성할 수 있을 것이다.

저자와 학생들은 로스쿨 학생들이 법적 논증에서 중요한 역할을 하는 문장을 식별하고 주석을 달 수 있는, 태블릿 컴퓨터를 사용하기에 적합한, 편리한 웹 기반 주석달기 환경을 개발하고 시범 테스트해왔다. 주석달기 환경의 모형은 도표 12.5와 같다. 어떤 학생은 왼쪽의 '문서' 목록에서 미국 대법원의 획기적인 사례를 보여줄 목적으로 NEW JERSEY v. T.L.O. 판례를 선택했다. 이 사건은 학생이 마리화나를 취급하는지에 대한 증거를 발견하기 위하여 학생의 (담배) 지갑을 수색하는 고등학교 교감 선생님의 합헌성을 다룬다.

로스쿨 학생들은 과제를 읽는 동안 텍스트에 습관적으로 강조 표시를 한다. 약간의 추가 노력으로, 그들은 강조 표시된 발췌 부분에 주석을 달 수 있다. 여기 어떤 학생이 다양한 서술에 마크업했으며, 그중 6개는 중간 화면에 표시된다. 각 서술을 마킹한 후, 학생은 "유형" 아래 왼쪽 상단에 색상으로 구분된 주석 유형을 선택하면, 시스템이 그에 따라 서술에 강조 표시를 한다. 문장 유형은 교육적 적절성을 위해 선택되었지만, 문장 수준의 논증 유형과 밀접하게 일치한다.

- *Issue−Statement* : 법원이 결정이나 판단을 위하여 요구하는 논점 문장.
- *Reason−Statement−Supporting−Holding* : 특정한 판단을 뒷받침하는 추론의 문장.
- *Reason−Statement−Opposing−Holding* : 특정한 판단을 반대하는 추론의 문장.
- *Fact−Statement* : 어떤 추론이 기초로 하는 사실의 문장.
- *Holding−Statement* : 논점에 관하여 법원이 그의 결정을 나타내는 문장.

학생이 서술에 주석을 달면, 시스템은 자동으로 오른쪽에 개요를 구성하고, 강조 표시된 문장을 논점을 식별하는 논증 요약으로 구성하며, 법원이 문제와 관련 있다고 생각한 사실을 제시하고, 법원의 판단이나 결정을 지지하는(또는 반대하는) 서술을 제시한다. 개요에서 어떤 서술을 클릭하면, 중간 화면에 원래 문맥의 해당 문장으로 이동한다. 이 마크업 환경에서, 학생들은 논점 구성하기의 유용성을 관찰할 수 있고, 뒷받침하는 논리를 개발하며, 반대되는 논리를 고려하여 결론이나 판결에 이르게 된다.

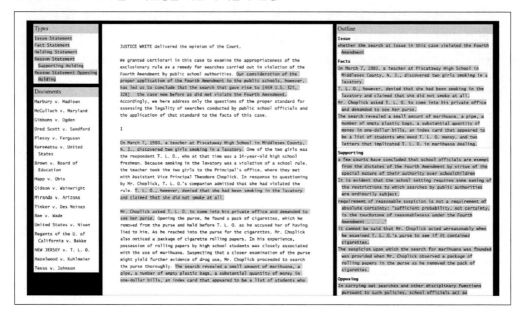

약간의 추가적 노력으로, 학생들은 개요의 항목에 설명을 추가할 수 있다. (예 : "이것은 가장 강력한 긍정 논리임", "나는 이 판단에 동의하지 않음", "이 반대 이유를 이해하지 못함") 동일한 자료에 대한 동료의 마크업이 주어지면, 이 시스템은 학생에게 주석에 대한 신뢰성에 대한 피드백을 제공할 수도 있다. 또한 학생들은 자신의 신뢰성 정보를 기반으로 경쟁에 참여할 수 있다.

직관적으로, 로스쿨 학생들과 법조인이 더 신뢰할 수 있는 주석자가 될 수 있기 때문에, 주석의 품질은 그들의 전문성으로부터 이익을 얻는 셈이다. 물론 이런 종류의 주석이 성공하려면, 한 사람이 하는 것처럼 읽고 주석을 달 수 있는 편리한 온라인 주석 환경이 필요하다(Section 10.6). 또한 그 온라인 주석 환경은, Debater 프로젝트와 유사하게, 동일 텍스트에 대한 다중 주석의 신뢰성 계산을 지원해야 한다.

시맨틱 주석달기의 한계

리걸 앱은 사례 텍스트에서 주석이 달린 논증 관련 정보를 많이 얻을 수 있지만, 주석을 달 수 있는 의미 정보의 종류는 제한적이다.

일반적인 한계는 명제와 같은 정보가 사람이 그것을 정확하게 주석으로 달 수 있도록 또는 파이프라인 기술이 자동으로 주석을 달 수 있도록 텍스트에서 분명하게 표현되어 있어야 한다는 것이다. 수동이냐 또는 자동이냐에 관계없이, 정보가 텍스트 또는 텍스트 전체에 흩어져 있는 여러 구절에서 간접적으로 유추되어야 하는 경우, 주석달기 기술은 일반적으로 효과적이지 않다. Section 10.6에서 언급했듯이, 인간 주석자의 신뢰성은 텍스트로부터의 ML의 성공에 대한 상한선이다. 추론이 간접적이거나 텍스트 자원이 흩어져 있을수록 사람이 기계의 주석에 동의하는 것이 어렵고 신뢰도는 낮아질 것이다.

일부 간접 추론은 존재론적 연관을 통해 보완될 수 있다(Chapter 6). 예를 들어, 목적론적 추론 방법(Chapter 3과 Chapter 5)은 가치에 근거한 추론을 사용한다. 판사는 본문에서 특정 가치를 명시적으로 언급하지 않을 수도 있다. 그러나 가치가 도표 5.11 및 5.12에서와 같이 법적 요소와 연관되어 있는 경우, 법적 요소를 식별 할 수 있는 프로그램은 특정 법적 요소와 관련된 가치에 대한 기본 설정된 지식을 통해 추론할 수 있다.

다른 주석달기의 한계는 CMLA를 적용하기 위해 텍스트 분석 기술이 패턴을 충분히 잘 식별하기에는 너무 세밀하거나 너무 일반적이거나 너무 희귀하거나 너무 복잡한 법률 텍스트의 패턴과 관련된다. 예를 들어, 복잡한 법률 및 규제 텍스트로부터 논리적 규칙을 직접 추출할 수 있는 범위는 여전히 미해결의 문제이다. Section 11.6.1에서 논의된 바와 같이, 우리는 규정의 법규적 네트워크 표현에서 영역별 개념들을 식별하는 것을 돕기 위해, 규정 조항의 if/then 구조를 식별하려고 시도하고 있다. Zhang과 El-Gohary(2015)와 같은 다른 사람들은 제한된 범위의 조항에서 논리적 규칙을 추출하는 데에 약간의 성공을 거두었다. 규제 영역을 넘어서 확장할 수 있는 방법으로 세밀한 논리 구조를 탐지할 수 있느냐의 문제는 이 분야의 미래에 대한 중요한 실제적 질문이다.

Section 10.3.4에서 논의된 바와 같이, 프로그램은 주장과 결론의 중첩된 논증 트리와 같은 텍스트적 논증에서 일반적인 논증의 특징을 어느 정도 식별할 수 있다. 하지만, 프로그램이 그것을 어느 정도 이해하고 추론할 수 있는지는 미해결의 문제이다. 결론의 이유가 GREBE (Section 3.3.3) 또는 SIROCCO(Section 3.6)와 같은 의미 네트워크 표현에서 정교화된 경우, 프로그램은 관련성을 평가하고 설명과 논증으로 비교하고 추론하는 데에 그것을 사용할 수 있다. 그러나 의미 네트워크 표현 체계는 아주 일반적이다. 그것은 다양한 사실적 상황에 적용될 수 있으며, 특히 비슷한 의미를 지닌 명제가 매우 다양한 방식으로 표현될 수 있는 경우에, 그것은 ML이 효과적이기 어렵게 만든다. SIROCCO에서와 같이 제어된 어휘 및 표현 체계와 DLF 프레임워크에서처럼 풋말로 사용되는 문장 유형을 사용하면, 의미 네트워크에 수동으로 주석을 다는 것이 더욱 가능해질 것이다. 그러나 네트워크의 자동화된 주석은 아직 증명되지 않았다.

논증 체계에 대해 비슷한 것이 이야기될 수 있다. 앞서 살펴본 바와 같이, 논증 체계는 법적인 논증을 모델링하는 인공지능과 법 과정에서 중요한 역할을 한다(Chapter 5). 일부 논증 체계에는 주석을 달 수 있으며(표 10.1 참조), 법적 요소의 측면에서 판례 분석을 통해 논쟁하는 것과 같은 논증 체계의 일부 요소가 식별될 수 있다.

그러나 논증 체계를 확인한 후에, 프로그램이 체계 안의 슬롯을 세부 정보로 얼마나 채울 수 있느냐의 문제는 역시 미해결의 문제이다. 그것은 개념적 정보 검색을 지원하기에 충분할 만큼 잘 수행될 수 있을 것이다. 예를 들어, 프로그램은 분쟁에서 법적 개념과 관련하여 유추에 의한 논증이 어디에서 발생했는지 식별할 수 있다. 그러나 어떤 모델제작자가 희망하는 것처럼, 프로그램이 입증의 부담을 적용하고 텍스트에서 직접 법적 추론을 이끌어낼 수 있을 정도로 충분하게 그것이 수행될 수 있는지 여부는 아직 확립되지 않았다.

마지막으로, 기존의 예측 모델에서 사용된 특정 정보는 텍스트로부터 추출할 수 없을 것이다. 여기에는 개인 재판관, 상급 법원 및 하급 법원의 판결의 경향에 근거한 계산된 특성이 포함된다(Section 4.4 참조).

요약하면, 새로운 기술은 제I편의 계산 모델에 의해 수행된 모든 자동화된 추론을 지원하기에 충분하지 않을 수 있다. 새로운 리걸 앱은 법적 추론의 계산 모델에 있는 특정 기능을 사용할 수 없을 수도 있다. 이러한 의미에서, 일부 자동화된 법적 추론 작업은 텍스트 분석 기술이 세부적으로 이끌어낼 수 있기에는 여전히 "너무 먼 길"이다.

반대로, 이 Chapter의 시작 부분에서 언급한 일부를 포함하여, 상업용 리걸 앱은 텍스트로부터 정보를 추출하고 있다. 그 정보는 인공지능과 법의 법적 추론 계산 모델이 아직 사용할 수 없는 정보이다. 여기에는 예를 들어 특정 판사의 의사 결정 기록이 포함된다. 그러나 이런 종류의 정보는 Part Ⅲ에서 설명된 방법과 통합될 수 있다.

12.5.3. 과제: 쿼리-인터페이스 디자인

두 번째 과제는 사용자가 자신의 가설과 논증 수요를 비교적 쉽게 지정할 수 있게 하는 혁신적인 쿼리 인터페이스 디자인의 필요성에 관한 것이다. 유사한 문제는 개념적 정보 검색에 관한 Section 11.5.5에서 논의되었다. 그곳에서 언급했듯이, 목표는 사용자가 메뉴 선택과 일상어 조합으로 쿼리를 입력하는 것이다. 앱은 일상 언어 또는 구조화된 쿼리로 사용자의 쿼리에 대한 해석을 제시할 수 있으며, 사용자가 메뉴 옵션을 사용하여 확인하거나 수정하게 할 수 있다. 그런 다음 앱은 쿼리를 개념적 조건으로 변환한다.

비슷한 접근방식으로 사용자는 자신의 가설을 입력할 수 있을 것이다. Section 12.2의 템플릿에서 볼 수 있듯이, 가설은 범위가 매우 일반적일지 몰라도, 형태상 제약을 받는다. 인터페이스는 도표 12.2 또는 12.3의 일상 언어 가설이나 그와 동등한 것과 같이 인터페이스가 지원할 수 있는 가설의 종류를 보여줄 수 있다. 그럼으로써 사용자는 가설을 선택하고 그것을 적합하도록 수정할 수 있게 될 것이다.

템플릿이 있는 온라인 양식은 "조건 [z]가 있다 하더라도 조건 [y]가 충족된다면, [x]라는 문제는 [side]의 승소로 결정되어야 한다 (또는 결정될 수 있다)"는 가설에서, 사용자가 문제와 조건을 기입하는 데에 도움이 될 수 있다. 풀다운 메뉴는 법적 주장의 유형, 주장 요소, 법적 규칙, 또는 사용자가 문제로 지정할 수 있는 법규 요건을 제공할 것이다. 목록은 시스템이 지원하는 주장 및 법적 규칙에 의해 결정될 것이다. 사용자의 문제 선택에 따라, 인터페이스는 조건을 채우기 위한 메뉴를 제공한다. 사용자는 법적 판단, 사실의 판단, 증거 요소, 증거 유형, 또는 사실의 진술을 지정하기 위하여 법적 요소 또는 구성 요소의 목록에서 선택할 수 있다.

예를 들어, 야구공 재산권 전환 주장에 관한 Section 12.1의 가설은 다음과 같이 표현될 수 있다.

[재산권 전환]의 문제는 [의도적인 간섭(P)]이 있더라도, 조건 [포착되지 않음 (D)]의 [피고]의 승소로 결정되어야 한다.

메뉴를 사용하여, 사용자는 이슈 (재산권 전환), 측면 (피고), 조건, 그리고 Property-Interest-Quarry Microworld(표 6.4)의 두 가지 요소, 즉 피고측의 하나와 원고측의 하나를 선택할 수 있다.

아마도 사용자는 조건으로 간단한 텍스트를 입력할 수도 있다. 시스템은 그 텍스트를 사용자의 확인을 통하여 그럴듯한 구조화된 항목으로 변환할 수 있다. 시스템은 결과적으로 구조화된 가설을 확인 또는 수정을 위하여 일상 언어 버전으로 다시 변환할 수 있다.

사용자의 가설이 처리할 수 있는 형식으로 표현되면, 리걸 앱은 Section 12.4.3에 설명된 하위 쿼리로 변환하여 그것을 작동하게 만들 것이다. 이 시점에서 인터페이스는 Section 12.4.4에서 설명한 대로 사용자와의 공동 가설 테스트 상호 작용을 지원해야 한다. 여기에는 앱과 사용자가 공동으로, 사전 결과를 기반으로 데이터베이스 또는 가설을 공동으로 수정하고, 법적 논증을 만들며, 가설을 평가할 수 있도록 하는 것이 포함된다.

앱과 사용자 간의 이러한 수준의 협업을 지원하는 것은 그 자체의 과제들을 제시하지만, 그것들은 인지 컴퓨팅이 요구하는 상호 작용의 특징이다. 상호 작용은 전자증거개시(Section 8.4.1) 또는 법규 분석(Section 8.7.1)에서의 예측 코딩이 사용자가 관련성에 대한 가설을 세밀하게 하고 쿼리에서 그것들을 작동하게 만드는 것을 지원하는 점증적 프로세스와 다르지 않다.

전자증거개시를 위한 오늘날의 예측 코딩 시스템은 인지 컴퓨팅의 좋은 예이다. 예측 코딩은 특정 법적 문제를 해결하기 위해 각자가 최선을 다해 자료에서 텍스트의 관련성을 모델링하기 위한 인간과 컴퓨터 시스템 간의 협력적 지능형 활동이다. 사람들은 그들이 직면하고 있는 법적 문제와 관련이 있다고 생각하는 긍정적인 사례들과 부정적인 사례들을 선택한다. 컴퓨터 시스템은 지금까지의 훈련 세트의 통계 모델을 생성하고 추가 문서를 검색 및 분류한다. 인간과 시스템이 함께 타당성의 모델을 다듬는다. Section 8.4에서 언급했듯이, 소송 당사자들은 전자증거개시에서 문서를 검색할 때, 예를 들어, 상대방의 파일에 원고의 주장, 피고의 답변, 당사자들의 문서 요구를 포함하여 서면에서 제기된 다양한 법적 문제와 관련된 문서가 포함되어 있다는 가설과 같은 가설들을 염두에 둔다. 그러나 소송 당사자의 가설과 관련하여, 전자증거개시를 위한 현재의 예측 코딩은 가설을 명백하게 하지 않는다. 그 가설은 단지 ML 모델로서 묵시적으로만 표현된다.

여기에 제안된 CCLA는 사용자가 실질적인 법적 그리고 증거적 문제에 대한 가설을 제시하도록 돕는 추가 단계를 수행해야 한다. 이것이 올바른 방향으로 나아가는 단계로 보인다. 궁극적으로, 전자증거개시와 법규 분석에서의 관련성 가설은 실질적인 법적 그리고 증거적 문제에 대해 검색된 문서의 잠재적 효과에 의하여 정보가 충족될 것이다. 후자에 대한 사용자의 가설을 분명히 하면 언젠가는 전자에 대한 가설과 쿼리의 반복적 재구성을 설명하고 안내하는 데에 도움이 될 것이다.

12.6. 새로운 가설과 논증을 위한 기회 찾기

이 Chapter와 Chapter 11에서, 의미적 주석달기가 어떻게 인지 컴퓨팅 모델이 사람들이 논증에서 적절한 자료를 찾고 사용하는 것을 돕게 하는지, 그리고 사람들이 법적 텍스트의 자료에서 가설을 구성, 시험, 평가하는 것을 돕게 하는지를 설명해왔다. 이 목표를 달성하는 것은 위의 과제를 다루는 데에 달려 있는데, 그 과제는 상당하지만 앞으로 몇 년 내에 달성할 수 있을 것으로 보인다.

텍스트 분석과 의미적 주석달기는 시스템이 인간이 하는 수준으로 텍스트를 읽게 하지는 못할 것이다. 적어도 가까운 미래에는 말이다. 프로그램이 논증 관련 정보를 지능적으로 처리할 수는 있겠지만, 더 깊은 의미에서 논증을 이해하지 못한다.

다른 한편으로, 프로그램은 새로운 법적인 가설 또는 논증을 제기할 수 있는 기회를 발견하기 위해서는 깊은 이해가 필요하지 않을 수도 있다. 프로그램은 새로운 논증을 유도할 수 있는 법적 영역에서 새로운 가설이나 유추를 제안하는 기대의 위반을 발견함으로써 그러한 기회를 식별할 수 있다.

기대의 위반

예측 방법은 예측이 정확할 거라는 기대를 야기한다. 예측이 잘못된 것으로 판명될 때, 그것은 기대를 위반한 것이고, 이유를 추론하게 한다.

기대 실패에 의하여 안내됨으로써, 시스템은 자발적으로 "흥미로운"(새로운 논증 기능이나 새로운 논증을 제기하고 테스트하는) 가설을 검색하는 법적 텍스트 코퍼스를 탐색할 수 있을 것이다. 시스템이 주장, 문제, 이기고 지는 측면, 논증, 그리고 법적 요소에 주석을 첨부하는 경우, 원칙적으로 결과가 기대에 위반되는 사례를 찾는 코퍼스를 탐색할 수 있다.

예를 들어, 판례의 논증 관련 부분은 판례의 실제 결과와 일치하지 않는 결과를 예측할 수도 있다. 만약 어떤 주장이 피고에게 유리한 법적 요소를 포함한 경우, VJAP 또는 IBP 모델은 피고가 이길 것이라고 예측할 가능성이 더 크다. 만약 원고가 이기고, 그 승소가 알려진 원고에게 유리한 요소의 관점에서 설명될 수 없다면, 그것은 텍스트가 아직 주석이 달려 있지 않은 대항력 있는 부분, 아마도 주장에 대한 법원의 판결에서 원고에게 유리한 법적 요소(시스템이 그것이 존재하는 것을 알지 못하거나 어떻게 인식하는지를 모르는)를 가지고 있다는 가설을 제안한다. 이것은 그 텍스트를 인간인 전문 공동작업자에게 "통지"하고, 일종의 센스메이킹[5] 활동에 그들을 참여시킬 수 있다. 시스템은 가설을 제시하고, 그들이 비정상을 설명하기 위한 요소에 대해 텍스트를 보다 자세히 분석하도록 도와줄 것이다.

시간이 지남에 따라 법적 개념의 의미가 변경되면, 마찬가지로 기대의 위반이 발생할 수 있다. Section 7.9.4에서 특정 법적 개념을 적용하는 판결의 결과를 모니터링하는 기술을 제시했다. 개념을 구현하는 결정 트리에서의 측정 가능한 변화는 개념이 변화하고 있다는 가설과 가설을 확인하는 기술에 대한 단서를 제공했다.

예를 들어 VJAP 모델(Section 5.7)에서처럼, 우연히, 사건 결과 예측의 어떤 유형은, 역사적 추세에 기반한 예측을 포함하여, 마치 미연방 대법원 예측(Section 4.4)이나 과거 판례들의 가치 형량에 대한 유추처럼, 기대치를 높일 수 있다. Lex Machina의 소송 참여자와 행동 특성, Ross의 사례 분석, 또는 주어진 판례의 결과와 일치하지 않는 Ravel(Section 12.2)의 인용 네트워크 동향에 의해 높여진 기대는 또한 발견되지 않은 논증 부분에 관한 가설을 평가할 필요성을 나타낼 수 있다.

---

5) 역자주) 사람들이 집단적 경험에 의미를 부여하는 프로세스.

영역 간 유사성

이 책에서 설명하는 텍스트 주석 기술은 법적 논증의 전산 모델을 사용할 수 있는 이전의 판례에서 논증과 관련된 이유들을 확인한다. 이러한 논증 모델은 주로 같은 법적 소송이 제기되는 비슷한 이전 판례의 주장과 이유를 재사용하고 동일한 영역에서 새로운 사례의 논증 수요와 사실에 적용한다. 검색된 사례와 그 논증은 특정 인간 사용자에게는 새로운 것일 수 있지만, 판례에서는 이전에 사용된 것이다.

이것은 시스템이 인간이 진정으로 새로운 논증(즉, 동일한 법적 영역 내의 이전 판례로부터 도출되지 않은 합리적인 법적 주장)을 구성하고 평가할 수 있도록 도와 줄 수 있는지를 묻는다. "법률가가 인식하는 것처럼, 법적 논증에서 창조성과 참신성은 일반적으로 한 영역에서 다른 영역으로 법적 개념을 도입하고, 기존의 주장들을 새롭고 설득력 있는 방식으로 결합함으로써 이루어진다."(Remus and Levy, 2015, p.62). 아마 또한 참신하고 합리적인 논증을 구성하는 것은 여기서 논의된 주석 기술보다 텍스트에 대한 더 깊은 의미적 이해를 필요로 할 것이다. 학생들을 놀라게 하여 경쟁자의 학교에 학생들이 등교하는 것을 방해하는 총잡이 교사의 비유(Section 3.4)를 생각해보라.

이러한 텍스트 주석 기술과 법적 논증의 전산 모델은 다양한 방식으로 법적 이유의 의미를 나타낸다. 이유와 관련된 텍스트 발췌 부분은 법적 요인, 증거 요소, 또는 법규 요건이 충족되었거나 충족되지 않았다는 판단과 같은 법적 이유의 유형으로서 주석 처리된다. 유형 주석은 텍스트 발췌가 논증에서 어떤 명제로 사용된 방식(예를 들어, 법규 요건이 충족되었다는 결론이나 사실의 판단을 위한 또는 반대하는 이유)을 나타낸다. 전산 모델의 지식 표현 구조는 또한 이유에 관한 정보를 제공한다. 예를 들어, CATO의 요소 계층구조, IBP 또는 VJAP의 도메인 모델은 그 이유를 법적 요건을 포함하여 특정 법적 논점과, 그리고 다른 이유들과 연관시킨다. VJAP 모델(Section 5.7)은 또한 그 이유들을 기본 가치 또는 법적 정책과 연관시킨다. 또한, 이러한 텍스트 발췌에 표현된 관계와 선택된 개념은 표준 법적 형식으로써, 그리고 하위문장 유형으로써 주석처리된다(Section 6.8).

이유에 관한 이런 종류의 논증 관련 정보에 주석을 달 수 있다면, 공유된 사실적 개념과 관계뿐만 아니라 검색된 판례에서의 그리고 사용자가 만들고자하는 논증에서의 논증구조 속 유사성의 관점 모두에서 유추가 이루어진다면, 인간 사용자는 결정을 위해 유사한 상황을 제시한 판례들을 검색할 수 있다. 명제의 주석이 나타낼 수 있는 논증 구조의 다양한 유형에 대한 Section 11.5.3에서의 논의를 참조하라.

이러한 정보가 주어지면, 리걸 앱은 개념적 그리고 구조적으로 현재의 문제와 유사한 문제를 설명하거나, 그러한 분석이나 논증의 일반적인 구조를 설명하거나, 유사한 평가 또는 절충안으로 특정 해결 방법을 설명하거나, 또는 유사한 과거의 사례에서 성공적인 그리고 실패한 논증들을 예시하는 과거 결정들의 사례들을 인간 사용자가 찾는 것을 도울 수 있을 것이다. 이것이 이유가 무엇을 의미하며, 왜 그것들이 법적인 관점에서 중요한지에 대한 깊은 이해에 미치지 못한다 하더라도, 현재의 완전 텍스트 법률 정보 검색 시스템보다 더 똑똑한 관련성 평가를 위한 개념적 근거 이상을 시스템에 제공할 수 있을 것이다.

이런 종류의 논증 관련 정보로 주석처리된 판례의 코퍼스가 프로그램이 이유가 무엇을 의미하는지, 적용의 범위는 어떤지, 일반화의 범위는 어디까지이고 특정 법적 청구의 외부에까지 적용가능한지 등에 대하여 학습할 수 있도록 할 수 있느냐는 미해결의 실증적 문제이다. Wittgenstein에 따르면 의미는 사용에 있다(Wittgenstein, 1958, nos. 30, 43). 논증 체계와 텍스트 주석은 그 이유가 어떻게 사용되었는지에 대한 더 많은 정보를 제공한다. 예를 들어, Vern Walker의 DLF 모델 개발 목표 중 하나는 사법적 증거 추론을 체계적으로 연구하는 것이었다(Walker, 2007). Section 12.4에서 설명된 백신 상해 영역에서 증거에 대한 상식적인 추론 중 일부(아마도 더 많이)는 다른 법적 맥락에서 적용될 수 있을 것으로 기대된다.

여러 종류의 주장에 관련된 판례들의 영역별 특정 법적 요소들의 주석은 기본 가치와 원칙 그리고 요소들 사이의 관계에서 영역 간 패턴들을 드러낼 수 있다. 이러한 패턴들은 도표 5.11과 5.12의 영업비밀법에 관하여 식별된 패턴이 포함된다. 즉, 기본 가치를 방해하거나 포기하거나, 그것의 적용을 적법하게 또는 위법하게 만들거나, 방해하지 않거나 적극적으로 보호하는 패턴을 포함한다. 아마 상표와 저작권 같은 지적 재산권의 다른 영역에서도 요소와 가치 사이의 유사 관계가 적용될 것이다. 텍스트 주석 기술은 법적 결정의 논증 구조를 명시적으로 밝히고 적용되는 논증 체계를 식별하기 때문에, 유사한 기본 정책과 가치가 다투어지는 다른 법적 영역에서 유사한 목적의 법적 주장을 인식하기 위하여 텍스트 주석 기술은 실현되어야만 할 것이다.

앞으로의 연구를 위한 문제는 "유사한 선례"의 개념이 법적 영역에서 논의 구조를 고려하여 일반화될 수 있는지 여부이다. 논증 관련 이유에 대한 주석이 주어지면, 프로그램이 영역 간의 실체적 유사성을 암시하는 패턴을 식별할 수 있겠는가? 만약 그렇다면, 리걸 앱은 사용자들이 주변 영역인 것처럼 보이지만 더 깊은 수준에서는 실제로 유사한 그리고 사용자의 법적 영역에서의 적용은 참신할 수 있는 다른 영역으로부터의 선례의 논증에 집중하도록 할 수 있을 것이다.

12.7. 앞으로 무엇을 할 것인가?

이 책에서 이 정도까지 해낸 로스쿨 학생이나 법률 실무가가 법률전문가를 위해 인지컴퓨팅 앱을 만들려는 동기가 있지만 어디서부터 시작할지 모른다고 가정하자. 우리가 추측하기에, 이러한 잠재적 개발자는 정확하게 리걸 앱이 무엇을 할 것인지에 대해 좀 불확실하다.

간단한 답변은 인지컴퓨팅앱을 위한 잠재적 이용 사례들(use cases)을 구별해내기 위한 것이다. 어떤 이용 사례는 이용자와 그 이용자의 목적을 이루도록 설계된 시스템 사이에 예상된 일련의 상호작용으로 여겨질 수 있다(Shrivathsan, 2009 참조).

이 책의 중간에서, 우리는 다수의 이용 사례들을 만났다. 전자증거개시에서, 하나의 이용 사례는 변호사들이 사전 재판절차인 증거개시 절차 중에 ESI의 코퍼스에서 관련 문서들을 찾는 것을 도와주는 것이다(Section 8.4). 다른 이용 사례는 변호사들이 관련 법규정들을 찾고 분석하는 것을 지원하는 것이다(Section 8.7.1). 세 번째 사례는 변호사들이 사건 텍스트들의 코퍼스에 대하여 실제 법적 가설들을 세우고 검토하는 것을 지원하는 것이다(Section 12.4).

세 번째 이용 사례가 실제 법적 가설들을 분명하게 만드는 것을 포함하지만, 앞의 두 가지도 역시 가설들을 포함한다. 변호사들이 관련 문서나 법규를 찾을 때, 그들은 관련이 있을 것 같은 텍스트들의 종류와 어떻게 그것들이 실제 법률 쟁점들과 관련이 있는지에 관하여 마음속에 가설들을 가지고 있다. 이는 바로 예측적 코딩 처리(predictive coding process)가 일반적으로 그 가설들을 분명하게 만드는 것을 포함하지 않는 것과 같은 것이다.

법률문제들을 해결하기 위하여 텍스트에 접근하고 사용하는 데에 실무가들의 시스템적 문제를 구분하고, 새로운 텍스트 분석도구가 그들이 종전에 가능하지 않았던 방식의 가설들을 평가하는데 도움을 줄 수 있는지와 그들이 세우려는 법적 가설과 종류를 고려하면서, 어떤 장소나 내용이건 선택한 법률 실무를 관찰하여 이용 사례를 구분하는 것이 가능하다.

그 장소와 내용들은 로펌, 법률부서, 법률클리닉과 같은 법률 실무 중에서 전형적인 것을 포함한다. 그것들은 또한 로스쿨, 도서관, 법률시험 준비과정 또는 가정에서 법률조사와 연구를 포함한다. 다소 전형적이지 않은 장소들은 법률시스템의 어떤 측면을 이해하고 소통해야 할 필요가 있는 대중들 중에 일부와 만나는 지점에 있다. 후자는 소비자들에 주안점을 둔 서비스들, 예를 들어, 온라인 분쟁해결사이트, 공익법률서비스 포탈, 무료 온라인법률자료들의 자료들 같은 것을 포함한다. 정부지원 법률QA시스템들은 세금, 토지이용, 임대차법상의 문제들에 관하여 시민들을 돕는 것에 중점을 둔다. 사내 기업법률자문시스템과 같은 다른 서비스들은 윤리 또는 규제 준수에 관하여 직원들이 해외에서 부정행위를 하지 않도록 지원한다.

여기에 CCLAs를 개발할 정도로 완숙한 법적 절차들과 코퍼스를 포함한 몇 가지 이용 사례들이 있다.

계약 이용 사례

기업들과 그들의 법률 자문가들은, 어떤 소송이 걸려있거나 위험도 없을 때일지라도, 사업을 하는 과정에서 축적된 전자자료들(계약과 다른 법률 기록들을 포함)의 코퍼스가, 만일 그 텍스트들이 분석되고 이해될 수 있다면, 기업의 운영과 지배구조 개선을 위한 잠재적 원천이 될 것이라는 점을 인식하고 있다.

계약은 상대적으로 잘 구조화된 텍스트들이고, 많은 회사들이 허가 동의, 임대차, 고용 관련 계약을 포함하여 전자적 형태로 계약의 저장소를 두고 있다. 결과적으로, 계약 텍스트들의 시맨틱 분석은 가능하고 경제적으로 중요한 것이다. 실제로, 계약구조를 이해할 수 있고 실제 용어들에서 규정들을 특징지을 수 있는 도구들로 계약의 코퍼스에서 시맨틱 검색을 하는 것은 이미 존재하고 개선 중에 있다.

피츠버그주에 스타트업인 LegalSifter는 계약의 저장소에 주석을 다는 것과 관련하여 실사(due diligence)를 목적으로 임차 회계(lease accounting), 금융사업자규정 준수를 포함하는 다양한 종류의 이용 사례들을 구분하였다. 상당한 주의와 관련하여, 프로그램들은 계약의 저장소에서 "효력 일자, 당사자, 통지 대상자 [그리고] 통지 주소들 … 할당(assignment)과 지배 규정의 변경(change of control clauses)"을 포함하고 있는 용어들과 조건들에 아마도 주석을 달 수 있을 것이다. 임차 회계를 위하여, 자동 주석은 임차 시작, 종료, 또는 평가 일자, 이에 더하여 갱신, 종료, 구매, 지불에 관한 선택 조항과 같은 중요한 사건 시간들을 식별할 수 있을 것이다. 금융사업자를 위하여, "규제법"(governing law)과 "해지권"(termination right)을 다루는 규정들을 기록할 수 있을 것이다(LegalSifter, 2016; 또한 Remus and Levy, 2015, pp. 14, 18 참조). 그래서 이것은 회사의 계약을 위한 기본적 템플릿(template)으로 유도하는 것과 제안된 새로운 계약과 템플릿 사이에 차이를 표시하는 것이 가능할 것처럼 광고하는 데이터 중심 기술들(data-driven techniques)을 사용한 상업적 서비스를 언급한다.

흥미로운 이용 사례는 시기별 계약과 계약 관리의 변경 기록을 포함한다. 월별 또는 연간 계약의 주석들은 경영상(management) "지급 조건들"(payment terms), "마스터 계약"(master agreements), "결과적 손실"(consequential damages)에 대한 노출에 관한 장기적 변화들과 경향들, 예를 들어, 판매 계약 조건들이 서로 다른 계약 유형들에서 여전히 회사의 전략적 가이드라인이나 수익 산출의 흐름에 적합한 것인지 여부를 결정하는데 도움을 줄 수 있다(LegalSifter, 2016).

자동화된 분석을 위한 핵심사항은 선택된 유형들의 계약규정들을, 예를 들어, 허가를 받은 자 또는 임차인에 관하여 그것들이 얼마나 제한적인지의 관점에서 비교하기 위하여 그 특징들을 구분하는 것이다. 다음으로 이것은 임시 기간, 반환 비율, 책임 제한과 같은 특징들의 시맨틱 구성요소들을 구분하는 것과 그것들을 어떻게 자동으로 찾거나 추측할 것인지 결정하는 것을 의미한다. 유형 시스템(type system)은 계약의 중요한 구조적 구성요소들, 비교를 위해 유용한 특징들, 그것들의 근저에 시맨틱 구성요소들을 구체화할 수 있다. 계약 텍스트, ML의 훈련용 세트에 수작업으로 표시를 하는 것과 수작업으로 만들어진 주석 규칙들의 일부 조합을 통해서, 자동으로 코퍼스에 주석을 달고 개념 검색(conceptual retrieval)을 지원하는 것이 가능하게 될 것이다. 그러면 실사를 하거나 사업전략을 계획하는 사람 이용자들은 그 주석에 근거한 개념 검색을 통해서 반복적으로 가설들을 최소한 수작업으로라도 형성하고, 조정하고, 시험해 볼 수 있을 것이다.

전자증거개시 이용 사례 확장

전자증거개시를 확장하는 이용 사례 또한 시간 흐름에 따른 정보 기록을 포함하고 여러 사용자들의 문제들에 걸쳐 있다.

Section 8.4에서 설명했던 것처럼, 소송에서 전자증거개시에 의해 생성된 텍스트 코퍼스는 당사자들과 그들의 상대방의 아주 다양한 텍스트들을 포함한다. 그 텍스트들의 대부분이 시맨틱 법률 주석(semantic legal annotation)의 관점에서 볼 때 상대적으로 체계를 갖추지 않기 때문에, 끌어낼만한 명백한 개념들과 관련성들이 별로 없다. 관련 문서들과 법적 쟁점들 사이에 연계성은 거의 전적으로 암시적이다.

다양한 전자증거개시 이용 사례에서, 합동 컴퓨팅 리걸 앱(collaborative computing legal app)은 이용자들이 이미 부담스런 작업에 다시 부담을 느끼지 않으면서 부분적으로 일부 관련 가설들을 명백하게 만드는데 도움을 줄 수 있을 것이다. 그 과정에서 관련 문서들과 법률 쟁점들 사이에 연관성(links)은 좀 더 명백해 질 수 있을 것이다.

소송상 증거개시에서, 당사자들의 변론들은 어떤 문서들이 소송과 관련될 것인지를 지배한다. 일반적으로 문서는 원고의 주장, 피고의 답변 속에 법률 쟁점들과 관련된 것에 한하여 또는 그 소송을 규정짓는 관련된 변론에 내에서 법률적으로 관련이 있다. 변론 초안을 만드는 과정에서, 당사자들은 그들이 주장하려고 하는 법적 공격과 방어(claims and defenses)를 구분하였다. 그에 따라 그들은 제기될 많은 법적 쟁점들을 명확하게 만들었다.

그 결과, 그것은 소송자들이 문서들과 그것들이 관련된 법적 쟁점들을 연결 짓는 것을 가능하게 할 수 있다. 아래로 펼침(dropdown) 메뉴 도구는 변론에서 제기된 쟁점들을 목록화할 수 있다. 예측적 코딩 처리(predictive coding process)에서 어떤 지점에서, 소송자들은 문서들을 해당 이슈들과 관련짓는데 그 메뉴를 사용할 수 있다. 이 연계 행위는 소송자들의 주의를 증거개시 실행에 좋은 훈련으로써 소송에서 제기된 공격과 방어로 향하게 할 것이다. 결과적으로 이러한 연계들은 왜 그 문서들이 그 소송과 관련되는지에 대하여 소송자들의 가설 중 최소 부분을 나타내고, 그것들은 법정에서 그 관련성을 설명하는데 도움을 줄 수 있을 것이다.

개념적 연계가 주어진 사건에서 세 가지 증거개시 업무를 자동화하는데 많은 충격을 주지는 않을 것이다. 적어도 초기에는 그렇다. 언급한 바와 같이, 특정 문서가 법적 청구, 예를 들어, 사기 주장과 관련된다는 구체적 방법은 전체적으로 불분명하기 쉽다.

그러나 시간이 흘러, 회사에 의해 소송이 제기된 여러 사건들에서 익명화처리 되어 생산된 문서들의 코퍼스 전반에 걸쳐서, 문서들과 쟁점들의 연계는 유용할 수 있다. ML은 문서들의 유형, 용어들, 용례의 패턴들, 송신자들과 수신자들의 유형, 분배의 패턴들과 쟁점들을 연계시키는 개요서들(profiles)을 개발할 수 있을 것이다. 다음으로 이렇게 습득된 정보는 자동화된 문서들의 집합(clustering)(Section 8.4.5 참조)을 개선시키고 새로운 사건에서 특정 쟁점에 대해 관련된 문서들의 선택에 추가적 필터들을 제공하는데 도움을 줄 수 있을 것이다.

이러한 종류의 교차-이용자와 교차-문제 활동이 실현가능하기 전에, 물론, 전자증거개시에서 자동으로 문서들을 익명화하는 기술들이 개발되어야 할 필요가 있을 것이다. 익명화를 자동화하기 위한 도구들은, 그 자체로 중요한 하나의 이용 사례로서, 현재다수의 회사에서 개발 중이다.

법적 가설들과 코퍼스들을 확장하는 이용 사례들

위에서 서술한 질의들과 예측적 가설들은 유용한 법적 가설들의 소수 사례에 불과하다. 법률을 연구했거나 실무를 했던 자는 누구나 사람들이 법적 텍스트들의 코퍼스에 대하여 실험해보고 싶은 다른 종류의 가설들에 대하여 직관을 발전시켰을 것이다. 이는 법적 분야, 청중, 업무, 근저에 있는 이익의 개념적 관련성의 종류에 걸쳐서 다양하다. 여기서 설명된 기술들은 여전히 학계와 상업적 연구단체에서 생겨나고 있으며 다른 법률 코퍼스, 업무, 가설, 이용자 단체에 대하여 적응시킬 필요가 있다.

어떤 특징은 다양한 법적 코퍼스에 LARCCS 방법을 적용하기에 특히 알맞게 만든다. 그것은 좀 더 전통적인 법률 IR 시스템의 결과를 분석하고 재순위 매김을 할 것이다.

그 결과, 그것은 사건들이 그 IR 시스템에서 표현·색인·검색된 방식을 바꿀 필요가 없어질 것이다.

이는 현대 법률 조사에 관계된 넓은 범위의 텍스트 코퍼스에 대하여 새로이 이용 사례들을 구축하기 위한 기회들을 확장한다. 이러한 사항에는 접근에 구독 계약이 필요한 Westlaw, LexisNexis, Bloomberg, 그리고 무료 검색을 제공하는 Google Scholar Cases, Court Listener와 같이 상표가 붙은 상업적 저장소들을 포함한다. 흥미롭게도, 법률 텍스트의 상업적 저장소들의 일부 또는 그 비율로 Watson Developer Cloud를 통한 직접적인 허락에 따라서 이용가능 하도록 되어가고 있다.

그러나 오늘날엔 유용한 법적 텍스트 코퍼스 또한 다른 많은 대체적 정보원들 (sources)이 있다. 잠재적 데이터의 무료 정보원에 대한 종합적이고 색인화 되어 있는 목록은 도서관에서 찾을 수도 있다(2015). AustLII(호주법률정보기구), 다른 LIIs worldwide (각국 법률정보기구) 등을 포함하여 개방적 법률이용 운동(open access to law movement)은 다수의 법원, 입법기관, 규제기관, 조약기관이 하는 것처럼 광범위한 법률문서들을 제공한다. 다수의 무료 정보원들은 다양한 종류의 덜 제한적이고 개방적인 정보원 허락 (license)에 따른다.

일부 로스쿨, 단체, 기관들 또한 특별한 법률 텍스트 저장소들을 지원한다. 예를 들어, UN국제상품거래협약(UN Convention on the International Sale of Goods)에 관한 사건들과 자료들의 DB인(Pace Law School's CISG)(Kritzer, 2015), 또는 세계지적재산기구의 중재결정 색인(Index of WIPO UDRP Panel Decisions)(WIPO, 2015) 같은 것들이다. 또한 로스쿨들은 학생들의 보고서와 시험답안을 모으기도 한다. 모의재판경연을 지원하는 단체들 (Organizations)은 참가자들의 논쟁 코퍼스를 모의고 그것들을 참조(reference)를 확장하는 데 유용하게 만들기도 한다. 마지막으로 로펌, 기업 법무부문, 법률클리닉들은 법률 기록이나 요약의 형태로 법률 논쟁들의 사적 저장소들을 가지고 있다.[6]

이러한 다양한 정보원들은 개념적 정보검색(conceptual information retrieval)과 인지 컴퓨팅(cognitive computing)을 지원할 필요를 공유한다. 이러한 다양한 정보원들이 작용하는 법률 커뮤니티와 과제들(domain tasks)에 걸쳐서, 사람들이 시험하기 원하는 가설들의 원천들은 인지 컴퓨팅에서 추론을 이끌어내기에 유용한 종류의 패턴들처럼 다양할 것이다. 가설들은 재판관할(jurisdiction)에 따라 실질적 차이에 중점을 둘 수도 있다. 예를 들어, 법률 요건에 해당하는 "개인 자료"(personal data)의 종류는 유럽연합데이터보호지

---

6) 이러한 저장소들은 향후 법률 앱을 디자인할 때 반드시 고려되어야 할 다양한 법률과 기술적 제약에 기속된다. 또한 그것들은 그것들의 기술적 접근성과 필요한 사전처리의 범위에 따라 다양하다 (Section 8.3 참조).

침(EU Data Protection Directives)에 따르는 재판관할과 미국연방법과 주법에 따르는 재판관할이 어떻게 다른지? 미국연방법전 제18편 제1839조제3항의 경제스파이법(Economic Espionage Act, 18 U.S. Code §1839(3))상 "합리적 평가"(reasonable measures), "가치"(value), "공공"(public)의 개념은 주(州)의 무역비밀법과 동일한 의미를 갖는가? 그렇지 않으면, 가설들은 시간의 흐름에 따라 발전하는 개념에 초점을 맞출 수도 있다. 예를 들어, 법원은 미국의료정보보호법 개인정보규정에서 "처치"(treatment)의 개념을 의회 공청회(Congressional hearings)와 동일한 방식으로 해석하는가? 미국연방법전 제11편 제13장 (11 U.S. Code chapter 13)에 따른 변제계획안 제출에서 "성실" 요건의 의미는 어떤 경향을 보이고 있는가?

법률 정보원의 형태와 근원 또한 다양할 것이다. 로펌의 법적 기록(memoranda)과 요약(briefs)은 로펌이 과거에 특정한 문제 또는 문제의 유형에 어떻게 대응했는지를 기록하고 있다. 요약은 세 가지 코퍼스의 흥미로운 가능성을 제시한다: 쟁점에 찬성하는 회사의 요약, 반대하는 상대방의 요약, 그 분쟁을 해결하는 법원의 실제 결정. 상기의 확장된 논증 유형들은 법규 요건들에 대해 대립되는 결론들에 관하여 내포된 논증 구조들을 구별할 수도 있을 것이다. 그러나 대립되는 논거 구조들을 비교하고, 그것들의 핵심적 차이를 구별하며, 잠정적인 전략적 교훈을 끌어낼 수도 있는 방법으로 그 결론(resolution)을 잡아내는 데에는 추가적 기술들이 필요할 것이다.

법적 사건 의견, 요약, 법적 기록에서 법률 연구 논문(law review articles)과 조약(treaties)으로 넘어갈 때, 논증 관련 유형 시스템을 그러한 매체의 논쟁 유형(argumentation patterns)까지 포함하도록 확대할 필요성이 생길 것이다. 법률 연구 저자들의 주장은 좀 더 일반적인 경향이 있다: 그들은 정책을 위하여 법률과 그것의 의의에 변경에 대한 가설을 세운다. 이러한 저자들이 그들의 주장을 구체화하기 위하여 채택하는 논거들(arguments) 같은 종류들은 좀 더 일반적인 것이 될 것이고, 또한, 주장들과 결론들에서 내포된 논증 구조들에 좀 더 크게 의존을 할 필요가 있다.

마지막으로, 대중적 관심의 어떤 지점에 대하여, 절차와 업무, 가설, 관련 개념과 연관성, 사람 이용자들의 전문성 수준들은 다양할 것이다. 외상 후 스트레스 질병에 관련 −서비스를 제공하는 법률 쟁점들에 관하여 참전용사에게 조언을 하기 위한 정보원은 무료 법률상담가의 지원에 초점을 맞추기 보다는 과거 사건 논쟁의 다른 측면에 초점을 둘 것이다. 이처럼 좀 더 일반적인 종류의 질의와 가설에 맞추려면 상상력과 어떻게 실제 소비자, 근로자, 시민이 그 절차에 참여하고 있는지를 관찰하려고 하는 호의가 필요할 것이다.

이용 사례 전체에 걸친 공통 업무들

이용 사례가 무엇이든, 그 접근은 어떤 기본적 질의들이 관여될 것이다. 어떻게 프로그램이 실무가들로 하여금 법률 텍스트에 주석이 달린 시맨틱 정보를 질문에 대한 답변, 가설에 대한 검증, 예측의 생성, 답변 또는 예측의 설명, 결론에 대한 찬반 논쟁에 적용하도록 도울 수 있을 것인지를 수립하는 것이 필요하다. "도움"에 관한 강조는 컴퓨터 시스템과 사람 이용자들 사이에 협업을 지원하는 것에 초점이 있는 인지 컴퓨팅에 밑줄을 긋는 것이다. 그 시스템은 많은 양의 텍스트 정보에 접속하지만, 사람을 지원하기 위하여 그 정보를 조직화할 필요가 있다.

개발자는 이용자들이 실험에 관심이 있는 종류의 가설들, 이용자들이 그렇게 하는데 도움을 주는 종류의 텍스트 정보, 이용자들이 결론을 지원하거나 반대하기를 기대하는 종류의 설명과 논쟁을 조사할 필요가 있다. 질문에 이어지는 답변은 적절한 유형 시스템, 주석 처리, 협력적 상호작용을 설계하는데 도움을 주어야 한다:

1. 텍스트 문서에서 어떤 개념들이 이 업무에 대하여 가장 중요하고, 어떤 종류의 텍스트 참조 또는 언급들이 개념의 존재를 나타내는가? (Section 6.7, Section 6.8, Section 11.6.1 참조)
2. 어떻게 프로그램이 자동으로 그 개념에 주석을 달 수 있는가? (제9장, 제10장 참조)
3. 어떻게 프로그램은 주석이 붙은 개념들의 중요성에 관하여 그것의 후보에 순위를 매기는 것을 학습할 수 있는가? (Section 11.3)
4. 어떻게 프로그램이 이용자가 개념적 질의 또는 가설을 형성하는 목표 개념들을 채택하는데 지원할 수 있을 것인가? (Section 11.5, Section 12.4)
5. 어떻게 프로그램은 가설을 평가하기 위하여 검색된 텍스트들을 채택할 수 있을 것인가? (Section 12.4)

개발자는 여전히 질문1에 관하여 어디서 시작할지 궁금해 할 수도 있다. 어떤 종류의 유형이 법적 가설들을 세우고 평가하는데 중요할 것인가? 실제 법률의 어떤 측면에 주석을 붙일 필요가 있을까?

그 답은 다른 질문과 관련 된다: 그들이 표시하는 문서들과 상황들의 어떤 측면이 사람들로 하여금 실제 법률 특징의 측면에서 비교하게 할 것인가? 그러한 비교들은 종종 법적 결과, 한계, 경향을 예상하는 가설들을 평가하는 것에 근거를 둔다. 이러한 비교를 위한 요소들은 텍스트에서 주석이 붙을 수 있다고 생각할 수 있는 범위까지, 그것들은 유형 시스템에서 표현될 필요가 있다.

우리가 이 책에서 보았던 논증 구조(argument structures)의 대부분은 특별한 유형의 주장과 관련된 그들의 사실 상황의 강도를 측정하는 측면에서 사건들의 실제 비교를 가능하게 한다. 그 사건들은 (다음의) 측면에서 비교될 수 있다:

- 결정의 가치 교환으로 강화된 법적 요소와 쟁점의 모델들 (IBP, Section 4.5.2) (VJAP, Section 5.7),
- DLF 규칙 트리들과 증거 요소들에서 요건들의 범위 (Section 5.8),
- 법적 논쟁에서 문장의 역할들과 구성요소 LUIMA 유형들 (Section 6.8),
- 항목 요소들의 구조적 일치 (GREBE [Section 3.3.3] 및 SIROCCO [Section 3.6]),
- 인용 네트워크 구심점 (BankXX, Section 9.7),

법규 기준의 제한성 비교는 (다음으로) 모델화 된다:

- 규칙 그래프들 (Section 2.5.1),
- 요건 워터마킹 (Section 9.7),
- 규정상 의무적 상호작용의 네트워크 분석 (Sections 2.6 및 11.6.3 참조),
- 개념(Section 5.8 참조)과 개념 변경(Sections 7.9.4 및 12.6)을 실행하는 규칙 트리 (rule trees) 또는 결정 트리(decision trees)의 제한,
- 규제적 기준 하에서 결정된 사건들의 결과와 상대적 강도를 비교하기 위한 상기 사항의 일부 조합.

비교를 위한 개념들은 GREBE 또는 SIROCCO에서 항목 사실들의 시맨틱 네트워크들과 같은 것에 쉽게 자동으로 주석을 붙이지 못할 수도 있다(질문2). 그렇지 않으면, 아마도 가설들은 프로그램이 직접적으로 처리할 수 있는 유형이 아니라, 여전히 사람 이용자가 비교를 위한 문서 또는 사건들에 대한 개념적 질의를 형성하는데 그것이 도움을 줄 수 있을 것이다(질문4). 예를 들어, 프로그램들은 네트워크 분석 또는 히트맵(heat map) 요약으로 법규나 인용 네트워크들을 분석하는데 사람을 지원할 수 있으나, 사람이 반드시 가설을 세우고 평가를 해석해야 한다.

의도된 협업이 예측과 논증을 통해 가설을 평가하려는 목적으로 주석이 붙은 정보로써 추론을 하는 시스템에 관여하는 범위까지(질문5), 법적 논쟁의 계산상 모델은 거의 대부분 준비될 것이다. 이 지점에서, 상기 사건 비교 유형들 중 오직 일부만 그 모델과 연결되고 어떤 범위까지 텍스트에서 자동으로 추출될 수 있다. Chapter 5에서 우리가 본 것처럼, 인공지능과 법 커뮤니티에서 개발된 논쟁 모델들은 법적 요소들에 근거하여 일정한 수준의 예측, 논증, 추론을 실행할 수 있다. 규칙 트리 요건들, 증거 요소들, 법적 논쟁과

그 요소들에서 문장 역할들의 범위까지 보충될 때, 법률 앱은 사람들이 사건 텍스트들로부터 직접적으로 법적 가설을 세우고 평가하는데 도움을 줄 수 있을 것이다.

이러한 노력에서 성공은 인지 컴퓨팅의 패러다임 그리고 인공지능과 법의 정점으로 표현될 것이다.

12.8. 결론

인간 사용자가 가설을 명확하게 만들고, 개념적 요건에 대한 쿼리를 지정하여 코퍼스에 대해 그 가설을 테스트하도록 돕는 데에 있어서, CCLA들은 인간과 컴퓨터를 유익한 협력 관계로 이끌 것이다.

인간에 의한 주석의 필요성과 사용자의 법적 가설을 이끌어 내고 처리하며 결과를 평가할 수 있는 새로운 인터페이스 설계 등 여전히 많은 과제가 남아 있다. 주석달기는 인터페이스 설계, 프로세스 엔지니어링, 인간의 수고 등에 대한 투자를 필요로 하며, 또한 그러한 자원 집약적인 작업을 법적 영역을 넘어 합리적으로 얼마나 확장할 수 있느냐의 문제도 여전히 미해결의 문제이다.

그러나 로펌, 데이터베이스 제공 업체, 기업의 법률 부서, 정부 기관, 또는 법률 클리닉과 같은 기업이 이 작업을 지원하기를 희망하는 것은 현실적으로 보인다. 함께라면, 누군가는 특정 논증관련 정보 검색 요구 사항, 코퍼스들, 법률 실무 문제에 적합한 개념과 관계를 포착할 수 있는 유형 시스템을 조정할 수 있을 것이다. 또한 누군가는 가능한 가장 편리한 컴퓨터 지원 주석달기 환경을 사용하여 인간에 의한 주석을 등록할 수 있을 것이고, 누군가는 주석이 첨부된 데이터에 ML 모델을 교육할 수 있을 것이며, 누군가는 그것들을 코퍼스에 적용하여 맞춤형 법률 AR, 분석, 예측 등을 통해 기업의 운영을 지원할 수 있을 것이다.

PART

$\vee$

IV

부록

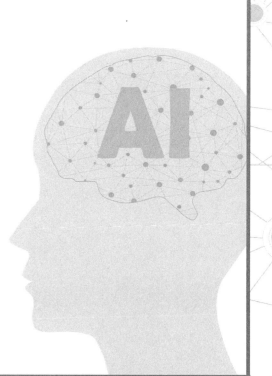

Chapter

01

$\vee$

용어사전

1.1. A

Ablation	"Turning off" a model's knowledge source to deter－mine the contribution it makes to the model's efficacy.
Abstract argumentation framework	An argumentation framework whose argument graphs contain only arguments that attack each other.
Acceptable	A proposition in an argument that is presumably true given the arguments up to that stage and a set of assumptions.
Accuracy	(A) The ratio of correct case predictions over all case predictions.
Algorithm	A set of computational steps for solving a problem.
Area under the ROC curve	(AUC) A ML metric for evaluating a binary classifier, AUC relates to the probability that a classifier will rank a randomly chosen positive data point (e.g., relevant provision) higher than a randomly chosen negative one (nonrelevant provision).

Argument mining	Automated analysis of corpora to identify argument structures in documents such as premises, con−clusions, argumentation schemes, and argument-subargument and argument-counterargument relationships between pairs of arguments.
Argument retrieval	(AR) Enabling an information retrieval system to use information about the roles that propositions play in legal arguments and other argument−related information to improve retrieval performance.
Argument scheme	A template with predefined components for constructing a typical type of argument.
Argument−related information	Information in legal cases about the roles of propositions, and other text elements, in the argument presented in a case. Useful for argument retrieval, it includes sentences' roles in arguments as propositions, premises, or conclusions, statements of rules in the abstract or as applied to specific facts, or as case holdings and findings of fact, legal factors, and evidence factors.
Argumentation framework	Defines an argument as a structure comprising a premise, a conclusion, and exceptions.
Attribution	In a legal decision, information signaling or affecting the court's judgments about belief in an argument.
Augmented Transition Networ	(ATN) Graph structure that analyzes problems involving sequences of events as a series of states and rule−defined possible transitions from one state to the next.
Average precision	(AP) A measure of ranking performance equal to the average of the proportions of retrieved documents that are relevant in the top−i ranks of retrieved documents.

1.2. B

Backward chaining	Testing if any rule's conclusion is a desired goal and adding that rule's conditions to the set of desired goals.

Bag of words	(BOW) A representation of a document as a collection of terms that ignores the sequential order of the terms in the document.
Bayesian network	(BN) A graphical model of probabilistic causal relationships. Each node represents an event with a variable to indicate whether it has occurred. The arcs represent causal influences affecting the likelihood of an event's occurrence including conditional probabilities associated with those causal influences.
Bipartite	An argument diagram that distinguishes between propositions and arguments that support a proposition and those that attack the proposition.
Boolean relevance measure	In an information retrieval system, a set of logical criteria for the documents to be retrieved.
Breadth-first search	Given a list of rules to try with a given conclusion, the program tries to prove a descendant rule for each of the rules on the list before trying to prove a descendant of any of the rules' descendants.

1.3. C

cfs	This stands for the "current fact situation", that is, the case at hand, about which arguments are being made.
Citation network diagram	System of statutes, regulatory provisions, or cases represented as a network or graph of the reference relations among them.
Cognitive computing	Collaborative problem−solving by human and computer working together, each performing the intelligent activity that each does best.
Computational model of legal reasoning	(CMLR) A computer program that implements a process evidencing attributes of human legal reasoning. The CMLRs that implement a process of legal argumentation are called computational models of legal argument (CMLAs).

Conceptual legal information retrieval	Automatically retrieving textual legal information relevant to answering a user's question based on matching documents' concepts and roles with those required by a solution to the user's legal problem.
Confidence interval	In a statistical estimate, range of values estimated to contain the true value regarding a characteristic of interest in a population, with the desired confidence level.
Confidence level	In a statistical estimate, the chance that a confidence interval derived from a random sample will include the true percentage of elements in a population that have a characteristic of interest.
Critical question	Component of argument scheme that addresses acceptability of the scheme's premises and points out exceptional circumstances in which the scheme may not apply.
Cross validation or k-fold cross validation	A standard procedure for evaluating a ML program in which the data is divided into k subsets or "folds." In each of k rounds, a different one of the k subsets is reserved as the test set. The ML model is trained using the k − 1 subsets as the training set.

1.4. D

Decision tree	A ML technique that learns a tree−like set of questions or tests for determining if a new instance is a positive instance of a classifier. Each question is a test: for example, if the weight of a particular feature is less than a threshold value, branch one way, otherwise branch the other way.
Defeasible rule	A rule whose conclusion presumably holds when the rule's condition is satisfied, but is not necessarily true.
Depth−first search	Given a list of rules to try with a given conclusion, the program tries to prove the descendant of the current rule

	and, if successful, makes the descendant the current rule before trying any of the other rules on the list.
Dimension	In the Hypo program, a general framework for representing legal factors.
Document-term matrix	In ML from text, a spreadsheet representing documents in rows and by words. Each row is a vector representing a document in terms of the words/features it contains from all of the words/features in the corpus.

1.5. E

e-Discovery	The collecting, exchanging, and analyzing of electronically stored information (ESI) in pretrial discovery.
Elusion	In information retrieval, the proportion of unretrieved documents that are relevant.
Evidence factor	Indication of fact trier's stated reasons for a conclusion and assignment of plausibility. Shows why evidence tends to be sufficient to prove a legal rules' antecedents (or not).
Extensible Markup Language	(XML) A standardized set of rules for annotating (i.e., marking up) documents in a human−readable and computer−readable format.
Extensional definition	Provides examples of what is/is not an instance of a concept.

1.6. F

F_1-score or F_1-measure	The harmonic mean of precision and recall where both measures are treated as equally important.
Factor	(initial caps) In the CATO program, a knowledge representation technique for representing legal factors that simplified Dimensions.
Feature vector	Text representation where the value for each feature is the magnitude of the feature in a text along a feature

dimension. Similar to a term vector but uses features other than terms and term frequencies.

Forward chaining   Testing if any rule's conditions are satisfied by the current facts in the database and adding that rule's conclusion to the database.

1.7. H

Heuristics   Frequently useful "rules of thumb" that are not guaranteed to lead to a correct result.

Horn clause logic   An implementation of most of predicate logic and the basis of the Prolog programming language.

Hypothesis   A prediction, in the form of a rule−like generalization based on substantive legal considerations, of how a legal issue should or may reasonably be decided given certain conditions.

Hypothetical   An imagined or made−up situation that involves a hypothesis such as a proposed test, and which is designed to explore a test's meaning or challenge it as too broad or too narrow.

1.8. I

Intensional definition   Specifies the necessary and sufficient conditions for being an instance of the concept.

Intermediate legal concept   (ILC) A rule's open−textured legal term whose meaning is subject to argument.

Inverted index   A common information retrieval system data structure that lists features appearing in any texts stored in the database and for each feature, a record of all documents in which the feature appears, their locations, and frequency.

Isomorphism   When there is a one−to−one correspondence between the rules in a formal model and the sections of legislation modeled.

1.9. L

Legal factor A kind of expert knowledge of the commonly observed collections, or stereotypical patterns, of facts that tend to strengthen or weaken a plaintiff's argument in favor of a legal claim.

Legal text analytics Also known as legal text mining: Automated discovery of knowledge in archives of legal text data using linguistic, statistical, and ML techniques.

Lex Specialis Maxim of interpretation according to which more specific legal rules have priority over more general rules.

Logistic regression A statistical learning algorithm that predicts the odds of being an instance of a category based on the values of independent variables (predictors). It employs an iterative statistical procedure to estimate weights for the predictors.

Lucene An Apache open−source text search engine library that supports implementing document−term matrices, as well as indexing, retrieval, and ranking functions.

LUIMA A UIMA−based type system adapted to the legal domain. It focuses on concepts, relations, and mentions for identifying argumentation roles of sentences in judicial decisions useful for the task of legal information retrieval.

1.10. M

Machine learning (ML) Computer programs that can learn to make predictions based on data.

Majority−class baseline Baseline that predicts the majority class no matter what the facts of the new problem.

Mean average precision (MAP) The average over the set of all queries of the AP for each query.

Mentions In a type system, a type capturing ways in which concepts and conceptual relations are referred to or

	manifested in domain texts.
Model	In ML a structure that generalizes a set of data for description or prediction and that can be used as a classifier.
Monotonic reasoning	Logic in which a proposition once proven can never be withdrawn.

1.11. N

n-grams	A contiguous sequence of n items (e.g., words) from a given text sequence.
Network analysis	In information retrieval, drawing inferences about relevance of a document based on links and link weights of a document or its concepts in a network.
Non-monotonic reasoning	Logic in which inferences may change as information is added or becomes invalid. A proposition once proven may be withdrawn.
Normalized discounted cumulative gain	(NDCG) A measure of ranking performance by cumulating each relevant document's contribution to the overall quality of a ranking depending on where it is ranked relative to the ideal ranking.

1.12. O

Ontology	A general, formal specification of the concepts corresponding to the objects in a domain, their relations, and properties.
Overfitting	When a ML model is too flexible so that it fits random variation in data as if it were a structural feature.

1.13. P

Point estimate In a statistical estimate, the most likely value for a characteristic of the population.

Precision (P) The ratio of the number of positive instance predictions that are correct over the total number of positive instance predictions.

Predicate logic Logic, also known as predicate calculus or first−order logic, employing logical connectives and separate symbols for predicates, subjects, and quantifiers.
Extends propositional logic by representing structure of propositions.

Presuppositional Information In LUIMA, includes factual and linguistic concepts, relations, and mentions related specifically to the regulated domain.

Pretrial discovery Processing law suit parties' requests for materials in the hands of opponents and others to reveal facts and develop evidence for trial.

Probabilistic latent semantic analysis (PLSA) A statistical method for extracting and representing words' contextual−usage meanings based on a large corpus of text. Contexts in which words appear or not in the corpus determine the similarity of their meanings.

Proof standard The level of certainty required to establish a proposition for purposes of an argument.

Propositional logic Logic employing logical connectives and symbols that stand for whole propositions.

Protocols Provide criteria and examples that specify linguistic or logical cues for human annotators to use in annotating texts.

1.14. R

Random forests of decision trees	(RFDT) A ML technique replaces a single decision tree by averaging over an ensemble of decision trees in order to achieve greater diversity of sources in prediction.
Rebuttals	Arguments that are pro and con a particular conclusion. Weighing the arguments and applying proof standards resolve the conflict.
Recall	(R) The ratio of positive case predictions that are correct over the number of cases that were positive.
Receiver operating characteristic	(ROC) A ML metric for evaluating a binary classifier, an ROC curve is a plot of the true positive rate against the false positive rate for the different possible decision thresholds.
Relevance feedback	In information retrieval, a functionality that enables users to indicate which of the documents returned in response to a query are relevant and best represent what the user seeks.
Relevance hypothesis	In e−discovery, a litigator's theory or abstract description of subject matter which, if found in a document, makes the document relevant.
Reliability	Reliability in annotation refers to the level of agreement of independent (usually) human coders in assigning a label to the same piece of text.
Reranking	Functionality in information retrieval system to reorder documents to maximize their responsiveness to a user's query.

1.15. S

Semantic net	Graph comprising nodes, which represent concepts (including both legal concepts and facts) and arcs representing relations between concepts.
Sensemaking	Organizing and representing complex information sets to

	address the sense maker's problem.
Simulated annealing	A computational technique for finding a global maximum of a function such as confidence while avoiding local maxima that are not as great.
Spreading activation	In information retrieval with a citation network, a process in which the activated nodes associated with query terms send activation to the nodes to which they are linked.
Statistical estimate	Estimating a characteristic of population by drawing a statistical sample, determining the proportion of the elements in the sample that have the characteristic, and applying that ratio to the whole population.
Statistical sample	Sample in which some number of elements are drawn at random from the population.
Statutory analysis	Process of determining if a statute applies, how it applies, and the effect of this application.
Statutory network diagram	System of statutes represented as a network or graph of the relations between reference concepts referred to by, and subject to, regulation across multiple statutes.
Statutory ontology	A taxonomy of the classes of normative concepts employed in a statute, their relations to other normative classes, as well as their relations to classes of concepts of the regulated domain's subject matter.
Subsumption	Taxonomic reasoning that something is a member of a more general class using an ontology of concepts organized hierarchically.
Supervised machine learning	ML methods that infer a classification model from labeled training data. The training data comprise a set of examples that have been assigned outcomes.
Support vector machine	(SVM) A ML technique that applies statistical criteria to find boundaries between positive and negative examples of a category or class.

1.16. T

Teleological reasoning   Reasoning that takes into account the purposes and values underlying legal rules.

Term vector   A representation of a document in terms of its words, citations, indexing concepts, or other features. The term vector is an arrow from the origin to the point representing the document in a large dimensional space with a dimension corresponding to each feature in the corpus.

tf/idf   In information retrieval systems, a weight proportional to how many times a related term appears in a document's text (i.e., the term frequency (tf)) and inversely related to the number of times the term appears in the corpus (i.e., its inverse document frequency (idf)).

Type system   An ontology for annotating (marking up) texts in terms of a hierarchy of concepts and relations so that an annotation pipeline can automatically assign semantics to regions of text.

1.17. U

UIMA   (Unstructured Information Management Architecture) An open−source Apache framework for question answering systems in which text annotators are organized into a text−processing pipeline that assigns semantics to regions of text.

Undercutting argument   An argument that questions another argument's applicability.

Undermining argument   An argument that contradicts the premises of another argument.

Unsupervised machine learning   ML techniques such as clustering algorithms that infer groupings of unlabeled instances based on their content.

Use case   In system design, a series of expected interactions between a user and the system that would enable the user to achieve a goal or solve a type of problem.

11.8. V

Vaccine/Injury Project (V/IP) Project and corpus, developed by the Research Laboratory for Law, Logic and Technology (LLT Lab), Maurice A. Deane School of Law at Hofstra University, comprising Court of Federal Claims decisions whether claims for compensation for vaccination—related injuries comply with the requirements of the National Vaccine Injury Compensation Program.

Vector space similarity (VSS) The similarity among documents or queries in a vector space as measured by the Euclidean distance between the endpoints of the term vectors (or by the cosine of the angle between the term vectors).

02

∨

참고문헌

2.1. A

A2J. 2012. A2J Author. www.kentlaw.iit.edu/institutes−centers/center−for−access−to−justice−
and−technology/a2j−author (accessed January 30, 2015).

ACL−AMW. 2016. 3d Workshop on Argument Mining at the Association of Computational
Linguistics (ACL 2016). http://argmining2016.arg.tech/ (accessed May 12, 2016).

Aharoni, Ehud, Alzate, Carlos, Bar−Haim, Roy, Bilu, Yonatan, Dankin, Lena, Eiron, Iris,
Hershcovich, Daniel, and Hummel, Shay. 2014b. Claims on demand − an initial demonstration
of a system for automatic detection and polarity identification of context dependent claims in
massive corpora. COLING 2014, 6.

Aharoni, Ehud, Polnarov, Anatoly, Lavee, Tamar, Hershcovich, Daniel, Levy, Ran, Rinott, Ruty,
Gutfreund, Dan, and Slonim, Noam. 2014a. A benchmark dataset for automatic detection of
claims and evidence in the context of controversial topics. ACL 2014, 64–8.

Al−Kofahi, Khalid, Tyrrell, Alex, Vachher, Arun, and Jackson, Peter. 2001. A machine learning
approach to prior case retrieval. Pages 88–93 of: Proceedings of the 8th International
Conference on Artificial Intelligence and Law. ICAIL '01. New York, NY: ACM.

Aleven, Vincent. 1997. Teaching Case−based Argumentation through a Model and Examples.
Ph.D. thesis, University of Pittsburgh, Pittsburgh, PA.

Aleven, Vincent. 2003. Using background knowledge in case−based legal reasoning: a computational model and an intelligent learning environment. Artificial Intelligence, 150(1-2), 183-237.

Alias—i. 2008. Alias—i. Lingpipe 4.1.0. http://alias—i.com/lingpipe (accessed July 22, 2015).

Allen, Layman E. and Engholm, C. Rudy. 1978. Normalized legal drafting and the query method. Journal of Legal Education, 29, 380-412.

Allen, Layman E. and Saxon, Charles. 1987. Some problems in designing expert systems to aid legal reasoning. Pages 94-103 of: Proceedings of the 1st International Conference on Artificial Intelligence and Law. New York, NY: ACM.

Araszkiewicz, Michał, Łopatkiewicz, Agata, and Zienkiewicz, Adam. 2013. Factor—based parent plan support system. Pages 171-5 of: Proceedings of the Fourteenth International Conference on Artificial Intelligence and Law. New York, NY: ACM.

Ashley, Kevin D. 1990. Modeling Legal Arguments: Reasoning with Cases and Hypotheticals. Cambridge, MA: MIT Press.

Ashley, Kevin D. 1991. Reasoning with cases and hypotheticals in HYPO. International Journal of Man-Machine Studies, 34(6), 753-96.

Ashley, Kevin D. 2000. Designing electronic casebooks that talk back: the cato program. Jurimetrics, 40, 275-319.

Ashley, Kevin D. 2009a. Ontological requirements for analogical, teleological, and hypothetical legal reasoning. Pages 1-10 of: Proceedings of the 12th International Conference on Artificial Intelligence and Law. New York, NY: ACM.

Ashley, Kevin D. 2009b. Teaching a process model of legal argument with hypotheticals.

Artificial Intelligence and Law, 17(4), 321-70.

Ashley, Kevin D. 2011. The case—based reasoning approach: ontologies for analogical legal argument. Pages 99-115 of: Approaches to Legal Ontologies. Dordrecht: Springer.

Ashley, Kevin D. 2012. Teaching law and digital age legal practice with an AI and Law seminar. Chicago.—Kent Law Review, 88, 783.

Ashley, Kevin D., Bjerke Ferrell, Elizabeth, Potter et al. 2014. Statutory network analysis plus information retrieval. Pages 1-7 of: Second Workshop on Network Analysis in Law, 27th Annual Conference on Legal Knowledge and Information Systems (JURIX 2014). Krakow, December 2014.

Ashley, Kevin D. and Bridewell, Will. 2010. Emerging AI & Law approaches to automating analysis and retrieval of electronically stored information in discovery proceedings. Artificial Intelligence and Law, 18(4), 311-20.

Ashley, Kevin D. and Brüninghaus, Stefanie. 2006. Computer models for legal prediction. Jurimetrics, 46(3), 309-52.

Ashley, Kevin D. and Brüninghaus, Stefanie. 2009. Automatically classifying case texts and predicting outcomes. Artificial Intelligence and Law, 17(2), 125–65.

Ashley, Kevin D. and Rissland, Edwina L. 2003. Law, learning and representation. Artificial Intelligence, 150(1–2), 17–58.

Ashley, Kevin D. and Walker, Vern. 2013. From information retrieval (IR) to argument retrieval (AR) for legal cases: report on a baseline study. Pages 29–38 of: Proceedings of the 26th Annual Conference on Legal Knowledge and Information Systems (JURIX 2013). IOS Press: msterdam.

Ashworth, Earline Jennifer. 1968. Propositional logic in the sixteenth and early seventeenth centuries. Notre Dame Journal of Formal Logic, 9(2), 179–92.

Atkinson, Katie and Bench−Capon, Trevor. 2007. Argumentation and standards of proof. Pages 107–16 of: Proceedings of the 11th International Conference on Artificial Intelligence and Law. New York, NY: ACM.

Attaran, Mohsen. 2004. Exploring the relationship between information technology and business process reengineering. Information and Management, 41(5) 585–96.

2.2. B

Bach, Ngo Xuan, Minh, Nguyen Le, Oanh, Tran Thi, and Shimazu, Akira. 2013. A two−phase framework for learning logical structures of paragraphs in legal articles. ACM Transactions on Asian Language Information Processing (TALIP), 12(1), 3:1–3:32.

Bansal, Apoorva, Bu, Zheyuan, Mishra, Biswajeet, Wang, Silun, Ashley, Kevin, and Grabmair, Matthias. 2016. Document Ranking with Citation Information and Oversampling Sentence Classification in the LUIMA Framework. Pages 33–42 of: Floris Bex and Serena Villata (eds.), Legal Knowledge and Information Systems: JURIX 2016: The Twenty−Ninth Annual Conference. Amsterdam: IOS Press.

Bauer, Robert S., Jade, Teresa, Hedin, Bruce, and Hogan, Chris. 2008. Automated legal sense−making: the centrality of relevance and intentionality. In: Proceedings of the Second International Workshop on Supporting Search and Sensemaking for Electronically Stored Information in Discovery Proceedings (DESI II). http://discovery.ucl.ac.uk/9131/ (accessed June 12, 2016).

Beck, S. 2014. Emerging Technology Shapes Future of Law. www.americanlawyer.com/id= 1202664266769/Emerging−Technology−Shapes−Future−of−Law (accessed September 9, 2014).

Bench−Capon, Trevor. 1991. Exploiting isomorphism: development of a KBS to support British coal insurance claims. Pages 62–68 of: Proceedings of the 3rd International Conference on Artificial Intelligence and Law. New York, NY: ACM.

Bench–Capon, Trevor 2003. Persuasion in practical argument using value–based argumentation frameworks. Journal of Logic and Computation, 13(3), 429–48.

Bench–Capon, Trevor and Sartor, Giovanni. 2003. A model of legal reasoning with cases incorporating theories and values. Artificial Intelligence, 150(1), 97–143.

Bench–Capon, Trevor and Visser, Pepijn. 1997. Ontologies in legal information systems: the need for explicit specifications of domain conceptualisations. Pages 132–41 of: Proceedings of the 6th International Conference on Artificial Intelligence and Law. ICAIL '97. New York, NY: ACM.

Berkman Center for Internet and Society, Harvard Law School Library, and Harvard Library Lab. 2016. H2O Guide: Overview. https://h2o.law.harvard.edu/p/overview_help (accessed February 18, 2016).

Berman, Donald H. and Hafner, Carole D. 1988. Obstacles to the development of logic–based models of legal reasoning. Pages 183–214 of: Walter, Charles (ed.), Computer Power and Legal Language. Westport, CT: Greenwood Press.

Berman, Donald H. and Hafner, Carole D. 1993. Representing teleological structure in case–based legal reasoning: the missing link. Pages 50–9 of: Proceedings of the 4th International Conference on Artificial Intelligence and Law. New York, NY: ACM.

Bex, Floris J. 2011. Arguments, Stories and Criminal Evidence: A Formal Hybrid Theory, vol. 92. Dordrecht: Springer Science & Business Media.

Biagioli, Carlo, Francesconi, Enrico, Passerini, Andrea, Montemagni, Simonetta, and Soria, Claudia. 2005. Automatic semantics extraction in law documents. In: ICAIL '05: 7th International Conference on AI and Law. New York, NY: ACM.

Białecki, Andrzej, Muir, Robert, and Ingersoll, Grant. 2012. Apache lucene 4. Pages 17–24 of: SIGIR 2012 Workshop on Open Source Information Retrieval.

Bing, Jon. 1987. Designing text retrieval systems for conceptual searching. Pages 43–51 of: Proceedings of the 1st International Conference on Artificial Intelligence and Law. ICAIL '87. New York, NY: ACM.

Bishop, Christopher M. 2006. Pattern Recognition and Machine Learning. New York: Springer.

Blair, David C. and Maron, M. E. 1985. An evaluation of retrieval effectiveness for a full–text document–retrieval system. Communications of the ACM, 28(3), 289–99.

Blecking, Anja. 2014. Classroom salon – an innovative method for investigating student learning. In: Kendhammer, Lisa K. and Murphy, Kristen L. (eds.), Innovative Uses of Assessments for Teaching and Research. Washington, DC: American Chemical Society.

Boella, Guido, Di Caro, Luigi, Lesmo, Leonardo, Rispoli, Daniele, and Robaldo, Livio. 2012.

Multi−label classification of legislative text into EuroVoc. In: Schäfer, Burkhard (ed.), JURIX 2012. Amsterdam: IOS Press.

Boella, Guido, Di Caro, Luigi, Humphreys et al. 2016. Eunomos, a legal document and knowledge management system for the web to provide relevant, reliable and up−to−date information on the law. Artificial Intelligence and Law, 24(3), 245-83.

Brachman, Ronald and Levesque, Hector. 2004. Knowledge Representation and Reasoning. Amsterdam: Elsevier.

Branting, L. Karl. 1991. Building explanations from rules and structured cases. International Journal of Man-Machine Studies, 34(6), 797-837.

Branting, L. Karl. 1999. Reasoning with Rules and Precedents. Dordrecht, Holland: Kluwer, pp. 8-28.

Breaux, Travis D. 2009. Legal Requirements Acquisition for the Specification of Legally Compliant Information Systems. Ann Arbor, MI: ProQuest.

Breaux, Travis D. and Gordon, David G. 2011. Regulatory requirements as open systems: structures, patterns and metrics for the design of formal requirements specifications. Carnegie Mellon University Technical Report CMU−ISR−11−100.

Breaux, Travis D. and Gordon, David G. 2013. Regulatory requirements traceability and analysis using semi−formal specifications. Pages 141-57 of: Requirements Engineering: Foundation for Software Quality. Dordrecht: Springer.

Breaux, Travis D., Hibshi, Hanan, and Rao, Ashwini. 2014. Eddy, a formal language for specifying and analyzing data flow specifications for conflicting privacy requirements. Requirements Engineering, 19(3), 281-307.

Breaux, Travis D. and Schaub, Florian. 2014. Scaling requirements extraction to the crowd: experiments with privacy policies. Pages 163-72 of: Requirements Engineering Conference (RE), 2014 IEEE 22nd International. IEEE.

Breaux, Travis D., Smullen, Daniel, and Hibshi, Hanan. 2015. Detecting repurposing and over−collection in multi−party privacy requirements specifications. Pages 166-75 of: Requirements Engineering Conference (RE), 2015 IEEE 23rd International. New York, NY: IEEE.

Breaux, Travis D., Vail, Matthew, and Anton, Annie. 2006. Towards regulatory compliance: extracting rights and obligations to align requirements with regulations. Pages 46-55 of: Proceedings of RE06. Washington, DC: IEEE Computer Society.

Breuker, Joost, Elhag, Abdullatif, Petkov, Emil, and Winkels, Radboud. 2002. Ontologies for legal information serving and knowledge management. Pages 1-10 of: Legal Knowledge and Information Systems, Jurix 2002: The Fifteenth Annual Conference. Amsterdam: IOS Press.

Breuker, Joost and Hoekstra, Rinke. 2004. Epistemology and Ontology in Core Ontologies:

FOLaw and LRI−Core, two core ontologies for law. Pages 15−27 of: Proceedings of the EKAW04 Workshop on Core Ontologies in Ontology Engineering. Northamptonshire, UK.

Breuker, Joost, Valente, André, and Winkels, Radboud. 2004. Legal ontologies in knowledge engineering and information management. Artificial Intelligence and Law, 12(4), 241-77.

Brewka, Gerhard and Gordon, Thomas F. 2010. Carneades and abstract dialectical frameworks: a reconstruction. Pages 3−12 of: Proceedings of the 2010 Conference on Computational Models of Argument: Proceedings of COMMA 2010. Amsterdam: IOS Press.

Buckland, Michael K. and Gey, Fredric C. 1994. The relationship between recall and precision. JASIS, 45(1), 12−19.

Burges, Chris, Shaked, Tal, Renshaw, Erin et al. 2005. Learning to rank using gradient descent. Pages 89−96 of: Proceedings of the 22nd International Conference on Machine Learning. ICML '05. New York, NY: ACM.

Büttcher, Stefan, Clarke, Charles L. A., and Cormack, Gordon V. 2010. Information Retrieval: Implementing and Evaluating Search Engines. Cambridge, MA: MIT Press.

2.3. C

Callan, James, Croft, Bruce W., and Harding, Stephen M. 1992. The INQUERY retrieval system. Pages 78−83 of: In Proceedings of the Third International Conference on Database and Expert Systems Applications. Dordrecht: Springer−Verlag.

Carnielli, Walter A. and Marcos, Joao. 2001. Ex contradictione non sequitur quodlibet. Pages 89−109 of: Proceedings of the Advanced Reasoning Forum Conference, vol. 1. Berkeley and Monte Rio, California, USA.

Casemaker. 2015. Casemaker. www.casemaker.us/ProductsStateBarConsortium.aspx(accessed August 12, 2015).

Centers for Disease Control and Prevention. 2015. Vaccine Acronyms & Abbreviations. www.cdc.gov/vaccines/about/terms/vacc−abbrev.htm (accessed July 22, 2015).

Cervone, Luca, Di Iorio, Angelo, Palmirani, Monica, and Vitali, Fabio. 2015. Akoma Ntoso. www.akomantoso.org/akoma−ntoso−in−detail/what−is−it/ (accessed October 8, 2015).

Charniak, Eugene. 1991. Bayesian networks without tears. AI Magazine, 12(4), 50−63.

Che, Bingqing, Qiang, Meng, and Yichi, Yepeng. 2015. Capstone Project Report: LUIMA.

Chorley, Alison and Bench−Capon, Trevor. 2005a. AGATHA: automated construction of case law theories through heuristic search. Pages 45-54 of: Proceedings of the 10th International Conference on Artificial Intelligence and Law. New York, NY: ACM.

Chorley, Alison and Bench−Capon, Trevor. 2005b. AGATHA: using heuristic search to automate the construction of case law theories. Artificial Intelligence and Law, 13(1), 9–51.

Chorley, Alison and Bench−Capon, Trevor. 2005c. An empirical investigation of reasoning with legal cases through theory construction and application. Artificial Intelligence and Law, 13(3-4), 323–71.

Chu−Carroll, Jennifer, Brown, Eric W., Lally, Adam, and Murdock, J. William. 2012 Identifying implicit relationships. IBM Journal of Research and Development, 56(3.4), 12:1–12:10.

Clement, Kevin. 2016. Propositional logic. In: The Internet Encyclopedia of Philosophy. IEP. www.iep.utm.edu/ (accessed August 4, 2016).

Cohen, Jacob 1960. A coefficient of agreement for nominal scales. Educational and Psychological Measurement, 20(1), 37–46.

Cutler, Kim−Mai. 2015. YC's ROSS Intelligence Leverages IBM's Watson to Make Sense of Legal Knowledge. http://techcrunch.com/2015/07/27/ross−intelligence/ (accessed December 31, 2015).

2.4. D

Dabney, Daniel P. 1993. Statistical Modeling of Relevance Judgments for Probabilistic Retrieval of American Case Law. Berkeley, CA: University of California.

Daelemans, Walter, Zavrel, Jakub, van der Sloot, Ko, and van den Bosch, Anton. 2004. TiMBL: Tilburg Memory based Learner, Version 5.02 (now 6.3). http://ilk.uvt.nl/timbl/ (accessed July 19, 2015).

Daniels, Jody J. and Rissland, Edwina L. 1997a. Finding legally relevant passages in case opinions. Pages 39–46 of: Proceedings of the 6th International Conference on Artificial Intelligence and Law. ICAIL '97. New York, NY: ACM.

Daniels, Jody J. and Rissland, Edwina L. 1997b. What you saw is what you want: using cases to seed information retrieval. Pages 325–36 of: Proceedings of the Second International Conference on Case−Based Reasoning. Providence, RI: Springer.

Daudaravicius, Vidas. 2012. Automatic multilingual annotation of EU legislation with EuroVoc descriptors. Pp. 14–20 of: EEOP2012: Exploring and Exploiting Official Publications Workshop Programme. Istanbul, Turkey.

de Maat, Emile, Krabben, Kai, and Winkels, Radboud. 2010. Machine learning versus knowledge based classification of legal texts. In: Winkels, R. (ed.), JURIX 2010. Amsterdam: IOS Press.

de Maat, Emile and Winkels, Radboud. 2007. Categorisation of norms. Pages 79–88 of: JURIX 2007. Amsterdam: IOS Press.

de Maat, Emile and Winkels, Radboud. 2009. A next step towards automated modelling of sources of law. Pages 31–9 of: Proceedings of the 12th International Conference on Artificial Intelligence and Law. ICAIL '09. New York, NY: ACM.

Deisher−Edwards, Julie. 2015. TILABuddy: An Automated Approach to Corporate Compliance. Unpublished student course paper on file with author.

Desatnik, Eric. 2016. The IBM Watson AI XPRIZE, a Cognitive Computing Competition. www.xprize.org/AI (accessed May 21, 2016).

Dick, Judith and Hirst, Graeme. 1991. A case−based representation of legal text for conceptual retrieval. In: Workshop on Language and Information Processing, American Society for Information Science. Washington, DC.

Dietrich, Antje, Lockemann, Peter C., and Raabe, Oliver. 2007. Agent approach to online legal trade. Pages 177–94 of: Conceptual Modelling in Information Systems Engineering. Dordrecht: Springer.

Dowden, Bradley. 2016. Liar's paradox. In: The Internet Encyclopedia of Philosophy. IEP. www.iep.utm.edu/ (accessed August 4, 2016).

Dukeminier, Jesse, Krier, James, Alexander, Gregory, and Shill, Michael. 2010. Property. New York: Aspen.

Dung, Phan Minh. 1995. On the acceptability of arguments and its fundamental role in non−monotonic reasoning, logic programming and n−person games. Artificial Intelligence, 77(2), 321-57.

Dvorsky, George. 2014. IBM's Watson Can Now Debate Its Opponents (Demo at 45.47 Minute Mark). http://io9.com/ibms−watson−can−now−debate−its−opponents−1571837847 (accessed February 1, 2015).

2.5. E

Eckholm, Erik. 2015. Harvard Law Library Readies Trove of Decisions for Digital Age. www.nytimes.com/2015/10/29/us/harvard−law−library−sacrifices−a−trove−for−the−sake −of−a−free−database.html?_r=0 (accessed December 30, 2015).

Epstein, Edward, Schor, Marshall, Iyer, Bhavani, et al. 2012. Making Watson fast. IBM Journal of Research and Development, 56(3.4), 15:1-15:12.

EuroVoc. 2014. EuroVoc. http://eurovoc.europa.eu/drupal/ (accessed August 27, 2014).

2.6. F

Fagan, Frank. 2016. Big data legal scholarship: toward a research program and practitioners guide. Virginia Journal of Law and Technology, 20, 1–81.

Falakmasir, Mohammad. 2016. Comprehensive Exam Answer: Argument Mining (Revised). University of Pittsburgh Intelligent Systems Program.

Feller, Robert. 2015. Judicial review of administrative decisions and procedure. In: Philip Weinberg and William R. Ginsberg (eds.), Environmental Law and Regulation in New York 3:48 (2nd edn.). 9 N.Y.Prac.: New York Practice Series – Environmental Law and Regulation in New York.

Feng, Vanessa Wei and Hirst, Graeme. 2011. Classifying arguments by scheme. Pages 987–96 of: Proceedings of the 49th Annual Meeting of the Association for Computational Linguistics: Human Language Technologies – Volume 1. Association for Computational Linguistics.

Ferrucci, David A. 2012. Introduction to "This is Watson." IBM Journal of Research and Development, 56(3/4), 1:1–1:15.

Ferrucci, David A., Brown, Eric W., Chu–Carroll, Jennifer et al. 2010. Building Watson: an overview of the DeepQA Project. AI Magazine, 31(3), 59–79.

Finkel, Jenny, Rafferty, Anna, Kleeman, Alex, and Manning, Christopher. 2003–14. Stanford Classifier. http://nlp.stanford.edu/software/classifier.shtml (accessed July 22, 2015).

Flood, Mark D. and Goodenough, Oliver R. 2015. Contract as automation: the computational representation of financial agreements. Office of Financial Research Working Paper, 15–04. https://financialresearch.gov/working–papers/files/OFRwp–2015–04_Contract–as–Automat on–The–Computational–Representation–of–Financial–Agreements.pdf (accessed July 29, 2016).

Francesconi, Enrico. 2009. An approach to legal rules modelling and automatic learning. Pages 59–68 of: Proceedings of the 2009 Conference on Legal Knowledge and Information Systems: JURIX 2009: The Twenty–Second Annual Conference. Amsterdam, The Netherlands : IOS Press.

Francesconi, Enrico, Montemagni, Simonetta, Peters, Wim, and Tiscornia, Daniela. 2010. Integrating a bottom–up and top–down methodology for building semantic resources for the multilingual legal domain. Pages 95–121 of: Francesconi, Enrico, Montemagni, Simonetta, Peters, Wim, and Tiscornia, Daniela (eds.), Semantic Processing of Legal Texts. Berlin, Heidelberg: Springer–Verlag.

Francesconi, Enrico and Passerini, Andrea. 2007. Automatic classification of provisions in legislative texts. Artificial Intelligence and Law, 15, 1–17.

Francesconi, Enrico and Peruginelli, Ginevra. 2008. Integrated access to legal literature through automated semantic classification. AI and Law, 17, 31–49.

Freitag, Dayne. 2000. Machine learning for information extraction in informal domains. Machine learning, 39(2–3), 169–202.

Fuller, Lon L. 1958. Positivism and fidelity to law: a reply to Professor Hart. Harvard Law Review, 630–72. Gangemi, Aldo, Guarino, Nicola, Masolo, Claudio, Oltramari, Alessandro, and Schneider, Luc. 2002. Sweetening ontologies with DOLCE. Pages 166–81 of: Knowledge Engineering and Knowledge Management: Ontologies and the Semantic Web. Dordrecht: Springer.

2.7. G

Gardner, Anne vdL. 1985. Overview of an artificial intelligence approach to legal reasoning. Pages 247–74 of: Computer Power and Legal Reasoning. St. Paul, MN: West Publishing Co.

Gardner, Anne vdL. 1987. An Artificial Intelligence Approach to Legal Reasoning. Cambridge, MA: MIT Press.

Gonçalves, Teresa and Quaresma, Paulo. 2005. Is linguistic information relevant for the classification of legal texts? Pages 168–76 of: Proceedings of the 10th International Conference on Artificial Intelligence and Law. New York, NY: ACM.

Gordon, David G. and Breaux, Travis D. 2013. A cross–domain empirical study and legal evaluation of the requirements water marking method. Requirements Engineering, 18(2), 147–73.

Gordon, Thomas F. 1987. Some problems with prolog as a knowledge representation language for legal expert systems. International Review of Law, Computers & Technology, 3(1), 52–67.

Gordon, Thomas F. 2008a. The legal knowledge interchange format (LKIF). Estrella deliverable d4, 1–28 (accessed March 22, 2017).

Gordon, Thomas F. 2008b. Constructing legal arguments with rules in the legal knowledge interchange format (LKIF). Pages 162–84 of: Computable Models of the Law. Dordrecht: Springer.

Gordon, Thomas F. 2008c. Hybrid reasoning with argumentation schemes. Pages 543 of: Proceedings of the 2008 Conference on Knowledge–based Software Engineering: Proceedings of the Eighth Joint Conference on Knowledge–based Software Engineering. Amsterdam: IOS Press.

Gordon, Thomas F. 2014. Software engineering for research on legal argumentation. In: Proceedings of the 1st International Workshop for Methodologies for Research on Legal Argumentation (MET–ARG). (On file with author.)

Gordon, Thomas F. 2015a. Carneades 3.7 User Manual. https://carneades.github.io/manuals/Carneades3.7/carneades−3.7−manual.pdf (accessed November 16, 2015).

Gordon, Thomas F. 2015b. Carneades Tools for Argument (Re)construction, Evaluation, Mapping and Interchange. http://carneades.github.io/Carneades/ (accessed November 23, 2015).

Gordon, Thomas F., Governatori, Guido, and Rotolo, Antonino. 2009. Rules and norms: requirements for rule interchange languages in the legal domain. Pages 282–96 of: Rule Interchange and Applications. Dordrecht; Springer.

Gordon, Thomas F., Prakken, Henry, and Walton, Douglas. 2007. The Carneades model of argument and burden of proof. Artificial Intelligence, 171(10–5), 875–96. Argumentation in Artificial Intelligence.

Gordon, Thomas F. and Walton, Douglas. 2006. The Carneades argumentation framework−using presumptions and exceptions to model critical questions. Pages 5–13 of: 6th Computational Models of Natural Argument Workshop (CMNA), European Conference on Artificial Intelligence (ECAI), Italy.

Gordon, Thomas F. and Walton, Douglas. 2009. Legal reasoning with argumentation schemes. Pages 137–46 of: Proceedings of the 12th International Conference on Artificial Intelligence and Law. New York, NY: ACM.

Governatori, Guido and Shek, Sidney. 2012 (August). Rule based business process compliance. Pages 1–8 of: 6th International Rule Challenge @ RuleML 2012. CEUR Workshop Proceedings. Volume 874. Paper 5.

Grabmair, Matthias. 2016. Modeling Purposive Legal Argumentation and Case Outcome Prediction using Argument Schemes in the Value Judgment Formalism. Ph.D. thesis, University of Pittsburgh, Pittsburgh, PA.

Grabmair, Matthias and Ashley, Kevin D. 2010. Argumentation with value judgments: an example of hypothetical reasoning. Pages 67–76 of: Proceedings of the 2010 Conference on Legal Knowledge and Information Systems: JURIX 2010: The Twenty−Third Annual Conference. Amsterdam: IOS Press.

Grabmair, Matthias and Ashley, Kevin D. 2011. Facilitating case comparison using value judgments and intermediate legal concepts. Pages 161–70 of: Proceedings of the 13th International Conference on Artificial intelligence and Law. New York, NY: ACM.

Grabmair, Matthias, Ashley, Kevin, Chen, Ran. et al. 2015. Introducing LUIMA: an experiment in legal conceptual retrieval of vaccine injury decisions using a UIMA type system and tools. Pages 1–10 of: Proceedings of the 15th International Conference on Artificial Intelligence and Law. ICAIL 2015. New York, NY: ACM.

Grabmair, Matthias, Ashley, Kevin D., Hwa, Rebecca, and Sweeney, P. M. 2011. Towards extracting information from public health statutes using text classification and machine learning. In: Atkinson, Katie M. (ed.), JURIX 2011: Proceedings of the Twenty−Fourth Conference on Legal Knowledge and Information Systems. Amsterdam: IOS Press.

Grabmair, Matthias, Gordon, Thomas F., and Walton, Douglas. 2010. Probabilistic semantics for the Carneades argument model using Bayesian networks. Pages 255–66 of: Proceedings of the 2010 Conference on Computational Models of Argument: Proceedings of COMMA 2010. Amsterdam: IOS Press.

Granat, Richard and Lauritsen, Marc. 2014. Teaching the technology of practice: the 10 top schools. Law Practice Magazine, 40(4) www.americanbar.org/publications/law_practice_magazine/2014/july−august/teaching−the−technology−of−practice−the−10−top−schools.html (accessed February 2, 2015).

Gray, Grayfred B. 1985. Statutes enacted in normalized form: the legislative experience in Tennessee. Pages 467–93 of: Computer Power and Legal Reasoning. St. Paul, MN: West Publishing.

Gray, Jeff. 2014. University of Toronto's next lawyer: a computer program named Ross. The

Globe and Mail www.theglobeandmail.com/report−on−business/industry−news/the−law−page/university−of−torontos−next−lawyer−a−computer−program−named−ross/article22054688/(accessed February 3, 2015).

Grossman, Maura R. and Cormack, Gordon V. 2010. Technology−assisted review in e−discovery can be more effective and more efficient than exhaustive manual review. Richmond Journal of Law & Technology, 17, 1–48.

Grossman, Maura R. and Cormack, Gordon V. 2014. Grossman–Cormack glossary of technology−assisted review. Federal Courts Law Review, 7, 85–112.

Gultemen, Dincer and van Engers, Thomas. 2014. Graph−based linking and visualization for legislation documents (GLVD). Pages 67–80 of: Winkels, Radboud, Lettieri, Nicola, and Faro, Sebastiano. (eds.), Network Analysis in Law. Collana: Diritto Scienza Tecnologia/Law Science Technology Temi, 3. Napoli: Edizioni Scientifiche Italiane.

2.8. H

Hachey, Ben and Grover, Claire. 2006. Extractive summarisation of legal texts. Artificial Intelligence and Law, 14(4), 305–45.

Hafner, Carole. 1978. An information retrieval system based on a computer model of legal knowledge. Ph.D. thesis, University of Michigan, Ann Arbor, MI. AAI7807057.

Hart, Herbert Lionel Adolphus. 1958. Positivism and the separation of law and morals. Harvard

Law Review, 71, 593–629.

Hashmi, Mustafa, Governatori, Guido, and Wynn, Moe Thandar. 2014. Normative requirements for business process compliance. Pages 100–16 of: Service Research and Innovation. Dordrecht: Springer.

Henderson, William D. 2013. A blueprint for change. Pepperdine Law Review, 40(2), 461–507.

Henseler, Hans. 2010. Network–based filtering for large email collections in e–discovery. Artificial Intelligence and Law, 18(4), 413–30.

Herring, David J. and Lynch, Collin. 2014. Measuring law student learning outcomes: 2013 lawyering class. UNM School of Law Research Paper.

Hoekstra, Rinke. 2010. The knowledge reengineering bottleneck. Semantic Web, 1(1,2), 111–15.

Hoekstra, Rinke and Boer, Alexander. 2014. A network analysis of Dutch regulations–using the MetaLex Document Server. Pages 47–58 of: Winkels, Radboud, Lettieri, Nicola, and Faro, Sebastiano (eds.), Network Analysis in Law. Collana: Diritto Scienza Tecnologia/Law Science Technology Temi, 3. Napoli: Edizioni Scientifiche Italiane.

Hogan, Christopher, Bauer, Robert, and Brassil, Dan. 2009. Human–aided computer cognition for e–discovery. Pages 194–201 of: Proceedings of the 12th International Conference on Artificial Intelligence and Law. New York, NY: ACM.

Hogan, Christopher, Bauer, Robert S., and Brassil, Dan. 2010. Automation of legal sensemaking in e–discovery. Artificial Intelligence and Law, 18(4), 431–57.

Hu, Xia and Liu, Huan. 2012. Mining Text Data. Boston, MA: Springer US. IBM Watson Developer Cloud Watson Services. 2015. IBM Watson Developer Cloud Watson Services. www.ibm.com/smarterplanet/us/en/ibmwatson/developercloud/services–catalog.html (accessed February 1, 2015).

2.9. I

IBM Watson Developer Cloud Watson Services. 2016. Alchemy Language. www.ibm.com/smarterplanet/us/en/ibmwatson/developercloud/alchemy–language.html (accessed May 22, 2016).

Iron Tech Lawyer. 2015. The Program in Legal Technologies, Georgetown Law, Iron Tech Lawyer. Georgetown Law School. www.law.georgetown.edu/academics/centers–institutes/legal–profession/legal–technologies/iron–tech/index.cfm (accessed February 3, 2015).

2.10. J

Jackson, Brian. 2015. Meet Ross, the Watson−Powered "Super Intelligent" Attorney. www.itbusiness.ca/news/meet−ross−the−watson−powered−super−intelligent−attorney/53 376(accessed December 31, 2015).

Jackson, Peter, Al−Kofahi, Khalid, Tyrrell, Alex, and Vachher, Arun. 2003. Information extraction from case law and retrieval of prior cases. Artificial Intelligence, 150(1-2), 239-90. Artificial Intelligence and Law.

Jurafsky, Daniel and Martin, James. 2015. Classification: naive Bayes, logistic regression, sentiment. Chapter 7, pages 1-28 of: Jurafsky, Daniel and Martin, James (eds.), Speech and Language Processing. Stanford University. Draft of August 24, 2015, https://web.stanford.edu/~jurafsky/slp3/7.pdf (accessed September 29, 2016).

2.11. K

Kafura, Dennis. 2011. Notes on Petri Nets. http://people.cs.vt.edu/~kafura/ComputationalThinking /Class−Notes/Petri−Net−Notes−Expanded.pdf (accessed August 9, 2016).

Kakwani, Nanak. 1980. On a class of poverty measures. Econometrica: Journal of the Econometric Society, 437-46.

Katz, Daniel M. and Bommarito, Michael. 2014. Legal Analytics − Introduction to the Course. www.slideshare . net / Danielkatz / legal − analytics − introduction − to − the − course − professor−daniel−martin−katz−professor−michael−j−bommartio−ii−31350591 (accessed May 12, 2016).

Katz, Daniel M., Bommarito, Michael, and Blackman, Josh. 2014. Predicting the Behavior of the United States Supreme Court: A General Approach (July 21, 2014). http://ssrn.com/abstract= 2463244 (accessed May 26, 2015).

Kelly, John E. and Hamm, Steve. 2013. Smart Machines: IBM's Watson and the Era of Cognitive Computing. New York, NY: Columbia University Press.

Kiyavitskaya, Nadzeya, Zeni, Nicola, Breaux, Travis D. et al. 2008. Automating the extraction of rights and obligations for regulatory compliance. Pages 154-68 of: Conceptual Modeling − ER 2008. Dordrecht: Springer.

Koetter, Falko, Kochanowski, Monika, Weisbecker, Anette, Fehling, Christoph, and Leymann, Frank. 2014. Integrating compliance requirements across business and IT. Pages 218-25 of: Enterprise Distributed Object Computing Conference (EDOC), 2014 IEEE 18th International. New York, NY: IEEE.

Kohavi, Ron. 1995. A study of cross−validation and bootstrap for accuracy estimation and model selection. Pages 1137–43 of: Proceedings of the 14th International Joint Conference on Artificial Intelligence − Volume 2. IJCAI'95. San Francisco, CA: Morgan Kaufmann Publishers Inc.

Kohavi, Ron and Provost, Foster. 1998. Glossary of terms. Machine Learning, 30(2–3), 271–4.

Kritzer, Albert H. 2015. CISG Database. Institute of International Commercial Law, Pace Law School. www.cisg.law.pace.edu/ (accessed February 4, 2015).

2.12. L

Landauer, Thomas K, Foltz, Peter W., and Laham, Darrell. 1998. An introduction to latent semantic analysis. Discourse Processes, 25(2–3), 259–84.

Legal OnRamp. 2015. Legal OnRamp. www.legalonramp.com/ (accessed February 1, 2015).

LegalSifter. 2016. LegalSifter Use Cases. www.legalsifter.com/use−cases (accessed May 3, 2016).

Legaltech News. 2016. Legaltech News. www.legaltechnews.com/ (accessed September 19, 2016).

Levi, Edward H. 2013. An Introduction to Legal Reasoning. Chicago: University of Chicago Press.

Levy, Ran, Bilu, Yonatan, Hershcovich, Daniel, Aharoni, Ehud, and Slonim, Noam. 2014. Context dependent claim detection. Pages 1489–500 of: Proceedings of COLING 2014, the 25th International Conference on Computational Linguistics: Technical Papers. Dublin, Ireland.

Library, Harvard Law School. 2015. Free Legal Research Resources. http://guides.library.harvard.edu/c.php?g=310432&p=2072006 (accessed February 3, 2015).

Lindahl, Lars. 2004. Deduction and justification in the law: the role of legal terms and concepts. Ratio Juris, 17(2), 182–202.

Lippe, Paul and Katz, Dan. 2014. 10 Predictions about how IBM's Watson will impact the legal profession. ABA Journal www.abajournal.com/legalrebels/article/10_predictions_about_how_ibms_watson_will_impact (accessed February 2, 2015).

Lippner, Jordan. 1995. Replacement players for the Toronto Blue Jays? Striking the appro−priate balance between replacement worker law in Ontario, Canada, and the United States. Fordham International Law Journal, 38, 2026–94.

Liu, Hongfang, Wu, Stephen, Tao, Cui, and Chute, Christopher. 2012. Modeling UIMA type system using web ontology language: towards interoperability among UIMA−based NLP tools. Pages 31–6 of: Proceedings of the 2nd International Workshop on Managing Interoperability and CompleXity in Health Systems. New York, NY: ACM.

Llewellyn, Karl N. 1949. Remarks on the theory of appellate decision and the rules or canons about how statutes are to be construed. Vanderbilt Law Review, 3, 395-408.

Lu, Qiang and Conrad, Jack. 2013. Next Generation Legal Search – It's Already Here https://blog.law.cornell.edu/voxpop/2013/03/28/next−generation−legal−search−itsalready−here(accessed May 22, 2015).

2.13. M

MacCormick, Neil and Summers, Robert S. 1991. Interpreting Statutes: A Comparative Study. Dartmouth Aldershot.

Machine Learning Group at the University of Waikato. 2015. Weka 3: Data Mining Software in Java www.cs.waikato.ac.nz/ml/weka/ (accessed July 22, 2015).

Mackaay, Ejan and Robillard, Pierre. 1974. Predicting judicial decisions: the nearest neighbour rule and visual representation of case patterns. Datenverarbeitung im Recht, 3, 302-31.

Mann, William C. and Thompson, Sandra A. 1987. Rhetorical Structure Theory: A Theory of Text Organization. University of Southern California, Information Sciences Institute.

Mart, Susan Nevelow. 2010. Relevance of results generated by human indexing and computer algorithms: a study of West's headnotes and key numbers and LexisNexis's headnotes and topics, The Law Library Journal, 102, 221-49.

McCallum, Andrew. 2004. Bow: A Toolkit for Statistical Language Modeling, Text Retrieval, Classification and Clustering www.cs.cmu.edu/~mccallum/bow/ (accessed July 19, 2015).

McCarty, L. Thorne. 1995. An implementation of Eisner v. Macomber. Pages 276-86 of: Proceedings of the 5th International Conference on Artificial Intelligence and Law. New York, NY: ACM.

McCarty, L. Thorne. 2007. Deep semantic interpretations of legal texts. Pages 217-24 of: Proceedings of the 11th International Conference on Artificial Intelligence and Law. New York, NY: ACM.

McCarty, L. Thorne and Sridharan, Natesa. 1981. The representation of an evolving system of legal concepts: II. Prototypes and deformations. Pages 246-53 of: Proceedings of the 7th International Joint Conference on Artificial Intelligence – Volume 1. San Francisco, CA: Morgan Kaufmann Publishers Inc.

McLaren, Bruce M. 2003. Extensionally defining principles and cases in ethics: an AI model. Artificial Intelligence, 150(1), 145-81.

Merriam−Webster's Collegiate Dictionary. 2015. Merriam−Webster's Collegiate Dictionary. Springfield, MA: Merriam−Webster. http://search.credoreference.com/content/entry/mwcollegi

ate/explanation/0 (accessed February 5, 2015).

Mimouni, Nada, Fernandez, Meritxell, Nazarenko, Adeline, Bourcier, Daniele, and Salotti, Sylvie. 2014. A relational approach for information retrieval on XML legal sources. Pages 169–92 of: Winkels, Radboud, Lettieri, Nicola, and Faro, Sebastiano (eds.) Network Analysis in Law. Collana: Diritto Scienza Tecnologia/Law Science Technology Temi, 3. Napoli: Edizioni Scientifiche Italiane.

Mitchell, Thomas. 2015. Generative and Discriminative Classifiers: Naive Bayes and Logistic Regression www.cs.cmu.edu/~tom/mlbook/NBayesLogReg.pdf (accessed July 14, 2015).

Mochales, Raquel and Moens, Marie–Francine. 2011. Argumentation mining. Artificial Intelligence and Law, 19(1), 1–22.

Modgil, Sanjay and Prakken, Henry. 2014. The ASPIC+ framework for structured argumentation: a tutorial. Argument & Computation, 5(1), 31–62.

Moens, Marie–Francine, Boiy, Erik, Palau, Raquel Mochales, and Reed, Chris. 2007. Automatic detection of arguments in legal texts. Pages 225–30 of: Proceedings of the 11th International Conference on Artificial Intelligence and Law. ICAIL '07. New York, NY: ACM.

Mohri, Mehryar, Rostamizadeh, Afshin, and Talwalkar, Ameet. 2012. Foundations of Machine Learning. Cambridge, MA: MIT Press.

Morelock, John T., Wiltshire, James S., Ahmed, Salahuddin, Humphrey, Timothy L., and Lu, X. Allen. 2004 (August 3). System and method for identifying facts and legal discussion in court case law documents. US Patent 6,772,149.

2.14. N

Neota Logic. 2016. Neota Logic. www.neotalogic.com/ (accessed August 9, 2016).

Newman, Rick. 2014. IBM Unveils a Computer that can Argue. The Exchange. http://finance.yahoo.com/blogs/the–exchange/ibm–unveils–a–computer–than–can–argue–181228620.htm (accessed February 1, 2015).

Nigam, Kamal, Lafferty, John, and McCallum, Andrew. 1999. Using maximum entropy for text classification. Pages 61–7 of: IJCAI–99 Workshop on Machine Learning for Information Filtering, vol. 1. Stockholm, Sweden.

NIST/SEMATECH. 2016. NIST/SEMATECH e–Handbook of Statistical Methods www.itl.nist.gov/div898/handbook/ (accessed May 30, 2016).

Noble, William S. 2006. What is a support vector machine? Nature Biotechnology, 24(12), 1565–7.

2.15. O

Oard, Douglas W. and Webber, William. 2013. Information retrieval for e-discovery. Information Retrieval, 7(2-3), 99-237.

Oasis. 2016. Akoma Ntoso Naming Convention Version 1.0, Committee Specification Draft 02/Public Review Draft 02, 04 May 2016 www.akomantoso.org/akoma-ntoso-in-detail/what-is-it/ (accessed June 12, 2016).

Oberle, Daniel, Drefs, Felix, Wacker, Richard, Baumann, Christian, and Raabe, Oliver. 2012. Engineering compliant software: advising developers by automating legal reasoning. SCRIPTed, 9(2), 280-313.

Oh, Peter B. 2010. Veil-piercing. Texas Law Review, 89, 81-145.

Opsomer, Rob, Meyer, Geert De, Cornelis, Chris, and van Eetvelde, Greet. 2009. Exploiting properties of legislative texts to improve classification accuracy. In: Governatori, Guido(ed.), JURIX 2009: Proceedings of the Twenty-Second Conference on Legal Knowledge and Information Systems. Amsterdam: IOS Press.

2.16. P

Palanque, Philippe A. and Bastide, Remi. 1995. Petri net based design of user-driven inter-faces using the interactive cooperative objects formalism. Pages 383-400 of: Interactive Systems: Design, Specification, and Verification. Dordrecht: Springer.

Palmirani, Monica. 2011. Legislative change management with Akoma-Ntoso. Pages 101-30 of: Sartor, Giovanni, Palmirani, Monica, Francesconi, Enrico, and Biasiotti, Maria Angela (eds.), Legislative XML for the Semantic Web. Law, Governance and Technology Series, vol. 4. Dordrecht: Springer.

Pouliquen, Bruno, Steinberger, Raif, and Ignat, Camelia. 2006. Automatic Annotation of Multi-lingual Text Collections with a Conceptual Thesaurus. arXiv preprint cs/0609059.

Prager, John, Brown, Eric, Coden, Anni, and Radev, Dragomir. 2000. Question-answering by predictive annotation. Pages 184-91 of: Proceedings of the 23rd Annual International ACM SIGIR Conference on Research and Development in Information Retrieval. New York, NY: ACM.

Prakken, Henry. 1995. From logic to dialectics in legal argument. Pages 165-74 of: Proceedings of the 5th International Conference on Artificial Intelligence and Law. New York, NY: ACM.

Prakken, Henry. 2005. AI & Law, logic and argument schemes. Argumentation, 19(3), 303-20.

Prakken, Henry and Sartor, Giovanni. 1998. Modelling reasoning with precedents in a formal dialogue game. Artificial Intelligence and Law, 6, 231–87.

Privault, Caroline, O'Neill, Jacki, Ciriza, Victor, and Renders, Jean—Michel. 2010. A new tangible user interface for machine learning document review. Artificial Intelligence and Law, 18(4), 459–79.

Putman, William H. 2008 Legal Analysis and Writing for Paralegals. Boston, MA: Cengage Learning.

2.17. Q

Quinlan, J. Ross. 1986. Induction of decision trees. Machine Learning, 1(1), 81–106.

Quinlan, J. Ross. 2004. C4.5 Release 8 www.rulequest.com/Personal/ (accessed July 19, 2015).

2.18. R

Rahwan, Iyad, Simari, Guillermo R., and van Benthem, Johan. 2009. Argumentation in Artificial Intelligence, vol. 47. Dordrecht: Springer.

Ravel Law. 2015a. Ravel: Data Driven Research www.ravellaw.com (accessed December 30, 2015).

Ravel Law. 2015b. Ravel Judge Analytics (accessed December 31, 2015).

Ravel Law. 2015c. Ravel QuickStart Guide. https://d2xkkp20fm9wy8.cloudfront.net/downloads/

Ravel_QuickStart_Guide.pdf (accessed December 31, 2015).

Ravel Law. 2015d. What Determines Relevance. https://ravellaw.zendesk.com/hc/en—us/articles/ 213290777—What—determines—Relevance— (accessed December 31, 2015).

Reed, Chris and Rowe, Glenn. 2004. Araucaria: software for argument analysis, diagramming and representation. International Journal on Artificial Intelligence Tools, 13(04), 961–79.

Remus, Dana and Levy, Frank S. 2015. Can Robots be Lawyers? Computers, Lawyers, and the Practice of Law (December 30, 2015) http://ssrn.com/abstract=2701092 (accessed July 24, 2016).

Rissland, Edwina L. 1990. Artificial intelligence and law: stepping stones to a model of legal reasoning. Yale Law Journal, 1957–81.

Rissland, Edwina L. and Friedman, M. Timur. 1995. Detecting change in legal concepts. Pages 127–36 of: Proceedings of the 5th International Conference on Artificial Intelligence and Law. New York, NY: ACM.

Rissland, Edwina L. and Skalak, David B. 1991. CABARET: statutory interpretation in a hybrid architecture. International Journal of Man–Machine Studies, 34, 839–87.

Rissland, Edwina L., Skalak, David B., and Friedman M. Timur. 1996. BankXX: support–ing legal arguments through heuristic retrieval. Artificial Intelligence and Law, 4(1), 1–71.

Robaldo, Livio, Humphreys, Llio, Sun, Xin et al. 2015. Combining input/output logic and reification for representing real–world obligations. In: Proceedings of the Ninth International Workshop on Juris–Informatics. JURISIN 2015. Kanagawa, Japan.

Rose, Daniel E. and Belew, Richard K. 1991. A connectionist and symbolic hybrid for improving legal research. International Journal of Man–Machine Studies, 35(1), 1–33.

Ross Intelligence. 2015. Ross: Your Brand New Super Intelligent Attorney www.rossintelligence.com/ (accessed December 30, 2015).

2.19. S

Saravanan, Manimaran and Ravindran, Balaraman. 2010. Identification of rhetorical roles for segmentation and summarization of a legal judgment. Artificial Intelligence and Law, 18(1), 45–76.

Saravanan, Manimaran, Ravindran, Balaraman, and Raman, Subramanian. 2009. Improving legal information retrieval using an ontological framework. Artificial Intelligence and Law, 17(2), 101–24.

Sartor, Giovanni, Walton, Doug, Macagno, Fabrizio, and Rotolo, Antonino. 2014. Argumentation schemes for statutory interpretation: a logical analysis. Page 11 of: Legal Knowledge and Information Systems: JURIX 2014: The Twenty–Seventh Annual Conference, vol. 271. Amsterdam: IOS Press.

Savelka, Jaromír and Ashley, Kevin D. 2015. Transfer of predictive models for classification of statutory texts in multi–jurisdictional settings. Pages 216–20 of: Proceedings of the 15th International Conference on Artificial Intelligence and Law. New York, NY: ACM.

Savelka, Jaromir, Ashley, Kevin, and Grabmair, Matthias. 2014. Mining information from statutory texts in multi–jurisdictional settings. Pages 133–42 of: Legal Knowledge and Information Systems: JURIX 2014: The Twenty–Seventh Annual Conference, vol. 271. Amsterdam: IOS Press.

Savelka, Jaromir and Grabmair, Matthias. 2015. (Brief) Introduction to (Selected Aspects of) Natural Language Processing and Machine Learning, Tutorial at Workshop on Automated Detection, Extraction and Analysis of Semantic Information in Legal Texts. http://people.cs.pitt.edu/~jsavelka/docs/20150612ASAILTutorial.pdf (accessed July 1, 2016).

Savelka, Jaromır, Trivedi, Gaurav, and Ashley, Kevin D. 2015. Applying an interactive machine learning approach to statutory analysis. Pages 101–10 of: Legal Knowledge and Information Systems: JURIX 2015: The Twenty−Eighth Annual Conference. Amsterdam: IOS Press.

Schank, Roger C. 1996. Goal−based scenarios: Case−based reasoning meets learning by doing. Pp. 295–347 of: David Leake (ed.), Case−based Reasoning: Experiences, Lessons & Future Directions. Menlo Park, CA: AAAI Press/The MIT Press.

Schank, Roger C., Kolodner, Janet L., and DeJong, Gerald. 1981. Conceptual information retrieval. Pages 94–116 of: Proceedings of the 3rd Annual ACM Conference on Research and Development in Information Retrieval. SIGIR '80. Kent, UK: Butterworth & Co. Schauer, Frederick. 1995. Giving reasons. Stanford Law Review, 47, 633–59.

Scheer, August−Wilhelm, Kruppke, Helmut, Jost, Wolfram, and Kindermann, Herbert. 2006. Agility by ARIS Business Process Management: Yearbook Business Process Excellence 2006/2007, vol. 243. Springer Science & Business Media.

Schwartz, Ariel. 2011. Why Watson Wagered $947, and Other Intel on the Jeopardy Supercomputer www.fastcompany.com/1728740/why−watson−wagered−947−and−other−intel−jeopardy−supercompute (accessed February 1, 2015).

Sebastiani, Fabrizio. 2002. Machine learning in automated text categorization. ACM Computing Surveys (CSUR), 34(1), 1–47.

Sergot, Marek J., Sadri, Fariba, Kowalski, Robert A. et al. 1986. The British Nationality Act as a logic program. Communications of the ACM, 29(5), 370–86.

Shrivathsan, Michael. 2009. Use Cases Definition (Requirements Management Basics). http://pmblog.accompa.com/2009/09/19/use−cases−definition−requirements−management−basics/ (accessed July 1, 2016).

Sklar, Howard. 2011. Using built−in sampling to overcome defensibility concerns with computer−expedited review. Pages 155–61 of: Proceedings of the Fourth DESI Workshop on Setting Standards for Electronically Stored Information in Discovery Proceedings. Pittsburgh, PA.

Slonim, Noam. 2014. IBM Debating Technologies How Persuasive Can a Computer Be? Presentation at Frontiers and Connections between Argumentation Theory and Natural Language Processing Workshop (July 22, 2014). Bertinoro, Italy.

Sohn, Edward. 2013. Top Ten Concepts to Understand about Predictive Coding. www.acc.com/legalresources/publications/topten/ttctuapc.cfm (accessed May 27, 2015).

Sowa, John F. 1984. Conceptual Structures: Information Processing in Mind and Machine. Boston, MA: Addison−Wesley Longman Publishing Co., Inc.

Sowizral, Henry A. and Kipps, James R. 1985. Rosie: A Programming Environment for Expert Systems. Technical Report. DTIC Document.

Spaeth, Harold J., Benesh, Sara, Epstein, Lee et al. 2013. Supreme Court Database, Version 2013 Release 01 http://supremecourtdatabase.org (accessed August 30, 2015).

Staudt, Ronald and Lauritsen, Marc. 2013. Symposium on justice, lawyering, and legal education in the digital age. Chicago−Kent Law Review, 88(3) http://studentorgs.kentlaw.iit.edu/cklawreview/issues/vol−88−issue−3/ (accessed February 3, 2015).

Steinberger, Raif, Ebrahim, Mohamed, and Ignat, Camelia. 2013. JRC EuroVoc Indexer JEX−A Freely Available Multi−label Categorisation Tool. arXiv preprint.

Strötgen, Jannik and Gertz, Michael. 2013. Multilingual and cross−domain temporal tagging. Language Resources and Evaluation, 47(2), 269–98.

Surdeanu, Mihai, Nallapati, Ramesh, Gregory, George, Walker, Joshua, and Manning, Christopher D. 2011. Risk analysis for intellectual property litigation. Pages 116–20 of: Proceedings of the 13th International Conference on Artificial Intelligence and Law. New York, NY: ACM.

Susskind, Richard. 2010. The End of Lawyers?: Rethinking the Nature of Legal Services. Oxford: Oxford University Press. Sweeney, Patricia M., Bjerke, Elisabeth E., Potter, Margaret A. et al. 2014. Network analysis of manually−encoded state laws and prospects for automation. In: Winkels, Radboud (ed.), Network Analysis in Law. Diritto Scienza Technologia.

Szoke, Akos, Macsar, Krisztian, and Strausz, Gyorgy. 2014. A text analysis framework for automatic semantic knowledge representation of legal documents. Pages 59–66 of: Winkels, Radboud, Lettieri, Nicola, and Faro, Sebastiano (eds.), Network Analysis in Law. Collana: Diritto Scienza Tecnologia/Law Science Technology Temi, 3. Napoli: Edizioni Scientifiche Italiane.

2.19. T

Takano, Kenji, Nakamura, Makoto, Oyama, Yoshiko, and Shimazu, Akira. 2010. Semantic analysis of paragraphs consisting of multiple sentences: towards development of a logical formulation system. Pages 117–26 of: Proceedings of the 2010 Conference on Legal Knowledge and Information Systems: JURIX 2010: The Twenty−Third Annual Conference. Amsterdam, The Netherlands : IOS Press.

Teufel, Simone, Siddharthan, Advaith, and Batchelor, Colin. 2009. Towards discipline−independent argumentative zoning: evidence from chemistry and computational linguistics. Pages 1493–502 of: Proceedings of the 2009 Conference on Empirical Methods in Natural Language Processing: Volume 3. EMNLP '09. Stroudsburg, PA: Association for Computational Linguistics.

Thielscher, Michael. 2011. A unifying action calculus. Artificial Intelligence, 175(1), 120–41.

Thompson, Paul. 2001. Automatic categorization of case law. Pages 70–7 of: Proceedings of the 8th International Conference on Artificial Intelligence and Law. New York, NY: ACM.

Tredennick, John. 2014a. Measuring Recall in E–Discovery Review: A Tougher Problem than You might Realize, Part 1 www.catalystsecure.com/blog/2014/10/measuring–recall–in–e–discovery–review–a–tougher–problem–than–you–might–realize–part–1/ (accessed September 1, 2016).

Tredennick, John. 2014b. Measuring Recall in E–Discovery Review: A Tougher Problem than You might Realize, Part 2 https://pdfs.semanticscholar.org/ 4465/8cef0355aa63279f6dc2657eb1 326dac8229.pdf (accessed September 1, 2016).

Turney, Peter D.and Pantel, Patrick. 2010. From frequency to meaning: vector space models of semantics. Journal of Artificial Intelligence Research, 37(1), 141–88.

Turtle, Howard. 1995. Text retrieval in the legal world. Artificial Intelligence and Law, 3(1–2), 5–54.

Turtle, Howard and Croft, W. Bruce. 1990. Inference networks for document retrieval. Pages 1–24 of: Proceedings of the 13th Annual International ACM SIGIR Conference on Research and Development in Information Retrieval. SIGIR '90. New York, NY: ACM.

2.20. U

Uyttendaele, Caroline, Moens, Marie–Francine, and Dumortier, Jos. 1998. SALOMON: automatic abstracting of legal cases for effective access to court decisions. Artificial Intelligence and Law, 6(1), 59–79.

2.21. V

van der Pol, Jorke. 2011. Rules–Driven Business Services: Flexibility with the Boundaries of the Law. Invited talk of Jorke van der Pol, Senior advisor, Ministry of the Interior and Kingdom Relations, Immigration and Naturalisation Service, The Netherlands at the Thirteenth International Conference on Artificial Intelligence and Law, University of Pittsburgh School of Law.

Van Engers, Tom, Boer, Alexander, Breuker, Joost, Valente, André, and Winkels, Radboud. 2008. Ontologies in the legal domain. Pages 233–61 of: Digital Government. Dordrecht: Springer.

Van Kralingen, Robert W., Visser, Pepijn R. S., Bench–Capon, Trevor J. M., and Van Den Herik, H. Jaap. 1999. A principled approach to developing legal knowledge systems.

International Journal of Human–Computer Studies, 51(6), 1127–54.

Verheij, Bart. 2009. The Toulmin argument model in artificial intelligence. Pages 219–38 of: Argumentation in Artificial Intelligence. Dordrecht: Springer.

Verheij, Bart, Bex, Floris, Timmer, Sjoerd T. et al. 2015. Arguments, scenarios and probabilities: connections between three normative frameworks for evidential reasoning. Law, Probability and Risk, 15, 35–70.

2.22. W

Wagner, Karl and Klueckmann, Joerg. 2006. Business process design as the basis for compliance management, enterprise architecture and business rules. Pages 117–27 of: Scheer, August–Wilhelm, Kruppke, Helmut, Jost, Wolfram, and Kindermann, Herbert (eds.), AGILITY by ARIS Business Process Management. Berlin Heidelberg: Springer.

Walker, Vern R. 2007. A default–logic paradigm for legal fact–finding. Jurimetrics, 47, 193–243.

Walker, Vern R. 2011. Empirically quantifying evidence assessment in legal decisions. Presentation at the Second International Conference on Quantitative Aspects of Justice and Fairness (February 25–6, 2011). Fiesole, Italy.

Walker, Vern R. 2016. The need for annotated corpora from legal documents, and for (human) protocols for creating them: the attribution problem. In: Cabrio, Elena, Hirst, Graeme, Villata, Serena, and Wyner, Adam (eds.), Natural Language Argumentation: Mining, Processing, and Reasoning over Textual Arguments (Dagstuhl Seminar 16161). http://drops.dagstuhl.de/opus/volltexte/2016/6692/pdf/dagrep_v006_i004_p080_s16161.pdf (accessed March 2, 2017).

Walker, Vern R., Bagheri, Parisa, and Lauria, Andrew J. 2015a. Argumentation Mining from Judicial Decisions: The Attribution Problem and the Need for Legal Discourse Models. ICAIL 2015 Workshop on Automated Detection, Extraction and Analysis of Semantic Information in Legal Texts (June 12, 2015). San Diego, CA.

Walker, Vern R., Carie, Nathaniel, DeWitt, Courtney C., and Lesh, Eric. 2011. A framework for the extraction and modeling of fact–finding reasoning from legal decisions: lessons from the Vaccine/Injury Project Corpus. Artificial Intelligence and Law, 19(4), 291–331.

Walker, Vern R., Lopez, Bernadette C., Rutchik, Matthew T., and Agris, Julie L. 2015b. Representing the logic of statutory rules in the United States. Pages 357–81 of: Logic in the Theory and Practice of Lawmaking. Dordrecht: Springer.

Walker, Vern R. and Vazirova, Karina. 2014. Annotating patterns of reasoning about medical theories of causation in vaccine cases: toward a type system for arguments. In Proceedings of the First Workshop on Argumentation Mining, at the 52nd Annual Meeting of the Association for Computational Linguistics, ACL 2014, vol. 1. Baltimore, MD.

Walton, Doug and Gordon, Thomas F. 2009. Legal Reasoning with Argumentation Schemes. www.dougwalton.ca/talks/09GordonWaltonICAIL.pdf (accessed June 6, 2015).

Walton, Douglas and Gordon, Thomas F. 2005. Critical questions in computational models of legal argument. Pages 103-11 of: Dunne, Paul and Bench—Capon, Trevor (eds.), Argumentation in Artificial Intelligence and Law. IAAIL Workshop Series. Nijmegen, The Netherlands: Wolf Legal Publishers.

Wang, Yining, Wang, Liwei, Li, Yuanzhi et al. 2013. A theoretical analysis of NDCG ranking measures. In: Proceedings of the 26th Annual Conference on Learning Theory (COLT 2013). Princeton, NJ.

Waterman, Donald A. and Peterson, Mark A. 1981. Models of Legal Decision Making: Research Design and Methods. Rand Corporation, The Institute for Civil Justice.

Weber, Robert C. 2011. Why 'Watson" matters to lawyers. The National Law Journal. www.nationallawjournal.com/id=1202481662966/Why—Watson—matters—to—lawyers?slreturn =20150424173345 (accessed May 24, 2015).

Weiss, Charles. 2003. Expressing scientific uncertainty. Law, Probability and Risk, 2(1), 25-46.

Winkels, Radboud and Boer, Alexander. 2014. Finding and visualizing context in Dutch legislation. Pages 23-9 of: Winkels, Radboud, Lettieri, Nicola, and Faro, Sebastiano (eds.), Network Analysis in Law. Collana: Diritto Scienza Tecnologia/Law Science Technology Temi, 3. Napoli: Edizioni Scientifiche Italiane.

Winkels, Radboud, Bosscher, Doeko, Boer, Alexander, and Hoekstra, Rinke. 2000. Extended conceptual retrieval. Pages 85-97 of: Legal Knowledge and Information Systems: JURIX 2000: The Thirteenth Annual Conference. Amsterdam: IOS Press.

Winkels, Radboud and Hoekstra, Rinke. 2012. Automatic extraction of legal concepts and definitions. In: JURIX 2012: Proceedings of the Twenty—Fifth Conference on Legal Knowledge and Information Systems. Amsterdam: IOS Press.

WIPO. 2015. Index of WIPO UDRP Panel Decisions. www.wipo.int/amc/en/domains/search/ legalindex.jsp (accessed February 4, 2015).

Wittgenstein, Ludwig. 1958. Philosophical Investigations (3rd edn.). New York: The Macmillan Company.

Wu, Stephen Tze—Inn, Kaggal, Vinod, Dligach, Dmitriy et al. 2013. A common type system for clinical natural language processing. Journal of Biomedical Semantics, 4, 1-12.

Wyner, Adam. 2008. An ontology in OWL for legal case—based reasoning. Artificial Intelligence and Law, 16(4), 361-87.

Wyner, Adam and Governatori, Guido. 2013. A study on translating regulatory rules from natural language to defeasible logic. In: Proceedings of RuleML. Seattle, WA.

Wyner, Adam and Peters, Wim. 2010. Towards annotating and extracting textual legal case factors. Pages 36–45 of: Proceedings of the Language Resources and Evaluation Conference (LREC 2010), Workshop on Semantic Processing of Legal Texts (SPLeT 2010). Valletta, Malta.

Wyner, Adam and Peters, Wim. 2011. On rule extraction from regulations. In: JURIX 2011: Proceedings of the Twenty−Fourth Conference on Legal Knowledge and Information Systems. Amsterdam: IOS Press.

Wyner, Adam and Peters, Wim. 2012. Semantic annotations for legal text processing using GATE teamware. Pages 34–6 of: LREC 2012 Conference Proceedings: Semantic Processing of Legal Texts (SPLeT−2012) Workshop. Istanbul, Turkey.

2.23. Y

Yimam, Seid Muhie, Gurevych, Iryna, de Castilho, Richard Eckart, and Biemann, Chris. 2013. WebAnno: a flexible, web−based and visually supported system for distributed annotations. Pages 1–6 of: ACL (Conference System Demonstrations). Sofia, Bulgaria.

Yoshida, Yutaka, Honda, Kozo, Sei, Yuichi et al. 2013. Towards semi−automatic identification of functional requirements in legal texts for public administration. Pages 175–84 of: JURIX. Proceedings of the Twenty− Sixth Conference on Legal Knowledge and Information Systems. Amsterdam: IOS Press.

Yoshino, Hajime. 1995. The systematization of legal meta−inference. Pages 266–75 of: Proceedings of the 5th International Conference on Artificial Intelligence and Law. New York, NY: ACM.

Yoshino, Hajime. 1998. Logical structure of contract law system − for constructing a knowledge base of the United Nations Convention on contracts for the international sale of goods. Journal of Advanced Computational Intelligence, 2(1), 2–11.

2.24. Z

Zeni, Nicola, Kiyavitskaya, Nadzeya, Mich, Luisa, Cordy, James R., and Mylopoulos, John. 2013. GaiusT: supporting the extraction of rights and obligations for regulatory compliance. Requirements Engineering, 20, 1–22.

Zhang, Jiansong and El−Gohary, Nora M. 2015. Automated information transformation for automated regulatory compliance checking in construction. Journal of Computing in Civil Engineering, 29, B4015001.

Zhang, Paul. 2015. Semantic Annotation of Legal Texts. Invited Talk, ICAIL 2015 Workshop on

Automated Detection, Extraction and Analysis of Semantic Information in Legal Texts.

Zhang, Paul, Silver, Harry, Wasson, Mark, Steiner, David, and Sharma, Sanjay. 2014. Knowledge network based on legal issues. Pages 21–49 of: Winkels, Radboud, Lettieri, Nicola, and Faro, Sebastiano (eds.), Network Analysis in Law. Collana: Diritto Scienza Tecnologia/Law Science Technology Temi, 3. Napoli: Edizioni Scientifiche Italiane.

Zhou, Li and Hripcsak, George. 2007. Temporal reasoning with medical data: a review with emphasis on medical natural language processing. Journal of Biomedical Informatics, 40(2), 183–202.

Zywica, Jolene and Gomez, Kimberley. 2008. Annotating to support learning in the content areas: teaching and learning science. Journal of Adolescent & Adult Literacy, 52(2), 155–65.

INDEX
색인

역자 소개 **오태원**

연세대학교 법학학사
연세대학교 법학석사
American University Washington College of Law LL.M.
연세대학교 법학박사
(현) 경일대학교 경찰행정학과 교수
(현) 한국인터넷 윤리학회 부회장
(전) 정보통신정책연구원 주임연구원
(전) 연세대학교 법학전문대학원 연구교수

정영수

연세대학교 법학학사
연세대학교 법학석사
연세대학교 법학박사
(현) 서울시립대학교 법학전문대학원 교수
(현) 서울시립대학교 법학전문대학원 부원장, 법학전문도서관장
(전) 서울시립대학교 법학전문대학원 학생지도센터장, 대외협력센터장
(전) 한국민사소송법학회 연구이사, 총무이사
(전) 가톨릭대학교 법학부 조교수
(전) 법무부 법무자문위원회 전문위원

조동관

연세대학교 법학학사
연세대학교 법학석사
서울대학교 법학박사(수료)
(현) 국회도서관 법률정보실 법률번역관리과 법률자료조사관
(전) 국회의원 특권 내려놓기 추진위원회 실무단
(전) 헌법개정 특별위원회 실무단
(전) 법무부 법무실 상사법무과 법무연구관
(전) 법무부 지능형입법지원시스템(아이로) 실무단

법을 분석하는 인공지능

초판발행	2020년 3월 2일
지은이	Kevin D. Ashley
옮긴이	오태원 · 정영수 · 조동관
펴낸이	안종만 · 안상준
편 집	장유나
기획/마케팅	이영조
표지디자인	조아라
제 작	우인도 · 고철민
펴낸곳	(주) **박영사**
	서울특별시 종로구 새문안로3길 36, 1601
	등록 1959. 3. 11. 제300-1959-1호(倫)
전 화	02)733-6771
f a x	02)736-4818
e-mail	pys@pybook.co.kr
homepage	www.pybook.co.kr
ISBN	979-11-303-3505-6 93360

* 잘못된 책은 바꿔드립니다. 본서의 무단복제행위를 금합니다.
* 저자와 협의하여 인지첨부를 생략합니다.

정 가   34,000원